대원불교
학술총서

06

대원불교
학술총서

06

새로 보는 선불교

. . . .

The Rhetoric of Immediacy :
A Cultural Critique of Zen Buddhism

. . . .

베르나르 포르 지음
정천구 옮김

. . . .

운주사

발간사

오늘날 인류 사회는 4차 산업혁명을 통해 완전히 새로운 세상을 맞이하고 있습니다. 전통적인 인간관과 세계관이 크게 흔들리면서, 종교계에도 새로운 변혁이 불가피하게 되었습니다. 이런 상황에서 대한불교진흥원은 다음과 같은 취지로 대원불교총서를 발간하려고 합니다.

첫째로, 현대 과학의 발전을 토대로 불교를 현대적으로 재해석할 필요가 있습니다. 불교는 어느 종교보다도 과학과 가장 잘 조화될 수 있는 종교입니다. 이런 평가에 걸맞게 불교를 현대적 용어로 새롭게 이해할 수 있도록 하려고 합니다.

둘째로, 현대 생활에 맞게 불교를 이해할 필요가 있습니다. 불교가 형성되던 시대 상황과 오늘날의 상황은 너무나 많이 변했습니다. 이런 변화된 상황에서 부처님의 가르침을 제대로 이해할 수 있도록 하려고 합니다.

셋째로, 불교의 발전과정을 종합적으로 이해할 필요가 있습니다. 북방불교, 남방불교, 티베트불교, 현대 서구불교 등은 같은 뿌리에서 다른 꽃들을 피웠습니다. 세계화 시대에 부응하여 이들 발전을 한데 묶어 불교에 대한 총체적 이해가 가능하도록 하려고 합니다.

대원불교총서는 대한불교진흥원의 장기 프로젝트의 하나로서 두 종류로 출간될 예정입니다. 하나는 대원불교학술총서이고 다른 하나는 대원불교문화총서입니다. 학술총서는 학술성과 대중성 양 측면을 모두 갖추려고 하며, 문화총서는 젊은 세대의 관심과 감각에 맞추려고 합니다.

　본 총서 발간이 한국불교 중흥에 조금이나마 기여할 수 있기를 바랍니다.

　　　　　　　　　　　불기 2567년(서기 2023년) 4월
　　　　　　　　　　　　　(재)대한불교진흥원

옮긴이의 말

인도에서 탄생한 불교는 거대한 산맥을 넘고 거친 사막을 건너 중국에 전해졌다. 공식적으로는 후한後漢 명제(明帝, 57~75) 때다. 그로부터 수백 년 동안 방대한 불교 경전들과 논서들이 하나씩 번역되었고, 그에 따라 다양한 종파들이 나타났다. 그리고 마침내 선종이 등장했다. 선종에 대해서는 매우 중국적인 색채를 띤 종파로서 아주 비-불교적이라고 보기도 한다. 그러나 '선불교'라고 하듯이 엄연히 불교다.

6세기에 토대를 마련하고 7세기에 크게 발전한 선종은 당대唐代에 융성하면서 8세기 말 즈음에 한국으로 전해졌다. 일본에는 그보다 훨씬 늦은 12세기에 전해졌다. 그러나 중국에서는 '원 → 명 → 청'으로, 한국에서는 '고려 → 조선'으로 왕조가 바뀌면서 불교가 점점 쇠퇴하고 선종 또한 교세가 약화되었다. 왕조 교체가 없었던 일본에서만 임제종과 조동종을 중심으로 선종이 계속 발달했다. 20세기에 일본이 선불교를 서구에 알리게 된 것도 그 덕분이었다. 이리하여 근대의 선불교 연구에서는 일본과 서구의 불교학자들이 앞장섰다. 특히 서구의 학자들은 새로운 관점과 방법론으로 주목할 만한 성과들을 내놓았는데, 그 가운데 한 사람이 베르나르 포르(Bernard Faure, 1948~)다.

베르나르 포르는 프랑스 출신의 불교학자로서, 1984년에 파리제4대학에서 박사학위를 취득했다. 그의 박사논문은 1997년에 수정되고 보완되어 『정통을 향한 의지: 북종선에 대한 비판적 계보(The Will to Orthodoxy: A Critical Genealogy of Northern Chan Buddhism)』로 출판되었다. 이 책은 북종선의 계보에 대해 비판적인 시각을 보여주고는 있으나, 선불교 연구에서 널리 쓰이는 역사적 접근에서 벗어나지 않았다.

그런데 1990년대 들어서 내놓은 일련의 저서들은 박사논문에서와 다른 시각에서 선불교를 연구한 성과를 보여주었다. 첫 번째로 출판된 것은『직접성의 수사학: 선불교에 대한 문화적 비평(The Rhetoric of Immediacy: A Cultural Critique of Chan/Zen Buddhism)』(1991)이고, 두 번째는『선의 통찰과 좌시: 선 전통에 대한 인식론적 비평(Chan Insights and Oversights: An Epistemological Critique of the Chan Tradition)』(1993)이다. 세 번째는『영적 비전: 중세 일본 불교 상상하기(Visions of Power: Imagining Medieval Japanese Buddhism)』(1996)이며, 네 번째는『붉은 실: 성에 관한 불교적 접근(The Red Thread: Buddhist Approaches to Sexuality)』(1998)이다. 제목만으로도 예사롭지 않은 연구서들임을 감지할 수 있는데, 특히 주목할 것은『직접성의 수사학』이다.『선의 통찰과 좌시』는『직접성의 수사학』에서 보여준 시각과 연구 방법을 확대 발전시킨 것이며, 뒤의 두 권은『직접성의 수사학』에서 다룬 내용을 훨씬 더 풍부하게 그리고 치밀하게 분석해 보완한 것이라고 할 수 있다.

포르가 단번에 주목을 받게 된 것은『직접성의 수사학』에서 보여준 그의 연구 방법론 덕분이었다. 그 연구 방법론에 대해서는 굳이 자세하게 말하지 않겠다.『직접성의 수사학』, 그러니까 이 번역서의 '머리말'에서 저자가 길고 상세하게 밝히고 있기 때문이다. 따라서『직접성의 수사학』에 대해서는 간단히 소개하는 것으로 대신하겠다.

직지인심直指人心·견성성불見性成佛을 종지로 내세우는 선은 대체로 공안 또는 화두를 통해 '단박에' 깨달아야 한다고 강조하면서 어떠한 전통적인 매개도 거부하고 집요하게 직접성(mediacy) 또는 즉각성을 주장한다. 이는 그대로 의례주의에 대한 비판, 성상파괴적이고 반율법주의적인 입장으로 이어졌고, 선의 전통으로 자리잡았다. 이것은 선 전통에 대한 통상적인 이해이기도 하고, 대부분의 연구자들도 동의하는 것이다. 그런데 과연 그것이 선 전통의 실상일까? 포르는 이러한 선 전통을 하나의 허구이며 환상이라고 보았고, 그런 선 전통은 해체되어야 한다고 역설했다. 그는 선 전통에 관한 기존의 관념을 해체하고 선이 어떻게 하나의 전통으로 형성되는지를 새롭게 검토하기 위해서 방법론적으로 유연하고 열린 입장을 취했다. 그가 해석학적 접근과 수사학적 접근, 구조적 접근과 역사적 접근, 신학적 접근과 문화 비평적 접근, 문화인류학적 접근 등과 같이 다양한 방법론들을 활용한 것도 그 때문이다.

포르는 다양한 접근 방법들을 통해서 선 수행과 교리의 여러 차원들을 직접/매개, 돈/점, 중심/주변, 정통/이단, 해석/수사, 묘사/지시, 소통/수행 등과 같은 몇 가지 패러다임으로 구조화되는 양상들을 밝히려 했다. 이를 위해 포르는 전통적으로 수행과 깨달음을 강조한 선에서 간과하거나 배제해 왔던 유물과 미라, 도상, 의례, 꿈, 성과 여성, 계율의 위반 등에 주목했으며, 선의 주변부에서 활동하며 선 전통의 형성에 영향을 끼친 경계적 인물들도 중요하게 다루었다. 이렇게 해서 '순수 선'은 이념적으로 구축된 것일 뿐임을, 실제로는 선이 다른 문화적 요소들과 정치 권력, 민간 종교나 토착 신앙 등과 밀접한 관련을 맺으면서 전통을 형성한 일종의 '혼종'임을 밝혔다.

『직접성의 수사학』은 새로운 연구 방법이나 접근 방법을 제시해 선불교를 더 폭넓게 다각도로 보아야 함을 일깨워줌으로써 성찰과 반성을 촉구한다. 또 여러 가지 패러다임이 변증법적으로 왕복하면서 하나의 전통을 형성하므로 그 변증법적 긴장을 읽어야 한다고 강조한다. 포르가 선의 전통을 이야기하면서 초기 불교와 탄트리즘, 중국 및 일본의 토착 신앙 등을 두루 다룬 까닭도 여기에 있다.

석가모니가 입멸한 뒤에 제자들이 모여서 붓다의 가르침을 암송하고 기록했다. 이 가르침에 따른 초기의 불교를 흔히 원시불교라 한다. 그리고 그 뒤에 해석의 차이로 말미암아 상좌부와 대중부의 분열이 나타났고, 이윽고 대승불교가 등장했다. 대승불교를 받아들인 동아시아에서도 각 나라의 불교는 토착의 문화와 사유, 신앙 등과 상호작용하면서 독특한 역사와 전통을 형성해 왔다. 동남아시아에서도 마찬가지였다. 이렇게 불교는 지역적으로 역사적으로 다양하게 변모하고 변형되었으니, 개방성과 혼종성이 불교의 특성이라 할 만하다. 그런 특성에서 나온 것이 선불교라면, 선이 다른 전통이나 신앙과 전혀 절충하거나 혼합한 바 없이 '순수하게' 또는 '단일하게' 전통을 형성해 왔다고 보는 시각은 경계해야 마땅하다. 그럼에도 그런 시각에서 벗어나는 일은 매우 어렵다. 『직접성의 수사학』이 출판된 지 30년이 지난 지금에도 여전히 유효하고 앞으로도 유용하리라 예상하는 이유가 여기에 있다.

십오륙년 전, 선불교에 관한 서구의 연구서들을 검색하다가 '우연히' 베르나르 포르의 저서들, 즉 1990년대에 출판된 네 권의 책들을 만났다. 그 가운데서 『직접성의 수사학』을 번역해 출판을 앞둔 지금 되돌아보니, 우연이 인연이 된 셈이다. 물론 이 인연은 대한불교진흥원의 매개로 이루어졌다. 대한불교진흥원에 감사드린다. 아울러 원고를 심사해 주신 세 분의 심사위원들께도 감사드린다. 꼼꼼하게 읽고 지적해 주신 덕분에 원고를 수정하고 보완하는 데 큰 도움을 받았다. 그럼에도 부족한 점이나 오류가 있다면, 그것은 옮긴이의 잘못이다.

이 책은 본래 제목이 '직접성의 수사학: 선불교에 대한 문화적 비평'이다. 제목이 길기도 하지만 의미가 선명하게 와 닿지 않는다. 서구인들을 상대로 쓴 글이어서 그렇다. 이제 한국의 독자들을 상대로 해서 출판하므로 제목을 바꾸는 것이 적절하리라 생각한다. 저자는 '머리말'에서 이 책의 성격을 암시하려는 의도로 레이몽 루셀의 『새로 보는 아프리카(New Impressions of Africa)』(1963)를 거론했는데, 그에 따라 '새로 보는 선불교'라고 제목을 바꾸었다. 책의 성격과 저자의 지향에도 알맞은 제목이라 여겨진다.

2023년 4월
부산 남산동 삼매당에서

발간사 • 5 / 옮긴이의 말 • 7 / 일러두기 • 18
저자 인사말 • 19 / 줄임말 • 22

머리말 • 25
    주변에서 매개로 • 34 / 다양한 방법론 • 36

1장 차별적 전통 43
    전통을 추구한 여섯 조사들 • 45
    제이의第二義 • 53
      소외시키는 전통? • 61
      친족 관계로서 전통 • 66
      차이 만들기 • 71

2장 돈/점: 느슨한 패러다임 82
    의미론의 분야 • 84
    이념적 (불)만족 • 91
    현상학적 분석 • 99
      소실점? 돈오의 변이들 • 105
      점오의 관점 • 112

3장 직접성의 이중 진리 121
    이중고 • 129
    자연외도 • 133
    방편 • 139

수단과 목적 · 143

위계제에 대한 선의 부정 · 145

중간계 · 151

4장 선과 민간 종교 168

이론적 괄호 · 169

민간 종교와 그 상관물 · 179

동아시아적 맥락 · 183

원시에서 선으로 그리고 거꾸로 · 194

5장 주술사와 그 화신들(I) 198

중국의 주술적 전통 · 199

마구니와 불가사의: 초기 선의 주술사들 · 202

사라지는 매개자 · 206

주술사에 대한 불교의 이중성 · 209

주술사 길들이기 · 226

6장 주술사와 그 화신들(II) 232

꾀쟁이의 출현 · 232

달콤쌉쌀한 우정 · 239

선의 주변에서 · 243

예술의 하나로서 광기에 대하여 · 246

보살의 이상 · 251

주술사의 귀환 · 258

7장 대역의 변형들(I): 유물 263

사리 숭배 • 272

성상파괴라는 반동 • 283

8장 대역의 변형들(II): '숭고한 주검들'과 성상들 291

선의 '육신들' • 295

의미론적 진화 • 306

다툼의 원인 • 313

혜능의 두 육신 • 316

카리스마와 종파주의 유포 • 321

성상과 정상頂相 • 328

전수인가 확산인가 • 336

대역의 형상들 • 340

9장 죽음의 의례화 344

죽음과 사후를 부정하는 선 • 345

장례의 역설 • 352

죽음을 길들이는 의례 • 353

예비 단계들 • 354

경계 단계: 선의 장례식 • 367

오염에서 청정으로 • 384

10장 꿈속의 꿈들 394

방법론적 예고 · 394

아시아의 꿈들 · 399

꿈 은유 · 403

선종과 꿈꾸기 · 406

꿈과 성자전 · 415

꿈꾸는 수행 · 416

묘에가 기록한 꿈들 · 417

현실적인 몽상가 · 422

상승의 꿈 그리고 반대의 목소리 · 425

11장 일탈: 위반의 한계 433

사원의 태만에 대한 이야기들 · 438

성性에 대한 선의 태도 · 446

여성에 대한 이미지 · 448

평등의 수사학 · 455

훌륭한 여인들 · 459

잇큐와 여인들 · 464

소돔과 고모라 · 466

칼과 국화 · 469

12장 신들의 귀환 483

호전적인 혼합주의 · 487

선의 방법론적 표상 · 490

아라한 숭배 · 497

선과 카미(神) · 508

신과 귀신 그리고 조상들 · 522

13장 의례의 반의례주의 529

또 하나의 의례 논쟁 · 530

의례주의에 대한 선의 비판 · 535

선의 전례典禮 · 543

기도하는 선 · 546

어디에나 있는 의례 · 548

의례로서 명상 · 549

생활의 의례화 · 554

이념으로서 의례 · 557

의례라는 매개 · 560

맺음말 · 565

문제의 이분법 · 577 / 매개의 역설들 · 583

참고문헌 · 595
찾아보기 · 684

일러두기

1. 일본의 인명, 지명, 책명 등 고유명사는 원음을 밝혀 적되, 장음은 표시하지
   않았다. 중국의 경우에는 근대(1911년의 신해혁명)를 기준으로 그 이전의 것은
   한국어 발음을 따랐고, 그 이후의 것은 현대 중국어 발음을 따랐다.
2. 본문에서 책명은 겹낫표(『 』)로, 소제목은 홑낫표(「 」)로 표시했으며, 독립된
   짧은 글이나 시, 노래, 그림 따위는 홑화살괄호(〈 〉)로 표시했다.
3. 문장 가운데에는 두 가지 괄호-( )와 〔 〕-로 친 구절들이 있다. ( ) 안의
   구절은 저자가 쓴 것이고, 〔 〕 안의 구절은 의미가 분명해지도록 옮긴이가
   보충한 것이다.
4. 본문과 주석의 굵은 글씨는 원저자가 표시한 것이다.

저자 인사말

책의 첫머리에 올리는 인사말은 선종 의례에서 행하는 '회향廻向'과 여러 면에서 비슷하다.[1] 그런 점에서 지성의 올림푸스와 학문의 사원들에 거주하는 모든 '크거나 작은 신들'에게 이 책의 공덕을 바치는 것도 적절하리라. 나는 지성의 올림푸스에서 미셸 푸코(Michel Foucault), 미셸 드 세르토(Michel de Certeau), 쟈크 데리다(Jacques Derrida), 야나기다 세이잔(柳田聖山) 등을 첫손으로 꼽고 싶다. 독자들도 곧 알아챌 텐데, 나의 사유는 그들의 글에서 큰 영향을 받았다. 그러나 그들의 저술에만 빚을 진 것은 아니다. 그들의 도움과 그들이 보여준 모범도 나의 학문 태도를 근본적으로 바꾸어 놓았다.

이 책을 저술하기 위한 기본적인 연구는 1985년 가을부터 1986년 봄 사이에 이루어졌다. 그때 나는 조나단 컬러(Jonathan Culler)의 지원을 받아 코넬대학교 인문학연구소(Society for Humanities)의 객원교수로 있었다. 이어 1987년 가을부터 1988년 봄까지는 일본국제교류기금(Japan Foundation)과 미국학술단체협의회(American Council of Learned Societies)에서 연구비를 지원 받아 일본에서 연구를 수행할

---

1 〔역주〕'회향'은 자신이 닦은 공덕을 남에게 돌리는 일인데, 대개 법회에서 의식이 끝난 뒤에 한다. 따라서 저자가 회향을 말한 것은 이 책의 저술을 마친 뒤에 인사말을 쓰고 있고 또 많은 분들께 감사를 표하면서 저술의 공덕을 돌리려 하기 때문이다.

수 있었다. 그곳에 머무는 동안에 나는 많은 학자들과 개인들로부터 도움을 받았는데, 그들은 기꺼이 자신들의 전문 지식을 나누어 주었으며 연구기관들을 이용할 수 있게 해주었다. 호보기린(法寶義林)연구소의 안나 사이델(Anna Seidel)과 위베르 뒤르(Hubert Durt), 이탈리아 동아시아 학부의 안토니노 포르테(Antonino Forte), 고마자와대학교(駒澤大學)의 이시카와 리키산과 요시즈 요시히데, 그리고 하나조노대학 선학연구소(花園大學禪學研究所)의 마에다 나오미 등에게 특별히 감사드린다.

코넬과 스탠포드의 많은 동료들과 대학원생들 또한 유용한 조언과 건설적인 비평을 해주었다. 웬디 아다멕(Wendi Adamek), 칼 빌레펠트(Carl Bielefeldt), 제임스 분(James Boon), 캐런 브라젤(Karen Brazell), 브렛 드 베리(Brett de Bary), 케네스 이스트먼(Kenneth Eastman), 데이빗 가디너(David Gardiner), 반 하비(Van Harvey), 빅터 코쉬만(Victor Koschmann), 도미닉 라카프라(Dominick LaCapra), 우데이 메타(Uday Mehta), 스티븐 상그렌(Steven Sangren) 그리고 제임스 시겔(James Siegel) 등에게 감사드린다.

대학 밖에서도 도움을 받았는데, 존 맥레이(John McRae), 미셸 스트릭만(Michel Strickmann), 그리피스 포크(Griffith Foulk), 로버트 샤프(Robert Sharf), 앤 클라인(Anne Klein) 그리고 캐서린 벨(Catherine Bell) 등의 논평들이 그것이다. 감사해야 할 이들은 더 있다. 닐 맥멀린(Neil McMullin)과 웬디 아다멕은 자청해서 초고를 읽고 유익한 제안을 많이 해주었다. 그들의 충고에 따라 '프랑스식 영어'를 표준 영어로 고치려 애썼지만, 성과가 별로 없었다. 프린스턴대학교 출판부의 캐시 브렛슈나이더(Cathie Brettschneider)는 그 문제를 최대한 해결하도록 도와주었다. 각별한 감사의 마음을 전한다. 원고의 마지막 수정은 스탠포드대학교의 동아시아학 센터로부터 받은 연구비 덕분에 가능했다.

학문은 의례나 신경증과 마찬가지로 세부적인 데에 집착한다. 나도 신경증 환자 수준으로 세부사항들에서 정확하려 애썼지만, 뛰어난 독자들께서는 이 책에서 오류를 찾을 수 있을 것이다. 거듭 정정했음에도 남아 있는 오류에 대해서는 이 헌사에 언급된 분들에게도 일말의 책임이 있다.

1990년 6월 26일
팔로 알토(Palo Alto)에서

줄임말

BEFEO   *Bulletin de l'Ecole Française d'Extrême-Orient*. Paris: Ecole Française d'Extrême-Orient.

DNBZ   Dai Nihon bukkyō zensho 大日本佛教全書. 타카쿠스 준지로오(高楠順次郎) 외. 150권. 東京: 大日本佛教全書刊行會, 1931. Reprint. 鈴木学術財団 編. 100권. 東京: 講談社, 1970~1973.

DZ   *Daozang* [*Zhengtong daozang* 正統道藏, 1445]. Including the *Wanli xu daozang* 萬曆續道藏[1607]. 1120冊. 上海: 商務印書館, 1923~1926. Reprint. 60책. 臺北: 藝文印書館, 1962.

DZZ   *Dōgen zenji zenshū* 道元禪師全集. 오오쿠보 도오슈우(大久保道舟) 편. 2vols. 東京: 筑摩書房, 1969~1970.

HJAS   *Harvard Journal of Asiatic Studies*.

IBK   *Indogaku bukkyōgaku kenkyū* 印度学仏教学研究[Journal of Indian and Buddhist Studies].

JAOS   Journal of the American Oriental Society.

JDZS   *Jōsai daishi zenshū* 常濟大師全集. 코오호오 치산(孤峰智璨). 横浜: 大本山總持寺, 1976.

KDBGKK *Komazawa daigaku bukkyō gakubu kenkyū kiyō* 駒沢大学仏教学部研究紀要. 東京: 駒沢大学.

KDBGR   Komazawa daigaku bykkyō gakubu ronshū 駒沢大学仏教学部論集. 東京: 駒沢大学.

QTW   *Qinding Quan Tang wen* 欽定全唐文[1814]. 董誥(1740~1818) 외. 20권. 台北: 匯文書局, 1961.

SKSLXB   *Shike shiliao xinbian* 石刻史料新編. 30輯. 臺北: 新文豐, 1982.

SZ   *Sōtōshū zensho* 曹洞宗全書. 曹洞宗全書刊行会 編. [1229~1235].

　　　　Reedition. 18권. 東京: 曹洞宗宗務庁, 1970~1973.

T.　　　*Taishō shinshū daizōkyō* 大正新修大藏經. 타카쿠스 준지로오, 와나타

　　　　베 카이교쿠(渡邊海旭). 100권. 東京: 大正一切經刊行会, 1924~1932.

ZBKK　*Zen bunka kenkyūsho kiyō* 禪文化硏究所紀要. 京都: 花園大学.

ZZ　　　*Dai Nihon zokuzōkyō* 大日本續藏經. 나가노 타츠에(中野達慧) 편.

　　　　150套. 京都: 藏經書院, 1905~1912. Reprint. 臺北: 新文豐, 1968~1970.

머리말

우리의 마음 밑바닥에는 교차로들이 깔려 있다.
 ― 폴 발레리(Paul Valéry), 『테스트 씨(Monsieur Teste)』

그대가 서쪽으로 가고 있다면 … 북쪽과 동쪽과 남쪽 방향은 잃게
된다. 그대가 일치를 허용한다면, 불일치의 모든 가능성을 잃게
된다.

 ― 로렌스(D. H. Lawrence)

이 책에 레이몽 루셀의 『새로 보는 아프리카』(Roussel 1963)를 본떠서
『새로 보는 동아시아』라는 제목을 붙일 수도 있었다. 그러나 이 책에서
는 루셀의 책과 달리 괄호를 열기만 하고 닫지 않았으며 또 닫을
의사도 없다.[1] 이러하기 때문에 어디까지가 학문적 논의이고 어디서부
터 나의 생각인지, 어디까지가 전통(여기서는 선 전통) 이야기이고
어디서부터 학문적 서술인지를 알기가 매우 어렵다. 역사학자들은

---

1 〔역주〕레이몽 루셀의 『새로 보는 아프리카』는 '괄호'로 유명하다. 다른 사유를
불쑥 집어넣기 위해 괄호를 치는데, 괄호 안에 또 괄호를 거듭 치면서 괄호가
세 겹, 네 겹이 되기도 한다. 이로써 루셀은 하나의 어휘가 둘 이상의 의미를
가질 수도 있다는 것과, 하나의 어휘에서 여러 어휘들이 파생되는 방식을 보여준
다. 루셀은 비록 괄호를 거듭 치기는 했어도 끝내 괄호를 닫았다. 이와 달리
포르는 괄호를 치기는 했어도 열기만 하고 닫지 않았다고 말한 것이다. 이는
선불교를 새롭게 보려고 한 점은 유사하지만, 논의를 결코 마무리하지는 못했음을
넌지시 알려주는 것이리라.

자신이 연구 대상을 선택한 일이 순전히 우연은 아니라는 것을 어느
정도는 알고 있다. 연구 대상이 되는 시대나 인물들과 역사학자 사이에
는 묘한 관계가 맺어지기 때문이다. 그 사이에 삼투작용渗透作用 같은
것이 일어나는데, 역사학자는 애써 그것을 숨기려 한다. 객관성 때문
에. 그러나 더 근본적인 차원에서 보면, 전통과 그에 대한 연구 사이에
는 담론적 관계(discursive affinities)가 맺어진다. 대화가 있고, 생각의
교환이 있으며(연구자의 물음에 텍스트가 대답하기도 하고 텍스트가 연구자
에게 물음을 던지기도 한다), 양쪽의 분류법이 서로 영향을 끼치고,
대상이 주체에 반발하는 일도 일어난다.

　마이클 피셔는 전이(轉移, transference)를 "인격의 차원에서 일어나
는 공감적 '쌍방 통행', 즉 자아 안에서 일어나는 일을 해명할 실마리를
남에게서 찾는 것"으로 정의한다.[2] 그는 또 "(자아와 타자 사이에) 쌍방
또는 다방 통행이 있으려면 [양쪽에] 확실한 준거가 있어야 한다.
… 양쪽의 전통이 서로 상대방을 비판하거나 상대방의 정체를 폭로하
는 작용을 할 때에 그 준거 또한 비판과 폭로의 대상이 될 수 있다.
한편, 타자를 자아에 흡수해버리지 않도록 경계할 필요가 있다. 그런
흡수는 비슷한 면이나 다른 면만 보는 데서 일어나기 때문이다"(Fischer
1986, p.201)라고 덧붙인다. 이 책에서도 전이가 여러 가지로 일어난
다. 전이는 여기서 다룬 대부분의 주제 뒤에서 작용하고 있을 것이다.
전이는 또 어떤 사물을 한 곳에서 다른 곳으로 옮기는 이전移轉,

─────────

2 〔역주〕 전이는 정신분석학자인 프로이트가 고안한 개념으로, 과거에 느꼈던
　어떤 감정이 무의식 속에 있다가 현재의 다른 대상에게 투사되거나 그 대상을
　통해 다시 체험하는 일이다.

특히 '유물의 이전'을 뜻하기도 하는데,[3] 이 주제에 대해서는 7장에서 주로 다룰 것이다. 〔선불교와 관련된 유물들과 선사들을 과거로부터 끌어와 논의하는〕 이 책도 어떤 의미에서는 성유물함으로, 또는 공동 묘지로 보일 수 있다.

책을 집필하는 일도 선이 정통성을 확립하는 과정과 비슷하다. 선 전통이 정통성을 확립하는 과정처럼 저자도 담론을 장악하고 조율하며 세련하는 역할을 한다. 적어도 이상적으로는 그렇다. 하지만 그런 목표를 완벽하게 달성하는 일은 결코 일어나지 않는다. 전통과 마찬가지로 저자는 "여러 개의 중심을 계승"할 뿐이다. 저자에게 〔여러 중심 가운데서〕 단 하나의 중심을 부여하는 것은 "독단적이고 교조적인 입장에 그를 가두어두는 일이 된다."(Kristeva 1969, p.107) 그러므로 전통을 해체하려면, 다시 말해서 전통이란 다양성을 본질로 한다는 점을 드러내려면, 특정한 목적을 향해 서술을 끌고 가려는 유혹에 대항해야 하고 이를 위해서는 저자로서의 권한을 적어도 일부분은 포기해야 한다. 대개 저자들은 책을 쓰면서 그 책의 뼈대가 되고 그 책이 없어진 뒤에도 남을 핵심 주제나 확실한 진리를 자신이 찾았다고 확신하는데, 이런 태도는 특히 버려야 한다. 참고문헌(전이)과 인용(유물의 이전)을 다변화하는 일은 핵심 의미에 붙들려 있지 않도록 해주며,[4] 또 그 핵심 의미를 아주 은근히 결정해버리는 문체의 통일성

---

3 〔역주〕 원문에서는 '이전'의 뜻으로 'translation'을 썼다. 한 언어를 다른 언어로 바꾸는 '번역'의 뜻으로 널리 쓰이지만, 중세 유럽사 연구에서는 주교의 '전임'이나 성유물의 '이전'을 가리키는 의미로 널리 쓰인다. 이 책에서는 유물들의 '이전'이라는 뜻으로 쓰였으므로 그 점을 드러내 번역했다.

을 (간혹 더 강화시키기도 하지만) 흔들어버리는 데에도 도움을 준다.

물론 이런 구상은 대부분 소망에 지나지 않는다. 나는 내가 탐구하고 있는 전통을 꼼꼼하게 들여다보면서 그 구조 속에 숨은 상수常數들을 찾으려 한다. 내가 찾는 상수 가운데 하나는 매개성(mediacy)과 직접성 (immediacy) 사이의 변증법이다.[5] 선의 용어로 말하자면, '점漸'과 '돈頓' 사이의 변증법이다. 매개성과 직접성 또는 점과 돈 사이에서는 왕복 운동이 일어나는데, 이 운동은 선 전통 안에서만 일어나는 것이 아니라 나 자신의 담론 안에서도 일어난다. 내가 찾아내려고 애쓰든 애쓰지 않든 간에, 내 글의 언어와 이론에서도 많은 선禪 텍스트에서 나타나는 (그럼에도 일관되게 부인되는) 것과 같은 종류의 경향이 작동하고 있음이 드러난다. 어쩌면 움베르토 에코가 말하듯이, "현명한 사람이라면 모순된 생각을 자신 안에 배양(해야)하는 때"가 있는가 보다. 어쨌든 선의 어떤 경향이나 차원은 민간 신앙 및 학문과 통하는 면이 있다. 이 책에서는 매개(mediation)라는 개념이 핵심 역할을 한다. 이 개념은 선과 민간 신앙 그리고 학문들의 담론에서 중요한 구실을 한다. 그뿐만 아니라 이 담론들이 서로 다른 경향이나 차원에서

---

4 〔역주〕 참고문헌을 '전이'라 한 것은 저자가 주제와 관련해서 주요하게 교감한 대상이기 때문이며, 인용을 '유물의 이전'이라 한 것은 오래된 문헌에서 이 책으로 옮겨 왔기 때문이다.

5 〔역주〕 포르는 'mediacy'와 'immediacy'라는 말을 쓰고 있다. 'mediacy'는 '매개, 중개'를 뜻하며 '점漸'에 상응한다. 'immediacy'는 '즉각, 직접'을 뜻하며 '돈頓'에 상응한다. 불교 용어로는 '소의所依'가 'mediacy'에, '무소의無所依'가 'immediacy' 에 각각 해당한다고 볼 수 있다. 여기서는 이 둘을 주로 '매개'와 '직접'으로 번역한다.

뚜렷이 구별되게 하며, 그리하여 그들 사이에 소통이 가능하게 한다.

돈/점의 패러다임은 선 전통에서 멍석 구실을 한다. 그것은 매개 과정을 통한 깨달음과 매개 없는 직접적 깨달음 사이의 변증법적 긴장으로 볼 수 있다. 이것은 한편으로는 전통을 존중하면서(복원의 해석학) 다른 한편으로는 모든 진리 선언을 은유이며 이데올로기라고 비판하는 ([그러므로 아무나 무엇이든 써넣을 수 있는] 텅 빈 백지라고 하는) 학자들의 태도와도 어느 정도 유사하다. 달리 말하자면, 앞의 입장은 전통이 제공하는 매개를 그대로 수용하는 ('점교적인') 태도 고, 뒤의 입장은 그것을 거부하는 ('돈교적인') 태도라 할 수 있다. 방법론에서 보자면, 어떤 구조 안으로 들어가기를 꺼리는 것은 '돈교적인' 또는 '직접적인' 태도라 할 수 있다. 구조로 들어간다는 것은 선을 이해하기 위해 특정 방법론에 기대는 것이다. 이처럼 특정 구조나 방법론에 참여하는 것은 '점교적'이라고 할 수 있다. 이 밖에 ('방편'이라고 할 수도 있을) 제삼의 대안이 있을 수 있다. 어떤 구조에든 기꺼이 참여하면서 필요할 때면 언제든지 옮겨 다니는 것인데, 이것은 '수행적'(遂行的, performative; '돈교적' 움직임의 또 다른 변형으로 볼 수도 있다)이라고 부를 수 있을 것이다.[6]

세 번째 태도를 방법론적으로 '유연한 입장'이라 할 수 있겠는데,

6 선의 용어에서는 리념(離念, 관념을 초월하는 것)이 첫째('돈교적') 입장에 해당하고, 무념(無念, 문자 그대로 '생각 없음'이지만 실제로는 생각이 일어나는 대로 함께 흐르는 것)이 셋째('수행적') 입장에 해당한다. 그리고 둘째('점교적') 입장은 염념에 해당한다. 남종선에서는 북종선에서 말하는 리념을 두고 '점교적'이라며 비판했지만, 리념은 사실상 무념과 마찬가지로 '돈교'의 한 유형이다. 둘째의 '수행적' 입장이 진정한 점교다. 이들 개념에 대해서는 Zeuschner 1983 참조.

그 단서는 "머무는 바 없이 그 마음을 내라"[7]고 한 『금강경』의 구절에서 찾을 수 있다. 따라서 선에서 말하는 '무주처無住處'의 마음, 즉 머무는 바 없는 마음과 학문에서 지향하는 '다주처多住處', 즉 여러 가지 가능성을 포용하는 태도 사이에는 일종의 전이가 있다. 학문에서 다주처를 지향한다는 것은 유토피아(실제로 있지도 않은데 보편적 실체로 있는 것처럼 여겨지는 것) 같은 특정 지점을 지정하기보다는 갖가지 가능성을 제시한다는 뜻이다.(돈과 점 사이의 왕복은 하나의 사례일 뿐이다.) 앞으로 논의하겠지만, 그 유토피아 자체가 국지화局地化된다. 국지화는 지성의 전형적인 속성이다. 우리는 승려들과 학자들 양쪽의 국지화 성향을 잘 인지할 필요가 있다. 많은 선사들이 우리처럼 지식인이었다. 그런 의미에서 그들도 우리 학자들과 마찬가지로 [내면의 태도에] 어느 정도 불연속성이 있다. 데카르트식의 이분법을 신봉하지는 않더라도 말이다.[8] 선 수행은, 적어도 일부 승려들에게는, 심각한 놀이랄까 진지한 농담 같은 것이다. 학문이 적어도 일부 학자들에게는 심각한 놀이요 진지한 농담인 것처럼 말이다. 역으로, 지식 문화에 대한 문헌학과 역사학의 연구 활동에서 구도자적 소명감이나 수도원 같은

---

7 이 구절은 첫째 입장, 즉 '돈교'(리넘)의 근거도 될 수 있다.

8 이것은 마르셀 모스(Marcel Mauss)의 다음 이야기를 염두에 두고 한 말이다. "우리가 만들어내는 것과는 별도로, 우리와 상관없이 그 자체로 형성되는 … 세계관이 있다. 더 정확하게 말하자면, 내면의 태도에 불연속성이 있는 이들, 즉 데카르트의 이분법을 신봉하는 이들이 만들어내는 세계관과는 별도의 세계관이 우리 가운데에도 있다고 말해야 할 것이다. 왜냐하면 점쟁이와 그 고객들은, 젊은 공학 기술자든 침모針母든 간에, 철학자들과는 다른 세계에서 살고 있기 때문이다."(Mauss 1968~1969, 2, p.158)

분위기가 엿보이기도 한다.(Boon 1982, p.203) 〔선 전통 연구의〕'주체'
와 '객체' 사이에는 이런 유사성이 있기 때문에 일종의 위상학적位相學
的인 접근이 절실하게 필요하다. 그런 유사성 덕분에 우리는 학문과
선의 현장은 서로 다르다는 점, 그리고 학문이든 선의 가르침이든
언제나 어느 정도는 각자의 현장이 빚어낸 산물이라는 점을 감지할
수 있다.

  학자와 그가 연구하는 선 전통 사이에 존재하는 이런 전이의 관계를
간파하면, 에드워드 사이드(Edward Said)를 비롯해 여러 사람들이
제기한 물음, 즉 남의 문화와 종교를 어떻게 이해할 것인가 하는
물음에 대한 해답의 실마리를 잡을 수 있다. "두 문화가 만나 이루어지
는 대화와 살아 있는 전통(또는 '삶의 형식') 내부에서 전개되는 대화는
질적으로 차이가 없다. 살아 있는 전통이라면 부단히 '자기 자신을
초극해 나가기' 때문이다."(Giddens 1976, p.58) 오리엔탈리즘 비판자
들은 서로 다른 두 문화 사이에는 좁힐 수 없는 거리가 있다고 한다.
하지만 그 거리는 그들이 주장하는 것보다는 덜 막막한 거리일 수
있다. 오히려 '살아 있는' 전통 내부의 균열이 생각보다도 클 수 있다.
프랑수아 리오타르(François Lyotard)가 상충(différend)이라고 일컬은
그런 균열일 수도 있다. 리오타르가 말한 상충이란, "〔적어도〕둘
이상의 상대들 사이의 갈등으로, 양쪽 주장에 공통되게 적용할 규칙이
나 심판 근거가 없는 탓에 도저히 공정하게 해결될 수 없는 것"을
가리킨다.(Lyotard 1988, xi) 〔서로 다른 문화 사이에는 좁힐 수 없는
거리가 있다고 하는〕문화주의자의 시각을 잘 보여주는 예를 하나
들어보자. 앙리 코르뱅(Henri Corbin)은 불가지론자들은 영지주의를

이해할 수 없다고 주장했다.(Corbin 1967) 그러나 영지주의와 불가지론의 대립은 코르뱅의 주장처럼 그렇게 분명한 것이 아닐 수 있음을 말해주는 예도 찾을 수 있다. 선을 보더라도 그 안에 이미 한편에는 영지주의적인 또는 성직의 권위를 중시하는 부분이 있고, 다른 한편에는 불가지론적인 또는 합리주의적인 부분이 있음을 볼 수 있다.

　인류학의 말투를 쓰자면, 개인은 누구나 하나가 아니라 여러 씨족이나 부족에 한꺼번에 소속된다. 선승들도 서구인들처럼 영지주의자이자 동시에 합리주의자일 수 있는데, '전이'라는 개념이 이를 이해하는 열쇠가 된다. 서구 문화와 중국 문화 양쪽에서 서로 비견될 만한 합리화, 다른 말로 탈신화화의 과정이 일어난 점을 감안하면, 또는 레비 스트로스(Lévi-Strauss)가 주장하듯이 근대적 사고방식이라는 것도 [원시 사회에서부터 작동해 온] 원초적 합리성의 화신일 뿐이라고 본다면, 우리는 다른 문화[즉 선불교 내지 중국 문화]에도 불가지론적 측면이 있음을 인정할 수 있다. 한편, 우리도 계속 꿈을 꾸고 있으며 깨어 있는 의식 또한 상징에 지배되어 있다는 점에서 보면, 우리 서구인들 또한 아시아식 영지주의를 파악할 수 있다. 선 내부에서 전개되는 긴장은 어떤 면에서는 우리 각자의 내면에서 주술적 사고방식과 합리적 사고방식이 대립하는 것과 통한다는 말이다. 그것은 우리가 우리 자신의 문제를 선 사상과 같은 장場에서 읽으려는 경향이 있다는 뜻만은 아니다. 선 내부에서 일어나는 대립도 [우리 내부의 것과 비슷하기 때문에] 우리가 그것을 간파할 수 있다는 뜻이다.

　선의 (그리고 선에 대한) 글쓰기는 필연적으로 두 가지 경향이 뒤얽혀 있는 이중적 행위다. 한편으로는 관념 또는 생각의 흐름을 충실하게 표현하거나 재생하려 하는데, 여기에서는 투명하게 표현하는 것을 목표로 한다. 다른 한편으로는 새로운 사고를 생산해 내는데, 여기에서는 불명료한 현실을 그려낸다. 저자 자신이 무어라 하건 간에, 책이란 단순히 세상의 표현만은 아니다. 스탕달이 소설을 두고 "길을 따라 비추는 거울"이라고 했지만, 그것만이 아니다. 책은 그 자체가 또 하나의 세계다.(Deleuze and Guattari 1983, p.5 참조) 그러므로 여러 가지 접근법을 동원해 서로 보완해야 한다. 해석학적 접근과 구조주의적 접근, 수행적 접근과 기호학적 접근이 함께 동원되어야 한다. 의미의 진지함과 '텍스트의 즐거움' 사이를, 주석과 수사修辭 사이를, 공안公案과 착어着語 사이를 부단히 왕복하는 그런 접근이 필요하다.

다시 관찰자의 문제로 돌아가 보자. 대개 학문적인 저술의 집필 동기를 객관적 진실의 추구라고 하면서 그 동기를 신성하게 여긴다. 아울러 말로 표현되지 않아도 강력하게 작용하는 갖가지 규칙과 학술적 담론의 규율을 따르는데, 이를 잘 따르면 보상이 보장된다. 이 책 또한 마찬가지다. 참고문헌과 각주 같은 의례적이고 관례적인 도구들을 이용한다. 미국, 프랑스, 일본 학계의 여러 양상들을 수용하기도 하고 그것들에 반발하기도 한다. 독자들도 이미 간파했을 텐데, 영어라는 언어와의 싸움이며 영어라는 언어를 통한 싸움이기도 하다. 아마도 지는 싸움이겠지만. 내가 선 전통의 〔중심부보다〕 주변부에 관심을 가지는 것은 나 자신이 선 전통에, 그리고 학문 전통에 많은 빚을 지고 있으면서도 그 어느 쪽에서도 주변에 머물고 있기 때문이다. 이 책의 내용에서 상당 부분은 헤롤드 블룸(Herold Bloom)이 말한

이른바 "영향에 관한 불안(anxiety of influence)"이라는 개념에서 볼
수도 있다.(Bloom 1973) 나 자신은 특별히 불안감을 느끼지 않지만
말이다. 아무튼 여러 유형의 담론들을 이 텍스트에 모두 한데 엮어
그것들이 서로 상대를 까밝히게 할 필요가 있어서 이렇게 시도해보는
것이다.

주변에서 매개로

이 책을 쓰면서 나는 한 가지 근본 비유에서 또 다른 근본 비유로
옮겨가는 과정을 밟았다. 내가 사용한 첫 번째 비유는 '주변(margin)'이
라는 개념이다. 선이 어떻게 하나의 전통으로 형성되는지, 그리고
선 전통은 어떻게 연구 대상이나 연구 분야가 될 수 있는지에 관심이
있기 때문이다.[9] 이른바 정통의 선 텍스트에서 보이는 문제와 이론들
은 이를 연구하려는 이들에게, 삐에르 부르디외(Pierre Bourdieu)의
말을 빌리자면, "일종의 독자적인 별개의 세계"로서 군림한다. 따라서
이 분야에 뛰어들려는 이들은, "그것[거기에 얽힌 문제와 이론]들을
문화적 항목으로서 잘 파악하고 있어야 할 뿐만 아니라 그것들이
(성찰 이전에) 신앙의 대상임을 인정해야 한다. 그렇지 못하면 (선의
전문가로서) 자격이 없다."(Bourdieu 1984, p.496) 그런데 선학禪學에

---

9 [역주] 하나의 전통이 형성될 때 어떤 요소는 중심부를 이루고 어떤 요소는
주변부에 놓인다. 이런 전통이 학문에서 연구 대상이나 연구 분야로 수용될
때에도 유사한 인식이 작용한다는 말이다. 그런 인식을 전제로 하기에 중심과
주변이라는 비유도 쓰게 되었다는 것이다.

서 〔무엇은 연구 대상으로 수용하고〕 무엇은 배제할 것인가 정하는
규칙은, 선에서 단일한 정통을 형성하는 데 작용한 규칙을 그대로
복사한 것이라는 게 나의 견해다. 이설異說들은 억압되거나 주변부로
밀려났다. 그런데도 가장 강하게 정통성을 외치는 목소리는 오히려
주변부의 인물들로부터 나왔다.

　8세기에 이르면 '돈교'가 선의 정통으로 대두한다. 이에 따라 주변으
로 밀려난 주요 개념 가운데 하나가 '매개'다. 이 매개 개념에서 파생된
갖가지 매개적 장치들도 함께 주변으로 밀려났다. 그러나 중심부에서
억압된 것들은 선의 주변부에서 ('민간 신앙,' 교학, 의례, 점교 등)
다른 꼴을 하고, 즉 타자로서 다시 나타났다. 또는 그것들이 선 전통을
내부에서 재편하거나 전복한 것이라고 말할 수도 있다. 민간 종교를
선에서 전개된 여러 맥락 가운데 하나라고 한다면, 자크 데리다
(Jacques Derrida)의 다음 말이 떠오른다. "맥락은 현장의 주위에서만
작동하는 것이 아니다. 언제나 그 내부에서 작동하고 있다."(Derrida
1988, p.198) 그러므로 여러 방향에서 접근하는 방법론과 '순수' 학문을
견지하려는 입장 사이의 변증법적 관계는 다원적이고 '포용적인' 선과
종파적이고 '배타적인' 선 사이의 변증법을 그대로 닮았다고 할 수
있다. 내가 주변이라는 개념으로부터 매개라는 개념으로 넘어가는
과정 또한 일종의 전이 과정임은 말할 필요도 없다. 그것은 곧 전통적인
선학으로부터 절충적인 방법론으로 넘어가는 과정인데, 그러한 과정
은 일찍이 내가 북종이라든가 다르마슈(達磨宗)와 같은 혼합주의적인
경향의 선, 그러나 결국 〔정통 선에 의해〕 억압되고 마는 선에 대해
수행한 연구에서 이미 예견했던 것이다. 하지만 선과 민간 종교의

관계에 대한 나의 연구는 '주류 전통'의 관점에서 진행된다. 선의 담론을 내부로부터 문제삼고 뒤흔들어버리기 위함이다. 이를테면 '민간'의 선과 '엘리트'의 선이라 부를 수도 있는 두 '극' 사이의 관계가 선에 내재되어 있음을 부각시킨다. 물론 그 밖에도 양극의 관계는 숱하다.

다양한 방법론

선의 정통이 절충을 배척하듯이 정통 학문 또한 장르의 혼합을 거부하는데, 이는 장르의 법칙을 견지하려는 것이다. 다원적 방법론에 반대하는 이유는 다양하다. 예를 들어 다음과 같은 이유를 들 수 있다. 여기에 사용되는 다양한 접근법들이 모두 '선'이라는 참으로 파악하기 어려운 실재를 다시 규정하자거나 다시 만들어보자는 것을 목표로 할 수 있지만, 그 접근법들 자체가 각자 서로 다른 새로운 [연구] 대상을 만들어낸다. 다원적 방법론이란 결국 [그 점에 대해] 둔감한 이들에게나 통하는 몽매한 절충주의에 지나지 않게 된다. 동일한 대상을 여러 가지 방법으로 심문하는 것에 지나지 않기 때문이다. (Certeau 1980, p.73) 각 방법론의 시각이 만들어내는 대상들을 모으면 하나의 이상적인 대상이 만들어지겠지만, 그 대상은 외형이 불분명하고 십중팔구 허구다. 그러나 긍정적인 면도 있다. '단선적 시각(linear vision)'에서 '집체적 시각(vision in masses)'으로 전환하도록 부추기는 것이다. 하인리히 뷜플린(Heinrich Wölfflin)의 말을 빌리자면, "단선적 시각이란 … 사물의 외형에서 그 사물의 의미와 아름다움을 찾는 것"이다. 한편으로 집체적 시각은 "사물의 가장자리에서 관심을 거두어 외형에는 다소 무관심해질 때" 가능해진다. 뵐플린은 "경계를 구분 짓는 테두리 선"에 주목하는 단선적 시각과 "경계를 흐릿하게 하고 형상과 형상을 연결시키는" 집체적 시각을 대조한다.[10] 뵐플린은 형상을 보는 시각에 대해 말했지만, 그것은 전통을 보는 시각에도 그대로 적용될 수 있다. 수도승, 즉 엘리트들이 선종을 정교하게 다듬는 데에 적용한 것이 단선적 시각이라면, '대중'의 일상적인 실천을 이끌어낸 것은 집체적 시각이라 할 수 있다. 전통을 해체하려는 의도를 가진 학자라면 집체적 시각에 따라야 할 것이다. 그러나 뵐플린이 지적하듯이, "형상과 형상을 연결"시킨다는 것은 연결시킬 다른 어떤 것들이 존재한다는 것을 전제로 한다. 즉, 선과 같은 어떤 전통을 그 변증적법 긴장을 통해 이해하려면 종합의 담론(집체적 시각)만이 아니라 종파적 담론(단선적 시각)도 염두에 두어야 한다는 것이다.

종합이란 "자세히 보면 결코 함께할 수 없는 서로 다른 관념이나 주제를 억지로 뒤섞어 놓은 것일 뿐"이라는 비판도 있을 수 있다.(Angenot 1984, p.159) 그러나 나는 적어도 앙주노가 비판한 "손보지 않고 쌓아 놓기만 하는" 그런 종합은 피하려고 했다. 그보다는 막스 베버(Max Weber)가 범신론이라 부른 것에 가까운 방법론 또는 '가치의 다신교'라 할 만한 방법론을 취하려고 했다. 가치의 다신교란 "평화로운 공존이 아니라 호메로스의 신화에 나오는 것과 같은, 지금뿐만 아니라 앞으로도 계속될 신들의 처절한 전쟁"을 가리킨다.(Jameson

---

10 Heinrich Wölfflin, *Principes fondamentaux de l'histoire de l'art*(Paris: Gallimard, 1966), pp.25-27.

1988, 2, p.11) 양주노의 비판은 종합을 좀 편향된 관점으로 본 데서 나온 것이다. 그런데 불행하게도 그런 관점이 종교사, 중국학, 일본학 등 여러 분야에 널리 퍼져 있다. 학자들, 심지어 철학자들도 모순을 저지르듯이, 텍스트와 방법론 그리고 전통에도 모순이 있다. 사실상 텍스트와 방법론, 전통 등이 생존하고 발전하는 것은 바로 모순 덕분인 경우가 많다. 그리고 모순 자체가 하나의 체계를 형성하게 될 수도 있다.

여기서 다원적 방법론이라 함은 해석학적 접근법과 수사학적 접근법, 또는 구조(주의)적 접근법과 역사적 접근법, 또는 '신학적' 접근법과 이념 비판적 내지 문화비평적 접근법과 같이 상충하는 접근 방법들 사이를 중재하려는, 또는 한데 합치려는 시도를 가리킨다. 나의 연구는 의식의 구조—'장기 수감 감옥'으로서의 구조든, 아니면 어느 정도 자유가 허용되는 '양식'으로서 구조든 간에—를 끄집어내려고 한다는 점에서는 구조(주의)적 방법론을 채용한다고 할 수 있다. 선 수행과 교리의 여러 차원들이 매개/직접, 돈/점, 중심/주변, 정통/이단, 해석/수사, 묘사/지시, 소통/수행 등과 같은 몇 가지 패러다임으로 어떻게 구조화되고 있는지를 드러내려고 한다. 나는 간판 바꾸기, 즉 교리의 쟁점에 관한 여러 이론들 사이에서 또는 논사들 사이에서— 망각이라는 편리한 작용 덕분에— 빈번하게 일어나는 입장 바꾸기에는 그다지 비중을 두지 않는다. 입장 전환은 대개 당사자도 모르게 일어난다. 자신의 입장이 완벽하게 고수되고 있다고 여기는 허위 의식 때문에 입장 전환이 감추어지는 것이다. 입장이 전환되더라도 대립 구도는 근본적으로 변하지 않은 채 이어진다. 지식의 역사는 몇 가지

패러다임이나 은유 위에서 약간씩 다르게 전개된 역사일 것이라는
게 나의 생각이다. 그러나 이러한 구조들을 너무 강조하느라 서로
다른 것들 사이의 대화 내지 전이 관계를, 그리고 역사적 또는 '위상적'
우발성을 간과하고 싶지 않다. 페르낭 브로델(Fernand Braudel)은
구조주의를 비판하며 지적하기를, "대중의 움직임은 불확실하고 그
변화의 가능성이 다양하다는 점, 그 움직임이 자유로운 점"을 논쟁에
서 살려내려는 것이 역사학자의 일이라고 했다.(Braudel 1980, p.76)
그렇다면 나도 선사학자(禪史學者)라고 자처할 수 있겠다. 선 담론의
수사가 나의 글에서도 작동하고 있다. 그만큼 나의 글도 오스틴(J.
L. Austin)이 말한 '발화 매개적인' 성격을 가지며, 〔전통을〕 보충하는
(이론적, 도덕적, 이념적) 의미를 잔뜩 안고 있다.(Austin 1962, pp.
101-132) 미시적인 차원에서는, 내 글이 모순된 이야기들 사이를
별로 매끄럽지 못하게 왕복하는 양상은 내 글에 여러 가지 목적이
있다는 사실을 드러낸다. 그리고 거시적 차원에서는 이 책이 사실상
두 부분 또는 두 차원으로 나누어진다는 점에 그 목적이 반영되어
있다. 거시적으로 볼 경우, 첫 부분(1장~4장)에서는 인식론과 이념적
측면에서 통상적으로 나타나는 문제들을 다룬다. 물론 이 문제들은
선에서 매개성과 직접성 사이의 변증법으로부터 파생된 것들이다.
둘째 부분(5장~13장)에서는 두 개념 사이의 왕복 운동과 대립 관계를
보여주는 다양한 사례들을 검토한다. 1장에서는 선의 전통을 뚫고
지나가는 단층斷層을 그릴 것인데, 이 단층은 인식론적인 담론이나
이념적인 담론에 각인되어 있다. 2장에서는 그 단층을 보여주는 패러
다임이라 할 수 있는 돈/점 논쟁을 다루면서 이 패러다임 속에 침전되

어 있는 다양한 의미층을 재구성할 것이다. 3장에서는 동일한 인식론적/이념적 문제를 좀 다른 각도에서, 즉 이제二諦[11] 개념을 통해서 접근해 선의 전개에서 중심적인 역할을 했을 법한 매개의 개념을 자세하게 다룬다. 민간 신앙과 토착 신앙은 위계적 특성이 강하며 매개를 중시하는데, 4장에서는 이 신앙들이 선과 어떤 관계에 있었는지를 검토한다. 선사들은 돈오 또는 즉각적이고 무매개적인 선을 주장했지만, 영적인 매개자로서 영적인 위계 질서 속에 있는 존재로 인식되기도 했다. 5장과 6장에서는 선에서 매개자들, 즉 주술사, 꾀쟁이,[12] 보살 등을 어떻게 인식했는지와 그 인식의 변화에 대해 검토한다. 불교에서 유물과 성상의 숭배는 다른 형태의 매개들에 대해 알려준다. 7장과 8장에서는 성상파괴를 강력하게 내세웠던 선이 유물과 성상의 예배에도 집요하게 관심을 가지고 있었다는 사실을 밝힐 것이다. 선은 죽음을 의례화함으로써 '장례 불교'로 바뀌었는데, 9장에서는 그 의례화의 여러 양상을 검토함으로써 선 전통에 대해 재평가한다. 매개의 또 다른 형태로서 중요한 것이 꿈인데, 이 꿈에

---

11 〔역주〕이제二諦는 불교의 가장 기본적인 두 가지 진리, 즉 진제眞諦와 속제俗諦를 가리킨다. 진제와 속제를 각각 제일의제第一義諦와 제이의제第二義諦라고도 한다. 진제는 모든 것을 초월한 궁극의 진리로서, 세간의 관습적이고 일상적인 진리인 속제보다 우위에 있다고 간주된다. 이렇게 이제는 이중적이면서 우열이 분명하다는 특징이 있는데, 이는 선의 돈/점과 유사하다. 저자는 이 점에서 이제를 활용하려 한 듯하다.

12 〔역주〕원문의 'trickster'를 '꾀쟁이'로 번역했다. 꾀쟁이는 신화나 민담 등에서 속임수나 장난으로 질서를 흐트러뜨리는 인물로, 창조적이면서 파괴적인 성격을 가진 이중적인 존재다.

대해 10장에서 검토한다. 한편, 선은 직접성을 주장하면서 반율법주의의 길을 열었다. 따라서 11장에서는 선의 반율법주의가 어느 정도로 실행되었는지를 보여주려 하며, 이를 위해 위반의 범위, 성별(gender), 성(sexuality) 등을 선에서는 어떻게 인식했는지를 살핀다. 12장과 13장에서는 다시 의례라는 매개의 문제를 다룬다. 이를 위해 선에 등장하는 여러 신들 및 전례(典禮)에 집중한다. 그러나 이 마지막의 분석에서 매개는 그저 또 다른 수사적 장치로서 역할을 할 것이다. 그 매개는 이야기의 외형을 보여주면서 그 본래의 목적과는 다른 여러 가지 수행적 기능을—마치 그것이 전복시키려던 직접성과 관련된 개념처럼— 하게 된다. 하지만 직접성과 매개 둘 모두 존재감이 약해질 때, 더 이상 할 이야기는 없어지고 이 책도 끝내야만 한다. 마지막으로 한 가지 변명을 하겠다. 앞에서 개요를 직선적으로 쭉 서술한 것은 오로지 독자의 편의를 위해서일 뿐이며, 선종의 조사들이 조화롭게 계보를 이어갔다거나 선종의 정통적 가르침이 아주 굳건했다거나 하는 것과는 아무런 관련이 없다. 그러니 오해 없기를 바란다.

1장 차별적 전통

세계를 본다는 것은 세계를 쪼개는 일이다.
— 피에르 부르디외, 『실천 감각(Le sens pratique)』

선종에서는 모든 것이 조사들의 계보와 관련이 있다고 말해도 과언은
아니다. 물론 선종에서만 계보를 강조한 것은 아니다. 그러나 선종의
계보에는 전통과 관련된 역설이 존재하는데, 그것은 어떤 전통의
존재를 가장 은밀한 수준에서 부정하는 것이다.[1] 당연히 조사의 가사
는 전수되었고 법 또한 전수되었다. 그러나 이 전수는 실제로는 전수가
아니라고 한다. 전수임을 증명하는 어떤 구체적인 지시물도 없기
때문이다. 그것은 "마음에서 마음으로 전하는(以心傳心)" 것이며, 또
그래야만 했다. 조사의 가사는 상징적 표지일 뿐이고, 전해진 마음은
무심無心이다. 붓다가 확립한 패러다임을 따르려는 시도가 있을 때마
다 선사들은 그것을 비난해 왔다. 비유로써 표현하자면, 그런 시도는

---

[1] 9세기 한국의 선승인 무염無染의 〈무설토론無舌土論〉에 나오는 다음 문장을
보라. "(선의 전수는) 전수하지 않음을 전수로 여긴다. 따라서 전수하지 않았으나
전수했다.(以無傳爲傳. 故傳而不傳也)"(Buswell 1983, p.13)

44

'각주구검刻舟求劍'이다. 배를 타고 강을 건너다가 물에 칼을 빠뜨린 사내가 뱃전에 표시를 해두었고, 배가 강가에 닿자 표시를 해둔 데서 칼을 찾으려고 한 꼴이다. 무의미하기 짝이 없는 시도라는 말이다. 선승이자 시인인 기도 슈신(義堂周信, 1325~1388)은 이렇게 비꼬았다. "얼마나 우스우냐, 고타마가 무슨 특별한 일을 했다고 여기니! 얼른 뱃전에 표시해 두라, 우리가 칼을 찾을 수 있도록!"[2] 전법傳法에 대해 이렇게 부정하기는 했으나, 그것을 액면 그대로 받아들여야 할까? 다른 선사들과 마찬가지로 임제의현臨濟義玄도 (훌륭하게 기록된) 그의 어록에서 사람들에게 전해줄 법이 없다고 선언했다.(Sasaki 1975, p.25) 그러면서 이렇게 강조했다. "나의 법은 분명하게 전해 내려온 것이며, 마곡麻谷·단하丹霞·도일道一·여산廬山·석공石鞏 등의 선사들을 통해 한 길로 이어와서 온 천하에 퍼진 것이다."(ibid., p.30) 도겐(道元, 1200~1253)을 비롯해 많은 선사들이 전통의 영속성을 강조하고 성직聖職을 중시했다. 그렇기는 해도, 가장 보수적인 선사들조차 자신들의 전통이 개방적이었다는 사실을 잘 알고 있었다. 가령, 도겐의 스승인 여정如淨은 옛것을 고집하는 제자에게 자비심을 발휘해 이렇게 말해주었다. "여래의 발자취는 서부 인도의 오장국(烏長國, Udyāna)에서 오늘날에도 실제로 볼 수 있다. 유마힐 거사가 살았던

---

2 Burton Watson 1988, p.108 참조. 반전통反傳統에 대한 또 하나의 전통적인 비유로는 '수주대토守株待兎'가 있다. 어떤 사내가 나무 그루터기에 부딪쳐 쓰러진 토끼를 우연히 잡았는데, 그는 다른 토끼도 그루터기에 부딪칠 것이라는 기대로 끈기 있게 기다렸다고 한다. 이런 이야기는 '시작'이 우발적인 사태이며 반복되지 않는 것임을 나타내는데, 이는 곧 의례화와 관례화를 반대하는 것이다.

방은 아직도 있다. 기원정사의 초석들도 남아 있다. 그러나 이와
같은 성스러운 유적들에 가서 직접 재어보면, 어떤 때는 더 길고
어떤 때는 더 짧으며 어떤 때는 확장되어 있고 어떤 때는 수축되어
있음을 알게 된다. 그 치수는 고정될 수가 없다. 붓다의 법이 본래부터
지니고 있던 돌연함과 활력은 이렇게 같은 듯 같지 않은 데에 있
다."(Waddell 1977~1978, pp.80-81 참조)

최근의 역사학 연구들은 인도에서 온 보리달마로부터 선종의 전통
이 시작된 것이 아니라는 것, 꽤 복잡한 과정을 거친 뒤에야 조사들의
전승이 나타났다는 것을 보여준다. 널리 알려져 있는 정통적인 견해는
이렇다. 초조 보리달마가 자신의 새로운 가르침을 제자 혜가(慧可,
487~593)에게 전했고, 이 가르침은 승찬僧璨과 도신(道信, 580~651)
을 거쳐 5조 홍인(弘忍, 601~674)에게 이어졌다는 것이다. 떠오르고
있던 선종은 홍인에서 두 가지로 갈라졌다. 신수(神秀, 606~706)가
개창한 북종, 그리고 정통파인 혜능(慧能, ?~713)의 남종이 그것이다.
혜능의 제자로서 주요한 인물은 남악회양(南嶽懷讓, 677~744)과 청원
행사(青原行思, 671~738) 둘인데, 이들은 당대唐代에 발달한 선종
'오가五家'의 개조가 되었다. 오가 가운데 두 개 종파만 송대 이후에도
살아남았고, 일본에서 임제종과 조동종이 되었다.

전통을 추구한 여섯 조사들

초기 선종에 대한 전통적인 설명에 대해서는 중국과 일본의 학자들이
의문을 제기해 왔다. 후스(胡適)와 인순印順, 우이 하쿠주(宇井伯壽),

セキ구치 신다이(關口眞大), 야나기다 세이잔(柳田聖山) 등이 그들이
다.[3] 그들은 조사의 전승을 '발명'된 것이라 했다. 다시 말해 동산법문東
山法門 내에서 그 토대가 마련되었다고 하면서 도신과 홍인이 이
법문을 개창하고 신수−나중에 [신회로 대표되는] 경쟁자들이 그를 북종
이라 불렀다−가 이어갔다고 주장했다. 이 종파의 인지도가 높아지자
수완이 뛰어난 이들은 더 먼 기원을 찾았고, 그 결과 이 종파는 능가종楞
伽宗으로 알려진 다른 일파와 연결되었다. 능가종은 강력한 지도력을
갖춘 법충(法沖, ?∼665)을 중심으로 발달했는데, 법충 스스로 자기
종파는 혜가와 보리달마에서 유래한 것이라 했다. 그렇게 공통점을
가진 두 계보는 결합되어 죽 이어져 왔다.(McRae 1986; Faure 1988
참조) 신회(神會, 684∼758)는 한 발짝 더 나아가 육조六祖는 북종의
신수가 아니라 자신의 스승인 혜능이라고 했고, 나아가 북종을 5조
홍인에서 갈라져 나온 방계라고까지 주장했다. 그는 이 방계가 보리달
마와 그의 적통을 이은 후계자들이 가르친 돈교頓敎와 대조되는 점교漸
敎를 옹호했다면서 이를 자신의 신봉자들에게 각인시키려고 애썼다.
755년에 발생한 안록산의 난은 매우 이례적인 정치적 상황이었는데,
이런 상황 속에서 신회는 혜능과 자신이 홍인 및 동산법문의 합법적
계승자라는 점을 확고히 했으며, 자신의 계통을 신수의 북종에 맞서
남종이라 명명하기도 했다. 경쟁자를 폄하하려고 펼친 신회의 주장은
확실히 경쟁자에 대해서보다는 그 자신에 대해 더욱 많은 것을 말해준
다. 그는 또 의분에 차서 북종이 타락했다고 몰아붙였다. 여기에는

---

3 Hu Shi 1970, 1975; Yin Shun 1971; Ui 1966a, b, c; Sekiguchi 1969; Yanagida
  1967 참조.

선종의 7조가 되려던 그의 야심이 주요하게 작용했던 듯하다. 신회의 당파적 성격은 우이 하쿠주의 연구에서 부각되었는데, 하쿠주는 후스가 이 남종의 투사를 높이 평가한 것을 받아들이지 않았다. 그러나 신회와 후스의 주장을 간단히 물리치기는 어렵다. 그들이 주장한 핵심, 곧 양분된 두 종파의 대립을 인정해버리는 꼴이 될 수도 있기 때문이다. 상황은 훨씬 더 복잡했을 것이다. 우선 분명한 점은 어떤 일파도 자신을 북종이라 하지 않았다는 사실이다. 신수와 그 제자들이 자신들을 남종南宗의 후계자라 여겼음을 보여주는 증거도 실제로 있다. 이때 '남南'은 보리달마의 출신지로 간주되는 '남인도'를 가리킨다. 더구나 분파의 계보도가 실제의 철학적 관계나 적대 관계와 일치하지 않는다. 정치와 종교가 뒤얽히면서 전개되는 여러 가지 추세와 견주어 보더라도 그렇다. 가령, 종밀宗密은 신회의 하택종荷澤宗 계보에서 5조가 된다고 주장했는데, 실제로는 그의 선언과 달리 신회보다는 북종에 훨씬 더 가까웠다. 그러므로 역사학자들이 그 두 종파 사이에 그어 놓은 구분선은 순전히 허구일 수도 있고, 또는 적어도 불안정하다고 할 수 있다. 신회가 심은 계통수系統樹가 선종의 숲을 덮어버렸다고 할 만하다. 아무튼 당唐 중기에 '고전적인' 선의 주류가 되고 또 카마쿠라 시대 이후 일본 선종의 주류가 된 것은 마조도일(馬祖道一, 709~788)이 개창한 홍주종洪州宗이었다. 이 종파는 남종의 또 다른 경향을 보여준다.

안타깝게도 이렇게 수정된 '역사적' 해설은 유용한 허구에 불과할 수도 있다. 그 전통을 옹호하는 주장이 있을 때에 그 주장을 논박하는 데에는 상당한 도움이 되었겠지만, 그 전제, 즉 선 전통의 개념 자체는

48

문제삼지 못하기 때문이다. 이것은 전통에 대한 비유, 가령 '수목형樹
木形 모델' 같은 것이 학자들을 사로잡아 소급 적용한 데 따른 것이다.[4]
이 모델은 원형적 전통이 존재하고 거기에서 가지가 뻗듯이 다양한
종파가 나온다고 가정한다. 이 모델의 변형이 '강 모델(river model)'인
데, 사실은 정반대로 전도된 것이다. 이는 다양한 지류들을 먼저
보여주고 마침내 그것들이 주류에 합쳐지는 형태여서 얼핏 보기에는
더 적절한 것 같다. 하지만 전통의 원천이 여럿이라고 볼 여지를
남긴다. 그럼에도 하나로 수렴되는 것을, 〔여럿이〕 통일을 목적으로
나아가고 있음을 보여준다는 점에서 의미가 있다. 이쯤에서 푸코의
말을 상기하는 일은 유익할 것이다. "역사적으로 사물들의 시초에서
발견되는 것은 그 기원의 신성불가침한 정체성이 아니다. 서로 다른
것들이 일으키는 불화다. 그것들의 불일치다."(Foucault 1977, p.142)
확실히 선종도 이 법칙에서 예외가 아니었다. 그 (원천이 아니면)
'초기의' 교리는 갖가지 다른 흐름들(중관학파, 유가행파, 천태종, 화엄종,
정토종, 도교)에서 자유롭게 차용하면서도 단순히 종합한 것은 아니었
다. 그것은 사실상 "여러 가치들의 불안한 동거"였다. 이런 의미에서
'순수' 선을 내세우며 정통론을 주장하는 일은 일종의 건망증이며,
의도적으로 기원을 망각한 행위라 할 수 있다. 또한 교리적 특성을
감추고 역사적 인물들을 희생양으로 삼는 일이기도 하다. 그런 식으로
이룬 (포괄적인) 위계제든 (배타적인) 통일성이든 모두 폭력이다.
여기서 의문이 생긴다. 이런 지류들이 합쳐진 적이 있었던가? 독특하

---

4 '수목형 모델'에 대해서는 Deleuze and Guattari 1983, p.10ff 참조.

고 통일된 전통 대신에 복수의 전통이 있다고 한다면 어떨까? 한 걸음 더 나아가서, 상대적 자치를 누리며 발전했을 수도 있는 별개의 여러 종교적 흐름들을 〔그 독자성을 무시하고〕 편리하게 일률적인 명칭 하에 집어넣은 것을 마주한다면, 어떨까? 그런 경우가 있다고 한다면, 그것은 또 하나의 소급 적용이라 할 수 있다. 왜냐하면 통일된 모델을 만들어 그것을 정통이라고 하고, 여럿이던 '초기 선'을 이 모델에 따라 뒤늦게 후대의 전통과 구별하는 데 성공한 결과일 수 있기 때문이다. 선종 텍스트에서 가끔 발견되는 또 다른 비유는 삼촌이 조카에게 상속한다는 것인데, 이는 곧 직계에서 방계로 전수되는 일을 가리킨다. 그러나 우리의 목적에 맞게 비유하면, 그 조카의 부모는 실제로 외동들이었다는 표현이 될 것이다. 이런 비유는 선 전통을 잇는 다양한 '가계들'이 (인류학자가 적절하다고 여기는 것처 럼 여성 대신에) 남성 중심으로 순환된다는 것을 인정하는 표현이다. 이것도 대개는 소급 적용한 결과이며, 달리 말하면 위조된 계보다.

선 전통이 흐릿하게 (그리고 미래에) 구축한 이념적 산물에 불과하 다면, 6세기에는 '초기의 선종'이 결코 존재하지 않았다고 주장할 수도 있다. 따라서 '초기 선'에 대해 말하는 것은 어불성설이다. 그럼에 도 나는 임시방편으로 이 표현을 쓸 것이다. 더욱 면밀하게 조사해 보면, 서로 다른 집단이 〔초기 선의 정통으로〕 공식 승인을 받기 위해 경쟁한 사실이 드러날 것이다. 예컨대 여러 '남종 종파들'(그 가운데 몇몇은 나중에 일괄하여 '북종'으로 알려지게 되었다)이 있었고, 그들 이 내세운 교리는 아주 다르기도 했다. 실상이 이러한데도 단순히 그들을 동일한 교리에서 갈라져 나온 가지들이라고 말할 수 있을까?

물론 이런 차이들이 있음에도 공통된 기반이 있음을 부정할 수 없다. 그리고 이것이 힘들게 고민하면서 정통성을 규정하려 했던 이유이며, 우리가-적어도 어떤 시대부터는, 가령 9세기부터는- 단일한 선 전통을 표현하더라도 정당화해준다. 아무튼 선사들의 계보는 꽤 성공적이었다고 할 만하다. 새로 출현한 종파들이 서로 발을 들여놓고 싶어할 정도였으니까. 그 종파들 대부분은 공통된 면이 있었는데, 그것은 오래된 불교 제도에서 멀찌감치 떨어져 새로운 선종 체제의 일부가 되려는 갈망이었다. 마조의 홍주종과 이른바 우두종牛頭宗이라 불리는 종파가 그런 경우였다.[5]

그런데 '초기 선'이 종파나 전통으로서 존재하지 않았다면, 특정한 형태의 담론이나 문학 장르가 존재했다고 말할 수 있을까? 사실 초기의 선 텍스트들은 그 특유의 형식과 내용을 갖추고 있었다. '고전'에 속하는 선 텍스트들은 아주 다른 독특한 장르에 속한다. 문체적 특징 가운데 어떤 면은 그 이전의 시기로 거슬러 올라가기는 하지만 말이다. 가령, 『능가사자기楞伽師資記』(T. 85-2837)에서 몇몇 선사들(구나발다라, 보리달마, 홍인 그리고 신수)의 전기 끝에는 그 선사가 한 말이 기록되어 있고 또 『진종론眞宗論』(T. 85-2835)과 같은 몇몇 북종의 텍스트에는 허구의 문답들이 있다. 이것들은 '어록語錄'의 선구적

<hr />

5 폴 드미에빌(Paul Demiéville 1970a, p.1314)이 말한 바와 같다. "이 〔선종〕 교파는 … 제도화되자 그 자신을 계보학적 용어로 정의내렸다. 선종에서는 교파마다 선사들의 계보가 있었으므로 특정한 교파의 승려는 그 교파의 계보에 속하는 스승으로부터 수계를 받았다. … 그 계보에 계통적으로 결합된 승려라도 임제의 가르침을 완전히 무시할 수 있었다. 그는 다른 고대 종파의 교의를 배우고 가르칠 수도 있었다."

형태로 볼 수 있다. '초기 선'은 더 교시적이었다고 할 수 있는데, 만당晚唐 시기에 우세해진 어록 장르의 그늘에 가려지는 일이 있었어도 계속 발달했다. 결국 그것은 한국과 일본, 송대 중국에서 '교선일치教禪一致'라는 표어와 함께 다시 부상했다.

선이 하나의 '전통'으로서 출현했을 때, 선은 이미 특정한 '양식'을, 더 정확하게는 문학 장르를 마련한 상태였다. 앞서 거론했듯이 '초기 선' 그리고 '고전적 선'은 그 양식이 본질적으로 달라서 단일한 장르 안에 몰아넣을 수 없다. 교리의 계보든 조사의 계보든 간에 선의 계보는 후대의 '전통'이 신중하게 주장한 착시 현상이라는 것이 다시 드러날 것이다. 이 두 장르는 처음에 따로따로 존재하다가 나중에는 비교적 통일된 체계 안에서 공존했다. 장르와 관련된 교리적 입장, 이른바 돈교와 점교도 마찬가지다. 이런 공존의 양상을 기술하는 데에는 두 가지 접근법을 쓸 수 있다.[6]

하나는 사회사적 접근이다. 이것은 이론적으로 양립할 수 없는 입장 때문에 결국 갈라졌다가 돈교 대 점교라는 구도 속에서 그 갈라짐을 정당화해 온 다양한 집단들 사이에서 일어난 갈등에 중점을 둔다. 이 두 가지 입장은 마침내 종교적 실천의 차원에서 화해했고, 비교적 안정적인 체계를 구성하게 되었다. 정통 선은 이런 타협의 결과로 나타난 것이었다. 또 하나는 구조적 접근이다. 이것은 돈/점 패러다임을 논리적으로 우월한 것이라 가정하고, 선의 역사적 발전에서 오로지

---

6 두 말할 것도 없이 교선일치를 주장하는 이들은 자신들의 입장이 점수와 동일하게 취급될 수 있다는 사실을 부정했을 것이다. 왜냐하면 '돈오'의 입장이 승리하게 되는 입찰 과정에서 '점수'라는 표를 달고 싶지는 않았을 것이기 때문이다.

점진적이고 불완전한 실행만 보거나 이 패러다임에 포함되어 있는 어떤 잠재력의 실현을 본다. 이 두 가지 모델에서 굳이 하나를 선택할 필요는 없다. 그 둘을 번갈아 쓰면, 하나의 모델만 쓸 경우에 따르는 불확실성을 줄일 수 있기 때문이다. 폴 벤느(Paul Veyne)의 말로 하자면 이렇다. "두 모델이 하나보다 낫다."(Veyne 1988, p.34)

나는 다른 데서 구조적인 모델을 검토한 바 있다.(Faure 1986a 참조) 여기서는 사회사적 접근을 통해 전통의 개념 안에서 작동하는 이데올로기적 전제를 강조할 것이다. 전통이 이데올로기적으로 작동하면, 그 기원의 다양성과 우연성은 정통성이라는 명백한 합의 뒤에 숨어버린다. 이런 합의는 모든 텍스트에서 지겹도록 반복되었다. 따라서 자칭 역사학자라면 자신의 글에서 이런 관점이 되풀이되지 않도록 해야 한다. 반면에 내적인 분열을 드러내고 심화함으로써 그것이 '외적인' 차이를 반영하고 있거나 반영되어 있다는 것을 보여주어야 한다. 외부에서 선을 비판하는 목소리가 선 전통 내에서도 발견된다는 사실은 그리 놀랍지 않다. 그런 비판이 선종 내에서 먼저 일어났는지 아니면 외부의 비판에 대응하면서 내재화한 것인지는 별로 중요하지 않다. 참으로 중요한 것은 선종과 다른 종파들 사이를 가르는 단층선이 선종 내부에서도 지나가고 있다는 사실이고, 경계선이 "그 안을 가로지르면서" 전통이라는 개념을 문제삼고 있다는 사실이다.(Derrida 1979 참조)

제이의第二義

분화分化는 비교적 뚜렷한 변화들 속에서 발견될 수도 있고, 명백한 연속성 뒤에 숨어 있을 수도 있다. 유사한 교리와 행동 또는 제도는 그 지적 맥락이나 사회적 맥락이 거의 눈에 띄지 않는 방식으로 달라질 때 그 의미도 근본적으로 바뀔 수 있다.(Certeau 1975, p.166 참조) 불교와 같은 종교 체계에서는 그 통일성을 유지하기가 비교적 쉽다. 왜냐하면 "동일한 개념, 동일한 수행이 근본적으로 상반된 사회적 경험들을 표현하게 될 때 반대의 의미를 갖는 경향이 있기 때문이다."(Bourdieu 1971a, p.316) 선의 정통성은 주변부의 창조일 수 있고, 본래 새겨져 있던 것을 지우고 그 위에 새로 새긴 것이거나 순전히 해석의 영역일 수도 있다. 그런 모호성과 생명력은 그 존재로부터 나온 것이다. 만약 완전한 백지가 아니라면, 적어도 재해석될 여지는 많다. 정통성에 관한 담론에는 이런 의미들이 침전되어 있는데, 그런 의미를 끄집어내기 위해서는 변증법적 전환을 자주 해서 아무런 문제가 없어 보이는 해석도 다시 문제삼아야 한다.

　사회학의 차원에서 시작해 보자. 첫 번째 유형의 내적 분화는 막스 베버가 '카리스마의 일상화'라고 부른 것에서 시작된다. 일상화와 비순응주의 사이의 부단한 변증법은 다른 종교에서처럼 선에서도 작동하는 것 같다.[7] 선은 한편으로는 (성직자와 지식인 양쪽의 의미에

---

[7] 베버에 따르면, '일상화'는 "예언자 자신이나 그 제자들이 그 가르침의 영속성과 회중에 배분된 은총을 확보하고, 그 다음에 사업과 그 사업을 맡은 사람들의 경제적 존속을 보장하며, 그것으로 종교적 기능을 담당한 사람들을 위해 마련된

서) 불교도의 배반으로 인식되었던 것에 대한 반동으로 볼 수 있다.
반면에 '길들여진 이단'으로 변질되었다고도 볼 수 있다. 어원학적으
로 '이단(heresy)'은 '선택(choice)'을 의미한다. 전통을 있는 그대로
받아들이기를 거부한다는 점에서 선택이며, 전통의 독단적 교리에
의문을 제기한다는 점에서 선택이다. 그러나 이런 의문 제기 자체가
곧바로 새로운 독단이 된다. 그리하여 본래 개조開祖에게 의미 있었던
것이 추종자들에게는 더 이상 의미가 없게 된다. 이단은 처음에는
성공한 비정통이 되고, 그 뒤에 드디어 정통이 된다. 그 역할이 전도된
다. 바로 그때 확실히 보수적인 사람들이나 집단에서 의문을 제기한
다. 그러면 우리는 정통성의 기호학이라 할 만한 것에 직면하게 된다.
어떤 용어('돈오,' '남종' 따위)는 법회를 알리는 깃발 같은 구실을 하고,
다른 것('점수,' '북종' 따위)들은 반대 주장들을 평가절하하는 데에
주로 쓰인다. 종밀(宗密, 780~841), 계숭(契嵩, 1007~1072), 혜홍각범
(慧洪覺範, 1071~1128) 등과 같은 명석한 개인들이 선 전통 내에서
이런 상황을 분석했는데, 그들은 지배적인 정통성이 지닌 약점을
드러내고 경쟁자의 가르침이 복합적이라는 점을 보여주었다.[8]

조사들의 계보는 정교하게 만든 상징적 우주를 반영하는데, 그
우주는 "의미가 넘치는 하나의 전체 속에서 사람들을 그 전임자들
및 그 후계자들과 통합한다."(Berger and Luckmann 1967, p.103) 그것은

특권들도 독점하는 과정"이다.(Weber 1964, p.61) 베버가 말한 '예언자'가 선에는
맞지 않아 보이겠지만, 그에게 이것은 붓다와 같은 영적 스승을 의미한다.
[8] 종밀에 대해서는 Gregory 1983 참조; 계숭에 대해서는 Chi-chiang Huang 1986
참조; 혜홍에 대해서는 Gimello 1989a 참조.

전통을 정당화하는 과정이며 사회적 계층화의 과정이기도 한다. 그것은 결국 〔전통 밖에서〕 궁극의 실재를 엿본 개인들이 만들어낸 '의미의 지방地方들'을 골칫거리로 여기며 제거하거나 부정해버린다. 똑같은 이유에서 "경험 공동체는 우주적 차원으로 자리를 옮기면서 개별적 존재들의 부침과는 무관하게 그 장엄함을 과시한다."(ibid.) 가령, 돈황에서 발견된 문서는 흥미로운 사실을 말해준다. 그것은 조사의 전법이 순수하게 형이상학적인 영역인 금강계金剛界에서 일어난다는 것이다.(Tanaka 193, pp.587-588; Xu Guolin 1937, 2, pp.139-141 참조) 한편, 세속적인 태도는 '고전적인' 선의 특징이다. 이를 제도화라는 관점에서 보면, "여러 유형의 행위자들이 습관화된 행동들을 유형화할 때마다" 일어나는 현상으로 해석될 수도 있다.[9] 이런 설명은 백장회해의 선원청규禪苑清規에 반영되어 있는 이상적인 선에도 확실히 적용할 수 있다. 백장은 "하루 일하지 않으면 하루 먹지 않는다(一日不作, 一日不食)"는 좌우명으로 잘 알려져 있다. 제도화는 이제二諦의 모델을 약간 변형해서 선의 용어로 설명할 수 있다. 7~8세기에 선이 재가자들 사이에서 거둔 성공은 점증하는 전향과 인과 관계에 있다고 할 수 있다. 이것은 제일의(第一義, 궁극의 진리)라는 대기가 희박한 곳을 떠나 제이의(第二義, 관습적 진리)라는 보행자 구역을 향해 떠나야

---

9 Berger and Luckmann 1967, p.54. 베버도 이렇게 지적했다. "종교계의 거장들이 합쳐서 아주 금욕주의적인 교파를 형성하면, 두 가지 목적이 온전히 이루어진다. 하나는 세계에 대한 환멸이고, 다른 하나는 세계로부터 도피함으로써 구원의 길을 봉쇄하는 것이다. 구원의 길은 묵상적인 '세계로부터 도피'에서 방향을 틀어 금욕적인 '이 세상에서의 일'로 향하는 것이다."(Weber 1958a, p.290)

하는 불행한 상황을 설명해준다. 이렇게 제이의로 떨어지면, 그만큼 '역사적 전통'이 자랄 토대를 상실하게 된다. 그것은 본래의 독창적 경험을 복제하거나 패러디한 것으로 보일 수 있으며, 선원의 계보에 생긴 흠으로 여겨질 수도 있다. 붓다 이후에 초기의 공동체는 사라지면서 두 번째의, 규칙화된, '이류의' 체제에 자리를 내주었다. 조사들이 나타나면서 일시적으로 복원하기는 했으나, 그 후계자들이 되풀이해서 위기에 빠뜨렸다. 선이 '제이의'에 대해 썼던 부정논법적[10] 담론조차 기호론 체계나 논증적 전술로 변했다. 운문문언(雲門文偃, 864~949)이 어떤 승려의 장례 행렬을 보고 다음과 같이 선언한 것도 그런 곤란한 상황에서 비롯되었을 것이다.[11] "얼마나 많은 주검들이 단 한 명의 산 사람을 따르고 있는가!"[12] 그러나 선사는 자신은 완벽하게 살아 있다고 여겼고, 그 스스로 장례 행렬에 참여해 앞선 것과 뒤따르는 것, 스승과 그 후계자들, 개조開祖와 전통 사이의 구별을 흐릿하게 하면서 자신의 발언을 부정하면서 강화했다. '선문답'이 발달한 일, 그리고 선을 전통적인 불교와 구별되는 전통으로 만들려고 의식적으

10 〔역주〕 원어는 'apophatic'이다. 이는 기독교 신학에서 쓰던 용어로, 초월적 절대자나 궁극은 어떤 언어나 형상을 넘어선다는 판단에서 발전시킨 부정의 논리를 가리킨다. 이는 불교 경전이나 논서, 선문답 등에서 흔히 볼 수 있는 부정논법과 유사하다. 실제로 포르는 중관학파의 부정논법과 통하는 의미로 이 용어를 쓴다. 따라서 이 책에서는 '아포파틱'을 '부정논법적'으로, 그 명사형인 'apophasis'는 '부정논법'으로 번역한다.

11 〔역주〕 포르는 운문문언의 말이라고 했으나, 잘못이다. 조주종심이 한 말이다.

12 John Wu, *The Golden Age of Zen*(New York: Paragon Books, 1975), p.145에서 인용.

로 제도화한 일은 어떤 면에서는 성공이 빚어낸 이중의 굴레에서 벗어나려는 시도였다. 그 굴레란 반제도적인 제도와 반텍스트적인 텍스트적 전통의 역설이다. 그러나 그런 시도는 이론에만 매여 있었기 때문에 실패할 수밖에 없었다.

이 이중의 굴레가, 신비에 싸인 '3조' 승찬처럼 '순수한' 또는 '진정한' 선사들이 결코 존재하지 않았다는 것을 의미하지는 않는다. 그러나 그 선사들도 자신이 일으키지 않았거나 일으키지 않을 수 없었던 논쟁에서 주역을 맡아야 했다. 달리 말하면, 이념적 장기판의 졸이 되었다. 게다가 그들은 대부분 곧바로 밀려났고, 이상적인 모습을 알리는 간판 노릇을 했으며 일종의 칸막이가 되어 삶의 세계를 가려버렸다. 푸코가 지적하듯이 "역사의 성공은 규칙을 장악할 수 있는 사람들의 것이고, 규칙을 이용했던 사람들을 대신할 수 있는 사람들의 것이며, 규칙을 왜곡하고 그 의미를 뒤집기 위해 자신을 위장하는 사람들의 것이고, 초기에 규칙을 강요했던 자들에게 대항해 규칙을 재조정할 수 있는 사람들의 것이다. 그들은 이 복잡한 매커니즘을 제어하면서 그들 자신의 규칙(rules)을 통해 통치자(rulers)를 극복하려고 한다."(Foucault 1977, p.151) 미셸 드 세르토와 다른 학자들은 계보를 만드는 데에 많은 비용이 든다는 점을, 그리고 하나의 '전통'을 생산함으로써 차이들을 잃게 된다는 점을 강조했다.(Certeau 1982, p.155)

이런 식으로 선의 복잡한 현실은 그 과거가 신화화되면서 점차 단순한 이미지로 바뀌었다. 이는 우리가 나중에 '본질적인' 이중성이라고 정의하는 것을 설명해줄 수 있다. 이런 의미에서 보자면, 스즈키 다이세츠 같은 메이지 이후의 일본 학자들이 선의 '황금시대'를 충실하게 재건하려던 일은 아주 예전에 일어났던 과정을 복제한 것일 뿐이다. 선 전통은 처음부터, 아니면 아주 빠르게 상실을 부정했던 것 같다. 선 전통은 '기원으로 회귀'하려는 향수병에서 나타났을 수도 있고, 선종이 번성하던 새로운 사회적 상황에서는 초기 선 수행자들의 '순수한' 실천, 즉 두타행의 단호한 (그러나 꽤 소승불교적인) 고행을 더 이상 실행할 수 없게 되었다는 인식에서 출현했을 수도 있다. 북종의 '개조'이자 '국사'인 신수神秀는 궁중에 인질처럼 붙들려 있었는데, 산속의 암자로 돌아가 만년을 보낼 수 있도록 해달라는 그의 간절한 요청도 받아들여지지 않았다. 바로 그때 북종선이 절정에 이르렀다는 사실은 의미심장하다.

우리는 적어도 표현의 차원에서 선의 일반적인 유형 두 가지를 마주한 것 같다. 이 이원성은 선의 '신학적' 측면 또는 통찰력의 '독특한' 본질을 지키려는 시도에서 나온 것이며, 이를 위해 '인류학적' 측면이나 (대개 퇴화로 또는 원초적 '존재의' 타락으로 보이는; Jonathan Z. Smith 1982, p.42) 다양하고 정교한 설명들을 희생시켰다. 고결한 마음과 성직을 두고 일어나는 내적 분열은 선에만 있는 것이 아니다. 그것은 모든 '영적' 운동에서 반복해서 일어난다. 초기의 논쟁이 한 번 해결되면, 새로운 다수파가 주도권을 쥐고 더 보수적인 소수파나 금욕적인 소수파는 주변으로 밀려나거나 소멸될 처지에 놓인다. 전통을 거부한 자들은 자신들의 경험을 유일한 지도 원리이자 진리의 기준으로 여긴다. 이때 전통은 그들에게서 정통성의 근원을 얻으려하면서 동시에 그들을 침묵시키는데, 이 과정에서 권위를 강요하고

또 그 자신의 의례를 통해 진리에 접근하도록 강제한다. 예를 들면,
이른바 능가楞伽의 전통에서는 도육道育 대신에 혜가를 '2조'로 결정했
다. 도육은 보리달마의 또 다른 제자로서 "마음으로 도를 실천할
뿐, 결코 그것을 말하지 않는다"라고 말했던 인물이다. 승찬은 예외로
보이지만, 엄밀하게 말하자면 그가 초기 선의 두 계보 사이에서 빠진
부분을 이어주는 편리한 연결고리가 된 것은 그의 몰개성 덕분이었다.
'침묵하던 소수파'가 선의 이상에 더 가까웠을 수도 있지만, 그 침묵이
소수파를 거의 망각 속으로 사라지게 만들었다.[13] 때때로 그 후계자들
은 위신과 명성을 피하려 했고, 달을 가리키는 손가락 때문에 달을
저버리지 않으려고 했는데, 이로 말미암아 '괴짜' 취급을 받기도 했다.
그러나 이 '거칠기 짝이 없는 선'이 이상화되자, 정통이 된 전통은
그것을—적어도 '자연외도自然外道'라고 매도되었던 과거의 어느 시점까지
—합법적인 것으로 승인했다. 그런데 (꽤 동떨어진) 그들의 존재는
구조적으로 필요했음이 드러났다. 그들 가운데 어떤 이들은 승찬처럼
알리바이로 선택되었고, 의심받던 그들의 가르침은 역설적으로 전통
을 위한 토대가 되어주었다. 다른 이들은 덜 또는 더 운이 좋았다.
물론 우리는 여기서 정형화된 주제를 만날 수도 있다. 그럼에도 그들은
여전히 스승으로 인식되었고, 누구도 전향시키려 하지 않았으면서도

---

13 그러나 몇몇 선사들은 바로 그 불분명함으로 말미암아 소급 적용되어 조사의
지위로 높여졌다. 그 불분명함이 그들의 전기를 아주 손쉽게 재구성하도록
만들었다. 승찬이 그런 경우이며, 혜능도 그런 경우일 것이다.(Faure 1989,
pp.131-132 참조) 그러나 이러한 이상화가 그들의 사상을 인정했다는 것을 의미
하지는 않는다.

제자들을 받아들였다. 그들은 〔규율을 강제하는〕 학교 교사가 되는
것도 무엇을 표현하는 것도 끈질기게 거부했다. 우리는 달변의 '스승'
앞에서 '침묵하는' 인물이나 말수가 적은 인물을 발견할 수 있다.
앞서 언급했던 혜가의 도반인 도육이 그런 인물이다. 또 초기 선에서
주요한 인물로 원遠이라는 '스승'이 있다. 그도 보리달마와 혜가에게
가려졌는데, 몇 마디 통렬한 발언을 제외하고는 알려진 것이 없다.
북종에서는 명찬(明瓚, 8세기 무렵)과 같은 사람이 있다. 그리고 '고전적
인' 선에서는 임제의 상대로서 수수께끼같은 인물인 보화普化가 있
다.(Sasaki 1975, pp.41~49 참조) 이로써 우리는 선의 대가들을 대략
세 가지 유형으로 나눌 수 있다. '돈오' 선의 주창자들, 점수의 주창자
들, 그리고 유마힐의 침묵에 비견되는 '침묵의' 실천가들.[14] 이른바
『달마론達摩論』에서 스승이 제자에게 묻는다. "내가 너에게 무슨 법을
가르칠 수 있겠느냐?"(Faure 1986d, p.128 참조) 분명히 물음은 주로
수사적이다. 임제를 비롯해 많은 선사들은 끊임없이, "어떠한 가르침
도 없다", "아무 것도 얻을 게 없다" 따위를 가르치고, 선종의 의례를
빈두로 존자의 빈 자리로 인증하듯이 텅 빈 허공을 가리키기도 한다.
이런 조치는 부르디외가 분석했던 생색내기 전략을 상기시킨다. 그런

---

14 물론 이 침묵을 어떻게 평가할 것인지는 여전히 문제다. 왜냐하면 침묵들도
   텍스트라 할 수 있고 다양하게 해석될 여지가 있기 때문이다. 열네 가지 형이상학
   적 물음에 대한 붓다의 〔대답〕 거절(Lamotte 1944~1980, Ⅰ, p.154 참조)이나
   불이不二에 대한 문수사리의 물음에 대한 유마힐의 '천둥 같은 침묵'과 같은
   이런 침묵은 최종적인 태도인가? 문화적이거나 철학적인 게임을 하지 않으려는
   거부인가? 다른 이들의 구원에는 관심이 없는 소승 불교도가 보여주는 '세속을
   포기한 자들'의 침묵과 그것을 어떻게 구별할 수 있을까?

전략에서 스승은 위계제 내에서 그 위계제를 부정할 수 있는 자리에 있는 존재임이 보증된다. 그것으로 그는 위계제와 그 상징적인 부정과 연관된 이익들을 축적해 나간다.(Bourdieu 1984, p.497) 마조, 황벽 그리고 임제와 같은 전형적인 선사들의 가르침은 급진적이고 성상파괴적인 내용을 담고 있었기에 보수적인 전통의 '고전'이 되었다. 초기 선에는 '점수'를 가장 잘 드러내는 요소들이 있었는데, 이것들을 영속화할 때 저 선사들은 '돈오'라는 미명하에 알리바이로 이용되었다. 다양한 경향을 보여주는 (지눌과 조계종 같은) 한국의 선과 (다르마슈, 에이사이, 도겐 등과 같은) 일본의 선에서도 마찬가지다. 선의 정통성을 출현하게 만든 것은 배제의 논리인데, 이 배제는 후기의 전통 내에서도 거듭 반복될 수밖에 없었으며 동시에 원심력으로 말미암아 끊임없이 위태로워졌다. 이 과정에서 초기 가르침에 내재해 있던 모호성이 '정통' 선의 상당히 메마른 이분법으로 전환되었다. 이런 변증법은 '포괄적인' 선과 '배제적인' 선 같은 이념형들[15] 사이의 대립 관계로 나타낼 수 있다.

소외시키는 전통?

선종의 진리 주장을 진지하게 받아들인다 해도, 선종이 다른 종교

---

15 [역주] 이념형(ideal type)은 '이상형'으로 번역하기도 하는 사회학 용어로, 복잡다단한 현실을 체계적으로 이해하기 위해 현실에서 도출해 낸 관념적 구성물이다. 이런 이념형은 현실과 완전히 일치하지 않으나, 전체적 맥락을 이해하는 데에는 유용하다.

제도와 마찬가지로 특정한 사회적 기능과 이념적 기능을 실행했다는 사실을 부정하기는 어려울 듯하다. 버거(Peter L. Berger)와 루크만(Thomas Luckmann)이 말한 것처럼 "한 조각의 인간 활동이 제도화되었다고 말하는 것은 이미 이 한 조각의 인간 활동이 사회적 통제에 포섭되었다는 것을 말한다."(1967, p.55) 8세기 이후 선종과 국가 간의 밀접한 관계는 기록을 통해 충분히 입증된다. 선종도 회창폐불(會昌廢佛, 845) 때에 다른 불교 종파들처럼 일시적으로 후원을 잃기는 했지만, 그들보다는 덜 심각하게 영향을 받으며 그 정치적 혼란에서 벗어났다. 그러나 어떤 의미에서는 더 큰 대가를 치렀다. 왜냐하면 불교의 정통이 되자마자 독립적인 지위를 잃고 제국 행정의 일부가 되어야 했기 때문이다. 일본에서도 선은 국가의 이익에 이바지할 수 있는 이념적 도구의 역할을 하려고 애썼다. 학자들은 그런 역할을 한 전형으로 카마쿠라 때의 선승 에이사이(榮西, 1141~1215)를 꼽는데, 그것은 그가 저술한 『코젠고코쿠론(興禪護國論)』의 제목 때문이다. 그러나 이 점에서는 토쿠가와 때의 선사 스즈키 쇼산(鈴木正三, 1579~1655)의 저술이 훨씬 더 중요하다.[16]

따라서 전통의 사회적 측면을 검토하는 일은 중요하다. 선승은

---

16 스즈키 쇼산 사상의 이념적 측면에 대해서는 Ooms 1985, pp.122-143 참조. 불교가 전쟁을 정당화한 것에 대해서는 Demiéville 1956 참조. 『코젠고코쿠론』에 대해 특별히 다룬 『禪學研究』 32(1939)도 보라. 이런 맥락에서는 니시타니 케이지(西谷啓治) 같은 '선 사상가들'의 국수주의적 선전에 대한 기여를 언급할 수도 있다. 코사카 마사아키(高坂正顯), 니시타니 케이지, 코야마 이와오(高山岩男) 그리고 스즈키 시게타카(鈴木成高) 등이 벌인 평판이 좋은(또는 나쁜) 츄오코론(中央公論)의 '좌담회'(『世界史的立場と日本』, 東京: 中央公論社, 1943, p.201) 참조.

구족계를 받음으로써 위계적 집단 내에서 지위 상승의 기회를 얻을
수 있었다. 이런 상황이 [선종의] 많은 직무들을 결정했을 수도 있다.
선종과 선사들에게 '세속적인 이익'을 구하지 말라고 끊임없이 (그럼
에도 불충분하게) 경고한 것도 그 때문이다. 그러나 자아 도취라는
더 미묘한 문제가 있었다. 그것은 '선택된 소수'라는 우월 의식으로,
속인들이 흔히 보여주는 행태를 뭘 모르고 하는 것이라며 경시하는
태도다. 엘리트의 자격이라 할 기술적 (그리고 나중에는 미학적)
전문성, 부르디외가 '문화귀족의 혈통'이라 부른 것에 따르는 인식이
다.(Bourdieu 1984, p.63) 이런 인식은 선사들이 '범부의 선'을 옹호하고
있을 때에도 널리 퍼졌다.

그리하여 선의 자유로운 정신은 문화적으로나 사회적으로 결정된
일종의 노블레스 오블리주가 되었다. 부르디외가 보여주었듯이, 상징
적인 이득을 구하는 마음은 무관심으로 가장한 태도 뒤에 숨어 있을
수 있다. 이와 관련해서는, 베버가 금욕주의자들과 신비주의자들은
이익집단이라고 한 말을 상기할 필요가 있다. 진정한 영적 소명을
꼭 배제하는 것은 아니지만, 사원 생활의 크나큰 동기가 '구별짓기'일
수 있다. 그러나 공동체라는 사회 안의 변화가 종교적 실천에 상당한
영향을 끼쳤다. 실제로 전통 불교의 '길'(mārga, 해탈을 위한 길)을
대체한 것은 선의 대가大家를 조사의 계보와 결합시키는 의례적 증명
인데, 의례적 증명이란 처음의 수계와 나중의 '공식 승인' 그리고
스승이 주는 인증서 등을 가리킨다.(McRae 1988a 참조) 깨달음에 이르
게 해 줄 방편(upāya)의 가치에 대한 논쟁이 사회적 구분과 겹치는지
겹치지 않는지 궁금할 수도 있다. 그 구분의 표지는 부르디외가 도제살

이를 중시하는 '학자들'과 타고난 재능을 중시하는 '사교가들'을 나눈 것과 좀 비슷하다.(Bourdieu 1984, p.68)

스승과 제자에 대한 규정 그리고 그들을 통해 전해지는 것에 대한 규정은 본래 사회적이다. 궁극적 진리에 대해 끊임없이 언급하지만, 그것은 초사회적인 어떤 기준에서 그 타당성을 획득하는 것이 아니고 지위와 밀접한 관련이 있다. 마르셀 드띠엔(Marcel Detienne)은 고대 그리스의 '진리의 스승들'에 대해 검토했는데, 선사들은 여러 면에서 그들과 유사하다.[17] 다시 말해, 그들이 진리를 깨달은 뒤에 그것을 가르칠 수 있기 때문에 (물론 그런 경우도 있을 수 있다) 스승인 것은 아니다. 그들이 진리를 가르칠 수 있는 것은 사회적으로 그들을 선사禪師로 규정한 결과, 그들이 가르치는 것이 진리로서 수행적 힘을 갖게 되었기 때문이다. 푸코가 분석한 작가의 기능처럼 '스승의 기능'은 담론에 의해서 결정된 하나의 '위치'다. 그것은 담론의 (순수한 원천이 아니라) 하나의 기능일 뿐이다. 이런 의미에서 그 수행적 힘은 폭넓은 사회적 합의를 필요로 한다. 선사의 냉정함은 마르셀 프루스트(Marcel Proust)의 작중 인물인 노르푸아 경을 상기시키는데, 그는 "대화 상대자가 대화의 주도권을 쥐려고 한다는 것을 알면서도 상대가 부추기고 애쓰고 버둥질하는 대로 내버려두는" 인물이다. (Bourdieu 1982, p.59에서 인용)

선종에서 명칭과 지위의 중요성이 커진 것은 반율법주의적 가르침 으로 보자면 좀 역설적이다. 그러나 힘의 이동—즉 원래 스승 개인에게

---

17 Detienne 1979a 참조. 또 Faure, "Zen and Modernity," *Zen Buddhism Today* 4(1986), p.87 참조.

있었던 상징적 우위가 이제 제도에 자리하게 된 것—을 반영하는 것으로 해석될 수도 있다. 선원의 합리화는 베버식으로 '세계의 환멸'[18]을 초래했으며, 아울러 인간 관계에 다시 매혹되면서 그 노골적인 이념적 본질을 은폐했다. 스승과 제자의 관계는 부르디외가 분석한 이런 '매혹적인 관계'의 한 사례가 된다.(1980b, p.217) 선원에서 볼 수 있는 일상의 의례화는 그가 "완곡하게 표현된 상징 폭력"이라 부른 것, 즉 "결코 폭력으로 인식되지 않으며 선택되었다기보다 겪었다고 할 만한, 조용하고 눈에 띄지 않는 형태의 폭력"을 보여주는 실례들을 제공해준다.(Bourdieu 1977b, p.192; 1980b, p.219) 명상 수행을 하는 동안에 의례처럼 하는 죽비 치기〔警策〕, 스승이 제자를 깨우치려고 때리는 '삼십방三十棒'은 가장 분명한 실례들이다. 선의 규율, 특히 일본에서 하쿠인(白隱, 1686~1769) 이후의 규율은 푸코가 『감시와 처벌』(1979)에서 분석한 유형의 권력 성장을 엿보게 하는 사례다. 이 모델에 따르면, 개인적으로 자유를 추구하는 일은 그 자체로 합리화에 도움이 되며, 역설적이게도 위계제와 지배를 확대시키는 구실을 한다. 이는 다시 선원의 밖에서 부과된 사회 구조를 강화한다. 이것은 분명히 너무 어두운 그림이어서 전적으로 지지할 필요는 없다. 그러나 그것은 우리가 '모든 전통의 근본적 모호성'을 명심하도록 도와주며, 우리가 선 전통의 진리 주장을 판단해야만 할 때 '소통이 체계적으로 왜곡될' 가능성을 고려하도록 해준다.(Tracy 1981, p.137)

---

18 〔역주〕 "세계의 환멸"이란 베버가 근대의 사회 조직 형태들이 만들어낸 지성화와 합리화에서 기인하는 현상에 붙인 말이다. 세계에서 종교적인 것과 신성한 것이 사라진 것을 '환멸'로 표현한 것이다.

친족 관계로서 전통

삼촌이 조카에게 전한다고 하는 선의 비유로 잠깐 돌아가보자.[19] 토마스 머턴(Thomas Merton)이 제안한 바 있듯이, 우리는 "삼촌은 선과 아무런 관계가 없다는 사실을 처음부터 인정"(Merton 1970, p.1)해야만 하는 것일까? 선에서는 계통에 관한 논의가 중요한데, 그 점은 우리가 선종을 상징적인 '친족 집단' 같은 것으로 보게 할 수도 있다. 여기서 '공식적인' 친족과 '실제적인' 친족에 대한 부르디외의 구별을, 그리고 두 가계의 도식은 일치하지 않는다는 그의 관찰을 상기하는 일은 가치가 있다.(Bourdieu 1977b, p.35; 1980b, p.284) 공식적인 가계가 실제적인 가계의 전략을 정당화하는 추상적 도식으로 남아 있는 것처럼, '종파'라는 개념은 실천과 교환이 이루어지는 구체적인 현실에서 덜 활동적인 위치에 놓이는 '공식적' 입장을 반영한다. 많은 경우에 선사들이 정신적으로 친밀하게 느낀 것은 그들의 공식적인 계통과 충돌한다. 예를 들면, 종밀宗密, 연수延壽, 지눌知訥 같은 남종 선사들의 가르침은 실제로 북종선에 가까웠고, 에이사이와 무혼 카쿠신(無本覺心)은 밀교에 깊이 빠졌으며, 기카이(義介)와 케이잔(瑩山) 같은 조동종 선사들은 도겐(道元)이 비판했던 다르마슈(達磨宗)의 존숙으로 남았다. 사회 생활에서 친족의 관계망과 마찬가지로 공식적이고 실제적인 종파적 관계는 전략적으로 이용되었다. 우리가 신회神會,

---

19 반야다라般若多羅의 것으로 생각되는 게송(Yanagida 1978, p.33에서 인용한 『조당집』에 나온다) 또한 보라. "중국이 비록 넓다 해도 다른 길은 없나니, 조카와 손자의 발자국을 따라 가야 하리라.(震旦雖闊無別路, 要假姪孫脚下行)"

종밀, 무주無住 또는 하쿠인(白隱) 등의 전기로 추론할 수 있듯이 계보는 조작되기도 하고 완전히 위조되기도 했다. 가령 다르마슈의 개조인 다이니치 노닌(大日能忍)과 중국의 선사 불조덕광佛照德光의 관계는 '서먹서먹한 결혼' 쯤으로 볼 수 있는데, 그것은 전략적으로 모든 사항들을 고려한 두 계통의 결연 같은 것이다. 비유하자면, 에이사이와 도겐 같은 일본 선사들도 '족외혼'을 하기 위해 가출했고, 그 때문에 새로운 씨족(종파)에 편입되었다. 전통적인 선에서 일어난 수많은 '사건들'을 동일한 인류학적 (그리고 약간은 회화화한) 맥락에서 재해석할 수도 있다. 따라서 혜가가 보리달마에게 자신의 진심을 내보이기 위해 팔을 자른 일은 포틀래치[20]의 한 사례(Mauss 1950, p.200 참조)처럼 여겨질 수 있고, 가신이 그 주군에게 복종하는 경우처럼 보일 수도 있다. 이렇게 종파적으로 독실함을 강조하는 일은 당시 중국 사회에 유행하던 자기 희생, 그리고 불교사서佛敎史書에 기록된 (우연하게도 근대 일본에서 야쿠자의 통과 의례를 예시하는) 자기 신체 절단의 경우와 관련이 있을 것이다.

초기 선 공동체의 발전에서 두 가지 모순된 경향을 식별할 수도 있다. 탁발의 제도화, 그리고 자급자족하며 살려는 시도가 그것이다. 선에서 탁발은 마르셀 모스가 말한 증여와 답례의 순환처럼 여겨졌고, 그리하여 사회 구조 속에 자리잡았다. 반면에 자급자족의 경향은 선을 사회적 중재에서 그리고 증여의 순환에서 떼어 놓으려는 것이었으므로 '돈오'의 입장에 훨씬 더 부합하는 것처럼 보였다. 그러나

---

20 〔역주〕 태평양 연안의 인디언들 사이에서 있었던 선물 교환 행위를 '포틀래치'라 불렀다.

그 또한 잘 짜여진 노동, 그리고 선원의 토지를 경영하고 개발하는 일을 필요로 한다. 다시 말해 세속적 의미에서 투자를 필요로 한다. 따라서 어떤 의미에서는 선을 '세간으로' 끌어들이는 일이기 때문에 초기의 운동과는 모순된다.

이제 나는 앞서 언급한 사회학적 해석에 의문을 제기하려 한다. 물론 일상화는 명백히 제도화의 결과다. 그렇지만 급진적이고 비국지화하는 선의 독특한 표현법은 언제나 특정한 공간의 산물이었다. 달리 말하면, 일상화를 불운한 발전이라거나 불필요한 보완이라고 해석해서는 안 되고, 오히려 가장 초기 전통의 '본질적인' 요소라고 해석해야 한다. 초기의 (혜가처럼) '행각하는' 선사들에 대한 기록들은 모두 이념화로 덧칠되어 있다. 초기 선에서는 '파격破格'이 하나의 이상으로서 중심적인 역할을 했다고 종종 언급하지만, 하나의 이상으로서만 중요했는지도 모른다. 한편, 일본 학자들은 대부분 '백장청규百丈清規'를 선종의 출생증명서쯤으로 여겼는데, 이것도 길들이기의 다른 면을 보여준다. 빅터 터너(Victor Turner)의 어투를 빌리면, 경계에 있는 것을 제도화한다는 구실로 구조 속에 집어넣은 것이다.(Turner 1974) 그런데 경계 자체는 사실상의 기원보다 더 이전에 있었는가? 물론 선 전통을 보호의 반사 운동이나 절제의 상징으로 설명할 수도 있다. 그럴 경우에 백장청규는 의례라는 '신성한 닫집' 아래로 들어가는 것을 의미하며, 그것은 죽음과 혼돈을 길들이는 또 다른 방법이다.(Berger 1969 참조) 그러나 오로지 자비심에서 말한다고 하는 선사들의 주장을 받아들인다면, 선의 전향은 초기 선의 부정논법이 보살의 이상과 같은 대승불교의 가치들에 오염된 결과로 볼 수 있다. 이런 가치들은 선이 사회로 회귀하는 것, 출가자가 세속으로 재통합되는 것을 나타낸다. 이것은 십우도十牛圖에서 포대布袋 화상이 '장터로 들어가는 것'으로 상징화되었다. 부정논법적인 은둔과 대중적인 서술 사이의 이 불안정하고 불만족스런 타협이 선의 가치를 철학적이고 종교적인 면에서 가장 강화시켰을 것이다.

사회학적으로나 제도적으로 '카리스마의 일상화'가 일어난다는 것은 사실이지만, 그것이 이론적 수준에서 일탈을 수반하지는 않는다. 교리의 진부함은 개혁적인 시도, 정화 과정의 재가동 등으로 보완된다. 그러나 여전히 의문은 남는다. 그 전통의 여명기에는 어디에서도 파생되지 않은 원형적인 선의 원리가 있는가, 아니면 데리다식 의미로 '흔적들(traces)'을 마주한 것뿐인가? 데리다에 따르면, "흔적은 기원이 사라진 것만을 의미하는 것이 아니라, … 기원은 사라지지도 않았다는 것을, 기원이 아닌 것과 흔적이 상호작용해서 구성되었다는 것을, 그리하여 흔적이 기원의 기원이 된다는 것을 의미하기도 한다."(Derrida 1974, p.61) 그러므로 분화는 처음부터 일상화와 정화淨化라는 두 가지 과정 속에서 일어나고 있었다. 참으로 그것은 사회적 요인들 때문에 '오염되는' 그런 '순수한' 가르침이 아닐 수도 있다. 선은 본래 '순수'하다는 개념은 선의 '타락'이라는 개념과 동시적으로 생겨났거나 오히려 그 뒤에 생겨났을 수 있다. 따라서 선의 제도화를 '순수한' 선의 경험에서 일탈된 것으로 여기는 일은 위험하다. 그것 때문에 어떤 전통적 담론을 단순히 복제하고 결국 선의 '정수'를 재도입하게 되었던 것이다.[21]

70

선은 종종 신비주의로 소개되었다. 가령, 빅터 터너는 그가 코뮤니타스[22]라고 부른 것에 기초한 종교적 가르침을 보여줄 만한 좋은 사례를 스즈키(D. T. Suzuki)를 통해 선 안에서 보았다. "이런 관점에서 보면, 단일성을 구하는 일은 다수성에서 물러나는 것이 아니다. 그것은 불화를 제거하는 일이고, 불이不二를 깨닫는 일이다."(Turner 1974, p.203) 코뮤니타스와 '구조'의 대립은 임제의 '무위진인無位眞人'에 전제되어 있는 것과 비슷해 보인다. 무위진인은 특히 사회적이고

---

21 또 다른 상황에서 이것은 위르겐 하버마스나 츠베탕 토도로프 같은 계몽주의 옹호자들에게서 볼 수 있는 방식이다. 그들은, 푸코와 데리다가 했던 것처럼 인문주의 전통이 근본적으로 모호했을 가능성은 언급하지 않은 채 그리고 그 '정수'를 정의하면서 '우연적 사태'나 '추가된 것'을 포함시키지 않은 채, 〔계몽주의〕 뒤에 이어진 민족주의와 식민주의를 인문주의적 개인주의에서 단순히 '일탈'한 것이라고, 이성이 잠들면서 깨어난 괴물들이라고 표현했다. (Habermas 1981, 1986; Todorov, "The Deflection of Enlightenment"〔Stanford: Stanford Humanities Center, 1989〕 참조.) 토마스 머턴이 유사한 시도를 했는데, 그는 스즈키 다이세츠에 이어 선의 보편성을 강조했고 또 불교라는 왕겨에서 선이라는 밀을 분리하려고 노력했다. "선을 어떤 식으로 구조주의 인류학의 틀 속에 넣을 수 있었는지 궁금하다. … 선이 사회적이고 정치적인 전체의 일부인 한, 선이 문화 체계의 다른 요소들과 연결된 것으로 보는 한, '그렇다.' 그러나 그런 경우 그 체계에 적합한 것은 선이라기보다는 불교다."(Merton 1970, p.1) 선은 '불교다'라고 할 정도로 그것이 그 이상적인 정수에서 일탈했다는 결론을 내려야 할까?

22 〔역주〕 코뮤니타스는 여러 제도들을 통해 틀이 잘 짜여 있는 '사회'와 달리 인간 관계가 정형화되지도 구조화되지도 않은 상태로 있는 영역을 가리킨다. 따라서 일반적으로 말하는 사회가 '구조적'이라면, 코뮤니타스는 '비구조적'이라고 말할 수 있다.

이념적인 구조에 매여 있지 않은 개인을 뜻한다. 그러나 구조와 의례에 대한 주지주의적(intellectualist) 시각을 가지고 제도화를 단순한 일상화로 보는 것은 경계해야 한다. 그렇지 않으면 터너가 1960년대의 저술에서 했던 것처럼 코뮤니타스와 신비주의자를 이상화하게 된다. 그들의 종교적 목적을 더 이상 이해할 수 없기 때문에 의례와 위계를 무시하고 싶은 마음도 생길 수 있다. 많은 해석자들이 세속적인 접근에 과잉 반응하기도 했고, 종교 현상에 대한 이상화된 관념으로 되돌아가기도 했다. 어쨌든 코뮤니타스와 구조, 믿음과 이성, 성상파괴주의와 의례주의 같은 양극 사이에서 일어나는 이런 왕복 운동은 분명히 우리 문화유산의 일부이면서 선의 일부이기도 했다. 그리고 이런 상황은 우리와 선의 대가들 사이에 전이적 관계를 가능하게 해주므로 결국 철학적 해석학이 옹호하는 '지평의 융합'을 촉진시킬 수도 있다.

차이 만들기

선 담론은 정통을 규정하고 불이不二를 강조하려고 했다. 그러면서 돈오와 점수, 북종과 남종, '교외별전教外別傳'과 '교선일치教禪一致', '공안선'과 '묵조선' 같은 이분법들을 계속 만들어냈다. 이런 차별화의 다양한 과정들에 있는 방법론적 '이중 보기(double vision)'의 정확한 역할을 평가하는 문제는 우선 제쳐둔다. 여기서는 전통의 통합하는 이데올로기를 뒤엎는 것에 (그러나 그것을 설명하는 일과 그것이 스스로 설명하게 하는 일에도) 관심을 둔다.

　첫째로 선종 제도는 선 자체를 희생하고서 나타났다는 점이 제시되

었다. 초시간적 경험으로서 선과 축적된 전통으로서 선을 구별짓는
일은 선에 대한 역사적 접근을 지지하는 쪽과 현상학적 접근을 지지하
는 쪽 간에 벌어진 논쟁을 이해하는 데 도움이 된다. 그런 논쟁은
후스(胡適)와 스즈키 다이세츠가 1950년대에 재연했던 적이 있다.
(Hu Shih 1953; D. T. Suzuki 1953 참조) 이제는 이전의 그런 구별짓기를
상대화할 때가 되었다. 선의 '독창성'은 '최초의' 가르침이 없다는
것일 수도 있다. 왜냐하면 붓다는 "49년을 설법하는 동안 한 마디도
말한 적이 없다"고 단언했기 때문이다. 그러면 '최초의' 또는 '순수한'
경험이라도 있었는가? 우리가 찾아낸 것은 흔적들이다. 기호에 대한
데리다적 의미에서, 그 흔적은 가상에 지나지 않는 기원을 가리킨다.
얻을 것은 없다는 바로 그 통찰이 역설적으로 최초의 통찰로서 역할을
하게 되며, 그리하여 끊임없이 실체화될 위험을 안게 된다. 특히
붓다나 유마힐의 (의미가 가득한) 침묵으로 표명될 때는 더욱 그렇
다. 꿈처럼 그 통찰도 복구할 수 없다. 상상할 수 있을 뿐이다. 이런
의미에서 '최초의' 통찰은 꿈과 마찬가지로 '흔적'으로만, 즉 완전히
깨어난 의식에는 결코 존재하지 않았던 것으로만 존재할 수 있다.
실제로 그런 경험을 할 수 있는 자아는 없기 때문이다. 중봉명본中峰明
本은 선을 장자가 묘사한 태초의 혼돈에 견주었다.[23]

한 사람이 와서는 선의 머리에 한 획을 그었다. 다른 사람은 선의

---

23 [역주] 혼돈 이야기는 『장자莊子』의 「응제왕應帝王」에 나온다. 혼돈에게 극진한
대접을 받은 숙儵과 홀忽이 그 은혜를 갚겠다며 아무런 구멍이 없던 혼돈에게
일곱 개의 구멍을 뚫어주었다. 혼돈은 그 구멍 때문에 죽고 말았다.

다리 아래에 한 획을 그었다. 세 번째 사람은 선의 마음에 한 획을 그었다. 이윽고 또 다른 사람이 와서는 그 세 획 위에 세 점을 찍었다. 이제 그것을 보면, 그렇게 꾸며진 선은 본래의 얼굴과 전혀 닮지 않았다. 나중에 또 사람들이 와서는 거기 그것들에 더 많은 점들과 획들을 더했다. 이따금 잘못된 곳에 점과 획을 더하는 이들도 있고, 서로 시비를 일삼거나 명칭을 붙이기도 하면서 여래선如來禪, 조사선祖師禪, 문자선文字禪, 외도선外道禪, 성문선聲聞禪, 범부선凡夫禪, … 방할선棒喝禪〔따위로 나누었다.〕('Chün-fang Yü 1982, p.433)

종밀은 판교判敎 체계 안에서 선을 분류하여 교리상 위계를 두려고 했으나, 선이 위계의 바깥에 있다는 점은 지적하지 못했다. 위의 명본은 그런 종밀을 비판하고 있다. 그러나 그가 선을 원초적 혼돈과 비교한 것은 이미 요점을 벗어난 일이다. 왜냐하면 선의 원초적 몸통은 눈과 발 따위로 분화된 반면에, 장자의 우화에서 분화는 혼돈을 죽음에 이르게 하는 원인이었기 때문이다.(Girardot 1983 참조) 명본 자신은 그가 비판하는 과정의 일부이며, 그의 발언은 그것을 담고 있는 더 큰 문장에 의해서 회복(하거나 심지어 생산)된다.

따라서 분화의 과정은 선의 모든 전통적 양식에서 이미 늘 작동하고 있다. 조동종 승려인 야율초재(耶律楚材, 1189~1243)가 선의 주요한 세 '가계'에 대해 묘사한 다음의 글에서 볼 수 있듯이. "운문종에서 깨달은 이들은 과묵함과 신랄함(의 역설적인 결합)에서 그것을 얻고, 미혹된 이들은 분별과 충동에서 그것을 잃는다. 임제종에서 밝은 이들은 저돌적인 대담함으로 그것을 얻고, 어두운 이들은 경솔함과 무모함으로 그것을 잃는다. 조동종에서 지혜로운 이들은 섬세한 통찰에서 그것을 얻고, 어리석은 이들은 자잘한 것에 얽매여 그것을 잃는다."(Jan 1982, p.383)[24]

선에서는 초월성의 변증법이 발견된다. 그것을 논리적으로 설명할 필요성에 대해서는 메를로 퐁티가 다른 맥락에서 한 말에 잘 표현되어 있다. "내적 증거에서 원리를 파악할 수 있다는 내적 확신이 더 이상 지식 탐구에 대한 자극이 되지 않고 오히려 새로운 학풍을 위협하는 때가 왔다."(Merleau-Ponty 1960, p.224) 선 수행도 그와 같다. 선 수행은 창조적 사상으로 넘친 오랜 시기를 열었으나, 추종자들이 사이비 선으로 그 가치를 소모해버렸다. 그리하여 선 수행은 때때로 그 창조적 행위의 교훈을 되찾으려는 시도로 여겨졌다.

여기에 명백한 위험이 있다. 그것은 선의 '근본적인' 개념에 관한 것이다. 그 개념이 사실상 '본각本覺'의 개념에 의해 그리고 여래선에서 발견되는 '근본주의적' 표현에 의해 정당화되었기 때문에 위험한 것이다. 이런 의미에서 선 전통은 기원에 대한 기억을 가공해낸 것, 즉 순수한 기원이란 결코 없었다는 사실을 잊으려는 활동인 셈이다. 기원의 역할을 할 수 있는 것은 기껏해야 새로 떠오르는 인식, 즉 깨달음의 차별적이고 경이로운 본질에 대한 인식이다. 고된 수행으로 형이상학적인 어떤 진리를 되찾을 수 있다는 믿음과는 대조되는 견해를 임제 같은 거친 개인주의자들에게서 발견할 수 있다. 임제는 벤느가

---

24 〔역주〕『담연거사문집湛然居士文集』권13의 〈만송노인만수어록서萬松老人萬壽語錄序〉에 나온다.

지적한 것처럼, "남들만 도달할 수 있는 불가사의한 영역이 존재한다고 믿는다면, 탐구와 창작은 마비된다. 혼자서는 감히 한 발짝도 내딛지 못한다"(Veyne 1988, p.93)는 것 때문에 불가사의란 전혀 없다고 주장했다. 이런 '내재론적' 선 또는 '자연주의' 선은 중관파中觀派로부터 실마리를 얻었는데, 이 선은—"당나귀를 매어 두는 말뚝" 같은— 전통적 불교의 닻줄을 끊어버리고 '대기대용大機大用'과 같은 개념을 옹호한다. 물론 선의 이 두 가지 유형은 단순히 경향이거나 이념형에 지나지 않을 수 있으므로 경계가 분명한 사회 집단으로 해석해서는 안 된다.

'내재주의'나 '자연주의' 경향은 두 가지 상반된 전제로부터 나올 수 있다. (종밀이 해석한 대로) 마조 계열의 개념처럼 불성佛性과 본각에 대한 내재주의적 개념에서 나올 수 있다. 이에 해당하는 경우는 도겐이 그토록 격렬하게 비판했던 세니카 외도[25]나 '자연외도自然外道'다. 그리고 그것은 또 중관파적인 선이 성취한 본체론과 결별한 데서 나올 수 있다. 원초적 진리라는 개념을 거부함으로써 표류가 시작되었는데, 그 표류는 자유로 인식된 도덕적 상대주의로, 또 형이상학적 속박으로부터 벗어남으로 이어졌다.

'길들이기'를 당하고 그 자체의 '자기모순적인'[26] 요소들로부터 압력

---

25 〔역주〕흔히 '선니 외도'라고도 하는데, 형체가 사라져도 마음은 머문다는, 즉 몸은 죽더라도 영적인 지혜는 변하지 않고 머문다는 견해를 내세운다.

26 〔역주〕원문은 'heterological'이다. 의미나 논리에서 모순되는 표현을 가리킨다. 가령, 선가에서 널리 쓰는 "문자를 세우지 말라"나 "입을 여는 즉시 그르친다" 따위가 그런 것이다. "문자를 세우지 말라"는 그 자체가 문자를 세운 것이고, "입을 여는 즉시 그르친다" 또한 입을 연 것이어서 스스로 한 말과 모순을

을 받는 선이지만, 그럼에도 현상학적 차원에서 일어나는 본질적인 분기分岐 때문에 복수複數로 남아 있었다. 그 분기란, 선이 부단히 전복시키는 '존재의 형이상학'에서 깨달음과 그 보임保任이 갖는 특질에 의해 일어난다. 이런 선의 변증법적 구조를, 그리고 분기와 총합 사이의 변증법을 이해하기 위해서는 경험상 앙리 베르그송(Henry Bergson)의 '이분화의 법칙'에서 시작하는 것이 유용할 수 있다. "처음에는 하나의 경향에 대해 가졌던 서로 다른 관점에 불과했던 경향들을, 그 단순한 분화를 통해 실현되도록 한 것을 우리는 이분화의 법칙이라 부를 것이다. 그리고 이 분할을 통해 일단 실현된 두 가지 경향 각각에 내재하는 요건, 즉 각각이 그 목적을—마치 목적이 있는 듯이— 따라가려는 경향을 이중적인 열정의 법칙이라 부르기를 제안할 것이다."(Bergson 1935, p.316) 선 안에는 분명히 우리의 이원적 사고 과정—모든 현상을 두 가지 서로 다른, 상호 배타적인 양상으로 보여주는 구조적 분할—을 특징짓는 것과 유사한 이분화가 이미 작동하고 있다. 그 이분화는 이런 종교 현상의 복잡한 현실을 북종선과 남종선 같은 '암막창暗幕窓'으로 가리려 한다. 가능하다면, 성찰 이전의 현실 가운데 아직 양극화되지 않은 몇몇을 복구하는 데에 힘써야 한다. 따라서 전통의 논증이 보여주는 정교함에서 시작할 필요가 있다. 그러나 이런 정교화는 스스로 제이의第二義의 현실을 생산하며, 여기서 제이의는 사회학적 비평에서처럼 더 이상 타락을 의미하지 않는다. 그러므로 선의 관념적 구조, 즉 너무 생략되어 이해하기 어려운 그 구조는

_____

일으킨다. 자기모순, 자가당착에 해당하지만, 진리를 담고 있어 '역설'로 볼 수도 있다.

단순히 우리가 '방법론적 이중 보기'를 한 결과물이 아니라, 주로 문화가 교차하는 것처럼 보이는 인식론적이고 심리학적인 과정들 속에 그 뿌리가 있다.[27] 패러다임에서 대립 관계는 직접적이거나 비매개적인 (돈오) 선과 간접적이고 매개적인 (점오) 선 사이의 관계처럼 보인다.

여기서 나는 경험적으로 틈을 넓히는 것에, 이를테면 '쪼개기'에 관심을 두고 있다. 이는 본래의 차이(유명한 선시가 말하는 것처럼 하늘과 땅을 떼어놓는 다리 벌리기만큼 미소한 차이)를 모든 종류의 이분법 안에서 재정립하기 위함이다. 전통의 움직임은, 자기가 벌려 놓은 틈을 부정하면서 메우려 애쓰는 한, 근본적으로 평화적이라고 할 수 있다. 그렇다면, 그때 우리는 그것을 넓히기 위한 시도를 호전적으로 해도 좋을 것이다. 그리고 이러한 노력에서 성상파괴의 즐거움을 얻게 될 텐데, 그것은 사실상 선의 성상파괴에 대한 우리의 이해를 더 높여줄 것이다. 이는 선이 혼종이라는 것을 깨닫게 해준다. 환경적 이유 때문만이 아니라 그것이 근본적으로 오만(hybris)의 한 유형이기 때문에 혼종이라는 것이다. 그 오만은, 숙달하려는 어떠한 시도에도 저항하는 것이며, 결과적으로 '선사들'이 표현한 숙달된 선을 끊임없이 전복시키는 것이다. 그러므로 변증법은 (여전히 숙달, 위계, 권력의 의미를 함축하고 있는) 넘어서기의 하나가 아니라 오히려 전복의 하나다. 전복은 '틈새를 사고함'으로써 나온 결과이며, 단일한 '구조'를 적극적으로 분열하려고 한 데서 나온 결과다. 선종의 주변들은 선종에

---

27 '방법론적 이중 보기'에 대한 논의를 위해서는 Bell 1987, pp.97-118을, 그리고 이 책 말미에 있는 「맺음말」의 '문제의 이분법' 참조.

78

서 나오는 동안에 선종에게 버림을 받았으나, 거기에는 '무단 결석' 같은 선의 대안이 있다. 우리는 이것을 가장 눈에 띄는 곳으로 가져와야 한다.

이런 경험적 양극화는 포괄/배타, 평화/호전, 위계/무계급, 성직 중시/철학 중시, 근본주의/역사주의, 해석/수행 따위와 같은 (반드시 겹치는 것은 아닌) 여러 다발의 형태로 나타날 수 있다.[28] 예컨대 프랑수아 앙드레 이상베르(François-André Isambert)가 가톨릭 신앙에 대해 논의한 데서 나온 성직과 세속 사회 사이의 차별화는 어느 정도까지는 선에도 적용할 수 있다. 이상베르는 '신성함'을 이용해 정당화되는 '성직의 질서' 그리고 믿음과 형제애가 특징적인 '세속의 질서'를 구별한다.(Isambert 1982, p.271) 이 두 가지 질서의 결합은 안정적이지만, 만약 그 둘을 단일한 실체에 속하는 것으로 나타낸다면 그 갈등의 본질을 놓쳐버릴 수 있다. 공동체의 질서는 모든 매개 수단이 완벽하게 투명해질 것을 요구한다. 그리고 매개 수단이 어떤 경우에 불투명해지려고 하면, 그런 경향은 '종교'라는 이름 하에 '신앙'의 장애물이라는 비난을 받는다.[29] 불교처럼 기독교에서도 성직 중시와 그 반대 사이의

---

28 근본주의/역사주의의 패러다임에 관해서는 Vincent Descombes의 "Les mots de la tribu," *La traversée de l'Atlantique, Critique* 456(1985), p.431 참조. 선 내부의 분리는 장 프랑수아 리오타르와 리처드 로티에 반대하는 **상충**(différend)과 유사한 점을 제공하는 것 같고, 더 일반적으로는 포스트모더니즘의 지지자들 및 계몽주의의 옹호자들과 유사한 점을 제공하는 것 같다. ibid., pp.559-584 참조.

29 우연하게도 이것은 '신앙'을 지지한 머턴이 선 내부에서 (선 고유의) 신비적 요소를 '종교'(그가 '불교'라고 부른 것)와 구별할 때 사용했던 그 이분법의 유형이

변증법을 볼 수 있으며, 매개한다는 명목으로 인간성과 궁극적 진리
사이에 개입할 수 있는 어떤 체계(관료, 제도, 의례)가 신성화되는
것을 부정하는 경향도 볼 수 있다. 이런 양극화는 흔히 우주론적
영역과 윤리적 영역 사이의 양극화와 관계가 있다. 즉, 현세가 우위에
있다는 주장과 사물의 법칙(다르마)이 우위에 있다는 주장, 그리고
인간이 우위라는 주장과 그들의 창조적 활동이 우위라는 주장 따위의
양극화.(Gauchet 1985, viii) 그러나 이 관계는 필연적인 것이 아니다.
적어도 우리는 진리의 두 가지 기준 사이에서 끊임없이 왕복 운동을
한다. 그리고 근본적으로 표리부동이라는 인상—그리고 가끔은 영향—
을 주는 것은 '이중 진리'의 양극 사이에서 일어나는 이 왕복 운동이다.

전통을 해석하는 이들은 그런 양극화의 위험 앞에서 안전한 편이
아니다. 그들은 헤겔 이후로 도처에서 '편안한 양자 대면'을 찾으려는
사람들의 대열에 끌려 들어갈 수 있다. 비슷한 분열이 성과 속, 교리와
의례 같은 이분법을 만들어낸다. 에드먼드 리치가 지적했듯이, 그것
은 실제 삶에서 휴일은 늘 거룩한 날들과 뒤섞여 있고 축일은 단식과
뒤섞여 있다는 사실을 우리가 잊도록 만든다. 개인의 경우는 언제나
더 복잡하다. 가령, 도겐은 최초의 다르마에 내재한 꽤 근본적인
개념에서 출발한 것처럼 보인다. 그러나 조사의 전통과 그것이 역사적
으로 특권화된 역할에 대해 그가 가진 관념은 궁극적 진리를 '실현'하기
위한 사색과 결합되었는데, 결국 이것은 그가 선의 '역사적' 유형을
옹호하도록 만들었다. 게다가 부르디외가 지적한 것처럼 "'이항대립

다. Merton, 1970, p.1ff 참조.

적 사고'라는 대조법과 달리, 영속성은 변화에 의해 보장될 수 있고 구조는 운동에 의해 영속화될 수 있다."(Bourdieu 1984, p.164) 따라서 도덕적 규범과 그 위반은 단순히 반대되는 것이 아니라 뒤엉켜 있다. 양극화된 구조가 실제로 뒤엉켜 있는 것이라면, 이때 그 구조는 매개를 통해서 두 용어의 대립을 해결하려는 레비 스트로스 식의 접근법과는 다른 접근법을 필요로 한다.

선에서 이중/결투(dual/duel)의 중요성은 선의 변형불가능한 복수성 또는 다극성多極性을 가리키면서 동시에 변형시킨다. '돈오'와 '점오'로 규정되는 두 적대자의 가르침은 선의 복잡한 현상을 숨기는 공범—'선이라는 숲'을 드러내지 않는 현상학적 나무들—임이 드러난다. 왜냐하면 "주어진 문화적 맥락에서 두 가지 상반되는 담론의 공존은 당연히 그 체계의 균형을 보장해주기" 때문이다.(Charles 1985, p.65)

나는 정통이 된 전통(이에 대해서는 Faure 1986c 참조) 내의 일행(一行, 하나의 수행)이라는 '단일론' 대신에 가치와 수행의 '다원론'을 다시 드러낼 것이다. 그렇게 해서, 통합적인 선의 '순수주의'라는 전망도, '선과 그 가르침의 수렴' 같은 이론들에서 발견되는 '암막창'의 이원론도 선의 대가들이 경험한 것을 충실히 반영하지 못한다는 점을 보여줄 것이다. 차별화는 널리 퍼뜨리는 힘이다. 그것은 갖가지 전형적인 대립쌍들이 움직이는 무대를 만들어내는데, 그 대립쌍들은 명확하고 불변하는 종파적 위치에는 더 이상 할당할 수 없는 것들이다. 여기서는 다시 '차별화된 선'을 보여주는 다양한 사례들을 단순히 이념형으로 여기는 일이 중요하며, 분리된 것들을 묶어서 무리를 짓지 않는 일이 중요하다. 선은 '상상된 공동체'고 또 늘 그러했다. 사회적 수준에서 구별짓기의 개념과 철학적 수준에서 차이의 개념은 이렇게 끊임없이 생산되는 틈들(벌어짐들)을 설명하는 데 도움이 될 것이다. 랑그(langue)에 대한 소쉬르적 개념에서처럼 '본질적인' 실체는 없고, 오로지 차별화하는 벌리기가 있을 뿐이다. 그리고 선이 마침내 '쪼개기'(다리 벌리기)에 성공한 것은 돈/점이라는 양극성과 관련이 있을 것이다. 다음 장들에서 우리는 선의 (두 가지 의미에서) '이중성'을 설명하는 데 도움이 될 인식론적 요인들을 탐구할 것이다. 그러나 이원성과 불이不二 사이에도 있고, 정통파의 불이에 대한 이론적 주장과 교리의 이원성을 부단하게 창조하거나 재정립하는 것 사이에도 있는 긴장이나 양극화에 대한 사회역사적 배경을 명심해 두면, 정통과 이단, '돈오선'과 '다른 것들'을 구별하는 데 도움이 될 것이다.

2장 돈/점: 느슨한 패러다임

선이 정통성을 획득한 것은 대체로 '돈교'의 성공에 기인한다. 그런 성공의 조건들은 무엇이었을까? 폴 드미에빌(Paul Demiéville)은 '돈오'와 '점오'는 중국에서 불교 이전에 존재했던 보편적 범주였다는 견해를 내비친 적이 있다.(Demiéville 1949, p.179) 드미에빌에게서 "이율배반은 심리학적이거나 방법론적인 질서이기만 한 것이 아니다. 그것은 진리 그 자체의 두 가지 개념에 적용되며 실제로 모든 사유로 퍼진다." 계속해서 드미에빌은 이 패러다임 속에서, "중국인의 마음을 언제나 갈라놓은 이중성을, 즉 이성적이고 아주 신중하며 부지런한 유교와 직관적이고 신비적이며 전체주의적인 도교의 대립에서 역사적으로 표현된 이중성을 불교 용어로 치환한 점"을 간파할 수 있다고 주장한다.(ibid., p.181) 따라서 우리는 서구와 비서구 같은 인간 사유의 근본적인 범주들의 목록을 작성해야 한다는 모스(Mauss)의 제안에 따라 돈/점 패러다임을 그 가운데 하나로 올릴 수 있지 않을까?

루이스 고메즈(Luis Gómez)가 지적한 것처럼, 드미에빌은 은총의 기독교적 개념과 돈오를 비교하면서 상이한 문화적 상황을 고려하지 않았다.(Gómez 1987, p.131) 언뜻 보기에도 돈오를 발달시킨 논쟁적 상황은 이런 개념의 보편성에 반론을 제기하는 듯하다. 그러나 우리는 이 논쟁적 요소에 방해받지 않으면서 돈/점의 양극성을 연역적 논리 구조의 구원론적 측면에 투영된 것으로 고려해야 한다. 나는 드미에빌의 주장을 검토하고, 이 범주들이 그 보편성의 유무와 상관없이 중국 종교를 이해하는 데 얼마나 유용한지 알아볼 것이다. 따라서 나는 이 개념들에 대한 교리적이고 논쟁적인 내용에서 그 사회-문화적인 작용으로, 또 그 인식론적이고 논리적인 가치로 초점을 옮겨갈 것이다. 나는 불교식 표현에 매이지 않으면서 서구식 용어로 이 패러다임을 표현하려고 한다. 전통적 해석들을 괄호로 묶는 일이나 그 해석들을 다른 담론에 접붙이는 일은 논쟁에서 무시된 측면들을 규명할 수 있게 해주며, 처음부터 그것을 체계화한 것이 무엇인지도 이해하게 해줄 것이다.

논쟁의 철학적 뼈대는 이제론二諦論이 제공했다. 돈오와 점오는 깨달음을 궁극적 진리라는 관점에서 보느냐 관습적 진리라는 관점에서 보느냐와 관련이 있다.[1] 그 구원론적 취지는 다음의 딜레마를

---

1 이제론은 불교 수행에 대한 은유를 암시하지만, 또한 돈오의 은유적인(즉 이중의) 구조도 제공해준다. 한편 점수는 환유적 구조로 특징지어지는데, 그 구조로 말미암아 진리는 객관적인 실재와 같은 넓이를 가지면서 수평적으로, 시간적으로 펼쳐진다. 그런데 이것은 진리의 두 수준을 무너뜨리는 단박 깨침의 내재적 형태와는 근본적으로 다르다. 지의智顗가 다음과 같이 말한 것처럼. "우리가 얄팍함과 심오함을 예리하게 구별할 수 있을지라도 … 그럼에도 임시적인 것과

해결하는 일이었다. "궁극적 실재는, 간접적이고 단계적으로만 접근할 수 있는 세속적인 것과 동떨어져 있으면서도 그렇게 이어져 있는 것인가? 아니면, 아주 가깝고도 아주 자율적이고 또 우리의 망상이나 예상과는 전혀 달라서 오로지 단박에 그리고 아무런 매개 없이 도달할 수 있는 것인가?"(Gimello 1982, p.484)

의미론의 분야

'돈頓/점漸'의 패러다임에 관한 의미론적 내용과 철학적 내용에 대해서는 이미 많이 서술했으므로 그런 측면들에 대해 더 장황하게 쓸 생각은 없다. 슈타인(R. A. Stein)은 드미에빌이 돈頓을 '단박(subit)'이라 번역한 것을 비판했는데, 주로 티베트 자료들에 기댔던 그는 '동시적(simultaneous)'이라는 표현을 더 좋아했다.(Stein 1987) 나는 그 문제에 대한 중국적인 틀을 짜고 있으므로 편의상 '단박'이라는 통상적인 '해석'을 당분간 따를 것이다. 이 용어는 복잡한 역사적 진화의 산물이어서 여러 가지 의미를 품고 있다. 당대唐代의 선에서 사용될 때, 그것은 서로 강화해주는 (그리고 때로는 충돌하는) 세 가지 의미들을 품고 있었던 듯하다. 그것은 깨달음을 (1) 빠른, (2) 절대적인, (3) 비-매개적인(im-mediate) 것으로 여기는지 어떤지에 달려 있는 의미들이었다.

　돈頓은 첫째로 빠름을 나타낸다. 이 경우에 그것은 무시간적이라

　궁극적인 것은 보편적으로 같은 넓이를 가진다."(Donner 1987, p.211에서 인용)

할 수 있는 경험을 가리키지만, 어느 면에서는 순간성과 관련지어 정의할 수 있다. 이른 시기였던 4세기에 중국 불교도들은 『능가경楞伽經』 같은 대승 경전들을 근거로 삼아 바로 이 삶에서 해탈에 이를 수 있다는 것을 입증하려고 했다.[2] '당장'을 뜻하는 '돈'의 첫 번째 의미는 북종과 남종 양쪽에 공통되며, 그 둘의 대립에 선행한다. 그것은 인도의 선정(禪定, dhyāna) 및 아비달마적 노선에 대한 중국적인―선종에서 특히 뚜렷한― 반발을 보여주는 것 같다. 이른바 티베트 종교회의 동안(8세기 말)에 인도인과 중국인은 이 쟁점으로 격돌했다.(Gómez 1987 참조) 그러나 부스웰이 지적했듯이 돈은 시간 자체를 부정하는 것 이상으로 연속의 부정을 내포하고 있다.(Buswell 1987, p.351)

돈이라는 용어는 '단박' 깨달음이나 '본래 내재된' 깨달음〔本覺〕, 즉 모든 존재 안에 있는 초월적인 것과 순수한 불성佛性을 깨치는 일도 가리킨다. 이 새로운 의미는 '세속적 진리'인 세속제世俗諦만을

---

2 『선문경禪門經』은 북종의 외경外經이다. 그 서문을 쓴 혜광惠光이 한 가지―다소 늦기는 했으나― 의미심장한 사례를 제공해준다. 혜광은 『법화경』을 읽다가 대통지승불大通智勝佛이 불법을 깨닫지 못한 채 10소겁小劫 동안이나 좌선을 했다는 대목에서 절망에 사로잡혔다고 한다. 그런 혜광이 마침내 돈오의 학설을 주창한 『선문경』을 아주 시의적절하게 발견했을 때, 그 기쁨, 그 안도를 상상할 수 있으리라!(Yanagida 1961 참조) 훗날 선의 대가들이 또 다른 방식으로 그 어려움을 뒤집었다는 사실도 주목하라. 그들은 참된 깨달음은 이미 이루어졌으므로 그것은 정확하게 "불법을 깨닫지 않음"에 있고 또 "성불하지 않음"에 있는 것이라 말했다. 『임제록』, T. 47-1985, p.502; 『무문관』 9칙, T. 48-2005, p.294; 『경덕전등록』, T. 51-2076, p.229 참조.

나타내는 '빠름'과는 아무런 관계가 없다. 어디에나 불성이 있다는 믿음은 보리달마의 '이입(理入, 진리로 들어가기)'과 거의 같다. 드미에빌에 따르면, "돈'은 이런 점에서 … 다수성에 대해 유일함을, 국부성이나 특수성에 대해 전체성을 의미한다. '돈오'는 절대론이고, … 반면에 '점수'는 방법론적으로 장소에 매인 수행을 연속적으로 하는 것이므로 다수성, 쌓아올림, 시간적·공간적 결정들을 의미한다."(Demiéville 1956, p.31) 따라서 깨달음은 원리(理)에 기초하면서 절대-이것은 어떤 면에서 보면 작용(用)을 일으킨다-에 기댄다는 점에서 '단박'이다.

앞서 언급했듯이 '본각'이라는 개념은 절대적 진리에 대한 역설적인 관점을 드러내려는 것이다. 비록 모든 관점이 필연적으로 상대적이고 모든 개념들은 사실상 '그릇된 생각(妄想)'이라 하더라도 말이다. 초기의 선 텍스트들이 종종 지적하듯이, "오직 보지 않음이 참으로 보는 것이다." 병이 있어 치료법이 있는 것처럼 망상이 있으므로 깨달음도 있다. 그러나 '본래 내재된' 또는 '단박' 깨달음은 아주 다르다. 왜냐하면 건강한 사람에게 약이 필요없는 것처럼, 그것은 '깨달음'이니 '수행'이니 하는 그릇된 관념보다 선행하기 때문이다. 티베트 종교회의에서 '돈오'를 주창한 선사 마하연摩訶衍이 이렇게 말한 것처럼. "'점'과 '돈'의 개념은 사람의 마음에서 비롯된 개념, 그릇된 생각, 볼 수 있는 것에 지나지 않는다. … 어떠한 개념도 내버린다면 … '점'과 '돈'은 어디에도 없다."(Demiéville 1952, p.75에서 인용)

중국 불교도들은 깨달음의 조건들에 대해 탐구하다가 역설적이게도 일종의 점수漸修에 빠졌다. 이런 위험을 알아챈 선사들은 부정논법적 태도를 취했으나, 반드시 그 함정을 피했던 것은 아니다. 부정의

길은 일종의 긍정으로 바뀌는 경향이 있다.[3] 따라서 돈오는 역설적인
'은총의 상태', 무아경이며, 때로는 단순히 믿음의 행위다.[4] 그것은
결국 '그릇된 생각들' 자체가 망상이고 생각은 일어나지 않는다는
것을 깨닫게 해준다. 존재 자체는 실체가 없다. 그러므로 자성自性을
가리고 있는 우발적인 번뇌가 그것을 더럽힐 수 없다. 불성(또는
청정심)이 어떻게 번뇌로 가려져 있는지를 예증하기 위해서 선사들은
여래장 전통의 유산들을 종종 사용했다. 구름에 가린 해, 먼지로
덮인 거울, 진흙탕에 잠긴 마니 구슬 따위의 비유들이 그것이다.
점수는 이런 번뇌들이 실제 존재한다는 믿음 그리고 번뇌의 제거를
겨냥한 실천 수행에 대한 믿음을 특징으로 한다. 정화淨化를 이상으로
간주하는 이런 경향에 대해서, 돈오는 존재에 고유한 순수성을, 어떤
수행도 불필요한 것으로 만드는 순수성을 단순히 깨닫는 것만으로도
충분하다는 태도로 대응한다. 비록 고메즈는 "내재성이 단박은 물론이
고 직접성을 필연적으로 내포한다고 여기는 것은 잘못일 것이다"
(Gómez 1987, p.95)라고 주장하지만, 그런 잘못은 선의 영역에서는
분명히 흔하다.

　널리 알려져 있듯이, 바로 이 점에서 북종은 점오라는 평가를 받는
다. 이는 신수의 것으로 간주되는 선시禪詩, 즉 원래의 맑음을 회복하

---

3 이 물음에 대해서는 "Comment ne pas parler: Dénégations" in Derrida 1987,
　pp.535-594 참조.
4 『이입사행론二入四行論』에서 내린 정의를 보라. "이입(理入, 원리로 들어가기)이
　의미하는 바는 … 모든 중생은 범부든 성자든 똑같이 참된 본성을 지니고 있다고
　깊이 믿는다."(Yanagida 1969a, p.31)

기 위해서는 '영적 거울'을 끊임없이 닦을 필요가 있다는 시에 기초한
다.⁵ 작가와 관련된 뻔한 문제를 제쳐두면, 북종의 선사들은 '순수성'이
나 '오염' 같은 개념들에 집착하는 것이 얼마나 위험한지를 알아채고
있었던 것 같다. 존재론적 차원에서 〔남종과 북종〕 두 종파는, 순수하
게 '점진적인' 수양은 궁극의 깨달음이 아닌 '점오'로만 이끌 수 있다는
데에 거의 동의했다. 어떤 면에서는 둘 다 점진적이지만, 신수와
혜능이 지었다는 선시⁶는 마음을 본래 그대로 순수한 것으로, 본래
깨친 것으로 보기 때문에 둘 다 '돈오'다.⁷ 다시 말해 세속적 진리가
궁극의 진리로 이어질 수 있다면, 그것은 이전에 이미 완전하기 때문이
거나 존 엘스터가 말했듯이 참된 깨달음은 본질적으로 부산물이기
때문이다.⁸ 따라서 두 종파의 가르침 사이에 있을 훨씬 더 결정적인

5 Demiéville 1987, pp.13-17 참조. 같은 주제에 대한 두 편의 시가 『육조단경』의
  이른 판본에서는 혜능이 지은 것으로 나온다는 사실은 흥미롭다. 한편 두 번째
  〔혜능의〕 시는 '돈오'의 입장을 잘 보여주는 고전적인 본보기로 선택되었다.
  화엄종 승려인 징관(澄觀, 736-839)은 '점수漸修'의 관점을 요약하기 위해 그것을
  이용하기도 했다.(T. 36-1736, p.164c; Yanagida 1980, p.384도 보라.) 더구나 신수와
  혜능이 각각 지었다고 하는 두 선시 사이에는 확실히 위계가 있다.(Gómez 1987,
  p.73 참조)
6 〔역주〕『경덕전등록』권3에 나온 두 시를 제시하면 다음과 같다. 신수의 시는
  "몸은 보리수요, 마음은 명경대라. 때때로 부지런히 털고 닦아서, 티끌이 끼지
  않도록 해야 하리!"(身是菩提樹, 心如明鏡臺. 時時勤拂拭, 莫遣有塵埃)이며, 혜능의
  시는 "보리는 본래 나무가 아니고, 명경 또한 대가 아니다. 본래 한 물건도
  없는데, 어디에 티끌이 앉겠는가!"(菩提本非樹, 心鏡亦非臺. 本來無一物, 何假拂塵
  埃)다.
7 존 맥레이가 이렇게 말한 것과 같다. "두 선시는 부단한 보살행의 '완전한 가르침'에
  대한 압축적 이해를 표현한다는 점에서 하나로 간주된다."(McRae 1987, p.278)

분기점을 다른 곳에서 찾는 일은 그럴 듯해 보인다. 이를 위해서는 이제 돈頓에 숨어 있는 세 번째 의미를 검토해야 한다.

한자어 돈頓은 '직접적'이라는 뜻이기도 한데, 어원상으로는 매개를 거치지 않는, "매개가 없이 작용하고 일어나고 또는 이르게 되는"이다. 이 '직접성'의 개념이 북종과 남종 간의 논쟁에서 핵심으로 보인다. 『육조단경六祖壇經』의 혜능처럼 신회神會는 어떤 방편도 부정한다. 신수에 대한 그의 비평은, 신수가—비록 그 점에서 전임자인 도신道信을 본받기는 하지만— 자신의 가르침을 청중이 이해할 수 있는 수준으로 맞추려 했던 사실과 주로 관계가 있다.[9] 북종이 방편을 대단히 중시했다는 점은 확실하다. 이 점에서 북종은 그 경쟁자와 적어도 이론상으로는 다르다. 한편, 남종도 방편을 결코 배제할 수 없었다. 가령, 신회는 대승 경전을 읽도록 권유했는데, 이는 분명히 방편에 의지한 경우다. 그래서 그가 자처한 역할을 '직접적' 깨달음의 비타협적인 한 전형으로 받아들이기는 어렵다. 그의 돈오는 여러 면에서 여전히 '점진漸進'이었다.[10] 이는 남종선의 다른 대가들에게도 해당되는 진실이다. 종밀이 '돈오돈수頓悟頓修'로 규정한 것조차 여전히 '점오漸悟'다.(Buswell

---

8 Elster 1983, p.43ff 참조. 마찬가지로 『십지경十地經』에 나오는 꿈의 비유는, 꿈에서 강에 빠진 사람이 물에서 빠져나오려고 망령된 노력을 하다가 갑자기 깨어나게 되는 것을 통해 그런 노력이 해탈의 역설적인 원인이 된다는 것을 알려준다.(Demiéville 1954, p.432 참조)

9 도신이 방편을 쓴 데 대해서는 Faure 1988, pp.75-82; Chappell 1983; McRae 1986, pp.136-144 참조.

10 Gómez 1987, pp.75-86 참조. 그런데 고메즈는 신회의 점오주의가 신수와 반대된다(ibid., p.89)고, 그의 돈오 또한 그러하다(ibid., p.91)고 주장한다.

1987, p.340 참조) 임제가 다음과 같이 말했을 때, 그도 '점오주의자'처럼 보인다. "그대는 먼저 스스로 사물을 헤아리고, 자신을 정화하고, 자신을 닦아야 한다. 그러면 어느 날 깨달을 것이다."(Demiéville 1972, p.116에서 인용)

그러므로 방편과 관련해서 발달한 '이론적 선수 치기'에도 불구하고, 실제로는 두 종파의 지위가 그렇게 달랐던 것 같지는 않다. 둘 다 (위에서 정의한 첫 번째와 두 번째 의미에서) '돈오'였고, 둘 다 (세 번째 의미에서) 어느 정도는 '점오'였다. 그 둘의 분기는 본래-수행은 물론이고 표현의- '문체(style)'의 문제였다. 신회와 반대로 북종의 선사들은 그들이 내세운 이론적 '돈오'와 영적 지도의 실제적 필요성 사이에는 피할 수 없는 모순이 있음을 인식했다. 신회의 태도는 주로 논쟁적이었는데, 그것은 전향에 따르는 정신적 궁지에서 벗어나려 한 그의 노력을 반영하는 것일 수 있다. 어쨌든 여러 가지 '돈오'와 '점오'가 사실상 융합하기는 했으나, 그것은 '단박'의 입장과 '점진'의 입장 사이의 구별이 무너진 것을 의미하지 않으며 또한 남종/북종의 분파나 그와 같은 종파적 분열과는 겹치는 부분이 없다는 것을 의미하지도 않는다. 결과적으로 '돈-점' 논쟁은 전면에 나타났다. 그 때문에 8세기 중국에서 선이 복합적으로 진화한 점을 알아채기가 아주 어렵게 되었다. 이 논쟁은 티베트의 상황에서는 또 다른 중요성을 갖는데, 거기에서는 중국 불교와 인도 불교의 대립이 강조되었다.[11] 그러나 드미에빌이 보여준 대로 '돈/점'의 양극성은 중국 문화에 아주 깊이

11 유명하고 문제적인 그 종교회의 이후로 오랫동안 '돈오'의 반대가 지속된 것에 대해서는 Ōbata 1976 참조.

뿌리 내린 것이었고, 그 때문에 그 논쟁은 곧바로 화엄과 천태 같은 다른 불교 종파들뿐만 아니라 도교, 신유학 및 시와 회화 같은 예술 운동에까지 퍼졌다.(Cahill 1987; Lynn 1987 참조) 신회는 그 미심쩍은 '천재성'으로 이 패러다임을 충분히 활용했는데, 이 패러다임의 역동성으로 말미암아 선종 종파들은 한동안 화해할 수 없었고 경쟁 상대들은 부적격자가 되었다.

이념적 (불)만족

뚜 웨이밍은 『돈오와 점오』의 '후기'에서 "대부분의 선학禪學은 논쟁의 여지가 있지만, 선 수행에서는 '깨달음'이 궁극적 관심이자 최우선이라는 사실만큼은 의문의 여지가 없다"(in Gregory 1987, p.447)라고 썼다. 정확히 그 최우선에 대해서는 의문을 제기할 필요가 있다. 뚜 웨이밍은 선사들이 수행의 동기에 대해 주장한 것들을 액면 그대로 받아들인 것 같다. 유교 전통에 정통한 그도 반대되는 증거가 있음에도 불구하고, "인간성의 완전성에 대한 중국적인 믿음"이 돈오선의 근저에 있다고 생각한다.(ibid., p.455) 선과 유교는 이론적 주장에서는 명백히 다르지만, 비슷하게 엘리트주의를 공유한다. 그리고 그 이론적 보편성이 사회적으로 자격을 갖추고 있는지를 아주 조심스럽게 검토해야 한다.[12] 돈오와 점오의 '두 가지 진리'는, 사회적이고 문화적

---

12 뒤에서 보게 되겠지만, 돈오선이 본질적으로 그 비우주론적인 찌르기라고 정의될 때, 뚜 웨이밍(Gregory 1987, p.448)처럼 돈오선이 "중국의 우주론적 사유에 깊이 뿌리박고 있다"고 주장하기는 어려워 보인다.

인 구성물에 대한 전통적인 두 층위의 해석 모델을 통해 분석하는 것이 적절할 수 있다. 예컨대 부르디외의 실천 이론은 인간 경험의 두 양상을 공평하게 다루려는 시도다. 두 양상은 신앙과 표현의 '현상학적' 차원, 그리고 이 신앙과 표현이 이념적 산물처럼 보이는 '객관적' 차원을 가리킨다.(Bourdieu 1977b, p.3 참조) 이 경우에 현상학적 차원은 위에서 검토한 교리적 개념과 일치하기 때문에, 이제 우리는 이 이론들이 사회적으로 그리고 이념적으로 어떻게 활용되었는지를 고찰해야 한다. 여기서 '중도中道'는 중립적인 (그리고 중립화한) 입장이 아니다. 이 중도는 "두 가지 진리를 동시적으로 파악함"으로써 성취되며, (부르디외가 자신도 모르게 결국 했던 것처럼) 어떤 차원을 다른 차원으로 환원하기를 거부함으로써 또는 그것들을 화해시켜 편의적인 위계에 집어넣기를 거부함으로써 성취된다.[13] 중도는 그 자체로 이중적인 길이다.[14]

돈점 논쟁의 사회-정치적 이해 관계는 확실히 높았다. 신회가 북종을 공격한 것 때문에 보적普寂을 추종하던 권력 있는 재가자가 그의

---

13 일본 토쿠가와의 종교와 이데올로기라는 맥락에서 부르디외가 펼친 논의를 보기 위해서는 Ooms 1987 참조. 폴 리쾨르는 이와 다르게 진행하면서 '믿음(또는 회복)의 해석학'과 '의심의 해석학' 사이의 균형에 대한 개념을 그럴 듯하게 늘어놓았는데, 그럼에도 순진한 해석과 비평적(사회-과학적이거나 구조적인) 분석 모두를 넘어서는 이상적인 통합을, 그가 '심층 해석'이라 부른 것을 목표로 했다. Ricoeur 1981, p.131 참조. 프레드릭 제임슨은 문화적 인공물들의 **이데올로기적** 차원과 **유토피아적** 차원을 언급하면서 그 둘을 동시적으로 파악할 필요가 있다고 아주 끈질기게 주장했다. Jameson 1981, p.235 참조.
14 이 표현에 대해서는 존 스트롱에게 신세를 졌다.

유배를 요구했고, 신회는 결국 유배를 가게 되었다고 한다. 이른바 티베트 종교회의에서 양쪽 지지자들은 공空이라는 명목 하에 서로를 죽이는 것으로 끝났다. 돈교는 정치적으로 '갑작스런' 변화를 바랄 이유가 있었던 사람들을 끌어들였다고 하는데, 이 사실 또한 분명하다. 이런 점은 신회의 후원자 명단에 오른 이들이 대부분 야심적인 관리들이었다는 데서 확실히 입증된다. 그러나 신회는 대중적인 의미에서 '혁명적인' 인물은 아니었다. 그의 돈오 또한 처음부터 엘리트적이었다. '돈오'와 '점오'를 훨씬 덜 사회학적인 관계라 할 수 있는, 단순한 논리적 대립 관계로 환원시킬 수는 없을 것이다. 그렇더라도 돈오와 점오에는 이론적 구성물로서 사회학적 의미가 함축되어 있는 것 같다. 만약 부르디외의 진정한 문화처럼 돈오나 본각은 획득될 수는 없으나 모든 사람이 태어날 때 부여받은 것이고 오로지 엘리트만이 실현할 수 있다고 한다면, 그 경우에 점오는 대중이 가질 수 있는 환상, 즉 자신을 수양함으로써 엘리트의 '구별짓기'에 이를 수 있다는 환상과 같은 것이 된다. 데리다가 다음과 같이 말한 것과 같다. "천부의 재능과 노력, 직관과 개념, 온유한 방법과 학교식 방법 … 〔그것들〕 사이의 계급화된 대립 관계는 귀족주의와 민주주의 간의 대립과 유사하다. … 주인들과 노예들: 귀족은 자신에게 직접 주어진 것을 단번에 그리고 느낌으로써 도달하며, 반면에 평민은 애쓰고 공을 들이고 곰곰이 생각한다."(Derrida 1981b, p.452) 앞서 서술했듯이 영적 깨달음을 위해 방편이 가치가 있느냐에 대한 논쟁은, 부르디외가 서구적 상황에서 끌어낸 학자들(도제살이를 지지하는 이들)과 신사들('타고난 재능'을 옹호하는 이들) 사이의 대립 관계를 상기시킨다.(Bourdieu 1984, p.68) 중국의 문학사에서 그것은 작가作家나 '제작자', '조작자' 들과 일가(逸家, 문인화가)나 '해방된 대가' 사이의 대비를 생각나게 한다.(Cahill 1987, p.431)

선 비평가들은 선이 '무위지위無位之位'를 주장한 데 대해 자주 비난한다. 스즈키 다이세츠를 읽은 빅터 터너는 선의 주요 개념들이 어떻게 형성되었는지 그 사회적 배경을 잘 알고 있음에도 무비판적으로 받아들이는 경향이 있었다. "선불교에서는 반야般若와 식識을 익숙한 방식으로 구별지었는데, 그것은 내가 '코뮤니타스'와 '구조'라고 기술한 대조적인 사회적 경험에 뿌리박고 있다."(Turner 1974, p.46) 잘 알려져 있듯이, 터너는 코뮤니타스를 이상화하는 경향이 있었으며 그것의 이념적 기능에 대해 알지도 못했다. 이상적인 돈오는 바흐찐(Bakhtin 1968, p.92ff.)의 웃음과 해학처럼 지배적인 (그리고 학술적인) 가치를 완전히 전복시키는데, 그 돈오의 가능성을 부정하지 않으면서 그것을 그 이념적 희화화와 혼동하지 않도록 경계해야 한다. 실천에 대한 엘리트주의 관념을 반영하면서 사회적으로 결정된 범주로 남는 것이 그 희화화이기 때문이다. 깨달음은 종교적 이상으로서 문화적으로 결정되는 반면에, 그런 이상은 자멸적일 수 있다는 인식은 문화적인 게임-그 이념적 본질에 대한 깨달음-에 대한 객관화와 흥미 상실을 불러일으킨다.(Bourdieu 1984, p.250 참조) 어떤 의미에서 선은 '전형적으로 중국적인 것'과 '중국적이기를 거부하는 것' 둘 다로 특징지을 수 있다. 그러면서 동시에 게임을 부정하는 일은 어떤 경우에는 '생색내기 전략'으로 볼 수 있다. 부르디외에 따르면, 이 전략은 현존하는 사람들 사이의 틈을 모든 사람들이 충분하게 인지하는 경우에는 어디

서나 가능한 전략이다. 왜냐하면 위계제를 상징적으로 부정하는 일은
원래의 위계제와 결부된 이익과 그 위계제를 순전히 상징적으로 부정
함으로써 제공되는 이익 양쪽 모두를 축적하게 해주기 때문이
다.(Bourdieu 1982, p.62) '무위無位'를 주장하는 일은 지위를 얻기 위한
또는 유지하기 위한 (어느 정도는 의식적인) 전략들 가운데 하나일
수 있다. 이것은 도겐이 임제를 향해서, 아니면 적어도 영적인 주장을
사회적 야심을 이루는 지름길로 삼은 일부 임제의 추종자들을 향해서
비판한 일을 정당화할 수 있다. 위계제에 대한 비난과 위계제들은
문화적 매개자로서 선사들의 애매한 사회적 지위를 반영하기도 한다.
이 애매함은 "(상징적으로) 전복시키는 경향과 … 그 지위에 부속된
조작적인 기능이나 보수적인 기능 사이의 괴리"에서 나올 수 있고
또 그 괴리를 설명할 수도 있다.(Bourdieu 1984, p.366) 이런 관점에서
'돈오'를 '문화적 투자 대상'으로 여길 수도 있다. 돈오와 점오는 아직
교리를 묵인하는 두 적대자, '침묵의 공모'를 꾀한 한통속일 수 있다.
부르디외가 지적했듯이, "일정한 지분을 얻기 위한 싸움이 게임의
원칙에 관한 객관적인[15] 결탁을 숨긴다는 사실은 전쟁터의 일반적인
속성 가운데 하나다."(Bourdieu 1982, p.47) 돈/점 논쟁은 특정한 지분
의 산물로 볼 수 있으며, 영적인 게임의 규칙에 부과된 것, '신성한'
(그리고 텅 빈) 곳이나 자리 ─'깨달음의 자리'〔bodhimanda, 菩提道場〕─
를 지시하는 것으로 볼 수도 있다. 엘리트와 평민 사이를 구별짓는

---

15 〔역주〕 원문 'objective'는 '객관적인'을 뜻하기도 하지만, 동시에 '목적의, 목표의'
　　라는 뜻도 담고 있다. 저자는 이 이중적 의미를 염두에 두고 쓴 듯하다. 겉으로는
　　객관적으로 보이지만, 이면에는 어떤 목적이나 의도가 있다는 뜻으로 말이다.

일은 바로 불교 교리의 구조 속에—이제론二諦論으로— 새겨져 있었다. 중관파와 달리, 선은 궁극적 진리라는 관점에서 관습적 진리를 부정한 다는 뜻을 내포하고 있다. 선은 깨달음에 대해 그 형언할 수 없는, 비구상적인, 비감각적인, 비실제적인 성질을 강조한다. 그러나 깨달 음 자체는 곧 단순한 지시물이 되고 알리바이가 되며, 부정논법적 담론은 때때로 경험의 피상성皮相性을 감추는 수사적 기교로 바뀐다.

(특히 '동시적'으로나 '직접적인'으로 이해되었을 때의) '돈오'에 대한 수사적 강조, 그리고 두 가지 진리를 '동시에 파악하기'라는 개념이 있는데, 이 둘 또한 시각적 비유와 공간적 비유를 사용함으로써 촉진되는 인식론적 전환을 반영한다. 그것은 또 직접성의 개념을 공들여 다듬는 데 도움이 되었으며, 매개들 주위에서 '침묵의 공모'를 만들어내고 전통적 수행을 '보완'했다. 그것은 이제론의 이중적 진리 를 보여주고 또 우리 자신의 인식론적 입장과 동류라고 알려주기 때문에 계발적인 경우라 할 수 있다. 따라서 핵심 쟁점이 교리적 차원에서는 그리 많지 않다. 그 차원에서는 돈오와 점오의 이분법은 학자들이 흔히 생각하는 만큼 많은 것(가령, 북종선과 남종선의 분열이나 '초기' 선과 '고전적' 선 사이의 틈 같은 것)을 설명해주지 못한다. 그 이분법 은 교리적 차원과는 다른 더 깊은 차원에 있다. 왜냐하면, 그것은 단층선처럼 새겨진 것들 가운데 하나, 즉 선을 '차별적 전통'으로 만든 '의미의 균열'(Pollack 1986)이 될 수 있기 때문이다. 이 차원에서 그것은 돈오(또는 다른 각도에서 보면 점오)의 두 변형이라 할 '포괄적인' 선과 '배타적인' 선 사이의 차별화를 실제로 반영한다. 도교나 탄트라 불교와 마찬가지로[16] 포괄적인 선은 두 층위의 변증법적 담론인데,

이것은 마침내 심적 초월(excessus mentis)을 이루어 그 속에서 전통적 상징들 너머로 가기 전에 그 상징들에 맞게 '미세 조정'하는 과정을 옹호한다.[17] 반면에 배타적인 선은 전체 과정을 단축하는 지름길을 주장하므로 근본적으로 비-변증법적이다. 그러나 그것은 본질적으로 '문체'의 문제이며 규범―그것이 부정하면서도 함축하고 있는 규범―과의 결별이다. 그런 점에서 그 가능성은 분명히 수사적인 것이다. 한국의 선사인 무염(無染, 799~888)은 알몸의 비유를 든다. 그는 (여기서는 점문파와 동일시되는) 포괄적인 돈문파頓門派는 나중에 벗기 위해서 먼저 옷을 입어야 한다고 주장하는 반면에, (무염 자신 같은) 배타적인 돈문파는 돈오선의 '무설토(無舌土, 혀 없는 땅)'에서는 "실오라기 하나도 걸치지 않는다"고 (그의 혀로) 주장하고 있다. 어차피 머지 않아 벗겨질 것이라면, 애초에 왜 굳이 걸쳐야 하는가?[18] 여기서 무염이 보지 못한 것은, 원초적인 알몸은 색정적인 감촉과 '문명화된' 벗기기가 주는 위반의 감각이 결여되어 있다는 사실, 그 자신은 돈점의

---

16 우리가 관습적인 해석을 떠나서 **바라부두르**에 대한 폴 뮈(Paul Mus)의 통찰력 있는 논의를 따른다면, 초기 불교를 추가할 수도 있다. 뮈는 이런 점에서 힌두교 의례와 유사한 초기 불교에서 어떻게 두 차원 사이의 단절(그리고 전도)라는 '마술적인' 개념의 특징이 나타났는지에 대해 특히 잘 보여준다. Mus 1935, pp.66-70 참조.

17 최종적으로 초월하기 전에 이미지들을 사용하는 도교의 '내관內觀' 수행 그리고 혼돈(chaos), 더 적절하게는 **카오스모스**(chaosmos)로 도약하게 하는 도교의 몸의 '우주론화'에 대해서는 Schipper 1983, pp.186-192 참조.

18 Buswell 1987, p.330 참조. 임제도 똑같은 비유를 썼는데, 그는 장자에게서 힌트를 얻었다.

지식 나무에서 열매를 맛본 탓에 돈오의 에덴에서 이미 쫓겨났다는 사실이다. 만약 돈문파의 주장처럼 조건 지어진 것〔有爲〕은 조건 지어지지 않은 것〔無爲〕으로 이어질 수 없다면, 역설적이게도 조건 지어진 것의 제거만 있을 수 있다. 그리하여 공안公案을 풀려는 지적인 노력들은 무익하다고 하는 인식이 무조건적인 깨달음을 위한 역설적인 조건으로 여겨졌다. 대혜종고大慧宗杲는 의심을 키워서 비약적 성취를 이루는 방법으로 잘 알려졌는데,[19] 그와 함께 선은 초기 선에서 볼 수 있었던 두 층위의 돈오(또는 점오)에서 변형된 것으로 전락했다. 이런 유형의 수행은 후대의 선 전통에서는 주류로 남았다. 그 전통이 '고전적 선'의 최상급인 '지름길'이라는 표현을 계속 썼음에도 말이다. 대혜는 '의심 덩어리〔疑團〕'라는 인위적인 창조물을 주창했다. 그것은 실제로 강력한 구원론적 방편이 될 수도 있었으나, 그 자체는 이념적으로 재활용되었다. 그것은 또 (대혜의 먼 후계자인 스즈키와 정신분석학 사이의 대화가 무심코 입증하는 것처럼 정신분석학적 담론과 다르지 않은) 권력의 전형적인 전략으로 볼 수도 있다.[20]

---

19 대혜의 의심에 대해서는 Buswell 1987, p.343 참조. 비록 부스웰은 이렇게 의심을 강조하는 것과 임제가 믿음을 강조하는 것 둘을 대비하지만, 외부의 권위에 의문을 제기하게 하는 임제 자신에 대한 믿음과 도겐이 다른 것들에 대한 '맹목적 믿음'을 옹호하는 것을 더 구별 ─ 일본 불교의 자력/타력 패러다임과 어떤 유사성을 보여주는 구별짓기 ─ 하고 싶었을 것이다.

20 예컨대 Richard DeMartino, Erich Fromm and D. T. Suzuki, *Zen and Psychoanalysis*(New York: Grove Press, 1963) 참조.

현상학적 분석

> 인류의 역사를 아무리 거슬러 올라가도 이 두 가지 근본적인 태도는
> 구별될 수 있다. 은유의 태도와 명료성의 태도.
> — 로베르트 무질(Robert Musil), 『특성 없는 남자』

돈/점 패러다임의 의미는 언제나 상황적이라는 것, 그리고 (중국,
인도, 티베트 등) 상황은 다양하다는 것을 명심하는 일이 중요하다.
종파 간의 적대 관계는 교리상 분기의 결과이기도 했지만, 그것은
또 '차이를 위한 열망'을 정당화하기 위해서 늘 일관적이지는 않으나
전술적으로 교리상의 틈을 이용했다. 한편, 교리상 적대 관계는 더
근본적인 인식론적 단층선이 교리적 측면에 투영된 것이라고 볼 수
있다.

우선 우리는 논쟁이나 대립에 대해 어느 정도까지 이야기할 수
있을까? 돈/점의 패러다임은 단지 이분법에 지나지 않는 것일까?
사실 그 논쟁의 주역들이 상반된 목적을 갖고 이야기했다는 것은
별로 놀랍지 않다. 나는 그 이분법이 처음에는—두 이질적인 세계관의
'땅 다지기'에서 비롯된— 양극성이나 상보성으로 인식되었다는 점을
말하고 싶다. 참으로 대립이 있다면, 그와 같은 '돈오'와 '점오'의
통찰들 사이가 아니라 두 개의 위계화된 전체 사이에, 두 가지 상대적인
'주의主義'—'돈오주의'와 '점오주의'— 사이에 있을 수 있다. 두 가지
주의는 각각 돈오와 점오의 요소들을 다양하게 포함하고 있는 형태다.
그러므로 종밀은 여러 가지 가능한 경우들 중에서 가장 일반적인

입장, 즉 '돈오주의'와 '점오주의'라는 딱지가 붙은 두 가지 입장을 '점수에 따라오는 돈오'와 '돈오에 이어지는 점수'로 정의한다. 돈/점 패러다임은 언제나 세워지면서 곧바로 지워진다. 그것은 (정확하게 는 그러한 형태가 없기 때문에) 결코 그 '순수한' 원래의 형태로 나타나 지 않고 '흔적'으로만 나타난다. '돈오'를 이야기하는 순간, 이미 점오 다. 더 높고 더 참된 '돈오'라는 이름으로 돈오주의와 점오주의 둘 다를 퇴짜 놓는 것조차 이미 [원래의 것에서] 파생된 일이고, 그래서 점진적이다. 그것은 결코 이상적이고 원초적인 '무념無念'과 같지 않다. 어떠한 사후 부정도 일종의 매개이기 때문이다. 그것은 항상-멀 어지는 지평을 또는 절대적 근원을 가리킬 수 있을 뿐이다. 이 '근본적 인' 깨달음이나 '단박' 깨달음은 일종의 소실점이고 이상적인 근원이지 만, 관념적 구성물이기도 하다.

그렇다면 어떤 의미에서는 돈오와 점오가 결코 만나지 않고, 돈/점 논쟁도 불가능해 보인다. 왜냐하면 [공유하는] 영토가 없기 때문이 다. 오로지 점오의 변형들만이—어떤 것은 돈오로 불린다— 서로 대립할 수 있다. 그것들의 위계화된 대립은 형이상학적 담론의 형태로 표현의 수준에서만 일어날 수 있다. 그러나 이런 이론상의 대립은 결코 수행과 정확히 일치하지 않는다. 막스 베버로부터 음악의 비유를 빌려서 말하자면, '피타고라스 쉼표'[21]라 부를 수 있는 것, 즉 화성학과 음조

---

21 [역주] 피타고라스 쉼표는 피타고라스가 발견했다고 알려진 반음계의 조율법에 서 이명동음(異名同音, 음의 이름은 다르지만 똑같은 높이를 가진 음) 사이의 간격, 즉 피타고라스의 온음계 반음과 피타고라스 반음계 반음 사이의 차이를 가리킨 다. 이 쉼표는 여러 가지 방법으로 파생된다.

사이의 음악적 차이, "상승-하강하는 음조들과 형식적-논리적 화성학
은 아귀가 맞지 않다고 하는 바꿀 수 없는 사실"(Boon 1982, p.84)
때문이다. 그리하여 우리는 이중적 모델에 직면하는데, 이것은 이미
점진이다. 그 모델은 표현의 '조화로운' 또는 호전적인(점오) 차원과
'실재'의 표현불가능한(돈오) 차원이다. 위경인 『능엄경』에서 빌려
온 불교 용어로는 이러하다. "절대의 관점에서는 깨달음이 단박에
일어난다. 이 깨달음으로 모든 것은 즉시 소멸된다. … [그러나]
현실과 수행에서는 단박에 소멸되는 게 아니라 점진적으로 [그 길을]
지나간다."(T. 19-945, p.155a; Gómez 1987, p.140에서 인용)[22] 따라서
돈오와 점오의 관계는 전체의 동시적 이해와 경험의 순차적 성격의
관계(Ricoeur 1983, p.226)와 어느 정도 유사하며, 레비 스트로스에
의하면(Lévi-Strauss 1987, pp.60-61) 기표와 기의의 관계와 어느 정도
유사한 것 같다. 그는 기표를 단번에 주어지는 것이라 했고, 반면에
기의는 점차적으로 밝혀지는 것이라 했다.

그러나 궁극의 실재 자체는 언급되는 순간에 파생된 것이 되고,
그렇게 표현된 것은 [이전의 것을] 장막으로 영원히 가려버린 다른
장면으로서 최초가 된다. 루이 뒤몽(Louis Dumont 1970)이 서술한
전체론적 모델처럼, 위계화된 전체성이 된 돈/점은 오로지 표현된
것으로 존재할 뿐이다. 따라서 체계적으로 대립시킬 수 있는 두 가지
개별적이고 단순한 입장으로 '돈오'와 '점오'를 실체화하는 일은 피할

---

22 [역주] 『능엄경』 원문을 따라 해석하면 이러하다. "이치상으로는 단박에 깨닫는
것이어서 그 깨달음과 함께 [오음이] 다해 없어지지만, 사실은 단박에 없어지는
것이 아니라 차례대로 다하는 것이다.(理則頓悟, 乘悟併銷, 事非頓除, 因次第盡)"

필요가 있다. 이 두 용어는, 어떤 불규칙한 지점이 아니면 결코 겹치지 않는 한 다발의 양극성을 나타내려고 사용한 약칭이다. 우리는 이 다발 가운데에 본체/작용, 일인 수행/공동 수행, 절대적 진리/관습적 진리 따위를 포함시킬 수 있다.(Gómez 1987, pp.89, 132; Faure 1986c 참조)

돈오와 점오는 어떤 근본적인 ─ 논리적이거나 사회학적인 ─ 대립으로 환원시킬 수 없는 두 가지 원래 다른 경험을 가리키는 것 같다. 사실은 어떠한 돈/점 논쟁도 있을 수 없다. 여기서 우리가 목격하는 것은 논쟁이 아니라 사실은 리오타르가 상충(différend)이라 부른 것이다.(Lyotard 1988, p.9) '돈오'의 입장은 적절하게 표현될 수 없다. 그것은 어떠한 표현이나 수행에서도 벗어나 있다. 결과적으로 그 상충은 최종적이지만, 결코 끝나지 않는다. 공통의 공간과 공통의 담론이 결여되어 있기 때문이다. 협의는 있을 수 있겠지만, 어떠한 화해도 가능하지 않으며 공통 지대나 중립 지대도 전혀 없다. 이러함에도 (또는 이러하기 때문에) 돈오와 점오는 개인들이나 집단 내에서 '애매한 경제 활동을 하면서' 공존한다. 조나단 컬러(Jonathan Culler)가 다른 맥락에서, "각자의 관점은 해결할 수 없는 엇갈림이나 난점 속에서 다른 쪽의 잘못을 확인한다"고 말한 것과 같다.(Culler 1982, p.96)

일단 '돈오'와 '점오'의 관점들이 여러 표현으로 구체화되고 위계화되기는 했으나, 그것들은 베르그송이 '이분화의 법칙'이라 부른 것을 곧잘 따른다. 그때 우리는 두 가지 인식론적 모델, '점오'의 두 가지 변형(이때, 둘 가운데 하나는 '돈오'라고 주장한다)에 직면한다. 하나는 타협, 통합, 해결을 허용하는 위계제 모델이고, 다른 하나는 중재가 없이 긴장을 유지하는 호전적인 모델이다. 웬디 도니거 오플레허티(Wendy Doniger O'Flaherty)로부터 화학적인 개념을 빌려서 말하자면, 후자의 모델은 현탁懸濁[23] 상태라고 비유할 수 있는 것으로 이어진다.(O'Flaherty 1973, p.317) '돈오'가 필연적으로 '그밖의-견해(para-dox)'일지라도 돈/점 논쟁 전체는 (다소 궤변스런) 논설의 장에서, 방편과 매개의 영역에서 일어난다. 이는 '돈오'의 통찰이 진실이라는 주장을 부정하는 것이 아니라 그러한 통찰은 전통에 의해서 재수용되는 경향이 있음을 강조하는 것뿐이다. 스스로 돈오를 옹호한다고 믿으면서도 점오주의에 빠지기란 매우 쉽다. 그런 '점오주의자'의 돈오 옹호는 어떤 면에서는 직설적이고 명료한 점오주의보다 더 피상적일 수도 있다. 대립 관계가 실제 수행에서는 종종 흐릿해진다는 것은 논쟁에 참가한 이들이 끊임없이 입장을 바꾸고 또 슬며시 상대의 논거에 의지한다는 사실로도 알 수 있다.[24]

돈/점 패러다임으로 표현된 두 가지 퇴적된 전망 사이의 전 지구적인 관계는 한꺼번에 단 하나의 명제로 표현될 수 없다. 논증적이고 변증적

---

23 〔역주〕 액체에 완전히 용해되지 않은 물질이 섞여 있는 것 또는 그런 현상을 '현탁'이라 한다.

24 그러므로 점오를 지지하는 이들은 종종 돈오를 옹호하는 것처럼 행세하고, 반면에 종밀이나 무소 소세키(無窓疎石)처럼 교선일치를 주장하는 이들은 교외별전教外別傳을 찬양한다. 가령, 무소는 "만약 쿠카이(空海)가 그의 『십주심론十住心論』에서 선을 언급하지 못했다면, 그것은 교외별전의 원리가 모든 가르침을 능가한다는 점을 인식하고 후자에 대한 그의 비평에 포함시키고 싶지 않았기 때문이다!"라고 설명한다.(*Muchū mondō*, ed. Satō Taishun 1974, p.196)

이며 단계적인 과정을 피할 수 없다. 첫 번째 과제는 돈/점 패러다임이 생산하면서 동시에 가려버린 내부의 분화를 드러내는 일이다. 나는 아래에서 '돈오'와 '점오'라는 두 가지 이상형에 포함된 여러 접근법들에 대해 그 장단점을 검토할 것이다. 우리는 마지막 분석에서 "인간의 자유에 대해서는 법칙을 통해 설명하는 일 이외에, 이해해야 한다"(Montesquieu. Todorov 1984, p.102에서 인용)는 말을 명심해야 한다. '돈오'의 관점을 '설명'할 수 없다고 할지라도 그것을 '이해'하려는 노력을 빼먹어서는 안 된다.

그렇다면 돈/점 패러다임의 문화적 또는 '범주적' 본질의 문제로 돌아가보자. 비코(Vico)가 믿었듯이 "발화 자체가 문화적 현상을 해석할 열쇠를 제공한다"고 한다면, 그가 '시적 표현'과 '논증적 산문'으로 구별지은 것을 활용할 수도 있다. 이것은 우리가 '돈오'와 '점오'에 관한 텍스트들을 규정하고, 돈/점 패러다임의 '비유적' 성격(즉 그것은 언어로 비유를 표현한다는 사실)에 주목하기 위해서다. '돈오'와 '점오'는 각각 담론의 계열축과 통합축에 대응하는 것 같다. 비코의 표현에 대해 논하던 헤이든 화이트(Hayden White)는 이렇게 단언한다. "발화의 이 두 가지 양상은 의식에 영향을 끼쳐 의식 내부에 긴장을 조성한다. 이 긴장은 자신을 초월하려는 사고의 경향과, 그 대상에 대한 언어의 부적절함을 감지해 그 본질적 자유를 행사하기 위한 조건들을 만들려는 사고의 경향을 일으킨다."(White 1978, p.203) 다시 말하면, 동일한 논변의 장 내에서 '시적' 또는 '돈오의' 발화와 '점오' 또는 '산문적인(pedestrian)'[25] 담론 사이의 불안정한 균형은 실재의 초월적(곧 '돈오') 차원에 대한 직관으로 이끌 것이다. '돈오의' 선을 시(와

춤추기)에, 점오의 선을 산문(과 걷기)에 비유하는 일은 중국 문학에서
는 아주 흔했다.[26]

소실점? 돈오의 변이들[27]

앞서 지적했듯이, '돈오의' 관점에 대해 말하는 것은 역설적이다.
왜냐하면 '관점의 부재'라고 규정할 수도 없기 때문이다. 그것은 모든
것을 동시적으로 봄으로써 어떠한 관점도 상쇄시키는 한편, 소실점처
럼 모든 관점을 가능하게 만든다. 돈오에는 어떠한 장소(place)도
없다. 그것은 형이상학의 장소-없음(displacing)이다. 짜임새 있는
문장으로 전달하려고 하면, 그 시도는 필연적으로 그것을 점오로,
(진제와 속제 두 진리처럼) 간접적인 진리나 제이의第二義로 바꾸어버
린다. 그리고 이런 특징은 비트겐슈타인이 보여주듯이 단지 언어적
발화에만 한정되는 것이 아니다. 왜냐하면 직접 지시하는—구지俱胝
선사가 그랬듯이[28] 손가락으로 가리키는— 탁월한 기호조차 언어의 덫에

---

25 〔역주〕 원문의 'pedestrian'은 "도보의, 보행의"라는 뜻과 "산문적인"이라는 뜻을
아울러 갖는다. 저자도 이 이중적인 뜻을 활용하기 위해 이 표현을 썼는데,
번역에서는 앞의 구절과 짝이 되는 것을 선택했다.

26 만약 우리가 네 가지 주요한 수사법(은유, 환유, 제유 그리고 아이러니)에 대한
비코의 정의를 따른다면, '돈오선'의 담론이 은유보다는 아이러니의 양상과
더 유사성을 갖는다고 여길 수 있다. *The New Science of Giambattista Vico*,
trans. Thomas Goddard Bergin and Max Harold Fisch(Ithaca: Cornell University
Press, 1984), pp.129-131 참조.

27 소실점(Point de fuite)은 "다하는 점" 또는 "도피처 없음"으로 번역할 수 있다.

걸리기 때문이다. 임제의 '방할棒喝'도 수행을 의미하는 한, 기호의 체계로 들어가버린다.

어떠한 메타언어도 불가능해 보이지만, 그 진리를 전달하기로 한다면 타협이 필요하다. 이론적으로 '돈오'의 개념은, 파악하기 어렵거나 영구적인 참된 '경험' 또는 '직관'에 대한 번역, 필연적으로 불충분한 번역에서 그친다. 그것은 '다른 것'-전적으로 다른 것-이 같은 것에 또는 같은 것이 다른 것에 불쑥 쳐들어가는 것을 가리키는 듯하다. 아무튼 그것은 일상생활에서 일어난 급진적인 불연속성이고, 많은 수행자들이 명백한 신념을 갖고 입증한 긍정적 '파국'이다. 따라서 본질적으로 형이상학적인 담론의 내부나 주변에는 과잉의 가능성, 살짝 비켜날 가능성, '시간 밖으로 달아날' 가능성 따위가 보존되어 있다. 그러한 경험은 구문의 이탈 또는 전복을 수반하거나 그런 이탈 또는 전복에서 비롯될 것이다. 구문의 이탈이나 전복에서 주체는 덫에 걸리지만, 또한 그것들을 통해 경험이 보존될 가능성도 생긴다. 이런 의미에서 돈오는 점오와 정반대가 아니라-쇼샤나 펠만 (Shoshana Felman)에 따르면, 정반대되는 남자다움과 여성다움을 전복시키는 여성다움처럼- 돈오와 점오의 그 상반됨을 전복시키는 것이다.(Culler 1982, p.174에서 인용) 이런 직관적 통찰은 본질적으로 덧없고, 붙들기 힘들며, 파악하기 어렵다. 그리고 그것은 갑작스럽고 총체적인 '순간의 은총'으로, 죽음에 필적하는 일종의 '급진적인 변성變成'으로 경험되거나 이해될 수 있다. 의미심장하게도 깨달음과 죽

---

28 [역주] 구지 선사는 누가 무얼 묻든지 그 대답으로 오직 손가락 하나만을 세웠다고 한다.

음 둘 다 '유여(有餘, 깨달음)' 또는 '무여(無餘, 죽음)' 열반이라는 용어
에서 하나로 묶인다. 둘의 경우에 '다른 것'으로의 접근이나 '다른
것'의 접근은 필연적으로 (황홀함이 아니라면) 파열로 특징지어진
다. 돈오는 경험적 진보의 결과가 아니다. 점진적 수행이 선행되었을
때조차 그것은 결과가 아니며, 그 원인보다 선행하는 것이다. 그것은
엘스터(Elster)의 표현으로는 '본질적으로 부산물'인 여러 사태들 가운
데 하나이기 때문이다.[29]

따라서 깨달음을 도달할 수 있는 상태로 간주한다면, 그것은 여전히
일상적인 언어로 오도된 것이다. 따라서 이런 오해를 하지 말라고
대승 경전들은 우리에게 끊임없이 경고한다. 또 다른 비유로 웃음과
익살의 비유를 들 수 있다.[30] 참으로 깨달음에는 종종 웃음이 (때로는

---

29 엘스트(Elster1983, 57)에 따르면, '부산물인 사태들'은 그것들을 (예를 들어 좌선이
 나 공안을 통해) 일으키려는 직접적인 시도들뿐만 아니라 간접적인 시도들에도
 저항할 수 있다. 왜냐하면 이른바 '그물침대의 문제'에 맞닥뜨리기 때문이다.
 "그물침대에서 잠을 자려고 스스로 부드럽게 흔들던 나는 잠이 막 들었을 때,
 긴장이 확 풀린 내 몸이 잠이 들게 하는 그 율동적인 움직임을 더 이상 지속할
 수 없음을 알아챘고, 그래서 나는 깨어나 처음부터 다시 시작해야 했다." 선은
 결정적인 시점에 무언가가 그 흔듦을 넘겨 받아서 계속 수행한다는 것을 가정함
 으로써 그 문제를 푼다. 또 다른 문제는 부르디외가 아비투스의 '기원에 대한
 망각(genesis amnesia)'이라 부른 것과 관련되는데, 그것은 지우개 문제다. "기술
 이란 기억에 남아 있을지도 모를 흔적들을 모두 지우는 하위-기술을 포함하고
 있지 않다면, 그다지 효과적이지 않을 것이다."(ibid.)
30 바흐찐(Bakhtin 1968, p.94)에게 "웃음은 본질적으로 진실의 외적 형태가 아니라
 내적 형태다. 웃음은 그것이 드러내려는 진실의 바로 그 내용을 파괴하고 비틀지
 않고서는 진지함으로 변형될 수 없다. 웃음은 외적 검열뿐만 아니라 강력한
 내부의 검열로부터도 자유로우며, … 신성함의, 금제의, 과거의, 권력의 공포로

눈물이) 뒤따른다. 익살처럼 모든 지배적인 범주들을 (그리고 그
자체는 범주가 아닌 그런 것을) 전복시키는 돈오의 유형이 있을 수
있으며, 수행에 대한 엘리트주의적인 개념을 반영하면서 사회적으로
결정된 범주로 남아 있는 유형도 있을 수 있다.

　어떤 경우에는 점수에 잠재해 있는 부정적 영향을 날카롭게 인식함
으로써 돈오가 촉발된 것처럼 보인다. 돈오는 또 스스로 '유토피아적'
전략인 것처럼 행세한다. 그것은 "아비달마적[31] 지도를 따라 만들어진
정신적 위계제"에 도전하는데(Gómez 1987, p.69), 그 자체가 목적이
된 것처럼 보인다. 그것은 또 세계에 대한 순진한 인식을 비판하는
것이며, 모든 것은 이미 완성되어 있다는 이치를 알지도 못하고 믿지도
못한 채 멀리 떨어져 있는 완성을 위해 노력하는 '순진한 본체론'
따위를 비판하는 것이기도 하다. 임제 같은 선사들은 자신들의 수행이
초래하는 역설적인 결과에 대해 잘 알고 있었다. 그들은 참선이 정령精
靈 같은 것들을 만들어낸다는 사실을 알고 있었다.(Certeau 1982, p.14)
현존을 바랐음에도 그들은 의심스런 환영幻影과 영적 현현顯現을
보았다. 그런 것을 통해 인지되는 깨달음은, 그들에게는 참된 깨달음
이 아니었다. 이런 관점에 따르면, 깨달은 사람이 있다고 할지라도
깨달음은 없다. 이 '돈오'의 전략은 빅터 터너가 묘사한 반구조적
운동을 상기시킨다.(Turner 1974, p.297)

───────

부터 자유롭다."
31 〔역주〕 아비달마阿毘達磨의 본뜻은 '대법(對法, 법에 대한 것)'이다. 붓다가 설한
　교법에 대한 연구와 해석을 가리킨다. 삼장三藏 가운데 논論이 여기에 해당한다.

은유적 수단을 사용하는 사람들에게 중요한 것은, 상징으로 구체
화된 관념의 구조와 사회적 위치들의 구조를 될 수 있는 한 정교하
게 구축해서 그것으로 혼란을 막고 지도화地圖化된 안전 지대를
만들어내는 일이다. … 따라서 은유적 진술은 구조의 여러 부분들
과 … 외부의 전체 체계 사이에 한꺼번에 펼쳐지는 것으로 이루어
진다. … 여기서 말은 쓸모없는 것으로 드러나고, 해석은 실패한
다. 그리하여 부정적인 은유적 행위로써 긍정적인 체험을 표현하
는 것―자신이 만든 정교한 구조를 파괴하고 초월성을 인정하는 것―
외에는 할 일이 남아 있지 않다.

그러나 반구조적인 또는 부정논법적인 입장 그 자체는 논증적으로
거부하는 일들이 있음에도 결국은 긍정적인 매개로 바뀐다. 역설적이
게도 "그것은 초월성에 대한 의미 있는 공식을 발견하려는 시도인데,
그 공식은 불가피하게 근본적인 내재성의 진술로 이어진다."³² 돈오의
직관은 어떠한 매개도 데리다식의 의미에서 '보완적'이라는 사실,
즉 차이이고 연기延期라는 사실을 깨닫는 것이며(Derrida 1974, p.157),
그리하여 매개란 문화와 사회로부터 자유로워지지 못하게 만드는
문화적 조건을 전제로 한다는 사실을 깨닫는 것이다. 데리다식에서든
선의 방식에서든 간에 해체 자체는 존재에 대한 희석된 형이상학으로
바뀌는 그리고 예견할 수 있는 심리적 인공물이나 기법으로 바뀌는

---

32 Michael Sells, "Apophasis in Plotinus: A Critical Approach," *Harvard Theological
Review* 78, 3-4(1985), p.54 참조.〔이 참조에 대해서는 고 래리 버만(Larry
Berman)에게 신세를 졌다.〕

가장자리에 언제나 (말하자면 구조적으로) 있다. 깨달음은 어떠한 예상도 뛰어넘으므로 전혀 예견할 수 없고 생각조차 할 수 없는 것으로 여겨지거나 기대된다. 돈오는 거기로 이끄는 길(poros)[33]이 전혀 없다는 의미에서 완벽하게 이해불가능한데, 그 때문에 '대오선(待悟禪, 깨달음을 기다리는 선)'으로 불리는 베케트식[34] 선에 대한 비판이기도 하다.

돈오라는 용어가 선의 맥락 안에서는 정반대의 접근법들, 즉 형이상학적/비형이상학적 접근 또는 관념적/비평적 접근 따위를 가리킨다. 앞의 접근들은 마음의 '본질'과 본성을 보는 견성(見性)을 강조하는 것으로, '현존의 형이상학'에 머문다. 반면에 뒤의 접근들은 진리를 향한 갈망과 진리 자체가 바로 망상의 근원임을 깨닫는 것으로, 어떤 형태의 '현존'이든 전복시킨다. 임제는 법이나 참된 스승을 구하겠다며 여기저기 돌아다니는 짓은 하지 말라고 타일렀는데, 그런 훈계는 '정신적 탐구'라 불리는 문화적 놀이를 거부하는 것처럼 보일 수 있다. 돈오는 단순히 불교의 고르디아스 매듭을 끊는 일,[35] 불교 신정론神正論

---

33 〔역주〕 포로스(poros)는 그리스 신화에서 방편과 술책을 의인화한 정령으로, '가난'을 뜻하는 페니아(penia)의 남편이며 '무력함'을 뜻하는 아포리아(aporia)의 반대다. 따라서 본문의 포로스는 빈약하고 무력한 길을 암시한다.

34 〔역주〕 베케트식이란 20세기 부조리극을 대표하는 극작가 사무엘 베케트(Samuel Beckett, 1906~1989)나 그의 작품의 특성과 관련된 것을 의미한다. 세계의 부조리, 단순한 기다림으로서 삶, 암울한 전망과 미니멀리즘(작품에서 최소한의 요소들만 사용하는 것) 등으로 알려져 있다. 포르는 부질없이 깨달음을 기다리는 대오선待悟禪을 '막연한 기다림으로서 삶'에 견주고 있다.

35 〔역주〕 고대 프리기아 왕국의 신전 기둥에는 고르디우스 왕이 타고 온 우마차가

의 오래된 문제를 푸는 속임수일 수도 있다.[36] 이 문제는 다음과 같다. 경전들에서 말하는 것처럼 무지無知와 망상이 '무시(無始, 시작을 알 수 없는 때)' 이래로 내려온 것이라면, 어떤 희망도 부질없어 보인다. 점오에 대한 가장 급진적인 비판이 암시하는 것처럼, 우리는 정말로 "[자기를] 바로잡으려는 모든 노력에 선행하기 때문에 그런 노력들이 혼란이라는 간판 아래서 이루어질 수밖에 없도록 만드는 선험적인 혼란"(Jankélavitch 1960, p.153)에 직면하고 있는 것일까? 이 '핵심적인 그래서 치유할 수 없는 병'이나 '내재된 망상'에 대해, 돈오는 편리하게도 다른 쪽에서 문제를 끌어오며 '본각'을 내세운다. 이런 관점에 따르면, 모든 수행은 특정한 병을 치유하기 위해 고안된 방편이다. 그 수행들은 뿌리까지 이를 수 없으므로 참된 건강을 가져오지 못한다. 왜냐하면 유일하게 참된 건강은 병에 걸리지 않는 일이기 때문이다. 참된 깨달음은, 병이라는 다르마가 있을지라도 그것은 자아와 마찬가지로 공空할 뿐임을 깨닫는 일이다. 치유할 수 없는 병이라 하더라도, 참된 자아에게 그것은 부차적인 것에 지나지 않는다. 무지, 망상, 번뇌 등이 주체에게 영향을 끼치는 것 같지만, 존재론적으로 분명히 주체와 별개다. 구름이 태양을 가릴 수는 있어도 (태양의 흑점과

아주 복잡한 매듭으로 매여 있었고, 이 매듭을 푸는 자는 "아시아의 왕이 된다"는 말이 전해졌다. 알렉산드로스 대왕이 군대를 이끌고 프리기아로 진군해서 그 이야기를 듣고 매듭을 풀려고 했으나, 도무지 풀 수가 없었다. 화가 난 알렉산드로스는 칼로 매듭을 끊어버렸고, 이후에 그는 인도의 인더스 강까지 진군해 아시아의 왕이 되었다.

36 '지름길'로서 돈오에 대해서는 Buswell 1987, p.350 참조. 그것은 순차를 부정하는데, 이는 돈오선을 적절하게도 '일관성 결여' 그리고 무심無心으로 만든다.

달리) 태양에 영향을 줄 수 없다는 선의 비유도 그런 것을 말해준다.

점오의 관점

이미 살펴보았듯이, 어떤 차원에서는 돈오와 점오가 상보적이지도 않고 대립적이지도 않다. 오히려 둘 다 '이론적인 모델', 이상형, 가상의 축 같은 주장들을 종합한다. 그러나 다른 차원에서는 상보적인 (또는 보완적인) 관계에 있다. 비록 그것들이 서로 상대를 능가하려고 할지라도 말이다. 관점은 오로지 점오와 함께 말할 수 있다. 왜냐하면 모든 것을 한꺼번에 보는 돈오에서는 어떠한 관점도 부정되기 때문이다. 돈오와 마찬가지로 점오에도 이중의 진리가 있다. 그 용어가 두 가지 다른—그러나 관련된— 실체를 가리키기 때문이다. 첫째, 그것은 세계와 깨달음에 대한 기본적인 직관을, 그것에 대한 암시적인 인식론과 인류학을, 그것에 대한 일관된 개념을 가리킨다. 다시 말하면, 단순히 분류상의 범주가 아니라 다양한 경험에 열려 있는 인식론적 도식을 관리하고 조직하는 '구조화하는 구조'를 가리킨다. 둘째, 그것은 하나의 산물, 구체화된 개념, 노골적으로 '구조화된 구조'이기도 하다. 따라서 그 교리와 그 현시顯示는 경쟁자인 '돈'교와 맺은 적대 관계에서 금박지 역할을 할 수 있다.

　성숙한 세계관에 대해서도 그렇듯이 점오에 대해서도 말하기 어렵다. 왜냐하면 저도 모르게 전통의 영향을 받기 때문이다. 전통은 점오를 대중의 요구에 맞춘 것으로 보거나 (어떤 경우에는 그렇다) 아니면 그와 동일한 것을 돈오로 대체된 견해로 본다. 아무튼 전통은 점오가 본래부터 지니고 있던 부정적인 성질을 넌지시 드러내는데, 이때 점오는 규범으로부터 이탈로 또는 규범으로 회귀함에 있어 단순한 예비적 단계로 여겨진다. 이런 식의 목적론적 개념은 북종선에 대한 학문적 평가에서도 여전히 적용되고 있다. (Faure 1986b 참조) 앞서 언급했듯이 돈오와 점오는 분파의 단계에서 충돌하며, 오로지 환원주의적 정의를 매개로 해서 충돌한다. 그렇지만 점오는 사실 돈오에 논파당하지 않았고, 그리고 돈오의 일탈이나 예비적 단계로 환원될 수 없었다.[37] 반면에 표현의 차원에서 돈오와 점오는 상대의 저항을 통해서 견뎌 왔으며, 서로 '공범'으로서 차이를 표현해 왔다. 차이는 여러 가지 다른 인식론적 쌍들 안에서 그리고 이러한 준거들 안에서 자신을 계속 재정립한다.

　오래된 목적론적 도식의 결함은, 돈/점의 이분법이 선승들의 본격적인 수행이나 발언에서 끊임없이 흐릿해진다는 사실을 간파할 때 분명하게 보인다.[38] 이 두 용어는 실제로 분류상의 준거로 구실할 수 없으며, 이런 의미에서 도리어 느슨하거나 잘못된 패러다임을

---

37 '점오'는 슈타인(R. A. Stein 1987, p.42)이 암시하듯이 반드시 '돈오'를 언급함으로써 정의되는 것이 아니다. 북종선을 정의할 때 (적어도 처음에는) 남종선을 언급하지 않았던 것과 마찬가지다. 영향력을 찾아내고 싶겠지만, 실제로는 정반대다.

38 초기 선을 연대기적으로 서술한 『능가사자기』에서 정각(淨覺, 683~750?)은 돈오와 점오 사이에서 끊임없이 이동한다. 그의 경력은 '돈오'의 『반야심경』을 자신의 전거로 삼는 데서 시작해 필경 '점오'의 『능가경』에 대한 칭송으로 끝난다.(Faure 1989, pp.19-24 참조) 같은 방법으로 종밀은 '점오'의 선에서 화엄의 '돈오'(그러나 교의로서는 현저하게 점오적인) 교의로 옮겨간다.(Jan 1972 참조)

제공할 수 있다. 그 패러다임은 분파의 단계에서 진정한 이념적 동맹을, 실제적인 재편성을 드러내기보다는 숨긴다. 그러나 이것은 그 패러다임의 가치를 부정하는 것이 아니다. 그 반대다. 현실에 대한 표현은 그 현실에 없어서는 안 되는 부분이다. 그러므로 이 패러다임에 나타나 있으면서 이것에 영향을 받는 양극화는 선의 이념과 수행을 이해하기 위해서 고려되어야 할 부분이다.

표현의 차원에서 돈/점 패러다임은 (양극화든 이분화든 간에) 데리다식 해체주의가 문제삼은 바로 그 형이상학적 대립처럼 보인다. 이 해체주의적 전략의 첫 번째 단계는 위계 구조를 유지하면서 위계 구조를 뒤집는 것이다. 이 인식론적 순환에서 벗어날 수 없기 때문에 오히려 거기로 정확하게 들어가는 것이 중요한 단계가 된다. 돈오와 점오 두 용어 사이의 비대칭은 주의를 끈다. 선 이론은 점오에 관한 '언어적 금기'에 대해 말할 수 있을 때까지 현실에 대한 역상逆像-바로 이념에 대한 정의-을 제공한다. 그것은 전혀 논의되지 않는다. 비록 실제 수행에서는 논쟁의 여지가 없기는 하지만 말이다. 선 전통 전체는 이 희생양이라는 기제에 달려 있는 것처럼 보인다.

희석되고 변명투인 점오주의는 돈오주의자들이 묘사한 것이지만, 사실상 그것은 돈오의 혼종이라 할 수 있다. 그것 너머에는 또 다른, 더 기본적인 점오가 존재한다. 이것은 완전히 성숙한 세계관을 그리고 성스러운 것에 대한 어떤 개념을 반영한다. 우리는 앞서 돈오의 변성變成과 죽음의 변성을 비교했다. 이 죽음은 필연적으로 돈오로 인식되는 것이었다. 그런데 가장 전통적인 사회에서 "죽음은 순간의 문제가 아니다." 표현으로서 죽음은 단박에 일어나는 일이 아니라,

그 반대로 오랜 과정의 결과다. 가령, 로베르 에르츠(Robert Hertz)는 이중 장례(double funerals)에 대한 분석을 하고 나서, 죽음으로 인해 신분과 지위에 변화가 생기더라도 오래도록 애도하는 일이 먼저 있어야 하고 그 뒤에 그 집단이 그 변화를 받아들이고 승인한다고 결론짓는다.(Hertz 1960, pp.27-86) 이런 결론을 깨달음에도 적용시킬 수 있을까?

동일한 인류학적 맥락에서 위베르(Hubert)와 모스가 성스러움에 대해 분석한 것이 떠오른다.(Mauss 1968~1969, 1, p.217 참조) 이 저자들에 따르면, 성스런 공간은 구조화되어 있다. 그리고 제의는 가장 바깥 둘레에서 가장 안쪽 지성소까지의 성스런 공간 내에서 진행되는 것으로 해석될 수 있다. 이 구조는, 밀교 전통에서 볼 수 있는 만다라의 구조다. 만다라는 시각적 도안으로서, 깨달음에 들어가는 수단으로 간주된다. 이 신성한 공간에서 어떤 도약이나 어떤 연속성의 단절이 일어난다면, 그것은 치명적일 수 있는 균형의 상실을 초래할 것이다. 세계를 성직 중심이며 강하게 구조화된 것으로 여기는 이런 개념을 '돈오' 선은 공공연히 문제삼았다. 그럼에도 그것은 고대 종교사상의 토대를 형성했으며, 본래부터 그 어떤 것도 우리가 그 인식론적 입장을 거부하거나 경시하도록 허락하지 않는다. 이렇게 구조화된 신성함과 대조적으로 돈오는 터너가 말한 '반구조'로 나타난다는 것을 우리는 이미 알고 있다. 따라서 '점오'는 '구조'이며, 현실의 존재론적 구조나 가상의 인류학적 구조를 발견하는 과정일 것이다. 도사 천은자天隱子가 다음과 같이 썼듯이.[39] "『역경易經』에는 '점차 나아감'이라는 괘가 있고,[40] 노자는 '불가사의한 문'에 대해 말한다.[41] 사람이 자기 내면의 완전함을 닦고 그 본성을 이룰 때에는 돈오를 조금도 기대할 수 없으며, 오히려 점진적으로 나아가면서 조용히 행법을 닦아야 한다. 그렇게 해서 점문漸門이 세워졌다.”[42]

점수漸修를 위한 또 다른 전통적 모델은 상기想起의 모델일 것이다. 앞서 말했듯이, 돈오는 깨달음에서 기억을 조심하라고 한다. 기억은 단순히 복구를 위한 매개가 아니라 상상력과 마찬가지로 구성적인 힘이라는 것이다. 이 모델은—돈오의 특성 가운데 하나인— 원래의 완전함을 그 전거로 삼지만, 그 원천으로 조금씩 되돌아감을 표현하고 망각의 점진적인 회복(퍼즐의 완성과 같은 것)을 표현한다는 점에서 사실상 잡종이다. 이 개념에 대한 최상의 실례 가운데 하나는 『십우도十牛圖』에 있다. 그런 '기초적인' 모델은 돈오와 점오의 요소들을 포함하고 있는데, '돈오'의 '천연성' 개념과 대조를 이룬다. '집에 돌아온' 방탕한 아들과 (단순히 '미혹된' 것과는 구별되는) '자유롭게' 방랑하는 불멸의 포대布袋 화상이 서로 반대가 되는 것처럼 말이다. 이렇게

39 〔역주〕 '천은자天隱子'는 중국 당나라 때 도사인 사마승정(司馬承禎, 643~735)이 저술했다고 알려진 책인데, 포르는 어떤 도사의 이름으로 여겼던 것 같다. 포르가 인용한 글은 『천은자』의 세 번째 편인 〈점문漸門〉의 일부다. 원문을 제시하면 이러하다. “易有漸卦, 老氏有妙門. 人之修眞達性, 不能頓悟, 必須漸而進之, 安而行之. 故設漸門.”

40 〔역주〕 『주역』의 '점괘漸卦'를 가리키는데, “점차 나아감이다”(漸之進也)라고 풀이되는 괘다.

41 〔역주〕 『도덕경』 1장의 '중묘지문衆妙之門'을 가리킨다.

42 Livia Kohn, "The Teaching of T'ien-yin-tzu," *Journal of Chinese Religion* 15(Fall 1987), p.9 참조.

차이 나는 과정들 가운데 하나는 학자의 논평 과정이나 수사적 전통의
과정과 유사하고, 또는 집과 더 유사하며 해석학적인 학문과 수행적인
학문 각각과 더 유사하다. 어떤 경우든 간에 핵심은 그 흐름을 통제하기
위해 원천으로 올라가는 것이거나 아니면 그 힘을 이용하기 위해
원천을 따라 흘러가는 것이다. 『십우도』의 한 변형은 두 모델을 통합한
것이다. 그것은 목동이 소를 찾으러 나서고 소를 발견하고 길들이는
첫 번째 (점진적) 순서도順序圖－일에서 십까지 전통적인 순서 대신에
여기서는 일에서 팔까지 그린 그림－에 그 순차적인 특성을 통해서만
점오를 유지하는 두 번째 (단박의) 순서도가 더해진 것이다. 두 번째
순서도는 계절의 흐름으로, 그리고 떠도는 배불뚝이 포대 화상이
"저잣거리에 들어가 팔을 드리우는 것"으로 상징화된 자연스러움을
표현한다.(Ueda and Yanagida 1982 참조)

　　이런 종류의－자연적 질서와 자연의 율동에 대한 복종으로서, 흘러가는
삶과 다양한 현실에 참여하는 것으로서－ '자연스런' 점오는 사실상
'돈오의' 관점에 아주 가깝고, 전통적인 불교의 유식설唯識說[43]과는
아주 멀리 떨어져 있다고 주장할 수 있다.[44] (비록 후자는 이론적으로

---

43 〔역주〕 원문은 '의지주의意志主義, 주의설主意說' 등으로 번역되는 'voluntarism'이
　　다. 이 용어는 서양의 관념론 철학에서 나온 것으로, 의지가 세계의 근본 원리이며
　　이것으로 세계가 만들어지고 온갖 것들이 나타난다는 견해다. 만유는 식識에
　　의해 현현한다는 불교의 유식설과 흡사하다. 저자도 이를 염두에 두고 썼으리라
　　여겨져 '유식설'이라 번역했다.

44 일본 카마쿠라 때의 선승 엔니 벤엔(圓爾弁圓)이 말한 것과 같다. "우리가 진실로
　　무심無心의 길 위에서 산다면, 지는 꽃들과 바람 앞에 흩어지는 잎들처럼, 아침
　　햇살에 사라지고 녹는 서리와 눈처럼 〔우리는 간다.〕 그러니 이러한 추이 속에

'돈교'에서 나온 것이지만.) 자연은 어떠한 비약도 하지 않는다는 사실을 인지하고 있으므로 점진적이다. 그리하여 결과적으로 자신을 자연에 내맡기게 된다. 그것은 인정認定이고 심지어 칭송이며, 유한함에 대한 신성화와 비슷한 것이다. 언뜻 보면, 방거사가 그의 시에서 나무하고 물 긷는 것과 같은 일과를 불교의 진정한 신통력이라고 격찬한 방식과 거의 구별되지 않는다.(Sasaki et al. 1971, p.46 참조.)[45]

이 후자의 모델은, 도겐처럼 엄격한 고행을 지지하는 이들이 '돈오'를 〔수동적인〕 정숙주의靜淑主義[46]라고 오해하며 '자연외도'라는 이름으로 비난했던 것이다. 자연외도는 본각론本覺論의 영향을 받아 선과 일본 천태종에서 확실히 번성했던 한 경향이다. 한자어로 보자면, 그 강조점이 '본체'〔體〕라는 개념에 기초한 존재론적 모델에서 '작용의' 모델(여기에서 작용〔用〕 또한 본체에서 유래되었다)을 거쳐 작용의 우위를 확인하는 모델로 옮겨갔고, 거기에서 본체는 단지 편리한 알리바이로 남았다. 마조도일(馬祖道一, 709~788) 이후에 발달했던 '대기대용大機大用'의 선이 그런 것이다. 어떤 의미에서 마조의 선은 점오로 되돌아갔음을 나타낸다. 그것은 참된 본성을 비-매개적으로 보는 일을 더 이상 옹호하지 않고, 매개적으로, 즉 그 작용을 통해서 보는 것을

마음을 부리는 무엇이 있겠는가?"(Bielefeldt 1989a 참조.)

45 〔역주〕 방거사의 시구는 『방거사어록』에 나오며, 본래 "신통과 묘용이란 물긷고 나무하는 것일 뿐"(神通幷妙用, 運水與搬柴)이라는 구절이다.

46 〔역주〕 정숙주의는 17세기 말경에 유럽 몇몇 국가에서 인기를 끌었던 기독교 신앙이다. 영적인 성숙, 신과의 합일을 이루기 위해서는 소리내 하는 기도보다 지적인 고요를, 독실한 행위나 적극적인 노력보다는 내적인 수동성을 유지해야 한다는 것이다. 교황 인노첸시오 11세에 의해 이단으로 비난받았다.

옹호하기 때문이다.(Buswell 1987, p.341 참조) 그러나 마조 이후에 그 '작용'은 고립된 것 같다. 그것은 더 이상 본체론에 닻을 내리지 않았다. 이런 식으로 우리는 돈오와 점오에 대한 실재론자의 정의 대신에 두 가지 대비되는 인식론을, '자아 인식'의 두 가지 모델을 찾아낸다. 하나는 자기 반성적인 (또는 회고적인) 자아 인식에 근거한 것이고, 다른 하나는 자아 인식의 부정을 수반하는 것 같은 항구적인 자아 개발에 근거한 것이다. 왜냐하면 어떠한 인식도 여전히 도에는 장애가 될 수 있고, 참된 인식은 인식-없음이고 참된 봄(vision)은 봄이-아님(nonvision)이기 때문이다.

점오에도 비평적 차원이 있다. 절대적 진리의 드높은 공간으로 치솟는 돈오에 비해, 점오는 인간의 유한성에 대한 성숙한 인식을 의미한다. 사실 그 엘리트주의 때문에 그리고 표면상 방편이 부족한 것 때문에 돈오는 칸트의 도덕성에 대해 가해진 비판, 즉 "그것은 깨끗한 손을 가지고 있을 수도 있지만 손이 없기도 하다"는 비판을 똑같이 받는다. 도오道悟 선사는 그의 도반인 운암雲巖에게 쓴 편지에서 그들 각자의 스승인 백장百丈과 석두石頭의 가르침을 잡화점과 '순금을 파는 가게'로 대비하고는 운암에게 '백장의 잡화점'을 떠나라고 재촉했다.[47] 앙산仰山은 이 비교를 더 정교하게 다듬었는데, 매개의

---

47 〔역주〕 이 문장에서 운암은 운암담성(雲巖曇晟, 782~841)을, 도오는 천황도오(天皇道悟, 748~807)를 가리킨다. 그런데 포르는 둘의 관계를 '형제'로 표현했다. 실제로 둘은 친형제 사이도 아니고 같은 스승을 모신 사이도 아니니, 이 표현은 어색하다. 이는 포르가 천황도오를 운암의 사형인 도오원지(道悟圓智, ?~835)와 혼동한 데서 비롯된 듯하다.

가치를 지적하면서 이렇게 말했다. "잡화점에서는 쥐똥부터 순금까지 온갖 종류의 물건들을 다룬다. 순금 가게에서는 쥐똥을 원하는 손님의 요구를 채워줄 수 없다."(『조당집』 권8, 『경덕전등록』 권11 참조) 〔일본〕 조동종의 선승인 도쿠안 도쿠고(獨庵獨悟, 1630~1698)는 『육조단경』을 인용하면서 이와 꽤 유사한 점을 강조했다. "근기가 낮은 사람이 돈오에 대해 들으면, 세찬 비를 맞는 작은 식물처럼 압도 당해 자랄 수 없다."(T. 82-2597, p.565a) 점오의 관점에서 돈오와 해체주의의 유사성을 지적할 수도 있다. 둘 다 전복시킬 구조를 필요로 하고, 이 전복은 '점수돈오漸修頓悟'가 그 울타리 안에 남아 있는 동안에 그 구조를 넘어서려는 것일 수 있다. 한편, 질러가는 돈오는 모든 것은 수사적이고 수행적이라는 점 그리고 관습적, 단정적 담론은 없다는 점을 단언하는 해체주의적 유혹과 같다. 이 이론적 입장은 지킬 수 없는 것으로 드러나며, 한계를 넘어서 진술된 문장은 사실상 이쪽 편에 남아 있다.(de Man 1979, pp.119-131 참조)

3장 직접성의 이중 진리

돈/점이나 본체/작용과 같은 패러다임은 그 의미론적 범위가 완전히 겹치지는 않지만 이제(二諦, 이중 진리)의 중국식 변형으로 볼 수 있다. 이 양극성은 대승불교의 발달에서 결정적인 역할을 했다. 『법화경』과 『유마경』 같은 경전들은 이것을 중심으로 전개된다. 그것은 또 선의 교리에서도 주요한 역할을 한다. 가령, 『이입사행론二入四行論』에서 보리달마가 '이입(理入, 원리를 통해 들어가기)'과 '행입(行入, 실천을 통해 들어가기)'을 대비하면서 그 둘 사이의 깨지기 쉬운 균형을 유지하게 해주는 것도 그것이다.(Faure 1986b 참조) 사실상 북종선을 대표하는 작품인 『대승심행론大乘心行論』에서는 그와 유사한 '이중의 들어가기'가 있는데, 이것은 보리달마와 동시대인인 승조僧稠에게서 나온 것으로 여겨진다.(Yanagida 1963; McRae 1986 참조) 그러나 이입(二入, 두 가지 들어가기)이 동일한 지위에 있고 논리적으로 상보적이라 하더라도, 그것들은 각각 다른 수행자에게 주어진다는 사실에 주목하라.

『능가사자기』에 따르면, 도신道信 선사의 가르침도 수행의 두 가지 측면－돈오와 점오－에 상응하는 이중 구조를 보여주었다. 도신은 먼저 정신 수련의 전체적 범위를 확립하고는 나중에 그것을 '천연성(spontaneity)'이라는 이름으로 부정한다. 이러한 '정신 수련'에서는 마음이 인위적으로 빚어낸 모든 것들을 '관습적 진리'를 방편으로 삼아서 뚫고 지나간 뒤에 마침내 그 방편을 버리고 궁극적 진리에 도달하는 것이 핵심이다. 그러나 그 과정이나 여정이 아무런 관련이 없는 것은 아니다. 왜냐하면 어떻게든 도달점에 그것이 새겨져 있기 때문이다. 순례자의 여정이 틀림없이 그 신성함을 이루는 요소인 성지聖地에 확실히 새겨져 있듯이 말이다. 이것은 밀어붙이면 (또는 더욱 생생한 프랑스식 표현으로는 '계단들을 태워버리면') 곧장 목표에 이른다고 믿으면서 지나치게 서둘러 도달하려는 사람들이 쉽게 잊어버리는 점이다. 도신과 다른 초기 선사들은 중관학파의 주장과 같은 입장에 있었는데, 그 학파는 관습적 진리〔俗諦〕를 거부한다면 궁극의 진리〔眞諦〕에 도달할 수 없다고 주장했다.[1] 그러나 질러가는 돈오를 급진적으로 옹호한 이들은 궁극적 진리는 관습적 진리에 대한 거부를 요구한다고 주장하게 되었다. 그들은 관습적 진리를 더 이상 매개하는 진리로 보지 않고 완전히 허위라고 보았던 것이다.

『능가사자기』에서 선종의 첫 조사로서 또 보리달마의 스승으로서 드높이려 했던 인물은 인도 출신의 역경승譯經僧 구나발다라求那跋陀

---

[1] 중관학파 자체는 종종 허무주의적이라는 비판을 받았는데, 그것은 "그 존재론적 부정론이 인과응보의 토대를 유지하는 데 필요한 최소한의 존재를 부정하는 경향이 있었기" 때문이다.(『法寶義林』 권1, p.75)

羅다. 그는 "두 가지 진리를 대등하게 그리고 동시적으로 보기"를 주장했기에 돈오에 대해 더 정통적인 개념을 가졌다고 여겨진다. 그런 동시적 보기, '파노라마식' 보기 또는 '총괄적' 보기는 결코 정적靜的인 종합이 아니다. 왜냐하면 그런 종합은 불가능하기 때문이다. 닐 도너(Neal Donner)가 지적했듯이, "제3의 전리 또는 중간의 진리는 … 우리가 처음에 생각할 수 있는 것과 같은 극단들 사이의 '중도' 곧 절충이 결코 아니지만, 그 대신에 현실의 역설적인 본질을 강조한다. 진리는 단 하나의 정식으로 환원될 수 없다."[2] 구나발다라가 중시한 '보기'는 이중 진리의 변증법적 본질을 숨기기 쉽다. 즉 궁극적 진리를 끌어 들여 끊임없이 한계를 뛰어넘게 하는 역동성을 숨기는 경향이 있다. 신수神秀는 자신의 변증법적 찌르기를 '중현(重玄, 거듭되는 현묘함)'을 통해 표현하는데, 노자에게서 빌려온 이 용어는 아마 성현영(成玄英, 7세기 중반) 같은 도교 사상가들을 거치면서 중관학파의 변증법적 용어로 재규정된 것이리라.(Robinet 1977, pp.142-148 참조)

『달마론達磨論』에 따르면, "범부는 관습적인 것 안에서 궁극을 보고, 성자는 궁극 속에서 관습적인 것을 본다."(Faure 1986b, p.84 참조) 시각을 교차하는 방식에 대한 선사들의 도드라진 취향과는 별도로, 이런 전도된 변증법적 가치를 유지해야 한다. 이 텍스트는 관습적

---

2 Donner 1987, p.205. 그러나 '제3의 진리 또는 중간의 진리'라는 개념은 쉽게 구체화된다. 고메즈는 "제3의 중간적 입장이란 나머지 둘이 서로 대비되는 차원의 바깥에 있는 것"이라 해서 처음에 그것을 종합으로 본 것 같다. 그러나 그가 "한 극단을 다른 극단의 용어로 환원하려고 애쓰지 않으면서 거기에 서 있다면, 그와 동일한 수준에 있을 수 있다"는 말을 덧붙였을 때, 이 유사-헤겔적인 모델에서 벗어난 듯하다.(Gómez 1987, p.122)

진리와 궁극적 진리 사이의 정적인 대립—관습적 차원의 대립—부터 시작하며, 더 높은 차원—이전에 궁극이라 여겼던 차원—에서도 궁극적 진리는 여전히 관습적이었다는 것을 보여줌으로써 이런 위계 구조를 해체한다. 여기서 "결국 모든 진리는 언어로 표현되기 때문에 관습적이다"라고 말할 수 있다. 그러나 궁극적 진리는 한계를 넘어서는 것인데, 그 넘어서기는 궁극적 진리의 개념에서 일시적으로 구체화되었던 것과 동일한 '형이상학'과 메타언어를 요건으로 하며 그것을 통해 사실상 이루어진다. 그런데 변증법적 운동은 사실 한 번 시작되면 그렇게 쉽사리 멈추지 않는 운동이다. 따라서 그것은 언제나 한계의 이쪽으로 물러서면서 사람들이 의심을 품게 하며, 한계 너머로 가는 데 필요한 요건은 결국 관습적 진리를 더 미묘하게 표현한 것일 뿐이라는 점을 고려하도록 한다. 여기서 우리는 신회가 이원론적 방식으로 지적한 점, 즉 거친 것과 미세한 것이라는 두 가지 자기 기만이 있다고 한 점을 상기하게 된다. 거친 것—형상에 집착하는 것—은 분명히 드러난다. 반면에 미세한 것은, 깨달음은 존재한다고 하는 믿음과 깨달음에 이르고자 하는 바람으로 이루어진다.(Liebenthal 1952, p.144 참조) 그럼에도 미묘한 망상을 깊이 인식함으로써 그 망상을 소멸시킬 수 있다는 점, 그리고 그것은 관습적 진리로 다시 물러나게 만들지 않고 오히려 궁극적 진리에 다가갈 수 있는 참된 길을 역설적으로 제공해준다는 점을 신회는 말하려 했던 것 같다.

두 가지 진리를 '동시에 파악하기'로 돌아가 보자. 초기 선 텍스트들의 구조를 이해하는 데 도움이 될 수 있기 때문이다. 앞서 우리는 『능가사자기』에 나오는 도신의 가르침이 이중 구조, 두 층위의 구조라는 것을 언급했다. 스즈키 다이세츠를 비롯해 몇몇 학자들은 선의 개념을 소급 적용하면서 '4조' 도신을 오로지 정통 돈오의 전형으로만 보았다. 그 때문에 그들은 도신의 가르침에서 모순으로 보이는 것을 삽입된 어구에 불과하다는 식으로 설명하려 애썼다.(이 편리한 설명 방법은 그 자체가 이중 진리의 해석학이다.) 후대의 모방자들이 틀림없이 도신의 돈오에 손을 댔을 것이라고 그들은 주장한다. 그와 유사한 의도를 갖고 있었던 다른 학자들은 반대되는 일을 하려 했고, 그래서 구나발다라와 신수처럼 이른바 '점오의' 선사들이 나눈 '돈오의' 대화를 완전히 가짜라고 주장했다. 초기 선 텍스트들에 많은 변조가 있었다는 점은 부정할 수 없다. 『능가사자기』 같은 텍스트에서는 성격이 다른 원문들을 특히 구별할 수 있다. 그래서 '원작자'의 문제는 꽤 성가신 문제가 된다.(Faure 1989, pp.73-79) 초기의 많은 선 텍스트들은 결코 종결된 것이 아니었고, 이른바 『달마론』처럼 몇몇은 단순한 선집이다.

　기원을 추적하는 이런 접근법으로는 요점을 놓칠 수 있다. 어떻게든 원래의 텍스트를 재구성하려는 것보다는 연구 중인 작품의 복합적 성질을 후기 전통의 특성에 대한 증언으로 간주하는 것이 더 유익해 보인다. 그 텍스트는 전체로서 우리에게 주어졌으므로 우리도 그런 것으로 받아들이는 편이 좋다. 그 '원작자'나 편집자가 텍스트 내의 긴장과 모순에 대해서 우리만큼, 어쩌면 우리보다 더 잘 볼 수 있었으리라고 보아야 한다. 종종 그렇듯이 혹평의 산물이 아닌 것으로 추정되는 삽입구들은 텍스트의 불가결한 부분이 되어 버렸고, 또 그것들은 '보완성'의 논리에 따라 기능한다.

이런 구조적 접근은 우리가 선의 교리적 측면들을 재고하도록 이끈다. 이중 진리에 대한 선적禪的인 표현에 있어 표준적 전거가 되는 것은,『육조단경』에 나오는 신수와 혜능의 유명한 시적 경쟁이다. 앞서 언급했듯이 그것은 두 가지 상보적 진리가 이중 진리가 되면서 후대의 종파적 전통에 의해 어떻게 두 가지 적대적이고 이분법적인-하나는 궁극적으로 참이고, 다른 하나는 궁극적으로 거짓인- 진술로 재해석되었는지를 보여주는 좋은 사례다. 그런데 신수가 지었다고 하는 시는 관습적 진리를 반영하는데도, 그의 스승 홍인은 이를 물리치지 않고 그런대로 칭찬했다.[3] 다시 말하면, 혜능의 시를 신수에 대한 '역사적' 반박으로 생각하는 대신에 (사실상 셋인) 두 시를 두 가지 진리에 대한 '변증법적' 해설로 평가할 수 있다. 선의 논쟁이 격화되면서 점오의 관습적 진리를 오류라 하고 또 점오의 대표적인 인물이라 할 신수를 이단적인 인물로 규정한 것일 뿐이다.

이중 진리의 패러다임은 존재론/인식론 차원과 인식론/해석학 차원 사이에서 매개적인 역할을 한다.[4] 그것은 편리한 해석학적 도구를 제공해주어서, 분명한 교리적 모순들을 모두 궁극적 진리와 관습적 진리 사이에서 일어난 전환의 결과로 설명하게 한다.[5] 그것은 존재의

---

3 덧붙여 말하면,『육조단경』의 저자는 홍인이 제자들 사이에서 소동이 일어날 것을 염려해 자신의 진짜 반응을 숨겼다는 것을 이유로 내세웠다. 이는 의발 전수의 긴장된 분위기 그리고 거기에 걸린 상당한 권력에 대해 많은 것을 말해준다고 할 수 있다. Yampolsky 1967, p.134 참조.
4 이런 점에서 전형적인 것은 지의智顗의 사마타(śamatha)/위빠사나(vipaśyanā)에 대한 본체론이다. "실체들이 본래 조용한 것을 '지(止, 가라앉히기)'라 하고, 조용함에도 늘 빛나는 것은 '관(觀, 집중하기)'이다."(Donner 1987, p.218)

이중성을 긍정하지만, 오로지 부정하기 위해서 긍정한다. "열반이
윤회다."[6] "번뇌가 깨달음이다〔煩惱卽菩提〕" 따위의 공식을 통해서
말이다. 그런데 그 반대도 마찬가지로 참이다. 이중성을 부정하는
순간, 이미 이중성을 인정했고 그 보존에도 기여했다. 다시 말해서,
그 결과들은 그렇게 되리라 단언한 것과는 정반대일 수 있다. 데리다는
대립 너머로 곧장 가로질러 가려는 시도들이 초래할 이데올로기적
결과들에 대해서 지적한 적 있다.(Derrida 1972b, p.56) 한편, 출발점
구실을 하는 이론상의 이원론은 상당히 메마른 추상적 관념으로 바뀔
수도 있다. 메를로 퐁티가 다른 맥락에서 지적했던 것처럼, "다른
곳에서 온 존재를 마치 눈앞에 있었던 것처럼 바라보는 생각만이
본질과 사실 둘로 갈라진다."(Merleau-Ponty 1968, p.113) 이런 생각은
깊이와 변증법을 간과하며, 그것이 무너뜨리려 헛되이 애쓰던 대립
안에 갇히게 된다. "번뇌가 깨달음이다"라는 주장은 이른바 본각사상
本覺思想의 특성을 잘 나타내는데, 특히 그런 주장은 세속주의와 일원
론에 근접한 현상 세계의 옹호를 정당화하는 구실을 할 수 있다.
(반율법주의적 선을 비판한 이들을 믿는다면, 실제로 그랬다.) 반면
에 두 가지 차원을 이론적으로 동일시하면, 서로 오염된다. 그것은
현상들이 절대적이라는 것, 그러나 (흔히 잊어버리는 점이기도 한데)

---

5 이제론은 그 (관습적) 방법들이 시간과 더불어 변할지라도 궁극적 진리는 변하지
  않는다는 사실을 증명하는 데에 유용한 전략이다.(예컨대 Reader 1986에서
  기술한 것처럼 근대의 조동종을 보라.) 이는 가장 다양한 경향들을 연결하고
  또 갈라진 것들을 화해시켜준다.

6 〔역주〕선에서 널리 쓰는 표현으로 "생사즉열반"(生死卽涅槃, 생사가 곧 열반이다)이
  있다. 나가르주나는 "열반과 윤회는 어떠한 차이도 없다"고 말했다.

절대 자체가 '현상적인' (즉 역사적으로 문화적으로 결정된) 것임을 의미한다.(Staten 1984, p.17 참조)

중관학파에서 빌려온 이제二諦의 개념은 선의 담론에서 전략적 위치를 차지한다. 언뜻 보기에 "이중적 의미를 가진 전언은 분열된 발신자와 분열된 수신자를 필요로 하기 때문에"(Jakobson 1963, p.238) 그것은 상징적 이익을 축적하는 일종의 '복화술'이나 마찬가지다. 이런 수사적 전략을 사용하는 사람들은 비용을 적게 들이면서 절대와 상대를 화해시킨다. 그래서 양쪽에서 '이익을 챙기는' 것처럼 보인다. 그러나 이런 전략은 부르디외가 규정한 '실천 논리' 즉 "본질적으로 애매하고 모호한 실천들의 두 가지 진리"를 반영할 수도 있다.(Bourdieu 1977b, p.179: 1980, p.201) 모든 것을 이념으로 환원시킨다면, 확실히 이런 함정들 가운데 하나에 빠질 수 있다. 일상에서 우리는 양립할 수 없는 체제 사이를 끊임없이 왔다갔다 하는데, 이중적 진리는 그런 사실을 고려하려는 시도라고 할 수도 있다. 우리를 지배하는 다양한 모델을 부정하는 일은 다면적인 현실 앞에서 휙 날아가버리고 이데올로기적 주장을 이룰 것이다. 그런데 이런 이중 진리의 체계는 '이중적 허위의 체계'이기도 하다. "원리에서 참인 것은 사실에서 결코 참일 수 없고 반대로 사실적 상황은 결코 원리를 저버리지 않기 때문에, 이 두 사례 각각은 상대를 비난하고 또 각자에게 속하는 것을 상대에게 떠넘기며 미적거린다고 비난한다."(Merleau-Ponty 1968, p.124) 그러한 비평이 진리에 대한 선의 형이상학적 개념을 불안정하게 만들 수도 있을 것이다. 그러나 서구 철학에서는 이중적 진리가 오히려 절반의 진리가 되는 데 비해서, 동아시아 불교에서는 상황이 정반대인 것 같다. 현실의 대립적 양상들에 이렇게 적응하는 것과 그런 양상들을 길들이는 것을 일종의 희망 사항으로 보는 것도 가능하다. 웬디 도니거 오플레허티는 불교와 달리 힌두교는 중용이나 중도가 필요 없다고 주장한다. '불과 얼음의 종교'인 힌두교는 오히려 "더없이 좋은 양극단을 소진"시키려 한다.(O'flaherty 1973, p.82) 중국의 경우는 표면적으로는 달라 보이지만, 아마 그렇지 않은 듯하다. 중도 또한 '두 가지 진리를 동시에 보기'라는 것, 거기서 각각의 극단은 별개의 지위를 유지한다는 것을 우리는 안다. 중도가 늘 그것들을 붕괴시켜 하나의 미분화된 현실로 만들려 하지는 않는다. 비록 그것들을 위계화하기는 하지만, 루이 뒤몽(Louis Dumont 1970)에 따르면 그것은 힌두교와 상당히 똑같은 방식으로 그렇게 한다. 초기 선은 두 가지 차원 사이의 틈을 메우면서 동시에 그 틈을 유지하기도 한다. 고메즈가 말한 것처럼, "북종선의 참선 수행은 깨달음의 세계와 망상의 세계 사이에 틈을, 적어도 은연중에, 만들어낸다. … 〔그것은〕본각의 교의를 인식하고 이를 이용해 틈－신회 또한 없애려고 애쓴 틈－을 메운다."(Gómez 1987, p.95)

이중고

그러나 중국의 경우에 그 체계는 불안정한 것이었으며, 일종의 일원론으로 끊임없이 회귀하려고 했다. 반대되는 것들의 충돌을 내세운 힌두교식 해법－도니거 오플레허티가 '유예'라고 은유적으로 묘사한 해법(O'Flaherty 1973, p.317)－과 달리, 중국 불교는 반대되는 것들의 융합

130

으로 나아갔다. 인도의 대승불교에서 불이不二였던 것이 중국의 대승
불교에서는 동일함이 되었고, 적어도 상호 침투가 되었다. "동일함이
란 타자에 흠뻑 빠져 있는 것이 아니다. 필연적으로 타자에 열려
있고 그것에 오염된 것이다."(Staten 1984, p.18) 선의 극단론은 허무주
의나 내재론에 사로잡혔는데, 어떤 경우든 추상(abstraction)에 끌린
것이다. 메를르 퐁티가 주장하듯이, 부정론은 긍정론의 다른 쪽 얼굴
이고 또 "이 전환에서 그것은, 무無의 공허함을 생각하든 존재의
절대적 충만을 생각하든 간에 모든 경우에 밀도, 깊이, 다면성, 배경
세계를 무시한다는 점에서 여전히 동일하기"(Merleau-Ponty 1968,
p.68) 때문이다. 선은 두 가지 진리에 대한 중관학파적 개념을 일방적
으로 재해석하고 궁극의 실재를 단언하게 되었다. 가령, 선의 공안에
는 '제일의第一義', 즉 보리달마가 서쪽에서 온 '궁극적 의미'를 표현하
려는 시도들이 많다. 선이 관습적인 것으로써 궁극적인 것을 재해석했
고 그리하여 그둘을 분명히 무너뜨렸다고 해도, 그렇게 함으로써
중관학파적 개념에서 벗어났다는 사실은 바뀌지 않는다. 그 둘의
통합이 보여준 것은 현저한 일방성이다. 그리고 이전에 원리[理]를
강조하던 데서 새로 현상 세계[事]를 강조하는 것으로 분명히 전환되
었으나, 이것에 현혹되어서는 안 된다. 문제의 현상 세계는 명목상으
로만 그런 것이다. 왜냐하면 그것은 깨달음의 관점에서 (이론적으로)
볼 수 있기 때문이다. 그 현상의 물리적 상대성은 형이상학적 진리로
바뀐다.

이런 식으로 초월을 향한 욕망은 급진적인 내재론으로 바뀐다.
그리고 방편으로서 만들어진 구원론적 구조는 그 자체가 목적이 되는

경향이 있다.[7] 8세기 무렵에 하나의 변동이 관찰된다. 같은 목소리를 내는 수행들 사이에서 하나의 매개로 여겨지던 이제二諦의 개념이 다양한 돈/점 논쟁에서 표현된 이분법적이고 배타적인 입장들로 바뀐 것이다. 그 입장이란 돈오와 점오, '유상有相'과 '무상無相' 그리고 경전에 대한 의존과 비의존 등이다. 이런 극단적 입장들은 모든 차이들을 상징적으로 부정한다는 점이 특징이다. 그러나 그런 부정은 이미 확립된 권력을 분명히 전복시키면서도 결국 그것을 인정하는 데에 이른다. 그런 부정은 "사회의〔또는 현실의〕상상도 못할 부분, 즉 규칙을 세우고는 그 규칙을 따르지 않는 것을 무대에 올림"(Augé 1982b, p.285)으로써 이 권력에 가담하거나 가담하려고 시도한다. 예컨대, 종파적 통합주의─보편주의의 다른 면─를 특징짓는 '무상無相'의 옹호에서 초래된 실제적이고 이념적인 결과들이 그러했다.[8] 선은 그 경쟁자들과 마찬가지로 궁극적 진리〔眞諦〕인 체했고, 자기는 종파들의 다툼과 교리 논쟁 위에 있는 '최상승最上乘'이라고 주장했다. 가령, 선종의 일파〔일본 조동종〕를 창시한 도겐은 '선종'은 없다고 주장했다. 임제의 '무위진인無位眞人'과 마찬가지로 '특성 없는 종파'나 '특징 없는 교리' 같은 표현은 언제나 첫째 자리로 가는 지름길 구실을

---

7 초기의 불교 우주론에 보이는 '과도기적' 양상에 대해서는 Mus 1935, pp.79-83 참조.

8 구별되지 않는 것은 터너가 보여주듯이(Turner 1969, pp.94-130) 경계적일 뿐만 아니라 정확히 중심─권력과 사회적 구별짓기의 토대─이 된다. 따라서 구별되지 않는 것으로 되돌아감은 권력의 중심으로 되돌아감이다. 포기하는 자는 도의 축을 붙잡는다. 이것은 어느 정도는 노자의 '다듬지 않은 통나무'나 임제의 '무위진인'을 의미한다.

했다.

위계적인 '이중 진리'는 두 차원의 상보성을 유지하고 있는 때에도 대개는 '호전적인 종합'의 한 형태일 뿐이고 최종 결정권을 가질 수 있는 하나의 길일 뿐이다. 리쾨르(Paul Ricoeur)와 부르디외만큼이나 달랐던 학자들도 옹호한 두 층위의 해석학적 모델에서 그러하듯이, 두 차원 사이에는 '긴 머뭇거림'이나 논리적 난점이 없다. 선은 두 차원 가운데 하나를 (절대적인 또는 내재하는) 다른 하나로 환원시키고, 그것으로 그들 사이의 적대적 긴장을 억누른다. 텍스트를 이념이나 형이상학 어느 하나로 환원시키려 애쓰는 학자와 마찬가지로, 이중적 진리(두 겹이면서 양날이기도 한 진리)에서 두 개의 모순되는 진리—둘 가운데 하나는 결국 다른 하나로 환원된다—로 옮겨간다. 요컨대 양면성에서 모순으로 가고, 더 나아가 환원으로 이어진다. 그러나 그것이 세운 대립을 넘어설 것을 주장하는 이론이나 텍스트는 그 목표에 미치지 못할 수밖에 없고, 한 극으로 되돌아가는 것은 부르디외가 생각하듯이 단순히 수용의 편파성 때문이 아니다. 만약 데리다가 주장하듯이 형이상학의 독특한 움직임이 이항 대립을 세우고 이어서 대립하는 한쪽 용어를 다른 쪽에 위계적으로 종속시킨다면, 두 차원 사이의 비대칭은 그 자체가 이념적이거나 형이상학적이다.(Derrida 1972b 참조) 반면에 "해체는 한 용어를 다른 용어에 종속시키지 않는다. … 그것은 '그것 자체의 불침투성'을 부정한다."(Staten 1984, p.17) 그러나 대립하는 양쪽의 생존 가능성을 균등하게 유지하려는 시도, 경계선 양쪽에 동시에 있으려 하거나 두 진리를 동시에 파악하려는 시도 모두, 계속 한쪽으로 물러나면서 또 다른 수사적 효과로 변하는

'통달의 의지'를 반영할 수 있다. 어쩌면 이 궁지에서 빠져나올 길은 없을지도 모르는데, 이것이 이중 진리의 진정한 역설이다.

자연외도

> 희미하게 감지되어 온 공空은 아둔한 자를 철저히 파괴한다.
> ─『중론송(中論頌, Madhyamakakārikā)』

돈오의 극단적이지만 논리적인 결론은 이른바 본각론本覺論인데, 이 이론에 따르면 "번뇌가 깨달음이다." 이 이론은 비방자들이 '자연외도' 또는 (붓다에게 패배한 인도 외도의 이름에서 비롯된) 세니카 외도라는 딱지를 붙인 일종의 정숙주의靜淑主義로 이어진 것처럼 보인다. 그러나 이 경향은 선 전통에서 귀족의 특권을 얻었고, 대개는 그 주류로─또는 적어도 가장 주목할 만한 발달로─ 여겨졌다. 이 '자연주의적' 접근법의 표준적 전거로는 "평상심이 곧 도다"라는 마조의 유명한 문구나 임제가 주창한 '무사인無事人'을 들 수 있다. 그러나 천연성을 강조한 일과 돈오의 내적 논리는 그것들 자체를 오해하게 만들었다. 그것들은 고요한 집중을 비롯해 모든 수행의 거부를 정당화하는 것 같았다. 절관(絶觀, 완전한 집중)은─절絶의 다의적 의미에서 가능해진─ '집중의 중지'가 된다. 『역대법보기歷代法寶記』에 따르면, 무주無住는 모든 수행과 모든 행업을 한꺼번에 물리쳤다. 무주의 보당종保唐宗을 설명하면서 종밀은 이렇게 썼다. "[이것은] 불교의 표식表式이 되는 것은 전혀 이행하지 않는다. 머리를 깎고 가사를 걸치면서도 계율은 받아들이지 않는다. 복종과 참회, 독경, 불상 만들기와 불화 그리기, 사경 등에 관한 한, 이 모든 것들을 허위라고 욕한다. 자신들이 머무는 방에는 불상을 두지 않는다. 그리하여 그들은 '계율이나 수행 어느 것도 지키지 않는다.'"(Broughton 1983, p.39)

본각론은 급진적인 이론인데, 자기파괴적일 수 있는 변증법 같은 것을 펼쳤다. 사원 밖의 모든 행법과 사원 내 모든 수행을 부정함으로써 사원의 생활을 분명히 무익한 일로 만들었다. 승려들이 이를 처음으로 깨달았고, 그들 가운데 많은 이들이 승려다움을 포기했다. 황제와 그 측근의 유학자들 역시 불교계를 약화시킬 수 있는 이 기회를 재빨리 포착했다. 가령 북위北魏 무제(武帝, 423~452 재위)의 불교 탄압은 불이不二라는 불교의 개념에 의해서 좀 위선적으로 정당화되었다. 진리가 세속적인 것과 신성한 것에서 똑같이 발견되는 것이라면, 사원이라는 신성한 공간은 더 이상 필요하지 않았다.(Kamata 1964 참조) 방편을 거부한 일 그리고 사찰들을 건립한 양무제의 공덕을 타박한 일로 인해 보리달마가 선법禪法을 퍼뜨릴 기회─전하는 바에 따르면 그가 중국에 오면서 맡은 사명─를 잃었다는 사실은 전승에서 인정하고 있다.[9] 그의 행업 거부는, 티베트 종교회의에서 북종선의 승려 마하연摩訶衍이 패배한 것 그리고 티베트에서 지배적인 이데올로기가 되려던 선이 뒤이어 실패한 것도 설명해준다.(Demiéville 1952 참조) 드미에빌은 중국에서 선이 쇠퇴한 것은 그 '돈교'의 결과일

---

9 6세기의 주술사 부흡(傅翕, 497~569), 일명 부대사傅大士의 '전기'는 덜 알려진 자료인데, 여기에서는 아이러니하게도 보리달마를 사찰의 건립자로 그리고 있다. 『선혜대사어록』, in ZZ 2, 25, 1, pp.33b, 26d 참조.

3장 직접성의 이중 진리 135

수 있다고 주장한다. 그러나 이 돈교가 선의 성공을 가능하게 한 큰 부분이었을 수도 있다. 동일한 본각론이 역설적으로 [이중적인] 역할을 했다. 한편으로는 밀교나 현밀顯密 불교가 일본에서 토착 신앙을 흡수해 정통이 될 수 있게 해주었고, 다른 한편으로는 모든 명상을 거부하도록 선종을 이끄는 바람에 널리 유포되지 못하게 했다.[10]

본각론의 과잉은 피할 수 없었거나 예측할 수 없었을까? 아니면, 그런 이론적 과잉은 바로 이제二諦의 도식을 은연 중에 적용했기 때문에 (즉 이론과 수행을 명료하게 구별할 만큼 이해했기에) 가능했다고 할 수 있을까? 이론적으로는 매여 있지 않지만 실제로는 다양한 기제들에 가로막혀 있는 담론의 영역에서 과잉이 일어났기 때문에, 정확히 그 때문에 가능했을 것이다. '돈오'의 완벽한 자유는 사실상 중국 사회의 다양한 제약들에 의해서 방해 받았다. '돈오'를 최초로 옹호한 이들은 무조건적 자유를 가능하게 하는 조건들을 간파했다. 즉, 그들을 비판한 이들의 말을 따르면, 그들은 '자연외도自然外道'의 옹호자들이 패배한 이유를 이해했다. 그러나 이 '외도들'은 편리하게 꾸며낸 허구의 인물들이 아니었는지, 즉 돈오를 반대하는 자들 때문에 그리고 돈오를 지지하는 이들을 위해 만들어낸 신화가 아니었는지 의아하게 여길 수 있다. 언뜻 보기에 선은 티베트의 탄트리즘처럼 성적 신비에 탐닉할 만한 논리적 근거를 똑같이 갖고 있었다. 그러나 "번뇌가 깨달음이다"라는 신조가 선을 난장판으로 이끌었던 적은 없는 것 같다. 마찬가지로 『절관론絶觀論』 같은 선 텍스트들에 보이는

---

10 松本史朗, "如來藏思想は仏教にあらず," IBK 35, 1(1986) 참조.

"살생에 대한 잠재적 옹호론"이 선승들을—소림 승려들은 중요하지만 유일한 예외로 하고— 전사로 변모시키지는 않았다. 가령, 일본에서 밀교와 정토종 계통의 승려들은 그런 것을 끌어와 전사가 되고는 했다. 대체로 선은 다른 종파들에 비해 본각론의 이런 결과들에 영향을 덜 받았다. 그러나 이 사상의 중독성은 때때로 느껴졌을 것이고, 선종 사원들도 뒷 장에서 드러나듯이 언제나 가장 도덕적인 공간은 아니었다. 엔닌(圓仁)은 일기에서 9세기 중국 선승들의 행동 가운데 비교적 불쾌한 것들을 묘사하고 있다. 본각론에서 파생된 폐해들, 그리고 사회적으로 정치적으로 불안정한 시대에 반율법주의 승려들이 일으킨 무질서의 잠재적 위협 따위를 남양혜충南陽慧忠과 종밀을 비롯해 더 보수적인 다른 선승들이 예리하게 감지했다. 물론 그런 일은 다른 종파들의 대표자들이 비판에 활용할 근거이기도 했다.[11]

선의 반율법주의에 내재해 있는 역설은 유교적 비판자들과 그 당시의 대표적인 지식인들이 지적했다.[12] 방거사의 유명한 시구에 대해 논평하면서 평유란은 이렇게 말한다. "그런데 물을 긷고 나무하는 일이 모두 불가사의한 도의 표현이라고 한다면, 도를 닦는 그들[선사들]은 왜 세속을 떠나야 하는가? '부모와 군주를 섬기는 일'은 왜 불가사의한 도로 받아들여지지 않는가?"[13] 반율법주의의 위험을 알아

---

11 예를 들어 Takakusu 1970, pp.51, 93에서 율사律師인 의정義淨의 비판을 보라.

12 초기의 유교적 비판으로는 당나라 때 정치가인 요숭(姚崇, 650~721)의 것이 있다. Yoshikawa 1985, pp.111-198 참조.

13 Fung Yu-lan, *The Spirit of Chinese Philosophy*(London: Kegan Paul, 1947), p.174 참조. "티끌 세상을 뒤로 하고 떠나는" **실제 수행**에 드러난 선의 경향, 즉 (물 긷고 나무하는) 일상 세계의 중요성을 **이론적으로** 인정하면서도 도덕성과

챈 '포괄적인 선'의 지지자들은 선과 전통 불교의 가치들이 조화롭다는 것을 그리고 두 가지(또는 세 가지) 차원의 뒤엉킴을 재확인했다. 위관지(韋貫之, 755~817) 같은 마조도일馬祖道一의 제자조차 시인 백거이白居易가 질문하자 즉각 단언했다. "지고한 깨달음이 개인적 행위로 전환되면, 선원청규에 대해서는 순종의 형태를 취하고, 설법할 때는 교리에 대한 순종의 형태를 취하며, 마음의 영역에서 재현될 때는 선정에 대한 순종의 형태를 취한다고 나는 생각하오. 이렇게 세 가지로 적용되지만, 각각의 경우에 그것은 적용되는 것과 동일한 것이오. … 계율은 법이고, 법은 선정과 분리될 수 없소."[14] 일본에서는 도겐이 '자연외도'에 대한 가장 준엄한 비평가 가운데 한 사람이었다. 그가 중국에 머물 때 쓴 일기『호쿄키(宝慶記)』에는 스승인 여정如淨과 나눈 다음 대화가 기록되어 있다. 〔도겐〕 "요즘 모든 선원에서 주지들은 머리카락이 자라도록 내버려 두고 손톱을 기릅니다. 그들이 그렇게 하는 근거는 무엇입니까? 그들을 승려라고 불러야 합니까? 그들은 속인들과 아주 흡사합니다. 그들을 속인이라 불러야 합니까? 그렇게 부르기에는 그들의 머리카락이 매우 짧습니다. 정법正法과 상법像法 시대의 인도와 중국에서 붓다와 조사들의 제자들은 결코 이렇지 않았습니다."〔여정〕 "그들은 참으로 불법이라는 청정한 바다에 빠진 짐승

노동을 저버리는 선의 경향에 대해서 찰스 푸(Charles Fu)가 비판한 것도 참조하라. Fu 1973, p.395.

14 Waley 1949, p.99 참조. 이 단락은 카마쿠라 일본에서 죠케이(貞慶, 1155~1213) 같은 전통주의 불교도에 의해서 인용되었다. 타카세 쇼곤(高瀬承嚴) 교주校注의『愚迷發心集』(東京: 岩波書店, 1986), p.161 참조.

들이며 생명 없는 주검들이다."(Waddell 1977~1978, pp.126-127) 그러나 도겐은 중국 승려들만 겨냥해서 비판한 것이 아니었다. 일본에도 중국의 표본이라 할 한산寒山이나 다른 '산승山僧'처럼 규율을 거부하고 머리를 길렀던 선승들이 있었다. 그들은 다이니치 노닌이 창시한 다르마슈나 '보리달마 학파'에 속한 것으로 여겨지는데, 노닌은 스승의 지도 없이 스스로 깨달았던, 다른 말로 연각緣覺이다.(Pollack 1986, p.92 참조) 에이사이와 도겐이 글을 쓴 것은 그들의 영향력을 없애기 위해서였다. 이 두 인물은 일본 선종의 개조들로 간주되는데, 노닌이 합당한 자격을 결여했다고 비난했다. 그들은 경쟁자인 다르마슈에서 본각에 대해 정숙주의적靜淑主義的 해석을 한 데에 자극을 받아서 계율을 강조했다. 아이러니하게도 도겐 자신은 나중에 천태종 승려들로부터 "연각승에 지나지 않는다"는 비판을 받았다.(『케이란슈요슈』, T. 76-2410, p.539c 참조) 특히 에이사이의 『코젠고코쿠론(興禪護國論)』은 '공에 대한 삿된 견해'를 고발한 기소장 같다. 다음 단락이 보여주듯이. "어떤 이들은 그릇되게 스스로 선사라 부른다. 그들은 실천도 수행도 없다고 말하며, 번뇌는 근본적으로 존재하지 않는다면서 번뇌가 곧 깨달음이라고 말한다. 그렇다면 붓다의 명호를 외는 염불, 유골(사리) 숭배, 거친 음식 먹기 같은 실천을 하는 것이 무슨 소용이란 말인가? 이들은 공에 대한 삿된 견해에 떨어졌다."(Ichikawa, Iriya, and Yanagida 1972, p.41 참조) 그러나 나중에 보게 되듯이 확실히 다르마슈 신도들은 유골을 숭배했다. 이것은 그 교리에 대한 에이사이의 기술이 정확했는지에 대해 의문을 제기한다.

3장 직접성의 이중 진리 **139**

방편

> 선원에서 빚을 빌리려 애쓰다니. 너는 잘못된 길을 걷고 있다.
> — 중국 속담

구원론의 관점에서 돈오의 주요한 결론은 '방편(upāya)'의 거부다. 초기 선에서는, 특히 북종에서는 방편이 중요한 역할을 했던 것 같다. 북종선의 주요 텍스트 가운데 하나인 『무생방편문無生方便門』[15]을 보면, 방편의 사용에 관한 전거로 간주되는 『유마경』에서 다음 구절을 인용하고 있다.

> 방편이 없이 선정, 해탈, 삼매, 평정의 맛을 보는 것은 보살에게는 속박이다. 반면에 방편에 기대서 선정과 삼매의 맛을 보는 것은 해방이다. 방편을 통하지 않고 얻은 지혜는 속박이다. 반면에 방편을 통해 얻은 지혜는 해방이다. 지혜 없는 방편은 속박이다. 반면에 지혜 있는 방편은 해방이다.(Lamotte 1962, p.233: T. 85-2834, p.1275b 참조)

여기서 방편과 지혜는 두 가지 진리를 대표하며, 둘 사이의 변증법은 강하게 긍정된다. 방편은 상대에서 절대에 이르기 위한 수단이며 절대가 상대 속에서 나타나는 방법인데, 보살이 자비심으로 미혹된

---

15 〔역주〕'무생방편문'은 "다섯 가지 태어남이 없는 방편"을 뜻한다. 흔히 '대승무생방편문大乘無生方便門'으로 알려져 있으며, '대승오방편大乘五方便'이라고도 한다.

중생에게 다가가는 것도 이를 통해서다. 방편은 (중생의 관점에서는) 점진으로 또는 (보살의 관점에서는) 단박으로 보일 수 있다. 이미 언급했듯이 신회는 가르칠 때 분명히 '방편'에 의지했다. 그럼에도 이것을 점진적으로 나아가는 수단일 뿐이라며 거부했고, 그 대신에 지혜를 강조했다. 북종에서는 신회의 비판에 대응해 그 방편의 본질인 '무생無生'―즉 절대 또는 돈오―을 강조했다.(Faure 1988, pp.60-64 참조) 북종선과 달리 신회의 접근은 근본적으로 비변증법적이었으며, 결국 반율법주의로 가는 길이 되었다.[16] 가령 무주無住와 그 제자들은 전통적인 불교 의례를 거부했는데, 그것은 '궁극의' 관점에 대한 비타협적인 확신에 근거한 것이었다. 종밀은 이렇게 묘사했다.

그들이 모든 가르침을 욕하는 의도는 지각을 없애고 완전한 실재가 되려는 데 있다. 따라서 그들은 어디에 머물든 음식과 옷에 대해 논하지 않으며, 사람들이 물품들을 보내 줄 것이라 믿는다. 보내주면, 그때 그들은 따뜻하게 입고 배불리 먹는다. 보내주지 않으면,

---

16 반율법주의는 명찬明瓚과 등등騰騰 같은 선사들과 함께 이미 북종선에 존재했으며, 이들의 가르침은 나중에 남종선의 전통에 편입되었다. 예를 들어, 등등의 〈요원가(了元歌, 근원을 깨친 노래)〉는 다음과 같다. "그대는 도를 닦지만, 도는 닦을 수가 없네. 그대는 법을 묻지만, 법은 물을 수가 없네. 미혹된 사람은 색도 공도 이해하지 못하지만, 깨달은 사람은 본디 거스름도 따름도 없지. 팔만사천의 법문이 설하는 궁극의 이치는 한 치 사방(마음)을 떠나지 않네. … 두루 배우며 많이 들을 필요 없고, 총명으로 변별할 필요도 없지. 달이 크고 작은 것도 알지 못하고, 윤달이 있고 없음도 상관 없네. 번뇌가 곧 보리이니, 깨끗한 꽃이 진창에서 피어나네. … 오늘은 흘러가는 대로 활기차고(任運騰騰), 내일은 활기차게 흘러간다네(騰騰任運)."(『경덕전등록』, T. 51-2076, p.461b 참조)

그때는 그대로 굶으면서 춥게 지낸다. 그들은 가르침을 베풀려고
도 하지 않고 음식을 구걸하지도 않는다. 누군가 선방에 들어오더
라도 그들은 그가 귀족 태생인지 도둑인지 논하지 않는다. 어떤
경우에도 그들은 그를 맞아들이지도 않고 일어나지도 않는다.
다른 사람이 게송을 노래하든 또는 칭송하고 보시를 하든, 비난하
고 욕을 하든, 어떠한 경우에도 그렇게 하도록 내버려둔다. …
그들은 그저 무심無心을 궁극의 가치로 삼는다. 그리하여 나는
그것을 '지각 없애기'라 부른다.(Broughton 1983, p.40)

이런 무례함도 두杜[17] 대신 같은 고위 인사들이 무주에게 매료되는
것을 막지 못했는데, 두 대신은 무주의 태연함에 깊은 감명을 받은
인물이다.(Broughton 1983, p.28) 그러나 그런 노골적인 무례가 제대로
받아들여지기 위해서는 그것이 게임의 규칙으로, 즉 두 당사자가
기꺼이 참여하기로 한 게임의 규칙으로 인지되어야 했다. 보리달마는
그런 규칙을 이해하지 못한 황제와 게임을 하려다가 실패했고, 떠나야
만 했다.

그런 것은 돈오의 역설이다. 그것은 단계를 부정하기 때문에 초심자
의 단계로 내려갈 수가 없다. 지름길 같은 돈오를 지지한 이들은
네 가지 실단悉檀, 즉 『대지도론大智度論』에서 붓다에 의해 정의된
세속적 가르침, 개별적 가르침, 치유적 가르침 그리고 절대적 가르침[18]

---

17 〔역주〕두홍점(杜鴻漸, 709~769)을 가리킨다. 그는 안사의 난 이후에 지방의
치안을 잘 유지한 공을 세워 중앙 정계에 올라갔던 인물로, 무주를 지지한
대단월大檀越로 알려져 있다.

등을 진리의 두 차원으로 줄이고 궁극의 차원을 강조했다. 그 때문에 그들은 네 가지 실단 하나하나가 참이라는 사실(ibid., p.31)을 쉽게 잊어버렸다. 이런 식으로 그들은 '개별적' 관점, 즉 도신道信 같은 더 이른 시기의 선사들이 제자들 각자의 마음 상태에 따라서 설법하기 위해 필요했던 관점을 저버리게 되었다. 후기의 선에서 방편의 결여는 전통의 안과 밖 양쪽에서 비판을 받았다. 가장 신랄한 비판가는 정토종과 천태종에서 나왔으며,[19] 선종 내에서는 교선일치敎禪一致를 지지하는 이들 가운데서 종종 나타났다.[20] 비록 뒤늦었지만 무쟈쿠 도츄(無著道忠, 1653~1744)의 경우가 좋은 사례다. 그는 당시의 선사들이 제자들에게 배우기를 그만두게 했다고 비난했으며, 또 그들 자신은 적절하게 방편을 쓰지도 못하면서 모든 이들에게 그저 앉아 있으라고만 한다고 비난했다. 무쟈쿠는 그런 선사들이 사기꾼이거나 멍청이라고 주장했다.(Yanagida 1977, 2, p.1339 참조) 아무튼 방편의 필요성은 항상 느껴졌

---

18 〔역주〕흔히 '사실단四悉壇'이라 부르는 네 가지 실단은 붓다가 중생을 교화하는 데 쓴 네 가지 방법을 가리킨다. 『대지도론』에서 언급하고 있는 세계실단世界悉壇·위인실단爲人悉壇·대치실단對治悉壇·제일의실단第一義悉壇 등이다. 본문에서는 이를 풀어서 서술했다.

19 정토종의 비판에 대해서는 Chappell 1986 참조. 신유학의 비판에 대해서는 Sargent 1957 그리고 Wang Yang-ming's *Instructions for Practical Living*, trans. Wing-tsit Chan 1963, pp.290, 385 참조.

20 예를 들어, 영명연수永明延壽의 『종경록宗鏡錄』에 나오는 다음 구절을 보라. "근래에 그 이치를 이해하지 않은 채 선과 뒤섞어버리는 이들이 때때로 있다. … 돌연함이나 단박이라는 선의 양식만, 그리고 〔선〕문답의 강렬하고 새로운 특성만 강조하는 그들은 방편을 오해하며 본질적 이치에서 벗어난 채 공상적 지혜를 일으키고 어리석은 선을 수행한다."(T. 48-2016, p.417)

고, 그 덕분에 공안(公案) 같은 다양한 돈오의 방편이 마련되었다. 대혜大慧가 주장했듯이, 구제론을 돈오나 점오로 만드는 것은 방편이 아니라 방편에 대한 집착이다.(Buswell 1987, p.349)

수단과 목적

> Et dum querunt medium/ Vergunt in contrarium.
> 〔그리고 그들이 중도를 찾는 동안/ 그들은 반대쪽으로 빠져든다.〕
> ―『카르미나 부라나』의 〈리케트 에게르〉[21]

선의 직접성을 다루었으니, 이제 선의 이론과 수행에서 매개의 문제를 검토해 보자. 잇큐(一休)가 시로 표현한 것과 같을지도 모른다. "건네 줄 다리가 없어도 구름은 하늘로 오르지. 도움을 구하지 않는다네, 고타마 붓다의 경전에서." 그러나 잇큐의 비유는 양날이 있는 것인데, 구름은 여러 가지 방식으로 여전히 땅에 매여 있고 그 하늘은 중개 영역임이 드러나기 때문이다.

제임슨(F. Jameson)의 의미로 매개를 "구조적으로 별개인 둘 또는 그 이상의 대상들에 적용할 수 있는 분석적 용어나 약호의 발명"(Jameson 1981, p.225)이라고 한다면, 그것은 정확히 통상적인 의미의 매개 개념이다. 동일한 언어를 쓰면 의미 있는 방식으로 이들

---

21 〔역주〕'카르미나 부라나(Carmina Burana)'는 시가집 제목으로 "베네딕트바이에른의 노래"라는 뜻이다. 19세기 초 베네딕트바이에른 수도원에서 발견되었으므로 그렇게 불린다. 11~12세기의 시 254편이 실려 있다. '리케트 에게르(Licet Eger)'는 이 책의 여덟 째 시다.

별개의 현실들에 관해 생각할 수 있다. 직접성을 너무 오랫동안 액면 그대로 받아들였다고 주장한 선사들과 마찬가지로 학자들은 어떻게 "매개자를 생각해 넣지"를, 즉 "중심과 매개, 총체적인 부재와 존재의 절대적 충만 사이의 중간항"(Derrida 1974, p.157)이 어떠한지를 배워야 한다. 왜냐하면 "직접성은 파생된 것이고," "모든 것은 매개자를 통해 시작되기"(ibid.) 때문이다.

매개는 다양한 형태로 다양한 차원, 즉 우주론, 심리학, 인간 행동학 따위에서 나타날 수 있다. 그 모든 경우에 '민간' 신앙이나 '토착' 신앙처럼 더 나은 용어가 없어서 통상적으로 규정된 접근을 할 수 밖에 없으며, 선의 매개 거부에는 토착 신앙의 비난이 따른다. 자주 언급한 것처럼 '고전적' 선은 엘리트주의화하는 경향이 있다.

처음부터 불교는 양면적이었다. 탐비아(Tambiah)가 '팔리어 성전 협회 정신'이라 부른 것의 전형이라 할 접근을 통해서, 학자들은 너무 자주 첫 번째 양상에 초점을 맞추어 불교를 합리주의적 교리로, 칸트식으로 말하자면 불교 이전의 불교로 해석하려고 했다. 그러나 불교는 힌두교의 우주론을 이어받아서 더 발달시켰다. 수미산을 중심 축으로 받아들인 삼계三界의 체계는 존재론적인 면과 구제론적인 면을 지니고 있었다. 불교에서 하늘[天]은 인간이 그 업보로 말미암아 다시 태어날 수 있는 곳이다. 그 하늘의 우주적 위계는 심리학적으로 또는 영적으로, 수행자가 바로 이 삶에서 명상을 통해 도달할 수 있는―사선정四禪定으로 정의된― 상태들의 위계로 해석되었다. 한 생애에서든 무수한 겁을 통해서든 그것은 점진적으로 상승하는 것인 데, 그동안에 뛰어난 수행자는 갖가지 장애물을 만나고 온갖 부류의

중개자와 매개자들, 즉 범천들, 보살들, 마라의 추종자들로부터 도움
을 받는다. 모든 중생은 자신의 자리나 법계法階에, 행동이 제한된
영역에 머문다. 그러나 인간만 (그리고 이상화된 변종들인 보살들과
붓다들만) 존재의 등급을 따라서 옮겨갈 수 있는 힘을, 최종적으로
우주적 위계를 초월하기 전에 모든 단계들을 지나갈 수 있는 힘을
부여받았다. 아비달마 교학은 환생이나 법열法悅 같은 중간 단계를
아주 정교하게 발달시켰다. 공空을 주장한 대승불교는 이 장엄한
구조를 정당화하는 논리를 모두 제거했고, 오직 임시적으로만 그것을
유지했다. (그러나 앞으로 보게 되겠지만, 형식들은 그 자체의 생명을
갖고 있다.)

위계제에 대한 선의 부정

선은 상징적인 매개들을 부정했다. 불교의 교학이 정교하게 구축한
존재론을 대승불교가 부정한 데서 그 기원을 찾을 수 있다. 그러나
이것은 대승불교가 '원시' 불교의 신앙 체계를 공식적으로 부정했음을
의미하지는 않는다.[22] 전적으로 다른 전제에 기초한 체계를 그것과
나란히 (또는 그 뒤에서) 발달시켰던 것뿐이다. 어떤 영적 진보도
실체가 없는 것임을 드러내는 공空의 개념, 윤회와 해탈의 붕괴 등등.
그 다음에 가장 멀리 떨어진 두 대립물을 양 극단으로 삼아 모든

---

22 그들이 때때로 그렇게 하기는 했다. 가령 선의 위경인 『원명론圓明論』(McRae
1986, p.168)에서는 불교 우주론의 사륜四輪을 네 가지 유형의 그릇된 생각이
빚어낸 산물로 설명한다. 그 방식을 참조하라.

매개들은 이 양극 사이에서 발생한다는 교리를 보충하고 (또 약화시켰으며) 거기에서 반대되는 것들의 일치나 융합을 기본 원리로 한 교리가 대승불교와 함께 펼쳐졌다. 이런 교리를 가장 완전하게 표현한 것은 초기 선에서 가장 자주 인용되던 『유마경』일 것이다.

잘 알려져 있듯이 업이나 행위의 과보에 대한 개념, 그리고 모든 존재가 겪는 고苦의 속성을 깨닫는 것이 초기 불교를 구성하는 두 가지 주요한 교리였다. 중국과 일본의 불교에서 전거가 미심쩍은 『대승기신론大乘起信論』에 기초해 발달한 본각론은 이 두 가지 진리를 뒤엎었다. 돈오, 즉 공에 대한 타고난 깨달음이나 (무매개의) 직접적인 깨달음은 모든 업을 상쇄해버리는 것 같았고, 한편 윤회와 열반, 속됨과 성스러움의 동일화는 현상 세계를 새롭게 평가하도록 만들었다. 이것은 '길'—마르가(mārga), 장기간의 부단한 정신적 진보—의 전통적 개념과 그 필연적인 결과, 개인의 영적 성숙에 합당한 '삼승三乘'이나 교리들, 구도자들이 많은 생을 거쳐 도달한 차원들 등에 담긴 내용을 무의미하게 만든 것이나 다름이 없다.[23] 때때로 위계를 전복시키는 일은 위계를 부정하는 것만큼이나 효율적일 수 있다. 특히 전통적 도식을 내적 거리두기에 기초해서 받아들일 때는 더욱 그렇다.(Gauchet 1985, p.179 참조) 그런 내적 거리두기는 대승과 '점오' 선에 공통된 것이었는데, 이들은 자신의 우월성을 강조하기 위해서만 스스로를 '소승(들)'과 비교하며 정의했다. 반면에 '돈오' 선은 그 자신

---

23 이런 과정에 대한 마르크스적 비평에 관해서는 Ren 1984a, p.54ff 참조. 선이 도를 전복시킨 일에 관해서 더 상세히 이해하기 위해서는 Carl Bielefeldt(1989b)와 John McRae(1989)의 논문들을 참조하라.

을 일승一乘이라고 주장했고, 그렇게 함으로써 전통적 불교 전체의
영적 위계를 피해서 에둘러갔으며 인도 사상의 틀을 떠났다. 인도
사상은 "외래의 요소들을 가장 느슨하게 통합하면서 동시에 가장
크게 통합할 수 있게 하는 상보성을 배제하는 대신에 위계화하
는"(Dumont 1970, p.244) 사상이자 사유 방식이다.

　그러나 이런 전개는 하루아침에 일어나거나 순차적으로 일어나지
않았다. 전통적인 심리 구조들이 저항한 데에 일부 원인이 있다.
임제 같은 과격한 선사조차 업보를 전적으로 부정할 수 없었다. 그는
한쪽에서는 그것을 물리치면서 다른 쪽에서는 받아들였는데, 이것은
돈오를 이전부터 작동해 온 규범의 원천적인 예외로 만들었다. 반면에
도겐은 업을 변호하는 주장을 폈다. 이것은 초기 불교의 전통을 지나
업을 의례적 행위로 본 힌두교의 개념으로 회귀한 것일 수 있다.
임제에게는 핵심이 '행위를 일으키지' 않고 업의 본질인 공을 깨닫는
것이라면, 도겐에게는 업보가 우주를 지탱하는 개인적 수행의 핵심
부분이다. 임제는 그릇된 선사들을 '눈먼 중'이니 '야호野狐'니 하면서
비방했다. 그들이 수행을 권한다는 핑계로 제자들을 몰아대며 '업을
짓게' 한다는 것 때문이다. 그러나 도겐이 볼 때는 임제의 '자연주의'
바로 그것이 임제 자신을 '야호'로 만들고 있었다.[24] 힌두교 전통에서

---

24 도겐은 이런 맥락에서 종종 백장과 여우의 이야기를 인용한다. 그것은 선문학에
　서 인기 있는 일화 가운데 하나다. 여우가 노인의 모습으로 나타나 백장에게,
　자신은 한때 주지였으며 깨달은 사람은 인과에 떨어지지 않는다고 주장한
　탓에 악한 과보를 받았다는 말을 했다. 백장은 그에게 깨달은 사람은 인과에
　어둡지 않다고 말했고, 그것으로 그는 구제를 받았다. 이 이야기의 요점은,
　진정한 선사는 업보론을 의심스런 '생득주의(inneism)'나 '자연발생론

'업'은 무엇보다도 우주의 균형을 유지하거나 회복하는 한 방법으로 이해된, 의례적 행위였다. 의례는 주로 결과, 반응, 이익을 얻으려는 행사다. 그 효과나 그 수행적 가치로 규정된다. 따라서 선이 『반야심경』에 특히 잘 요약되어 있는 공의 원리를 근거로 의례의 헛됨과 '얻을 것 없음', 가욋돈, 무관심 따위를 처음부터 강조했더라도 놀랄 일은 아니다. 그러므로 임제의 '무사인無事人'은 의례에 관심이 없으며, 자신의 단언을 정당화할 수 있으므로 윤회의 교리에 대해서는 입에 발린 소리만 하는 사람이다. 의례는 그 공허한 형식주의 때문에 매도되었다. 『육조단경』은 일찌감치 '비형식의' 계율 또는 '무형식의' 계율(無相戒; Yampolsky 1967, p.141)을 칭송했다. 탈신화화는 이론적으로 탈의례화와 함께한다. 앞으로 보게 되겠지만, 실제 수행에서는 상황이 좀 더 복잡했다. 형상과 무상無相 양쪽 다 일정한 힘을 갖고 있으며, 이 두 가지 힘은 선 전통에서 가치가 있는 것으로 판명되었다.

  선은 각 지역의 복합적이고 위계화된 '신성 공간들'을 그 자체의

(spontaneism)'의 이름으로 부정하는 대신에 오히려 지지한다는 것이다. 그러나 도겐과 달리 무문혜개無門慧開는 업에 관한 전통적 해석을 삭뚝 잘라내버리는 것 같다. "그대가 이를 꿰뚫어 볼 눈을 하나 얻는다면, 저 노인이 여우로 5백 세 동안 복된 삶을 누렸다는 것을 알게 되리라."(『무문관』, T. 48-2005, p.293 참조) 도겐은 언제나 이 문제로 돌아가는데, 그것은 그가 다르마슈(達磨宗)의 '자연주의' 경향에 대항해서 벌인 논쟁의 중심에 그것이 있었기 때문이다. 더 중요한 것은 그 이야기의 주인공이 선종의 제도화와 의례화에 커다란 기여를 한 '선원청규'를 제정한 백장이라는 사실이다. 업에 관한 전통적 해석은 후대에 밧스이(拔隊) 같은 일본 선사들도 강력하게 역설했다. Braverman 1989, pp.26, 78, 85 참조.

텅 빈 공간으로 대체했다.(Faure 1987b 참조) 이와 유사한 방식으로 선은 '국지화할 수 없는' 무념無念의 특성을 주장하면서, 국지화되고 국지화하는 속성을 지닌 사유 구조나 의식 구조들에 대항했다. 생각은 실제로 많은 장소에서 일어난다. 그 결과, 생각하기는 특정한 장소와 결부된다. 이 점은 선사와 타심통을 지닌 주술사를 대립시키는 여러 일화들이 잘 예증해준다. 무언가를 생각하고 있는 동안에 선사는 자기 생각이나 이미지에 갇히게 되는데, 그때 상대는 통찰력으로 그 생각을 지적할 수 있고 국지화할 수 있으며 잡을 수 있다. 그러나 선사가 생각 없음, 머무는 바 없음에, 즉 전혀 국지화할 수 없는 성품에 고요히 머물게 되자마자 그는 예측할 수 없게 된다. 정확하게는 통과할 수 없는 난관이 된다. 더 이상 어떠한 길도 그에게 이어지지 않는다. 그는 존재론적 구조나 심리적 구조를 모조리 버리고, 미분화된 (절대적?) 영역에 (머무는 바 없이) 머문다.[25] 아이러니하게도 존재의 (그리고 비존재의) 전체 위계를 뛰어넘는 (뛰어넘기 또한 여전히 단계를 암시하므로 더 정확하게 말하자면 '둘러가는') 이런 능력은 그가 사회적 위계 내에서 높은 지위를 확보할 수 있게 해준다.

대승불교의 정신을 물려받아서 한 걸음 더 나아간 선은 전통 불교의 우주론만이 아니라 천태와 화엄의 교학적 발판과 정토종의 타계관他界

---

25 이와 유사한 관념을 임제가 표현한 적이 있는데, 제자들이 형상에 집착한다고 꾸짖을 때였다. "불쌍하구나, 눈 먼 중들이여 … 내가 입은 옷을 부여잡고서 푸르다느니 누렇다느니 붉다느니 희다느니 하고 우기고 있으니! 내가 옷을 벗고 청정의 경계로 들어가면, 학인은 한 번 보고서 곧바로 기뻐하며 갈망한다. 그때 내가 홀라당 벗어버리면, 학인들은 어리벙벙해져서는 어쩔 줄 모르고 우왕좌왕하면서 '당신은 벌거벗었다!'고 소리친다."(Sasaki 1975, p.30)

觀까지 다 지워버렸다. 전자의 구제론적 삼분법에서는 망상과 깨달음의 양극단이 중간 세계에 의해 매개되었는데, 그 삼분법이 '이제二諦'에 대한 중관학파의 이분법적 해석으로 점점 대체되었다. 게다가 초월성과 내재성 사이의 이제론에 보존되어 있던 위계는 '초월적 내재성'에 자리를 내주게 되었고, 유교의 영향을 받은 일부 선에서 초월적 내재성은 이내 단순한 내재성이 되었다. '이제'에 대한 정확한 해석이 강조한 점은 두 가지 진리가 인식론적 입장이며 별개의 존재론적 영역은 아니라는 것이었다. 그럼에도 이 점에 대한 중국의 일반적 해석은 크게 빗나간 것이었다. 많은 면에서 그것은 플라톤의 개념을 연상시킨다. 본체와 현상은 존재론적으로 구별되며 커다란 틈으로 갈라져 있다고 하는 개념이다.(Liebenthal 1955 참조) 중간의 매개적 접근을 이론적으로 정의하려는 다양한 시도를 대승불교에서는 틀림없이 분간할 수 있다. 천태의 '일심삼관一心三觀' 개념을 가지고, 어느 정도 현실성을 유지하면서 한 극단에서 다른 극단으로 통과할 수 있게 하는 '임시적' 진리를 공空과 미혹 사이에서 분간하는 것처럼 말이다. 이와 같은 개념들은 일본 불교가 토착 신앙의 중간계를 흡수할 때 보여준 호전적인 혼합주의를 이론적으로 정당화해주었다. 선은 이와 유사한 어떤 것도 제시하지 않는다. 적어도 이론상으로는 그렇다. 선의 모토는 장 자크 루소(Jean-Jacques Rousseau)가 한 발언일 수도 있다. "나에게는 모든 것과 아무것도 아닌 것 사이에 어떠한 중간도 있었던 적이 없다."[26] 그러나 상징적 매개의 거부는 그 다양한 논술

---

26 Jean-Jacques Rousseau, *Les Confessions*, in *Oeuvres complètes*, Vol.1, *Bibliothèque de la Pléidae*(Paris: Gallimard, 1959), p.332; Derrida 1967, p.157에

안에서 여전히 '언어적 금기'(Collins 1982, p.183)로 남아 있었다. 그
금기는 이론과 수행 사이에 넓은 틈을 만들어냈다. 이 금기 너머를
보기 위해서는 교리를 괄호 안에 넣고 의례, 신화, 도상과 같은 다른
기록 자료들로 눈을 돌려야 한다.

중간계

선의 비우주론적 성격은 도교와 토착 신앙의 경우와 날카롭게 대비되
는데, 거기에서 우리는 극도로 발달된 우주론을 볼 수 있다. 앙리
코르뱅이 상상 세계라고 불렀던 것을 묘사했다고 할 만한 우주론이
다.(Corbin 1958, p.7; 1983, p.16ff 참조) 코르뱅에게 상상 세계는 순수하
게 지적인 직관의 세계가 아니면서 더 이상 경험적인 지각의 세계도
아닌 영역이다. 이 중간적 영역에서 내재성과 초월성은 용해되고,
"무형이 유형이 된다."[27] 이는 대승불교의 환상적인 교리를, 그리고
『법화경』 같은 경전들에 묘사된 법회들—보신報身으로 몸을 나툰 붓다
가 보살들과 다른 제자들에게 설법한 모임들—의 분위기를 강하게 연상시

서 인용. 비록 번역자인 스피박(Spivak; Derrida 1974, p.157)이 "나와 함께 그것은
언제나 모든 것이었거나 아무 것도 아니었다"고 번역한 것이 정당화되기는
했어도 매개에 대한 데리다의 강조는 놓쳤다(또는 강조가 모자랐다).

27 이 중간 세계는 이슬람 신비주의의 그것인데, 우리가 플라톤보다 아리스토텔레스
에 더 주목했더라면 우리의 것일 수도 있었다. 그렇지만 플라톤 자신은 '악마적인
것'을 인간과 신 사이의 중간 영역으로, 우주를 그 자신과 결합하는 영역으로
말한다. *Republic* p.614c, *Statesman* p.309c, *Timaeus* p.90a 참조; Conze 1974,
p.24에서 인용.

킨다. 뮈(Mus)가 지적한 것처럼, 초기 대승불교에서 비우주론적으로
보이던 열반의 본질도 우주론을 전제로 한다. 그것은 사실상 우주론이
전도된 것이었고, 단순한 부정은 아니었다. 전도는 중간 단계에서,
예를 들어 붓다의 유물들이 속해 있던 계(界, dhātu)에서 '일어나고'
있었는데, 그곳은 완전히 내재적이지도 않았고 완전히 초월적이지도
않았다.(Mus 1935, pp.60-84 참조)

상상 세계가 불교도들에게는 처음에 실재였다. 그러나 시간이 지나
면서 그것은 상상적인 것이 되었다. 이런 현상은 믿음의 상실이나
전망의 상실에서, 또 상상적인 것에 접근하는 일이 점점 방해받는
동안에 천천히 미끄러진 데서 기인했을 수 있다. 한편 붓다는 밀교에
들어간 사람들을 위해서는 기꺼이 법신法身으로서 설법했고, 평범한
신자들을 위해서는 화신化身이 되어 설법했다.[28] 에드워드 콘즈(Edward
Conze)가 이렇게 지적했듯이. "중간계의 존재에 대한 믿음은 모든
불교 경전에서 천 번쯤 증언하고 있다. 그런 믿음이 없는 불교 공동체는
없었다. 그것은 또 우연히도 삼신설三身說에 반영되었다. … 보신報身
은 오로지 믿음에만 자신을 드러내며, 붓다들이 중간계에 있는 것처럼
보여준다."(Conze 1974, p.24) 그러나 이 중간계는 파악하기 어려운
특성이 있어서 쉽게 눈에 띄지 않았다. 콘즈는 독특하게도 이렇게
말한다. "중간계의 사실들은 … 한낮의 환한 빛으로 끌어들여서 차분

---

28 불교의 **상상 세계**에 대해서는 Conze 1974, pp.22-31 참조. 콘즈에 따르면,
"전통적으로 중간계에 떨어지는 네 가지 사항이 있다. 그것들은 ①영적 생활에
중립적인 기운들, ②그것에 적대적인 기운들, ③그것에 유익한 기운들, 그리고
④영적 세계를 나타내는 경험들이다."(ibid., p.25)

하게 모조리 살피고 검사하고 샅샅이 조사하는 것이 불가능한 그런
성질의 것들이다. 그것들은 날마다 오전 열 시부터 열한 시 사이에
사람들이 붐비는 거리에서 벌거벗겨진 채 지나가는 사람들한테 강간
당하는 처녀의 수치만큼이나 그런 취급을 못 견딘다."(Conze 1974,
p.30) 일상 언어의 본질적 거칠음은 왜 "중간계를 삼다바샤(Saṃdhā-
bhāṣya)²⁹로 알려진 언어로 말하는지, 즉 '어슴푸레한 언어'로 번역될
수도 있을 비밀한, 숨기는, 모호한, 감춰진 표현 방식으로 말하는
지"(ibid.) 설명해준다.

　상상 세계에 접근하고 참여하는 일은 창조적 상상력과 상징들의
주선으로 일어난다. 코르뱅에게 상상력은 사실 "상상 세계의 중간적이
고 매개하는 위치 때문에 진실로 한가운데서 매개하는 기능"이다.³⁰
중국 불교에서 그리고 더 정확하게는 선에서 상상력의 지위는 어떠한
가? 여기서 아리스토텔레스의 도식, 즉 상상력을 감각과 지성의 중간
에서 매개하는 기능으로 두는 도식은 경험적 대위법 역할을 할 수

---

29 〔역주〕『법화경』에서는 "수의소설隨宜所說"로 한역되었는데, 중생의 자질이나
　근기에 따라 설하는 것을 의미한다.
30 코르뱅(Corbin 1958, pp.139-142; 1983, p.27)은 환상적인 것, 끔찍한 것, 기괴한
　것, 비참한 것, 터무니없는 것 따위의 허깨비를 '심상적인 것(the imaginal)'이
　'상상된 것(the imaginary)'으로 세속화한 탓으로 돌리는 반면, 전통적인 이슬람
　문화에 대해서는 성직의 엄숙함과 양식화 경향이 특징이라고 했다. 이런 날카로
　운 대비는 지성주의적 시각을 반영한다. 엘리트주의에 집중하듯이 신비주의에
　집중하면서 코르뱅은, 로제 카이와(Roger Caillois)가 순수한 신성함과 불순한
　신성함을 구별지은 것을 또는 탄트라 불교에서 '오른손'과 '왼손'의 방식으로
　알려진 두 (겹치는?) 중간 영역 사이의 구별을 무시한다.

있다. 그런데 이를 불교와 중국의 상황에 적용하는 것은 이 도식에 폭력을 가하는 일이 아닐까? 중국의 존재론은 존재와 사유, 감각적인 것과 지성적인 것 사이를 분리하는 서구적이고 플라톤적인 인식을 알지 못했다는 점, 그 때문에 상상력에 대한 아리스토텔레스식 매개가 필요 없었다는 점이 종종 지적되어 왔다. 중국인은 실재를 실체가 있는/실체가 없는, 볼 수 있는/볼 수 없는, 합리적/비합리적, 인간의/신의, 진짜의/가공의 따위로 분리하지 않은 것 같다.(Gernet 1987, pp.370-71) 이런 종류의 양극성이 없으면 상징들은 아무런 역할도 하지 못한다. 왜냐하면 본질적으로 그것들은 '다른 장면'을, 중국에는 존재하지 않는 장면을 가리키기 때문이다. 그렇지만 의정義淨으로 대표되는 해석학적이고 상징주의적인 전통이 있었다. 그러나 프랑수아 줄리앙(François Jullien)이 지적한 것처럼, 현상적인 것과 초월적인 것은 객관적으로 구별될 수 없다고 하는 관념에 의해서 이 전통은 약화되었다. "표상 너머는 정확히 표상을 통해서 나타나기"(Jullien 1982b) 때문에 그런 표상은 또 다른 실재를 가리킬 수 없었다. 비록 여기에, 현상의 뒤쪽이나 그 너머에 아무것도 없다 할지라도, 자연은 모두 신성의 현현이 된다. 도를 감지한 사람에게는 실상이 그것의 '그러함[自然]'에서 나타난다. 그 '참된 본성'은 그 자체를 드러낸다. 줄리앙에 따르면, 이 차원에서 추상적 의미와 그 구체적 표상 사이의 구별은 더 이상 문제가 되지 않는다. 어떤 것을 가리키거나 표현하는 것이 전혀 없기 때문이다. "상징적 기능을 가능하게 하는 조건들은 여기서 확실히 폐지되었다."(Jullien 1984)

불교에서 현실을 표현하기 위해 두 층위의 상징을 사용하는 일은

"사물은 보이는 그대로가 아니다"라는 핵심 교의에서 나온 것 같다.
그러나 중국과 일본에서 발달한 대승불교는 이런 현실 인식에 꽤
영향을 끼쳤다. 라프뢰르는 '본각' 이론을 "범부의 마음과 깨달은
마음 사이의 거리를 무너뜨리는, 그리하여 그 자체가 망상 덩어리인
이원론을 폐지하는 하나의 방법"(LaFleur 1983, p.21)이라고 정의한다.
"어떤 것도 다른 것을 인식하기 위한 지침이나 수단이 아니라는 본각의
주장에는 불교의 상징들조차 따라야 했다."(ibid., p.23)

　그러나 이런 상태는 기껏해야 결과다. 비록 있다고 해도, 아주
드물게 도달한 이상적 결과이지 문화적으로 주어진 것이 아니다.
우리는 표현을 현실이라고 생각하는 경향이 있다. 표현이 현실의
일부이며 때때로 현실을 현저하게 변형시킬 수는 있지만, 그 둘 사이에
는 상당한 틈이 있다. 평범한 사람이 영원히 그리고 의식적으로 공空에
서 사는 일은 동아시아나 서구 어디에도 없다. "도道 안에서 온종일
놀" 수 있는 사람은 장자나 그가 이상화한 현자뿐이다.[31] 라프뢰르에
따르면, 상징에 대한 불교의 비평은 "매우 독특한 미학적 양식, 즉
관습적으로 선을 연상케 하는 양식을 낳았다. … 이런 인식은 순진한
소박함보다 새로워진 소박함을 표현하는 것이기 때문에 강력하다."[32]

31　『장자』1장 〈소요유逍遙遊〉 참조. 평범한 중국인들은 아마도 불교의 공에 대해서
　　윌리엄 제임스(William James)가 신플라톤주의에 대해―아마도 불공평하게― 느
　　꼈던 방식으로 느꼈을 것이다. "절대자 자신의 완벽함이 주는 침체된 지복至福은
　　내가 그것을 움직이는 것만큼이나 나를 거의 움직이지 못한다." Harold Bloom,
　　Kabbalah and Criticism(New York: Seabury, 1975), p.18에서 인용.
32　라프뢰르는 청원(靑原, 1067~1120)의 유명한 발언을 인용하는데, 그것에 따르면
　　이러하다. 깨닫기 전에 산은 산으로 보이고 물은 물로 보인다. 그 뒤에, 산은

그렇기에 시에 대해서나 현실에 대해 의미를 발견하려는 시도를 모조
리 거부하는 그런 시나 교리에 도달할 수 있다. 그러나 순진함과는
거리가 먼 이 존재 양식은 현저하게 미학적이고, 그래서 그러한 매개적
무매개성(직접성) 뒤쪽에서 어떤 전략이 나타나는지 물어볼 권리가
있다.

　대부분의 경우에 '천연天然'으로 받아들여지는 '인위적 자연스러움'
은 삐에르 부르디외가 아비투스[33]라는 이름으로 분석한 것을 상기시킨
다.(Bourdieu 1977b, p.72 참조) 아무튼 여전히 망상 속에서 사는 평범한
사람에게는 이원성이 존재한다. 비록 그것이 중국 불교도에게는 서구
인이 느끼는 만큼의 극단적인 곤경으로 느껴지지 않더라도 말이다.[34]

───────

　산이 아니고 물은 물이 아니라는 깨달음이 온다. 마침내 산은 다시 산으로
보이고 물은 다시 물로 보인다. 라프뢰르는 이렇게 썼다. "어떤 의미에서 상징화
과정은 그 자체가 일탈이다. 즉, 산을 단지 산으로 명백하게 인식하는 것에서
벗어난 움직임이다."(LaFleur 1983, p.23) 그런데 시인이나 선승이 인지한 '나중의
산'은 깨닫지 못한 마음이 인지한 '이전의 산'이 더 이상 아니다. 도겐은『쇼보겐조
(正法眼藏)』의 〈계성산색谿聲山色〉(T. 82-2582, pp.38c-39a)에서 이 점을 강조한
다. 산이 깨달음(또는 도겐이 인용한 소동파의 시에서처럼 오도송)의 원인과 내용이
될 수 있는 것은 붓다의 우주적 몸을 표현하는 것과 같은 은유적 가치를 통해서다.
33 〔역주〕부르디외가 쓰는 아비투스(habitus)는 "일정 방식의 행동과 인지, 감지와
판단의 성향 체계로서 개인의 역사 속에서 개인들에 의해 내면화(구조화)되고
육화肉化되며 또한 일상적 실천들을 구조화하는 양면적 매커니즘이라 할 수
있다."(최종철,『구별짓기』, 새물결, 2006, p.13)
34 하이데거(Heidegger)와 토미오 테즈카(手塚富雄)의 다음 대화를 보라. 질문자(하
이데거): "그 경우 당신의 경험은 감각적 세계와 초감각적 세계의 차이 안에서
옮아갑니다. 이는 오래도록 서구에서 형이상학이라 불렸던 것에 놓여 있는
구별짓기입니다." 일본인(테즈카): "그렇게 불러도 된다면, 우리의 생각은 형이상

따라서 나는 "그 당시 (6세기의 중국에?) 나타나 **그 후에 망각될**, 인도 불교의 관점에서는 비정통인, 마음의 영속성에 대한 주장"(굵은 글씨체는 필자의 것. Gernet 1987, p.371 참조)을 했을 때의 자크 제르네(Jacque Gernet)를 따를 수 없다. 나는 마르셀 고쉐(Marcel Gauchet)를 더 따르고 싶은데, 그는 내재성과 초월성 사이의 과격한 절단에서 그저 서구의 '특권'이 아니라 교차문화적 사건을 본다.(Gauchet 1985, p.207) 고쉐의 증거가 아주 설득력이 있다는 것을 알아채지 못한 채 이 점에 관해 아시아의 인식론적 특이점을 주장하는 일은 단순히 전도된 민족중심주의로 귀결될 수도 있다는 것이 나에게는 분명해 보인다. 사실 제르네 자신은, 진짜 이원론을 가리키는 것들이 존재한다는 점을 인정한다: "(중국인은) 유형의 것과 무형의 것을 대비시키며, 사고의 비포괄적인(unextensive) 특성에 주목한다." 그러나 그는 중국인의 경우에 "반성적 사고를 그 극단적 귀결까지 밀어붙이지 않는다"고 주장한다. 그러나 그런 문제(또는 마음)에 급진적인 중국인의 특이성이 있다고 주장하는 것은 그 자체로 불충분하다. 명확한 철학적 정식화가 결여되어 있기 때문이다. 제르네의 주장은 범진范鎭의 『신멸론神滅論』에 기대고 있는데, 범진에게 "정신은 몸의 기능"이거나 "(몸의) 물질과 정신의 관계는 칼날과 날카로움의 관계와 같은 것"이며 "손과

학적 구별짓기와 유사한 어떤 것을 압니다. 그러나 그렇더라도 구별짓기 자체와 그것이 구별하는 것은 서구의 형이상학적 개념으로는 파악할 수 없습니다. 우리는 이로(いろ) 즉 색을 말하고, 쿠(く) 즉 공, 빈 것, 하늘을 말합니다. 우리는 색이 없으면 공이 없다고 말합니다."(Heidegger 1971, p.14) '형태'(또는 '색')과 '공' 같은 불교적 개념들과 겹치는 서구식 개념의 쌍은 확실히 없으나, 그것들이 정확하게 '형이상학적 개념'이라는 사실은 여전하다.

몸의 다른 부분들은 모두 정신의 부분들이다."(Gernet 1987, p.375) 마찬가지로 윌리엄 블레이크(William Blake)의 다음 말을 인용하며 '형신(形神, 몸과 영혼)'에 대한 서구의 비이원성을 예시할 수 있다. "몸이라 불리는 것은 오감에 의해 식별되는 영혼의 일부이기 때문이다."(Blake 1966, pp.149, 154 참조) 도겐 같은 승려들은 십중팔구 몸-정신의 이원성을 부정했다. 왜냐하면 그들은 그것을 예리하게 간파하고 있었고 또 자기 제자들 사이에도 그것이 퍼져 있음을 알고 있었기 때문이다. 도겐 자신은 성 아우구스티누스(Saint Augustine)가 거부하지 않았을 방식을 써서 몸을 경시했다. 불교 전통 전체가 인간의 몸을 똥오줌이나 담고 있는 '가죽 주머니'로 묘사해왔으므로 그의 목소리는 고립된 것이 아니었다. 예컨대 임제는 '밥통'과 '똥자루'(Sasaki 1975, p.29) 같은 비유를 써서 제자들을 이렇게 타일렀다. "그대들의 허깨비 같은 짝인 몸뚱이에 매달리지 말라, 머지않아 무상無常으로 돌아갈 것이니."(ibid., p.15) 전통의 애매함은 토쿠가와 시대(또는 에도 시대, 1603~1868)의 선사인 시도 무난(至道無難, 1603~1676)이 잘 나타냈다. 그는 "신들의 거처는 사람의 몸이다"(Pedersen 1975, p.111)라고 말해놓고, 다시 "붓다는 마음이요, 지옥은 몸이다"(ibid., p.103)라는 엇갈리는 선언을 했다.

그러므로 선이 비이원성을 옹호한 일은 문화적 특이성을 반영하는 사실 확인의 진술이 아니라는 것, 서구 문화의 용어와는 상당히 다른 용어를 쓰기는 했지만 대승불교와 중국 문화에도 던져진 근본적인 질문에 대한 규정적이고 주로 이론적인 대답이라는 것을 기억해 두자. 이 질문에 대해 중국의 토착 신앙과 도교는 또 다른 대답을, 매개에 대한 대답을 했다. 그 대답은 일상의 깨어 있는 상태와 불가사의한 '깨달음' 사이의 중간적 상태라 할 꿈, 상징, 신화, 우주론 등이 하는 역할, 즉 결정적으로 변화시키는 역할을 인지함으로써 나온 것이다.

줄리앙은 서구에서 상상력이 출현했다고 함으로써 중국 문화와 서구 문화의 틈을 어림짐작으로 넓혔다.(Jullien 1986, p.33) 그렇게 함으로써 그는 토착 신앙과 도교의 전통을 무시한다. 그 전통에는 상(相, 이미지)으로 이루어진 상상 세계가 시각적인 명상을 통해 접근한 현실로 남아 있었다는 것 때문이다.(Robinet 1979a, p.77 참조) 그러나 그는 상상력에 대한 중국인의 자각이 증가하는 데에는 불교의 역할이 있었다는 점을 정확하게 지적했다. 그것은 허구 장르(소설)의 출현에 반영되어 있다.(Jullien 1986, p.75) 이런 진전은 존재의 특성을 환영으로 본 불교적 통찰에 의해서 그리고 불교가 망상과 현실 사이에서 끌어낸 예리한 개념적 대립에 의해서 이루어졌다. 이 진전이 '심상적인(imaginal)' 것에서 '상상된(imaginary)' 것으로 세속화되었음을 반영한다는 사실은 변함이 없다. 확실히 불교가 상상력을 방편으로서 재평가한 덕분에, 상상된 것은 더 이상 아주 터무니없는 것으로 치부되지 않았다. 줄리앙이 지적하듯이, "소설 『서유기西遊記』는 종교적 직관을 드러내 보여주었다는 점에서 볼 때 불교와 도교의 모든 경전보다 뛰어나다."(Jullien 1986, p.74) 그러나 세속화가 천천히 진행되는 동안, 상상된 것은 상상 세계로 접근하게 해준 '창조적'—명상적 또는 신화적 — 상상력보다 우위에 섰던 것으로 보인다. 그 점은 화본話本이나 변문變文의 대중적 형상화에서 그리고 나중에는 『서유기』에서 볼 수 있다. 한때 생산적이던 상상력은 모방적인 것이 되었다. 그것은 상상의 세계를 '표현하는' 것만 알므로 그 신뢰성은 상당히 떨어졌다. 이 두 가지 상상력은 중국 불교에서 한동안 방편으로서 분명히 공존했다. 특히 상상력은 정토종과 탄트라 불교에서 각기 붓다와 만다라를 시각화할 때 중요한 역할을 했다. 그러나 중관학파의 부정논법과 선의 직관적 인식이 출현해 첫 번째 유형의 상상력, 즉 구제론적 방법으로서 도교에서만 살아남은 상상력에 결정타를 날렸다. 반면에 '상상된' 것은 민간 불교와 도교 안에서 살아남았고 심지어 발전했다.

플라톤은 "모든 악마적 존재는 신과 인간 사이의 중개자다. … 깨어 있는 상태에서나 잠자는 상태에서나 사람들과 신들의 관계는 악마적인 것의 중개를 통해서만 이루어진다"(Banquet 202D3)라고 썼다. 이런 의미에서 선 수행자는 악마적 인간과 정반대인 것처럼 보인다. 그는 표현이 불가능한 도의 '자연성自然性'을 내세워 전통적인-중국의 그리고 불교의- 우주론을 부정하면서 신수神秀와 혜능慧能의 작품으로 여겨지는 두 게송에서 그 표준적 전거를 찾는다. 신수(사실은 그의 이름을 취한 가상의 인물)는 여전히 전통 불교에 몰두해 있으면서 마음은 거울에 비유하고 애착은 마음을 흐리게 하는 먼지에 비유했다. 반면에 혜능은 "처음부터 아무것도 존재하지 않는다"는 것을 단언하며 이 모든 상징과 비유를 싸잡아 거부했다. 그는 어떠한 수행이나 구제론적 중재도 무익하다는 입장에 있는 것 같다. 이상적인 것은 순수한 직관적 인식이거나 '생각하지 않음'이다. 선이 강조하는 개인의 깨달음은 모든 중개자들의 완벽한 투명성을, 심지어 그것들의 소멸을 필요로 한다. 왜냐하면 중개자들은 통로였다가 장애로 변하는 경향이 있기 때문이다.

그러나 상징과 다른 종류의 매개를 부정하는 것으로 중개자들을 충분히 제거할 수 있을까? 뒷 장들에서 보겠지만, 항상 선이 꿈과 상상된 것을 물리치거나 중간 세계를 무시할 수 있었던 것은 아니다. 선사들은 다른 세계를 원칙적으로 부정했음에도 당시에 널리 퍼진 이야기들, 즉 지옥에 떨어지거나 미륵보살의 도솔천에 오르거나 하는 이야기들에 의존했던 것으로 보인다. 무엇보다도 상징적인 것을 부정한 일은 그 자체가 아주 상징적이었던 것으로 보인다. 그것은 어떤 이데올로기로 변했다. 즉 전통적인 매개들과는 반대되는 경로를 거치는 동안에 동일한 난점에 걸려든 그런 이데올로기로 변한 것이다. "그릇된 인식을 지어내는 자들이 편협하게 폭로하는 그런 의미에서"뿐만 아니라 프레드릭 제임슨적인 의미에서도 선사들은 이데올로그로 보일 수 있다. 후자의 의미에 따르면, "이데올로기에 대한 그들의 봉사를 일상의 실천이라는 가장 광대한 의미에서 보면, 상징적인 것과 상상된 것의 차원에서 완전히 새로운 세계를 만들어내는 사실상 조물주 수준의 봉사다."(Jameson 1985, p.373)

따라서 선 텍스트들에서 드높이는 공空은 대체로 상징적이거나 기호적이다. 이것은 '순수한' 또는 '직접적인' 경험에 대한 환원주의자의 해석이다라는 이의가 있을 수 있다. 이에 대해서는, 그런 경험의 비상징적 성격은 그것이 문화적으로 얽매여 있지 않다는 사실을 필요로 하지 않는다라는 주장으로써 대답할 수 있다. 문화적 결정은 윤회와 해탈이 동등하다는 데서 비롯된 것 같다. 왜냐하면 절대에 대한 어떤 경험도 두드러질 정도로 구체적이어야 하기 때문이다. 결과적으로 공空은 꽤 정제된 다양한 상징적 매개가 되는 경향이 있고, 차이는

162

본질이 아닌 양상樣相의 하나가 되는 경향이 있다. 게다가 그런 경험에 관한 언급은 아무리 부정논법적이라 해도 필연적으로 거기에서 멀어지며, 모든 종류의 상징을 재전유[35]하기 쉽다.

가령, 선원禪院에서 그 꾸밈없음으로 방문객에게 일격을 가하는 일은 잘 알려져 있다. 이것은 공을 체험하게 하려는 것 같다. 얼핏 보기에 선원들은 다른 불교 종파들과 달리 제의적 건물들을 특정짓는 과도한 성상聖像을 내보이지 않는다. 나중에 보게 되겠지만, 성상은 그 모든 존재하지 않는 것을 위한 게 아니다. 게다가 사원이라는 공간은 아무래도 견고하게 위계화되어 있고 상징적 가치들로 충만한 곳이다. 일본의 집처럼 선원은 질적으로 다른 공간들을 이어 놓고 있으며, 선원 생활의 모든 순간을 체계화하는 어떤 의미를 그 공간들에 불어넣는다. 료안지(龍安寺) 같은 정원들이 어떤 상징적이고 기호학적인 재해석을 내놓는지 우리는 안다.[36]

아주 역설적이게도 선원에서는 위계가 절대적으로 군림한다. 그곳에서는 전통 불교의 매개가 지닌 가치를 부정하는 선사들이 매개자 역할을 하고 있으며, 그들의 위세는 상징적 폭력으로부터 완전히

---

35 〔역주〕 '재전유(reappropriation)'는 언어학에서 한 그룹이 이전에 그 그룹을 폄하하는 데 쓰였던 어휘나 인공물을 재생해서 활용하는 문화적 과정을 뜻한다. 문학에서는 독점적이던 가치나 질서에서 출발해 본래의 목적과는 다른 기호와 방식을 적용하거나 다른 의미 체계를 갖도록 만드는 행위를 뜻한다.

36 Paul-Lévy and Segaud 1983, p.70; Casalis 1983, pp.349-362 참조. 예컨대 조동종에서 전해지는 키리가미(切紙, 비밀스런 내용을 담은 글쪽지)나 비밀스런 문서들에서 입증된 바와 같은 선원의 실체적인 상징주의에도 주목하라. Ishikawa 1986a, p.260 참조.

벗어나 있지 않다. 선사 자신이 그 계층에서 출세한 사람이라 할지라도 임제의 '무위진인'과는 거리가 멀다. 또는 적어도 그렇게 보인다. 선의 집단성은 초기 불교의 승가와 마찬가지로, 터너가 "과도기적 특질들의 제도화를 '어중간하게' 정의된 문화 상태"라 부른 것에서 기인한다. 물론 경과의 특성을 보여주는 '흔적들'은 여전히 남아 있지만, 선원에서 경계성을 관례화하는 것 때문에 "코뮤니타스의 무매개성 (직접성)은 문화의 매개성에 자리를 내준다."(Turner 1969, p.107)

이렇게 상징적인 것과 위계적인 것으로 회귀하는 일은 '자연외도'에 대항하기 위해 필요했던 것이리라. 대승불교와 거기서 나온 선은 윤회/해탈의 동일시를 위해 매개 및 존재들의 위계를 거부함으로써 현상 세계에 절대라는 도장을 찍으려 했다. 깨달음에서는 내재성이 초월성이라는 게 드러난다. 그러나 수행에서는 이 동일시가 종종 초월적인 가치를 희생시키면서 나왔고, 또 그것은 욕계의 세속적 쾌락을 정당화해주었다. 제왕적 중국이나 일본처럼 상당히 위계화된 사회에서 이러한 무위계주의는 의심할 여지 없이 해방시키는 효과가 있었지만, 그것은 곧 한계에 맞닥뜨릴 수밖에 없었다.

중국 사상에서 당연시되는 '비이원론'은 상세히 설명할 만한 가치가 있을지도 모른다. 나는 마르셀 고쉐의 최근 저술, 즉 막스 베버에게 경의를 표하면서 제목을 붙인 『세계의 환멸(The Disenchanting of the World)』에서 단서를 얻을 것이다. 고쉐에 따르면, '축의 시대'(기원전 5세기)는 인식론적 균열이 특징이었다. 그 균열은 초월성의 변증법을 작동시키고 존재론적 이원성─원시 종교에서 긍정했던 존재의 정체성을 대신하는 이원성─을 만들어냈다. 고쉐는 구조의 이런 전도를 여럿으

로 갈라진 신화의 논리와 대비하는데, 이 논리를 "절대자의 관점이
출현한 것으로, 존재의 총체성을 단일한 지배 원리에 귀속시킨 것으
로, 그리고 이와 상보 관계에 있는, 끊임없이 재생하는 대립들-하나/
여럿, 감각/지성, 질료/형상 따위-에 기초한 사유의 출현으로"(Gauchet
1985, p.75) 규정한다. 역설적으로 "절대자라는 주제의 출현은 초월성
과 존재론적 이원성을 이끌어내는 것임에 비해, 다원성이라는 오래된
경제는 단일한 세계를 표현하는 조건이며 열쇠다."(ibid., p.45) 한편,
무위계적인 다수에 명백히 종속되지만 사실상 권력의 엄격한 위계제
에 의해 특징지어지는 신화의 세계가 있다. 이 세계에서는 존재의
단계들 사이의 연속성에 대해 해명하지 않는다. 반면에 현실과 외관을
존재론적으로 분리하는 일과, 현실의 두 차원에 위계가 있다고 확언하
는 일은 절대자로 회귀할 것을 필요로 한다. 역설적이게도 이런 필요성
또한, 절대자가 위계의 원리가 되는 대신에 이 전도를 통해서 위계의
'다른 쪽'이 되거나 절대적인 타자가 되거나 중재할 수 없는 어떤
것이 되는 한, 탈위계화로 나타난다. 고쇄에 따르면, 이 과정의 결과는
천상과 지상의 두 영역으로 철저히 분리되는-기독교가 성취한- 것이
다. 다른 문화들, 특히 중국 문화는 존재론적 단절을 메우려 했고,
그것으로 이전의 위계적인 모델과 어느 정도 타협하는 데 성공했다.

   이런 관점에서 비이원성, '원리로 회귀하기'에 대한 선의 담론은,
붓다의 교리로 시작되어 이제론二諦論으로 이어지는 인식론적 단절이
촉발한 실제 상황에 대한 임시변통으로 재해석될 수 있다. 이론적으로
두 가지 진리는 중도中道에 의해서 부정될 뿐이며, 중도는 그것들을
장악하면서 동시에 그것들의 위계를 인정하는 데서 존재한다. 그러나

수행에서는, 더 정확하게는 선의 수행에서는 세속적 진리가 궁극의 진리를 위해서 부정되는 경향이 있다. 똑같이 선의 특성을 띤 또 다른 대응은, 두 극단을 융합함으로써 그리고 윤회와 열반, 세속적 진리와 궁극의 진리, 다수와 절대자를 동일시함으로써 그 틈을 메우는 것이다. 많은 경우에 그것은 윤회, 현세적인 것, 다원적인 세속적 진리 등의 확증으로 이어진다. 이와 반대로 '통일성으로 회귀'는 칭송되는 만큼이나 이전의 떠남을 암시하며, 심지어 그것을 돌이킬 수 없게 만든다.

다시 말하면, 돈오는 이제론二諦論 유형의 이분법으로 이어진다. 반대로 그리고 역설적이게도 다수성에 대한 '점오의' 편향은 연속성에 대한 어떠한 해법도, 즉 망상의 세계와 깨달음의 세계 사이의 어떠한 '도약'도 막아버리는 것 같다. 그러나 두 경우 모두 깨달음은 도약으로 인식되고 있다. 그리고 초월성과 매개 사이의 타협은 점오에 의해서 실현되지만, 그것은 존재론적 이원론이라는 암초를 피하지 못한다. 그것은 민간 종교의 매개적 역할을 지키려는 시도에 해당하는 것으로 보이지만, 사실상 지연 작전이다. 그리고 이미 다른 논리가, 완전히 현실로 나타나지는 않았으나 그럼에도 비가역적인 파열을 일으키는 논리가 선의 점오를 지배하고 있다. 그 이론들에도 불구하고 그리고 그 '점오의' 형태 안에서 이 불교-이전의 '원시적인' 종교의 심리 구조로 슬쩍 들어가려고 분명히 시도했음에도 불구하고, 선은 마침내 그것을 억압하는 데 기여했다. 그렇게 함으로써 선은 송대 신유학이 정통파가 될 수 있도록 해준 '세계의 환멸'에 적극적으로 참여했다.

〔원래 상태로〕 되돌리겠다는 핑계로 선이 존재의 아름다운 조화에

쐐기를 박는다고까지 말할 수 있을까? 아니면, 선과 일본의 그 추종자
들이 드높인 그 조화는 정말로 원초적 자연으로 '회귀'하는 것일까?
다시 말해서, 이중성이 존재한다는 것 때문에 존재론적 이중성을
보충하려는 노력도 마침내 성공할 수 있을까? 한 가지 예를 들어,
'세계의 환멸'을 선의 미학이 성취한 상징적인 '다시 매혹시키기'로
보충할 수 있을까? 선의 미학이 〔일본의〕 정원 가꾸기와 그에 딸린
일, 다도茶道 따위의 이른바 예술 안에 있다는 사실, 그리고 '자연으로
회귀'를 옹호하는 이들이 선의 조화를 옹호하기 위한 삽화를 가장
자주 그렸다는 사실은 널리 알려져 있다. 그러나 일본의 '축소된
정원'의 '악화된 풍경'은 자연의 조화를 표현하는 것이라기보다는
자연을 통제하고 길들이려는 시도라고 주장할 수 있다.[37] 조화는 사실
언제나 위태로운데, 자연의 힘이나 사회의 힘이 난입해서 위협하기
때문이다. 일본의 왕도王都를 황폐화시켰던 재해 속에서 선의 정원이
번성했던—우리는 여기서 '건조한 풍경'(枯山水, 일본어로 '카레 산스이')에
관심이 있으므로 더 적절하게는 바싹 건조되었던— 상황들을 알고 있다.
　대단히 찬사를 받는 모든 '선 예술'에서, 사람은 길들여진 '이차적인'
자연의 영역에 남아 있다. 원래의 자연으로 회귀, 원초적 힘의 난입,
깨달음에서 나오는 자연스러움은 십중팔구 희망사항으로 남아 있고,

---

37 '악화된 풍경'이라는 용어는 위베르 들라예(Hubert Delahaye)의 "L'espace de
　la pensée chinoise," in *Espace mental, espace réel*(Paris: Scraffite/Ministère
　de la Culture, 1984), p.6에서 빌려온 것이다. '축소된 정원'의 공리적인 기원에
　대해서는 슈타인이『축소의 세계』에서 잘 정리했는데, 이 책은 특히 풍경의
　축소화가 장생長生을 추구한 도교에 그 기원이 있음을 보여준다.(Stein 1990)

자연/문화, 초월성/내재성, 망상/깨달음 등과 같은 양극성 안에 끊임없이 자신을 재정립하는 두 가지 존재론적 질서 사이의 틈은 그렇게 쉽게 메워지지 않는다.

4장 선과 민간 종교

나는 다른 곳에서 공간에 대한 선의 관념을 검토했으며, 각 지역의 신앙에 선이 가한 상징적인 폭력의 사례들도 제공했다.(Faure 1987b 참조) 나는 이런 적대 관계가 두 가지 인식론 사이의 갈등을, 또는 리오타르의 용어를 빌려 상충이라 할 수 있는 것을 나타낸다고 결론지었다. 나는 당대唐代에 준-공식적 종교가 된 선에 저항한 이른바 민간 종교의 전복적인 성격 또한 강조했다. 이제 '민간 종교'든 선이든 단일체를 이루는 것이 아니라는 것을, 또 그것들 사이뿐만 아니라 그것들을 관통해서 단층선이 지나간다는 것을 이런 대립이 암시한다고 해보자. 그러면 그들의 관계는 본질적으로 복합적이고 변증법적이다. 그것은 양극화된 그러면서 뒤엉켜 있는 구조여서 우리는 대립적 사유를 넘어서야 한다. 내가 '민간 종교'라는 용어를 쓰는 것은 막스 베버적인 의미에서 이상형, 즉 마음속으로 현실의 어떤 요소들을 강조함으로써 얻는 유토피아를 쓰는 것과 같다. 그러나 이런 이상형은 현실과 너무 쉽게 혼동된다. 따라서 그 경험적 가치에 대해 검토하기 전에 '민간 종교'라는 용어의 의미론적 영역을 먼저 재검토하기로 한다.

이론적 괄호

민간 종교에 대한 가장 최근의 연구들은 이 용어를 긍정적으로 쓰느냐 부정적으로 쓰느냐에 따라 두 가지 유형으로 재편할 수 있다.[1] 때때로 서로 모순될 수도 있을 '과학적', 종교적, 정치적 이유들이 두 유형의 동기로 작용한다.[2] 첫째 유형의 대표자, 즉 옹호론자는 미하일 바흐찐

---

1 이 분야에 대한 최근의 개관은 Bell 1989a에서 찾아볼 수 있다. 특별히 관련된 연구들 가운데서 Mikhail Bakhtin, *Rabelais and His World*(1968); Pierre Bourdieu, *Outline of a Theory of Practice*(1977b) and *Distinction*(1984); Peter Brown, *The Cult of the Saints*(1981); Michel de Certeau, *La culture au pluriel*(1980) and *The Practice of Everyday Life*(1984); Nathalie Z. Davis, "Some Tasks and Themes in the Study of Popular Religion," in *The Pursuit of Holiness in Late Medieval and Renaissance Religion*, ed. Charles Trinkhaus and Heiko A. Oberman(Leiden: E. J. Brill, 1974), pp.307-336; Alphonse Dupront, *Du sacré*(1987); François-René Isambert, *Le sens du sacré*(1982); Dominick LaCapra, *History and Criticism*(1985); Vittorio Lanternari, "La religion populaire"(1982); and Jean-Claude Schmitt, "Religion populaire et culture folklorique"(1976) 참조.

2 삐에르 부르디외, 미셸 드 세르토, 프랑수와 르네 이상베르 같은 사회학자들은, '민간 종교'에 대한 이런 최근의 관심이 주로 이념적이라는 점, 또 정치-종교적이고 지적인 분야에서 개인적 전략이라는 면에서 이해되어야 한다는 점을 거론하며 우리의 주의를 환기시켰다. 세르토가 그랬던 것처럼 '민중 문화'의 객관화는

170

(Mikhail Bakhtin), 카를로 긴즈부르그(Carlo Ginzburg) 또는 알퐁스 뒤프롱(Alphonse Dupront) 같은 저자들이다. 비판적으로 비난하는 둘째 유형에는 그 종교 모델을 흄(Hume)에게서 물려받은 것으로 보이는 전통적인 역사가들이 많이 포함된다.

흄의 '두 층위 모델'은 정확하게 피터 브라운(Peter Brown 1981)이 자신의 과녁으로 삼은 것이다. 흄에 따르면, "종교의 원리가 인간의 마음에서 밀물과 썰물이라는 점, 그리고 사람들은 우상 숭배에서 유신론으로 올라갔다가 다시 유신론에서 우상 숭배로 가라앉는 자연스런 경향이 있다는 점은 주목할 만하다."(Peter Brown 1981, p.14에서 인용) 흄의 글에서 '유신론'과 '우상 숭배'는 엘리트 종교와 '평민의 종교'(현대적 표현으로는 공식 종교와 민간 종교) 두 차원을 명시하는데, 전자는 '평민들' 사이에서 통용되는 습관적인 사고 방식으로부터 지속적인 압력을 받는 것으로 묘사된다.(ibid., p.17) 브라운에 따르면, '두 층위' 모델의 기본적인 약점은, "엘리트층 내부가 아닌 다른 데서 일어난 종교적 변화를 설명하는 일은 좀처럼 중요하게 여기지 않는다. 평민들의 종교는 균일하다고 가정한다. … 엘리트층에 그 사고 방식을 강요함으로써 변화를 일으킬 수는 있겠지만, 그 자체는 변하지 않는다"(ibid., p.18)는 것이다. 그러나 브라운이 비판한 모델에서 이것은 흄의 '밀물과 썰물' 비유와 약간 달라지고 그 순환성이 사라졌다. 민간 종교는 어느 때에는 '기독교의 기원이 된 부동의 기반'으로 묘사되

민중 억압을 암시한다고 (그리고 역사적으로 그 산물이었다고) 말이다, 다시 말해 '민중 문화'나 '민간 종교'는 '죽은 자의 아름다움'을 갖는다고 주장할 수 있다.(Certeau 1986, pp.119-136)

고, 어느 때에는 성인 숭배와 같은 종교적 현상의 '거품'을 일으키는 '민간 신앙'의 나른한 대양으로 묘사된다. 지나치게 단순화한 그런 비유에 대해서 브라운은 '민중적' 현상의 근원을 공식 종교의 핵심에서 찾아보자고 제안한다. 그러면 민간 신앙이라는 그 유명한 '썰물'도, 그 신앙이 공식 종교에 다시 출현하는 것도 주로 상상의 현상이라는 사실을 알게 된다는 것이다. 불행하게도 브라운은 종교적 엘리트층의 믿음이 다양한 민중 계층으로 확산되는 '낙수 효과'의 문제는 다루지 않은 채 '분수 효과'를 비판하는 데에만 갇혀 있다.

흄의 기본적인 개념은 카를로 긴즈부르그와 알퐁스 뒤프롱 같은 민간 종교의 옹호자들에게 여전히 영향을 주고 있다. 삐에르 부르디외도 똑같이 언급할 가치가 있다. 그는 민간 종교라는 개념 자체를 문제삼으면서 민간 종교가 단순히 지배 문화의 반영으로서 또는 그것의 표현 속에서 존재한다고 주장한다. 따라서 우리는 민간 종교에 대한 세 가지 개념에 맞닥뜨리게 된다. 첫째는 부르디외가 옹호하는 것으로, [민간 종교를] 고급 문화에서 볼 수 있는 종교적 믿음의 순전한 잔류물로, 조잡한 모사로 인식하는 개념이다. 둘째는 미하일 바흐찐(Bakhtin 1968)과 미셸 드 세르토(Certeau 1980, 1984)의 저술에서 발견되는데, 민간 종교를 민중의 종교성으로 또는 그 자체 완전한 세계관으로 좀 이상화한 개념이다. 셋째는 민간 종교가 전적으로 수동적이지는 않지만 양극 구조 속에서 고급 문화와 관련해서만 존재한다는 개념이다. 역설적이게도 민간 종교가 새로운 주제로 등장한 일은 학계 내의 새로운 권력 관계를 비준하는 것처럼 보인다. 그것은 단순히 억압된 담론을 발견하는 것이 아니라 정통임을 주장하는 새로운 학문적 담론이 적극적으로 강요하는 것이다.

나는 알퐁스 뒤프롱의 경우를 상세하게 거론할 것이다. 이는 서구 학자들이 '민간 종교'에 보인 새로운 관심과 담론의 이념적 본질을 그것이 잘 예시하기 때문이다. '민간 종교'의 본질적 특성으로 인식되는 '신성함'은 가장 파악하기 어려운 실재라 할 수 있는데, 뒤프롱은 『신성함(Du sacré)』이라는 최근 책에서 이에 대해 현상학적 서술을 시도한다.[3] 그에 따르면, '민간 종교'라는 용어는 현상들의 세 가지 다른 질서, 즉 일상생활의 종교들, 비범한 것의 종교들, 그리고 '신비한 것'(즉 '미신들')의 종교들을 포괄한다. 그러나 첫 번째 양상은 "일상생활을 이론적으로 완전히 통합하는 일은 현실이고 교회의 삶이다"라는 것이고, 두 번째 양상은 이미 '비제도화된 주변부'를 나타낸다. 반면에 세 번째 양상인 '미신'은 "확고하게 교회 바깥이다."(Dupront 1987, p.423) 뒤프롱은 우선 민간 종교를 "교리적 몸통도 아니고 교회의 몸통이나 윤리도 아닌" 것이라며(ibid., p.426) 부정적으로 규정하려 한다. 그런 뒤에 비합리적인 힘들에 기초한 '규율'이나 '요법' 그리고 '권력으로 달래기'로 구성되는 '우주적 종교'라고(ibid., p.432) 긍정적으로 규정하려 한다. 뒤프롱에 따르면, 민간 종교는 종교인류학—즉 명백히 기정 사실로 간주되는 개념인 호모 렐리기오수스(homo religiosus, 종교적 인간)에 대한 연구—의 대상이다. 뒤프롱은 축제와 순례를 민간

---

3 '신성함'의 개념에 관해서는 무엇보다 Durkheim 1960; Eliade 1959; Dupront 1987; and Jean-Jacques Wunenberger, *Le sacré*(Paris: Presses Universitaires de France, 1981) 참조. 그 개념에 대한 뛰어난 비평은 Isambert 1982, pp.215-274에서 볼 수 있다.

종교의 본질적 요소들로 보며, 그것들을 보편적 사실로 또는 종교인류학의 준보편적 자료로 간주한다. 그의 관점에서 민간 종교는 무엇보다도 역사적 현상이 아니다. 그것은 주변부나 잔류물이라기보다는 "인류에 공통된 종교적 토대에서 볼 수 있는 기본적인 문화"(ibid., p.465)다. 따라서 그것은 모든 종교의 정수이며, 시간과 숭배, 문화를 초월한 더 깊은 현실의 표현이다. 뒤프롱의 서술은 선을 보편적이고 몰역사적인 것으로 정의한 스즈키 다이세츠를 흉내낸 것이다.(D. T. Suzuki 1953 참조)

뒤프롱의 접근은 동시대 로마 가톨릭의 정치-종교적 맥락에서 한 그의 선택을 명확하게 반영한다. 그는 민중의 신앙을 계속 멸시하는 성직자들에 대항해, "민간 종교를 확대해서 인류학적으로 원형적인 것임을 말하기로" 했다.(Dupront 1987, p.466) 그러나 그의 변호로는 근본적인 불신과 확실한 부권주의父權主義를 감출 수 없다. 그도 교회가 "신앙, 열정, 활력으로 가득한 그 광대한 인간적 저장소에서" 필사적으로 빠져나올 필요가 있다는 사실을 인정한다. 그럼에도 교회의 전략은 민간 종교의 비합리적인 힘들을 포함하는 것이어야 한다고 주장한다. 그 힘들은 "무분별하게 〔힘을〕 소진시키거나 습관적인 수행으로 경직화되면서 자멸하지 않도록 하기 위해 … 질서와 규율을, 때로는 암묵적으로 제도의 안전을 필요로 한다."(ibid.) 여기서 우리는 모호한 이상화에 직면한다. 이 이상화는 인류학적 용어를 과시하면서 한편으로는 많은 역사학자들의 저술에 널리 퍼져 있는 전통적인 표현을 많은 점에서 뒤집거나 단순히 재생산한다. 말할 필요가 없겠지만 미리 말하자면, 나 자신도 보리달마와 임제 같은 모호하면서 '이상적인' 선승들을 언급할 때면 때때로 전통을 이상화하려는 유혹에 빠진다.

민간 종교의 초시간적 개념은 역설적이게도 카를로 긴즈부르그 같은 '근대의' 역사학자에게서도 발견된다. 『치즈와 구더기(The Cheese and the Worms)』(1982)에서 긴즈부르그가 제안한 민중 문화의 이미지도 솔직히 모호하다. 한편으로 그는 민중 문화와 지식 문화 사이의 '문화적 이분법'을 출발점으로 삼아 그 순환적이고 상호적인 영향을 강조한다.[4] 다른 한편으로는 "상류 계층의 (또는 성직 계급의) 관점에서 민간 종교를 연구하면서 그것은 마법의 실행이라는 방향으로 공식 종교를 단순화한 것 또는 일탈한 것이라고 보는 학자들의 견해에 맞서, 종교 문제에서 민중 계층의 적극적인, 실제로는 창조적인 역할을"(Ginzburg 1982, p.168) 강조한 나탈리 데이비스(Nathalie Z. Davis)에 대해 찬사를 보낸다. 그러나 그 자신은 부정하지만, 긴즈부르그도 민간 종교의 개념을 실체화하고 '분수 효과'를 강조할 때 때때로 애매한 경향을 보여준다. 민중의 종교성이 표현된 모든 것과 지배 이념에서 기인하는 종교 모델을 은연중에 연결시키는 변증법적 관계를 고려하지 않은 채 말이다.(Lanternari 1982, p.121 참조) 이 점은 도미니크 라카프라(Dominick LaCapra)가 긴즈부르그의 개념을 바흐찐의 개념과 대비하면서 강조했다.

---

4 Ginzburg 1982, xvii 참조. 긴즈부르그는 『나, 삐에르 리비에르』(Moi, Pierre Rivière)에서 푸코의 접근을 "하위 계급을 문화 이전의 상태 너머에 또는 더 낮게 그 상태 안에 두는 절대적인 외부성"에서 비롯되는 '상징이 전도된 민중주의(populism)'라고 비판하기까지 한다.(ibid., xix)

예부터 전해오는 민간 문화, 구술 문화에 대한 바흐찐의 개념이 주는 매력의 일부는 그가 로고스 중심의 형이상학을 간헐적으로 호출하면서도 그 개념을 비교적 '가설적인' 상태로 제쳐두고 … 그것을 규칙화하거나 그것에 과도하게 '과학의' 짐을 지우거나 하지 않으며, 가끔 통찰력 있는 해석을 하도록 자극을 주기 위해 수사적으로 그것을 이용한다는 사실이다. 그러나 긴즈부르그에게는 그가 바흐찐에게서 빌려와 개작한 개념이 더 필요하다. … 그에게 자발적인 또는 적어도 원초적이고 근본적인 것으로 보이는 구술의 민간 문화는 메노키오(Menocchio)의 독서와 세계관을 이해하는 열쇠다.(LaCapra 1985, p.50)

미셸 드 세르토는 민간의 관행을 바흐찐의 방식으로 이상화하는 경향을 보여주는 한편, 그것들을 '민간 문화'로 실체화하는 일은 회피한다. 그가 볼 때, 모든 담론은 구체화되고 방부 처리되는 경향이 있기 때문에 민간 문화는 '죽은 자의 아름다움'을 갖고 있다.(Certeau 1986, p.119) 대상으로서 그것은 어디에서도 찾을 수 없다. 그것은 유목민 활동에, 그리고 공식 문화의 보존 지구에서 하는 밀렵에 더 가깝다. 민간 문화나 구술 문화는 그것을 글로 기록하고 그 관습을 민족학적 자료(corpus) — 시체corpse — 로 바꾸려는 모든 시도에 천성적으로 저항한다. 그것은 파악하기 어렵고 '자기모순적'이다. 그것은 그 위치를 알아내 복구하자고 주장하는 과학적 담론을 성가시게 한다. 뒤프롱 그리고 '원시적 심성'이라는 레비 브륄(Lévy-Bruhl)의 개념을 이은 다른 후계자들이 지녔던 생각대로 그것은 결코 비합리적인 것이

176

아니며, 오히려 그리스의 메티스(mètis; 지혜, 기술)와 유사한 교묘함의
형태로 나타난다.(Detienne and Vernant 1978 참조) 변화무쌍한 현상인
민간 문화는 일상에서 하위 계급이 자신들에게 부과된 담론을 다시
돌려쓰는 책략의 총체다. 따라서 그것은 체계를 구성하지 않는다.
어쩌면 그것은 그 행위자들이 "그들 자신의 것이라기보다는 다른
사람들이 구축하고 확산시킨 체계를 재활용하고 그들이 이 재활용을
'너머에 서 있음[미신]',[5] '기적에 대한 이 신앙의 이상異常 생성물'로
표시하는" 정도까지만 그럴 수 있다. 기적에 대한 신앙은, "세속 당국과
종교 당국이 [이것은] '왜' 권력과 지식의 위계들 뒤에 있는지 의문을
제기하면서 늘 정확히 의심해 온 것이다."(Certeau 1988, pp.17-18)
세르토가 지적하듯이 "종교의 (민중적) 사용법은 그 기능을 변경한
다."(ibid.) 따라서 지배적 담론은 프랑스어의 문자적 그리고 비유적
의미에서 주에(joué, 놀기)다. 그것을 빌려와서 되살린 사람들이 "갖고
놀았고," "희화화했고" 그리고 "속였는데," 이 희화화는 대부분의 경우
에 눈에 띄지 않게 진행될 수 있다. 바흐찐과 마찬가지로 우리는
여기 익살의 영역에 있다. 이 영역은, "지난 두 세기 동안에 민족학,
'종교 과학,' 정신 의학, 교육학에 의해 그리고 '민중의 목소리'를
공식적 언어로 소개하려는 정치적 또는 역사서술적 절차 등에 의해
정교해졌던 (…) 이야기에 대한 모든 학자나 엘리트의 해석들에 [대항
하고], … 목소리를 기록하려 한다는 공통된 특성을 가지는 이 다른

---

5 [역주] 원문은 'super-stitions'인데, 이는 저자가 '미신'의 어원을 밝혀 적으면서
  이중적인 의미를 활용하려는 의도에 따른 것으로 보인다. 번역에서도 그 점을
  드러냈다.

'이종異種 담론들'(다른 것에 대한 담론들)에"(ibid., p.159) 대항한다.

그러나 세르토는 순수한 구술인 신화에 대해 했듯이 [민간 종교에도] 특권을 부여했다. 그렇게 함으로써 데리다가 『슬픈 열대(Tristes Tropiques)』를 논의하면서 레비 스트로스를 비난했던 것과 동일한 로고스 중심주의에 빠지게 되었다.(Derrida 1974, p.101ff 참조) 반면에 모든 이종 담론들에 대한 세르토의 비평은 그 자신의 담론에 대해서도 의문을 제기한다.[6] 그럼에도 그의 접근법은 '두 차원'의 곤경에서 벗어나는 데에 그리고 민중 문화의 복잡성과 그 전복적인 전술을 판정하는 데에 굉장히 유용하다는 것을 입증해준다. 이런 의미에서 민간 종교는 그렇게 쉽사리 국지화시킬 수 없으며, 분명한 사회 계급이나 부류들과 겹치지도 않는다. 민간 종교는 그것이 포괄하거나 직면하는 여러 전통들처럼 변화하며 다면적이다. 그러므로 신성함 같은 그런 바꿀 수 없는 지시물을 통해 규정할 수가 없다. 그것은 영원히 영토를 박탈당한 유목민이어서 그 영향력도 그만큼 현실적이다.

그러나 삐에르 부르디외는 이런 특성들을 부정적으로 읽는다. 그에게 민중 문화는 (그리고 더욱더 민간 종교는) 하나의 신화일 뿐이며, 자발적이든 아니든 문화의 지배적인 정의를 강요하는 어휘들의 결합일 뿐이다. 그것에는 "그 계급의 아비투스의 근본 원리에 입각해 선택되고 재해석되어서 그것이 낳은 단일한 세계관으로 통합된, 그러나 그들이 불러낸 대항 문화는 아닌 … 오래된 지식 문화의 파편들"(Bourdieu 1984, p.395) 외에 다른 지시물이 없다. 계급 관계와

---

6 자신의 논문들을 모은 책의 영어 번역본이 『이종 담론들』이었던 것은 어쩌면 이 역설을 강조하기 위함인지도 모른다. Certeau 1986 참조.

문화적 변증법에서 '구별짓기'가 어떤 역할을 했는지에 관한 부르디외의 분석들은 타당성이 있다. 그럼에도 민중 문화를 찌꺼기로 보는 부르디외의 개념은, 홉의 추종자들이 '민간 종교'를 "어떤 식으로든 '비-민중적' 종교의 축소, 오인, 오염으로"(Peter Brown 1981, p.19) 묘사하면서 쓴 글들과 똑같은 수행적 효과를 갖는다. 더욱이 부르디외는 민중 문화를 하위 계층과 동일시하는 경향이 있다. 한편 그 문화는 한 집단에서 지리적으로 가장자리에 있는 문화, 즉 역사의 제약들로 말미암아 때로는 정치적으로—그러나 반드시 문화적이지는 않은— 수동적일 수밖에 없었던 가장자리의 문화이기도 하다. 부르디외 자신은 『실천이론 개요(Outline of a Theory of Practice)』(1977)에서 최초로 실천 논리를 강조했는데, 그 논리는 프랑스 지배하의 알제리 문화처럼 지배 받는 문화의 가치들을 억누른 것이다. 그는 민중의 세계관이 구조화된 구조로서가 아니라면 적어도 구조화하는 구조로서 존속하거나 도식을 생성하면서 존속한다는 것을 설득력 있게 보여주었다. 그의 초기 분석들은 세르토의 작업(Certeau 1984)을, 또는 스페인의 식민지화에 직면해 그것을 전복하는 아메리카 원주민 문화에 대한 나당 바슈텔의 작업(Nathan Wachtel 1971)을 떠오르게 한다. 유감스러운 것은 그가 민족학에서 사회학으로 초점을 옮긴 뒤에 이 통찰력에 대해 자세히 설명하지 않은 일이다. 더구나 '구별짓기'가 민중으로부터 거리를 두려는 의지라고 한 부르디외의 정의는 사실상 사회적 분화의 원리를 민중 문화 속에 둔 것이다. 왜냐하면 민중 문화는 금박지 역할을 하기 때문이다. 지배적인 문화의 유형을 모방하려는 하위 계급 쪽에 '문화적 선의'가 있다면 엘리트 계층 쪽에는 '문화적

악의'가 있는데, 이런 변증법적 과정에서 특권적인 역할을 어느 쪽이
했는지는 입증할 수 없다.

민간 종교와 그 상관물

'민간 종교'의 개념이 모호한 것은 대부분 '민民'이라는 용어 자체의
다의성에서 기인한다. '민간 전통'이라는 표현에서는 연속성과 질서를
암시하고, 반면에 '민중 운동'에서는 전복, 확립된 질서의 축제화,[7]
그리고 반항을 암시한다. 또 다른 접근법은 민간 종교를 '다른 것들'(즉,
그것과 짝이 되는 다양한 용어들)과의 구조적 관계를 통해서 정의한다.
만약 우리가 '두 층위 모델'의 다양한 순열에 대해 그 의미를 더 검토한
다면, 세 가지 도식이 나타날 것 같다.

첫 번째 경우는 이 모델의 무비판적 수용이다. 이것은 순환성/상호
성의 관점에서, 아니면 경우에 따라서는 한 차원에서 다른 차원으로의
단순한 '낙수'나 '분수'가 되는 비대칭적 영향이라는 관점에서 여러
차원 사이의 관계들을 생각하게 만든다. 순환성/상호성과 비대칭의
대립에서 민간 종교에 대한 매우 상이한 개념들이 나온다. 만약 '낙수'
효과가 특권화된다면, 민간 종교는 공식 종교를 수동적으로 수용한
것이 되거나 공식 종교에 대한 반항이 아니라면 반작용이 될 것이다.

---

7 [역주] 축제화(carnivalization)는 바흐찐의 문학 용어로, '카니발화'라고 번역하기
  도 한다. 축제에서는 공식적 질서와 규범에서 해방되어 자유를 만끽하며 권력과
  권위를 희화화하고 정상적인 것을 전복시킨다. 문학이 이런 구실을 하는 것을
  축제화라 한다.

만약 '분수' 효과가 강조된다면, 공식 종교는 준영구적이고 '원시적인' 종교 혈통을 길들인 것으로 여겨질 수 있다. 이 모든 경우에 사람들은 이 변증법을-통합을 통해서든 전복을 통해서든- 문화변용의 관점에서 고려하고 또 문화변용의 개념을 동일한 사회에서 다양한 시간적 지층들의 공존으로 확장하는 경향을 보일 것이다.

두 번째 경우는 '두 층위 모델'의 거부인데, 이는 모든 차별의 부정으로 나타난다. 공식 종교와 민간 종교 모두 문화적 정체성이라는 이름으로 간단히 무시된다. 이 관점에 따르면, 이원론적 도식은 현실을 설명할 수 없을 뿐만 아니라 해롭다는 것을 증명하기도 한다. 왜냐하면 그것은 올바른 질문을 하지 못하도록 막기 때문이다. 가령 빅터 터너에 의하면, "'유식한'과 '대중의' 따위와 같은 모든 전통적 대비는 종교적 항의 운동의 창시자들에 의해서 종교적 체험이나 은총의 이름으로 거부되었다."(Turner 1974, p.286) 다른 학자들은 공통 분모를 찾아서 민간 종교와 공식 종교를 공통 언어에서 나온 관용구처럼 생각할 수 있다. 예를 들면, 뒤프롱은 엘리트 문화와 대중 문화 너머에서, 이 행위자들이 분투하고 있는 무대 뒤에서, 더 높은 현실-종교 또는 종교성-을 본다. 그것을 통해 억압자들과 희생자들은 영적으로 교감하고 소통한다.(Dupront 1987, p.67) 뒤르켐주의자들과 마찬가지로 그에게도 종교는 그 형태가 어떠하든 결국은 사회적 통합의 한 요인이다. 피터 브라운이 다음과 같이 암시한 것처럼. "소수와 다수, 두 당사자 간의 대화라는 면에서 성인 숭배의 출현을 보여주기보다는 더 큰 전체의 일부로-새로운 형태의 경배로 과격하게 나아가는 사회 구성원의 비율이 증가하는 것으로- 보도록 해보자."(Peter Brown 1981, p.22)

　세 번째 경우는, 위계적 구조가 유지되더라도 상당히 다양화되어 있다.[8] 가령, 라카프라는 "문화의 여러 차원이나 양상들이 복잡하게, 종종 뒤틀려서 상호작용하는 것에, 그리고 사회적이고 지적인 삶에서 볼 수 있는 정통과 비정통 사이의 부수적인 관계에" 역점을 둔다.(LaCapra 1985, p.63) 특히 긴즈부르그가 우리를 믿게 하려던 것처럼 민중의 구술 문화는 "그 전통과 실천에서 동질적이지 않았다"는 것이 그에게도 분명했다. "그것은 지배 문화의 여러 양상들을 내재화하는 것뿐만 아니라 그 내적 차이들과 분리들까지 품고 있었다."(ibid., p.55) 지배 문화는 더 동질적이지 않다. 따라서 '패권 문화(들)'와 '지배 문화(들)'를 구별해야 한다. "지배 계급들의 패권 문화(들), 민간 문화(들) 그리고 고급 문화(들) 사이의 상호 작용에서 … 오랫동안 가변적인 관계들은 무엇이었는가?"(ibid., p.58) "여러 수준의 문화 사이에 상호 관계가 있다면, 그것은 민간 문화와 고급 문화의 단편들 사이에서 일어났다. 게다가 지배 문화와 고급 문화는 간단히 동일시할 수 없다."(ibid., p.65) 역사학자는 민간 문화를 포함한 문화의 여러 차원들 사이에서뿐만 아니라 내부에서도 일어나는 긴장과 모순 가능성에도 주의해야 한다는 결론을 라카프라는 내리는데, 이는 우리가 중국의/일본의 민간 문화와 선 사이의 관계를 검토할 때 명심해야 하는 것이다. 엘리트/서민, 공식의/민간의 등과 같은 다양한 대립은

---

8 이 세 가지 접근법은 불교의 맥락에서 현실과 그 대체물의 두 차원, 즉 양쪽 차원의 융합인 돈교와 두 가지 이념적 극단 사이에 일련의 매개들을 배치하는 점교 두 차원의 모델과 어느 정도 부합한다는 사실에 주목하라.

엄밀히 말해서 겹치지 않으며, 극도로 복잡한 변증법적 관계를 맺는 '차별화된 단편들'의 범위를 정한다. 역사의 행위자는 민중 문화와 유식 문화 사이의 경계에 서면서 동시에 민중 문화와 지배 문화 사이에 설 수 있다.

사회 내부의 차별화는 부르디외가 『구별짓기(Distinction)』(1984)에서 상세하게 검토했다. 부르디외는 계급들을 구성하는 친화성, 저항성, 재편성이 유동적이고 이동하며 맥락적임을 보여준다. 이렇게 얽힌 관계에서는 민중적인 것과 그렇지 않은 것을 구별하기가 상당히 어렵다. 나당 바슈텔이 지적했듯이 문화변용의 모호성과 양극성(또는 다극성)을 고려해야 한다. "동일한 사실이 … 그것이 새겨져 있는 맥락과 그것을 움직이는 계획에 따라 반대의 의미를 가질 수 있다. … 문화변용의 구성 요소들(구조적 논리, 실행의 역동성, 일시적 다중성)은, 범위가 무한한 이질적인 문화들을 제공하는 광대한 역사적 현장에서 정말로 끊임없이 작동하고 있다.[9] 관계 자체는 그것이 규정하는 용어들보다 앞선다고 하는 구조주의적 통찰을 지녀야 한다. 그래야 민간 종교와 그 대화자들을 불변하고 단일한 (또는 하나로 된) 실체로 단정하는 일을 피할 수 있으며, 그들의 관계를 구체화하는 일도 피할 수 있다. 어떤 인식론적, 문화적 또는 사회적 쌍도 영구적인 것이라고 할 수 없지만, 그 대립하는 구조는 여전히 본질적이다. 그것은 다양한 영역의 내적 긴장들을 그리고 서로 다른 영역에 있는 동종同種 또는 동위同位의 단편들 사이에 친화력을 생성하는 원리다.

---

[9] Nathan Wachtel, "L'acculturation," in *Faire de l'histoire: Nouveaux problèmes*, ed. Jacques Le Goff and Pierre Nora, Vol. 1(Paris: Gallimard, 1974), p. 142 참조.

동아시아적 맥락

이런 도식들은 양립할 수 없는가, 아니면 다양한 수준의 분석에 부합하는가? 동아시아의 맥락에서 그리고 주로 중국의 맥락에서 그 가치는 무엇인가?[10] 이원론적 모델(유식 문화/민중 문화)을 채택한다면, 내부의 문화변용에 있어서 문제를 자동적으로 '두 문화'의 문제로, 이들 문화 사이의 위계화와 지배에 대한 문제로 제기하게 된다.(Le Goff 1980) 그리고 그 문제는 실제로 어떤 차원에서는 이러한 관점에서 제기될 수 있다. 선이 때때로 엘리트 문화의 일부였다는 사실, 어떤 때에는 선이 엘리트주의에서 전향하다가 그때 마주한 민중 문화로부터 여러 특징을 채택하게 되었다는 사실을 부정할 수 없다. 선은 처음에는 본질적으로 귀족적이고 도시풍이었다. 그런 선이 민중 계층으로 광범위하게 퍼지거나 주변 지역에서 발달하게 되자마자 그 전복적인 효과의 일부가 눈에 띄게 되었다. 그러나 그 과정에서는 민간 종교나 문화를 실체화해서는 안 된다. 가장 널리 퍼진 해석은 '분수' 효과에 특권을 부여하고 특정한 불교의 흐름이 중국의 '민중적' 천재와 접촉하면서 합성을 일으켰다고 보는 경향이 있다. 이런 결론은 부당해 보인다. 유럽처럼 단 하나의 공식 종교가 있었던 것이 아니라는 사실이 중국의 상황을 복잡하게 만든다. 공식 이데올로기로서든 자기 수양의

---

10 이런 방법론적 쟁점에 대한 논의를 위해서는 Bell 1989a; Berling 1980; Duara 1988; Freedman 1974; Johnson, Nathan and Rawski 1985; Lancaster 1984; Overmyer 1980; Sangren 1987; James Watson 1985; Weller 1987; and C. K. Yang 1961 참조.

가르침으로서든 아니면 종교 체계로서든 유교의 처지는 약간 모호하다. 더욱이 도교와 불교도 때때로 〔유교와〕 유사한 역할을 했다. 사람들은 정치-사회적 스펙트럼의 하단부에서, 민중의/민간의 불교와 도교 같은 몇몇 '민중의' (또는 대중화된) 종교를 민간의 종교 문화와 경험적으로 구별할 수 있을 것이다. 그러나 실제로는 이 모든 현상들이 절망적일 정도로 뒤엉켜 있다.

한편 역사적이거나 통시적인 시각은 특정한 시기의 중국이나 일본의 종교 양상을 이해하는 데 필수적이며, 정말로 '위대한 전통들'에 초점을 맞추어야 한다. 가령 도교와 우주론적 유교의 고전적인 가르침(음양론과 오행론)을 알지 못하면 중국 종교를 이해할 수 없다. 그럼에도 이런 접근법은 민간 종교를 한낱 찌꺼기나 미신 덩어리로만 보는 '위대한 전통들'을 너무 과도하게 강조한다.[11] 그런 태도는 올바른 생각을 지닌 유학자들 그리고 그들을 따르는 서구인과 기독교인들로부터 물려받은 것인데, 그것은 여전히 중국학에 만연해 있다. 한학漢學의 전통에 무심코 영향을 받은 중국 불교학 연구자들조차 '순수한' 가르침에 몰두하려고 '대중화된' 불교를 조용히 무시하는 경향이 있다. 그러나 슈타인이 도교의 경우에 지적한 것처럼, "그 관행과 금지된 숭배의 관행 사이에는 본질의 차이가 아니라 정도의 차이만이, 질적인 차이가 아니라 양적인 차이만이 있었다."(Stein 1979, p.59) 다니엘

---

11 예를 들어 슈타인이 내린 정의를 보라. "말할 것도 없이 여기서 '민간 종교'는 제도화된 종교(국가 종교, 도교, 불교)에 확실하게 속하지 않는 것 모두를 가리킨다. 사회학적으로 말하자면, 이 '민간 종교'는 민간에게 한정되지 않고 궁중을 포함하는 모든 사회 계층에 공통된 것이다."(Stein 1979, p.54)

오버마이어(Daniel Overmyer)는 '교리의 이원론' 모델에 무비판적으로 기댔음에도 그리고 위대한 전통과 하찮은 전통의 차이가 명백하다는 것을 알았음에도 올바른 질문을 공식적으로 제기할 수 있었다. "학자는 다양성을 긍정할지 유감으로 여길지 선택하는가? 이것은 민간 불교의 종파들에 관한 역사를 검토할 때 결정적인 논점이다. 왜냐하면 사원 전통이 우위에 있다고 간주한다면, 학자는 당 왕조 이후의 중국에서 민간 신앙의 발달 전체를 폄하할 수밖에 없고, 그러한 민속적 표현의 역할을 이해하는 데 필요한 방법론적 토대도 없는 처지가 되기 때문이다."(Overmyer 1976, p.46) 그리고 우리가 알고 있듯이 이것은 바로 중국과 일본 양쪽에서 일어난 일이고, 이 때문에 당대唐代 이후의 (그리고 근대 인류학자들에 앞서) 중국 종교에 대한 연구나 카마쿠라 막부 이후의 일본 종교에 대한 연구가 적다. 그러나 나는 다음과 같은 방식으로 오버마이어의 질문을 다시 공식화하고 싶다. 질문은 두 가지 차원이 있는지 아니면 둘보다 많거나 적은지에 대한 것이 아니다. 그보다는 우리가 통일성이나 다양성을 긍정하기로 했는지 아닌지, 우리가 그렇게 하기로 할 때 실제로 무얼 하고 있는지, 그리고 우리의 선택을 결정하는 조건들은 무엇인지에 대한 것이다. 다시 말해, 우리가 어떤 모델을 사용하든 그 뒤에서 우리는 전이(transference)의 문제, 즉 독백주의, 대화주의 그리고 이종담론 사이에서 일어나는 우리의 심리학적 또는 방법론적 진동과 상동 관계에 있는 것을 다시 만난다.

문화변용 현상의 모호성은, 예를 들어 마조媽祖 숭배(James L. Watson 1985; Sangren 1987 참조)와 관제關帝 숭배(Duara 1988)가 발달한

186

과정에서 분명하게 드러난다. 동일한 숭배가 동시에 보수적일 수도 있고 전복적일 수도 있다. 그것은 주변적인 민중 계층의 요구와 중앙집중화하는 공식 종교의 요구 같은 다양한—심지어는 상충되는— 요구들을 충족시킬 수 있다. 야누스나 십일면관음처럼 동일한 현상이 둘 또는 그 이상의 얼굴을 가질 수 있다. 그것은 명확히 구별되는 둘 또는 그 이상의 사회-종교적 역학들 사이의 변증법에서 비롯될 수 있다. 따라서 역사주의 시각의 균형을 잡기 위해서는 중국 종교의 체계적이고 공시적인 양상을 강조하는 일이 중요한데, 그 종교는 앙리 마스페로(Henri Maspero)가 지적했듯이 단순히 유물遺物이 아니며 '미신'과 불교나 도교 교리를 대충 땜질해 혼합한 것도 아니다. 쟝 클로드 슈미트(Jean-Claude Schmitt)의 말로 하자면 이렇다. "어떤 것도 한 문화 속에서 오래 지속되지 않으며, 모든 것이 살아 있거나 그렇지 않거나다. 믿음이나 의례는 찌꺼기들의 결합도 이질적인 혁신들의 결합도 아니며, 현재의 결속 안에서만 의미를 갖는 경험이다."(Schmitt 1976, p.946)

'위대한 전통'에 대한 편견은 중국 불교에만 국한된 것이 아니다. 그것은 목적론적 편견과 함께 가는데, 그 편견은 전통의 발달을 본래의 순수성과 돌이킬 수 없는 쇠퇴라는 관점에서 본다. 인도 불교사에서는 아직도 이런 시각이 지배하고 있다. 그러나 '원시' 불교를 순수한 철학 체계로 이상화하는 것은 대승불교를 비정통으로 폄하하려는 상좌부 지지자들의 노력을 반영하는 것 같다. 스탠리 탐비아(Stanley Tambiah)는 이렇게 말한다. "경전들과 엘리트 학승들의 철학적 추상화는 신화와 민간 의례에 스며 있는 관념들의 패턴에 의해서 종종 반복된다. … 팔리 경전과 고전적 주석의 초기 불교조차 전기적傳記的, 철학적, 신화적 그리고 우주론적 가닥들을 서로 엮어서 짠 융단으로 보지 않으면 충분히 이해할 수 없다."(Tambiah 1984, p.7) '팔리성전협회 정신'에 상응하는 것을 동아시아 불교사에서도 쉽게 찾을 수 있는데, 첫째로 '순수한' 선 또는 '고전적' 선의 신화가 그것이다.

'두 층위 모델'은 중국 종교에 대해 많은 연구가 이루어졌음을 알려준다. 양칭쿤(楊慶堃)은 『중국 사회의 종교』에서 두 가지 종류의 종교, 즉 '제도화된 것'과 '확산된 것'을 구별한다. "확산된 종교는 그 신학, 숭배, 인력들을 하나 또는 그 이상의 세속적인 사회 제도들에 아주 스스럼없이 퍼뜨려서 그것들이 사회 제도의 개념, 제의, 구조 등의 일부가 되게끔 하는, 그리하여 독립적인 존재로서는 의의가 없는 종교다. … 사람들은 이 확산된 형태 안에서 종교와 가장 친밀하게 접촉했다."(C. K. Yang 1961, pp.294-296) 비록 '확산된 종교'에 대한 양칭쿤의 정의가 세르토의 개념에 가깝고 '두 층위 모델'을 약화시키는 것처럼 보이지만, 그는 확산된 종교와 제도화된 종교를 두 개의 구체화된 실체로 보이게 하는 전통적 이분법에 여전히 갇혀 있다. 그러나 가장 이원론적인 경우는 아마도 찬윙칫(陳榮捷)의 『근대 중국의 종교적 경향』(Chan 1953)일 것이다. 찬은 "중국인들의 종교적 삶을 유교, 불교, 도교로 불리는 세 부문으로 나누는 대신에 대중의 수준과 계몽된 자의 수준이라는 두 수준으로 나누는 것이 훨씬 더 정확하다"고 주장한다. 물론 그는 자신을 후자의 전형으로 여기며, 민중에 대한 유교적 편견을 서구 학문에 전하는 작업을 하고 있다. "대중은 수천의 우상들을 숭배하고, … 계몽된 자는 … 오로지 하늘, 조상, 때로는 공자,

붓다, 노자 그리고 몇몇 위대한 역사적 인물들에게 예배하지만 다른 혼령에게는 예배하지 않는다. 무지한 자는 불교의 삼십삼천三十三天, 도교의 팔십일천八十一天 그리고 불교의 십팔지옥을 믿는다. … 계몽된 중국인은 그런 믿음을 단호하게 거절한다. … (그들은) 이런 질병에 좀처럼 감염되지 않는다. 무지한 사람들은 주로 복을 구하기 위해 신들을 찾고, 계몽된 사람들은 호의를 구해서가 아니라 존경을 표하려고 예배한다."(Chan 1953, pp.141-143)

문인들의 종교이며 국가의 종교인 유교는 결코 선禪만큼이나 '합리주의적이지' 않았다는 사실, 그리고 '계몽된 자'가 그를 오싹하게 한 "이런 질병들에 종종 오염되었다"는 사실을 보여주기는 쉽다. 비난하는 듯한 찬의 발언은 그의 이원론적 관념의 사회적 기원과 이데올로기적 용법을 똑똑히 보여준다. 찬이 "미신이나 공리주의의 차원에서가 아니라 높은 차원에서"(Chan 1953, p.185) 혼합주의나 통합이라 부르는 이 '계몽된' 모델에 내재한 투박한 환원주의는, '삼교일치'라는 오래된 도식을 상대적으로 아주 복잡해 보이도록 만든다. 그렇지만 그의 견해는 아무리 이데올로기적으로 보이더라도 간단히 물리칠 수 없다. 그것은 최근의 많은 연구에서 버려두었다고 할[12] 민중/엘리트 이분법이 중국 현실의-표상일 뿐일지라도- 불가결한 부분임을 상기시킨다.

그런 목적론적 도식에 대한 대안을 제공하는 '체계적' 접근법이 불편하지 않은 것은 아니다. 그것은 특정한 역사적 상황을 실체화하면서 파열들, 긴장 관계들, 안으로부터 그 체계에 작용하거나 그것을

---

12 Zürcher 1980; Johnson 1985; Birnbaum 1986; Teiser 1988, p.344 참조.

넘어서는 원심력 따위를 간과하기 쉽다. 그러나 이미 언급했듯이 민간 종교의 다양한 사례들에서 그 핵심은 분열이다. 이것은 진정시키기도 하고 선동하기도 하며, 사회적-우주적 질서를 떠받치면서 동시에 전복시키기도 한다. 그것은 선을 꿰뚫고 지나가기도 하는데, 이 근본적인 단층斷層은 보존과 전복, 포괄과 배제, 점오와 돈오, 또는 매글리올라(Magliola)의 표현을 빌자면 '차별적' 선과 '(이성)중심적' 선 같은 인식론적 짝들 사이의 끊임없는 긴장이나 변증법에 반영되어 있다.(Magliola 1984 참조)

그러므로 중국의 경우에 '두 층위 모델'의 약점은 '공식' 종교와 '민중' 종교 둘 다 (터너식의 의미에서) '구조들'을 구성한다는 사실에서 주로 기인하며, 이런 구조들은 전복적인 주변부들에 의해, 즉 도교의 '신선들', '미치광이' 선승들에 의해, 또는 엘리트 문화에서는 괴팍한 시인들 같은 꾀쟁이 형의 인물들에 의해 끊임없이 위협받고/받거나 강화된다. 따라서 이들 인물들이 동박삭東方朔과 한산寒山 같은 시인이나 신선의 경우처럼 그 유사성 때문에 융합한다는 사실은 그리 놀랄 일이 아니다.[13] 다시 말해, 위계제/무위계제의 패러다임은 민간 종교와 공식 종교의 두 범주를 가로지른다. 그것은 그것들과 겹치지 않으며, 이 패러다임의 지배적 용어(위계제)는 어느 종교와도 동일시될 수 없다. '공식적' 위계와 '민중적' 위계가 있지만, 민중적이고

---

13 한편, '바보형' 인물은 (돈오의 표현으로서) 그 반전이 축제화하는 민중 문화의 양상과 동질적으로 보이기 때문에 '민중적'으로 인식될 수 있다. 그럼에도 그것은 엘리트주의적 가르침의 산물로 남아 있다. '돌연한(sudden)' 반전에 관해서는 Stein 1987, pp.54, 60 참조.

엘리트주의적인 무위계주의도 있다. 한편으로는 선과 반율법주의(위계제의 부정)를 다른 한편으로는 민간 종교와 위계제를 은연중 동일화하는 것은 각 전통의 주요한 기조만을 반영하고 사소한 기조들은 고려하지 못한다. 더욱이 선과 민간 종교 양쪽에서 처음에는 전복시켜려는 것 같은 인상을 준 것이 사실은 제도적 구조를 강화하는 것으로 밝혀질 수도 있다. 이런 의미에서 민간 종교는 제도적 권력이 자기 주장을 할 수 있도록 필요한 자유와 타자성을 제공할 수 있다. 이단과 정통의 변증법적 관계와 마찬가지로, 선과 다른 제도적 종교들도 번성하기 위해서는 민간 종교의 저항과 전복이 필요할 수 있다.

긴즈부르그는 공식 종교와 민간 종교 사이의 순환성이나 비대칭에 대해 의문을 제기했는데, 이에 관해 말하자면 두 모델이 한 모델보다 나으며, 엄격한 결정론을 선택하도록 강제할 이유도 없다. 어떤 경우에는 선과 민간 종교(들) 사이에 순환성과 상호성이 분명히 존재하며, 다른 경우에는 (특별히 상향 운동이나 하향 운동이 작동하는) 명백한 비대칭이 나타날 수 있다. 위계제와 수직 운동에 관한 그 생각이 수평적, 다각적 또는 다극적 관계에 대한 생각으로 대체된다면, 더 유익할 수 있다. 우리가 스펙트럼의 전 범위와 그 다양한 부분들을 다 다루고 또 선과 민간 종교의 관계 아래에 (감추어진 게 아니라면) 뒤얽혀 있는 친화성과 적대 관계의 실타래를 풀기 위해서는, 기본적 이분법(더 적절하게는 공식, 민간 그리고 '대중화한' 종교라는 삼분법)에서 시작하면서 우리의 모델들을 똑같이 복잡하게 만들어야 할까?

아무튼 민간 종교의 관행들이 내는 익명의 속삭임을 다시 들을 필요가 있다. 이를 위해서는 먼저 유식자有識者들의 특권 의식이

심하게 묻어 있는 담론을 떠나 민중 문화로 중심을 옮겨야 한다. 선의 경우에 이것은 교리의 해석학적인 접근법이 인류학적 접근법과 함께 가야 한다는 것을 의미한다. 그러나 '실제로 실행된 그대로의' 종교라는 명목을 내세워 전통의 '위대한 텍스트들'을 거부하는 일이 있는데, 이는 방법론적 희생양 삼기를 반대로 한 것이다. 이것을 피하기 위해서는, 어떤 '민중적인' 현상들은 '유식의' 창조물로 밝혀질 수 있다는 사실도 분명히 인식해야 한다. 점점 더 복잡해지는 이런 접근법은 해결할 수 있는 것보다 더 많은 문제들을 만들어낸다는 것도 명백한 사실이다. 이런 식으로 면밀하게 검토하면, 선이나 다른 전통은 네이선 시빈(Nathan Sivin)이 도교를 두고 말했던 것과 같은 '당혹의 원천'(Sivin 1978)이 되어 버릴 것이다.

　이른바 민중이나 민간 차원으로 갈 때 어려움은 더 심해진다. 전체론적 관점에서 볼 때, 민간 종교가 원칙적으로 종합하면서 하나의 체계로 나아간다는 사실은 말할 필요도 없다. 그럼에도 체계를 구성하는 여러 가지 퇴적된 시간의 지층들을 구별하고자 한다면, 그리고 고대의 잔존물이나 특정 요소들의 고대적 기원과 관련해서 더 최근에 창조되고 다소 학술적인 기원을 가진 다른 것들에 반대되는 것처럼 말하려면, 역사학자와 함께 해야 정당화된다. 마주하고 있는 것은 서로 다른 시간성들인데, 그것은 긴장 없이는 공존하지 않는다. 유식의/민중의 이분법보다 더 근본적일 수 있는 또 다른 이분법은 질서와 위반의 이분법이다. 이것은 거의 모든 중개적 차원에서 발견된다. 이 차원들은 종종 이 두 경향 사이의 불안정한 타협일 뿐이며, 순수한 신성과 불순한 신성, 존중의 신성과 위반의 신성을 규정한다. 고대의 종교는 이미 존재하는 초인간적 질서를 완벽하게 고수하겠다고 주장했지만, 국가의 출현 그리고 도교나 불교 같은 구원 종교의 역사적 출현으로 빚어진 전환은 사회적 분할과 여러 부문들 사이의 변증법을 초래했다. 즉, 신성한 것의 인간화를 초래했고, 이것은 인간의 요구를 받아들일 수 있는 위계화된, 관료화된 만신전을 만들어냈다. 고대 그리스의 경우처럼 신화가 확산된 것은 고대의 신성성이 사실상 약화된 상황을 반영한다. 어느 정도는 그것이 불교의 탈신화화를 위한 길을 열었다. 이것은 불교의 만신전이 왜 아무런 어려움 없이 중국이나 일본의 토착신들에 흡수되었는지를 설명해준다. 그러나 우주론에서는 이런 흡수가 없었다. 힌두교와 불교의 우주론은 중국인들과 일본인들 가운데서 당나라 승려이자 천문학자인 일행—行 같은 개종자 몇 사람만 만들어냈다. 그들은 이미 음양과 오행의 우주론을 채택하고 있었기 때문이다.

그러나 혼돈에 질서를 부여하고 풍수風水, 장례 의식, 조상 숭배를 통해 모호한 신성을 길들이려는 그런 시도들에 직면해 위반, 흑마술이나 '왼손 주술', 주문과 점치기, 마술적 권력의지 등의 성스러운 세계가 나타났다. 이 세계에는 그리스의 디오니소스적 세계나 인도 탄트리즘의 어두운 숭배보다 덜 알려졌지만 꽤 실제적이라 할 수 있는 이른바 금지된 숭배들이 다 있다. 또 다른 실제적인 긴장이나 이분법은 지역적인 숭배와 국가적이거나 '보편적인' 숭배 사이에서, 또 장소와 공간에 대한 '국부적(topical)' 논리와 '순환적(choretic)' 논리 사이에서 볼 수 있다.[14] 언뜻 보기에 '민간 종교'는 지역적인 토착 숭배와 겹치는 것 같다. 그러나 관제關帝나 마조媽祖 같은 국가적 숭배는 어떠한가?

지역적 관제關帝와 '국가적' 관제는 때때로 적대 관계를 은폐하고
있다는 사실을, 그리고 선은 그 '공식적' 역할과 모순되지 않으면서
후자의 숭배를 승인할 수 있다는 사실을 간파해야 한다.(Sangren 1987
참조) 동일한 숭배나 의례, 예를 들어 마조의 숭배나 '보편적 구제'인
우란분盂蘭盆의 의례는 여러 차원에서 작동하는데, 이런 의미에서
마르셀 모스가 말한 '총체적인 사회적 사실'을 구성한다.[15] 제의는
대개 상이한 사회 집단들과 존재론적 차원들 사이에서 매개의 구실을
하는 것으로 보이지만, 그것들을 구획하거나 생산하는 것이기도 하
다. 따라서 제의는 '계급'이나 '종교' 같은 개념들보다 논리적으로
우선한다. 그러나 개인들―대개 여러 '길'이 있는 교차로에 서 있거나
여러 '진리의 프로그램' 사이에서 흔들리는 사람들― 또한 '총체적인 사회
적 사실'일 수 있다. 게다가 부르디외식으로 말하자면, 사회적인 분야
나 문화 생산의 분야에서 그들의 위치는 상당히 달라질 수 있다.
그러므로 선의 대가들은 자신이 전혀 믿지 않는 전설들을 '영적인'
또는 '우의적寓意的인' 의미로 해석할 때, 자신이 유식 문화와 민중
문화 사이의 경계에 있음을 알아차릴 수 있다. 주술사로서 자신의
평판을 국가의 위세에 봉사하는 데 쓸 때도 그들은 똑같이 공식 종교와
민간 종교 사이 중간쯤에 있다. 북종의 선사인 신수가 그랬던 것처럼
말이다. 신수의 제자인 보적普寂처럼 선종 조사의 전통을 당 왕조의

---

14 이 용어들은 오귀스탱 베르크(Augustin Berque)로부터 빌린 것인데, "topical"은
　특이한 장소를 가리키고 "choretic"은 전반적인 장소를 이른다. Berque 1986,
　pp.159-163 참조.

15 Mauss 1967, p.78 참조. Lévi-Strauss 1987, pp.25-31도 참조.

계승과 견줄 때, 또는 혜안慧安과 원규元珪 같은 북종의 선사들처럼 토착신에게 보살의 가르침을 줄 때, 그들은 패권적인 문화와 함께한다. 그들이 송대와 일본 무로마치(室町, 1336~1573)시대의 시승詩僧들처럼 '선문학禪文學'에 탐닉해서 시를 영성의 최고 형식으로 간주할 때, 그들은 엘리트 문화를 대표한다.

원시에서 선으로 그리고 거꾸로

'혼합주의'는 중국의 맥락에서 전통적으로 사용된 용어인데, 그것은 구별되어야 하는 현상들(통합, 합병, 문화 변용)의 복수성을 덮어 감춘다. 그러나 그 일반성(generality)에도 불구하고 또는 그 일반성 때문에 그것은 이용할 수 있는 다른 용어들보다 뛰어난 경험적 가치를 지니고 있다. 물론 혼합주의적 경향을 더 이상 '원리들에 대한 배신'으로 여기지 않고 오히려 새로운 사회-역사적 맥락에서 발생한 요구들에 대응하려는 시도의 표현으로 여긴다면 말이다. (Berling 1980 참조) 앙리 마스페로처럼 그 공시적 차원을 선호하는 사람들, 그리고 중국인은 자신들의 종교를 이질적인 가르침들의 집합이 아니라 일관된 하나의 체계로 여기며 산다고 주장—이 견해에 따르면, 중국의 혼합주의는 외부로부터 강요된 단순한 환원주의적 개념이 될 것이다—하는 사람들이 대개 이 용어의 설명적 가치를 문제삼는다. 마스페로가 볼 때, 중국의 민간 종교를 도교와 불교의 요소들로 분해하려는 시도는 쓸모없는 일이다. 프랑스인들이 교회에 가고 부활절을 기념하며 세례를 받기 때문에 프랑스의 민간 종교를 '세 가지 종교'(기독교, 유대교 그리고 위대한 여신 숭배)로 분해하는 것만큼이나 말이다. 마스페로는 "우리는 교리, 신, 제의에서 차이들을 보는 반면에, 〔중국인은〕 단일한 종교 체계 내에서 전문가들의 차이만 본다"는 점을 지적한다.(Maspero 1950, pp.112-113)

확실히 역사학자들은, 승려들과 문인들이 했던 다소 종파적인 선언들을 세 위대한 종교-유교와 불교, 도교- 전통이 때때로 힘들게 공존했던 증거라고 너무 무비판적으로 받아들이는 경향이 있었다. 그렇게 함으로써 그들은 필연적으로 교리상의 정통성 문제에 중점을 두고 민간 종교(들)를 경시하게 되었다. 이 때문에 이러한 구별짓기는 그 서술적 가치 또는 설명적 가치를 대부분 잃어버렸다. 이런 불균형은 통시적 차원이 여전히 중요하다는 사실을 인식함으로써, 그리고 세 가지 가르침의 통일이나 조화를 옹호할 정도로 '혼합주의적'이라고 말할 만한 고유한 담론이 있음을 인식함으로써 바로잡을 수 있다. 마스페로가 민간 종교에 대해 말한 것이 정확하다고 해도, 그가 종교에 관한 성직자나 문인의 담론을 고려하지 않은 것은 똑같은 이유로 정당화되지 않는다. 더구나 이런 담론은 민간 종교가 교리적, 신화적 또는 제의적 요소들을 체계적으로 흡수하는 데 크게 기여했다.

구별되지만 관련된 두 가지 현실, 즉 고급 문화와 민간 전통에 적용된 '혼합주의'라는 용어의 모호성은, '중국식 혼합주의에 대한 논쟁'이라 부를 수 있는 것을 설명해준다. (별개의 사회 계층들과 꼭 겹치는 것은 아니지만 한 개인 안에서 공존할 수는 있는) 두 개념 사이에 연속성의 해법이 없다는 것을 보여주기 위해 이 용어를 유지한다면, 두 가지 혼합주의-'호전적 혼합주의' 그리고 더 나은 용어가 결여된 까닭에 '민간적 혼합주의'라 부를 수 있는 것—를 구별하는 것이 중요하다. 전자는 복잡한 합주들(불교, 도교) 간의 관계를 설명하고 (또는 규정하고), 후자는 이런 합주들의 독특한 요소들 사이에서 다양한 수준으로 일어나는 다면적 관계들(융합, 대체, 병렬)에서 비롯된다.

혼합주의의 이 두 유형을 구별하는 일은 때때로 어렵다. 가령, 선과 토착 신앙의 상호작용은 토착 문화가 선의 가르침을 흡수한 것으로 해석할 수도 있고, 토착 전통을 경멸하면서 동시에 순수하게 사원의 틀 속에 포함시키는 선승들의 '호전적 혼합주의'로 해석할 수도 있다. 이것은 토착의 민간 종교에 속하는 신성 공간들을 불교식으로 '인간화'한 것이다. 그렇게 함으로써 선은 동시에 공식 종교와 동맹을 맺을 수 있다. 물론 이 공식 종교는 지역적 숭배를 국가적 숭배 안에 포함함으로써 제거하려는 의도를 가지고 있었다. 앞으로 보게 되겠지만, 가령 보지寶誌나 부흡(傅翕, 6세기 경)처럼 선의 주변부에 있던 주술사들을 관음이나 미륵 같은 유명한 화신化身들의 지위로 승격시킨 일을 어느 한 방향(의미)으로 한정해서 해석하기는 어렵다. 또 혜능慧能의 문맹이나 그 혈통의 기원—그는 필경 요獠족 출신이었을 것이다—에 대한 이야기들이 중요하다 해도, 그것들이 선의 '민주화'를 가리키는 것인지 억압 받는 계층이 재부상하는 것을 나타내는지는 명확하지 않다. 혜능이 5조 홍인을 처음 만났을 때 나눈 대화는 전통적으로 홍인의 시험으로 그리고 그의 사회적 평정심의 증거로 해석되어 왔다. 그러나 "남쪽의 만족蠻族에게는 불성이 없다"는 말에 따르면, 그것은 지배적인 문화의 편견을 반영하는 것이기도 하다. 혜능의 계승에 대해 홍인의 다른 제자들이 보여준 강력한 반발 또한 "선에서

원시로" 이끄는 것 같은 '진화의 거부'로 볼 수 있다.[16]

다음 장들에서 나는 선 전통(들)과 중국/일본의 민간 종교(들)나 토착 종교(들) 사이의 관계를 보여주는 몇 가지 사례들을 더 자세하게 검토할 것이다. 참고 문헌의 상태와 자료들의 복잡성은 확실히 철저한 연구를 방해한다. 그 때문에 나는 몇 가지 사례들로 제한할 것이다. 당분간은 대립—변증법적이라 해도—이나 융합—선과 토착 종교나 민간 종교 사이의, 또는 선과 공식 종교 사이의 융합—보다는, 이 종교 전통들 각각의 대립하는 부분들이나 유사한 부분들의 뒤엉킴—또는 그것들끼리의 전이 관계—을 관찰할 수 있다고만 말해 두겠다.

---

16 그런데 선 전통은 서구의 해석자들처럼 이 진화를 "원시에서 선으로" 이어지는 것으로 보는 경향이 있다. Mircea Eliade, *From Primitives to Zen: A Thematic Source-book of the History of Religions*(San Francisco: Harper and Row, 1977) 참조.

5장 주술사와 그 화신들(Ⅰ)

저 경이로움에 비하면, 고행자들이 간절하게 구하는 그 각별한 환영
은 뭐란 말인가? 무얼 보기는 했는가?
　　　　　　　　－ 폴 발레리, 『나의 파우스트(Mon Faust)』

놀라운 것을 바란다면, 저 구름 낀 하늘을 보라. 위로 붓다가 있는
것도 보지 않고, 아래로 중생이 있는 것도 보지 않는다.
　　　　　　　　　　　　　　　　　　　　－『벽암록』

첫 '육조六祖'이며 북종선의 개조로 추정되는 신수(神秀, 606~706)가
죽기 직전에 자신의 법을 제자 의복義福에게 비밀히 전했다는 전승이
있다. 신수가 죽은 뒤 다른 제자들은 의복이 계승했다는 주장을 받아들
이고 싶어 하지 않았다. 바로 그때 만회萬廻라는 카리스마 있는 승려가
의복의 주장이 정당하다고 증언하지 않았다면, 계승 논쟁은 계속
이어졌을 것이다.[1] 만회 자신은 선승이 아니라 주술사나 신이승神異僧
이라 할 수 있는데, 그는 특히 예언 능력으로 유명했다. 그렇지만
만회는 자신의 선구자이며 보리달마를 '발견한' 보지(寶誌, 418~514)

---

1 그러나 만회가 의복의 주장을 옹호했음에도 신수의 다른 제자들 몇몇이 '칠조七祖'
　의 지위를 요구했다는 사실에 주목하라. 그 문제에 대해서는 Faure 1988,
　pp.131-134 참조.

와 마찬가지로 의복이나 혜안慧安 같은 선사들을 정통으로 인정함으로써 선 전통에서 결정적인 역할을 했다. 주변부에서 활약한 그런 신비적인 인물이 선의 정통성을 뒷받침하기 위해 그리고 합리적이고 비신화화하는 것으로 보이는 가르침을 정당화하기 위해 소환되었다는 사실은 언뜻 보기에도 역설적이다. 그러나 터너식으로 말하자면, '구조들'-왕조의, 분파의, 교리의 구조들-을 정당화하는 것은 정확히 경계적 인물의 역할이다. 우리는 여기서 에르네스트 르낭(Ernest Renan)의 말을 상기하게 된다. "동양에서는 주술사가 아닌 성자에게는 거의 가치를 두지 않는다." 주술사는 자신을 잃을 위험을 무릅쓰고 사회 질서의 위험한 주변부로 나아갔기 때문에 인간 사회의 밑바닥에 있는 권력의 저장통 마개를 뽑을 수 있고, 그래서 사회 질서를 정당화할 수 있다.(Lévi-Strauss 1974b 참조)

중국의 주술적 전통

만회는 보지寶誌로 거슬러 올라가는, 더 멀리는 서역승 불도징(佛圖澄, 232~348!)까지 올라가는 전통에 속하는 것으로 간주된다.[2] 많은 학자들은 불도징으로 상징되는 '마술적' 불교의 유형에서 북조(北朝,

---

2 비를 내리게 하는 능력을 비롯해 여러 가지 신통력으로 유명했던 불도징에 대해서는 Arthur F. Wright, "Fo-t'u-teng: A Biography," *Harvard Journal of Asiatic Studies* 11(1948), pp.321-371 참조. 수맥 전문가로서 불교 승려들에 관한 전설들의 개요에 대해서는 Chen Yuan 1977, pp.178-190; Soymié 1961 참조.

386~581) 왕조들의 관심을 강조했다.(Yamazaki 1971, p.112; Zürcher 1959, p.145 참조) 북조와 남조(南朝, 420~589)를 이런 점에서 다소 과장되게 대조해 왔지만, 주술사들이 왕조의 정당화에 그리고 불교의 성공에 중요한 역할을 했다는 사실은 부정할 수 없다. 보지는 도사 도홍경(陶弘景, 456~536)이 썼던 것과 똑같은 방식으로 양조(梁朝, 502~557)의 정당화에 기여했다. 두 가지 이야기가 널리 알려져 있는데, 거기에서 보지는 꽤 우둔한 양나라 황제에게 부흡(傅翕, 부대사)과 보리달마가 미륵보살과 관음보살의 현현이라고 밝힌다.[3] 주술사와 선사들 사이의 묵인은 『벽암록』의 주석에 잘 반영되어 있다. "이것은 하나는 머리가 되고 하나는 꼬리가 되는 경우다." 그런데 선 전통에서 보지가 차지하는 위치의 모호함은 위의 주석에 이어지는 논평에서도 드러난다. "그런데 지공(志公, 보지)이 이렇게 말했을 때, 결국 그는 꿈에서라도 부대사를 보았던가? … 이는 지공이 맛난 술에 물을 들이붓는 격이며, 지공이 국 사발에 쥐똥 한 알을 넣어 더럽힌 것과

---

3 『벽암록』 1칙과 67칙; 『조당집』 권18(ed. Yanagida 1974b, p.35); 『경덕전등록』(T. 51-2076, p.430c) 참조. 보지와 보리달마, 부흡 3인조는 후대의 많은 자료들에 나타난다. 예를 들어, 펭제청彭際淸의 『거사전居士傳』에 다음 글이 나온다. "초조(初祖, 보리달마)가 중국에 왔을 때, 상황은 아직 무르익지 않았다. 그래서 그는 소림(사)으로 갔다. 사람들은 그것이 양무제梁武帝의 잘못 때문이라고 생각했다. 그러나 그때 보지공寶誌公과 부대사(傅大士, 부흡) 같은 사람들은 불심佛心을 설하고 대승의 법을 가르치며 온 나라에 퍼뜨렸었다."(de Bary 1975, p.121에서 인용) 보지와 부대사에 관해서는 Schmidt-Glintzer 1985도 보라. 양무제와 보리달마 사이에 있었던 유사한 사건에 대해서는 『조당집』 권18(ed. Yanagida 1974b, p.35) 과 D. T. Suzuki 1977, p.48 참조.

같다."(Cleary and Cleary 1977, 2, p.426) 그러나 작가는 결국 선에서
보지의 중요성을 인정한다. "부대사는 이미 진창에서 허우적대며
물을 뚝뚝 흘리고 있지만, 다행히도 그에게는 지음知音이 있었다.
지공 노인이 없었다면, 아마도 그 나라에서 쫓겨났을 것이다."(ibid.
2, p.428 참조)

만회는 선의 정당화와 당 왕조의 정당화에서 유사한 역할을 했다.
그는 제위를 찬탈하려던 위황후韋皇后에게 그런 시도는 실패할 것이라
고 예언했다. 흔히 그렇듯이 이런 예언은 수수께끼 같은 말로 이루어져
있었고, 그 진정한 의미는 오로지 일이 끝난 뒤에나 드러났다. 만회는
이런 위급한 시기에 활동한 다른 주술사들의 전기에서도 등장한다.
북종의 선사 혜안(慧安, 582~709)이 막 숨을 거두려 할 때 만회가
갑자기 나타났고, 두 사람은 서로 손을 꼭 잡고 알아 듣기 힘든 말로
대화를 나누었다고 한다.(『경덕전등록』, T. 51-2076, p.231c 참조) 부흡
과 보리달마가 양무제를 만난 뒤에 보지가 그들의 실체를 폭로한
일은 만회에게서도 되풀이되었다. 그는 당 황제에게 이제 막 세상을
떠난 서역승 승가僧伽가 사실은 관음보살의 현현이었다고 밝혔다.
그리고 동일한 방식으로 풍간豊干 — 대개 범과 함께 묘사되는 또 다른
주술사 — 은 한 관리에게 '미치광이 중'인 한산寒山과 습득拾得이 사실은
문수보살과 보현보살의 현현이라고 밝혔다.[4]

---

4 마키타 타이료(牧田諦亮)는 이들 주술사들, 이른바 보지, 만회, 승가 등을 관음의
  화신으로 변모시킨 신격화의 과정에 대한 증거를 제시했다. 당송 시대에 되풀이되
  는 특징으로 보이는 이 과정은 가령 『삼대사전三大師傳』(Giles 6669라는 일련
  번호가 붙은 슈타인의 돈황 문서에 마키타가 부여한 제목)으로 알려진 미심쩍은

마구니와 불가사의: 초기 선의 주술사들

와타나베 쇼에이는, 자연 현상을 제어하는 능력은 선사들이 대중의
마음을 끄는 토대였다고 주장한다.(Watanabe Shōei 1975, p.161) 신수
와 그 제자들의 전기를 대충 훑어보기만 해도 주술사들이 북종선에서
확실히 주도적인 역할을 했다는 사실을 알게 된다. 앙리 도레(Henri
Doré)가『신선통감神仙通鑑』에 의존해 기록한 '신이승들'의 절반 가량
은 그 종파에 속한다. 현장(玄奘, 602~664)과 일행一行뿐만 아니라
신수의 전기(여기에 그의 제자인 보적 외에도 사형제간이며 사후의 경쟁자인
혜능에 대한 기록도 덧붙어 있다)도『구당서舊唐書』권191의「방기方技」,
즉 신비한 술수에 뛰어난 이들을 모아 놓은 편에 포함되어 있다.

신수의 명성은 다른 무엇보다도 미래를 예언하는 능력에서 기인한
것 같다. 예컨대 그는 사원에서 불이 일어날 것을 예측했다. 비록
소용이 없었지만 말이다. 이 사원을 재건하기 위해 재빨리 보시를
모을 수 있었던 것 또한 그의 신비한 능력을 증명해준다. 만회처럼
그는 이융기(李隆基, 당 현종. 712~756 재위)의 제위 계승을 예언했다.
『태평광기太平廣記』에 의하면, 그는 자신의 죽음도 몇 년 앞서 예언했
다. 비록 이름이 같은 두 인물을 혼동한 데서 비롯되었지만, 후자의

텍스트에 나타난다. 다른 이들 가운데서도 일본의 구법승 엔닌(圓仁)과 죠진(成尋)
은 승가와 보지를 관음의 화신이자 재난으로부터 지켜주는 보호자로 떠받들었던
민중의 헌신에 주목했다.(Makita 1981, pp.34-38; Reischauer 1955a, p.183 참조)
세 인물은 장안의 거대한 사원에서 집단적으로 함께 숭배되어 왔다. 그들 사이의
밀접한 관계는『송고승전』에서 찬녕이 기록한 만회의 전기에서도 볼 수 있다.
보지 또한 도교의 신격이 되었다. Makita 1958, pp.250-253 또한 보라.

경우는 신수의 전설이 발전한 것임을 말해준다.(Faure 1983 참조) 그의
예지 능력은 한 번 잘못되었는데, 그가 관제關帝 신의 강력한 반발을
예상하지 못하고 대담하게 그 제단을 파괴하려고 했을 때다.(Faure
1987b, p.351 참조)

　신수의 제자 보적(普寂, 651~739)은 중국의 민간 전승에서 훨씬
더 유명해졌다. 그는 죽은 뒤에 그의 경쟁자 신회神會에게 복수했다는
것으로 명성을 떨쳤다. '화엄화상華嚴和尙'으로 일컬어진 그는 아라한
의 지위까지 올랐다. 세상에서는 그가 석가모니의 제자였으며 보지寶
誌의 시대에 처음으로 세상에 나타났다가 보지와 함께 서방 정토로
떠났다고 믿었다. 그는 서왕모西王母의 초대를 받아서 불사신들의
연회에 참석하기도 했다. 거대한 뱀을 기른 것(『신승전』, T. 50-2064,
p.990; Faure 1987b, p.342) 외에 가장 널리 알려진 이야기가 둘 있는데,
그가 이전에 제자였던 일행一行과 교류했음을 보여준다. 첫 이야기에
서 그는 일행의 점술占術 능력보다 자신이 우월하다고 강력하게 주장
했다. 둘째 이야기에서 그는 너무 일찍 죽게 된 일행이 마지막으로
자신을 방문할 것이라 예측했다.(Faure 1987b, p.349 참조)

　일행一行은 엄밀히 말해서 북종선에 속하지 않았지만, 역시 그
시대의 가장 유명한 주술사들 가운데 한 사람이었다. 그의 신통력도
밀교의 실천에서 얻어진 것이며, 많은 선승들이 거기에 매료되었다.
그는 보적의 제자들 가운데서 비상한 기억력으로 손꼽혔는데, 그
능력은 다라니와 같은 기억술을 통해 발달시켰을 것이다. 주술사로서
그는 안록산安祿山이 현종玄宗에 맞서 반란을 일으킬 것이라고 한
수수께끼 같은 예언, 즉 "황제의 수레가 만 리 길을 갈 것이다"라는

말을 한 것으로 특히 기억되고 있다.[5]

혜안慧安, 원규元珪, 파조타破竈墮 같은 초기 선승들은 토착신들을 제압하거나 스스로 야생동물로 변신한 것으로 유명했다. 가령 북종의 선승 현종玄宗은 범들이 출몰하는 산에서 은둔해 살았는데, 그때 한 노인이 나타나서는 그에게 이런 말을 해주었다. "나는 사람을 잡아먹는 범이이었소. 당신의 가르침 덕분에 점점 교화되어 범천梵天으로 다시 태어났소. 고맙다는 인사를 하러 왔소이다."(『신승전』, T. 50-2064, p.1002) 혜능이 용을 길들였다고 하는 이야기들도 이런 전승에 속한다. 초기 선은 어떤 전설적인 인물을 초조初祖로 선택할지 망설였던 것 같다. 보리달마 외에 후보자로 가능성이 있었던 구나발다라(?~468)와 승조(僧稠, 480~560) 둘 다 주술사였다. 승조는 특히 범 두 마리를 길들이고 바로 그 자리에서 샘이 솟아나게 한 것으로 유명했다.[6] 『능가사자기』의 저자이며 승조에 필적하는 정각(淨覺, 683~750?)이 승조가 한때 살았던 곳을 찾아갔을 때, 그동안 바싹 말라 있었던 샘에서 갑자기 물이 세차게 흘러나왔다.(Yanagida 1967,

---

5 Doré, 1914~1938, 9, p.306 참조. 안록산의 난은 만회와 법수(法秀, 성자전에서 볼 수 있는 신수의 분신) 같은 다른 여러 승려들에 의해 예언되었다. 『신승전』, T. 50-2064, p.998b 참조.

6 『신승전』에 있는 그의 전기에 따르면, 승조는 사미였을 때 금강수보살金剛手菩薩의 힘을 빼앗기 위해 그를 때렸었다. 그는 또 명상 수행에서 신에게 도움을 받아 도교적 예지력을 가지는 특권까지 누렸다. 황제 앞에서 부복하기를 거절했던 그는 사형에 처해졌으나, 결국 징조를 읽는 능력 덕분에 용서를 받았다. 그가 죽었을 때, 기이한 향기가 사원을 채웠고 수백 마리의 흰 새들이 나타났다.(T. 50-2064, p.966b)

p.597 참조) 이는 정각의 정통성을 그리고 토착신에 대한 그의 권능을 입증해주는 일이었다.

또 다른 예로 신수의 제자 항마장降魔藏을 들 수 있다. 『송고승전宋高僧傳』은 두 사람의 만남을 이렇게 기록하고 있다.

> (신수가) 물었다. "너의 이름은 '항마(降魔, 마구니를 누르는 자)'다. 그런데 이곳에는 산의 정령이나 나무 요괴도 없는데, 네가 변해서 마구니가 될 것이냐?"
> (장이) 대답했다. "부처가 있으면 마구니가 있습니다."
> (신수가) 물었다. "네가 마구니라면, 너는 생각으로 헤아릴 수 없는 경계에 머물러야 한다."
> (장이) 말했다. "이 부처 또한 공입니다. 어찌 생각으로 헤아릴 수 없는 경계가 있겠습니까?"(T. 50-2061, p.760a; McRae 1986, p.63; T. 51-2076, p.232b 또한 보라)

신수는 항마장에게 그가 산동山東의 태산泰山에 머물 것이라 예언 (또는 암시)하기도 했다. 전통적으로 죽은 이들의 경계로 믿어졌던 이 산은 승랑僧郞이라는 또 다른 유명한 주술사의 거처였다.[7] 또 언급할 만한 인물로는 항마장의 제자 마하연摩訶衍이 있다. 그는 이른바

---

7 『송고승전』(T. 50-2061, p.760a)과 『고승전』(T. 50-2059, p.354b)의 전기들을 보라. 승랑과 항마장의 친연성에 대해서는 Katama Shigeo, "Zensha no sōkei: Taizan Sōran to Kōmazō," in *Tamura Yoshirō kanreki kinen ronshū: Bukkyō no ri no kenkyū*(Tokyō: Shunjūsha, 1982), pp.239-248 참조. 항마장에 관해서는 McRae 1986, p.63; Demiéville 1961, p.25 참조.

티베트 종교논쟁에서 중국의 돈오주의를 대표한 북종의 선승이다. 교리 논쟁에서 패배하고 뒤이어 티베트에서 선이 몰락했음에도 마하연은 티베트의 민중 문화에서 불멸의 존재가 되었다. 거기서 그는 십팔나한 가운데 한 사람이 되었으며, 범이 따라다니는 승려로 알려졌다.

초기 선의 전승에 보이는 주술적 요소들은 선이 도교 및 밀교와 경쟁 관계에 있으면서 그 영향을 받았다는 사실과 적절한 예언을 통해서 통치자의 정당화를 위해 적극적으로 기여할 필요성이 있었다는 사실을 반영한다. 그런 요소들은 전향의 압박과 성자전 장르의 제약에서 비롯된 것일 수도 있다. 그것은 어쩌면 선의 문화적 변용이 그리고 민간 신앙의 전략적 승인에 의한 그 전복이 느리게 진행된 과정을 보여주는 표지일지도 모른다. 이런 과정은 분명히 극도로 복잡한데, 그 전개의 개요를 그리려고 하면 그림은 반드시 지나치게 단순화된다. 현재의 시도는 그 역사적 출현보다 발달의 구조적 논리를 밝히기 위해서 어림짐작의 방식으로만 이루어진다.

사라지는 매개자

동아시아 종교 전통에서 특별히 뛰어난 매개자는, 에드먼드 리치(Edmund Leach)가 데바타(devata, 작은 신들)라고 꼬리표를 달았던, 존재의 기능을 수행한 주술사다. 제임스 분(James Boon)은 다음과 같이 지적한다. "정치적 사유에서 중립으로 용인되지 못하는 것은 신화적 사유에서 경계에 걸쳐 있는 것만큼이나 생산적이다. 꾀쟁이들, 성자들, 보살, 승려들, … 그런 데바타 유형들은 종교적 우주론의 불가피한 틈들을 메우기 위해 온갖 종류의 정서적이고 경험적인 과잉을 과시한다."(Boon 1982, p.252) 데바(deva) 유형과 대비되는 데바타 유형의 개념은 에드먼드 리치의 인류학적 담론에서 두루 쓰였는데, 리치는 두 용어를 다음과 같이 정의했다.

신성神性의 한 양상은 내가 데바라고 분류한 것인데, 이는 제일원 인第一原因이며 초자연적인 힘의 최초 근원이다. 모든 종교적 행위의 목적은 이 궁극적이고 신성한 근원으로부터 이익을 얻으려 는 것이지만, 데바에 직접 접근하는 일은 일반적으로 위험하다고 느낀다. 이런 위험에 대비하려고 종교들은 매우 다양한 이차적인 신들, 여신들, 예언자들, 매개자들을 창조했는데, 저들은 최초 근원에서 파생되어 초자연적인 힘을 행사하는 존재로 여겨지며 또 그런 이유로 인간과 신 사이에서 중재자 역할을 할 수 있다. 이 이차적인 신격들을 나는 데바타라 분류한다.(Leach 1972, p.305)

스리랑카의 힌두신인 풀레야르(Pulleyar)와 붓다의 역할을 대비하 면서 리치는 데바타의 두 가지 유형을 더 정의하는데, 이 구별은 우리의 목적에 유익하다.

죽음과 내세를 매개하는 붓다에게 전생과 출생을 매개하는 상대가 있어야 한다는 것은 꽤 타당하다. … 그리고 붓다의 숭배에서 금욕, 무성욕, 감정 회피를 강조하는 것처럼 그 상대의 숭배는 성욕 및 다산과 관련되어야 한다는 것도 타당하다. 풀레야르와 붓다의 관련 양상 가운데 하나는, 풀레야르는 출생의 데바타인 반면에 붓다는 죽음의 데바타라는 사실이다.(Leach 1972, p.309)

이 구별은 선의 맥락에서 내가 주술사와 꾀쟁이라 부르는 두 인물에도 적용될 수 있다. 대비되는 두 인물은 각자 죽음의 데바타와 출생의 데바타 속성을 지닌 것처럼 보인다. 그러나 그 역할은 고정되어 있지 않으며, 내세에서 현세로 전환하거나 죽음의 데바타에서 삶의 데바타로 전환하기도 하고 어떤 경우에는 데바타가 붓다 자신처럼 데바가 되거나 초월적 존재가 되기도 한다.[8] 첫 번째 경향을 보여주는 사례는, 쌍둥이 분신들/대역들인 한산과 습득처럼 야누스의 얼굴을 한 만회가 결합의 신 화화和和가 되었던 방식이다.[9] 그렇게 보지, 만회,

---

[8] 다소 극단적이기는 하지만 분열된 인격과 신격화의 흥미로운 경우는 (일본) 조동종의 개조인 도겐에서 볼 수 있다. 그는 뇨라이쿄(如來教)라는 '새로운 종교'에서 역시 도겐이라 불리는, 창조신의 하찮은 제자가 되었다. Kenneth W. Parker, "Okyōsama: Documentation of the Founding of Nyorai-kyō, Japan's First 'New Religion'"(Ph.D. diss., University of Pennsylvania, 1983), pp.78-80 참조.

[9] Schipper 1966, p.91에서 인용했다. 쉬퍼는 연인들의 결합을 비는 다음의 주문呪文에서 볼 수 있는 것처럼 만회萬回가 대만에서 여전히 숭배되고 있음을 특별히 기술한다.([역주] 아래서 '장씨'는 만회의 속가 성씨다.)

정관貞觀 첫해의 단오날에
거룩한 스님 만회가 하늘에서 내려 오셨네.
그는 사람들이 어떻게든 어울려 지내기만 바라셨네.
땅에는 '화합'을, 모두에게는 장사의 번성을 가져다 주시며
도원桃園의 삼단三壇에 눈길을 떨구셨네.

승가, 부흡, 보리달마, 포대布袋 같은 신격화된 인물들은 점점 형이상
학적 붓다와 보살의 화신으로 인식되었다.[10] 매개자로서 주술사는
두 세계, 즉 열반과 윤회의 두 영역에 걸쳐 있다. 따라서 그는 이중적
이고 야누스 같아서 포기자이면서 문화적 영웅으로, 사회 구조를
지탱하면서 전복시키는 존재로, 경계들을 구분하면서 위반하는 존재
로 나타난다.

주술사에 대한 불교의 이중성

불교의 주술사는 육신통六神通 또는 초지식을 지니고 있다.[11] 일반적으

거기서 웃고 또 웃고는 손벽을 치면서
동고銅鼓 소리로 온 땅을 뒤흔드시네.
소년들과 소녀들은 만나면 사랑했으니
중매채는 받기가 어렵지 않았다네.
언쟁도 갈등도 없이, 참된 사랑 영원히
무슨 일에서나 하나 되는, 조화로운 삶!
일만 번 도시는〔萬回〕 노형께 삼가 비나니,
거룩한 스님, 장씨張氏여!(Ibid.)

10 승가와 보리달마는 관음의 화신으로, 부흡과 포대는 미륵의 화신으로 믿어졌다.
11 이 육신통은 다음과 같다. ①신족통神足通: 보살이 장애물들을 통과하고 어디에
나 모습을 나타내며 하늘을 날고 짐승들을 길들이며 마술적으로 온갖 변신을
할 수 있게 하는 능력. ②천안통天眼通: 모든 존재의 죽음과 환생을 볼 수
있게 하는 능력. ③천이통天耳通: 보살이 우주의 모든 소리를 들을 수 있게
하는 능력. ④다른 사람의 마음을 아는 타심통他心通. ⑤자신이나 남들의 전생을
기억하는 숙명통宿命通. ⑥마지막으로 중요한 것은 번뇌를 없애는 지식, 즉
무지의 끝인 누진통漏盡通으로, 무색계에서 일어나며 불성의 획득을 나타낸다.

로 명상의 표준적인 부산물로 인식된 이러한 육신통은 다른 사람들을 전향시키는 데 필수적인 수단으로 간주되어 왔다. 『청정도론淸淨道論』에서 다음과 같이 설명하고 있듯이. "이적을 보여주는 일은 참으로 유정(有情, 중생)들을 성숙시키기 위해 보살이 부리는 스물일곱 가지 수단들 가운데 하나다."(Dayal 1975, p.115 참조) 육신통 가운데서 오로지 마지막 신통(누진통)만 특히 불교적이며 무색계에 속한다. 다른 신통들은 불교와 외도가 모두 공유하며, 여전히 색계에 속한다. 따라서 그것들은 유루법有漏法으로 간주된다.[12]

육신통에 대한 초기 불교의 태도는 꽤 이중적이었다. 붓다는 그 자신이 이적을 보여주었으면서도 빈두로賓頭盧가 재가자들 앞에서 신통력을 과시한 일을 꾸짖으며 이렇게 선언했다. "오, 비구여! 그대는 신족통이라는 지고한 힘을 속인들 앞에서 보여주어서는 안 된다. 그렇게 하는 자는 누구나 악업의 죄를 짓게 된다."(Homer 1938~1966, 5, p.142 참조) 존 스트롱(John Strong)은 붓다가 이적을 행하지 말라고

Dayal 1975, p.107ff 참조. 육신통에 관한 출처는 굉장히 많다. 『대반야바라밀다경』(T. 7-220, p.642c); 『대지도론』(T. 25-1509), trans. in Lamotte 1944~1980, 1, p.328 참조. 세친世親의 『아비달마구사론』(T. 29-1558, p.97a)과 『대비바사론』(T. 27-1545, p.7)도 참조하라. 400년 경에 축불념竺佛念이 한역한 『보살처태경菩薩處胎經』은 속인이나 은자가 공부나 명상을 하지 않고 자연스럽게 획득한 불완전한 신통과, 지식의 오염을 제거하면서 청정하게 수행을 하는 '탁월한 남성들과 여성들'이 획득한 '거룩한' 신통을 구별한다. T. 12-384; Demiéville 1927, p.296에서 인용한 것을 참조하라.

12 [역주] 유루법有漏法은 모든 번뇌와, 번뇌는 아니라도 번뇌가 자라고 늘어나도록 하는 모든 법들을 가리킨다. 반면에 무루법無漏法은 번뇌가 끊어진 상태나 번뇌를 끊어지게 하는 법들을 가리킨다.

하면서 내세운 금지의 이유는 명확하지도 않고 설득력도 없다고 주장한다. 제자들에게는 금지시킨 일을 붓다 자신은 왜 했는지 묻는 빔비사라 왕에게, 붓다는 자신에게 계율을 내린 것이 아니며 계율은 제자들에게만 적용하기 위한 것이라고 대답했다.[13] 몇몇 자료에 따르면, 붓다는 빈두로의 행위를 돈을 벌기 위해 자신의 은밀한 부위를 보여주는 여성의 행위에 견주었다. 그러나 빈두로의 행위는 보여주기 위해서가 아니라 속인들을 개종시키기 위해서 한 것이므로 여기서 그는 희생양의 역할을 한 것처럼 보인다.[14] 재가자들 앞에서 마술적인 재주를 실행하는 일은 차후에 악업이 될 것이라고 한 붓다의 규정과, 능력을 지닌 척하면서 보여줄 수 없다고 말하는 외도外道의 계산된 처신을 우리는 어떻게 구별할 수 있는가? 요점은 "승려가 초자연적인 힘을 발휘하지 못하도록 한 금지령은 그것을 실행할 능력을 부정하는 것이 아니라 실제로는 그것을 암시한다"(Strong 1979, p.75)는 것이다. 스트

---

13 Strong 1979, p.74. Norman 1912, 3, p.204도 보라.

14 똑같은 양상이 목건련目揵連의 경우에도 보이는데, 그는 소퍼(Soper)가 적고 있듯이 대체로 다음과 같이 묘사된다. "명상을 통해 얻은 영적인 힘이 붓다의 제자들 가운데서 으뜸이다. 후기 소승의 책들은 그를 마법사로 그리는데, 난다와 우파난다라는 두 나가(Naga, 뱀)를 처음에는 나가의 모습을 취함으로써, 그 다음에는 아주 작은 존재가 되어 보이지 않게 그들의 코와 귀로 날아 들어감으로써 물리친다고 한다. 대승의 문학에서는 그를 깎아내리는데, 부분적으로는 마법이 너무 값싼 상품이 되었기 때문이다. 그의 영적인 힘은 대승의 진리로 나아가는 길 가운데서 극히 일부만 담당할 수 있다. 정토淨土 텍스트들(Sukhavati texts)에서 붓다는 '무수한 극락의 모든 보살들과 아라한들은 나의 두 번째 제자인 마하목건련보다 뛰어나다'라고 말한다."(T. 12-361, p.289a; Soper 1959, p.236에서 인용)

롱에 따르면, 여기에는 "평범한 승려들이 더 이상 이런 재주들을 부릴 수 없는 시대에 이르렀다는 사실을 은폐하려는"(ibid.) 시도가 있을지도 모른다.

따라서 육신통에 관한 논쟁은 그 종파적 맥락 속에서 볼 필요가 있다. 문제는 육신통이 불교에 특유한 것이 아니라 다른 종교 전통들의 관행에서도 발견된다는 사실이다. 경쟁자들을 능가하기 위해서 불교도들은 다양한 책략에 의지했다. 자신들의 육신통에 대해 우월성이나 이질성을 주장했고, 경쟁자들을 제대로 물리치지 못했을 때는 경시했다. 아무튼 불교 '철학'의 이름으로 육신통을 부정하는 합리주의적 성향은 단지 하나의 경향일 뿐이며, 전통적이고 철학적인 학문이 주장하던 것처럼 초기 불교의 주류는 아니었다. 앤드류 롤린슨(Andrew Rawlinson)이 똑같은 점을 지적했는데, 그는 "마술은 불교의 우주론에 스며들어 있으며, 주변적인 것이 아니다. 그리고 그런 우주론은 자연스럽게 붓다를 궁극적인 마술적 존재인 마하나가(mahānāga), 즉 보리수 아래에 앉아서 세계를 변화시키는 존재로 만든다"(Rawlinson 1986, p.145)고 주장한다. 따라서 불교에서 초자연적 요소들은 "위대한 종교에 색채와 정취를 더해주는 부수적인 행위"로 간주될 수 없으며, 육신통을 "본질상 은유적"(Pachow 1986, p.99)이라고 간단히 일축해서도 안 된다. 파쵸(Pachow)와 '순수 불교'를 옹호하는 다른 분들께는 실례되지만, 그것들은 불교의 '기본적인 것들'에 속하며 거기에 늘 속해 왔다.[15]

---

15 동남아시아 불교에 대한 인류학적 연구들(Tambiah 1970, 1976, 1984; Spiro 1970)은 몇몇 불교학자들을 고무시켜 뷔흐눕(Burnouf)과 다른 19세기 학자들로부터

대승의 발달은 이중성을 강화시켰다. 이적을 행하는 매개자로서 보살이라는 개념은 터무니없는 위업들을 포함하는 길을 열었다. 한편, 공의 논리는 이러한 이적들을 훼손하며 그 모든 것들을 공허한 망상으로 몰아넣는 경향이 있었다. 외도들의 그릇된 마술과 대비되어서 "여래의 마법은 올바른 마법이다. 왜냐하면 여래는 모든 현실이 마법에 지나지 않는다는 것을 오롯하게 깨달았기 때문이다."(Bhadra-māyākāra, Lamotte 1944~1980, 1, p.16에서 인용) 보살은 매개자로 남아 있으나, 역설적이게도 중간 영역은 더 이상 존재하지 않는다. 비록 그가 중생을 피안으로 건네주지만, 고해와 피안뿐만 아니라 중생도 모두 보살 자신처럼 궁극적으로는 공空이다. 자연의 법칙들 자체가 텅 빈 것이라면, 이런 자연 법칙들을 무효로 만들 수 있는 초자연도 없고 실제 기적도 없다.[16] 공에 대한 이해는 최상의 신통력으로서 제시되지만, 그것은 육신통을 포함하면서 동시에 말소해버리기 때문에 어쨌든 그 모든 것들을 부정한다.[17]

물려받은 전제들을 재고하고 초기 불교를 '재신화화'하는 시도를 하게 했다. 다른 극단으로 떨어질 위험과 폴 레비(Paul Lévy)의 *Buddhism: A "Mystery Religion"*(1968) 같은 초기 시도들의 결함에도 불구하고 이런 접근법은 유용하고 또 중요한 통찰을 주는 것 같다. 롤린슨 이외에는 Masefield 1986(reviewed in Harrison 1988) and Tambiah 1984, p.45ff 참조.

16 따라서 '초자연적' 힘 또는 '이적들' 같은 용어의 사용은 오해의 소지가 좀 있다. '이적 이야기들'에 대해서는 Koichi Shinohara 1988 참조. 이적을 행하는 자로서 보살에 대해서는 Gómez 1977 참조.

17 '힘의 원천'으로 이렇게 몰입하는 일은 모스(Mauss)가 마나(mana)를 브라흐만에 몰입한 것으로 묘사한 점을 생각나게 한다. Tambiah 1984, p.338 참조.

산스크리트 아비즈냐(abhijñā)는 중국에서 흔히 육신통六神通, 즉
'영적 통견通見'으로 한역되었다. 다른 용어들도 사용되었지만 말이
다.[18] 이런 식으로 해서 도교적 의미를 획득했고, 불교의 주술사들은
종종 도교의 신선처럼 묘사되었다. 가장 널리 알려진 예로는 보리달마
인데, 그는 살아 있는 동안에는 자신의 힘을 보여주지 않았지만 전형적
인 도교의 방식으로 '주검에서 자유로워지는' 시해尸解로써 신선의
특성을 드러냈다.[19] 관음보살의 화신으로서 보리달마의 진정한 본성

---

18 여기에는 신이神異, 감통感通, 감응感應 등의 용어들이 포함된다. 감통에 대해서는
번바움(Birnbaum 1986) 참조. 감통은 마술적 행위를 수반하지 않는다. 이것은
승려의 청정함에 대한 반응으로 자연스럽게 일어나는 현현이다. 『송고승전』
권22에 있는 「감통」의 결론 부분에서 찬녕贊寧은 주술사들에 대한 평상적인
목록(승가, 만회, 파조타, 원규)을 제시하고 또 신선 수행을 통해서나 신령에
의해 자연스럽게 나타난 '기괴한' 경이인 괴怪를 감통과 구별한다. "괴이함(으로
생긴) '변칙'은 불변의 법칙을 어기고 도를 거스르지만, '참된 변칙'(즉, 감통)은
다르다."(T. 50-2061, p.855a) 그것은 무루無漏의 과위果位에 열린 과실이다.
번바움은 감感을 성자의 영적 발산, 즉 '자극'으로 정의하고, 통通을 현자의
발산에 반응할 마음이 일어난 보살이 영적 영역에서 세속 영역으로 '관통한
것'으로 정의한다. 따라서 인간은 '관통'의 행위자로 보이지 않는다. 감응感應은
'자극과 반응,' '영적 반향,' 그리고 '공감의 반응'(Schafer) 따위로 다양하게 번역된
다. 『종경록』에서는 다섯 가지 '관통,' 즉 도통道通, 신통神通, 의통依通, 보통報通,
요통妖通 등으로 정의한다.(T. 48-2016, p.494ab) 감통에 대한 중국의 사례들은
Pachow 1986 참조. 다른 한편, 『보장론寶藏論』(T. 45-1857)은 첫 번째 신통인
도통을 강조하고 다른 넷은 거부한다. 요통妖通에 대해서는 Cedzich 1985 참조.
19 『우지슈이 모노가타리(宇治拾遺物語)』에 기록된, 덜 알려진 이야기에서는 젊은
보리달마가 광대무변한 장기 놀이에 빠져 있던 두 명의 인도 신선을 찾아갔다고
한다. 쇼토쿠(聖德) 태자가 카타오카산 기슭에서 보리달마와 마주쳤다고 하는
일본의 설화에 담긴 도교적 함의에도 주목하라. Faure 1988, pp.145, 160;

은 다른 주술사에 의해서, 즉 관음의 화신으로 여겨졌던 보지寶誌에 의해서 드러나 양무제에게 알려졌다.[20]

토쿠가와 시대의 학자인 토미나가 나카모토(富永仲基, 1715~1746) 는 마법에 관심을 갖는 것은 인도인의 특성인 반면에 중국인은 주로 문학에 관심을 가졌다고 주장한 적이 있다.(Tominaga 1982, pp.22, 97; 1990, p.105) 토미나가의 주장에도 불구하고 중국인이 불교를 수용한 주된 이유는 분명히 그 문학적 매력이나 철학적 탁월함과는 관련이 적고, 불교의 명상 수행이 가져다주었을 초자연적인 힘과 더 관련이 있었다. 많은 텍스트들은, 주로 명상이 신통을 얻는 수단이 었고 이런 힘들이 언제나 적절하게 사용되지는 않았다는 사실을 증언 해준다. 더구나 철학적 텍스트들 자체도 종종 다라니로 사용되었다. 이적에 대한 강조는 고승전高僧傳의 발달과 함께 늘었다. 『속고승전續高僧傳』에서 도선(道宣, 596~667)은 선정禪定의 대가이기도 했던 많은 주술사들을 언급하고 있고, '비범한 이야기들'은 중국 불교에서 '전기傳記' 장르가 발달하는 데 기여한 주요 요인들 가운데 하나였다.(Koichi Shinohara 1988 참조)

대체로 선은 명상을 이렇게 초자연인 힘과 관련해서 사용하는 것에 대해 반발했다. 그래서인지 그런 명상을 '마구니의 선정禪定'이라 며 비난했다. 초기 선의 연대기인 『능가사자기』는 '초조'로 추정되는 구나발다라求那跋陀羅의 입을 빌려서 경고를 하는데, 명상을 실천하

Nishimura 1985 참조.

20 예를 들어 『우지슈이 모노가타리』에서 '보지화상寶志和尙의 진영眞影에 관한 일'이라는 제목의 이야기를 보라.(Mills 1970, p.303)

는 척하면서 "다른 사람들의 선행과 악행을 염탐하기 위해 마구니와 정령을 이용하는" 이런 사악한 방법을 사용하는 이들에 대한 경고였다.(T. 85-2837, p.1284a. Faure 1990도 참조) 이런 반발은 천태대사 지의(智顗, 538~597) 같은 걸출한 인물들과 함께 이미 시작되었다. 지의는 중간 영역이 수행자에게 잠재적 위협이 된다고 경고했다. 가령 『소지관小止觀』에서 지의는 수행자에게 진정한 현현과 거짓된 현현을 어떻게 구별할 것인지 가르치며 이렇게 경고한다. "(그는) 그가 외도의 법에 매달리고 있다는 것을 아는 귀신들과 정령들의 사악한 영향을 받을 수 있고, 또 그를 단단히 붙들어서 그가 사악한 선정과 사악한 지식을 실현하도록 해주는 그들의 힘을 키울 것이며, 그렇게 해서 그는 속인들을 감동시킬 변재辯才 능력을 얻는다. … 그는 죽으면 붓다를 만나지 못하고 아귀도에 떨어질 것이다. 만약 명상하면서 외도를 실천한다면, 그는 지옥도에 떨어질 것이다."(Luk 1964, p.143: p.146도 참조) 지의는 명상 수행자를 혼란스럽게 할지도 모르는 이런 사악한 정령들이 어떤 존재인지 아주 상세하게 설명을 이어간다.(ibid., p.146)

『속고승전』보다 몇십 년 뒤에 쓰인 『전법보기傳法寶記』와 『능가사자기』 같은 초기 선종사서禪宗史書들은 선사들을 탈신화화하려고 했으므로 도선의 고승전을 다시 쓰는 것처럼 보일 수 있다. 가령, 미래의 '4조' 도신道信을 『속고승전』에서는 물이 솟아나게 하거나 금강수보살을 불러내 마을을 지키게 하는 이적을 행할 수 있는 승려로 그린 데 반해, 『능가사자기』에서는 이런 일화들을 생략하고 도신이 교리에서 기여한 바를 강조하고 있다. 동일한 작품에서 인도의 역경승

인 구나발다라는 그 자신이 주술사이기도 하면서 '마구니의' 선정禪定
을 '이치에 맞는 관행觀行'과 대조한다.[21]『수심요론修心要論』에서는
다음의 발언을 '5조' 홍인弘忍이 한 것으로 여긴다. "그대가 앉아 (명상
에 든다면), 온갖 선하고 악한 심리적 상태들을 경험할 수 있다.
파랗고, 노랗고, 빨갛고, 하얀 삼매들 가운데 하나에 들어가고, 자신의
몸에서 빛이 나오는 것을 목격하며, 여래의 신체적 특성들을 관찰하
고, 또는 다양한 (다른) 변형들을 경험한다. (그런 것들을) 알아차릴
때, 마음에 집중하되 그것들에 집착해서는 안 된다. 그것들은 모두
그릇된 생각이 일으킨 비실재적인 현시顯示다."(McRae 1986, p.127)
『종경록』에서는 천태종 담연(湛然, 711~782) 대사의 말을 인용하면서
이렇게 선언한다. "삼매를 닦는 사람은 갑자기 육신통이 생기면 즉시
그것을 버려야 한다. 왜냐하면 그것은 유루법, 곧 망상이기 때문이
다."(T. 48-2016, p.497a) 일본의 승려 엔니 벤엔(圓爾弁圓, 1202~1280)
도 비슷한 점을 지적한다. "위대한 지혜와 통견通見이 아닌 다른 초자연
적 힘을 바라는 것은 마라魔羅와 비불교도들의 길이다. 여우들이
초자연적 힘을 갖고 변신도 하지만, 우리가 그들을 존경하는

---

21 그런데『능가사자기』또한 구나발다라가 꿈속에서 극적이면서도 신성한 개입을
  통해 중국인을 가르친 유명한 이야기를 기록하고 있다.(T. 85-2837, p.1283c)
  유사한 일화가 지현知玄의 전기에서도 발견되는데, 지현은 그의 혀를 어떤
  '신승神僧'이 잘라서 바꾸는 꿈을 꾸었다.(T. 50-2061, p.743c)『능가사자기』에는
  보기에 미심쩍은 '기록된 말들'이 있다. 구나발다라가 그의 제자에게 이렇게
  묻는다. "그대는 물독 속이나 기둥 속으로 들어갈 수 있느냐? 뜨거운 가마솥에
  들어갈 수 있느냐?"(T. 85-2837, p.1284c; McRae 1986, p.92; Faure 1989, pp.111-114
  참조)

가?"(Bielefeldt 1989a)

선에서 육신통에 관해 거론하는 일은 늘 그렇지는 않지만 비교적 일관되게 나타난다. 초기 선사들의 시대부터 무쟈쿠 도츄(無著道忠) 같은 일본 대사들의 시대까지 "선은 육신통을 중시하지 않는다"고 하는 방침은 변함이 없었다. 무쟈쿠는 자신의 『킨벤시가이(金鞭指街)』(미출간 문서) 전체를 이 주제에 바쳤다. 그가 선택한 자료들 대부분은 비교적 후기의 장르인 '전등록傳燈錄'에 속한다. 그런 자료 가운데 하나인 『가태보등록嘉泰普燈錄』에서 그는 불조佛照의 말을 끌어온다. "우리 종문에서는 육신통을 중시하지 않는다. 우리는 오로지 명료하게 보는 것을 중시한다." 이어서 무쟈쿠는 앙산혜적(仰山慧寂)의 이야기를 인용하는데, 『연등회요聯燈會要』에 나오는 그대로다.

어느 날, 이상한 중이 허공에서 내려와 인사하고는 그곳에 섰다. (혜적) 선사가 물었다. "어디서 온 것이오?" 중은 "인도에서 왔소"라고 대답했다. "왜 아직 이 세상에 남아 있소?" "산과 강을 따라 거닐고 있다오." 혜적이 말했다. "우리가 육신통의 미묘한 작용을 존중하지 않는 것은 아니오. (그렇지만) 불법에서는 늙은 중이 되어야만 그것을 얻소." 중이 말했다. "나는 문수보살에게 예배하려고 특별히 동쪽 땅으로 왔소이다만, 그 대신에 작은 석가모니를 만났군요."(『金鞭指街』 13장)

널리 알려진 또 다른 이야기는 무쟈쿠가 『경덕전등록』에서 인용한 것으로, 황벽희운黃檗希運 이야기다.

〔황벽〕선사가 천태산에 유람을 가다가 도중에 한 승려를 만났다. 둘은 오래 전부터 알았던 사이처럼 함께 웃으며 이야기를 나누었다. … 그렇게 함께 길을 가다가 갑자기 불어난 계곡물을 마주했을 때, 황벽은 지팡이를 세워 두고 삿갓을 벗더니 멈추어 섰다. 중은 선사와 함께 물을 건너려고 했지만, 선사는 "그대 먼저 건너시오!" 라고 말했다. 그러자 중은 가사를 걷어올리고서 마치 평지를 밟듯이 물 위를 걸었다. 중이 돌아보며 말했다. "건너오시오, 건너오시오!" 선사가 그를 꾸짖으며 말했다. "이 자기만 아는 놈아! 네가 기이한 짓을 하는 놈인 줄 알았더라면, 네 놈 다리를 부러뜨렸을 것이다!" 중은 탄식하며 말했다. "그대는 대승을 가르치는 진정한 법기法器요!" 말을 마치자마자 그는 사라졌다.[22]

앞의 이야기에 드러난 것과 같은 초자연적 힘들(신통)은 '통(通, 꿰뚫음)'을, 그리하여 심원함을 함축하고 있다. 그 힘들은 '방편'의 하강 운동인 셈인데, 이를 통해서 보살은 중생들을 향상시키려고 그들에게 다가간다. 외도들의 마술과 대조되는 깨달은 자의 '통견通見'은 의식적인 힘의 행사가 아니라 존재에 대한 자연스러운 반응이다.[23]

---

22 Trans. Cleary and Cleary 1977, p.73. 『조당집』(ed. Yanagida 1974b, p.131); Demiéville 1970b, p.272 and 1976, p.74 또한 보라.

23 만회의 전기(『송고승전』, T. 50-2061, p.824c)에 덧붙여진 논평에서는, 도교 신선의 기술은 오로지 '획득된 힘'인 것에 반해 불교의 육신통은 의도적인 것이 아니라고 한다. 흠사欽師의 전기(ibid., p.821c)와 육신통에 대한 일반적 논의(ibid., p.888b) 도 보라. 『고승전』의 육신통에 관한 개관은 무라카미 요시미(村上嘉實), "高僧傳の神異について," 『東方宗教』 17(1961), pp.1-17 참조. 〔역주〕 포르는 저자를

여기서 우리는 '통通'에 대한 의정義淨의 정의를 떠올리게 된다. "(성자는) 차분하며 움직이지 않는다. 그는 움직이면, (모든 것을) 꿰뚫는다." 육신통은 다른 차원의 현실이 존재한다는 믿음을 여전히 암시한다. 따라서 그것은 붓다의 제자로서 '천안天眼'으로 유명한 아나율阿那律에게 유마힐이 비판한 말에서 볼 수 있듯이 이원론적 사고의 산물이다. "고귀한 아나율이여, 그대가 가진 천안으로 보는 것은 [무언가로] 구성된 것입니까, 구성되지 않은 것입니까? 구성된 것이라고 한다면, 그것은 외도들의 다섯 초지식[오통五通]과 같은 것입니다. 구성된 것이 아니라면 조건지어지지 않은 것이니, 그런 것은 볼 수가 없습니다. 이것이 그러하다면, 그대는 어떻게 봅니까?" (이 일화를 전하던) 아나율은 이렇게 말한다. "이 말에 나는 말문이 막혔습니다."(Lamotte 1962, pp.66-67)

육신통 가운데는 타인의 마음을 아는 타심통(즉, 심상을 받고 보내는 정신 감응 능력)이 있다.[24] 이런 정신 감응은 선의 핵심이 되리라 기대할

'Murakami Konjitsu'라 표기했는데, 오류이므로 바로 잡았다.) 다른 한편, 불교도들은 신비주의에 대한 유학자들의 비평을 고려해야만 했다. 유학자들은 초자연적인 것에 대한 노자의 관심은 그것에 대한 그의 몰이해를 보여주는 것일 뿐이라고 주장했다. 가령 환현桓玄에 따르면, 불교도가 초자연적인 것을 강조하는 것은 "탁월함을 입증하기보다는 그 교리의 기원이 되는 원시적 특성을 증명하는 것"이다.(Zürcher 1959, p.265)

24 이 신통에 대해서는 『구사론』(*Abhidharmakośa* vii, p.102) 참조. "남들의 마음을 알고 싶은 수행자는 먼저 그 자신에게서 몸과 생각의 특성들을 숙고한다. … 똑같은 방식으로 다른 사람에게서 일어나는 것들을 숙고하면서 그는 남들의 몸과 생각의 특성들을 깨닫는다. 그리하여 남의 생각을 알게 되고 그 신통이 생긴다. 신통이 실현될 때, 수행자는 더 이상 몸, 즉 루파(rūpa, 色)에 대해

수도 있는데, 선의 전수는 "마음에서 마음으로 전하는" 이심전심以心傳心으로 일어난다고 말해지기 때문이다. 그런데 초기 선에서는 타심통을 계속 경시했다. 그 원형이 『열자列子』까지 거슬러 올라가고 몇 가지 변형이 있는 어떤 이야기에서[25] 한 선사가 타심통을 지닌 인도나 서역의 승려로부터 시험을 받는다. 처음에는 그 승려가 선사를 능가하는 것처럼 보이는데, 승려는 언제나 선사가 생각하는 것을 말할 수 있었기 때문이다. 그러나 마침내 선사가 무념無念 상태에 들자 상대는 어찌할 바를 모르게 된다. 『역대법보기』에 기록된 이야기에서는 몇몇 선승들과 한 명의 비중국인 승려가 참여한 이 경쟁이 무측천武則天 앞에서 벌어진 것으로 나온다. 이것은 선의 탁월함뿐만 아니라 사천四川 정중파淨衆派의 개조인 지선(智詵, 609~702)이 사형제간이던 신수神秀와 혜안慧安보다 우월함을 주장하는 구실을 한다.

이런 맥락에서는 무념無念이 신통의 경쟁이든 철학 논쟁이든 간에 일종의 시합을 거부하는 것으로 보일 수 있다. 이 시합은 한쪽이

숙고하지 않는다. 곧바로 그 생각을 안다."(Lamotte 1944~1980, 1권, p.333에서 인용)

25 『장자』(莊子 vii)와 『열자』(列子 2, xiii) 참조. 『유양잡조酉陽雜俎』(ed. Imamura 1980~1981, 4권, p.192)는 열자와 무당의 전형적인 만남 그리고 선의 변형들 — 보적普寂과 의정義淨, 보적과 류중용柳中庸, 지선智詵과 일조日照 등이 등장하는 — 을 기록하고 있다. Tan Cheng's commentary(ibid., p.194) 참조. 열자의 이야기가 끼친 영향은 임제의 말에서도 엿볼 수 있다. "그때 내가 홀라당 벗어버리면, 학인들은 어리벙벙해져서는 어쩔 줄 모르고 우왕좌왕하면서 '당신은 벌거벗었다!'고 소리친다."(Sasaki 1975, p.30) 널리 알려진 또 다른 경우는 선의 '공안'이 되었는데, 남양혜충(南陽慧忠, ?~776)과 인도의 주술사 대이大耳 삼장 간의 경쟁이다. 『경덕전등록』, T. 51-2076, p.244a 참조.

222

지게 되면 그쪽 교리의 미래를 결정한다. 그런 것은 예컨대 티베트 종교회의에서 마하연이 선택한 전략이다.(Demiéville 1952, pp.75, 123 참조) 자신들의 무념이 모든 생각의—이상주의적 관점에서는 모든 현상의— 바로 그 원천임을 보여주기 위해서 신회 이후의 선사들은 무념을 '마음의 정지'나 '생각을 떠남〔離念〕'과 분명히 구별한다. 마음 읽기가 심상과 형상에 의존하는 반면에, 선은 무형을 강조한다. 따라서 순수한 잠재력인 '힘의 원천'으로 돌아가는 것은 어떠한 힘의 '현시'보다도 본질적으로 더 우월하다고 여겨지므로 그런 현시는 없어도 된다.[26]

육신통에 대한 초기 불교의 비평이 주로 힌두교를 겨냥한 것이었다면, 선의 비평은 도교와 토착 신앙 같은 비불교 전통뿐만 아니라 당시 당나라 도성에서 선승들 사이에서도 인기를 얻었던 밀교나 진언종眞言宗 같은 불교 내의 특정 경향들까지 겨냥한 것이었다. 선무외善無畏, 금강지金剛智, 불공不空 같은 8세기 밀교 대사들은 깨달음을 신통력의 수행에 반드시 뒤따르는 것으로 간주했다.(Orzech 1989, p.97 참조) 결과적으로 선사들은 이런 힘들을 비난했다. 그것은 밀교와 도교가 궁중에서 호의적으로 받아들여졌던 때 그리고 선이 유학자

---

26 심상에 기대는 또 다른 '힘'은 과거의 일을 기억하는 능력, 더 정확하게는 전생의 기억이다. 보당종保唐宗에서 '기억 없음〔無憶〕'을 옹호하는 것은 이런 신통력을 부정한 것이었으리라.(『역대법보기』, ed. Yanagida 1976, p.143 참조) 당나라 때 중국에서는 말법 사상과 사회적 불안을 쉽게 야기할 수 있는 천리안 같은 것을 경시하는 경향이 있었던 것 같다. 드미에빌에 따르면, "신성함의 징후와는 거리가 먼, 전생의 기억은 … 중국의 미신에서는 위험한 능력이 되어 그로부터 모든 사람을 지켜야만 했다."(Demiéville 1927, p.298) 이 때문에 여신인 맹파孟婆 가 친절하게도 죽은 이에게 망각의 음료를 주었다는 민간 신앙이 생겼다.

문인들의 지지를 필요로 했던 때에 취했던, 본질적으로는 담론적 전략이자 정치적 조치였던 것으로 보인다.

선종의 성자전에서 도교의 '힘들'에 대한 비판을 식별할 수 있다. 보리달마와 동시대인이면서 성자전에서 대응되는 인물인 승조僧稠는 범을 기르고 샘물이 솟아나게 한 것으로 유명한 주술사였다. 그는 자기 앞에 갑자기 형태를 나타낸 도교 경전을 본 적이 있는데, 거기에 마음을 쓰지 않기로 함으로써 신선이 될 기회를 거부했다.[27] 법상法常 은 대매산大梅山에서 도교 경전들이 갈무리된 곳을 찾아낸 뒤, 신인神 人에게 앞서 승조가 한 일을 언급하면서 자신은 그것들에 관심이 없다며 비슷한 방식으로 해명한다.(T. 50-2061, p.776a) 선종의 우두종 牛頭宗을 창시한 인물로 추정되는 법융法融 또한 그런 힘으로 알려졌 다. 그가 동굴에서 명상을 하고 있는 동안에 거대한 뱀이 들어왔고, 승려와 뱀은 서로를 해치지 않으면서 백일 동안 함께 있었다고 전해진 다. 법융은 주술사와 관련이 있는 온갖 이적들을 실행했다. 그는 우두산牛頭山에서 범들을 물리쳤고, 샘물이 솟아나게 했으며, 그의 설법과 죽음에는 온갖 신이한 일들이 함께 일어났다. 그러나 『경덕전

---

27 선정禪定에 관한 작은 책자인 『조선사약방료유루(稠禪師藥方療有漏, 유루를 치료하 는 조 선사의 처방)』 또한 승조의 것으로 보는데, 이 책자는 연금술의 처방을 우스꽝스럽게 흉내낸 것이다. "충실하게 받아들이는 것(갈증이 심할 때 불법에 즐겁게 귀기울이기를 삼키는 일) 3분의 1냥, 순수한 열정(밤낮으로 수행에 집중하며 물러나지 않는 일) 3분의 2냥, 공문空門(몸속과 몸밖을 환히 보는 일) 3분의 1냥, … 다정함이라는 도끼로 위의 여덟 가지 조미료를 갈아 부수어라, 그리고 삼매라 는 맷돌로 가루로 만들고 나서 비이원적인 비단 체로 걸러내라."(Yanagida 1963, pp.61-62; Broughton 1988, p.161 참조)

등록』은 법융이 신통을 초월할 수 있었다는 사실을 강조하는데, 이 점에서 근처 모산茅山에 살고 있던 도교의 은자隱者와는 달랐다. 처음에 그가 명상 수행을 하고 있을 때, 짐승들은 그에게 먹을 것을 가져다 주었다. 이윽고 그가 이 신성함의 단계를 넘어서버리자 짐승들은 마치 사라지듯이 보이지 않게 되었다고 텍스트는 설명한다.[28]

동일한 논쟁적 태도가 유교를 향하기도 했다. 유밀柳謐의『삼교평심론三敎平心論』이 그런 사실을 알려준다. 다음 단락은 흥미롭다. 중국의 신통에 관한 정형화된 표현을 보여주며 그것에 대한 전통적인 반론에도 멋진 종파적 비틀기를 하고 있기 때문이다.

붓다의 신통과 그 오묘한 작용은 논의할 필요가 없었다. 그 제자들이 중국에 이르렀을 때만 이를 시험했다. 명황(明皇, 즉 현종)이 일행一行에게 나라의 미래에 관해 물었을 때, 일행은 이렇게 대답했다. "황제의 수레가 만 리 길을 떠나겠지만, 결국 사직은 길吉할 것입니다." 그 후, 명황은 안록산의 변란으로 촉(蜀, 四川)으로 피난해야 했다. 당 왕조의 운명은 소종昭宗에게 돌아갔는데, 그는

---

28 『경덕전등록』에는 유명한 북종선의 주술사 파조타가 우두종 승려의 분별을 다음과 같이 비판하는 것이 나온다. "이는 (법융이) 4조四祖 도신道信을 만나기 전의 도리다. 만난 뒤의 도리를 갖고 오라!"(T. 51-2076, p.233a) 같은 책에 남전보원(南泉普願, 748~835)과 어떤 중이 주고받은 다음의 대화도 실려 있다. "중이 물었다. '우두가 4조(도신)를 만나기 전에 왜 짐승들은 그에게 공양했습니까?' 남전이 말했다. '붓다의 지위를 한걸음씩 밟았기 때문이다.' '4조를 만난 뒤에는 왜 짐승들이 오지 않았습니까?' '설령 그렇더라도, 나였다면 한 발짝 더 대딛였을텐데.'"(ibid., p.227b)

처음에 길왕吉王으로 봉해졌었다. 그렇게 모든 일이 일행이 예언한 대로 일어났다. 유학자들은 총명과 예지를 지극한 성인의 특성이라고 여겼다. 그러나 궁극적으로 저 성인이 그런 예지력을 내보일 수 있을까? 이런 이의에 대해 그들은 분명히 이렇게 대답할 것이다. "우리 유학자들은 이런 능력을 중시하지 않는다." 그들은 옛 기록에서 "지극한 성誠스러움은 반드시 예지력을 일으킨다"고 말한 것을 잊었는가? 따라서 그들은 이를 분명히 중시했다. 그렇지만 그들이 뭐라고 말하든지 간에 그들은 그것을 얻을 수 없다.(T. 52-2117, p.793a)

위의 글 뒤에 유밀은 남양혜충(南陽慧忠, ?~775)과 서역의 법사이자 타심통을 지닌 대이大耳의 만남에 관한 이야기를 인용하고 있다. 전개는 위에서 거론한 이야기들과 똑같으나, 유밀은 관습적인 결말을 빠뜨린 채 이 이야기에 신통에 관한 해명의 역할을 맡긴다. 유교의 자료를 인용하면서 그는 유학자들이 한때는 그런 지식을 성취할 수 있었지만 이제 그런 능력을 잃어버렸다는 것을 보여주려고 했다.

이제 달마 대사는 땅에 묻힌 뒤에 그 육신을 갖고 서쪽으로 돌아갔다. 한편, 만회 대사는 하루만에 만 리 길을 갔다가 돌아올 수 있었다. 기역耆域은 오로지 하나의 몸으로 1백 가구의 공양을 동시에 받았다. 원택圓澤은 살아 있는 동안에 과거·현재·미래 삼생三生의 일을 모두 알았다. 나한은 앙산혜적에게 예배했고, 중악中嶽의 신은 숭악嵩岳의 원규元珪에게서 계율을 받았다. 담시

曇始는 칼을 맞았음에도 상처를 입지 않았고, 한산寒山은 석벽 속으로 사라졌다.(T. 52-2117, p.793a)

그리고 유밀은 이렇게 끝맺는다.

삶과 죽음, 가고 오는 일 모두 생각과 뜻에 반응한 것이고, 신통의 변화는 헤아릴 수 없다. 이러한 (힘들은) 불교의 찌꺼기일 뿐이고 우리 종문에서 숭상하는 것이 아니지만, 이런 관점에서 다른 가르침들을 살펴보면, 결국 그것들에는 그러한 이적들이 결여되어 있음을 알게 된다. 이런 점에서 그것들은 불교와 비교도 안 되기 때문에 불교를 폄하하려고 애쓴다.(Ibid.)

주술사 길들이기

> 신통과 묘용이란 물긷고 나무하는 것일 뿐.
> — '방거사'로 알려진 방온龐蘊

종교적 경향이 다른 종파가 '영적 통견'을 옹호하는 상황에 직면하자, 선승들은 처음에는 후자의 입장에서 경쟁자들과 맞서려고 했던 것 같다. 말하자면, 그들은 처음에는 탁월한 주술사로 자처했다. 그러나 돈오의 동일한 논리가 사실상 육신통을 부정했던 방식으로 육신통을 다시 정의했다. 그 논리란 절대적인 무색유無色有의 관법〔止觀〕을 내세워 색유色有의 관법을 부정하고, 더 일반적으로는 '최상승最上乘'

의 이름으로 전통적인 불교와 비불교의 모든 교리 및 '삼승三乘'을
부정한 것이었다. 결과적으로 '통상적인' 신통들은, 최상의 무색유인
신통, 즉 누진통漏盡通의 이름으로 또는 ('통상적인' 신통들을 포함해)
모든 유루법에 관한 지식의 이름으로 비판을 받았다.

북종의 선승인 원규元珪가 숭산嵩山의 신을 개종시킨 이야기는
이런 점에서 굉장히 중요하다. 그 신이 자신을 존중하지 않는다는
이유로 그를 죽이겠다고 위협했을 때, 원규는 이렇게 대답했다. "나는
태어나지 않았는데, 어떻게 나를 죽일 수 있겠소? 내 몸은 공하고,
나는 나 자신을 그대와 똑같이 보는데, 어떻게 공을 무너뜨리고 그대
자신을 무너뜨릴 수 있겠소?" 그리고 원규는 그 신에게 보살계를
준 뒤에 참된 신통은 공이라고 설명했다. "법도 없고 주인도 없는
것, 이것을 무심無心이라 하오. 나처럼 이해하면, 붓다 또한 신통력이
없소. 그는 무심으로써 모든 법을 통견할 뿐이오."(T. 50-2064, p.994b;
또한 Doré 1914~1938, Vol. 7, p.294 참조) 그럼에도 원규는 신에게
요구하기를, 마법을 부려 숭산에 삼나무를 옮겨 심는 것으로 보답하라
고 했다. 원규는 제자들에게 이 일을 발설하지 말라고 당부했는데,
마법 때문에 비난을 받을까 두려워서였다.(Doré ibid., pp.295-296;
Kōichi shinohara 1988, p.147 참조) 같은 방식으로 파조타破竈墮가 (다시
숭산의) 토착신인 부뚜막 신에게 부린 힘도 특정한 신통에서 나온
것이 아니라 그가 공을 깨친 데서 나온 것이다.(Faure 1987b, p.346)
따라서 육신통은 용인되면서 동시에 부정되며, 진정한 주술사는 '통상
적인' 신통에 빠지지 않으려고 하는 사람임을 보여준다.[29]

임제 또한 불교의 신통을 비불교의 신통과 대비시킨다. "그대들은

'붓다는 여섯 가지 신통력을 지니고 있으니, 불가사의하다!'라고 말한다. 그렇다면 모든 천신들, 신선들, 아수라들과 대력귀大力鬼들도 신통력이 있으니, 이들도 붓다들이어야 하지 않느냐? 도를 따르는 이들이여, 착각하지 말라! … 그런 신통력은 … 모두 업을 짓는 업통業通이거나 무엇에 의지한 의통依通이다. 붓다의 여섯 가지 신통력은 그렇지 않다!" 그러나 임제는 한걸음 더 나아가 이 육신통을 선적인 표현으로 다음과 같이 다시 정의한다. "〔육신통은〕색깔과 소리, 냄새, 맛, 감촉, 법(또는 마음의 대상)들이 공함을 깨달음으로써 그것들에 미혹되지 않은 채 색계色界, 성계聲界, 향계香界, 미계味界, 촉계觸界, 법계法界에 들어갈 수 있는 능력이다." 방거사의 유명한 시구("신통과 묘용이란 물 긷고 나무하는 것일 뿐")를 암시하면서 그는, "선의 대가는 오온五蘊으로 이루어진 몸을 지녔음에도 땅위를 걷는 신통을 지닌다"는 말로 끝맺는다.[30] 이런 재해석은 초기 선의 전형적인 해석학이다. 결국 육신통이 임제에게는 선의 대가가 도달한 자유를 예시하기 위해서만 쓸모가 있는, 순수하게 은유적인 것이었다. "어디에서든 상황을

---

29 이런 관점은 후대의 선사 시도 부난(至道無難, 1603~1676)이 한 말에서도 되풀이된다. "만약 무념의 확고한 상태에서 죽은 자의 혼령을 위해 기원한다면, 사악한 혼령조차 확실히 편안해지게 된다. 그런 액막이는 불도를 얻었다는 확실한 징조다."(Kobori 1970~1971, 4-1, p.121)

30 『중국과 기독교의 충격』(*China and the Christian Impact*, 1985)의 머리말에서 제르네(Gernet)는, 기독교에 대한 중국의 반응을 말해주는 유교의 관점을 예시하기 위해 임제의 이 말들을, 더 정확하게는 드미에빌의 풀이를 인용하고 있다. "진정한 이적은 하늘을 날거나 물 위를 걷는 것이 아니다. 땅위를 걷는 것이다." Sasaki 1975, p.22; Demiéville 1972, p.106 참조.

이용하면, 그대는 동쪽에서 솟아나 서쪽에서 가라앉고, 남쪽에서 솟아나 북쪽에서 가라앉고, 가운데서 솟아나 가운데서 가라앉으며, 물을 땅처럼 밟고 다니고 땅을 물처럼 밟고 다니게 된다."[31]

나중에 도겐이 이 논의를 더 발전시켰는데, 그는 자신의 『쇼보겐조(正法眼藏)』 전체를 신통의 문제에 바쳤다. 도겐은 선배들처럼 먼저 정통 불교(이는 그에게 '조동선'을 의미한다)의 '진정한', '우월한' 신통을 외도들과 소승 불교도들 그리고 논사論師들이 묘사한 '열등한' 능력들과 대비시킨다. 도겐에 와서는 육신통조차 현상 세계에 속하면서 시간과 공간에 제한을 받는 유루법이 되었다. 비록 육신통에 중심 자리를 내주지만, 그는 이해의 수준을 넘어선 이런 힘들을 "차 마시고 밥 먹고 나무하고 물긷는 것과 같은 일상적인 행위들"로 규정한다. 도겐은 방온龐蘊의 시를 자세히 설명하면서 (붓다가 행한 이적을 암시하는) "몸에서 물을 내뿜는" 것과 같이 심하게 신체적이며 열등한 소승의 신통을 '물긷는 일'과 같은 대단히 형이상학적인 신통과 대조한다. "몸의 상반신에서는 무한한 시간이 흘러나오고, 하반신에서는 법계의 바다가 흘러나온다."(T. 82-2582, p.112a-b)

그 뒤에 도겐은 위산영우(潙山靈祐, 771~853)가 앙산혜적, 향엄지한 두 제자와 나눈 대화를 인용한다.

---

31 Sasaki 1975, pp.15-16. 더 급진적인 해석을 한 이는 임제와 동시대인인 도안(道安, 793~883)이라는 복주福州의 승려인데, 그는 육신통을 붓다의 속성으로 돌리는 것은 순전히 거짓말이라고 생각했다. Demiéville 1972, p.108에서 인용한 D. T. Suzuki's 『臨濟の本覺思想』(1961), p.31을 참조하라. Y. L. Fung, *A History of Chinese Philosophy*, trans. D. Bodde, Vol.2(Princeton: Princeton University Press, 1953), p.403도 참조하라.

대위(大潙, 위산)가 누워 있을 때, 앙산이 찾아왔다. 대위는 벽쪽으로 몸을 돌렸다. 앙산이 그에게 말했다. "저는 스님의 제자입니다. 그러니 부디 지금 계신 곳에 그대로 머무십시오." 그러자 대위가 일어나려 했다. 앙산은 그 자리를 뜨고 있었고, 대위가 그의 이름을 부르자 앙산은 멈춰 섰다. 대위가 말했다. "내가 꿈을 꾸었는데, 들어보라." 앙산은 물 한 대야와 수건을 스승에게 가져왔다. 대위는 얼굴을 씻고서 자리에 앉았다. 그때 향엄이 그 자리에 이르렀고, 대위가 알려주었다. "우리는 놀라운 신통력을 과시하고 있다. 소승의 불교도들은 이런 게 전혀 없다." 향엄이 말했다. "제가 옆방에 있다가 엿들었습니다." 대위가 물었다. "왜 아무 말도 하지 않느냐?" 향엄은 차를 한 잔 가져왔다. 대위는 둘을 칭찬하며 말했다. "너희 둘은 사리불과 목건련보다 뛰어난 신통력을 지니고 있다."

'세분화'는 전형적인 해석학적 기법이다. 도겐은 이것에 의지해 '일어나기', '부르기', '꿈 해석하기', '물과 수건 가져오기' 따위와 같은, 마주했을 때의 모든 행위들을 그럴싸하게 설명한다. 그리고는 동산오본(洞山悟本, 동산양개)과 운암담성雲巖曇晟이 방거사의 시를 바탕으로 나눈 대화를 인용한다. "운암이 물었다. '너의 신통과 묘용은 무엇이냐?' 동산은 두 팔을 가슴에 포갠 채 그 앞에 서 있었다. 다시 운암이 똑같은 물음을 던졌다. 동산은 '스승님 자신이나 챙기시지요!'라고 말하고는 가버렸다." 이 이야기와 도겐의 논평은 이해의 놀라운 힘을 말로써 확실하게 보여준다. 이어서 그는 붓다와 마법사 또는 아난과

가섭이 관련된 전통적인 불교 이야기 두 가지를 인용한다. 이것을 통해 붓다의 신통력은 여섯에 한정되지 않으며 외도의 그것들과는 전혀 다르다는 것을 다시 보여준다.(T. 82-2582, p.112b-c) 그리고 위에서 인용한 『임제록』의 신통에 관한 구절을 정확히 그대로 인용하면서 끝맺고 있다.(ibid., p.113a) 도겐은 이 텍스트〔『쇼보겐조』〕를 썼던 때(1241)에 임제에 대한 비판을 점점 더하고 있었는데, 그럼에도 신통에 관한 해석에서는 임제에 동의하고 있다. 반면에 케이잔(瑩山)의 입장은 더욱 모호한 상태였다. 그는 전통적인 신통을 경시하면서도 그 실재를 부정하지는 않는다. 왕이 '평범한 사내'인 보리달마의 '신통력'에 대해 설명해 달라고 하자, 그는 이렇게 썼다. "불교의 조사들은 늘 신통력을 지니고 있습니다. 보리달마로 말하자면, 그는 왕자로 태어났지만 실제로는 관음보살의 화신입니다. 그러니 그런 능력을 어떻게 지니지 않을 수 있겠습니까? 그러나 선에서는 그런 능력을 강조하지 않습니다."(T. 82-2588, p.422) 여기서 케이잔은 선의 정통 교리에 대해 입에 발린 말을 하는 것 같은데, 그의 자전적인 글은 그의 삶에서 신비(꿈, 환영, 예언)가 얼마나 중요했는지를 증언해준다. 따라서 일본의 선에서 마법사의 전통이 다시 부상한 것은 케이잔의 계통 안에서였다는 사실을 다음 장에서 알게 되더라도 너무 놀라서는 안 된다.

6장 주술사와 그 화신들(Ⅱ)

꾀쟁이의 출현[1]

[1] 확실히 꾀쟁이(trickster)는 폴 래딘이 사실상 처음 분석했고, 다른 인류학자들은 지금 검토 중인 선종의 인물들에게는 없는 다양한 특징들을 제시한다. 그러나 동일한 구조적 원리들이 여기에서 작용하고 있다는 점, 그리고 이들 선종의 인물들을 광대나 멍청이 아니면 다른 식으로 부르든 간에 이 인물들은 모두 더욱 포괄적인 꾀쟁이 인물의 특정한 화신으로 볼 수 있다는 점을 나는 믿는다. 따라서 후자의 용어를 쓰기로 했고, 이는 만회와 한산 같은 승려들과 동방삭, 손오공 또는 제공濟公 같은 꾀쟁이들의 관계를 볼 수 있게 해준다. 꾀쟁이에 대해서는 Paul Radin, *The Trickster: A Study in American Mythology*(New York: Greenwood Press, 1969); Mac Linscott Ricketts, "The North American Trickster," *History of Religions* 5(1965), pp.327–350; Robert D. Pelton, *The Trickster in West Africa: A Study of Mythic Irony and Sacred Delight*(Berkeley and Los Angeles: University of California Press, 1980); Lévi-Strauss 1963, pp.220–223; Wendy Doniger O'Flaherty, "Dionysos and Śiva," *History of Religions* 20(1980), pp.81–111; John Saward 1980; Detienne and Vernant 1978; Koepping 1985; David Kinsley, "Through the Looking-Glass: Divine Madness in the

선에서 초자연적인 것을 길들이기 위해 짜낸 전략은 마법사들의 신비
한 힘을 경시하고 그 세속적인 양상을 강조함으로써 그들을 꾀쟁이로
변모시키는 일이었다. 선에서 내세운 이 새로운 이상[꾀쟁이]은 한산
과 습득, 포대布袋, 보화普化 같은 인물들에서 전형화되었다. 그리하
여 몇 세기 동안 선은 마법사보다 꾀쟁이를(두 전형 사이에는 늘 상당한
겹침이 있기는 했지만), 초세속적인 매개자보다는 세속적인 매개자를
선택했다. 그렇지만 실제 수행에서는 결코 삶의 데바타[화신]가 죽음
의 데바타를 완전히 대체하지 못했는데, 이는 나중에 선의 유물 숭배를
검토하면서 보게 될 것이다.

중국에서 꾀쟁이의 역사는 길지만, 동방삭과 손오공의 전설만 거론
하겠다. 둘은 서왕모西王母의 복숭아를 훔쳐 먹고 불사의 존재가
되었다.[2] 다른 전통, 즉 현자의 '전략적인 바보짓'이라는 전통은 적어도
노자가 도인道人을 얼간이로 묘사한 것이나 장자가 공자와 초나라
미치광이 접여接輿의 만남을 이용해 유자儒者의 진지함을 조롱한
것으로 거슬러 올라간다. 접여의 노래("봉황이여, 봉황이여! 그대의 덕이
이울었구나...": Analects 18-5 참조)는 그 의미가 꽤 분명하다. 꾸며낸
미친 짓이라야 비정상적인 사회에서 안전해질 수 있다. 그러나 미친
짓은 방편이기만 한 것이 아니다. 거기에는 존재론적 뿌리가 있다.

Hindu Religious Tradition," *History of Religions* 13(1974), pp.270-305; and
Kinsley, *The Divine Player*(Delhi: Motilal Banarsidass, 1979) 등을 참조하라.
2 동방삭, 즉 '신이한 매개자-익살꾼'에 대해서는 K. M. Schipper, *L'empereur
Wou des Han dans la légende taoïste*(Paris: Ecole Française d'Extrême-Orient,
1969), pp.31, 60; Vos 1979, pp.189-203을 참조하라. 손오공에 대해서는 Anthony
Yu 1977~1983, 1, pp.7-11 참조.

『도덕경道德經』(20장)에 따르면, 현자는 그 마음이 "흐리멍덩하고 엉망이어서" 바보라고 한다. 윌리엄 윌포드(William Willeford)는 이렇게 말한다. "(바보는) 혼돈과 신기할 정도의 유사점을 지니고 있어서 질서를 위해 희생양 역할을 하게 될 수도 있다. 그러나 그렇게 치른 대가로 그들은 질서의 유지에 따르는 희생이나 추방을 피한다."(Girardot 1983, p.271에서 인용) 지라르도는 "미친 짓에 대한 도교의 이미지는 혼돈 상태의 신비한 경험 그리고 무위無爲라는 힘쓰지 않는 독특한 자유와 연관된다"고 말한다.(ibid., p.269) 슈타인의 통찰(Stein 1990 참조)을 자세히 설명하면서 그는 '추방된 신선'이라는 인물 그리고 선에서는 한산과 포대 같은 인물들과 관련된 상징적 유형(박, 호리병박, 혼돈, 어리석음)을 분석한다.

꾀쟁이 인물은 인검仁儉과 명찬明瓚 같은 승려들과 더불어 북종선에서 이미 나타났다. 인검은 별명이 '기운찬'을 뜻하는 등등騰騰인데, 이는 〈요원가(了元歌, 근원을 깨닫는 노래)〉[3]의 마지막 구절에서 온 것이다. "오늘은 자연스럽고 기운차고, 내일은 기운차고 자연스럽지."(『경덕전등록』, T. 51-2076, p.461 참조) 그는 낙양의 복선사福先寺 승려로, 무측천의 초대를 받아 궁중에 있으면서 불손한 행동으로 그녀를 당황시켰다.(ibid., p.232c 참조) '나잔(懶殘, 게으름뱅이 찬)'으로 더 잘 알려진 명찬은 보적普寂의 제자이며, 남악사南嶽寺에서 막일꾼으로 일했다. 그는 게으름과 많이 먹는 것으로 유명했다. 그는 늘

---

3 〔역주〕 포르는 이 노래를 "Song on Enjoying the Dao(Ledao ge)"라 했는데, 이른바 '낙도가(樂道歌, 도를 즐기는 노래)'다. 이는 『경덕전등록』의 자료와 다르다. 착오가 있었던 듯하다.

누더기를 걸쳤고 다른 승려들이 남긴 음식을 먹었으므로 그의 이름으로 말장난을 해서 '잔찬(殘粲, 남은 밥 찬)'이라 했다.[4] 20년 넘게 그는 외양간에서 소와 함께 잤다. 그의 전기에 나타난 더러움의 요소는 슈타인이 흥미로운 방식으로 부각시킨 성자전의 한 전형이며, 명찬의 경계성을 강조하는 것이다.[5] 날마다 한밤중이 되면, 명찬은 기원하는 노래를 구성진 목소리로 부르기 시작했다. 어느 날, 이필(李泌, 722~789)이라는 관리가 우연히 그의 노래를 들었다. 평범한 사람의 노래가 아님을 깨달은 그는 명찬을 보고 싶어 했다. 명찬은 대화하지 않으려 애썼으나, 결국 이필에게 10년 뒤 재상이 될 것이라는 예언을 해주었다. 예언이 실현되자 이필은 마침내 덕종(德宗, 780~804 재위)에게 명찬에 대해 말했다. 덕종은 곧바로 이 비범한 승려를 궁중으로 불러들이려고 사자를 보냈다. 사자가 남악사에 이르렀을 때, 명찬은 소똥으로 불을 피워 토란을 요리하고 있었다. 명찬은 요리를 자신의 손님에게 내놓은 뒤, 갑자기 울음을 터뜨리며 이렇게 외쳤다. "내가 어떻게 천자를 위해 일할 수 있겠소? 눈물도 닦을 줄 모르는데!" 자신의 정체가 드러나자 명찬은 사라지기로 결심했고, 등등의 〈요원

---

4 〔역주〕 명찬明瓚의 '찬'과 '남은 밥'을 뜻하는 '잔殘'은 중국어로 발음이 비슷하다. 그래서 '나잔懶殘'은 '게으름뱅이 찬'이면서 '게으름뱅이 남은 밥'을 동시에 의미한다.

5 Stein 1970 참조. 혜능의 경우에도 현자의 전략적 위장을 전형적으로 보여준다. 그는 처음에 홍인의 절간 부엌에서 자신의 재능을 숨기려 했고, 그곳에서 쌀을 찧는 일에 몰두했다. 결국에는 몸이 너무 가벼워져서 공중 부양을 막기 위해 옷에 돌들을 넣어야 했다. 그러나 혜능의 전설은 꾀쟁이가 아니라 마법사의 유형을 따른다. Yampolsky 1967, p.72 참조.

가〉와 비슷한 노래만 남겼다.(『경덕전등록』, T. 51-2076, p.461b; Ui 1966a, p.516 참조) 이 노래는 임제가 '진인眞人'을 "똥 싸고, 오줌 누고, 옷 입고, 먹고, 피곤하면 눕는 그런 평범한" 사람으로 규정할 때 두 번이나 인용했다.(Sasaki 1975, p.11) 그러나 명찬은 여전히 미래를 예언하는 신이승이다. 그는 길을 막고 있던 거대한 바위를 전혀 힘들이지 않고 움직이는 비범한 힘을 보여준 적이 있다. 전형적인 신선의 방식으로 범을 타고 남악사를 떠났다고도 한다. 그러므로 그의 역할은 마법사와 꾀쟁이, 초세속적 중개자와 세속적 중개자라는 두 매개 인물들에 관여하면서 중재하고 있어 두 배로 모호해 보인다. 마법사와 꾀쟁이 두 경향은 포대布袋나 한산, 습득처럼 한 쌍으로 이루어진 과도적인 인물들에서 합쳐졌다. 꾀쟁이로서 이 승려들은 이중적이다. 그들의 양면적인 페르소나는 희극적 요소와 신이한 요소를 모두 포함하며, 그들의 웃음은 찡그림처럼 보인다. 두 세계 사이의 경계에 서 있는 그들은 사회구조를 강화하거나 전복시킬 수 있는 잠재력을 지니고 있다. 그들의 엉뚱한 익살은 그들을 파악하기 어렵고 예측할 수 없는 존재로 만든다. 이런 축제화는 당시에 정통성을 확립하려 애쓰던 선 전통이 필요로 했던 것은 아니다. 한편, 그런 인물들의 힘과 대중성은 비록 예측할 수는 없어도 그들을 극히 중요한 협력자로 만들었다. 이는 왜 선 전통이 끝내 마법사가 아닌 꾀쟁이를 선택했는지, 그리고 왜 포대와 한산이 더 금욕적인 창시자인 보리달마와 혜능을 대체했는지 또는 적어도 부분적으로 가려버렸는지 설명해준다.[6] '소

---

6 포대와 보리달마로 상징되는 두 가지 전형적인 선 유형의 대비에 대해서는 Hyers 1973, p.25 참조.

불(笑佛, 웃는 부처님)'로 불린 포대는 민간 신앙에서는 석가모니보다 우위에 있었다. 그러나 보리달마를 '다루마(達磨)'로 표현한 일본에서 그는 도교 신선의 상징적 속성을 획득해서 마침내 외눈박이 '다루마 인형'이라는 상서로운 형태로 아시아의 땅딸보가 되었다.[7] 보리달마 는 선의 세계에서 자신을 유명하게 만든 고도의 '벽관壁觀'을 수행할 때 '벽에 걸터앉지' 않았을까?

그림 1. 오미쿠지(御神籤, 운세 쪽지)들로 뒤덮인 다루마 인형들.
쿄토의 다루마데라(達磨寺).

---

7 민중적 전통이 보리달마의 활력을 없앴다고 주장할 수 있다. 그에게 이런 기괴한 (grotesque) 또는 '작은 동굴 양식의(grotto-esque)' 외양을 부여하고 조사로 변신시 킴으로써 그에게서 혼란스런 기이함을 제거했다.(그럼에도 어떤 표현들에서는 남아 있다.) 기괴함은 역설적이게도 이상화理想化와 똑같은 결과를 낳는다.

아무튼 마법사에서 꾀쟁이로 무게중심이 옮겨간 것은 세속 부정에
서 세속 긍정으로 태도가 변화한 것을 나타내거나, 리치의 표현을
빌리면 죽음의 데바타(화신)에서 삶의 데바타로 전환이 일어난 것을
나타낸다. 이것은 다음에는 돈오를 향한 이념적이고 이상주의적인
전환을 표현할 수도 있다. 마법사가 (점진적으로) 정복하기 위해
악을 인정해야만 했다면, 웃음은 꾀쟁이가 악의 존재를 부정하는
것만으로도 악을 (단박에) 물리칠 수 있게 한다. 그 속성과 기능이
어느 정도 겹치겠지만, 꾀쟁이와 마법사는 동일한 세계에 살지는
않는다.

보지와 만회 같은 마법사는 꾀쟁이로 재해석되었다. 슈타인은 승가
와 만회가 어떻게 '문지기' 모티프의 중국적 화신과 구조적으로 결합되
었는지를 보여주었다.(Stein 1981) 만회는 서왕모의 손님들 가운데
하나였다. 송대 즈음에 그는 한산과 습득처럼 동일한 모습의 헝클어진
머리칼과 웃는 얼굴을 한 익살꾼으로 표현되었고, 그것과 더불어
앞서 본 대로 '화합신和合神'으로 인정받았다. 다산多産의 요소는 배불
뚝이 '웃는 부처님'인 포대(布袋, 별명이 미륵)의 경우에 특히 명백한데,
그는 항상 아이들에게 둘러싸인 모습으로 묘사된다.[8]

---

8 화화(和和, 갑절의 화합)로 불린 또 다른 '분방한 스님'은 월국越國의 공주가 두
  아들([역주] 포르는 '두 딸'이라 했는데, 바로잡는다.)을 낳도록 중재했다.(『신승전』,
  T. 50-2064, p.1003b) 꾀쟁이 인물들의 성적이고 쌍둥이적인 특성에 관해서는
  Lévi-Strauss 1974a, p.251과 1985, pp.201-209 참조.

달콤쌉쌀한 우정

선종에서 임제와 대비되어 특별히 흥미를 끄는 괴짱이는 보화普化다.[9]
『임제록』에서 보화는 임제를 돋보이게 하는 보조적인 역할을 맡고
있다. 그러나 그의 존재는 그 저술의 극적 가치를 대단히 높여준다.
더구나 야나기다가 지적했듯이 보화는 임제선의 '맹점'을 본 것 같다.
임제가 어느 정도는 권력의 볼모가 되어 지방관 앞에서 설법을 해야만
했던 반면에, 보화는 미친 척함으로써 계속 자유로울 수 있었다.
『임제록』은 임제와 보화가 몇 차례 만난 일을 기록하고 있는데, 그
가운데 첫 번째는 바로 신통과 관련이 있다.

> 어느 날 (임제) 선사가 보화와 함께 한 시주의 집에서 공양을
> 기다리고 있을 때, 선사가 말했다. "한 터럭이 큰 바다를 삼키고
> 한 겨자씨에 수미산이 들어 있다. 이는 신통의 묘용인가, 아니면
> 본체 그대로인가?"
> 보화가 밥상을 차서 엎어버렸다.
> 임제가 소리쳤다. "대단히 거칠구나!"
> 보화가 말했다. "여기가 어디기에 거칠다느니 미세하다느니 말하
> 는가!"
> 다음날 선사와 보화가 다시 공양을 받으러 갔다. 선사가 물었다.
> "오늘 공양은 어제와 비교해서 어떤가?"

---

9 보화에 대해서는 Yanagida 1969b, pp.1083-1097 참조. 이원적/대결적 모티프에
  대해서는 Faure 1986a, pp.192-196 참조.

보화는 전날처럼 밥상을 차서 엎어버렸다.

임제가 말했다. "좋기는 하다만, 너무 거칠구나!"

보화가 말했다. "눈먼 놈! 불법이 거침이나 미세함과 무슨 관계가 있단 말이냐!"

선사는 혀를 내둘렀다.(T. 47-1985, p.503b; Sasaki 1975, p.41)

공자와 초나라의 미치광이 접여의 만남을 떠오르게 하는 이 대화는 보화 쪽을 강하게 비판하는 뜻을 함축하고 있다. 그 비판은 다음 단락에서 더 명확해진다.

어느 날 선사는 하양河陽 장로, 목탑木塔 장로와 함께 승당僧堂 안의 화롯가에 앉아 있었다. 선사가 말했다. "보화가 날마다 미치광이처럼 저잣거리를 돌아다니고 있는데, 그가 범부인지 성인인지 누가 알겠는가?"

이 말이 채 끝나기도 전에 보화가 들어와 (그들과 함께했다).

선사가 물었다. "너는 범부냐 성인이냐?"

보화가 대답했다. "네가 말해봐라."

선사가 할을 하니, 보화가 손가락으로 그들을 가리키며 말했다. "새색씨 하양, 노파선老婆禪 목탑, 못난 놈 임제, 모두 외눈을 가졌구나."[10]

---

10 나는 여기서 드미에빌의 번역(1972, p.179)을 따른다. 이 문장에 대한 사사키의 번역은 임제를 살리려는 선의 정통적 해석을 반영한다. "하양은 새색씨고, 목탑은 노파선인데, 임제 이 못난 놈은 그래도 눈을 갖추었구나."(Sasaki 1975,

선사가 "이 도둑놈아!" 하고 소리쳤다. 그러자 보화도 "도둑놈, 도둑놈!" 하고 소리치고는 나가버렸다.(Sasaki 1975, p.41 참조)

『임제록』에 기록된 보화의 죽음 이야기는 보화가 성인인지 범부인지에 대해 임제가 가지고 있었던 의문을 해결해주었을 수도 있다. 왜냐하면 그것은 분명히 도교 신선의 '시해(尸解, 몸만 남기고 넋은 빠져나가 신선이 되는 일)'를 본뜬 것이기 때문이다. 그러나 아마도 이 이야기는 임제에게 전해지지 않았을 것이다. 『조당집祖堂集』은 보화의 또 다른 전기를 싣고 있는데, 그것은 그의 죽음을 좀 다르게 형상화하고 있으며 임제와 그의 관계를 슬며시 빼버렸다.(『조당집』 권17 참조) 이 기록을 따르면, 보화는 죽은 체 하면서 '시해'를 이룬 그런 도교의 신선이 아니었고, 성벽 위에서 뛰어내려 자살한 사내였다. 『송고승전』과 『경덕전등록』을 비롯한 후대의 자료들은 모두 그 불행한 결말을 빼버리고 『임제록』의 이야기를 더 공들여 다듬었다. 어쨌든 보화는 후대의 선 전통에서, 즉 그를 마지못해 길들이려 했던 전통에서 매우 중요하면서도 성가신 인물로 인식되었다.

이런 점에서 다른 두 일화도 언급할 가치가 있다. 그것들은 임제와 보화의 관계에 잠재해 있는 경쟁 관계를 알아채게 해준다. 첫 번째 일화에서 임제는 보화에게 공양을 준 뒤 그를 당나귀라 불렀다. 보화는 곧바로 "히힝!" 하고 울음소리로 대답해 임제를 침묵하게 했다. 『경덕전등록』에 따르면, 그때 보화는 "저 놈은 눈이 외짝이군!" 하고 말했다.

---

p.42) 그러나 문법적 구조는 임제만 따로 빼내서 칭찬을 할 이유를 주지 않으며, 이어지는 논의가 보여주듯이 문맥상으로도 그러하다.

242

여기서는 확실히 임제가 패배한 것처럼 들리며, 후대의 선 주석가들도 이를 잘 알고 있었다. 어떤 중이 임제의 침묵에 대해 묻자, 법안法眼은 다소 작위적인 대답을 한다. "그는 대답해야 할 골칫거리를 후대의 존숙尊宿들에게 남겼을 뿐이다." 조주趙州와 분양汾陽도 그 대화에 대해 자신들의 해석을 남김으로써 임제의 체면을 세워주려고 했다.(Yanagida 1969b에서 인용한 『趙州錄』과 『汾陽錄』 참조) 결국 보화의 발언은 『경덕전등록』의 명대(明代) 판본에서 삭제되었다. 『조당집』에 기록되어 있는 다른 일화의 내용도 유사하다. 어느날 보화는 임제가 자신이 선호하는 방식, 즉 자신에게 물으러 온 중을 때리는 것을 보고는 이렇게 말했다. "그는 외눈박이다!" 이는 임제와 덕산德山을 유명하게 만든 '방할棒喝' 같은 산파술에 대한 직접적인 비판처럼 보인다. 이런 인상은 후대의 주석가인 스즈키 쇼산(鈴木正三, 1579~1655)이 확증해준다. 그는 토쿠가와 시대의 선승으로, 임제와 그의 두 신봉자인 하양과 목탑에 반대한다. 어떤 승려가 그에게 보화가 임제와 그의 두 신봉자 하양, 목탑을 처음 만난 일에 대해 언급하면서 물었다. "이 세 어르신들은 참으로 눈을 뜬 사람들입니까?" 스즈키가 대답했다. "오히려 보화의 눈으로 보면, 그 세 사람은 장님이다."(『묘안쿄(驢鞍橋)』, ed. Suzuki Daisetsu 1978, p.98)

보화는 보지寶誌에서 유래한 마법사 계통에 속했지만, 그 스승인 반산보적盤山寶積을 통해 마조 계통을 계승하기도 했다. 그가 『임제록』에 등장한 것은 '별난' 선을 마조 계통에 연결시키려던 시도로 보인다. 야나기다 세이잔(1969b)은 보화라는 인물에서 마조의 가르침에 명시되어 있는 일상의 강조가 마법사 전통과 합성된 것을 본다.

당 중기에 선종의 특징이 된 일상의 강조는 유교의 특징이기도 했다. 당시는 한유韓愈가 황제에게 붓다의 사리를 숭배한다고 비판한 시기다. 나는 야나기다와 반대로 보화의 경우를 합성보다는 초기 선에서 초세속적 요소를 억압한 증거로 해석한다. 보화는 신통과 일상의 정적인 합성이 아니라 그 두 경향을 왕복하거나 회전시키는 인물이다. 이 인물을 통해 두 경향 각각은 다른 경향을 희생시키면서 자신을 부각시키려 하며, 이 인물 안에서는 신성한 것이 비속한 것을 파괴하다가 비속한 것에 억압되기도 한다. 따라서 보화의 경우는 신통의 길들이기 사례로 볼 수도 있고, 반대로 신통이 '고전적' 선의 담론에 집요하게 재출현한 것으로 볼 수도 있다.

선의 주변에서

포대布袋 같은 선종의 꾀쟁이도 마찬가지라고 말할 수 있으나, 그는 그 과정에서 기이함을 잃는다. 한편, 한산과 습득은 주변부와 경계의 인물로서 이중적이다. 선 전통에서는 주변부지만, 마법사와 꾀쟁이 사이의 문지방, 경계이기도 하다. 그들에게는 여전히 으스스하고 초세속적인 무언가가 있다. 그런데 그들의 우정이 분명히 동성애적인 것으로 해석되지 않았음에도 그들은 화신격化身格인 인물로서, 화합신으로서 민중의 신화학에 쉽사리 통합되었다.

꾀쟁이 인물은 초기 선에서도 발견되지만, 당 말기에 아주 두드러진 것으로 보인다. 공교롭게도 바로 이때가 선이 전통에 따라 자신을 단련하고 그 다루기 힘든 면들을 없앴던 때였다. 따라서 꾀쟁이 인물은

서서히 그 경계적 지위(또는 무지위)를 잃은 실제 선승과는 정반대일
것이다. 이런 의미에서 그 이상화에도 불구하고 (또는 이상화 때문에)
보화는 사실상 멸종 위기종의 마지막 표본들 가운데 하나다. '나잔賴殘'
과 한산처럼 그는 실제로 선의 보호구역에 '침범해' 있었다. 그들의
'분방한 선'은 두 가지 의미에서 '탈-중심적'이었고,[11] 선종의 틈새를
따라서 또는 오히려 그 틈새에서 일종의 침범('학교 빼먹기')을 야기했
다. 마조馬祖에서 시작되는 '오가五家'가 확립되었을 때 그리고 선이
더욱더 집중화되고 좁아졌을 때, 그들은 어떠한 고정된 계보도 없는
유목민적 이상, 일종의 '정처없는 선'을 대표했다. 게다가 순수한
천연성天然性에 대한 그들의 해명은 점점 더해지는 선의 의례화에
반대하는 것처럼 보였다. 다른 경계적 인물들처럼 선의 꾀쟁이들은
정통을, 즉 그들을 통합하면서 변두리로 쫓아내려고 했던 정통을
위협하고 있었다.[12] 도교의 인물들인 팔선八仙[13]에 맞먹는 그들은 구조
속에 한 자리를 차지하는 것을 거부했다.[14] 『송고승전』에서 찬녕(贊寧,

---

11 〔역주〕 '탈-중심적'의 원문은 'ex-centric'이다. 이 말은 괴짜를 나타내는 'excen-
tric(별난, 상궤를 벗어난)'으로 언어 유희를 한 것이다.

12 이런 점에서 그들의 이상화는 그들에 대한 공공연한 비난과 연결되어 있다.
당대唐代에 나타난 선종의 위경인 『능엄경』(10권)에서 이미 우리는 '선나광해(禪
那狂解, 선정의 미친 듯한 해방' 즉 선의 특성인 미치광이의 행동에 대한 혹심한
비난을 보게 된다. 『능엄경』은 오히려 이런 이단들에 대항하는 주문呪文도
제공한다. Stein 1974, p.507 참조.

13 〔역주〕 중국 도교의 여덟 신선으로, 종리권鍾離權, 이철괴李鐵拐, 한상자韓湘子,
조국구曹國舅, 여동빈呂洞賓, 장국로張國老, 남채하藍采何, 그리고 여성인 하선고
何仙姑 등이다.

14 이들 인물들의 경계성은 새로운 선의 문헌이 그들을 부록에 귀속시킨 사실에서

919~1001)은 보화가 선종의 성자전에서 산성散聖, 즉 '잡다한 성인'이라 풀이되는 항목 속에 포함되어 있다고 지적하면서 이것은 보화가 꽤 이단적인 인물로 평가받았다는 증거라고 결론지었다.(T. 50-2061, p.837b) 엄밀히 말해서 이들 가운데 보지, 부흡, 만회, 승가 등은 선 전통에 속하지도 않았다. 『선원제전집도서禪源諸詮集都序』에서 종밀은 '신비한 자취들'을 남긴 이들(지공 곧 보지, 부대사 곧 부흡, 시인 왕범지)을 비정통적인 선의 대가들 사이에 나열하며 이렇게 말한다. "그들 모두 선문禪門의 그림자요 메아리지만, … 석가모니의 법을 드러내려고 그들에게 전적으로 기대서는 안 된다."[15]

잘 나타난다. 예를 들어 그들의 어록은 『종경록』(100권)이나 『경덕전등록』(30권)의 마지막 세 권에 실려 있다. T. 48-2016, pp.937-957; T. 51-2076, pp.429-467 참조.

15 『선원제전집도서』(T. 48-2015, p.412c); Broughton 1975, pp.299-300 참조. 선에 대한 원탁 토론에서 시바야마 젠케이는 보지와 부흡 같은 사람들은 『경덕전등록』에서 그 계통이 분명하지 않은 '예외'로서 특별한 범주 속에 다루어지고 있음을 지적했다. 시바야마에 대응해서 츠카모토는 이렇게 말한다. "당신이 말한 '예외적' 현자들은 일본의 헤이안 시대 귀족불교에 등장한 일본의 히지리(聖)들을 생각나게 합니다. … 이와 유사한 '현자들'의 계통이 보리달마 때의 중국에 존재했을 것입니다." Tsukamoto Zenryū, Shibayama Zenkei, and Nishitani Keiji, "Dialogue: Chinese Zen," *The Eastern Buddhist* 8, 2(October 1975), p.71 참조. 이런 사유 방식을 따라서 조셉 키타가와가 히지리와 평범한 일본 승려들을 대비했듯이, '개인적 카리스마'와 '성직 카리스마'나 '계통 카리스마'라는 베버식 대립을 통해 선승들을 이 두 유형으로 대비시킬 수 있다. J. M. Kitagawa, "Emperor, Shaman, and Priest," in Kitagawa, *Religion in Japanese History*(New York: Columbia University Press, 1966), pp.17-22 참조.

예술의 하나로서 광기에 대하여

당대唐代 동안에 괴짜들은, 심지어 '미치광이들'조차 '죽림칠현竹林七賢'의 시대[3세기~4세기 초] 이후에 하지 않았던 문학과 서예에서 활약했다. 그것은 부분적으로 선의 영향과 장자莊子의 새로운 영향 때문이었다. 서예는 특히 이런 주변인들에게 유달리 잘 적응된 표현 수단이 되었다. '전초(顛草, 미친 듯이 흘려 쓴 초서)'는 불성佛性의 자연스런 표현, 즉 덕산과 임제를 상징하는 '방할棒喝'이라는 '선의 산파술'과 좀 닮은 영적 기교로 여겨졌다. 가장 잘 알려진 서예가들은 선에서 영감을 받았는데, 별명이 '미치광이 장'인 장욱(張旭, ?~748?)과 회소(懷素, 725~785)가 그러했다. 이들의 표현 양식은 대조적이었다. "장욱은 그의 글쓰기에 기쁨과 슬픔을 받아들였고, 승려 회소는 그 둘을 제거했다."(Hsiung 1984, p.56; p.191도 참조) 그러나 둘은 인생과 사회에 대해 유사한 태도를 대표하는 인물로 인식되었다. 관휴貫休가 이렇게 말했듯이. "장욱의 광기 이후로는, 그 이름에 값할 만한 광기가 더는 없었네. 회소 스님과 함께, 광기가 다시 나타났구나." 이적을 행하는 일과 마찬가지로 광기도 싸구려 상품이 되었다. 회소의 미친 짓을 기리는 시에서 임화任華는 이런 광기 부풀리기(또는 떨어뜨리기)에 기여한다. 아첨이 없지는 않지만 말이다. "얽매이지 않은 자유로움으로, 장욱은 세상을 놀래켰다네. 하지만 그의 미친 짓도 회소 스님에는 견줄 수 없지, 회소야말로 참으로 미친 짓을 했거던. 사람들은 스님이 강남에서 왔다고들 하지만, 나는 스님이 천상에서 내려왔다고 말하려네. 미치광이의 천재성을 지녔고, 천재의 광기를 가졌구나."(ibid., p.213)[16] 예상할 수 있듯이 유학자인 한유는 이런 양식에 더욱 비판적이었다. 그는 자신의 벗이자 승려이며 서예가인 고한高閑에게 보낸 편지에서 불교의 무감정이 개성의 파괴와 서예의 파멸을 부른다며 비난하고는 반어적인 어조로 마무리를 지었다. "그렇지만 나는 불교 승려들에게 마술의 재능과 갖가지 능력이 있다고 들었소. 그대가 마침내 서예의 기교를 숙달할 수 있을지 나로서는 알 수가 없어, 긍정도 부정도 못하겠소."(ibid., p.119)

'소박함'의 강조는 문인 사회에서 일종의 호칭 기도처럼 되었다. 선의 '별난 예술가'는 문화적 가치가 되었고, 그 천연성과 엉뚱함은 이념적인 역할을 하게 될 일종의 상징적 투자로 바뀌었다. 갈고 닦은 천연성의 이런 내적 역설에도 불구하고—또는 역설 때문에—'광선(狂禪, 분방한 선)'은 살아남았고, 마침내 왕양명 학파의 이지李贄와 좌파 사상가들 같은 유학자들에게 영향을 끼쳤다. '광狂'이라는 용어는 '양(佯, 가식적)'으로 여겨진 사회를 향한 하나의 태도를 가리키게 되었다.[17]

미친 짓이 문학적인 태도나 상품이 되었다면, 그것은 실제로 어느 정도까지 전복적일까? 또 선의 꾀쟁이 인물들은 어느 정도까지 길들여

---

16 〔역주〕〈회소상인초서가懷素上人草書歌〉로 알려진 노래인데, 해당 부분의 원문을 제시하면 이렇다. "獨放蕩而不羈, 以顚爲名傾蕩于當時. 張老顚, 殊不顚於懷素. 懷素顚, 乃是顚. 人謂爾從江南來, 我謂爾從天上來. 負顚狂之墨妙, 有墨狂之逸才."

17 Hsiung 1984, p.209 참조. 천연성을 권고한 왕필王弼을 언급하면서 황종희黃宗羲는 이렇게 경고한다. "이런 말들은 운치로 가득하지만, 제대로 이해하기는 너무도 어렵다. 사소한 오류도 광기와 괴팍함의 길로 이끌 수 있다."(Huang Tsung-hsi 1987, p.580 참조)

지거나 나약해졌을까? 본성이나 자연성이 지배 계급에 흡수되는 한, 진정한 본성은 더 이상 천연성의 패러다임을 통해 자신을 표현할 수 없다. 그 엉뚱함에도 그리고 선의 위계적 구조 내에서 공인된 역할을 거부했음에도, 보화는 사후에 일본에서 융성한 새로운 종파 곧 후케슈(普化宗)의 개조로 승격되었다.[18] 이는 카드 놀이에서 조커의 기능을 사회에서 광대가 똑같이 한다는 사실을 알려준다. 비록 그것은 놀이의 바깥을 겨누지만, 여전히 놀이에 속한다. 클라우스 피터 쾨핑 (Klaus-Peter Koepping)은 이렇게 말한다. "말이나 행동에서 부정성을 갖고 또는 상징의 반전과 전도를 갖고 장난치는 일은 그 자체가 언어의 규칙에 잠재되어 있는데, 그런 일은 언어의 규칙을 엄격히 고수하는 숨겨진 진리를 드러냄과 동시에 부정성의 놀이를 가능하게 하는 규칙의 존재를 인정한다. 그것은 부정성도 규칙에 지배된다는 사실을 의미한다."(Koepping 1985, p.192) 이런 꾀쟁이들은 징후적徵候的이고 소원풀이적인 그런 기능을 했으며, 자유가 점점 더 제한되고 이론적인 것이 되어 가던 바로 그때에 완전한 자유의 전령으로 나타났다고 할 수도 있다. 백장회해(百丈懷海, 749~814)까지 거슬러 올라가든 올라가지 않든 간에 선원의 규칙은 송대宋代 동안에 정교하게 다듬어

---

18 후케슈는 무술武術의 사용과 샤쿠하치(尺八, 일본 통소)로 유명하다. 전통에 따르면, 이 종파는 보화의 17대 계승자인 무혼(無本, 心地) 카쿠신(覺心, 1207~1298) 이 일본에 도입했다. 카쿠신은 1249년에 중국에 가서 『무문관無門關』의 저자 무문혜개無門慧開와 함께 공부했으며, 1254년에 일본으로 돌아갔다. 카쿠신과 동행한 속인들 가운데 한 사람이 일본에 가져온 것으로 전해지는 문서 『샤쿠하치 노 츠기부미(尺八繼文)』에 따르면, 보화는 안록산의 난 동안에 현종玄宗의 군대에 서 장교로 복무했다. 이런 주장의 가치에 대해서는 Sanford 1977 참조.

졌다. 선 수행의 형식화와 의례화도 송대에 이루어졌다.(Foulk 1989 참조) 중요한 것은 이런 정교화가 모든 선승들이 무정형無定形의 우월성을 신봉하고 있었던 바로 그때에 일어났다는 점이다. 이런 의미에서 볼 때, 선종사에서 '어록語錄'과 '전등록傳燈錄' 문학이 특징이던 이 국면을 '고전적'이라고 부를 수 있을 것이다. 공과 무정형의 교리에 대한 강조 그리고 이와 나란히 발달한 '미치광이 선승'이라는 이상에 대한 강조는 현실의 부정을, 그리고 실제 수행과는 전도된 표상을 나타낼 수 있다. 따라서 한산과 포대 같은 인격의 이상화는 역설적이게도 그들이 상징하는 바로 그 경험의 상실을 반영한다.

그리고 또 '신비선神祕禪'에서 '야호선野狐禪'으로의 진화를 촉진한 일상생활의 강조는 선의 탈신화화를 나타내는 지표일 수 있다. 방거사와 함께 선은 '일상생활'의 종교가 되었다. 평범한 생활의 신성화는 신성의 평범화로 보일 수도 있다. 거의 동시대에 이고李翱와 한유 등 유학자들이 유골 숭배 같은 '미신들'을 공격하기 시작했다는 사실은 의미심장하다. 유교와 마찬가지로 선의 '깨달음'은 '마술의 쇠퇴'에 기여했다. 탈신화화는 여러 가지 방식을 통해 이론적으로 달성되었다. 예를 들자면, 리理/사事나 조동종의 '오위五位'[19] 같은 추상적 개념을 사용함으로써, 그리고 선의 '자연주의'나 '현실주의'를 통해서 달성되었다. 경제적인 요인과 정치사회적인 요인 등 많은 요인들이 이

---

19 〔역주〕 조동오위曹洞五位는 중국의 동산양개洞山良价가 제창한 편정오위偏正五位를 가리킨다. 정중편正中偏·편중정偏中正·정중래正中來·편중지偏中至·겸중도兼中到 등의 오위五位가 그것이다. 여기에 조산본적曹山本寂이 주석을 더함으로써 조동종의 중심사상이 되었다.

진화에서 일정한 역할을 했을지도 모른다. 그러나 이념적 관점에서 보자면, 중국 사회에서 기반을 마련하고 지리적 확장을 꾀하려 했을 때, 선은 도교 및 토착 신앙과 경쟁하면서 신통을 하나의 수단으로 인정해야 했다. 일단 확고하게 자리를 잡게 되자, 선은 유교에 더 가까이 다가가고 중국 사상의 다른 극으로 이동하는 쪽을 선택했다.

송대의 '어록'과 '전등록'의 문학 갈래가 된 '기언(奇言, 기발한 언어)'이 그랬던 것처럼 꾀쟁이 인물은 점점 더 제도화된 전통 안에서 알리바이 노릇을 했다.[20] 그것은 잃어버린 원시주의나 경계성에 대한 향수를 가리키는지도 모른다. 카쿠아(覺阿), 칸잔(關山, 1277~1360), 잇큐(一休, 1394~1481) 또는 료칸(良寬, 1758~1831) 등 몇몇 꾀쟁이 인물들이 일본의 선에서 출현했다고 해도, 그들은 같은 부류의 중국인들과 비슷하지 않았다. 그들에 관한 설화들도 발달했지만, 그들은 한산이나 포대 같은 유사-신화적 인물이 되지는 않았다. 잇큐조차 그 인기 때문에 여전히 인간으로, 참으로 인간적인 채로 남았다. 이들 꾀쟁이 인물들 가운데 몇몇이 선 전통의 주변이나 바깥에서 발견된 일은 그리 놀랍지 않다. 분방한 행동으로 잘 알려진 천태종 승려 조가(增賀, 917~1003)의 경우가 그러하다.[21] 이런 인격의 양가적 매력은, 가령 토쿠가와 시대에 지배적인 사회적 가치를 위해 보살의 이상을 찬양하

---

20 제임스 샌포드가 지적했듯이, 잇큐(一休)가 살았던 사카이(堺)의 상인들은 자기 도시가 일본에서 최고 익살꾼 가운데 한 사람의 고향이 되었다는 사실을 기뻐했다. "충격은 대부분 잘 팔리는 상품이다."(Sanford 1981, p.46)

21 Marian Ury, "Recluses and Eccentric Monks: Tales from the *Hosshinshū* by Kamo no Chōmei," *Monumenta Nipponica* 27, 2(1972), pp.161-163; Mills 1970, pp.362-363 참조.

면서 금욕주의와 은둔 생활을 비판했던 선승 스즈키 쇼산(鈴木正三)이
보화와 조가를 꼽으며 칭송했다는 사실에서 엿볼 수 있다.(Tyler 1984,
p.101) 그러나 꾀쟁이 인물들은 전복적인 성격을 잠재적으로 늘 지니
고 있었다. 이것은 왜 그들이 계속 비판의 표적이 되었는지를, 그리고
왜 꾀쟁이의 이상이 보살의 이상으로 점점 대체되는 것과 함께 길들이
기 과정이 한 단계 더 진행되어야만 했는지를 설명해준다.[22]

보살의 이상

보살은 열반에 들 수 있었음에도 자비심(com-passion)에서 이 번뇌
(passions)의 세계에 남기로 한 인물이다. 사실 불교의 자비심은 꽤
초연한 마음으로 보이는데, 그것은 보살들이 존재의 관념에 집착할
수 없고 또 그들이 위하는 존재들이 공空임을 알기 때문이다. 자비심의
요소는 위에서 마법사나 꾀쟁이로 정의한 다양한 인격들 안에 이미
있었다. 이런 범주들은 경험으로 발견한 이상형일 뿐이고, 현실은
당연히 더 복잡하다. 6세기에 '부대사傅大士'[23]로 대중에게 알려진

---

22 예를 들어 밧스이(拔隊, 1327~1387)의 다음 비평을 보라. "그때 반항하는 이들이
  나온다. 그들은 자신들의 해방을 부르짖으며 삼의(三衣, 세 가지 의복)와 발우를
  내던진다. 그들은 궁정풍의 모자를 쓰고 정법正法을 비판한다. 재가 남녀들을
  속이면서 이 세상을 지나간다. 그들이 이런 행동을 한다고 누군가가 비난한다면,
  그들은 포대와 한산, 습득 같은 집 없는 현자들을 언급하면서 … 자신들은
  이런 승려들과 같다고 말할 것이다. … 그들이 겉모습에서는 저 옛사람들과
  비슷할지 모르지만, 올바른 행동에서 보자면 옛사람들과는 거리가 멀
  다."(Braverman 1989, p.88)

부흡傅翕은 그 시대의 해악을 끝장내기 위해 여러 차례 분신焚身을
시도했다. 당 초기에는 분신이 유행했는데, 북종선이 숭산嵩山에서
발달한 것은 대업(大業, 605~616) 연간에 대지大志라는 승려의 극적인
분신이 있은지 얼마 지나지 않아서였다.(Gernet 1959, p.552 참조)
자신의 머리나 손가락을 태우는 분신은 중국의 다른 불교 종파들처럼
선종도 매료시켰던 것 같다. 『능가사자기』에 따르면, 선종의 조사
도신道信이 '자기 몸을 희생하기'라는 개념을 우의적으로 재해석하려
한 이유가 이것일 것이다. 어쨌든 가장 대중적인 불교 승려들은 즉시
보살의 이상을 대표하는 존재로 인식되었다. 똑같은 대업 연간에
북종의 선승 혜안慧安은 대운하를 열기 위해 일하던 장정들을 기아에
서 구하려 애쓴 덕분에 명성을 얻었다.(T. 50-2061, p.823b) 그의 비문에
따르면, "평신도들은 인도적인 그의 성향에 감동했다. … 결과적으로
그는 세상을 돕지 않을 수 없었다."(QWT 396-9, p.5104b) 앞에서 지적
했듯이, 혜안은 마법사로도 인식되었다. 마법사와 보살이라는 이
두 이미지는 당나라 말기에는 아주 모순적인 것이 되었으므로 성격
분열의 징후로도 여기지 않았다. 그리하여 혜안의 '분열상들'은 자율
권을 얻어 『송고승전』에서는 두 가지 완전히 다른 전기로 취급되었다.
하나는 혜안의 '공식적인' 경력을 반영하고 있고(T. 50-2061, p.823b-c),
다른 하나는 마법사로서의 활동을 반영하고 있다(ibid., p.829c).[24]

---

23 〔역주〕대사大士는 산스크리트 '마하사트바(mahāsattva)'의 한역어로, 일반적으로
'보살'을 가리킨다.

24 〔역주〕앞의 혜안은 『송고승전』 권18에 〈당숭악소림사혜안전唐嵩嶽少林寺慧安
傳〉에, 뒤의 혜안은 권19에 〈당장안서명사혜안전唐長安西明寺惠安傳〉에 각각

동일한 일이 혜수慧秀라는 별명을 가진 그의 사형 신수神秀의 전기에도 일어났다.(『송고승전』, T. 50-2061, pp.755c-756a, 835b 참조) 중요한 것은 '공식적인' 신수는 그의 보살 정신을 티가 나게 드러냈다는 점이다. 수나라의 멸망을 알리는 재난의 결과로서 기근이 하남과 산동 지역을 휩쓸었을 때, 열세 살의 나이로 (하남의) 형양滎陽에 가서 관아의 곡물 창고에서 양식을 풀어 달라고 요청했다.(『전법보기』, ed. Yanagida 1971, p.396) 이런 초기 선의 전기들이 역사적으로 얼마나 정확하든 간에 우리는 여기서 성자전의 한 정형定型을 볼 수 있다. 그것은 승려의 삶에서 중요하지만 예비적인 단계로 여겨지는 사회적 활동이 있고, 그 뒤에 은자가 되어 깨달음을 얻으며, 마침내 '국사國師'로서 세상에 되돌아온다는 정형이다. 달리 말하면, 이 세 단계는 외관상 세 부분으로 이루어진 전통적인 보살의 진로와 부합한다. 거기에서는 '보시布施 바라밀'에 의해 증명된 지계持戒가 앞서고, 그 다음에 선정 바라밀과 지혜 바라밀이 온다. 이 초기 선의 맥락에서는 선 수행자가 획득한 육신통이 그의 이타적 행위로 시작된 과정의 결과로 인식되었다. 사회적 분리와 사회적 활동이 동일한 진로의 두 얼굴 또는 두 단계로 표현되었다.[25]

그러나 당 말기에 이르자 보살의 이상은 점점 마법사와 꾀쟁이의

나온다. 비록 두 법명이 통용되는 것이기는 하지만, 출신과 행적이 사뭇 다르고 활동 시기에서도 백여 년의 차이가 있으므로 서로 다른 인물로 보는 것이 적절하다. 그럼에도 포르는 동일한 인물로 보고 논의를 전개하고 있다.

25 〔역주〕앞의 세 단계에서 첫째와 셋째 단계는 사회적 활동에, 둘째 단계는 사회적 분리에 해당한다.

이상보다 우위에 섰다. 배불뚝이 포대는 이런 진화를 잘 보여주는 인물이다. 미륵보살의 화신이 된 그는 그보다 앞선 화신인 부대사가 지녔던 극적이고 꽤 충격적인 특성을 모두 잃었다. 그는 인생과 사회에 대해 더 인간적이고 약간은 축제적인 관념을 보여주는 인물이다.[26] 그는 선 수행에서 전형적인 인물이 될 것인데, 마지막 단계에서는 『십우도十牛圖』에서 "빈손으로 시장에 돌아와" 평민들과 뒤섞이는 포대로서 다시 정의된다.[27] 이것은 이전에 강조하던 절대적 공으로부터 근본적으로 결별한 것이고, 『십우도』에서 상징적으로 텅빈 원으로 표현된 단계이며, 궁극의 자리에서 여덟 번째, 즉 보살의 십지十地 가운데 제팔지(第八地, 不動地)로 강등된 것이다.

송대에는 당나라 때의 방거사가 인도의 모델인 유마힐과 함께 선에서 중심적인 인물이 되었다.(Demiéville 1973a 참조) 선으로 전향한 이 유학자는 아주 대중적인 인물이 되어 원대元代에는 희곡 작품의 주인공이 되었다.[28] 그러나 이런 진화는 마지막 단계에 이르고, 선의

---

26 '배불뚝이' 인물의 축제적 본질에 대해서는 Bakhtin 1968, p.31 참조.

27 Ueda and Yanagida 1982, pp.219, 235; D. T. Suzuki, *Manual of Zen Buddhism*(New York: Grove Press, 1960), illus. ix and xi 참조.

28 이런 극 작품들 가운데 하나는 원나라 말에 유군석劉君錫이 썼는데, 거기에서 방거사는 가난한 사람들에게 돈을 빌려주는 부유하고 관대한 가장으로 묘사된다. 일례로 그는 채무자들 가운데 한 사람을 병이 나게 만든 빚 문서를 태워버린다. 다른 경우에는 그가 자신의 마구간 앞을 지나가다가 당나귀와 말, 소가 서로 대화하는 것을 우연히 듣는다. 알고 보니, 그들은 모두 그에게 빚을 갚지 않은 채 죽었기 때문에 짐승으로 다시 태어난 것이었다. 자신의 부가 이 모든 일의 원인임을 깨달은 방온은 그때 자신이 소유한 것을 모두 강물에 던지고 그 뒤로는 가족과 함께 속세를 떠나 살기로 결심한다. 돈과 고리대금에 대한

꾀쟁이는 남아 있던 축제화의 가능성도 잃어버린다. 이것은 후대의
인물, 즉 보암인숙(普庵印肅, 1115~1169)이라는 송대의 승려와 함께
일어난 일일 것이다. 대혜종고와 동시대인인 보암은 강서江西에서
활동했다.[29] 그의 비문(1179)은 그가 사회에 열렬히 참여하면서 유명해
졌다는 사실을 알려준다. 그는 병자들에게 약초나 부적을 주었고,
다리를 놓고 길을 닦는 데 이바지했다. 그러나 미치하타 료슈(道端良
秀)가 불교도의 사회적 활동에 관한 저술에서 보여주는 것처럼 보암에
게는 선배들도 있었는데, 왜 그가 숭배의 대상으로 뽑혔는지는 분명하
지 않다. 그가 죽은 뒤에 곧바로 사람들은 자연 재해가 있을 때마다
그를 불러내 빌었다. 그에 대한 숭배는 먼저 그의 사원인 자화사慈化寺
를 중심으로 이루어졌지만, 그에게 귀의한 사람이 1314년 소주성蘇州
城 서쪽에 세운 절―혜경선사慧慶禪寺―이 번성하면서 보암의 명성은
널리 퍼졌다. 이어 두 세기도 채 지나지 않아서 보암은 절과 공공
건물의 보호자가 되었고, 더 중요하게는 바닷길의 보호자가 되었다.
그의 인기는 명대明代에 점점 높아지다가 청대淸代에 정점에 이르렀는
데, 그 진화는 그에게 주어진 칭호의 길이가 늘어나는 것으로 나타났
다.[30] 그의 사후 운명은 초기의 주술사인 승가(僧伽, ?~710)의 운명을

이런 반성은 원나라 사회에 대한 강력한 비판으로 간주된다. 동일한 주제들이
다시 나타나는 후대의 '보권寶卷'에서 우리는 방온이 처음에 오백 나한들을
도운 일로 말미암아 부를 얻었다는 사실을 알게 된다. Sawada 1975, pp.115-124
참조.

29 보암은 『진선통감眞仙通鑑』 권18에 이적을 행하는 이로 나오지만(Doré 1914~
1938, Vol.8, p.313도 보라), 그의 이적은 약초와 주술로 병자를 치료하는 것에
지나지 않는다.

256

상기시킨다. 실제로 한편으로는 만회와 승가 사이에, 다른 한편으로는 포대와 보암 사이에 구조적 동질성이 있는 것처럼 보인다. 반면에 만회와 포대는 다산의 신이 되었고, 승가와 보암은 둘 다 항해의 수호신으로 받들어졌다.

선의 '사회화'는 보암의 어록에 잘 나타나 있다. 모든 행위는 근본적으로 공이며 헛된 것이라고 선언하는 선의 방침을 보암은 인정한다. 그럼에도 그는 이런 사회적 활동의 궁극적 가치를 깊이 확신한 것 같다. 〈다리 건설에 관한 설법〉에서 그는 "다리를 건설하는 일은 인간에 평화를 가져다주고 하늘이 기뻐하게 하는 붓다의 행위다"라고 확언하고, 또 그렇게 하는 사람은 자신의 수명을 늘리고 불도佛道 수행이 깊어진다고 주장한다. 따라서 그는 다리 건설이 불교 수행과 동일하며 세속적 이익을 얻는 일이라고 여긴다.(ZZ 1, 2, 25, 3, p.281c 참조)

보암이 한산과 포대 같은 꾀쟁이 인물들과 얼마나 동떨어진 인물인지를 보여주려면, 돈교의 반율법주의를 애매하게 해석했던 선종의 존숙들에 대해 그가 비판한 것을 언급하기만 해도 된다. 그는 이런 식으로 말했다. "그들은 술 마시고 고기 먹는 일이 깨달음에 장애가 되지 않는다고, 또 도둑질이나 간통도 지혜를 얻는 데에 방해가 되지 않는다고 말한다." 그렇기 때문에 그는 불교의 계율과 전통적 가치들의 준수를 효도라고 하면서 강조했다. 이런 점에서 송대의 또 다른 선승인 계숭(契嵩, 1007~1072)과 아주 가깝다. 중요한 것은, 보암

---

30 ZZ 2, 25, 3, p.265a에 실린 명성조明成祖가 쓴 『보암실록普庵實錄』(1423)의 서문을 보라. Nagai 1985a, pp.233-234도 참조.

자신도 그가 비판한 '괴짜들'처럼 똑같은 전제(예를 들면, 구체적인 현실을 궁극이라고 단언한 것)에서 출발했음에도 상반된 결론에 이르렀다는 사실이다. 유학자와 마찬가지로 그는 이 현실을 사회와 문화를 의미하는 것으로 해석했다. 반면에 '괴짜들'은 도가道家 사상가들처럼 그것을 자연으로 해석했다. 그리하여 보암의 경우는 선에 끼친 유교적 가치의 영향을 보여주며, '현세 긍정적' 경향의 보수적인 면들이 '고전적' 선에서 완전히 발전했음을 명확히 보여준다. 이것은 현재 사회에 대한 그리고 개인의 사회적 지위에 대한 긍정으로 이어졌다. 자기 시대의 사회적 불평등을 불교(와 선)의 용어로 정당화하려고 애쓴 스즈키 쇼산 같은 선승은 이런 경향을 일본식으로 해석했다.(Tyler 1984, pp.96-101; Ooms 1985, pp.122-143 참조)

상반되는 반율법주의 경향은 제전濟顚이나 제공濟公으로도 불렀던 도제(道濟, 1130~1209) 같은 남송의 선승,[31] 이른바 '떠돌이 붓다'─중국의 비밀 결사와 사회적 주변부에서 중요한 역할을 하게 된 꾀쟁이 인물의 부활─의 성자전을 발달시켰다. 도제의 '어록'(ZZ 1, 26)은 명대明代에 대중 소설의 원천이 되었다. 보암 및 공식적 문화와는 대조적으로 제공濟公은 "쾌락주의적 가치를 사회적 이상으로 고양시킨" 꾀쟁이 인물이다. 그는 고기를 먹고 독주를 마시며 도박을 하고 도둑질을 한다.(DeBernardi 1987, p.311) 반면, 그의 주술사적인 면은 그가 영적 매개들을 통해 그의 추종자들과 의사소통을 하는 방식에서 분명히

---

31 도제는 영은사靈隱寺 불해佛海의 후계자였다. 어떤 전설은 그를 보화(普化, 일본어로 '후케')의 가르침을 일본에 전했다고 알려진 승려들 가운데 한 사람인 카쿠아(覺阿)와 사형제 사이라 한다. Sawada 1975, p.184 참조.

258

나타난다.(ibid., p.320) 당연히 그는 구전 문화와 민간 신앙에서 자신의 자리를 찾았지만,[32] 선 전통에서는 거부되거나 적어도 간과되었다. 이미 보았듯이 제공의 쾌락주의적이고 전복적인 경향들은 제도적으로 확립된 선종에는 위협으로 인식되었다. 반면에 보암은 사회적 화합의 귀감으로 환영받았고, 그의 숭배에 대해서는 황제뿐만 아니라 백성들도 호의적이었다. 일본에서 그의 대중성은 몇 가지 이유로 선종 사원들에 한정되었는데, 거기에서는 그의 숭배가 전례典禮의 일부가 되었다. 아무튼 보암의 대중성은 선의 주술사 길들이기에서 한 걸음 더 나아간 것으로 볼 수 있다. 선과 유교에서 탈신화화의 구실을 하던 요소들이 일종의 합리주의적 비판의 길을 닦았는데, 토미나가 나카모토(富永仲基, 1715~1746) 같은 토쿠가와 사상가들이 그런 비판을 충실하게 이었다.

주술사의 귀환

잇큐(一休) 같은 몇몇 주요 인물을 제외하면 꾀쟁이 인물도 보살형 인물도 일본의 선에서는 성공하지 못했다. 반면에 주술사는 중국의 그 어느 때보다도 더 뚜렷하게 일본에서, 특히 조동종 전통에서 다시

---

[32] 송대의 선 전통에 다른 유사한 꾀쟁이 인물들, 가령 '술을 사랑한 신선'인 주선우현(酒仙遇賢, 960년경 활동; 『가태보등록』 권24), 통칭이 지언志言인 현화(顯化, 『신승전』 권9, T. 50-2064, p.1013c) 등이 있지만, 그들은 결코 제공만큼 대중성을 획득하지 못했다. 사와다(Sawada 1975, p.185)는 제공이 경제적으로나 문화적으로 번성하던 항주杭州라는 중심지에 살았기 때문에 '분방한 승려들'의 민중적 상징이 되었을 것이라고 말한다.

나타났다. 조동종의 성자전들은 신통력으로 뱀을 비롯해 토착신들의
갖가지 화신들을 조복調伏시킨 승려들의 이야기를 많이 담고 있다.
이 이야기들의 주제는 초기 선, 곧 북종선에서 볼 수 있는 것과 유사하
다. 두 경우 모두 조복에 중점을 두었다는 사실은 이런 전통이 새로운
기반을 획득하고 지리적으로 전국에 퍼질 때 여러 가지 대립과 갈등이
있었음을 말해준다. 토착 숭배와 접촉한 결과로 그리고 밀교의 영향
때문에 이들 선사들은 다시 자신들의 신통력을 강조하게 되었을 것이
다. 이런 경향은 다르마슈(達磨宗)와 무혼 카쿠신(無本覺心, 1275~
1365)의 종파에서 이미 볼 수 있는데, 카쿠신은 보화(일본어로 '후케')의
것으로 여겨지는 가르침을 일본에 전파한 승려다. 카쿠신의 제자들
가운데 하나인 쿄오 운료(恭翁運良, 1267~1341)는 전염병으로부터
사찰을 더 잘 지키는 법을 가르치기 위해서 토착신인 하쿠산 곤겐(白山
權現)을 물속으로 던져버렸다. 그런데 이런 경향은 가산 죠세키(峨山韶
碩, 1275~1366), 겐노 신쇼(源翁心昭, 1329~1400), 그리고 그들의 제자
들이 속한 케이잔(瑩山)의 계통에서 두드러진다. 전형적인 사례는
요타쿠지(永澤寺) 츠우겐 쟈쿠레이(通幻寂靈)의 제자인 잇쿄 에이쥬
(一徑永就, ?~1403)의 경우다. 잇쿄는 언젠가 츠우겐과 의논하려고
온 낯선 여인이 눈에 띄자, 여인에게 누구인지 물었다. 여인은 자신이
연못의 용이며 법을 수호한다고 대답했다. 그러자 잇쿄가 말했다.
"그대에게 묻겠습니다. 대답한다면 그대는 구제될 것이고, 대답하지
못하면 떠나야 합니다. 법은 본래 법이 아닌데, 그대는 어떤 법을
수호합니까?" 여인은 대답을 하지 못했고, 잇쿄는 그녀를 내쫓았다.
그때 폭풍이 몰아쳐 연못이 출렁이더니 거대한 흰 뱀이 나타났고,

마침내 뱀은 츠우겐에게서 계를 받았다. 이 이야기는 원규元珪가 숭산의 신에게 계를 내린 일을 상기시킨다.[33] 당대唐代 중국에서처럼 무로마치(室町, 1336~1573) 일본에서 신들과 정령들은 승려의 덕이나 능력에 굴복해 신성한 장소를 알려주며 사원의 건립을 돕고 승려들로부터 계를 받아 사원이나 불법의 수호자가 된다.(Bodiford 1989, p.400ff 참조)

토쿠가와 일본에서 발달한 합리주의적 경향들은 나중에 서구의 합리주의에 의해 강화되었다. 그것은 선의 신비적인 면들에 대한 '우선권을 얻기' 위함이었다. 토미나가 나카모토는 신통에 대한 주요 비판자들 가운데 한 사람이었는데, 그는 신통을 마술의 한 유형으로 끌어내렸다. 그에 따르면, "외도들이 마술이라 부른 것과 붓다가 신통이라 부른 것은 사실 동일하다. 붓다의 제자들은 신통에 기대서 교리를 전하고 붓다의 가르침을 장려했다. 불교 경전은 그 내용이 거의 전부 신통이다."(『슈츠죠고고(出定後語)』 8, ed. Kyōdo 1982, pp.26, 98; Tominaga 1990, p.106도 참조) 그리고 토미나가는 이렇게 결론짓는다. "신통은 마술과 다르다고 하지만, 둘은 대체로 동일하다. … 불교도들은 그것으로 불도를 펴려 한 반면, 외도들은 오로지 자신의 이익을 구한다. 그러나 사람들을 속인다는 점에서 신통과 마술은 똑같다."(『슈츠죠고고』, ibid., pp.69, 144; Tominaga 1990, p.176도 참조) 선이

---

33 다음 이야기와 계통적 유사성도 있다. 사악한 정령들이 지츠안 유산(實菴融參)의 공동체를 어지럽히지만, 그는 전혀 주의를 기울이지 않는다. 나중에 관복 차림을 한 여덟 사람이 와서 그에게 경의를 표한다. 그들은 팔가장(八家將, 여덟 장수)인데, 태어나지 않음에 대한 그의 설법을 듣고 개종했다.

정치사회적 맥락에서 신통을 포기한 일은, 일단 선이 지방의 다이묘 (大名)로부터 보호를 받자마자 민중에게 덜 의존하게 되고 민중의 믿음과 거리를 둘 수 있었다는 사실을 반영하는 것일 수 있다. 정치 권력에 접근할 길을 찾아내자 선은 그 정당성을 민중에게 확신시키기 위해 더 이상 자신의 '능력들'을 알릴 필요가 없었다.[34]

위에서 검토한 모든 화신化身들은 셋으로 구조화할 수 있는데, 각각 초세속적인 것, 세속적인 것, 그리고 사회적인 것으로 규정할 수 있다. 그것들은 순종/위반이라는 패러다임의 변형들이기도 하다. 주술사와 꾀쟁이 모두 사회적 규범을 위반하지만, 금욕적 주술사는 여전히 불교 승단의 규율을 따르는 반면에, 꾀쟁이는 그것을 부정한 다.[35] 한편, 보살은 사원의 규칙과 사회적 규범 모두를 강조한다. 이 셋 가운데 하나에 근접하거나 이 구성 요소들 가운데 어느 하나가 우세할 때, 사기성이 농후한 다른 서사를 만들어낼 위험을 무릅쓰고 주술사, 꾀쟁이, 보살 등의 범주들에서 이 이상적인 인물들에 대한 경험적 분류가 이루어졌다. 선의 전통(들)에서 이 인물들의 위치를 어떻게 해석할 것인가 하는 문제는 여전히 남는다. 특히 주술사의 이상적인 모습은, 대부분의 학자들이 강조하던 것처럼 단지 민중적

---

34 적절한 사례로 무쟈쿠 묘유(無著妙融, 1333~1393)의 경우를 들 수 있다. 한 제자가 그에게 와서 지난 11년 동안 선사 부용도해(芙蓉道楷, 1043~1118. 일본어로 '후요 도카이')의 화신으로부터 법을 전수받았다고 말하자, 그는 그 제자를 놀렸다.

35 많은 선종 주술사들은 계율에 통달한 이들이었고, 앞서 언급했듯이 그들은 토착의 신들이나 정령들에게 불교의 계를 줌으로써 그들에 대한 자신들의 힘을 명확하게 주장했다.

믿음에 대한 양보로 생겨난 것이 아니었다. 그것은 오히려 선 수행과 성자전에서 중요한 패러다임이었고, 어느 정도는 점오의 경향과 겹쳤던 것처럼 보인다. 그러나 그 운명이 (선종 내에서뿐만 아니라 선종과 탄트리즘, 도교 또는 다른 '이단적' 교리들 사이에서) 종파적 경쟁자들의 발달과 밀접하게 연관되었다는 사실 또한 분명하다. 이런 의미에서 그것은 선종사의 한 지표가 될 수 있다. 여러 면에서 꾀쟁이의 (그리고 그보다 덜한 정도로 보살의) 이상은 이런 초기의 인물에 대한 반응으로, 또 당-송唐宋의 전환을 나타내는 사회적 변화에 선의 이념을 적응시키려는 시도로 볼 수 있다.

7장 대역의 변형들(Ⅰ): 유물

형상 없는 몸은 형상 있는 몸 안에 있도다.[1]

— 보지寶誌, 『경덕전등록』

검푸른 빛 유리병 한 쌍에
색은 가을물보다 차갑고나.
화장하고 남은 사리 보이니
금단처럼 둥글게 구르는구나.[2]

— 백거이白居易, 〈절간〉

주술사의 중요성과 밀접하게 관련이 있는 것은 유물들 및 조사의 진영들에 집중된 숭배다.[3] 이는 언뜻 보기에 선과 같이 '무형無形'을

---

1 〔역주〕〈보지화상십이시송寶誌和尚十二時頌〉(『경덕전등록』권29) 가운데 일부로, 원문은 이러하다. "有相身中無相身."

2 〔역주〕〈유오진사시(遊悟眞寺詩, 오진사에서 놀고 지은 시)〉의 일부로, 원문은 이러하다. "雙瓶白琉璃, 色若秋水寒. 隔瓶見舍利, 圓轉如金丹."

3 인도 불교의 유물 숭배에 관해서는 특히 Schopen 1975, 1987, 1988; Pierre Saintyves, "Les reliques du Buddha" in Saintyves 1987, pp.922-934; Thūpa-vaṃsa in Jayawickrama 1971 참조. 서구의 유물 숭배에 대해서는 Geary 1978, 1986 참조. Peter Brown, "Relics and Social Status in the Age of Gregory of Tours" in Peter Brown 1982, pp.222-250 또한 참조. 성인 숭배에 대해서는 Peter Brown 1981, 1982; Saintyves 1987; Kaplan 1986 참조.

강조하고 기도 수행을 거부하는 교리에서는 놀라운 일일 수 있다. 선종에서 선호하는 경전 가운데 하나인 『금강경』에서, 붓다는 색계色界에서 자신을 찾는 사람들은 미혹된 것이라고 주장한다.(Conze 1957, p.88 참조) 그렇다면 더욱 놀라운 것은 미라나 '육신肉身'의 존재와 그것의 숭배다. 홈즈 웰치(Holmes Welch)가 말했던 것처럼. "참으로 육신에 대한 모든 개념은 무상無常의 교리를 반대하는 예증으로, 그리고 인도 불교의 비구들이 화장터에 머물면서 주검의 해체에서 무상의 교훈을 이끌어내는 정신과는 위배되는 것으로 보일 수 있다."[4]

　문인文人들은 불교의 유물 숭배를 앞뒤가 맞지 않다고 하면서 경시하는 경향이 있었다. 그러나 선에도 정통 학문이 주로 방치했던 그런 경향이 있다. 그것은 '성상파괴적' 선의 독창성과 순수성을 주창하는 데 열중하느라 생긴 일이다. 이 경향은 '성사적聖事的 경향'이나 '왕권 표상의 경향이라 부를 수 있으며,[5] 특히 초기와 중기 선에서 두드러진다. 나중에 '고전적' 선의―수행에서는 아니고― 공식적 담론에서 억제

4 Welch 1967, p.345. 『유마경』의 다음 대목이 아마 표준적인 전거일 것이다. "여러분, 이 몸은 무상하고 불안정하고 믿을 수 없고 무력하며, 견고함이 없고 사라지기 쉽고 영속하지 않으며, 괴로움과 걱정으로 가득하고 온갖 병이 모이며 변화하기 쉽다. … 현명한 이는 이 몸을 믿지 않는다."(Lamotte 1962, pp.7-13) 그러나 모순은 피상적인 것일 수도 있다. 조나단 패리(Jonathan Parry)가 기술한 힌두교의 맥락에서는, 고행자들이 글자 그대로 '주검들을 먹기' 위해서 화장터에 가고 그리고 그들은 차례로 '육신들'이 되려고 애쓴다.(Parry 1982, pp.86-101)
5 주된 의미에서 왕권 표상은 그 소유자에게 왕권을 부여하는 물질적인 것들이다. 조사의 의발이나 유물을 소유하는 일은 선사들에게 '법좌'(이론상으로 왕권보다 우위에 있는 자리)에 오를 자격을 부여했을 뿐만 아니라 앞으로 보게 되듯이 황제들을 적법화하는 데에도 유용했다.

되었지만, 마침내 일본의 선종에서 특히 조동종에서 다시 나타났다. 이는 칼 빌레펠트가 명상 수행의 맥락에서 '가족 비밀'이라 불렀던 것의 또 다른 사례일 수 있다.(Bielefeldt 1986, p.147) 따라서 일반적으로 일본 학자들이 '장례' 선으로의 중세적 전환이라 간주하는 것은 초기 선에서 이미 작동하던 경향이 다시 부상한 것으로 볼 수 있고, 그렇게 대단한 '혁명'이라 할 수는 없다.

여기서 나타나는 양상이 우리가 주술사 전통과 관련해서 진술한 것과 상당히 유사하다는 사실은 그리 놀랍지 않다. 그것은 사실상 같은 동전의 다른 면이다. 주술사들이 살아서 발휘했던 신통력은 그들이 죽은 뒤에 그 유물의 일부가 된 것으로 믿어졌으며, 그들의 카리스마는 객관화되고 전파되었다.[6] 쇼펜(Schopen 1987)이 붓다에 대해 말한 것, 즉 붓다와 그의 유물들이 별개의 것으로 생각되지 않았던 것 같다고 한 말은 불교의 성인들에게도 적용된다. 그러나 표현의 차원에서 볼 때, '주체' 즉 살아 있는 존재로서 유물과 '대상'이나 물품으로서 유물 사이에는 상호작용이 있었다.(Geary 1978, p.531 참조) 유물들의 힘은 다양한 사후 신통력으로 해석될 수 있으며, 선에서 그 중요성은 신통과 유물 모두 명상의 산물이며 깨달음의 증거였다는 믿음을 나타낼 수도 있다.[7]

---

[6] 그러나 스티븐 카플란이 또 다른 맥락에서 언급했듯이 죽음은 '성스러운 사람'과 '성인' 사이의 '분수령'으로 남아 있고, 두 인물은 '신성의 경제'에서 동일한 기능을 수행하지 않는다.(Kaplan 1986, p.11)

[7] 유물의 원천은 죽을 필요가 없었고, 유물들의 '사후' 효험을 보여주는 경우들이 있다. 가령 계율의 전통에 따르면, 이발사 우팔리가 자른 붓다의 머리카락은 고팔리 왕자를 전쟁에서 승리자가 되게 해주었다.『法寶義林』권2, 〈佛鉢〉,

특히 탁월한 '유물'은 몸을 화장한 뒤에 남은 결정체 조각들, 곧
사리舍利다.[8] 그러나 가장 넓은 의미에서 유물은 고승이 남긴 모든
것을 가리킨다. 따라서 '신체 유물'(머리카락, 잘라낸 손톱, 유해, 뼈,
'육신')과 '접촉 유물'(발우, 주장자, 가사, 문서 또는 심지어 장소나 '흔적들')
을 구별할 수 있다.[9] 초기 대승에서는 숭배의 대상으로 『법화경』
같은 성스런 텍스트들이 붓다의 사리보다 더 뛰어나다고 주장한다.
대개 그렇듯이 그런 주장을 유물 숭배에서 벗어난 것으로 해석할
필요는 없고, 오히려 특정 유물에서 다른 유물로 전환한 것으로 해석할
필요가 있다.[10] 그레고리 쇼펜(Gregory Schopen)은 인도에서 경전의

---

p.170b 참조. T. 23-1435, p.415 and 『釋迦譜』, T. 50-2040, p.66도 참조하라.

[8] "사리는 영적 삶의 지고한 그리고 가장 발달된 상태, 즉 생명력이 작고 반짝이는 '보석들'로 변형된 상태를 나타내기 위한 기술적 용어인데, 몸을 화장한 뒤에 발견할 수 있다."(K. L. Reichelt, quoted in Prip-Møller 1982, p.172) 동남아시아의 맥락에서 이 유물들에 대해 서술한 최근의 성과로는 Tambiah 1984, p.109 참조.

[9] Schopen 1987, p.203; Renou and Filliozat 1985 Vol.2, p.605 참조. 이런 의미에서 보리달마가 면벽 수행했다고 하는 동굴도 유물로 간주될 수 있다. 장소와 물건의 결합은 붓다의 발자취나 그의 그림자가 찍힌 돌들에서도 볼 수 있다. 가장 유명한 것은 파탈리푸트라에 있는 '사리탑' 근처에 있다. 후대의 복제들처럼 단순히 붓다의 '상징'으로서가 아니라 '성현聖顯'으로 간주된다는 것은 그것이 마술적 속성을 지녀 몇몇 왕들이 탐냈다는 사실에서 명백하다. 『法寶義林』 권2, 〈佛足石〉, p.188 참조. Falk 1977도 참조하라. '대역'으로서 붓다의 그림자에 대해서는 Lamotte 1944~1980 Vol.1, p.553 참조. 앞으로 보게 되듯이 숭산의 동굴 근처에도 보리달마의 '영석(影石, 그림자 돌)'이 있다.

[10] 표준적 전거는 『법화경』의 다음 대목이다. "이 경전 있는 곳에 칠보탑을 세워야 하며, 거기에 유물을 두어서는 안 된다. 왜 그런가? 붓다의 온 몸을 담고 있기 때문이다." Schopen 1975; Hirakawa 1963; Mitomo Ryōjun, "An Aspect of

숭배는 붓다의 유물을 숭배하는 것에 대한 반작용으로 일어났다고
주장했는데, 그 주장이 옳을지도 모른다.(Schopen 1975, pp.147-181;
Hirakawa 1963) 그런데 동아시아에서 이 두 숭배는 동일한 '성사적'
경향의 변형에 지나지 않는다.[11] 결국 성스런 텍스트는 종종 '붓다의
법신사리法身舍利'로 묘사된다. 유물이 붓다의 신체적 대체물이었듯
이 경전은 그의 언어적 대체물이다.[12] 가령, 의정은 두 종류의 사리를
구별한다. 붓다의 신체적 유골들과 연기緣起에 대한 게송이 그것이
다.(Takakusu 1970, pp.150-151 참조)

우리가 다음 장에서 다시 살펴볼 한 가지 특별한 경우는 자동적으로
미라가 된 몸이다. 이것은 불교도들에 의해 성인됨의 결과로, 더
정확하게는 도덕성과 정신 집중, 지혜 등의 힘이 죽은 이의 온몸에
스며들어 변형시킨 증거로 여겨졌다.[13] 얼핏 보기에 사리와 '육신'은

Dharma-śarīra," IBK 32, 2(1984), (4)-(9) 참조. 다른 종류의 유물에 대해서는
Renou and Filliozat 1985, Vol.2, p.605 참조. 14세기 일본 천태종의 백과사전인
『케이란슈요슈(溪嵐拾葉集)』에서 우리는 '생체生體'의 사리(의례 도구, 주장자,
발우)와 '법신의 사리'를 구별한 경우를 보게 된다.(sūtras; T. 76-2410, p.844b)
한국에서는 붓다의 사리가 불보佛寶 사찰로 알려져 있는 통도사에 안치되어
있으며, 한편 한국의 대장경 목판은 법보法寶 사찰인 해인사에 보관되어 있
다.(Buswell 1983, p.89)

11 『육조단경』이나 도겐의 『쇼보겐조(正法眼藏)』는 (거의) 동일한 방식으로 사리와
같은 유물이었다. 저술 전체가 하나의 이적이 되었고, 객관화된 카리스마로서
영적인 힘의 원천이 되었다.
12 언어적 몸의 대체물로서 법신에 대해서는 Mus 1935, pp.56-83 참조.
13 『코지루이엔(古事類苑)』, 「宗教部」 1, p.241, 251 참조. 인도에서는 유물들에
"도덕성, 정신 집중, 지혜 등이 주입되었다"고 이미 믿었다.(Schopen 1987,

양립할 수 없는 것처럼 보인다. 사리는 화장火葬의 산물임을 의미하고,
미라는 어떤 매장埋葬의 산물임을 의미하기 때문이다. 그럼에도 사리
와 미라는 동일한 현상의 변형으로, 즉 인류학자들에게 '이차 장례'라
는 이름으로 친숙한 현상의 변형으로 보여질 수 있다.[14] 많은 전통
문화들에서처럼 중국에서 대역 장례의 목적은, 정화된 뼈의 형태로든
미라의 형태로든 불후의 몸을 얻으려는 것이었다. 이런 관점에서
보면, 자동적 미라화는 특별한 경우로 보일 수 있다. 즉, 임시 매장을
한 목적으로, 때로는 그 부산물로 보일 수 있다. 미라를 의례적으로
배치하는 것과 마찬가지로, 주검의 화장과 사리의 매장도 이차 장례에
해당한다. 몸을 훼손시키는 것과는 거리가 먼 그것들은 몸을 재창조하
는 것으로, 그리하여 죽은 이를 더 높은 존재론적 차원에서 재통합하는
것으로 인식된다.(Hertz 1960, p.20) 블로슈와 패리가 다음과 같이
말한 것처럼. "첫 번째 처리는 시간에 속박된 개인 그리고 죽음의
불결한 측면과 관련되고, 두 번째 처리는 전통적인 권위가 기반하는
영속적인 질서를 재창조하는 재생적 측면과 관련된다."(Bloch and
Parry 1982, p.11)

---

pp.204-206) 사리는 세 가지 색으로, 즉 흰색(뼈 사리), 검은색(머리칼 사리),
빨간색(살 사리)으로 나타난다. 아라한과 보살들도 사리를 남기지만, 이들 유골의
단단함은 붓다의 사리와 대등하지 않다고 알려져 있다. 『코지루이엔』, ibid.,
p.243 참조.

[14] 또는 나중에 보게 되듯이, 유물들이 죽은 이의 '대역'으로 인식되기도 한다는
이중적인 의미에서 보자면, '대역 장례'가 더 나을 수도 있다. '이차 장례'에
대해서는 van Gennep 1960; Hertz 1960; Huntington and Metcalf 1979; Bloch
and Parry 1982 참조.

선에서 이런 장례 관행의 장소는 어디였으며, 어떻게 그것을 '돈오'
의 관념과 조화시킬 수 있었는가? 에르츠에 따르면, "유물 숭배 자체는
산 자의 집단과 죽은 자의 집단 사이에는 연속성을 위한 절대적인
해법이 없다는 관념을 전제로 한다."(Hertz 1960, p.44) 기독교 서구에
서처럼 중국에서도 "초자연적 힘이 일상의 필요에 응하는 주요 통로가
유물들이었다. 평범한 사람들도 그것들을 보거나 만질 수 있지만,
그것들은 이 덧없는 세상에 속하지 않고 영원에 속한다."[15] 고대 그리스
무덤들의 콜로소스(colossos, 수직 석판)처럼(Vernant 1976, Vol.2, p.67
참조) 사리탑이나 성골함은 일종의 세계축으로, 즉 천상과 지상이
죽은 이의 유물을 통해 소통하는 곳으로 기능하며, 죽은 이는 살아
있는 존재로 인식된다.[16] 사리탑은 이런 식으로 신성한 공간을 '인간화'
하고 동시에 인간의 조직들을 '신성화'하는 데에 활용되었다. 유물은
다른 세계와의 중재를, 즉 언뜻 보기에 윤회와 열반 사이의 대승적
일치와는 모순되는 것 같은 중재를 암시한다. 여기서 다시 우리는
이념의 한계에, 수행의 근거가 되는 교리와 가치들 사이의 전도된
관계에 맞닥뜨린다. 유물들은 죽음의 매혹과 죽음 '길들이기'라는
두 가지 상반된 태도 또한 중재한다. 그것들은 죽음을 산 자들의
세계로 가져오지만, 삶에서 죽음으로의 연속성을 보장하고 또 죽음을

---

15 Richard Southern, *Western Society and the Church in the Middle Ages*(New
    Haven: Yale University Press, 1953), p.31.

16 쇼펜이 보여주듯이 사리탑 자체는 법인(法人, legal person)으로 간주되었
    다.(Schopen 1987, p.206) 사리탑의 상징과 숭배에 대해서는 Adrian Snodgrass,
    The Symbolism of the Stūpa(Ithaca: Southeast Asia Program, Cornell University,
    1985); Hirakawa 1963, pp.57-106; Durt 1987, pp.1223-1241 참조.

통한 삶의 재생도 보장한다. 그렇게 함으로써 구분을 흐릿하게 하고 죽음과 태어남을 무너뜨리며 두 세계의 틈을 메우는 데 기여한다. 반대로 화장은 죽음과 이차 장례를 통한 신격화 사이의 중간 기간을 단축함으로써 '돈교'를 상징화하는 것처럼 보인다.[17] 화장은 죽음과 (평범한 사람들의) 환생 사이의 또는 죽음과 (승려들의) 깨달음 사이의 변화 기간을 최소한으로 줄여준다.[18] 어떤 면에서는 사리와 미라가

17 아이러니하게도 사리의 생산은 때때로 '점진적인' 깨달음을 필요로 한다고 말한다. 예컨대 Tambiah 1984, p.110을 참조하라. "몸을 정화하는 과정은 오래 걸린다. 만약 아라한이 깨달음을 획득한 뒤에 충분히 오래 산다면, 정신 집중의 가장 심오한 경지로 한결같이 몰입한 마음 덕분에 그 몸은 '유독한 성분들'을 제거할 기회를 얻고 그리하여 죽은 뒤에 그 유해가 유물로 변할 가능성이 있다." 이는 '단박에' 깨달음을 얻고 깨달음을 얻은 뒤에 충분히 오래 살지 못한 아라한과는 반대다.

18 두 경우에 화장은 환생으로 인식된다. 망상의 수준에서든 이상적으로 더 높은 수준인 열반에서든. 일본에서는 죽은 자들이 '붓다'로 불리지만, 그들은 육도六道 가운데 하나에 다시 태어날 수 있고 또 사람으로 태어나기를 바란다는 것이 일반적인 믿음이다. 반 겐넵(Van Gennep)은 화장의 의미에 대해 에르츠에 동의하지 않으며, 화장은 새로운 몸을 창조하지 않고 단순히 정신적–신체적 요소들의 분리를 촉진한다고 주장한다. 그의 주장은 몸에 대한 초기 불교도들의 태도에 의해 뒷받침된다. 사이델이 지적했듯이 인도의 불교도들에게는 화장이 세계와 거짓-나의 소멸을 바라는 소망의 표현이었다.(Seidel 1983a, p.585 참조) 계환戒環 같은 중국 승려들에게서 유사한 생각을 볼 수 있는데(ZZ 1, 47, 3, p.337 참조), 계환은 화장이 '신神'과 '백魄'의 분리를 용이하게 해주기 때문에 좋은 것이라고 주장한다. 그러나 (에르츠와 반 겐넵의) 두 가지 관점은 결코 양립할 수 없는 것이 아니고, 둘 다 불교의 관습에서 발견된다. 인도의 불교도들은 화장을 분리/소멸 또는 재창조/재통합으로 인식했다. 중국에서는 유물 숭배의 발전과 함께 그리고 소멸이라는 개념에 대한 유교 이념의 저항과 함께, '재창조'라는

환생의 과정을-적어도 상징적으로- 끝장낸다. 그것들은 어느 정도 역설적인 분기를 초래하는데, 불변성의 성취라 할 열반으로 이끄는 영성화의 상향 운동, 그리고 변화의 세계, 숭배의 세계로 회귀하는 물질화의 하향 운동이 그것이다. 기독교의 유물들과는 다르게 그것들의 의미는 본질적으로 종말론적이지 않다.(Schopen 1987, p.203 참조) 그것들은 돈오를 상징하거나 이룬다. 궁극적 깨달음 또는 성인의 '변형'을, 더 높고 절대적인 존재론적 차원으로의 재통합을 상징하거나 이룬다. 그러나 그것들은 성인의 힘을 돌려 지상으로 내려보냄으로써 숭배자들을 위한 매개를 이루기도 한다. 의례로써 활성화된 이 변형시키는 힘이 수행자로 하여금 영적 진전을 이루게 해주는 한, 유물들은 구제론적 역할을 한다. 시인 왕유王維가 세상을 떠난 선사의 비문에서 정각淨覺의 제자들을 대신해 이렇게 썼던 것처럼. "우리는 여전히 깨달음을 얻으려는 바람으로 그의 사리에 의지한다."(Yanagida 1967, p.519) 뭐가 지적했듯이, 이런 의미에서 사리 숭배는 열반의 개념과 모순되는 것이 아니라 오히려 그것을 보완한다.(Mus 1935, pp.82-83) 이념적으로 유물(또는 사리탑)은 단지 "임시적인 버팀목이며, 여기에서 사람은 구체화할 수 없는 투영을 통해 지고의 초월성으로 도약하기를 바란다."(ibid., p.79) 그러나 일반적인 관행으로 볼 때, 유물들의 복덕은 대부분 마술적이어서 숭배자에게 세속적 이익을 가져다주는 것 같다. 그것들이 하는 중재는 주술적 내재성이라는 이념으로 초월성의 이상을 대신하면서 그 자체가 목적이 되어 버리기

에르츠식 동기가 우세했던 것 같다.

도 한다.

사리 숭배

처음부터 사리는 인도 불교에서 매우 중시되었다. 전승은 붓다의
입멸 뒤에 간신히 피할 수 있었던 '유골 전쟁'에 대해 전해준다.[19]
이 유골들 그리고 셀 수 없이 많은 다른 사리들은 결국 경쟁자들에게
분배되어 여덟 개의 사리탑에 안치되었는데, 사리탑을 둘러싸고 곧바
로 숭배가 발달했다.(Przyluski 1935~1936 참조) 아쇼카왕이 8만 4천
개의 탑을 세워서 이 유골들을 안치하게 했으며, 그 가운데 하나가
중국 아육왕산阿育王山의 유명한 탑이라는 전승이 있다.[20] 붓다의

19 붓다의 '위대한 유골' 일곱 개는 그의 송곳니 넷, 쇄골 둘, 그리고 이마뼈 하나로
   이루어진다. Hastings 1924, "Relics", p.659ff; *Thūpavaṃsa* in Jayawickrama
   1971, p.34 참조. 최초의 '종교적 도둑질'은 나찰 둘이 제석천에게서 붓다의
   치아 두 개를 훔친 일이다.(T. 1-1, p.48b) 제석천 자신도 드로나에게서 하나를
   몰래 가져왔다. 드로나는 유골을 차지하려고 서로 경쟁하던 여덟 명의 왕들
   사이에서 그 유골들을 분배했던 브라만이다.(*Thūpavaṃsa*, ibid., p.41 참조.)
   『법원주림』에는 이 치아들 가운데 하나가 북제北齊의 문선제(文宣帝, 550~559
   재위) 때 중국에 왔다고 기록되어 있다. 다른 전승에 따르면, 치아 하나를 위타천
   (韋駄天, 那吒의 변형)이 되찾았고, 이를 도선道宣 율사에게 주었다고 한다. 이
   유골은 선에서 중요한 구실을 했다. 그것은 사가嵯峨 천황의 치세 때 일본에
   전해졌다.(Péri 1916, p.33; Soper 1948, p.25 참조) 또 다른 치아는 475년에 법현法顯
   이 코탄(Khotan, 于闐)에서 가져왔지만, 522년에 도둑 맞았고 그 뒤로는 기록이
   없다.

20 아육왕산의 성골聖骨에 대한 역사는 『阿育王傳』(T. 50-2042); Alexander C.
   Soper, "Japanese Evidence for the History of the Architecture and Iconography

치아나 손가락뼈 같은 유골들은 아시아의 불교 국가들에서는 대중화
되었다.[21] 한유(韓愈, 786~824)는 당 헌종憲宗이 그런 유골 하나를
숭앙하는 것에 대해 항의하려고 〈논불골표論佛骨表〉를 썼는데, 이것
은 도리어 유골이 엄청나게 인기 있었음을 입증한다.[22] 중국 불교도들
도 '아주 특별한 주검'(Peter Brown 1981, p.69)의 유골들을 숭배하게
되었다. 한유의 주장에도 불구하고, 유골 숭배는 '저속한 미신'의
허용만을 나타내는 게 아니었다. 인도에서처럼(Schopen 1988, p.535)
그것은 공식적 사원 개념을 나타내고 사원과 제국의 정통성을 위한
강력한 수단으로 여겨졌다.[23] 분신焚身이나 자해自害의 관행은 숭배의
주요한 한 양상이었다.(Gernet 1959 참조) 붓다의 유골 앞에서 자신의
몸을 또는 그 일부를 희생함으로써 또 하나의 몸, 불사의 몸을 마술적으

---

of Chinese Buddhism," *Monumenta Serica* 4, 2(1940), pp.639-646, 669-678;
Soper 1948, p.39 참조. 유골 자체에 대한 흥미로운 기술로는 쉬윈(虛雲)의
자서전(Xu Yun's autobiography 1988, p.41) 참조. 쉬윈은 사리가 자신이 볼 때마다
다르게 나타났다고 기술하는데, "그 크기와 색깔은 참배자의 감각기관과 그
활동 영역에 따라 달라지기" 때문이다.(ibid., p.42) 개개인의 업에 따라 달라진다
는 말이다.

21 붓다의 치아에 대해서는 『法寶義林』 권3, 〈佛牙〉, pp.203b-205a 참조.

22 「논불골표論佛骨表」 참조. Homer H. Dubs, "Han Yü and the Buddha's Relic:
An Episode in Medieval Chinese Religion," *The Review of Religion* 11(1946),
pp.5-17도 참조.

23 예컨대 붓다의 치아는 양梁, 진陳, 수隋 왕조들의 정당화에 매우 중요한 역할을
했다. Tuskamoto 1975, Vol.3, pp.109-128 참조. 『불조통기』, T. 49-2035,
pp.460-461 또한 참조. 송대에는 거의 해마다 인도 승려들이 붓다의 유골을
궁중에 바쳤다. Jan 1966a, 6-2, p.144ff 참조.

로 만들어냈다.[24]

또 다른 관행은 자신의 피로 불교 경전을 필사하는 일이다. 경전이 붓다의 법신法身으로 인식되는 한, 이 관행은 단순히 헌신의 과잉이 아니라 피의 주입으로 붓다가 되려는 시도이며 자신을 위해 불멸의 경전적인 몸을 창조하려는 체계적인 시도라고 풀이할 수 있다. 잘 알려진 사례는 감산덕청(憨山德淸, 1546~1623)의 경우다. 그는 '피를 잉크로 바꾸기'라는 프랑스 어구를 문자 그대로 거꾸로 하는, 즉 자신의 피로써 『화엄경』을 필사하는 일에 2년(1579~1581)을 보냈고,[25] 마침내 산 채로 미라가 되는 데 성공했다.(Hsü 1979, p.72 참조) 감산의 동기는 희생적인 보살의 이상과 부모에 대한 기억을 기리면서 속죄하려는 욕망에 고무된 것으로, 확실히 복잡한 것이었다. 그렇지만 이것이 위에서 약술한 성변화聖變化의 논리를 반드시 배제하는 것은 아니다. 감산의 『화엄경』 필사본이 사리로 인식되었다는 사실은 오대산에서 열린 황제 후원의 기도회로 입증되는데, 그때 경전은

---

24 이런 의례들의 경전적 모범은 『법화경』에 있는 것 같다. 이런 의문과 중국 불교에서 분신의 유행에 관해서는 Gernet 1959 참조. 수계受戒 때 자신의 머리나 손가락들을 태우는 관행에 대해서는 Groot 1893, pp.217-228 참조. 한유의 유교적 논설 외에 이런 관행들을 비난한 것에 대해서는 Yijing, in Takakusu 1970, p.195 참조.

25 자신의 피로 경전을 필사하는 관행은 『화엄경』 자체에 의해 옹호되었다.(T. 10-279, p.845c 참조) 다른 전거로는 『불설보살본행경佛說菩薩本行經』(T. 3-155, p.119b), 『대지도론』(T. 25-1509, p.178c) 그리고 위경인 『범망경梵網經』(T. 24-1484, p.1009a)도 있다. 다른 때에 감산은 자신의 피로써 여러 경전들(『법화경』, 『금강경』, 『범망경』)을 필사한 것으로 보인다.(Zhang Shengyan 1975, p.228 참조)

탑 안에 안치되었다. 앞으로 보게 되겠지만, 감산은 또 경전을 필사하는 동안에 '무속적인' 꿈들을 꾸었고 이를 통해 자신의 몸이 정화되고 재생되는 경험을 했다.(Hsü 1979, p.73) 감산과 동시대인인 지욱(智旭, 1599~1655)은 또 하나의 흥미로운 경우다. 그는 『아함경』과 위경인 『범망경』 같은 여러 대승 경전들을 일곱 번이나 자신의 피로 필사했을 뿐만 아니라 스물여섯 살 때부터 쉰여섯 살 때까지 정수리를 여덟 번, 팔을 스물여덟 번이나 태우는 형태의 자해를 끈질기게 실행하기도 했다.(Zhang Shengyan 1975, pp.224-233 참조)

　'성자의' 사리는 두 가지 다른 방식으로 생산된 것 같다. 화장을 통해서, 그리고 '발산'에 의해서. 화장이라는 고전적 방식 외에 중국에는 신앙이나 명상의 결과로 사리가 '실현되는' 오랜 전통이 있다. 사리는 손에서, 입에서, 미간에서, 머리칼에서 또는 열렬한 신자의 옷에서 나타났다고 전한다. 심지어는 붓끝에서, 경전의 문자들에서, 불상의 미간에서도 나타났다.[26] 소그디아(Sogdia, 康國) 출신의 승려인 강승회(康僧會, 대략 3세기)의 전기를 그 표준적 전거로 볼 수 있다. 그는 제자들과 함께 며칠 동안 집중적으로 명상을 한 뒤에 드디어 황제의 면전에서 금강석보다 더 단단한 사리 한 알을 만들어내어 간신히 사형을 피했다.(T. 52-2106, p.410b; Shih 1968, pp.23-25 참조) 『능가사자기』에는 혜안慧安의 사형제인 현색玄賾의 사례가 기록되어 있다. 그는 선정에 몰입해 있을 때 깨달음의 증거로 "갑자기 오색 빛이 찬란한 사리가 두 눈에서 각각 뿜어져 나왔다."(Faure 1989, p.90

---

26 Zhen Hua, "Fota gaolüe," in Zhang Mantao 1978, pp.282-285 참조.

참조) 북종선의 다른 승려 원규元珪는 꿈에서 사리를 얻었다.[27] 당 중기 즈음에는 사리의 수가 현저하게 늘었다. 가령『불조통기』에는 천복사千福寺의 탑이 건립되었을 때(744년) 승려이자 주술사인 초금楚金이 법화삼매法華三昧의 의식을 거행해 사리 3,070알을 얻었다고 기록되어 있다. 송대에는 도사들조차 사리를 낳기 시작했다. 장백단張伯端을 화장하자 사리 수천 알이 나왔다.[28] 그러나 불교도들이 다른 종교를 상대로 주장을 내세울 때에는 사리를 일종의 무기로 사용했다. 선사 계승契嵩은『심진문집鐔津文集』에서 선을 유교적 용어로 해석하려 하면서도 불교가 다른 가르침들보다 우월한 것이 사리 덕분이라고 했다.[29] 일본의 선승 코칸 시렌(虎關師鍊, 1278~1346)도 그의『겐코샤쿠쇼(元亨釋書)』에서 비슷하게 말하고 있다. "사리는 불교에 특유한 것이고 도교와 유교의 책에서는 언급된 적이 없다. … 나는 사리가

27 〈大唐中嶽東閑居寺故大德珪和尙紀德幢〉, in SKSLXB 7, p.4849b 참조.

28 선종에서 화장을 통해 얻은 유골의 수를 부풀리는 일은 무쟈쿠 도츄(無著道忠)가 제공한 자료들에 잘 나타나 있다. 그는 사리 열여섯 알(安朱化의 전기), 3백 알(승찬), 1천 알 이상(知壽, 行化), 오색 사리, 오색 사리 및 온전한 치아와 혀를 남긴 화장, 콩알 만한 크기의 사리(靑州), 화장한 뒤에 비처럼 내린 사리(無祖, 慧日能), 그리고 마지막으로 '셀 수 없이 많은 사리'가 나온 경우들을 열거한다.(Yiyuan Yongning;『쵸테이 후노(長汀布囊)』, 〈샤리(舍利)〉, unpublished ms., Hanazono College)

29 T. 52-3225, p.518c. 계승의 주장은 신통에 대한 유밀柳謐의 주장(T. 52-2117, p.793)을 상기시킨다. 그러나 신통은 비불교도들도 발휘했기 때문에 유밀과 다른 불교도들은 이에 대해 양면적인 태도를 유지했지만, 사리는 원칙적으로 언제나 불교도들을 위해 보존되었다. 똑같은 점을 송 황제 인종仁宗이 〈사리예찬〉에서 지적했다.(Quoted by Zhen Hua in Zhang Mantao 1978, p.284)

계율, 선정, 지혜 등의 충만에서 나온다고 들었다. … 공자와 노자의 무리에게 사리가 결여된 것 그리고 사리가 강설하는 이들에게는 적고 선승들에게는 많다는 것은 당연하다."(DNBZ 62-470, p.110)

뛰어남의 여부는 획득한 사리의 수만이 아니라 그 크기와 질에도 달렸다.『대혜보각선사종문무고大慧普覺禪師宗門武庫』에 따르면 이러하다. "곳곳의 존숙들이 입적하면, 온몸을 불로 씻어서 많은 사리를 얻는다. 그런데 진정眞淨의 사리는 오색이 영롱하고 크기가 콩알만하면서 금강석보다 단단했다."[30] 다른 홍미로운 사례는 무명(無名, ?~795)의 경우다. "살은 불에 타버렸지만, 영롱한 뼈들이 반듯한 자세로 남아 있었고 깨끗하고 밝게 보였다. 몸의 기관들과 관절들은 단단히 연결되어 있었고 옥처럼 빛나고 매끄러웠다."(Rhie 1977, p.20) 완벽한 '무념無念'에 근거한 수행과 사리의 관계를 보여주는 더욱 극단적인 사례는 앵무새의 사리 이야기다. 당나라 때 배씨裵氏에게는 염불을 할 수 있는 앵무새가 있었다. 앵무새가 죽었을 때, 그 몸을

---

30 『선학대성禪學大成』권3의 『대혜보각선사종문무고』, p.6 참조. 텍스트는 강승회의 이야기를 떠오르게 하는 방식으로 어떻게 이 사리들을 모루에 놓고 망치로 내리쳤는지, 또 전혀 부서지지 않은 채 모루와 망치만 움푹 패였는지를 들려준다. 또한 진정의 제자는 결국 미라가 되었으며 그의 육신은 여전히 볼 수 있었다고 말한다. 끝으로 불조덕광(佛照德光, 1121~1203)에 관한 이야기를 들려주는데, 그는 일본의 다이니치 노닌(大日能忍)과 다르마슈를 인증해주는 선사였다. 불조는 나한상들을 태웠고 거기에서 사리를 발견했다고 한다. 이 이야기는 전형적인 성상파괴자인 단하천연(丹霞天然, 739-824)의 이야기와 홍미로운 대비를 이룬다. 불상을 태운다는 비난을 받자, 단하는 몸을 데우려고 나무 조각을 태울 뿐이며 어떤 사리도 그 안에서 발견되지 않을 것이라고 대답함으로써 자신의 행동을 정당화했다. (『송고승전』, T. 50-2061, p.773b 참조)

화장하니 사리 열 알 이상이 나왔다. 혜관慧觀이라는 고승이 새를 위해 탑을 세웠고, 위고(韋皐. ?~794/803)가 〈서천앵무사리탑기西川鸚鵡舍利塔記〉를 썼다.[31] 위고가 사천四川과 남조南詔 왕국에서 선의 발달에 주된 역할을 했고 신회神會의 비문을 썼다는 사실을 떠올린다면, 이 유골에 대한 그의 관심은 의미심장하다.[32] 사리 숭배는 중국 불교에서 변함없이 이어졌다. 1959년 10월에 쉬윈(虛雲)이 120세라는 상서로운 나이에 죽었을 때, "백 알이 넘는 오색의 커다란 유골들과 대부분 흰색인 셀 수 없이 많은 작은 유골들"이 화장터에서 발견되었고, 곧바로 탑에 안치되었다.(Xu Yun 1988, p.212 참조)

　사리는 한국 불교의 주요한 특징이기도 했다. 『삼국유사三國遺事』에 따르면, 최초의 사리는 549년에 양梁나라 황제가 신라에 보낸 것이었다. 율종의 개조인 신라 승려 자장慈藏은 붓다의 사리를 한국〔신라〕으로 가져 왔으며, 그 대부분은 그가 창건하고 나중에 불보사찰佛寶寺刹로 알려지게 된 통도사에 안치되었다.(Ha and Mintz 1972, p.225) 그 뒤로 몇 차례에 걸쳐 붓다의 치아 유골들이 중국에서 전해졌

---

31 〈西川鸚鵡舍利塔記〉, QTW 453, 10, p.5858 참조. Dunhuang ms. Stein 3835에 나오는, 사리를 저절로 낳은 새의 경우도 참조.

32 Yanagida 1988b, p.24 참조. 신회의 유골들도 남종의 성공에 중요한 역할을 했다. 종밀(『원각경대소초』, in ZZ, Taibei ed., 14, p.553b)에 따르면, 신회가 입적하던 날 밤에 산남동도절도사제주자사山南東道節度使制州刺史 이광주李廣珠는 신회의 좌석이 허공에 뜨는 것을 보았으며 또 자신에게 개원사開元寺로 가서 신회를 맞이하라는 소리를 들었다고 한다. 그 이듬해, 신회의 '온몸'은 (용문의 또는 개원사의) 탑에 안치되었다. 신회의 무덤은 최근에 용문龍門에서 발견되었는데, 발우는 들어 있었으나 불행하게도 조사의 가사는 없었다.

고, 한국의 여러 왕조들을 정당화하는 데 중요한 역할을 했다.(Ha
and Mintz, ibid., pp.226-234) 한국 선의 개혁가인 지눌(知訥, 1158~
1210)이 입적했을 때, 장례가 치러지던 7일 동안에 그의 낯빛은 마치
살아 있는 것처럼 변함이 없었다고 전해진다. 화장한 뒤에 제자들은
크고 다채로운 사리 서른 알과 셀 수 없이 많은 작은 것들을 거두었
다.(Buswell 1983, p.33) 14세기 이후에는 훌륭한 승려라면 사리를
남길 것이라 기대되었고, 이런 믿음—여전히 살아 있고 건재한 믿음—이
유행했음을 입증해주는 많은 탑들을 한국의 불교 사찰들에서 볼 수
있다.

　일본에서는 최초의 사리가 『니혼쇼키(日本書紀)』에서 비다츠(敏
達) 천황과 스이코(推古) 여제와 관련해서 언급되고 있다.(『코지루이
엔』, 「슈쿄부」, 1, p.245 참조) 유골 숭배는 쇼토쿠(聖德) 태자의 전설과
함께 발달한 것으로 보인다. 이 전설에 따르면, 두 살이던 쇼토쿠가
동쪽을 향해 합장한 채 붓다의 명호를 부르자 붓다의 사리를 담은
작은 유물함이 어린 그의 손바닥에 나타났다고 한다.(『쇼토쿠타이시
덴랴쿠』, pp.126-140) 나라(奈良)와 헤이안(平安) 불교에서 사리는 상당
한 역할을 했고, 카마쿠라(鎌倉) 시대에는 '말법末法' 사상의 발달과
함께 더욱더 그러했다. 타이라 키요모리(平淸盛)와 미나모토 요리토
모(源賴朝)가 몰래 아육왕산의 유골들을 숭배했다고 전해진다.(Yana-
gida 1981a, p.179) 『뇨라이하샤리 덴라이(如來齒舍利傳來)』라는 문서
는 현장玄奘이 인도에서 가져왔던 붓다의 치아를 어떻게 기신(義眞)이
일본에 가져왔고 안넨(安然)과 엔친(圓珍)이 전했는지, 마침내 후지와
라(藤原) 가문에 이르게 되었는지를 기록하고 있다.(『군쇼루이조』 716,

p.19) 슌죠(俊芿, 1166~1227) 율사가 개창한 센뉴지(泉涌寺) 또한 도선
(道宣, 596~667) 율사로부터 전해진 붓다의 치아를 소유하고 있다고
주장했다.[33] 사리는 선 전통에서도 두드러졌다. 비록 학자들은 그것들
을 보지 않으려는 경향이 있었지만 말이다. 예컨대 에이사이(榮西)가
쇼군 미나모토노 사네토모(源實朝, 1203~1219 재임)에게 붓다의 사리
세 알을 전했고, 그것들이 카마쿠라의 여러 사찰들에서 거행된 의식들
─샤리에(舍利會)─의 토대가 되었음을 우리는 알고 있다.[34] 그것은
도겐이 일본으로 돌아와 처음 쓴 글에서 자신이 중국에서 가지고
왔던 사리, 즉 고인이 된 스승이자 벗인 묘젠(明全, 1184~1225)의
사리를 다루었다는 사실도 알려준다.[35]

그러나 유골 숭배가 가장 두드러진 역할을 한 것은 분명히 다르마슈

---

33 슌죠의 전기에 따르면, 중국에서 12년 동안 머물고 1209년에 일본으로 돌아올
때 붓다의 사리 세 알, 보현보살의 사리 한 알, 여암如庵이라는 성자의 사리
세 알을 가져왔다고 한다. Ishida 1972, p.240 참조. 사리 이야기에 대해서는
제아미(世阿彌)의 노(能) 작품인 〈샤리(舍利)〉를 참조하라. 한편, 『와칸덴세츠시
다이(和漢傳說次第)』는 엔가쿠지(圓覺寺)에 있는 사리 또한 나찰이 도선에게 주었
던 것을 엔닌(圓仁)이 일본에 가져온 것이라고 말한다.(『코지루이엔』, 〈샤리에(舍
利會)〉, 「슈쿄부」 2, p.119에서 인용. 〈부츠가샤리키(佛牙舍利記)〉, ibid., p.117 또한
참조.)

34 1212년의 날짜〔켄랴쿠(建曆) 2년〕로 된 『아즈마 카카미(吾妻鏡)』(Nōtomi 1985,
pp.447-451에서 인용) 참조. 자신의 『코젠고코쿠론』에서 에이사이는 아육왕산의
유골들이 일으킨 이적들을 기록하고 있다. T. 80-2543, p.15c 참조.

35 『舍利相傳記』, in DZZ 2, p.395 참조. 도겐은 묘젠을 화장한 뒤에 흰색의
사리 세 알을 발견했다고, 그리고 일본에 불교가 전래된 뒤로 여섯 세기 동안에
일본 승려에게 이런 일이 일어난 것은 처음이었다고 알려준다.

(達磨宗)에서다. 그 역할에 대해서는 이 종파의 본사인 산보지(三寶寺)에서 최근에 발견된 두루마리가 증거를 제공해 준다. 거기에 여섯 조사들과 보현보살普賢光明[36]의 유골들이 전해진 이야기가 실려 있다. 적어도 15세기까지는 계속해서 전해졌다.[37] 이 유골들을 중시한 일은 노닌(能忍)이 동시대 다른 선사들과 달리 중국에 가지 않았기 때문에 의문시되었던 정통성을 확보하려는 다르마슈의 시도를 반영하는 것일 수 있다.

선종 조사들의 사리 전승은 산보지에서만 일어나지 않았다. 도겐의 제자이며 두 번째 후계자가 된 다르마슈(達磨宗) 신봉자 기카이(義介,

---

36 보현보살의 사리에 대해서는 슌죠의 전기(Ishida 1972, p.416)를 참조하라. 이 사리들은 보현보살의 상주처인 사천四川 아미산峨眉山에 갔던 순례자들이 얻었다. 슌죠는 이 순례자들 가운데 한 사람인 사천의 승려에게서 사리 한 알을 얻었는데, 그 승려는 그 산에서 7일 동안 기도하자 자기 손바닥에 오색이 영롱한 사리 여러 알이 나타났다고 주장했다. 푸른 가사를 입은 젊은이가 꿈에 나타나 북종의 선사인 원규元珪에게 사리를 주었다고 기록한 원규의 비문도 참조하라. 원규는 깨어났을 때 실제로 사리 일곱 알을 발견했다. 비문의 작가는 "이 일은 보현보살의 신성한 힘에 의해 실현되었다"고 적고 있다. SKSLXB 7, p.4849b 참조.

37 이 문서에 기록된 사리의 전체 수는 보리달마와 혜능의 사리가 각각 둘이고 네 명의 다른 조사들의 사리가 각각 하나로 모두 여덟 알이었던 것 같다. 그런데 1218년으로 적혀 있는 장부에는 서른일곱 알(아마도 부서졌기 때문일 것이다)로 기록되어 있고, 이 사리들은 다이니치 노닌 때에 중국에서 가져왔던 것이라고 명시하고 있다. 그 다음 장부들에서는 사리의 수가 꾸준히 늘고 있었으며 노닌의 사찰인 산보지에서 그것들을 간직하려고 시도했음을 보여준다. 비교적 늦은 시기의 장부는 사리 자체가 아니라 노닌이 잇고 있는 선승 대혜종고의 가사 전승에 관심을 보이고 있다. Faure 1987a, pp.37-38 참조.

1219~1309)가 보현보살과 육조 혜능의 사리를 자신의 제자인 케이잔
죠킨(瑩山紹瑾, 1268~1325)에게 전했다는 사실도 알려져 있다. 마침내
케이잔은 노토반도(能登半島)에 창건된 사찰 요코지(永光寺)에서 고
로호(五老峰)라 불리는 성골함에 그 사리들을 넣어 조동종의 다른
표상과 함께 두었다. 케이잔이 모든 표상을 자기 소유로 했다는 사실은
조동종 학자들이 주장했듯이 다르마슈의 연결 고리를 벗겨내는 방식
이 전혀 아니다. 오히려 숭배 행위로 보고, 그가 그것들을 신성시함으
로써 그가 물려받은 두 가지 경향을 화해시키려는 시도로 해석해야
한다. 케이잔이 죽은 뒤에 그와 도겐의 유골들은 모두 조동종의 일곱
사찰에 안배되었다.[38] 이 경우에도 이 유골들에 관한 사찰의 기록들은
확실히 정통성을 얻으려는 각 사찰들의 시도를 반영한다.[39]

　그러나 유물들은 곧바로 싸구려 물품이 되었다. 엔니 벤엔(圓爾弁
圓)의 제자인 쇼겐(昭元, ?~1311)의 경우가 적절한 사례다. 쇼겐을

---

38 이들 사찰들은 (에도 시기의) 에이헤이지(永平寺), 요코지(永光寺), 다이죠지(大乘
　寺), 쇼보지(正法寺), 소지지(總持寺), 코쇼지(興聖寺) 그리고 (메이지 시대의) 호코
　지(寶光寺) 등이다. Kawaguchi 1984, pp.10-12 참조. 쇼보지의 경우에는 도겐과
　케이잔의 사리들과 함께 붓다의 것으로 추정된 사리 세 알(결국 부서져서 진짜가
　아닌 것으로 드러났다), 쿠마노(熊野)의 화신이 준 신성한 돌 하나, 그리고 여정如淨
　이 도겐과 그 후계자들에게 전했다는 보리달마의 가사 등이 전해졌다.
39 최근의 사례는 아오모리현(靑森縣)의 조동종 사찰인 호코지의 경우인데, 도겐의
　진골眞骨이 (1949년에 세워진) 삼층탑에 안치되어 있었다. 그 절의 전통은
　싯켄(執權) 토키요리(時賴, 1246~1256 재직)까지 거슬러 올라간다. 거기에는 사리
　세 알도 있다. 하나는 탑에 있는 도겐의 상 안에 두었고, 다른 둘은 '개산당開山堂'
　에 두었다. 『츄가이닛뽀(中外日報)』(1988년 5월 20일)의 부록 참조.(이 정보에
　대해서는 이안 리더(Ian Reader)의 도움을 받았다.)

화장한 뒤에 그 제자들은 사리 여러 알을 발견하고는 깜짝 놀랐다. 한 제자는 더 이상 사리는 중시되지 않는다고, 특히 적은 수로만 나타났을 때는 더욱 그렇다고 주장하면서 도반들에게 이를 누구에게도 언급하지 말라고 설득했다. 제자들은 유골을 나누어 가진 뒤에 숨겼다. 그 후에 유골들은 이적을 보이기 시작했고, 회의적이던 제자는 스승의 진가를 과소평가했다는 사실을 인정해야만 했다.(『겐코샤쿠쇼』, p.110 참조) 그럼에도 그의 회의적인 태도는 사리를 더 이상 주체로서가 아니라 단순한 대상으로 취급하는 경향이 늘고 있었다는 징후로 볼 수 있다.

성상파괴라는 반동

그러나 선에서는 유물 숭배를 받아들이지 않기로 한목소리를 냈다. 그 문제에서는 초기 불교와 그리 다르지 않았다.[40] 물론 신성한 이를

---

[40] 엄격한 상좌부 불교의 정설에 따르면, 무아론은 유물 부정의 의미를 내포하고 있다. 사람의 몸(따라서 사리)은 그 사람의 자아가 아니다. 이 점은 거듭 주장되었고 학자들 사이에 여전히 퍼져 있다. 예컨대 앙드레 바로(André Bareau)는 유물 숭배가 순진한 신앙에 대한 때늦은 용인이었다고 생각한다. 바로가 볼 때, 그 숭배는 기원전 5세기 후반 즈음에 나타났고, 그 결과 붓다와 관련된 탑과 사리는 모두 "외경外經스럽다."(Bareau 1975, pp.184-187) 그러나 바로의 역사적 접근법은 그의 선배 폴 뮈가 훌륭하게 지적했던 또 다른 점을, 즉 이념적인 차원에서 유물(또는 성상)은 '불가사의한 치환에 대한 지지'이며 이를 통해 적멸에 대한 '유보된 질문'에도 불구하고 붓다의 무언가가 그 주변부에 이를 수 있었다는 점을 놓치고 있다.(Mus 1935, p.78)

특정 지역에 국한시키려는 시도는 '탈지역화'를 중시하는 '돈오' 선과
는 모순된 것처럼 보일 수 있다. 그것은 '직접적'인 선 그리고 '무매개적'
선이라는 명목으로 부정해야 했던 일종의 매개를 다시 도입했다.
도교의 성자처럼 진정한 선사는 어떠한 흔적도 남기지 않으면서 걸어
야 했다. 그러나 보리달마는 자신의 무덤에 신발 한 짝을 남겼다.
이것은 아주 대단하거나 너무 하찮다. 도교의 전통에서조차 열등한
신선만이 이른바 시해尸解를 실행하고, 반면에 탁월한 이는 그저
사라진다.[41] 신선이라는 도교의 모델은 확실히 유물에 대한 초기 선의
관념에 영향을 주었지만, 전륜성왕을 본뜬 붓다라는 모델이 주요한
역할을 했다. 바로(Bareau)가 지적하듯이, 전륜성왕이나 붓다의 탑에
공물을 바치는 일은 죽음을 초월한 그들의 존재 방식이 한편으로는
평범한 인간들의 죽음과, 다른 한편으로는 힌두교 신들의 죽음과
본질적으로 다르게 인식되었음을 시사한다.(Bareau 1975, p.183 참조)
초기의 선사들이 전륜성왕으로 간주되었다는 몇몇 증거가 있다.[42]
　　그러나 가장 강경한 돈오주의자들에게 '무위진인'은 한 집단에 의해

41 〔역주〕도교의 신선에는 승천해서 천지 사이를 자유롭게 다니는 천선天仙, 깊은
산이나 지상에서 불로장생하는 지선地仙, 죽으면서 흔적을 남기는 시해선尸解仙
세 부류가 있다. 이 가운데 천선이 가장 높고, 지선이 그 다음이며, 시해선이
가장 낮다.
42 예를 들어 보적(普寂, 651~739)의 탑명塔銘을 보라. "'사해대군자四海大君者,' 이는
우리 개원開元의 성문신무황제(聖文神武皇帝, 玄宗)를 이르는 칭호이며, '입불지
지・혁위만법종주자(入佛之智・赫爲萬法宗主者, 붓다의 지혜에 들어가고 온갖 법을
훌륭하게 다스리는 이)'는 선종의 7세 대조大照 화상의 칭호다."(QTW 262, 3b.
McRae 1986, p.65; Faure 1988, p.132 참조)

미라화되어 정통성의 상징으로 되돌아올 수 있는 존재가 아니었다. 진정한 선사는 유골을 남겨서는 안 되며 임종게臨終偈조차 남겨서도 안 된다.[43] 사실 그런 많은 게송은 그 작가들이 자신의 사리가 귀의의 대상이 되지 않기를 바라는 마지막 바람을 남기기 위해 표현한 것이다. 그렇기에 종밀은 제자들에게 자신의 살은 새들과 짐승들에게 주고 뼈는 태워서 재로 만들어 내버리라고 지시했다.(Jan 1972, p.21 참조) 복주福州에서 활동한 선사 지단(志端 , ?~969)도 똑같은 식으로 제자들에게 말했다. "내 유골들은 숲의 네 구석에 뿌려라. 내 무덤에 쓰려고 시주의 땅을 고르지 말라."(Demiéville 1984, p.57) 청활(清豁, 10세기 말경)은 이렇게 썼다. "내 죽은 뒤, 내 뼈를 가져다가 벌레들과 개미들에게 주어라. 무덤이나 탑을 세우지 말라."[44] 그의 제자들은 처음에는 그의 지시를 따랐으나, 벌레들이 그 주검을 건드리지 않는 것을 보고는 (또는 상상하고는?) 결국 화장해서 그 유골을 천주泉州 개원사開元寺의 영당影堂에 안치했다.[45] 대부분의 경우에 이런 마지막 바람은 스승의

---

[43] 이런 비평은 한유나 굴대균(屈大均, 1630~1696) 같은 합리주의자들에 의해 강화되었다. 광동廣東 광효사光孝寺의 절에 안치되어 있던 혜능의 '머리칼 유물'에 대해 쓴 글에서 굴대균은, 혜능이 구족계를 받은 것은 육조가 된 뒤였으며 그가 자신의 머리칼을 버린 것은 부처들이 자신들의 살갗과 머리칼을 더럽게 여겼기 때문이라고 주장했다. 따라서 이런 유물들을 숭배하는 사람들은 그 참된 의미를 잊었다. 굴대균, 『廣東新語』(Taibei: Taiwan xuesheng shuju, 1968) 3, p.1065 참조.

[44] 우두종牛頭宗의 4조인 법지(法持, 637~702)도 비슷한 지시를 했지만, 이 경우는 근본적으로 맥락이 달랐다. 법지는 자신의 몸을 먹은 짐승들이 정토에 환생할 것이라 생각했다. 지단과는 반대로 그는 성인의 덕은 물리적으로 전해질 수 있는 실질적인 어떤 것이라고 믿었다.

신통을 계속해서 자신들의 통제하에 두고 싶어 한 제자들 때문에
존중받지 못했다. 선사들 자신이 한 비판은 황벽과 어떤 중의 다음과
같은 대화에서처럼 때때로 좀 꾸며진 것처럼 여겨진다.

(중이 물었다.) "붓다의 몸은 화합으로 된 것이 아니므로 숫자에
떨어지지 않습니다. 그러니 어떻게 (사리를 다툴 때) 여덟 부분으
로 나눌 수 있었겠습니까?"
(황벽이 말했다.) "그대가 이런 견해를 짓는다면, 그대는 (붓다의)
가짜 사리만 볼 수 있을 뿐이고 진짜 사리는 볼 수 없다."
"이 사리들은 본래 있던 것입니까, 아니면 공덕으로 된 것입니까?"
"본래 있던 것도 아니고 공덕으로 된 것도 아니다."
"그렇다면 왜 여래의 사리는 정제하기만 하면 '영원한 황금 뼈'가
될까요?"
그때 선사가 (상대를) 꾸짖었다. "이런 견해를 짓는 그대를 어찌
선을 배우는 사람이라 하겠는가? 그대는 허공에 있는 뼈를 본
적이 있는가? 모든 붓다의 마음은 허공과 같다. 거기에서 무슨
뼈를 찾는단 말인가?"
"그러나 저는 이제 사리가 있음을 봅니다. 이는 어떤 종류의 법입니
까?"
"그대의 망상이 사리를 보게 하는 것이다."

---

45 Demiéville 1984, p.63 참조. 드미에빌도 선을 일본에 전했던 중국의 선사들
　　가운데 한 사람인 무학조원(無學祖元, 일본어로 '무가쿠 소겐')이 쓴 시를 제시한다.
　　"빈 산에 차가운 유골을 뿌리지 말라."(ibid., p.92)

"그러나 화상께도 그런 사리가 있지 않습니까? 부디 우리에게 보여주십시오."

"붓다의 진짜 사리는 보기 어렵다. 그대가 열 손가락으로 묘고봉(妙高峰, 수미산)을 집어서 먼지로 만들 수만 있다면, 곧바로 여래의 진짜 사리를 보게 될 것이다."(『전심법요』 1976, pp.47-48)

『경덕전등록』은 동일한 상황에서 승가僧伽의 미라를 중심으로 전개되는 흥미로운 대화를 기록하고 있다. "탑을 지키는 시자侍子가 문을 잠그려 할 때, 누군가가 물었다. '이분은 삼계三界의 대사이신데, 어찌하여 제자에게 갇히십니까?' 시자는 대답을 하지 못했다.〖법안法眼이 대신 말했다. '대사가 갇혔고, 시자가 갇혔다.'〗"(T. 51-2076, p.434c) 다른 몇 가지 대화는 혜능의 탑을 지키는 시자와 관련이 있다. 유골들이 그렇게 많은 '즉문즉답'의 주제가 되었다는 사실은 그 대화에서 비판을 받았더라도 그 중요성을 증명해준다.[46]

비판은 가끔 탑과 사리 숭배에 대한 우의적 해석을 통해 이루어졌다. 예컨대 신수神秀의 『관심론觀心論』에서 탑은 사람의 몸으로 해석되고 있다.[47] 이런 식의 해석은 밧스이(拔隊) 같은 일본의 선사들이 발달시

---

46 여느 탑과는 대비되는 '무봉탑(無縫塔, 이음새 없는 탑)'에 대한 남양혜충南陽慧忠의 대화처럼 선의 유골 숭배를 비판하는 대화가 이른바 무봉탑 형식의 묘 건립처럼 선에 특유한 장례의 원천이 되었다는 사실은 더욱 아이러니하다. 무봉탑의 상징성에 대해서는 *Muhōtō kirigami* in Ishikawa 1986b, pp.208-209; Matsuura 1976, pp.484-499 참조.

47 McRae 1986, p.200 참조. 밀교 전통에서 오륜탑五輪塔은 나중에 비로자나불의 몸과 상징적으로 동일시된다. 한편, 수행자의 몸이 삼매에 깊이 빠지면 은유적으

켰다. "붓다와 범부 가운데 신성한 뼈를 갖지 못한 이는 없다. 몸은 사원이고 불성은 뼈라고 한다. 그대가 그대 자신의 본성을 들여다볼 때 … 그대의 몸과 자성自性은 더 이상 둘이 아니다. 뼈와 사원은 하나다. … 그러므로 이를 환히 보는 사람은 붓다의 신체적인 뼈를 참으로 신성한 뼈라고 생각하지 않는다." 밧스이는 경전이 있는 곳은 붓다의 온몸을 포함한다고 하는(Schopen 1975) 『법화경』의 유명한 자기-지시적인 문장을 언급하고는 이렇게 마무리한다. "따라서 참된 본성, 붓다의 뼈를 미혹되지 않는 법신 속에 지니고 있음에도 이를 깨닫지 못하는 사람은 다른 이의 사리를 간직한다. 신성한 뼈를 조심스럽게 보호하는 일은 불교의 본질과 어긋난다."(Braverman 1989, pp.34-35 참조)

『조당집』에 실린 대전보통(大顚寶通, 732-824) 선사의 전기에서는 좀 다른 방식으로 접근하고 있다. 이야기는 성상파괴자인 유학자 한유가 만회한 것으로 읽힐 수 있으나, 그 비판에서는 미묘한 차이가 보인다. 황제가 붓다의 사리(손가락뼈)에 예배했을 때, 그와 관리들은 오색의 광명을 보았다고 전한다. 그들 모두 "이것은 부처님의 광명이다"라고 말했다. 한유만이 부처님의 광명이라는 것을 부정했다. 황제가 "이것이 부처님의 광명이 아니라면, 무엇인가?" 한유는 대답하지 못했고 곧이어 (광동의) 조주潮州로 유배되었다. 그곳에 도착하자 그는 몇몇 뛰어난 선사들을 찾았고, 대전에게 안내되었다. 그가 대전을 만나 자신의 이야기를 들려주었을 때, 선사는 황제가 본 것이

로 '살아 있는 무덤'이 된다.

부처님의 광명이 아니라는 그의 견해를 확증해주었다. 이에 한유는 "그러면 그것은 무엇이었습니까?"라고 물었다. (대전) "제석천과 범왕 그리고 천룡팔부의 변형이 내는 광명이오." (한유) "스님 같은 분이 그때 도성에 계셨더라면, 내가 여기로 올 필요는 없었을 겁니다." 한유는 다시 물었다. "부처님의 광명이 있습니까?" 대전은 "있소"라고 말했고, 한유는 "그게 무엇입니까?"라며 대답하게 물었다. 대전은 그의 이름을 불렀고, 한유가 대답했다. "보시오! 보셨소?" 하고 대전이 말하자, 한유가 말했다. "더는 모르겠습니다." 대전은 "그대가 안다면, 이것이 진짜 부처님의 광명이오"라고 말했다. 그리고 대전은 계속해서 이 진짜 광명은 모든 감각과 범주들, 심지어 성스러움과 속됨의 구별조차 초월하는 것이며 누구도 미혹되지 않게 한다고 설명했다. 한유는 곧이어 선의 진리를 깨달았다고 한다.(『조당집』 권5, ed. Yanagida 1974b, p.93) 여기서 다시 유골의 현상적 특성-오색의 광명-은, 선의 용어로 명심明心이라 이해되는 법신法身의 본체-빼어난 광명-라는 이름으로 부정된다. 『조당집』에서 한유를 좀 무시하듯 취급했다고 해서 이 텍스트의 저자들이 엘리트주의적 접근과 민중의 종교성에 대한 근본적 불신을 유교와 공유했다는 사실이 숨겨지는 것은 아니다.

　많은 선종 지지자들은 인도의 (그럼에도 거의 선종) 승려인 지공(指空, 1289~1363)의 부도명浮屠銘에서 이색(李穡, 1328~1396)이 표현했던 의문들을 틀림없이 공유했을 것이다. "스님의 유골은 넷으로 나뉘어졌다. … 그런데 지공 선사가 참으로 여기에 머무는지 아니면 다른 곳에 머무는지는 알지 못하겠다. 유골을 단순히 매미가 허물을 벗은 것처럼 여기고 무시해도 될까? 아니면 제자들이 그 은혜에 보답할 기회일지도 모른다고 여겨서 상황에 상관없이 억지로 이렇게 애쓰는 것일까? 이런 의문들이 나를 무겁게 짓누른다."(Waley 1931-1932, p.375) 유골 숭배는 선 전통 내에 존재했던 긴장들뿐만 아니라 몇몇 선종 종파들과 유교 사이에서 일어날 수 있는 친밀성이나 유사성을 드러낸다.

8장 대역의 변형들(Ⅱ): '숭고한 주검들'과 성상들

〈염화미소拈花微笑〉
영취산 봉우리 바로 여기 있으니
이 산에서 가섭은 미륵의 봄 기다리네.
독을 들이킨 사람은 독의 효용 잘 알지.
인도 중국 일본에 똑같은 늙은 여우 앉았구나.[1]
　　　　　　　　　 — 잇큐(一休), 『쿄운슈(狂雲集)』 165

누구도 산 채로 묻히려 하지 않으며, 화려한 비석이 그를 더 좋게
머물도록 해주지 않는다.

　　　　　　　　　　　　 — 샤를 니사르(Charles Nisard),
　　　　　　　 『대중적인 책의 역사(Histoire des livres populaires)』

모든 미라는 붓다들이었기 때문에 '육신(flesh-body)'의 출현은 붓다의
유골과 성자들의 유골 사이의 구별을 흐릿하게 하는 데 기여했다.[2]

---

1 〔역주〕 첫줄의 '염화미소(拈花微笑, 꽃 들고 빙긋이 웃음 짓네)'가 제목인 이 시의
　 원문은 다음과 같다. "鷲峰會上現前辰, 鷄足室中來劫春, 中毒人應知毒用, 西天
　 此土野狐身."

2 〔역주〕 '육신'은 불교에서 죽은 뒤에도 부패하지 않은 상태로 남아 있는 몸을
　 가리킨다. 다른 누군가가 인위적으로 만든 미라가 아니라 저절로 미라처럼 된
　 것이므로 본문에서 포르는 '자동적 미라화'라고 표현했다.

유골과 미라의 관계는 『송고승전』에서 안정安靜이라는 서역의 승려가 북종선 지지자인 정거사丁居士의 유해를 발견한 일을 설명한 대목에 잘 묘사되어 있다.(T. 50-2061, p.830a)

안정은 본래 서역 사람이다. 개원開元 15년(727)에 동쪽으로 떠돌다가 정도定陶에 이르렀다. 그는 곧바로 정거사의 소재에 대해 물었다. 그 마을 사람들은 그가 3년 전에 죽었으며 마을 밖에 묻혀 있다고 알려주었다. 그들은 이렇게 덧붙였다. "이 사람은 재가보살입니다. 범행梵行을 오롯이 실천했고 숭산嵩山 보적普寂 선사의 제자가 되었습니다. 그는 '나는 심오한 법을 이미 얻었으므로 합장하고 가부좌한 채로 죽을 것이오'라고 말했는데, 갑자기 세상을 떠났습니다. 조성曹城에 있는 모든 사원의 종들이 치지 않았는데도 저절로 울렸습니다." 안정이 그 무덤에 가서 직접 열어보았다. 그때 다섯 색깔의 운기雲氣가 무덤 위로 솟아올랐다. 이윽고 정거사의 뼈들을 거두어서 보니, 모두 금빛이 났고 고리를 잇댄 사슬 같았으며 다섯 길 정도 되었다. … 안정은 탑 주위에 나무를 빙 둘러 심었다. 모든 사람들이 매우 놀라며 탄복했다. 얼마 뒤에 안정은 그곳에서 죽었다.

찬녕贊寧은 다음과 같이 논평했다. "모든 중생의 유해는 원인에 달려 있으며 그들의 수행 결과를 따른다. 범부의 몸에서는 관절들이 서로 이어져 있지 않지만, 십지十地 보살의 뼈와 관절들은 서로 얽혀 있다. 붓다는 온몸이 사리다. 이제 정거사의 뼈들은 갈고리나 사슬과

같다. 다시 말해 범부의 수준을 초월했지만 아직 십지에는 이르지
못한, 팔이 여덟인 나라연那羅延의 몸이다." 찬녕이 나라연을 언급한
까닭은 이해하기 어렵지만, 붓다의 온몸이 사리라고, 다시 말해 썩지
않는다고 한 말이 '육신'을 가리킨다는 사실은 분명해 보인다. 따라서
자동적 미라화는 수행자가 깨달음을 얻었는지를 알려주는 지표이며,
아마 다른 사람들을 이롭게 해 줄 원인 - 또는 적어도 세속적 이익의
원천 - 일 것이다.

　일본 북부 야마가타현(山形縣)에서 미라가 된 한 무리의 불승들이
발견되자, 미라는 일본 학자들의 관심을 끌었다.[3] 이들 미라 대부분은
슈겐도(修驗道) 수행자들의 유해였다. 그들은 쿠카이(空海)의 '입정
(入定, 삼매에 들기)' 전설을 본떠서 수행했으며, 그것으로 '즉신불(卽身
佛, 육신 그대로가 부처)'이 되려 했다. 이런 불교의 미라들 가운데서
오늘날 존재하는 가장 오래된 것은 코치 호인(弘智法印, 1363년 죽음)의
것으로, 니가타현(新潟縣)에 보존되어 있다. 가장 최근의 것은 붓카이
쇼닌(佛海上人, 1903년에 역시 니가타에서 죽음)의 미라다.[4] 일본 북부

---

[3] Hori 1962; Naitō 1974; Matsumoto Akira 1985; Kosugi Kazuo, "肉身像及遺灰像の
　研究," 1937; Mochizuki 1958~1963 Vol.10, 〈入定佛〉 참조. 이런 미라들에 대한
　묘사는 Sakurai and Ogata 1983 참조.

[4] 일본 북동부의 강력한 씨족인 후지와라(藤原) 가문의 12세기 미라도 넷이나
　존재한다. 이 모든 미라가 일본 북부에서 발견되었다는 사실은 호쿠리쿠(北陸)와
　토호쿠(東北)에서 슈겐도의 발달이라는 문화적 조건과 관련이 있겠지만, 아마도
　그 보존에 필요한 기후적 조건들과도 관련이 있을 것이다. 실제로 보존된 최남단
　의 즉신불로는 기후(岐阜) 근처의 요코쿠라데라(橫藏寺)의 묘신妙心, 쿄토 북부
　외곽의 오하라(大原)에 있는 남성의 것들이 있다. 그러나 중국에서 자동적 미라화

지방에 대한 민족지학民族誌學적 저술인 『호쿠에츠 셋푸(北越雪譜)』에서 스즈키 보쿠시(鈴木牧之, 1770~1842)는 1838년에 자신이 보았던 (477년이 지난) 미라를 묘사하고 그렸다.

코치의 미라는 에치고(越後)의 스물네 가지 이적들 가운데 하나다. 여러 책에서 언급된 적은 있지만, 어떤 책도 삽화를 제공하지 않았으므로 여기서 하는 게 적합하다고 보았다. 내 그림은 내가 작년에 에치고 남쪽을 여행했을 때 직접 본 것을 기록한다. 〔미라에서〕 볼 수 있는 것은 모두 얼굴뿐이다. 손과 발은 볼 수 없고, 사찰의 규칙은 너무 가까이 접근하는 것을 금지한다. 미라의 눈들은 눈가에 주름이 잡힌 채 마치 잠든 것처럼 감겨 있다. 머리 덮개와 미라가 지금 입고 있는 가사는 원래의 것이 아니다. 그렇지만 다른 현에서는 들어본 적 없는, 확실히 에치고의 이적이다.(Suzuki Bokushi 1986, p.281; 그리고 Sakurai and Ogat 1983, p.216도 참조)

모모키(百樹) 곧 산토 쿄잔(山東京山, 1769~1858)은 그의 주석에서 이렇게 지적했다.

의 경우 주로 남중국에서 발견되었으며, 최근에 나는 빅터 메어(Victor Mair) 덕분에 하노이 근처의 월남식 미라에 대한 묘사를 접하게 되었다. Igor Lisevich, "The Smile of an 'Immortal' Elder," *Sputnik* 11(1989), pp.110-113 참조. 동남아시아에서도 다른 미라들이 발견되지만, 옻칠을 했거나 금으로 덧씌워져 있다.

중국에는 코치의 미라와 비슷한 미라들이 있다. 당 왕조의 승려 의존義存이 죽었을 때, 그 주검을 관에 넣었다. 매달 손톱과 머리칼을 다듬기 위해 관을 들어올렸다. 그 몸은 백 년이 지난 뒤에도 부패하지 않았다. 그 후 왕조 말기에 반란과 폭동이 일어난 동안에 화장되었다. 송 왕조 때 중국인 팽승彭乘은 자신의 시집과 『묵객휘서墨客揮犀』에서, 악주鄂州의 승려 무몽無夢은 묻히지 않았으며 어떤 여인의 손길이 그 주검에 닿을 때까지 그의 손톱과 머리칼은 의존의 주검이 그러했던 것과 똑같이 자랐다고 기록한다. 이런 현상들은 『오잡조五雜組』에도 언급되어 있는데, 여기에 미라들에 대한 많은 의견들이 제시되어 있다. 그러나 그 전체적인 관념은, 화합에 의해 존재하는 모든 것들은 비영속적이라고 한 석가모니의 가르침을 모욕하는 것이어서 높이 평가할 수 없다.(Suzuki Bokushi 1986, p.283)

선의 '육신들'

스즈키가 언급했던 중국 승려 설봉의존(雪峰義存, 822~908)은 천주(泉州, 福建省) 출신으로 선 전통에서 잘 알려진 인물이었다. 그의 경우도 예외가 아니다. 4조 도신(道信, 580~651)과 육조 혜능(惠能, 638~713)을 시작으로 많은 선사들이 죽은 뒤에 미라 또는 '육신'이 되거나 그런 것으로 변했다.[5] 이런 현상이 결코 선에 국한된 것은 아니지만,

─────────

5 앞서 언급했듯이 '초조' 보리달마는 불멸의 획득에 관한 몇 가지 글을 남긴 것으로 여겨졌다. 예컨대 Sekiguchi 1969, pp.488-492 참조. 선의 전승에서는

이 종파에 기록된 사례들의 수는 굉장히 많다. 놀랄 것도 없이 보지, 만회, 승가 같은 주술사들도 비록 방식은 서로 달랐으나 모두 자동적으로 미라화되었다. 보지의 몸은 "달콤한 향기와 보기에 좋은 모습을 간직하고 있었지만," 그의 미라는 비교적 빨리 사라진 것 같다. 똑같은 일이 만회의 몸에서도 일어났다. 『경덕전등록』은 그가 죽었을 때 "기이한 향기가 났고, 그의 온몸은 여전히 유연했다"고 알려주지만, 우리는 그가 709년에 도성 서쪽의 향적사香積寺에 묻혔다는 것을 알고 있다.

실질적인 선종의 창시자로 볼 수 있는 4조 도신은 첫 번째로 기록된 사례로 보인다. 그가 죽은 뒤, 그의 몸은 황매산黃梅山의 탑에 안치되었다. 『전법보기』에 따르면, 그 이듬해에 "탑의 문이 저절로 열렸고 그 모습은 살아 있을 때처럼 당당했다. 제자들은 곧 옻칠한 천으로 주검을 감싸고 다시는 문을 닫지 않았다. 그들은 돌을 깎아서 명문銘文을 새겼다. 중서령中書令 두정륜杜正倫이 그 덕을 기리는 글을 지었다."(Yanagida 1971, p.380 참조) 우연하게도 이것으로 말미암아 도신은 옻칠한 미라로 알려진 첫 번째 사례가 되었다.[6] 『불조통기』에서는

전혀 기록되지 않았지만, 이 글들 가운데 일부는 도교 경전 안에 들어갔다. 어쨌든 보리달마는 진정한 (도교) '신선'으로서 '시해(尸解, 죽음으로부터 해방)'를 획득했고 그로 말미암아 '육신'을 남기지 않았다고 전한다. '시해'에 대해서는 Robinet 1979b 참조.

6 『속고승전』에서는 도신의 미라를 발견한 일에 대해 좀 다른 이야기를 들려준다. "(그가 죽은 지) 3년[[역주] 원전에는 '1년'으로 되어 있다.] 지나서 제자 홍인弘忍과 다른 제자들이 탑에 가서 문을 열었더니, 예전 그대로 단정하게 앉아 있었다. 그래서 그들은 본래의 자리로 옮겼고, 지금도 살아 있는 것처럼 보인다."(T.

도신의 스승인 승찬이 '선 채로' 죽었다는 것과 산곡사山谷寺에 그
유골을 안치한 탑을 세웠다는 사실을 적고 있다.[7]

우리는 도신의 계승자인 홍인이 그 탑의 건립과 관련이 있음을
알고 있으며, 이는 그가 스승의 본보기를 따르려 했음을 암시한다.
『송고승전』(T. 50-2061, p.754b)은 홍인의 제자들이 그의 '온몸'을 탑에
안치했다고만 서술하고 그의 미라화에 대해서는 아무런 언급도 하지
않았다. 후대에 여해현승如海顯承이 쓴 『참학지진參學知津』은 좀 더
노골적으로 도신과 홍인의 '참된 몸들'이 각각 4조와 5조가 머문 산들에
보존되어 있다고 말한다. 반면에 혜능의 경우는 잘 기록되어 있으며,
그 미라의 존재는 아마도 '육조'로서 사후 승격에는 아니더라도 남종의
성공에는 크게 기여했을 것이다. 명대의 선사 감산덕청憨山德淸의
미라와 함께 여전히 볼 수 있는 이 미라는 자주 묘사되었고, 조계曹溪의
지방지地方志에는 이에 관한 시들이 많이 실려 있다. 가장 흥미로운
묘사들 가운데 일부는 예수회 선교사인 마테오 리치(Matteo Ricci)와
롱고바르도(Longobardo)가 남겼는데, 그들은 감산과 동시대인이었
다. 마테오 전기의 작가인 트리고 신부(Father Trigault)가 어떻게 혜능
의 미라와 남화사南華寺를 『황금 전설』[8]에서 영감을 받은 어휘들로

50-2060, p.606b)

7 계승 또한 "하남윤河南尹 이상李常이 3조 승찬 대사의 사리를 얻었다"라고 적고
  있다.(『전법정종기』, T. 51-2078, p.768b) 그러나 '3조'에 관한 기록들은—『보림전寶
  林傳』(801)에 기록된 전승은 말할 것도 없고, 거기에 따르면 그 신빙성을 증명하는
  이들 사리와 비석은 신회神會가 발견했다— 명백한 위조다.

8 〔역주〕『황금 전설』(Golden Legend)은 바라기네의 야코부스(Jacobus de Varagine,
  대략 1230~1298)가 편찬한 중세 유럽의 성자전이다.

묘사했는지는 다음 글이 보여준다.

> 이런 관례는 대략 8백년 전의 노조(盧祖, '노 조사' 곧 혜능)라는
> 사람에게 그 기원이 있다. 그들은 그가 바로 이곳에 살았으며
> 대단히 엄격한 생활 방식으로 고결하다는 명성을 크게 얻었다고
> 말한다. 그는 몸에 쇠사슬을 둘렀고, 이전부터 해오던 방식으로
> 계속해서 쌀을 체로 걸러서 가볍게 빻았다. 그는 1천 명이나 되는
> 사원의 거주자들이나 승려들이 먹을 양을 하루만에 준비할 수
> 있었다. 그의 살은 쇠사슬 때문에 심하게 찢겨 손상되었고, 실제로
> 부패되어서 구더기들이 기어다녔다. 구더기들 가운데 하나가 떨
> 어지면, 그는 그놈을 다시 되돌려놓으며 이렇게 말하고는 했다.
> "갉아먹을 것이 없느냐? 왜 날 버리느냐?" 그의 몸은 그를 기리기
> 위해 세운 이 장엄한 사원에 안치되어 있고, 그의 명성과 그에게
> 속한 것은 무엇이든 숭앙하는 사람들이 전국 방방곡곡에서 이곳으
> 로 순례하러 온다. … 사원의 주지들도 중국인들에게만 알려진
> 그 독특하게 빛나는 역청 물질에 싸인 노조의 몸을 그들에게
> 보여주었다. 많은 이들은 이것이 그의 몸이 아니라고 말하지만,
> 대중은 그렇다고 믿으면서 대단히 숭앙한다.[9]

---

9 Gallagher 1953, pp.222-223. Spence 1984, p.211도 참조. 『수신기搜神記』에
따르면(Doré, 1914~1938, Vol.7, p.257에서 인용), 혜능의 몸은 "기분 좋은 냄새를
발산하며, 상반신은 조금도 건조하지 않고 (그러나 옻칠하지 않았나?) 마치
빛을 내뿜는 것 같다." 혜능의 미라에 옻칠한 일을 누락한 것과 "많은 이들은
이것이 그의 몸이 아니라고 말한다"라는 리치의 발언은 혜능의 전설 전체의
본질에 대해서와 마찬가지로 미라의 신빙성에 대해서도 의혹을 불러일으킬

혜능의 실제 미라화는 기록되지 않았고, 우리는 그의 몸이 결국 옻칠되었다는 사실만 안다.[10] 가장 이른 기록은 신회의 요청으로 왕유 王維가 쓴 비문인데, 그 글은 간단히 이렇게 이야기한다. "날짜를 알 수 없는 어느 날 그는 제자들에게 이제 곧 죽을 것이라고 말했고, 곧바로 기이한 향기가 방안에 퍼지면서 환한 무지개가 나타났다. 그는 식사를 마치자 식탁보를 펴고는 세상을 떠났다." 다시 날짜를 알 수 없는 날에 ‘그의 신좌神座’는 조계로 옮겨졌고, "그의 몸은 확인되지 않은 곳에 안치되었다."(Yampolsky 1967, p.67)[11] 혜능의 전설 가운데 많은 자료는 『조계대사별전曹溪大師別傳』(ZZ 2B, 119, 5, p.483a)에서

수 있다. 그러나 대부분의 사람들이 혜능의 ‘육신’이라 믿었던 미라가 있었다는 점, 그것에 관한 전설이 아주 일찍 나타났다는 점이 핵심이다. 이런 미라의 존재는 그것이 진짜든 아니든 남종선이 성공한 결과로 또는 원인으로 보는 편이 낫다.

10 광동의 고고학자인 쉬헝빙은 혜능이 표준 절차라고 할 방법에 따라 미라화되었다고 생각한다. 이 기법에 따르면 다음과 같이 진행된다. 죽음이 다가오면 가사를 입은 승려는 모든 음식의 섭취를 끊고 가부좌를 하고서 삼매에 들어간다. 그가 죽으면 그의 몸은 두 개의 항아리 속 나무 좌석에 안치된 채 단단히 밀봉된다. 좌석은 생석회와 목탄 위에 놓이는데, 거기에 난 구멍을 통해 주검의 분해로 나오는 액즙들이 생석회로 떨어지면서 끊임없이 뜨거운 증기가 발생해 주검을 건조시키고 마침내 가부좌한 ‘육신’이 된다. 혜능의 경우, 사후에 향을 섞은 진흙과 옻칠한 천으로 육신을 덮어서 주조하고 금속 잎들로 목을 고정시킨 것은 그의 제자인 홍변이 한 일로 알려져 있다.(『인민일보』 1990년 11월 1일자 참조. 이 참조는 빅터 메어의 친절에 힘입은 것이다.)

11 얌폴스키는 이 용어를 ‘신성한 관’으로 번역했지만, 신좌는 중국 종교에서는 기술적인(technical) 의미가 있으며 주검이나 죽은 이의 조상彫像에 영속적인 원리가 존재한다는 것을 의미한다.

볼 수 있다. 이 전기는 나중의 작품으로 중국에서는 사라졌지만,
운 좋게도 천태종 승려 엔닌(圓仁)이 일본에 가져왔다. 782년에 쓴
이 글은 조계에서 혜능의 탑지기이던 행도行韜-일명 영도令韜-의
제자들이 내놓은 작품이었다. 따라서 이것은 본질적으로 혜능의 유골
을 중심으로 한 공동체의 정당성을 확립하기 위해 쓰여졌으며, 그
공동체는『육조단경』을 편집한 공동체와는 분명히 다르다. 조계가
순례의 중심지로 번성하게 되었으니, 이 전략은 성공적이었다는 게
입증된 셈이다. 845년의 회창폐불會昌廢佛 이후 그곳은 적어도 중국에
서 오대산五臺山 순례를 대체하게 되었다. (Suzuki Tetsuo 1985, p.54
참조)

　처음으로 잘 기록된 옻칠한 미라는 혜능과 동시대인인 승가僧伽의
것이다. 승가는 선승이 아니었음에도 나중에 선 전통에 흡수되었다.
『불조통기』에는 710년조에 다음과 같이 기재되어 있다. "승가 대사가
죽었을 때, 그 몸은 옻칠이 되어야 하고 천복사薦福寺에 탑도 세워야
한다는 칙령이 내렸다. 이렇게 하고 얼마 뒤에 나쁜 냄새가 온 성에
가득 퍼졌다. 이에 그 몸을 (그가 이전에 머물던 사원이 있는) 사주泗州
로 보내라는 조서가 내려졌다. 그러자 곧바로 향기로운 바람이 황성皇
城에 불었다.[12] 황제가 만회萬回에게 물었다. '승가는 어떤 사람이오?'
만회가 대답했다. '관음보살의 화신입니다.'"(T. 49-22035, p.372c) 승

---

[12] 기어리(Geary 1978, p.114)는 827년에 성 마르코(St. Mark)를 이전할 때에 그의
　　몸이 향기를 뿜어 온 도시로 퍼졌다는 사실을 지적한다. 1087년에 성 니콜라스
　　(St. Nicholas)의 유골을 뮈라(Myra)에서 바리(Bari)로 옮겼을 때에도 똑같은 일이
　　일어났다.

가의 경우는 후대에 하나의 전범이 되었고, 사주에서 그의 미라를
보존한 일은 그의 신격화에 커다란 기여를 했다.[13] 11세기에 죠진(成尋,
1011~1091)이라는 일본의 승려이자 주술사가 승가의 미라에 경의를
표하기 위해 왔으며, 그가 중국에서 죽었을 때 미라가 된 그 몸도
옻칠이 되고 금가루가 입혀졌다.[14]

757년, 현종玄宗이 안록산의 난에 사천四川으로 쫓겨 갔을 때, 그는
신라에서 온 선승 석지장釋地藏에게 제국의 번영을 위해 성도成都에
사원을 건립하라고 명령했다. 이 한국의 승려는 나중에 지금의 안휘安
徽 구화산九華山에서 99세의 나이로 죽었다. "그의 몸은 썩지 않았으
며, 그의 뼈는 마치 황금 사슬로 묶은 것처럼 달라붙어 있었다."
오늘날 구화산에서 숭배되는 미라는 다른 승려의 것으로 보인다.
그 지역의 전승에 따르면, 그것은 청나라까지만 거슬러 올라가기
때문이다. 또 다른 한국의 승려 무상無相은 초기 선 전통에서 보당종保
唐宗의 창시자들 가운데 한 사람으로 사천에서 유명해졌는데,[15] 그의

---

13 승가의 탑 주위에서 몇 가지 분신과 이적이 일어났다. 이런 사례에 대해서는
『송고승전』, T. 50-2061, pp.822, 992 참조.

14 그의 『산텐다이고다이산키(參天台五台山記)』(DNBZ 72, p.577)에서 죠진은 1072
년 9월에 보광왕사普光王寺를 방문한 일을 기록하면서 자신이 본 대로 승가의
미라를 묘사했다. 또 다른 경우로는 주술승이던 보지의 미라도 묘사했다.(Soper
1948, p.41) 죠진의 전기는 『겐코샤쿠쇼』 권16; Naitō 1974, p.68 참조.

15 무상에 관해서는 『역대법보기』(T. 51-2075, pp.184c-196b); 『송고승전』(T.
50-2061, p.832b); Yamaguchi 1973; Bourghton 1983, pp.21-27; Buswell 1983,
p.77; Jan 1979, pp.47-60 참조. 구화산의 석지장 미라에 대한 묘사는 Powell
1989, p.28 참조. 구화산에는 다른 미라들도 있는데, 그 가운데 하나는 명나라
때 불승인 무하無瑕의 미라다. M. W. de Visser, "The Bodhisattva Ti-tsang(Jizō)

전기와 석지장의 전기는 약간 겹치는 것 같다.

자동적 미라화는 대개 최종적인 삼매에 들어감으로써 성취되었다. 중요한 것은 인도에서는 삼매가 고행자의 영적 상태와 그가 산 채로 묻힌 무덤 둘 다를 환유적으로 가리킨다는 사실이다.(Parry 1982, p.97 참조) 미라화는 때때로 극적인 죽음의 소산이기도 했다. 『불조통기』에 따르면, "마조도일의 제자인 선신善信은 어느 날 문인들에게 말했다. '어떠한 공양도 제 몸으로 하는 공양에 견줄 수 없다.' 그리고 나서 날카로운 칼로 자신의 발을 잘라 탁자 위에 놓았다. 곧이어 그는 죽었고, 그를 모시던 속가 제자 둘이 죽음으로써 그를 따랐다. 이 소식을 들은 그 지역 절도사가 관리들을 보내 공양하고 황금으로 그 주검을 칠했다." "그런 뒤에 사람들이 기도하자, 즉각적인 응답이 있었다"고 전한다. 이런 자살들이 악귀에 대한 공포와 두려움을 불러 일으킨 일종의 '나쁜 죽음'으로 인식되지 않았다는 것은 분명하다. 물론 그것들은 중국 불교의 분신 자살을 배경으로 해서 보아야 한다.(Gernet 1959; Jan 1965 참조) 그러나 특히 여기서 우리와 관련이 있는 것은 이들 선의 신봉자 세 사람이 자살한 직후에 미라화되었다는 사실이다.

또 다른 유명한 미라는 운문종의 개조인 운문문언(雲門文偃, 864~ 949)의 미라다. 『불조통기』에서는 그의 몸이 사원의 방장실에 묻혔다 고만 말하고 있다. 운문의 제자인 대안大安의 몸은 광주廣州의 '대통고 사大通古寺'에서 그가 죽은 뒤인 978년에 다시 진흙으로 덮였다. 964년

---

in China and Japan," *Ostasiatische Zeitschrift* 2(1913), pp.289-292도 참조.

의 비석 명문에 따르면(『廣東通志』 204, 6, p.3472), 963년에 완소장阮紹
莊이라는 남자가 꿈에서 운문을 보았다. 운문은 자신의 부도탑을
열어달라고 부탁했다. 그렇게 했을 때, 그는 "마치 살아 있는 것처럼"
보였다. 그의 미라는 곧바로 왕궁으로 옮겨져 그곳에서 숭배되었다.
그 사원은 '위대한 깨달음의 절' 곧 대각사大覺寺로 명명되었고, 운문은
광진대사匡眞大師라는 시호를 받았다. 이 비문을 통해 운문이 남한(南
漢, 917~971) 조정과 밀접한 관계에 있었으며 그의 교단이 번성했다는
사실이 분명하게 드러난다. 운문종은 송대에 임제종과 함께 선의
두 주류 가운데 하나가 되었는데, 이는 '죽은 뒤의' 운문의 힘과 관련이
있을 것이다. 또 다른 기록인 〈운문사광진조사중수비명雲門寺匡眞祖
師重修碑銘〉은 운문이 죽었을 때, "그의 제자들이 그의 '온몸'을 받아서
부도탑을 세웠다. 그때 그들은 그 몸을 관에서 꺼내 옻칠을 했다.
이는 8백 년도 더 전의 일이다. 그동안에 가까운 곳이나 먼 곳의
사람들, 관리들과 평민들 모두 한결같이 그에게 비를 빌거나 좋은
날씨를 빌었고, 그러면 그는 조용히 그들을 도우며 많은 이적들을
행했다."(『雲門山志』, 230) 이 비문은 또 50여 명의 지역민들이 어떻게
협력해서 그 미라를 옻칠하고 황금으로 다시 칠했는지도 기록하고
있다. 운문의 전기에서 볼 수 있는 또 다른 흥미로운 사실(T. 47-1988,
p.575b)은 그의 자동적 미라화를 대가섭이 미래불인 미륵불의 하생을
기다리는 것에 넌지시 견준다는 점이다. "미륵불이 하생할 때, (운문
은) 다시 나타나서 삼봉三峯에 도량을 세우고 다시 떠날 것 같다."[16]

---

16 '삼봉'은 계족산鷄足山을 암시하는 것으로, 그곳에서 마하가섭이 미륵불을 기다리
기 위해 삼매에 들었다고 믿어져 왔다. App 1989, p.16 참조. 가섭과 미륵불에

미륵불 신앙의 맥락에서 언급할 만한 선승은 포대(布袋, ?~916)다. 그에 관해서는 알려진 게 적지만, 그는 미륵불의 화신으로 여겨졌으며 그 자신도 그렇게 여겼을 것이다. 송대 초기까지는 포대의 몸이 그가 죽었던 사원에 원래대로 보존되어 있었다는 보고가 있다.(『경덕전등록』, T. 51-2076, p.434b; Chapin 1933, p.51; Ishii 1987, p.33 참조) 이 미라의 존재는, 소급해서 미륵불과 결합한 일 그리고 배불뚝이 승려가 사후에 대중화된 일을 설명해줄지도 모른다. 아무튼 이것들은 우리가 미륵불 종말론과 분명히 연관지을 수 있는 선종의 유일한 사례들이다.

몇 가지 사례를 더 보면서 ('선원의'가 아니라) 선종사의 납골당을 방문하는 이 일을 마무리하자. 원소(圓紹, 811~895)는 낙양의 봉선사 封禪寺 승려였는데, 84세에 죽었다. 5년 뒤 그의 부도탑이 열렸을 때, 그의 머리칼은 자라 있었고 그 모습은 마치 "살아 있는 것처럼" 보였다. 그의 몸은 7년 동안 숭배를 받았지만 결국 화장되었으며, 그의 사리는 거의 1천 개의 알갱이로 흩어져 있었다.(T. 50-2061, p.784c. Demiéville 1984, p.41에서 인용) 조동종의 굉지정각(宏智正覺, 1091~1157)은 앉은 자세로 죽었으며 그의 치아와 머리칼에서 사리가 나왔다고 하는 전승도 있다. 그의 '전신全身'은 천동산天童山의 동곡東谷에 매장되었는데, 부도탑에 예배하고 사리를 찾는 사람들은 모두 소원을 이루었다고 전한다.(『불조통기』, T. 49-2035, p.427a; Ishii 1987, p.320) 이 자동적 미라화의 사례들은 모두 당대나 송대에 시작되었지만, 관행은 명대에도 지속되었던 것으로 보인다. '정통' 선의 전통을

관해서는 Lamotte 1944~1980, Vol.1, pp.191-196 참조. 전설의 기원에 관해서는 『부법장인연전』(T. 50-2058, p.301a) 참조.

입증해주는 사례들 가운데 하나는 감산덕청(憨山德清, 1546~1623)의 것인데,[17] 그의 미라는 단전丹田이라는 그와 동시대인의 것과 함께 남화사南華寺에 혜능의 미라 근처에 안치되었다.[18]

위의 사례들은 선 전통에서 육신이 중요했다는 사실을 입증해준다. 이 미라들은 종파들(즉, 보당종, 홍주종, 우두종, 운문종 그리고 조동종 등)과 보존 기술이 다양했음을 말해준다. 그러나 이런 추세는 종파 간의 경계들을 가로지르고 있었다. 선 전통의 밖에서 가장 잘 알려진 사례는 지의(智顗, 538~597), 현장(玄奘, 602~664), 규기(窺基, 632~682),[19] 그리고 선무외(善無畏, 637~735)[20] 등의 것들인데, 각각 천태종, 법상종, 진언종의 형성에 주요한 역할을 했다. 그 의의를 이해하기 위해서는 그것들이 등장한 맥락들을 잠깐 떠올릴 필요가 있다. 이를

---

17 중국에서 미라는 훨씬 후에도 생겼는데, 마지막 사례는 1976년 대만에서 기록된 것이다. Welch 1967 참조.

18 『중수조계통지』 5, p.626 참조. 이시이(Ishii 1987, p.33)는 『경덕전등록』에 기록된 다른 사례들, 즉 소주韶州의 영수여민(靈樹如敏, ?~918), 황벽혜黃檗慧 등을 언급한 다. 『북산록』(T. 52-2113, pp.610-614)도 참조.

19 천태산에는 황제의 미라도 있는데, 청 제국의 첫 황제인 세조(世祖, 1644~1661 재위)의 것으로 전해진다. P. W. Yetts, "The Disposal of the Dead in China," *Journal of the Royal Asiatic Society*(1911), p.699ff 참조. 규기에 관해서는 『불조통기』의 830년조(大和 4년)에 나오는 다음 기록을 참조하라. "인가대사引駕 大師 의림義林의 주청으로 자은(慈恩, 규기)의 부도탑을 수리하기 위해 파냈다. 무덤을 열었을 때, 기이한 향기가 그곳에 퍼졌다. 대사의 원래 몸은 벽돌 좌대에 여전히 기대 있었다. 마흔 개의 치아는 온전했으며 그의 얼굴은 살아 있는 듯했다."(T. 49-2035, p.385a)

20 선무외의 '육신'에 대해서는 Chou 1944~1945, pp.271-272 참조.

306

위해서는 아마도 임의적이겠지만 '의미론적' 차원과 '실용적' 차원을 구별하는 것이 유용할 것이다.(Tambiah 984, p.5 참조) 의미론적 맥락은 집단적 심성에서 '육체의'-그리고 일반적으로 죽음의- 의미 변화를 가리키는 반면, 실용적 맥락은 왕조나 종파의 정치에서 하게 된 다양한 기능들을 가리킨다.

의미론적 진화

먼저 일본의 경우에는 중요한 차이가 있음을 지적해야겠다. 일본에서 이른바 즉신불(卽身佛, 일본어로 '소쿠신부츠') 숭배에는 독특한 종말론적 의미가 함축되어 있었고, 미래불인 미륵(일본어로 '미로쿠') 신앙 그리고 835년에 코야산(高野山)에서 '입정(入定, 삼매에 들기)'한 쿠카이(空海)의 전설과 명백하게 연관되어 있었다.[21] 운문과 포대를 제외하

---

21 『대지도론』에 따르면 다음과 같다. 붓다가 반열반에 든 뒤에 그의 제자 대가섭은 계족산에서 멸진정滅盡定에 들었고, 이 상태에서 석가모니의 가사를 전해주기 위해 미래불인 미륵이 하생하기를 기다리고 있었다고 한다. 마침내 때가 되자, 미륵과 그 제자들은 아주 작은 대가섭(소가섭?)을 발견했고 석가모니의 가사는 미륵의 손가락에도 거의 맞지 않았다. 이 희극적인 장면은 미륵 시대의 세계가 완벽하게 돌아온 뒤에는 인간의 수명과 몸집이 석가모니가 나타났던 타락한 시대보다 훨씬 커졌다는 믿음에 근거한 것이다. Lamotte 1944~1980, Vol.1, pp.191-196 참조. 미륵에 대해서는 Sponberg and Hardacre 1988 참조. 삼매에 든 쿠카이의 전설은 11세기의 전환기에 텍스트의 형식으로 나타났다. Miyata 1970, pp.132-139와 Joseph M. Kitagawa, "Master and Savior," in his *On Understanding Japanese Religion*(Princeton: Princeton University Press, 1987), p.197 참조. 보기에 미륵과는 아무런 관계가 없었던 미라화의 한 사례는 유테이

면, 언급된 중국의 사례들은 이렇지 않았던 것 같다. 일본 미라들의
배경에 이렇게 미륵이 있다는 사실은 일본의 선에서 육신이 결여된
점을 부분적으로 설명해줄지도 모른다.[22] 쿠카이의 사례에 매료되었
음에도 잇큐는 그를 본뜨려고 하지 않았다. "위대한 대일大日의 살아
있는 아들/ 마음대로 죽음의 문을 지나갈 수 있지./ 가섭과 함께
긴긴 밤을 지키는 영혼,/ 가을바람, 봄비에 달 뜨는 새벽."(『쿄운슈』
333; Sanford 1981, p.141)[23] 내가 아는 한 아무도 이를 지적하지 않았지

호인(宥貞法印, 1591~1683)의 경우다. 그는 진언종 승려로 자신을 약사여래와
동일시했으며 (후쿠시마현의) 칸슈지(貫秀寺)에서 치병治病 숭배의 대상이 되었
다. 마츠모토 아키라(Matsumoto Akira 1985, p.147ff)는 정토사상과 분명하게
연관되어 있는 다른 일본의 사례들을 다수 언급하고 있는데, 여기에는 조가增賀
와 그 제자들이 포함되어 있다. 그는 또 죽음에 대한 태도의 변화를 지적한다.
코야산(高野山)의 승려이며 정토를 믿었던 유이한(唯範)은 혐오의 대상이었던
반면, 몇십 년 뒤 코야산의 또 다른 승려인 린켄(琳賢)의 미라는 제자들이 환대했
으며 죽음으로 오염될 것을 걱정하지 않고 그 미라를 금당金堂에 안치했다.
마츠모토에 따르면, 이런 변화는 린켄과 동시대인인 카쿠반(覺鑁, 1095~1143)이
진언종에 도입한 개혁과 관련이 있을 수 있다.

22 여기에는 또 몇 가지 예외가 있다. 후지산의 동굴에서 '입정'한 조동종 선사
안잔 키치도(案山吉道, 1608~1677)의 경우(『니혼토조 렌토로쿠』, 1727에 실린 그의
전기 참조) 그리고 거사인 신슈 교준(心宗行順)의 경우다. 교준은 아내가 죽은
뒤에 선종 사원에 들어가서 몇 년 동안 절식絶食 수행을 하다가 마침내 아내의
열일곱 번째 기일에 입정했다. 미라가 된 그의 몸은 마을 사람들이 찾아냈고
숭배의 대상이 되었다.(Matsumoto Akira 1985, p.190ff 참조) 그러나 그들은 슈겐도
와 선의 수행자들이었으므로 선과 후지산 숭배의 융합을 예증해준다.

23 [역주] 포르의 번역을 그대로 옮겼는데, 원문은 다음과 같다. "生身大日覺王孫,
出入神話活路門. 迦葉惠持長夜魄, 秋風春雨月黃昏."

만, 중국의 선과 현저하게 대비된다. 이 대비와 그 중요성을 분명하게 밝히기 위해 중국에서 미라 숭배가 어떻게 전개되었는지 간략하게 되짚어 보자.

미라는 선이 출현하기 훨씬 전에 중국에서 발견되었다. 1972년 마왕퇴馬王堆에서 발굴된 대후軟侯 부인의 무덤은 고대 중국에서 주검을 보존하기 위해 사용했던 정교한 기술과 그 도교적 배경에 대한 새로운 증거를 제공해주었다.[24] 그러나 벽곡辟穀과 같은 도교의 영생 기법에 똑같이 영향을 받았음에도 자연적 미라화는 주로 불교의 현상이었던 것으로 보인다. 폴 드미에빌(Demiéville 1965, p.169)은 주검에 대해 불교에서 그렇게 성례화聖禮化한 모순 그리고 사자 숭배나 주검의 보존을 강조하는 유교와 도교에는 오히려 그것이 없는 역설을 지적했다. 앞서 언급했듯이, 선종의 미라에 숨겨진 이념은 불교나 도교의 구제론과는 명백히 달랐다. 그러나 미륵사상은 다소 피상적으로 첨가된 이념일 것이다. 쿠카이의 경우에서도 작동하는 논리는 구제론과 거의 같은 내재론의 하나(미라화된 매개자와 접촉함으로써 치유하기)로 보인다.

불교의 자동적 미라화로서 최초로 기록된 사례는 나부산羅浮山에서 7년 동안 단식을 한 뒤 395년에 죽은 돈황의 승려 단도개單道開다. 그의 육신은 여전히 '매미 허물벗기'와 같은 도교적 은유로 해석되었다

---

[24] Needham 1974~1983, Vol.5, Pt.2, pp.299-304 and illus. 1330-1334; S. C. Kung, "Some Mummies Found in Western China," *Journal of the Western China Border Research Society* 11(1939), pp.105-111; Pokora 1985; Kosugi 1937 참조.

는 사실을 보여준다.[25] 그것들은 분명히 반감과 외경의 대상이었으며, 그러한 이유로 속세로부터 멀리 떨어진 산속 동굴에 내버려졌다. 이런 상황은 당나라 초기 무렵에 달라졌다. 예를 들면, 사실상 천태종의 창시자인 지의가 597년에 죽었을 때 그의 미라는 금당에 안치되었다. 장례 관습의 진화도 이런 변화를 용이하게 했다. 그리하여 그때까지는 본질적으로 납골함이었던 부도탑이 주검이 매장되는 곳이 되었다. 그 결과, 주검에 대한 태도가 혐오에서 존경과 헌신으로 바뀌었다. 선무외善無畏는 735년에 붓다처럼 옆으로 누워서 죽었는데, 그 후 그 몸의 미라화는 순수하게 불교적 용어로 해석되었다. 그것의 무오염 無汚染은 계율과 선정, 지혜가 충만해진 결과처럼 보였다.[26] 앞서 언급했듯이, 이런 해석은 대개 인도에서 붓다의 유골에 대해 한 것이었다.[27] 유골처럼 미라는 (죽었음에도) 정말로 살아 있는 것으로 인식된

---

25 Michel Soymié, "Biographie de Chan Tao-k'ai," in *Mélanges publiés par l'Institut des Hautes Etudes Chinoises*, Vol.1(Paris: Presses Universitaires de France, 1957) 참조.

26 『송고승전』, T. 50-2061, p.716a; Chou 1944~1945, p.270 참조.

27 따라서 사리를 단순히 죽은 붓다의 '상징'이라고 본 인도의 경우와 유골을 '살아 있는' 것으로 본 중국의 경우를 대비시킬 수 없다. 그렇지만 도리스 크루아상(Doris Croissant, n.d.)과 안나 사이델(Anna Seidel, 1988)이 주장했듯이, 중국에서의 사리 숭배도 오장五臟은 생명의 저장소였다고 하는-가령 선에서는 분명히 입증되지 않은 전승에서- 불교 이전의 기원을 갖고 있다. 도교에 기원을 두고 있는 이 전승은 쿄토(京都) 세이료지(清涼寺) 샤카도(釋迦堂)의 석가모니와 같은 조각에서 오장을 표현함으로써 불교로 들어가는 방법을 찾았다. 비록 다른 현상처럼 보이겠지만, 불교 성자전에서 죽은 승려의 혀, 즉 화장한 뒤에도 종종 온전하게 남아서 때때로 (대개 『법화경』을 암송하기 위해) 계속 움직이는

다. 달리 말하면, 미라화된 선사는 단순히 죽은 것이 아니라 죽은 스승으로서 존재한다.[28]

710년에 일어난 승가의 죽음은 전환점이 되었다. 그때 이후로 미라는 대개 옻칠되었다. 알려진 대부분의 사례에서 보자면, 옻칠은 비교적 늦게 이루어졌다. 미라화 과정이 자연적으로 진행된 뒤의 일이었다. 주검에 옻칠하는 것과 함께 죽은 이에 대한 태도도 급격히 변했다. 주검은 더 많이 표현되었으며, 주검이 주는 소름끼치는 특성도 얼마간 잃어버렸다. 그리하여 그것은 점점 표면화되더니 부도탑의 아래에서 위쪽으로 그리고 결국 많은 경우에 특별한 법당으로 옮겨졌다.(Kosugi 1937; Demiéville 1965 참조) 죽은 이의 진영眞影은 죽은 이 자신으로 채워졌고, 따라서 그 자신의 조상彫像이 되고 자기-지시적 표지가 되었다. 그러나 미라는 진영을 대신하지 못했다. 반대로 죽은 이의 존재는 그것의 전파로 강화되고 여러 가지 '대체된 몸들'이 되었다. 코스기 카즈오(小杉一雄)는 이 성상화聖像化에 주목해 '육신 성상聖像'에 대해 말했다. 성상화는 카즈오가 '유골 성상'이라 부른 것이 뒤이어 발달하면서 극도로 표현되었는데, 이 유골 성상은 고인의 사실적 조상을 만들기 위해 흙과 유골들을 섞어서 죽은 이를 재현한 것이다. 이 새로운 방식은 화장하는 관습에서 쓰는 방식을 따랐다.[29] 이런

혀의 역할에도 주목하라. Gernet 1959, p.557 참조.

28 전승에 따르면, 천태대사 지의의 기일에 1천 명의 승려들을 위한 대중공양을 했을 때, 또 다른 승려가 나타났다. 곧이어 지의의 영묘가 열렸고, 그곳은 텅 비어 있었다. 『불조통기』(T. 49-2035, p.601; Jan 1966b, p.18) 참조. 무상의 유골 성상처럼 땀을 흘리는 미라들(또는 성상들)이나 영천사靈泉寺 원림元林의 미라 등 다른 사례들도 있다.(QTW 510, 11, p.6573b 참조)

맥락에서 좀 모순적이기는 하지만 중요한 사례는 한국의 승려인 무상(無相, 684~762)의 것이다. 사원의 종鐘과 관련된 이적을 묘사하고 있는『송고승전』권19는 무상의 사후 성상화에 대해 기록하고 있다. "흙과 섞인 사리는 그의 모습을 본떠 그의 본래 형상대로 만들어졌다. 그날 온 얼굴에서 땀이 흘렀다." 따라서 몇몇 조상은 유골로 만들어진 것 같다. 무상(無相, 형상 없음)[30]이라 불린 승려가 재현의 본보기가 되었다는 사실은 좀 아이러니하다.

또 다른 중요한 사례는 승가의 제자인 목차木叉의 것으로, 그는 분명히 스승을 본받으려는 바람을 가졌다. 올바르게 미라가 되지 못했기 때문에 그는 결국 화장되었다. 그러나 884년에 사주자사泗州刺史 유양劉讓이 황제에게 상주한 문서는 목차의 부도탑이 수리되는 동안에 사리 8백 알을 얻었다는 사실을 전한다. 이 사리들은 황제에게 진상되었고, 그것들로 목차의 소상塑像을 만들라는 조서가 내려졌다. 이 성상은 '진상眞相'으로 불렸다.(『불조통기』, T. 49-2035, p.389c) 그의 경우에 채택된 방식은 마침내 그를 숭배의 강력한 대상으로 회복시켜서 옻칠된 그의 스승 곁에 있을 수 있게 했다.[31]

이 방식은 사람들의 종교적 필요와 승려들의 종파적 이익을 충족시키기 위해서 그리고 '자연적' 미라가 부족한 상황을 참작해서 채택되었

---

29 에르츠(Hertz 1960, p.125 n. 96)는 퀴체족 안에 유사한 '유골 성상'의 사례들이 있음을 알려준다.

30 그 기록에서는 관례에 따라 그를 단순히 '상相'이라 부르고 있는데, 역설을 언어 유회로 만든 것이다.

31 『송고승전』, T. 50-2061, p.857b에 나오는 속초束草의 전기도 참조하라.

을 것이다. 이런 '유골 성상'은 옻칠한 미라가 이미 대중화되었던 8세기 중반에 나타난다.[32] 그것은 중국에서 미라화가 발달하는 과정에서 마지막 단계를 나타내는데, 그 자체 유물 숭배의 결과이며 건조한 옻칠과 같이 예술 영역에서 기술이 발달한 결과다.(Kosugi 1937, pp. 116-119 그리고 Demiéville 1965; Croissant 1986도 참조) 그리하여 미라는 특별한 종류의 성상이 되었다. 죽음을 떠올리는 일이 옅어지자, 미라는 부도탑에서 금당—사실은 영묘靈廟—으로 옮겨졌다.

일단 성상이 되자 미라는 다른 성상들과 경쟁했고, 결국에 그것들로 대체될 수 있었다. 여러 가지 '표상들'이 중국의 '영당影堂'에서 서로 우열을 겨룬 반면에, 진영眞影은 일본의 사원에서 승리한 것처럼 보인다.[33] 한 번 옻칠을 한 미라가 성상의 특성을 몇 가지 획득한 것처럼 성상이나 조상彫像도 미라의 특성을 몇 가지 획득했다. 미라의 성상화는 성상의 '미라화'이기도 했다. 이런 '성상화' 과정은 왜 일본의 선에는 미라가 거의 없는지를 설명해줄 수도 있다. 위에서 언급했듯이 일본에서 발견된 불교 승려들의 미라는 모두 슈겐도(修驗道)의 전통에 속하며, 그 자체 미륵의 구제론과 대가섭의 전설에 근거한 쿠카이(空

---

32 가령 『신승전神僧傳』에서는 현화顯化가 죽은 뒤에 그의 유골들로 소상塑像을 만들었으며 그것에 예배한 사람들은 사리를 얻었다고 이야기한다.(T. 50-2064, p.1013c)

33 일부 '유골 성상들'이 기록되었는데, 예를 들면 야마구치현(山口縣) 지쥬지(自住寺)에 있는 다이도 주엔(大同壽圓)의 것, 기후현岐阜縣 안코쿠지(安國寺)에 있는 즈이간(瑞巖)의 것 등이다. 그럼에도 목상木像의 복부 안에 (다른 것들과 섞어서) 유골이나 유물을 삽입하는 관습이 유행했다. "Chinsō to Zenshū chōkoku," in Kawakami, Yoshikawa, and Furuoka 1979, p.171 참조.

海)의 즉신성불(卽身成佛, 바로 이 몸으로 붓다 되기)이 의례적으로 재현
된 것이다. 앞서 지적한 것처럼 쿠카이가 코야산에서 삼매에 들었다는
이야기는 사실 11세기에 최종적으로 그 형태를 갖춘 전설이다. 그런데
비슷한 시기에 천태종 승려이자 '꾀쟁이' 조가(增賀, 917~1003)는 지금
의 나라현奈良縣인 야마토의 토우노미네(多武峰)에서 자동적 미라화
를 이루었고, 그것으로 일본 최초의 즉신불이 되었다.[34] 또 다른 흥미로
운 사례는 좀 의심스럽기는 하지만 에이사이(榮西)의 경우다. 그는
켄닌지(建仁寺)에서 '입정(入定)'한 것으로, 즉 즉신불이 된 것으로
알려져 있다. 그의 주검이 보존된 곳으로 추정되는 영묘 뒤에도 '살아
있는 성상'이 있다. 그것은 에이사이가 죽은 지 5백 주년이 되던
1744년에 운가이 토지쿠(雲外東竺, 1630~1730)가 쇼군 요리이에(賴
家)의 목상과 함께 안좌安坐하고 점안點眼한 것이었다.[35]

다툼의 원인[36]

---

34 조가의 존재는 두 세기가 지난 뒤에 도겐의 제자들이 될 다르마슈(達磨宗)
　신도들이 토우노미네에 오는 동기가 되었다. 『겐코샤쿠쇼(元亨釋書)』는 조가의
　미라화에 사용된 방식, 즉 주검을 토기 항아리에 넣었다가 3년 뒤에 파내는
　방식이 중국에서 도입된 것임을 알려준다. DNBZ 62, 470, p.122a 참조.
35 Itō Tōshi, "Kenninji annaiki," *Zen bunka* 32(1964), p.55 참조.
36 〔역주〕 포르는 'Bones of Contention'이라는 중의적 표현을 썼다. 이 구절은
　'다툼의 뼈들'과 '다툼의 원인' 두 가지로 번역된다. 서구에서도 유골들이 오래도
　록 정치적으로나 종교적으로 다툼을 일으키는 원인이었던 사실을 알려주는
　표현이다.

선에서 미라를 숭배한 일에 대한 '의미론적' 차원을 검토했으므로
이제 '실용적' 차원으로 관심을 돌려보자. 즉, 종교적 맥락에서 미라와
유물을 필수품으로 이용하는 것, 우리가 '미라화의 정치학'이라 부를
수 있는 것을 살펴보자는 말이다. 그렇게 전개되는 데에 어떤 요인들이
작용했을까? 학자들이 한유와 같은 유학자들의 전례를 따르며 믿으려
했던 것처럼, 유물 숭배는 대중적 미신에 대한 양보였을까? 이런
견해에 약간의 진실은 있을 수 있겠지만, 위에서 설명한 변화를 설명하
기에는 결코 충분하지 않다. 피터 브라운(Brown 1981)이 분석한 서구
의 유물 숭배 사례에서처럼, 육신에 대한 중국인의 관심은 주로 승려들
의 관심사였고 죽음에 대한 고도로 구조화된 의식의 표현이었던 것으
로 보인다.

　이런 승려들의 관심 뒤에는 심각한 종파적 이해 관계가 있었음을
우리는 감지할 수 있다. 유골들은 붓다와 그 제자들 그리고 사촌인
아난의 죽음과 관련된 전설들이 충분히 보여주었듯이 '다툼의 원인'이
었다. 선의 전승에 기록된 대부분의 미라들이 뜻밖에도 새로운 종파들
의 창시자였다는 사실은 단순한 우연이 아니다. 이 '조사들'의 미라들
은 십중팔구 그 계승자들이 (그리고 소유자들이) 신도들의 헌신을
끌어내기 위한 장치로 이용했다. 어떤 경우에는 자동적 미라화에
대한 이런 시도들이 어느 정도까지 개인의 자유로운 결정이었는지
또는 공동체의 압력과 기대를 얼마나 반영했는지 의아스러울 수 있다.
다시 말하면, 스트릭만(Strickmann 1979, p.136)이 모산茅山의 사례에
서 분석한 불사의 도교적 요청에서처럼 또는 후기 슈겐도의 전통에서
볼 수 있는 몇몇 즉신불에서처럼 그것들은 의례적인 자살이 아니었을

까? 그리고 때로는 어느 정도 동의한 희생이 아니었을까? 문제 제기는 계속되어야 한다. 그러나 선사가 아무리 독립적이고 논란의 여지도 없는 일생을 살았다고 하더라도, 저절로 미라가 된 그 주검은 확실히 그의 사후에 집단의 소유물이 되고 논쟁거리가 되었다.

주검에 대한 이런 다툼들, 그 역사가 적어도 불교사만큼이나 오래된 다툼들은 죽은 승가僧伽의 경우처럼 이야기들의 이면에 잘 나타나 있다. 사후의 승가는 사주泗州의 자기 공동체에서 아주 멀리 떨어진 도성에 안치되는 것을 거부했는데, 그것은 그 주검의 악취로 증명되었다. 분명히 사주의 승려들은 이 무진장한 상징적 (그리고 마술적) 이득의 원천을 스스로 빼앗는 데는 주저했다. 그러나 결국 그들은 승가의 미라에 대한 자신들의 권리를 황제에게 확신시키는 데 성공했다. 동일한 양상이 복건福建 천주泉州 출신의 선사 무료(無了, 787~869)의 이야기에서도 나타난다. 『불조통기』의 876년조 기사에 "(무료의 부도탑이) 완성된 지 20년이 지나서 … 비탈의 하천이 범람하는 바람에 무너졌다. 그때 제자들이 보니, 선사의 주검은 전혀 손상되지 않은 채였다. 민왕閩王이 그 소식을 듣고 사람을 보내서 주검을 자신의 집으로 가져와 공양했다. 그러자 곧바로 주검에서 어떤 고약한 냄새가 났다. 민왕은 향을 피우고 기도한 뒤에 귀양龜洋의 본래 자리로 되돌려 보내 안치했으며, 부도탑을 세우자마자 곧바로 기이한 향기가 났다. 그래서 그 성의 사람들 모두 그 부도탑에 가서 예배했다." 『불조통기』는 또 무료의 제자인 혜충(慧忠, 817~882)이 그 부도탑 가까이에 묻혔다는 사실과 두 부도탑이 승가와 똑같이 사인士人들과 평민들의 숭배를 받았다는 사실도 언급하고 있다. (T. 49-2035, p.389a-b)

혜능의 두 육신

이런 맥락에서 보면, 혜능의 경우는 특별히 중요하다. 조계曹溪 공동체
는 육조의 유물들을 다수 소유하고 있었다. 가사와 발우, 그의 '추요석
(墜腰石, 허리춤에 매달고 다닌 돌)'과 주장자 같은 '접촉 유물들' 그리고
특히 빼어난 유물인 '실물'로서 혜능 자신. '초조' 보리달마는 불행하게
도 후계자들을 위해 텅 빈 무덤만 남겨둔 채 '주검으로부터 해탈'을
성취했다. 그의 무덤에서 발견된 것으로 추정되는 '신발 한 짝'은
결코 숭배의 대상이 되지 못했다. 더 고약하게도 이 전설은 그가
9년 동안 면벽했다고 하는 북종의 본거지인 숭산이 아니라 근처의
산인 하남河南의 웅이산熊耳山에 그의 무덤을 두었다. 보리달마가
무에서 창조한 숭산의 동굴이나 그의 '영석影石'[37]과 같은 신성한 자취
들은 사리를 전혀 대체할 수 없는 임시변통의 공현公現이었고, 더군다
나 실제 육신도 아니었다. 그런 이유로 숭산은 조계와 경쟁할 수
없었으니, 이것이 북종선의 쇠퇴를 초래한 요인들 가운데 하나였을
수 있다. 전통적인 붓다와 관련이 없는 유일한 '경전'인 『육조단경』이
정전화正典化된 것은 '육신'을 남긴 육조가 사실 그 나름 붓다였다고
하는 남종 선승들의 확신을 보여준다. 그 후로 선사들을 '고불古佛'로,
심지어 선원의 주지를 생불生佛로 여기는 경향이 발달했다.

　『육조단경』은 혜능을 "(713년) 8월 3일에 세상을 떠났으며, 11월에

---

37 〔역주〕 면벽 수행한 보리달마의 그림자가 서려 있는 돌을 가리킨다. '면벽영석面壁
　影石'이라고도 한다. 본래 소림사의 뒷편 달마동達摩洞에 있었으며, 1928년에
　화재로 훼손되었다고 한다.

'신좌神座'를 조계산에 맞아들여 매장했다"고 서술한 반면, 그 사건이 있은 지 거의 3세기가 지나서 저술된 『경덕전등록』(1004)은 혜능의 몸이 야기한 갈등에 대해 언급한다.

> 이때 (그가 살았던) 소주韶州와 (그가 죽은) 신주新州 두 곳에 거룩한 탑이 세워졌는데, 승려들이나 신도들 누구도 주검을 어디에 안치할지 결정하지 못했다. 각 주의 자사들이 함께 향을 피우고 기원했다. "향의 연기가 이끄는 곳이 대사께서 돌아가고 싶어하시는 곳일 겁니다." 향로에서 연기가 피어오르더니 곧바로 조계로 향했다. 11월 13일, 대사의 몸은 조계의 탑에 안치되었다. 그의 나이 일흔여섯이었다. 조계의 자사 위거韋璩가 비문을 썼다. (Yamplosky 1967, p.86 참조)

1477년에 혜능의 몸은 더 나은 보존을 위해 이 '보탑寶塔'에서 '육조당六祖堂'으로 옮겨졌다. 감산憨山의 『조계중흥록曹溪中興錄』(Tokiwa 1972, p.79에서 인용)에 따르면, 이것은 군수의 꿈에 혜능이 나타나서 이전시켜 줄 것을 요청한 결과였다. 그 긴 역사 동안에 혜능의 미라가 '이전'된 일은 여러 번 있었던 것으로 보인다. 그 가운데 하나는 예수회의 롱고바르도가 목격했는데, 온 성을 괴롭히던 긴 가뭄을 끝내기 위해서 어떻게 혜능의 '육신'을 소주韶州로 가져왔는지에 대해 그는 이렇게 기술했다. "그래서 주민들은 성의 신들에게 비는 일을 그만두었고, 그러한 때를 위해 유명한 괴물을 시골에서 데려왔다. 그 이름은 '노조盧祖'였다. 그들은 그것과 함께 여기저기로 행진하면서 그 앞에

절을 하고 제물을 바쳤지만, 그와 유사한 상대들처럼 그것은 그들의 간청에 전혀 귀기울이지 않았다. '노조가 늙는다'라는 속담이 나온 것은 이때였다." 대중 종교에서 혜능의 미라가 갖는 중요성은『송고승전』이 증언해준다. 그것에 따르면, 오대(五代, 907~960) 동안에 육조의 육신은 상원절(上元節, 정월 15일) 때마다 민중이 복을 빌도록 하기 위해 (소주 또는 광동의) 도시로 옮겨졌다.(T. 50-2061, p.755c)

혜능의 미라는 분명히 여러 번 위기를 맞았다. 잘 알려진 첫 번째 이야기는 신회가 (만들어낸 것은 아니더라도) 퍼뜨린 것이다. 북종의 선사가 누군가에게 돈을 주고 육조의 머리를 베어 오도록 시켰고 이 시도는 실패했다는 이야기다. 또 다른 시도는 722년에 한국인〔신라인〕이 저지른 일이었다. 중국의 전승에 따르면, 그 또한 실패했다.『경덕전등록』(1004)은 (그의 머리를 훔치려는 시도들이 사실이었다고 가정하는) 사후事後의 소급적인 '예언'을 기록하고 있다. "누군가가 머리를 가져갈 것이라고 한 대사의 예언을 떠올린 제자들은 옻칠한 옷을 입히고 목에 쇠줄을 채워서 보호했다. 부도탑 안에는 보리달마로부터 전해 내려온 '가사', 당 중종中宗이 보낸 금란가사와 발우, 방변方辯이 빚은 대사의 소상, 그리고 갖가지 불교 도구들이 안치되었다. 탑지기를 두어 이것들을 책임지게 했다."[38]

그런데 한국의 전승에 따르면, 그 시도는 성공해서 혜능의 머리 곧 정상頂相은 한국으로 왔으며, 오늘날 지리산 쌍계사雙溪寺의 금당

---

38 Yampolsky 1967, p.86 참조. 『경덕전등록』에 따르면, 혜능의 성유물은 개보(開寶, 968~975) 연간 초에 일어난 전쟁 동안에 불에 타버렸으나, 그의 몸은 "탑을 맡은 승려가 지켰고 전혀 손상을 입지 않았다."(ibid., p.87)

에 안치되어 있다고 한다. 이 절은 그 계보가 진감국사眞鑑國師 혜소(慧昭, 773~850)를 통해 마조도일까지 올라가는 사찰이다.[39] 의상의 제자인 삼법三法은 『육조단경』에서 누군가가 자신의 머리를 훔쳐갈 것이라고 한 혜능의 예언을 읽고서 이 예언은 자신에 관한 것이라 단정하고 한국 불교의 영광을 위해 그 머리를 훔치기로 결심했다고 전한다. 그는 유명한 장군인 김유신의 아내로 추정되는 법정法淨이라는 비구니에게서 거액의 돈을 받고 당나라로 가는 상선을 탔으며, 마침내 홍주洪州의 개원사開元寺에 도착했다. 그곳에서 그는 김대비金大悲와 벗이 되었고, 두 사람은 장정만張淨滿을 고용해 혜능의 머리를 훔쳤다. 머리는 법정 비구니가 머물고 있던 한국의 영묘사靈妙寺로 성공적으로 옮겨졌다. 그 뒤에 한 승려(혜능)가 삼법의 꿈에 나타나 지리산에 안치되었으면 하는 바람을 시로써 표현했다. 그리하여 삼법은 김대비와 함께 지리산으로 가서 혜능을 위한 금당과 자신이 머물 암자를 지었고, 그곳에서 그는 죽을 때까지 18년 동안 『육조단경』을 낭독하면서 수행했다. 삼법의 '전신全身'은 제자들이 운암사雲巖寺에 매장했다. 물론 누카리야 카이텐(Nukariya Kaiten, 1930)은 이 이야기를 신뢰하지 않는다. 전보삼에 따르면, 이 이야기는 육조와 『육조단경』에 대한 한국 불교도들의 독실한 신앙을 반영하고 있다.[40] 우리가 이 한국인의

---

39 『선종육조혜능대사정상동래연기』와 『쌍계사약사』(manuscript, Komazawa University Collection); Chŏn 1989; Yi 1955 Vol.1, p.94, Vol.2, p.139; Nukariya 1930, p.60; and Chung 1987 참조.

40 또 다른 한국의 선사 도의(道義, ?~825)는 784년에 중국에 왔다. 그는 조계를 방문했고, '육조당'(혜능의 금당)을 찾아가 그 문을 열고 세 번 예배한 뒤에 떠났다. Yanagida 1978, p.29 참조.

주장을 어떻게 생각하든간에 혜능의 머리를 훔치려는 시도가 미라를
파괴하려던 것이 아니었음은 분명하다. 그것은 단지 그 힘을, 머리에
(또는 유골과 내장에) 있다고 종종 믿었던 힘을 훔치려는 것이 목적이
었다. 어느 정도 성공했다. 발광發光과 같은 다양한 이적들이 혜능의
한국 금당에서 일어났고, 그래서 누구도 감히 그것을 열 엄두를 내지
못했다고 전해진다.(Yi 1955 Vol.1, p.32 참조) 쌍계사의 유골은〔중국〕
오대산의 불두佛頭와 비교되어 왔으며, 1980년에는 대만의 불교도
대표단이 그곳을 순례했다. 서구에도 이와 유사한 사례들이 있는데,
세례 요한(John the Baptist), 성 베네딕트(St. Benedict), 성 마르티노(St.
Martin) 등의 머리가 유명하다.[41]

---

[41] Saintyves 1987; Geary 1978 참조. 불교와 기독교의 유사성은 한 세기 전에
독일의 인류학자 아돌프 바스티안(Adolf Bastian)이 아난의 죽음에 얽힌 전설들에
대해 논의하면서 이미 지적했다. "우리의 몇몇 신중한 선조들이 강요당했다는
것, 또는 세례 요한이 아주 끔찍하게 빼앗긴 것보다 더 많은 머리를 가졌다는
것, 그뿐 아니라 그들이 가장 좋아한 몇몇 성자들이 각자 자신들의 소중한
해골 두셋을 친절하게 제공했다는 것, 안시(Anecy)의 장 페랑(John Ferand)
신부가 '신께서는 신도들의 헌신을 위해서 기꺼이 그것들을 늘리고 번식시키셨
다'라고 말한 것 때문에 자주 일어난 상황들임을 우리는 인정해야 한다."
Bastian(quoting Brody) 1871, p.134 참조. 중국의 상황에서는 유사성이 더 많이
나타난다. 예수회 선교사들이 때때로 미라가 되었다. 펠리치아노 다 실바
(Feliciano da Silva, ?~1617) 신부의 경우에는 그 몸이 온전한 채로 발견되고
기분 좋은 향기를 내뿜었으며, 마르티노 마르티니(Martino Martini) 신부의 경우는
죽은 지 18년이 지난 1679년에 그 몸이 온전한 채 발견되었으나 '우상'으로
숭배되자 먼지로 돌아갔다. Pfister 1932~1934, Vol.1, pp.84. 259; quoted in
Gernet 1982, p.125 참조. 그러나 기독교인들과 반대로, 불교도들은 육신을
늘리기 위해서, 심지어 성자의 몸을 소유하려고 벌인 논쟁을 해결하기 위해서라

카리스마와 종파주의 유포

그러나 혜능은 탐낼 만한 다른 유물들, 즉 그의 발우와 가사 그리고
꽤 중요하다고 할 텍스트 『육조단경』을 남겼다. 그것들이 표상으로서
얼마나 중요한지는 황제나 다른 선종 종파들이 그것들을 얻으려고
다양한 시도를 했다는 사실로도 알 수 있다. 중세 서구에서처럼 유물의
'이전移轉'은 거룩한 도둑질(furta sacra) ― 경건하거나 그리 경건하지 않은
도둑질 ― 을 용이하게 해주었다.(Geary 1978 참조) 육조의 다른 유물들
을 얻으려는 경쟁 그리고 왕조의 정당화에서 그것들의 역할은 이야기
들 속에 잘 나타나 있다. 이야기에 따르면, 760년에 숙종肅宗은 혜능의
가사와 발우를 황궁에 안치할 것을 요구하는 사신을 조계에 보냈다.[42]
그 뒤 765년에 혜능이 대종代宗의 꿈에 나타나 자신의 가사와 발우를
자기 사찰에 되돌려줄 것을 부탁했다. 이 꿈에 따라서 황제는 대장군
유숭경劉崇景에게 가사를 조계에 돌려주라는 명을 내리면서 이렇게
말했다. "나는 이를 국보로 여긴다. 본사에 잘 안치되도록 하고, 주요한
교의를 잘 받아들인 특별한 스님들이 엄중하게 지키게 하라. 잃어버리
는 일이 없도록 세심하게 주의를 기울여야 한다."[43]

도 이적에 기대는 것은 피하려 했던 것 같다. 한편, 앞서 거론했듯이 사리는
'발산'을 통해, 즉 '합성된 성자들'을 낳은 성자전의 기법과 다소 유사한 과정을
통해 쉽게 늘어났다.

[42] 다양한 유물이나 불교의 표징과 황제 권력의 정당성 간의 연관성은 보지의
미라, 백단白檀 불상, 여산廬山의 오백나한 그리고 아쇼카왕의 성유물을 황궁으
로 가져오라고 내린 조서들이 잘 설명해준다. Soper 1948, pp.25, 41 참조.

[43] Yampolsky 1967, p.87 참조. 일본에서 쿄토의 토지인(等持院)에 있는 무소

사천四川에서 보당종이 퍼뜨린 다른 이야기는 왕조와 종파의 정통성을 결합하고 있다. 이 이야기는 측천무후則天武后가 자신이 공양하겠다며 가사를 황궁으로 보내라고 혜능에게 요청한 뒤에 보당종의 시조로 추정되는, 홍인의 또 다른 제자 지선智詵에게 하사했다고 주장한다. 무후는 그 보상으로 다른 가사와 비단 5백 필의 선물을 혜능에게 주었다고 전해진다. 『역대법보기』에 따르면, 그 후로 그 가사는 지선에서 보당종의 실질적인 개조인 무주(無住, ?~774)에게 전해졌다. 이런 주장은 조계의 혜능 공동체에서 내세우는 주장뿐만 아니라 사천의 또 다른 선 공동체, 즉 무주의 스승으로 알려진 신라 승려 무상無相의 공동체에서 내세우는 주장과도 균형을 잡기 위해 제기되었을 수 있다. 후자의 지파는 무상의 유골을 진흙과 섞어서 그와 완벽하게 닮은 '유골 성상'을 만들었기 때문에 몇 가지 중요한 유물을 소유하고 있다고 정말로 자랑할 수 있었다. 그런 자산이 있었음에도 보당종은 조계를 대신하는 데는 성공하지 못했다. 『경덕전등록』에서는 이렇게 적고 있다. "후대에도 사람들이 가사를 훔쳤으나 멀리 가져가지 못했고, 언제나 되돌아왔다. 이런 일이 여러 번 일어났다."[44] 신회에 따르면, "가사와 법은 서로 전수되며, 다른 전수는 없

소세키(夢窓疎石)의 영묘-레이코덴(靈光殿)-에 안치된 아시카가(足利) 쇼오군들 15명의 인상적인 목상들은 '생기 있는' 조각들을 중개자로 삼아서 죽은 뒤에도 영적인 힘과 군사적 힘이 이렇게 결합된다는 것을 입증해준다. 물론 쿠카이(空海), 호넨(法然), 신란(親鸞) 등 더 잘 알려진 사례에서처럼 무소의 사리도 효율적인 존재여서 죽은 제자들에게 개인적 구원을 가져다줄 것이라 믿어졌고 '신성한 곳에 매장하기'의 동기가 되었다. Schopen 1987도 참조.

[44] Yampolsky 1967, p.87 참조. 『역대법보기』에 따르면, 혜능은 제자들에게 말했다.

다."(Gernet 1949, p.110 참조) 따라서 가사는 단순한 상징이 아니다. 『육조단경』을 포함한 혜능의 다른 유물들처럼 그것은 선법禪法의 구체화다. 그러나 가사의 전수가 유일하게 정당한 근거라는 신회의 강조는 이런 다양한 유물들과 구체화가 동시에 발생한다는 것을 드러낸다.[45] 그런데 이렇게 여러 가지로 '구체화된 것들'(유골, 가사, 책, 진영, 게송)은 현존과 정통성이 뒤죽박죽인 '난장판' 속에서 서로를 강화시킨다.

혜능의 사례에서 관찰된 양상은 먼 훗날 그의 신봉자인 감산덕청 (1546~1623)에게서 되풀이되었다. 감산이 죽자마자 남화사南華寺의 승려들은 그의 주검을 관에 넣고 영묘를 세웠다. 그런데 한 제자가 여산廬山에 부도탑을 세웠고, 1625년에 주검을 그곳으로 옮기는 데 성공했다. 남화사 승려들이 주검을 조계로 되찾아오기 위해 관청을 설득하기까지 거의 20년이 걸렸는데, 그때 미라가 그 관에서 나타났다. 이전移轉을 책임진 관리 유기상劉起相에 따르면, 조계에서 접근했

"이 가사 때문에 나는 여러 번 목숨을 잃을 뻔했다. 이 가사를 도신 대사는 세 번, 홍인 대사도 세 번, 그리고 나는 여섯 번 도둑맞았다."(T. 51-2075, p.182c) 가사의 전수와 그것이 왕조를 위한 부적으로서 기능한 일에 관해서는 Seidel 1983a, 그리고 『法寶義林』(근간) 권7의 〈傳衣〉 참조.

45 『쇼보겐조』의 〈전의傳衣〉에서 도겐은 이렇게 썼다. "사리는 전륜성왕에게도 있고 짐승인 사자에게도 있으며, 사람들과 벽지불 등에게도 있다. 그러나 그들에게 가사는 없다. 붓다에게만 가사가 있다. 어리석은 자들은 사리는 숭배하면서도 가사는 무시하는데, 가사를 잘 지켜야 한다는 사실을 아는 이가 거의 없다."(T. 82-2582, p.56c) 또 〈가사공덕袈裟功德〉도 보라. "가사를 스승이나 붓다의 부도탑처럼 여겨야 한다."(ibid., p.54a; Yokoi 1976, p.102)

을 때 관의 무게는 두 배로 늘었고, 이 때문에 그는 감산이 '육신'의
형태로 다시 나타나고 싶어한 것으로 의심했다.(Hsu 1979, p.100)
미라가 안치된 조사전祖師殿은 그 뒤로 순례의 중심지가 되어 번창했
다. 그리하여 감산의 미라화는 그에게 선종 조사의 지위를 얻게 해주었
다. 그렇지 않았다면 그의 비정통적인 신원身元이 그걸 막았을지도
모른다. 그의 미라가 없었다면, 조계종은 예전처럼 되살아날 수 없었
을 것이고 또 '기도 도량'으로서 번성해 사실상 청나라에서 가장 유명한
예배 중심지 가운데 하나가 되지도 못했을 것이다.

유물은 공동체가 번영의 시기에 보시를 끌어들이는 방법이었으며,
역경의 시기에는 영적 또는 물리적 공격에 맞서 방어하는 길이었다.
그러므로 1047년에 모반한 당화唐和가 사원 근처를 지나다가 운문雲門
의 무덤을 더럽히려 했을 때, 운문의 주검이 허공에 나타났던 것이다.
그때 당화는 문득 자신의 잘못을 깨달았고, 사원의 주지가 그에게
항복하라고 설득했다. 운문은 그 힘이 이렇게 현시된 일로 말미암아
1093년에 '각화대사覺化大師'라는 시호를 받았다.[46] 도레(Doré 1914~
1938, Vol.7, p.257)는 쿠빌라이 칸이 통치하던 1276년에 병사들이
칼로 혜능의 미라를 갈랐다고 적고 있다. 그러나 그들은 심장과 간이
완벽하게 보존된 것을 보고는 그 유해를 더 이상 모독하지 못했다.
흥미로운 또 다른 사례는 우두종牛頭宗의 조사이며 황제의 스승이었던
경산법흠(徑山法欽, 714~792)의 경우다. 법흠은 죽은 뒤에 부도탑
아래에 묻혔다. 901년에 반란이 일어나 경산이 점령당했을 때 부도탑

---

46 岑學呂 編, 『中國佛寺史志彙刊』 권6(Taibei: Mingwen shuju, 1980)의 『雲門山志』,
　　p.22 참조.

은 파헤쳐졌고, 반도들은 토기 항아리 두 개 안에 놓여 있는 법흠의 주검을 발견했다. 긴 머리칼이 그의 얼굴을 덮고 있었다. 반도들은 이 무시무시한 유령의 모습을 보고 달아났으며, 미라는 오월국吳越國 군주의 지시로 다시 안치되었다. 『송고승전』에서는 이렇게 적고 있다. "용흥정원龍興淨院에 있는 그의 '전신全身' 위에 탑을 세웠다. … 이 탑 안에 소상塑像이 있는데, 마치 살아 있는 것처럼 보인다."(T. 50-2061, p.765a) 이 이야기들은 서구 기독교 세계에서 있었던 유물의 거룩한 도둑질과 이전에 대한 이야기들과 놀랄 만큼 유사해 보인다.(Geary 1978 참조) 그렇지만 선종에는 '거룩한 도둑질'을 대규모로 했다는 문학적 전승이 없다.

거룩한 도둑질과 관련된 가장 최근 사례로는 석두희천(石頭希遷, 700~790)의 미라로 추정되는 것을 들 수 있다. 전승에서는 그를 혜능의 2세대 계승자이며 조동曹洞 계통의 선조로 본다.[47] 중국의 혁명 시기 (1911)에 야마자키 타케시(山崎彪)라는 일본의 치과의자이자 선/슈겐 도 숙련자가 그것을 메이지 일본으로 가져왔다. 야마자키는 호남湖南 의 한 사찰에서 미라를 발견했으며, 사찰을 초토화시킨 화재에서 그것을 구해냈다. 승려들의 항의가 있었음에도 그는 마침내 미츠이 상선으로 일본에 몰래 갖고 들어올 수 있었다. 야마자키가 죽은 뒤에 미라는 트렁크 속에 담긴 채 잊혀졌으나, 1960년에 마츠모토 아키라 (松本昭)가 다시 발견했다. 일단의 전문가들이 검사한 뒤, 1975년에 일본 조동종의 두 본산 가운데 하나인 (요코하마의) 소지지總持寺로

47 희천의 미라는 『송고승전』(T. 50-2061, p.764a)이나 다른 어떤 자료에서도 언급되고 있지 않다.

넘겨졌고 오늘날에도 여전히 그곳에 있다.[48] 이 모든 사례로부터 우리는 선의 대중화에 도움이 된다면 유물과 미라의 숭배에도 '인간화'나 '탈신화화'가 수반된다고 결론지을 수 있다. 사실, 인간화나 탈신화화는 용왕, 일월신, 산신 등과 같은 우주적 또는 신성한 매개자들을 숭배하는 토착 신앙을 종종 거스른다. 아무튼 매개자들은 이상화된 사람들, 조사들이었고, 그들의 힘은 유물이 증명해주었다. 인간의 형상으로 장소를 대체하는 것(Dupront 1987, p.98), 즉 인간 관계로 신화적 유대를 대체하는 것이 특징인 이 진화는, 오래된 것을 교체하거나 단순히 갑절로 늘리는 순례의 새로운 연결망, 새로운 '신성한 것의 지리학'을 확립했으며, 부도탑이나 금당 같은 새로운 장소에 그것을 고정시켜 새로운 의미를 부여했다. 게다가 기독교 세계에서처럼(Peter Brown 1981, pp.88-89 참조) 유물은 이동성이 있었다. 미라조차도 여러 번 여행할 수 있었다. 이런 이동성은 한 장소에서 다른 장소로, 또는 조사가 세운 지역 공동체에서 그의 유물에 대한 지배권을 얻은 다양한 집단으로 '신성함의 전이'를 허용하는 지리적이면서 사회적인 것이었다. 중국에서 '향의 분배'와 마찬가지로(Sangren 1987 참조) '사리 분배'는 새로운 숭배 중심지의 확산을 보장해주었다.

---

48 Matsumoto Akira 1985, pp.202-207 참조. 소지지 당국에서는 그 존재에 대해 인정하기를 좀 꺼리고 있지만, 나는 1988년에 그 미라를 볼 수 있었다. 주검은 옻칠되어 있었고, 옻칠이 된 천은 눈에 띄게 남아 있다. 보존은 썩 좋지 않았다. 얼굴은 화재로 까매져 있었고, 여러 군데 상처가 있었다. 예전에 주검에서 떨어져 나온 팔다리는 몸통에 묶어 두어야 했다. 일본의 다른 미라들과 비교는 오가타 마모루(小片保), "我國卽身佛成立に關する諸問題," 新潟大學医學學士會會報 15(1962), pp.16-30와 도판 14-15 참조.

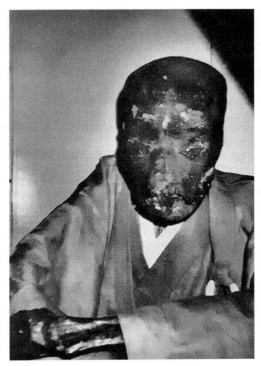

그림 2. 석두희천의 미라. 요코하마의 소지지總持寺.

이런 사례들은, 신성한 것을 한 곳에 두고 한 집단만 접근할 수
있게 하려는 시도가 가진 편협한 종파적 이해나 정치적 이해 관계를
넘어서(Peter Brown 1981, p.86) 더 큰 사회적 변화, 중국인들이 죽음과
맺고 있는 관계들의 변화를 반영한다. 이 단계에서 이 변화를 입증하기
는 어렵지만, 타이저(Teiser)와 다른 이들의 최근 작업은 당-송 전환기
에 장례 관습과 내세의 표현에서 중대한 진화가 일어났다는 특징적인
사실을 확인해주는 것 같다. 서구에서처럼 중국에서도 "너무 자주
'민중의 믿음'이라는 분별없는 압력에 뒤늦게 굴복한 것으로 표현되지

만, 사실 그 이면에는 최상급의 지적 전환이 있다"고 할 수 있다.(Peter Brown 1981, p.78) 아무튼 선의 전통에는 죽은 자의 존재, 즉 억제되어야 할 존재가 여전히 따라다녔다. 이런 의미에서 소지지에 있는 석두의 미라는 전형적인 사례다. 경배는 받지만 대중으로부터 숨겨져 있는 이것은, 선이 '존재의 형이상학'에 대해 가진 그 자체의 양면성을 반영한다. 참으로 유물과 성상에 생명을 주고 기운을 불어넣으려는 그런 시도는 전통 자체의 의미 부여(사리를 다르마로 보는 것)에 대한 은유로 볼 수 있다. 그러나 물질적 전통과 교리적 전통 모두 결국에는 마른 뼈와 식은 재에 불과할 수 있다는 의심이 어떤 사람의 마음에는 남아 있었을 것이다.

성상과 정상頂相

'담박한 허공'에 그 모습을 그리고/ 허공을 닦고서는 형상을 전하네.[49]
— 혜원慧遠, 〈불영명佛影銘〉

선 전통은 그 정상頂相의 엄격한 '사실주의'로 잘 알려져 있다.[50] 미술

---

49 〔역주〕원문은 다음과 같다. "淡虛寫容, 拂空傳像."
50 정상頂相이라는 용어는 본래 머리 꼭대기의 돌출부 또는 육계肉髻를 표현한 것으로, 이는 붓다의 32상 가운데 하나다. Hubert Durt, s.v. "Chōsō(頂相)," Hōbōgirin, Vol.5, pp.421-430 참조. 이 육계는 눈에 보이지 않는다고 전한다. Durt, "Note sur l'origine de l'Anavalokitamūrdhatā," IBK 16, 1(1967), pp.450-443 참조. 적어도 한 가지 사례, 즉 혜능의 머리와 관련해서 위에서 논의한 한국의 이야기에서는 이 용어가 신체적 유물을 가리킨다. 그것이 언제

사가들은 특히 선종의 초상화 조각이 보여주는 그 '박진감' 넘치는 특성에 경탄하는 경우가 많았다.(Mōri 1977, p.88 참조) 이것들은 죽은 선사들의 눈을 어둠 속에서도 반짝이도록 표현했는데, 그 때문에 미라가 그렇듯이 마치 '살아 있는 것처럼' 보여서 평범한 관찰자는 으스스하게 느낄 정도다. 사실 이런 조각들은 서구적 의미에서는 초상이 아니다. 오히려 그 상징적 대응물인 유물처럼 그것들은 대체된 몸에 해당한다. 그것들은 그저 '사실적인' 것이 아니라 그 자체 외에는 어떠한 실재도 가리키지 않는 진짜다.[51] 어떤 것으로 다른 것을 나타내는 서구식의 은유적 논리가 불교 우주론의 두 층위 구조를 기술하는 데 적절해 보이기도 했다. 혜원慧遠이 붓다에 대해 이렇게 말한 것처럼. "거기 (열반에) 그의 (참된) 몸이 있고, 여기 이 땅에는

어떻게 선사들의 진영眞影을 가리키게 되었는지는 분명하지 않다. 일본의 미술 사가들은 선의 정상을 다섯 가지로 구분한다. (1) 가장 일반적인 쿄쿠로쿠(曲錄), 의자에 가부좌를 튼 채 앉아서 불자拂子나 주장자를 들고 있거나 수인手印을 맺고 명상하고 있는 선사의 초상. (2) 한신조(半身像), 선사의 상반신. (3) 엔조조(圓相像), 원으로 둘러싼 초상. (4) 킨힌조(經行像), 서 있는 선사의 초상. (5) 도샤쿠 진부츠가(道釋人物畵), 선사가 자연스럽게 앉아 있거나 짐승들과 함께 있는 초상. Kawakami, Yoshikawa, and Furuoka 1979, pp.166-167 참조. 선의 정상에 대해서는 Dictionnaire historique du Japon, s.v. "Chinzō ou Chinsō." Vol.3(1974), pp.59-60; Mochizuki 1958~1963, Vol.4, pp.3632-3633; Iijima Isamu, "Chinsō ni tsuite(頂相について)," Museum 80(1957), pp.17-20 참조.

51 Spiro 1988, pp.5-14에서 중국 초상화에 대해 비슷한 '지적'을 한다. 스피로에 따르면, 4세기의 화가 고개지顧愷之가 초상화의 점정(點睛, 눈을 찍는 일)에 대해 한 유명한 진술("정신을 전하고 유사성을 전하는 것은 정확히 이 점들에 달렸다")은 제의적 권한 부여라는 맥락에서 이해되어야 한다.(ibid., p.1)

그의 그림자가 있다."[52] 그러나 이런 은유적 논리는 의례적 실천에서 환유와 제유의 논리로 대체되었고, 거기에서 그림자나 흔적은 몸처럼 진짜가 되고, 바로 이 몸이다. 그리하여 성상은 더 이상 참된 '법신法身'을 '위해 서 있는 (또는 앉아 있는)' '응신應身'으로서가 아니라 법신 그 자체로 인식되었다. 그러나 선의 담론은 부재와 존재의 포르트-다 놀이를 끊임없이 재연하면서 은유와 환유, 초월과 내재 사이를 오락가락했다.[53]

그럼에도 불교의 성상에는 죽은 이의 힘이 배어 있으며, 그 힘이 생기를 주거나 권능을 부여한다. 불상의 '개안開眼'[54] 의례에서 비롯되

---

52 Walter Liebenthal, "Shih Hui-yüan's Buddhism as set forth in his Writings," JAOS 70(1950), p.258 참조.

53 〔역주〕 포르트-다 놀이(fort/da game)는 실패 던지기 놀이로서, 실패를 멀리 던지고는 '포르트'라고 외치고, 다시 잡아당겨서 손에 쥐면 '다'라고 외치는 놀이다. 실패가 없어졌다가 다시 나타나는 것이니, 부재와 존재와 관련된다.

54 '개안'에 대해서는 Gombrich 1966, pp.23-27; Hans Ruelius, "Netraprati-ṣṭhāpana—eine singhalesische Zeremonie zur Weihe von Kultbildern," in Heinz Bechert, ed., Buddhism in Ceylon and Studies on Religious Syncretism in Buddhist Countries(Göttingen: Vandenhoeck and Ruprecht, 1978), pp.304-334; Gombrich, "The Buddha's Eye, the Evil Eye and Dr. Ruelius," in Bechert, ibid., pp.335-338 참조. 의례는 초기 불교-마하밤사(Mahāvaṃsa), 위숫디마가(Visuddimagga)-에서 그리고 브라만교에서도 이미 알려져 있었다.(Renou and Filliozat 1985, Vol.1, p.573 참조) 이는 당대唐代에 한문으로 번역된 밀교 텍스트에도 나타나며(T. 21-1227, p.148c 참조), 그 실행 과정은 일본에서 753년에 인도 승려 보디세나(Bodhisena)가 거행한 토다이지(東大寺)의 대불 개안 의식을 위해서 기록되었다. 그러나 더 이른 시기의 중국 문서에서는 이에 대한 언급이 보이지 않는다. 곰브리치는 일시적으로 무력하게 만드는 불상의 '폐안閉眼'이라

는 이런 권능 부여는 종종 불상 안에 실제로 존재하는 유물들을 통해 보완된다.[55] 선종의 모범적인 성상파괴론자 단하천연(丹霞天然, 739~824)은 불상을 태웠다고 비난을 받았을 때, 자신은 사리를 찾고 있을 뿐이며 만약 사리가 없다면 불상은 나무 조각에 지나지 않는다고

는 '개안'과 평행되는 의식도 기술한다. 일본 조동종 전승의 후대 키리가미(切紙)에 따르면, 평행주의란 개안 의식을 할 때에 어떤 방식으로 권능이 부여되었는지를 모르면 불상의 신령을 '파견할' 수 없다는 것이다. 더 나아가 스기모토는 '개안'의 두 유형을 서술하는데, '추상적인' 또는 '원리에 따른' 리개안理開眼과 구체적인 또는 '현상에 따른' 사점안事點眼이 그것이다. '구체적인' 개안이 곰브리치와 다른 연구자들이 서술한 의례와 닮은 반면에, '추상적' 개안은 만트라(주문)와 무드라(수인)를 통해서 실행된다. '구체적인' 점안에서 승려는 불상의 눈을 찍으면서 자력自力 즉 자신 안의 붓다를 성상에 투입한다. 반면에 '추상적인' 개안에서는 타력他力 즉 비로자나불의 힘을 성상에 불러들인다.(Sugimoto 1982, p.92 참조) 결과적으로 성상을 '폐안할' 때 승려는 성상 안의 신령을 그 본래의 거처로 보낸다. 즉 '추상적인' 의식에서는 형이상학적 영역으로, '구체적인' 의식에서는 그 자신의 몸으로 보낸다. 〔일본에서〕 후자는 조동선에서 가장 일반적이며, 전자는 진언종에서 주로 행해진다. 유사한 의례가 묘지墓誌, 즉 위패나 솔도파〔탑 형식의 긴 목편〕를 위해 거행된다. 권능 부여의 밀교적 의례에 관한 더 자세한 사항은 Strickmann 1989 참조.

55 '살아 있는 성상', 조상彫像이 생기를 띤다는 믿음에 대해서는 Delahaye 1983; Frank 1986; Strickmann 1989 참조. 앞서 언급했듯이 조상을 대체물이나 대역으로 여기는 관념은 그리스의 콜로소스(colossos, 수직 석판)를 상기시키는데, 이에 대해서는 Vermant, "La catégorie psychologique du double," in Vernant 1965, Vol.2, pp.65-78 참조. Dupont 1989; Kantorowicz 1957; Giesey 1987도 참조. 서구의 사례들은 Saintyves 1987, pp.935-945("Les images qui ouvrent et ferment les yeux") 참조. 대역으로서 중국의 소상에 대해서는 Spiro 1988; and Miranda Shaw, "Chinese Landscape Painting," *Journal of the History of Ideas* 49, 1(1988), pp.197-204 참조.

대답했다.(『송고승전』, T. 50-2061, p.773b 참조) 완전히 딱 맞는 것은 아니지만, 그의 대꾸는 선의 성상학聖像學에서 사리가 얼마나 중요한 지를 증언해주며, 환유의 논리가 작동하고 있다는 것도 드러내 보여준 다. 중국에서 선사 홍변(弘辯, ?~862)의 조상에는 이미 사리가 들어 있었다.(Mōri 1977, p.8) 최초의 일본 정상頂相 가운데 하나(1275)인 무혼 카쿠신(無本覺心, 1207~1298) -별칭은 신치(心地) -의 것에는 사 리가 여러 개 들어 있었다.(ibid., pp.26, 88) (쿄토 남쪽 교외) 우지시(宇 治市)의 코쇼지(興聖寺)에 안치된 도겐의 조상도 마찬가지다.[56] 때때로 유물은 죽은 뒤의 사리가 아니라 선사가 살아 있는 동안에 남긴 유물이 었다. 널리 알려진 사례는 잇큐 소쥰(一休宗純, 1394~1481)의 정상頂相 인데, 그 머리에는 잇큐 자신의 것으로 여겨지는 진짜 머리카락이 심어져 있다.[57]

미라는 가장 인상적인 것이기는 하지만, 죽은 조사들이 계속 남아 존재하는 여러 형태 가운데 하나일 뿐이었다. 아무것도 남김이 없는 이른바 열반조차도 결국 무언가를 남긴다는 것이 밝혀졌다. 위패와 성상들은 기능적으로 '육신'과 동등해졌고, 마침내 간편한 대체물들을 제공했다.[58] 따라서 초상화는 기독교의 성상들처럼 생기가 있었기

---

56 도겐의 얼굴은 일반적인 초상들과는 아주 다르며, 코쇼지 승려들은 그 조상을 도겐의 제자들 가운데 한 사람이 만들었기 때문에 아마도 가장 닮았을 것이라고 주장한다. 날마다 그것에 예배하고 공양을 올린다.

57 모리 히사시의 다음 글을 보라. "그러한 관행에 관련된 사고 과정은 대상의 소유물이나 실제 유물을 조상의 텅 빈 속에다 집어넣을 때에 관련된 것과 정확히 일치한다."(Mōri 1977, p.44)

58 코바야시 타이치로(小林太市郞), "高僧崇拜と肖像の藝術,"『佛敎藝術』23(1954),

그림 3. 무소 국사夢窓國師의 정상頂相

때문에 (그리고 때때로 문자 그대로 움직였기 때문에) 불멸의 자취와
증거가 되었다. 그것은 '전체를 대표하는 부분'의 환유적/제유적 논리
에 따라서 기능했고, 불상의 경우에는 그 속에 있는 존재나 '살아
있는' 유물들이 나타내는 논리에 따라서 기능했다. 앞서 지적했듯이,

---

　　pp.3-36 참조. 선종의 정상頂相은 그루트가 기술한 중국의 대수(大壽, 매장 초상)
　　및 다른 '신좌神座'와 유사했다.(Groot 1982, Vol.1, pp.113-114) 위패의 '점안'에
　　관해서는 pp.214-217 참조.

중국과 일본에서 불상과 초상은 일단 '점안' 의식이 거행되면 살아 있는 것으로 믿어졌다.[59] 땀을 흘리고 소리치고 움직이고 또는 걷는 불상에 대해서는 기록된 사례가 많다.(Delahaye 1983 참조) 선종 사원에서 역시 주요한 자리를 차지하고 있는 위패나 죽은 선사의 비석에 권능을 부여한 것은 '점안點眼'과 유사한 의식이었다. 북종의 선사 법여(法如, ?~689)의 비문에 따르면, "우전왕優塡王의 석가상[60](의 경우처럼) 여러 세대의 선사들이 한 행위들이 불비佛碑에 새겨져 있다."(Yanagida 1967, p.489 참조) 마츠우라(Matsuura 1976, pp.460-500)는 존상尊像에 대한 자신의 연구를 '다이진부츠(代人物)'에 관한 장으로 마무리를 지었는데, 여기에는 이른바 삼패三牌, 정상頂相, 진영(眞影, 장례식에 사용된 죽은 승려의 초상), 위패 그리고 무봉탑無縫塔 등과 같은 성스러운 인공물들이 포함되어 있다. 베르낭(Vernant)이 분석한 그리스의 거상巨像들을 상기시키는[61] 이 모든 것들은 어떤 의미에서는 '대체된 몸'이나 '대역'으로 보일 수 있다. 스트릭만(Strickmann 1989)이 지적한 것처럼, 성상의 봉헌은 탄생이다. 그러나 삼매에서 볼 수 있는 그 '일시 멈춘 생기'로 보자면, 그것은 살아 있는 사자死者의 창조, 즉 미라의 창조다. 이런 식으로, 죽음은 통제되기도 하고 생명을 되살아나게도 한다. 미라와 같이 성상은 내재성과 초월성 사이에,

---

59 인도에서도 마찬가지다. 힌두교의 경우는 Eck 1985, p.52를, 상좌부 불교의 경우는 Gombrich 1966을 참조.

60 이 최초의 그리고 생기 있는 불상에 대해서는 Soper 1948, p.25 참조.

61 이 목록에 선승의 지팡이인 석장錫杖도 더할 수 있다. 도교의 '시해尸解'에서 지팡이는 신선으로 오인되어 관 속에 넣어지고 명백히 신선의 대역이 된다. Robinet 1979b 참조.

보이는 것들과 보이지 않는 것들 사이에 통로를 제공하며, 동시에 두 영역 사이의 경계를 재조정한다. 성상들은 볼 수 있는 대상일 뿐만 아니라 그것들 자체가 시력을 부여받기도 한다. 그 힘은 아주 강렬해서 '개안' 의식을 주재하는 승려는 성상을 응시하지 못하고 거울에 비친 영상을 쳐다본다.(Gombrich 1966 참조) 그러나 무엇보다도 성상의 시력에는 변형시키는 힘이 있다. 곤다가 인도의 맥락에서 지적한 것처럼, 관중은 강력한 존재를 봄으로써 이익을 얻는다고 믿는다. 그 본질에 참여함으로써 관중은 정화되거나 더 높은 차원으로 올라간다.(Gonda 1970, p.55. Eck 1985도 참조) 한편, 사리의 경우(Xu Yun 1988, p.42 참조)에서처럼 성상의 효험은 예배자의 신앙과 업에 달려 있거나 적절한 의례적 재활성화에 달려 있다. 성상의 잠재력은 특정한 객관적 상황과 주관적 상황 아래에서만 나타난다. 카마쿠라의 승려 묘에(明惠, 1173~1232)가 다음과 같이 말한 것처럼. "그대가 나무에 새겨졌거나 그림으로 그려진 대상을 살아 있는 존재로 생각한다면, 그것은 살아 있는 존재다."(Morrell 1987, p.60) 〈예사리보탑편송 禮舍利寶塔篇頌〉[62]이라는 제목의 한시는, 성상이 신도를 위한 집중 방법으로 이용될 뿐만 아니라 붓다를 위한 버팀목으로도 구실한다는 점을 암시한다. 시의 내용은 이러하다. "(불상은) 우리의 느낌을 표현하고 우리의 생각을 집중시키며, (그들을) 자비롭고 상냥하게 만들 것이다. (붓다의) **신령을 끌어내리고 닮은 모습을 그려내면서** 모든

---

62 〔역주〕 왕융(王融, 467~493)의 〈정행송淨行頌〉 31수 가운데 하나다. 한시의 의미를
     영문 번역이 제대로 살려냈다고 할 수는 없으나, 그대로 따라 번역한다. 원문은
     다음과 같다. "傾懷結想惻以慕, 乖靈寫照拂塵疑."

티끌과 미혹을 깨끗이 닦아 없앤다."[63]

전수인가 확산인가

개인으로서 선사는 살아 있는 동안에 법의 화신이었다. 죽은 뒤에는 그의 정상頂相이 그런 구실을 했다. 그리하여 정상은 사리와 다른 유물들이 그러했던 것처럼 법의 전수에서, 더 정확하게는 법의 확산에서 주요한 역할을 하게 되었다. 예를 들어, 1189년에 다이니치 노닌(大日能忍)이 두 제자의 중개를 통해 대혜종고의 가사와 함께 불조덕광佛照德光이 찬시를 쓴 보리달마의 초상을 받았다는 사실은 잘 알려져 있다. 더욱이 노닌의 제자들은 일본에 돌아오기 전에 덕광을 그린 초상화도 가지고 있었고, 거기에는 그들의 부탁으로 덕광이 쓴 게송도 있었다. 앞서 우리가 보았듯이, 노닌은 아마 같은 때에 여섯 조사들과 보현보살의 사리도 받았을 것이다. 선사가 (그 자신이나 앞선 조사의) 초상화에 게송을 쓰는 일은 성상의 '점안'을 대신하는 형태-전수의 증거인 '인심印心'-로 볼 수 있다. 마찬가지로 도겐도 1227년에 스승인 여정如淨의 초상화를 가지고 중국에서 돌아왔다. 그는 나중에 진영이 상품화된 것에 대해 불평하며 임제선의 쇠락을 그 탓으로 돌리기도

---

[63] Richard Mather, "Hymns on the Devotee's Entrance into the Pure Life," JAOS 106, 1(1986), p.93. 인도에서 살아 있는 동안에 (무덤과 그 속에 누워 있는 누군가의 영적인 상태라는 두 가지 의미에서) '삼매에 든' 고행자의 몸은 자유롭게 삼계三界를 돌아다니는 그 영혼의 임시 거주지라 믿어지고 있다. Parry 1982, p.96 참조. Levin 1930도 참조.

했지만, 성상의 유행을 부른 '주술적 내재성의 관념'에 대해서는 분명히 동시대인들과 다르지 않았다. 그는 십중팔구 다른 종파들과, 특히 다르마슈와 그 상징적 이익을 나누고 싶지 않았을 뿐이었다.(『쇼보겐조』「嗣書」, T. 82-2582, p.69b 참조) 이런 의미에서 조사의 가사와 유사한 이 초상화들은 일반적으로 믿어지는 것처럼 단순히 전수의 증거일 뿐만 아니라 그 매개이자 팔라듐이기도 했다.[64]

최근의 논문에서 포크, 호튼 그리고 샤프(Foulk, Horton, and Sharf 1990)는 전수가 정상頂相의 주된 목적이 아니었다는 사실을 입증하려고 했다. 그들은 정상이 '이심전심以心傳心'의 증거로 보이고 제자가 간직한 사적인 유품으로 보인다는 일반적인 의미에서는 적어도 그렇지 않았다고 했다. 그리고 그들은 정상의 소유 자체는 영적인 전수나 깨달음을 주장하기에 불충분하다고 했는데, 이러한 분석에 전적으로 동의한다. 그러나 정상은 선사의 카리스마가 의례적으로 전승되도록 하고 그것에 접근하게 해주는 장치이며, 그 스승이 이어간 전통의 주류에 정상의 소유자를 마술적으로 연결시키는 장치였다. 따라서 정상은 계승 문서〔嗣書〕를 통한 합법적 인가라는 특별한 일이 드물게나마 일어날 수 있는 의례적 토대를 마련해준다. 포크, 호튼 그리고 샤프가 지적하듯이, 정상은 매장埋葬의 맥락에서 볼 필요가 있다. 그러나 조사의 전수도 마찬가지다. 스승의 인가印可를 받음으로써 제자는 그의 대역이 되며, "죽은 자가 산 자를 사로잡도다"라는 프랑스

---

64 Le Petit Robert: *Dictionmaire alphabétique et analogique de la langue française* 에 따르면 팔라듐(palladium)은 (1) 트로이인들이 그들 도시에 대한 구원의 보증으로 여겼던 팔라스 동상이며, 그러므로 (2) 방패, 보증, 보호 수단이다.

식 표현대로 매장 논리에 따라 상징적으로 스승을 죽인다. 마찬가지로
조사의 가사 전수는 신회의 주장에도 불구하고 "마음에서 마음으로
전하는" '증거'이기만 한 것이 아니라, 제자를 그 스승으로 (즉, 붓다로)
변형시키는 유물이자 마술적 장치로서 기능하기도 했다. 이런 환유와
유포의 논리는 정상頂相이 증가한다고 해서 부정되지 않으며, 가사와
인가가 증가한다고 해도 전혀 부정되지 않는다. 역설적으로 단일한
전수는 그것에 의해 인정되었고, 나중에 그것에 의해 해체되었다.
스승은 법을 한 명의 계승자에게 전하기보다는 퍼뜨렸으며, 게다가
자기 자신을 퍼뜨리기도 했다. 왜냐하면 그의 '법신'인 정상頂相이
그의 법이면서 그의 몸이기 때문이다.(Mus 1935, pp.698, 728 참조)
그러나 정상은 승려들과 재가자들 모두에게 증식되고 확산됨으로써
사리처럼 특정한 계통에 정통성을 부여하는 특권을 상실하고, 선종의
'혈통'과 의례적으로 제휴할 수 있는 수단으로서만 기능하게 되었다.
심지어 탐비아(Tambiah 1984)가 연구한 태국 승려들의 초상들과 좀
유사한 '객체화된 카리스마'의 형태라 할 부적符籍이나 호부護符로
기능하게 되었다.

  정상頂相과 기능적으로 호환할 수 있는 진영眞影 또는 죽은 선사의
초상은 "법의 실제적인 형상이다."(『쇼에코신기』, T. 81-2578, p.661)
여기서 다시 일반적인 관행은 공식적인 교리와 시종일관 모순된다.
그 교리는 다른 많은 이들을 본떠서 무쟈쿠 도츄(無著道忠)가 되풀이한
(『젠린쇼키센』, ed. Yanagida 1979, Vol.1, p.196a) "진정한 정상頂相은
정상이 아니다" 또는 반대로 "진영眞影의 '진眞'은 참이 아니다"라는
것이었다. 왜냐하면 참된 특성이나 형태, 상相은 볼 수 있는 특성이나

형태, 상이 아니기 때문이다.[65] 중국의 장례에서 볼 수 있는 수상壽像이
나 대수大壽 따위 초상과 많은 점에서 유사한 진영眞影은 대체된
몸으로서 기능한다.(Groot 1982, Vol.1, p.113 참조) 칸토로비치(Kanto-
rowicz 1957)와 기시(Giesey 1960, 1987)가 연구한 서구의 왕들처럼
선사도 분명히 두 몸을 가졌다. 하나는 사라지는 물질적인 몸이고,
다른 하나는 불멸의 사회적인 몸이다. 의례는 두 번째 몸을 위해
거행된다. 왕의 장례에서처럼 "의례의 초점은 관 속의 몸에서 벗어나
죽은 이의 실물과 똑같은 표상에 맞추어진다."(Huntington and Metcalf
1979, p.168) 그리하여 초상은 죽은 선사의 사회적 몸을 뒷받침하는
역할을 하며, 이윽고 죽은 선사는 화장이나 미라화를 통해 사리나
육신처럼 정화된 몸으로 적절하게 다시 합체되어서 한 '집단의' 선조가
되고 재생의 원천이 된다. 초상은 이런 사태들을 기다리면서 나중에
유물들과 더불어 계속해서 작용한다.[66] 정상頂相과 진영眞影에 대한

---

65 정상頂相에 관해서는 Matsuura 1976, p.468; T. 9-278, p.507a; T. 30-1579,
p.568c 등도 참조. 괘진掛眞, 즉 선종 조사의 장례가 다양한 단계로 진행되는
동안에 진영眞影을 거는 의례에 대해서는 『케이잔신기(瑩山清規)』(T. 82-2589,
p.779b)를 보라. 이 초상화가 대역으로 인지되었음은 주검이 근처의 관 속에
있는 동안에도 초상화가 의례의 대상이었다는 사실로도 분명히 알 수 있다.
로마 황제(Dupont 1989)나 프랑스 국왕(Giesey 1987)의 경우처럼 선사의 몸은
옷사(ossa, 해골)와 이마고(imago, 영상)로, 즉 죽어야 할 몸과 불멸의 환유적
몸으로 나뉜 것처럼 보인다. 16-17세기 프랑스 왕실의 장례를 연구한 기시는
1610년에 앙리 4세가 죽은 뒤에 사제들과 행정관들이 (죽은 왕의) 관은 전문
처리사에게 맡겨둔 채 (살아 있는 왕의) 초상화 곁에서 서로 행진하려고 경쟁했을
정도로 '두 몸'(즉, 관 속의 주검과 죽은 왕의 초상)의 분리를 낳은 과정들을 기술하고
있다.(ibid., pp.38-47 참조.)

'사실적인 착오'는 '진짜[眞]'에서 '진짜 닮은 것'으로 언어적으로 표류한 데서 나온 결과지만, 더 일반적으로는 '객체화된 카리스마'(사리나 부도탑)의 비성상적인 개념에서 성상적인 것[頂相]으로 표류한 결과다. 고개지顧愷之와 같은 중국 화가들이 잘 알고 있었던 것처럼 진짜 닮은 것은 물리적 유사성에 있는 것이 아니라 '생기'나 의례적 권능 부여에 있다. 어떤 의미에서 초상화법의 사실주의는 의례적 상징주의의 쇠퇴를 나타낸다. 이 때문에 무쟈쿠가 모든 진정한 초상화는 초상화가 아니라고 주장했는지도 모른다. 따라서 일본 오바쿠슈(黃檗宗)의 '사실적' 초상화법은, 사리와 상징적 유물들에서 육신을 거쳐 정상頂相으로 이어지는 '대역代役의 성상화 과정'의 결말로 볼 수 있다.

대역의 형상들

선종 사원에서 숭배하는 '신들의 성상들'도 선사의 정상頂相과 여러 면에서 유사하지만, 그 의례적 기능에서는 다르다. 그것들은 사원이나 그 일부인 선당禪堂, 법당, 공양간, 목간 그리고 해우소 등을 지킨다. 그 성상들 속에 신들이 현존하게 되는 것은 주문을 통해 의례적으로 권능을 부여함으로써 이루어진다. 그리하여 이 성상들은 '영적인 힘'[靈]을 가진 것으로 인지되고, '대역'의 범주에 속하게 된다. 이런 경험적 범주는 유물, 미라, 꿈속 귀신, 아라한, 신 그리고 성상들 사이에 공동의 연결 고리[靈]를 제공한다. 이것은 왜 죽은 선사들이나

---

66 이것은 로마의 경우와는 다른데, 거기에서는 황제가 신으로서 다시 합체된 뒤에 그의 밀랍 인형은 불태워졌다. Dupont 1989 참조.

신들의 영靈이 그들의 유물이나 성상에 쏟아진 요청들에 반응하는
일이 주로 꿈에서나 귀신들에게서 일어나는지를 설명하는 데 도움이
된다. 이 모든 '대역들'은 기능적으로 그리고 심리적으로 연관되어
있다. 엄밀한 의미에서 성상은 신의 보이는 몸이며, 그 '흔적들'은-여
기서 '흔적'은 보이지 않는 현존을 암시하기는 하지만- 부재가 아니다.[67]
윌리엄 블레이크에 따르면, 몸이 마음의 보이는 부분인 것처럼 성상이
나 유물은 붓다나 선사의 마음 또는 '법신'의 보이는 부분이다. 아라한
의 청동상에 관한 텍스트에서 멘잔(面山)이 말한 것과 같다. "석가모니
여래께서 이 세상에 계실 때 파사닉왕이 최초로 여래의 형상을 만들게
했다는 것을, 그리고 그것은 모든 면에서 살아 있는 붓다와 똑같았고
동일한 덕성을 지녔다는 것을 나는 들었다. 이제 우리는 여기 아라한의
형상을 가지고 있다. 그것이 어떻게 진정한 아라한과 전혀 다를 수
있겠는가? 둘 다 똑같은 덕을 지녔다."(Michihata 1983, p.227에서 인용)
미메시스(mimesis, 모방)에 대한 플라톤적 개념을 물려받은 예술사가
들은 이런 형상들을 '예술적 표현'으로, 그리하여 요점, 즉 점정點睛을
놓친 것으로 평가절하하는 경향이 있다.[68] 그 성상에 숨어 있거나

---

67 붓다를 최초로 표상한 것, 즉 붓다가 모친을 방문하려고 하늘에 간 동안에
파사닉왕波斯匿王 또는 우전왕의 명령으로 만든 목상에 관한 전설은 단지 잃어버
린 원형의 복제-프라티마(pratima, 신을 본뜬 형상)-로 여겨졌음을 나타내는
것 같다. 그러나 이 해석은 전설의 말미 쯤에서 잘못임이 드러나는데, 그것은
붓다가 돌아왔을 때 목상이 붓다를 환영하기 위해 어떻게 일어났는지를 이야기
하기 때문이다. 『고승법현전』, T. 51-2085, p.860b 참조.
68 '개안'의 신성화 의례는 빈두로賓頭盧 존자의 망령과 모습의 이야기에 나오는
세부적인 내용과 관련이 있을 수 있다. 빈두로가 아쇼카왕을 만난 일을 묘사하면

드러나 있는 신들의 의례적 존재는 '현세 이익'의 관념을 지탱하는
또 다른 매개 인물이다.

  구제론적 맥락에서 커다란 차이가 있음에도 불구하고 중국에서
'성상 문제'는 기독교 세계에서처럼 사회에서 성인의 지위에 관해
벌인 논란처럼 보인다. 선종에서 크게 내세우는 '성상파괴주의'는
본질적으로 '미신들'을 겨냥했던 것이다. 그것은 이 미신들이 신성의
유출을 초래하고, 게다가 카리스마를 평범화하며 종파적 정당성을
평가절하하는 것처럼 보였기 때문이다. 따라서 선종 성상학聖像學의
합리주의적 또는 미학적 해석은 오해의 소지가 있을 수 있다. 선승들은
사실 성스러운 상징들의 증식을 제한하고, 사리와 미라 같은 선택된
상징들이나 성상들을 소유할 수 있는 특권을 자신들만 보유하려고
애썼다. 따라서 그들의 성상파괴주의는 상대적인 것이었다. 비록

서 스트롱이 지적한 것과 같다. "하얀 눈썹이 눈동자를 덮은 채 빈두로는 미완성된
'눈먼' 불상과 거의 똑같은 방식으로 아쇼카 앞에 앉아 있다. 따라서 텍스트에서
대단히 중요한 순간은, 아쇼카왕이 그의 앞에서 절을 하자 '장로가 양손으로
눈썹을 치켜 올리고 왕을 똑바로 쳐다보았다'라고 했을 때다. 요점은 분명하다.
아쇼카가 확립하고 그의 공물과 헌신으로 확정된 숭배의 상황 속에서 살아
있는 빈두로는 신성화되었다. 즉 불상과 거의 똑같은 방식으로 신성하게 되었다.
그리고 불상과 마찬가지로 정확히 그 신성화의 순간에 빈두로는 열반이 결여된
붓다를 제의적으로 재현하거나 현존하게 한다."(Strong 1979, p.85) 그리고 스트롱
은 이렇게 결론짓는다. "헌신의 즉각적인 집중에서 헌신의 궁극적 대상, 즉
그것이 형상이든 부도탑이든 성상이든 또는 이 경우에서처럼 사람 곧 승려든
그런 대상의 존재를 발견하는 것은 종교사학자들에게는 조금도 놀랄 일이
아니다. 그것은 대부분 모든 숭배적 상황의 특징이다."(ibid.)

그들 가운데 가장 급진적인 사람이 '직접성'에 사로잡혀서 어떤 상징적 매개도 부정하려고 했지만 말이다. 그러나 그렇게 함으로써 그들은 초기 선의 반反-성상주의-돈오의 또 다른 표현-가 의례를 뒤집어엎는 기능을 했다는 사실을 잊어버렸다. 그리고 그 의미를 잃지 않고는 그 예비적인 성상-그리고 점오주의- 단계도 없앨 수 없는 과정이 있는데, 그 과정의 궁극적 단계를 반-성상주의가 지시했다는 사실도 잊어버렸다.[69] 그렇더라도 그들은 형상 없는 진리를 차례로 깨달았던 조사들의 계보에 대한 개념에 여전히 기대고 있었다. 그 개념은 조상 숭배에 중점을 둔 장례 관념의 맥락에서만, 조사들의 세대는 모두 영구적인 법의 권화權化요 법의 육화肉化라는 관념의 맥락에서만 합당하다. 그 때문에 각 조사들은 그 자신이 이미 하나의 성상이고, 형상 없는 독특한 형상이며, 원초적인 대역이라 할 붓다의 한 변형이다. 의자에 가부좌하고 있는 선사들은 모두 여래와 그 분신인 전륜성왕의 대역이다. 그 다음에는 그 제자들이 가부좌하면서 그를 복제한다. 한편 붓다는 그 성상에 표현된 것처럼 승려들 개개인의 심리적 투사로, 그리고 그 불성의 의례적 투사로 볼 수 있다. 이런 식으로 유포의 논리는 존재에 대한 초기 선의 형이상학을 보완하고 또 치환하게 되었다. 이렇게 대칭이 되는 형상들 사이에서 힘은 끊임없이 마음에서 마음으로 그리고 몸에서 몸으로 순환하는데, 이 순환은 역설적으로 죽음의 의례화를 통해 강화된다.

---

69 곧 살펴보겠지만, 선승들의 사후 깨달음 역시 장례의 예비적인 경계 단계에서 의례적으로 극화劇化되지 않고서는 성취될 수 없다.

9장 죽음의 의례화

붉은 불이 온몸을 태우는 곳에서 연꽃은 싹을 틔우고 그 불꽃 속에서
꽃을 피운다.

— 선종의 장례 설법

그 몸이 완전히 죽은 뒤에도 여전히 살아 있는 것, 그 이름이 '붓다'다.

— 시도 부난(至道無難), 『소쿠신키』

죽음은 갑작스런 사건으로 경험되지만, 집단의 차원에서는 점진적인
과정으로 인지되기도 한다. 유물의 문제는 이론적으로 죽음의 문턱을
너머 '사후의' 단계라 부를 수 있는 것으로 우리를 끌고가며, 아놀드
반 겐넵(Arnold van Gennep 1960, pp.146-165) 이후로는 장례의 통과
의례에서 '재합체' 단계로 끌고갔다. 이제 우리는 죽음의 과정에서
예비적인 초입 단계로, 또는 반 겐넵의 용어로는 장례식의 '분리'와
'경계' 단계로 되돌아가 죽음 자체에 대한 선종의 태도가 어떻게 전개되
었는지 그 양상을 검토해야 한다. 타마무로 타이죠 같은 몇몇 일본
학자들은 14세기 이후로 선이 점점 죽음의 의례에 관심을 갖게 되어
이른바 장례 불교가 대세가 되기에 이르렀다는 사실을 지적했다.[1]
이 현상에 대한 사회학적 접근은 선의 '대중화'를 강조하는 데에는

---

[1] Tamamuro 1963; Ishikawa 1987c, 1987d; Tachibana 1964 참조.

유용하지만, 선종의 의례가 우위를 차지한 점은 제대로 설명하지 못하며 또 선 자체의 역동성이라는 관점에서 '삶의 철학'이 장례의 의례화로 옮겨간 것을 설명하지 못한다.[2] 따라서 문제는 남아 있다. 어떻게 해서 '순수 선'의 옹호자들이 '불순한 일'의 전문가로 여겨지게 되었을까?

죽음과 사후를 부정하는 선

"지옥은 있습니까, 없습니까?" "있다, 그리고 없다."

— 대주혜해大珠慧海, 『돈오요문頓悟要門』

죽음에 관한 선의 관념을 먼저 간략하게 검토한 뒤에 그 한계를 보여주고자 한다. 주검을 무상無常의 상징으로 관조하는 일이 초기 불교에서는 오싹한 메멘토 모리(memento mori, 죽음의 경고)로서 고양되었다.[3] 그러나 태어남과 죽음을 반복하는 윤회는 그 본질상 죽음 자체의 불가피성이나 불가역성을 어느 정도 약화시키고 죽음을 더 큰 사건들

---

2 언뜻 보기에 이 장례의 의례화는 선의 돈오와 모순되며, 사실 어떤 선사들은 비정통적이라면서 비판했다. 예컨대 타치바나(Tachibana 1964, p.221)가 인용한 『산암잡록山庵雜錄』(in ZZ 2B, 21, 2, p.182a) 참조.

3 예컨대 "ten perceptions of putrescence(十不淨相)," in *The Path of Freedom by Arahant Upatissa*, trans. from the Chinese(『解脫道論』) by N.R.M. Ehara, Soma and Kheminda(Kandi, Sri Lanka: Buddhist Publications Society, 1977), pp.132-138 참조. 이런 전통은 중국, 한국, 일본에서 지속되었다. Sanford 1988 참조.

의 연쇄를 이루는 하나의 고리로 축소시켰다. 더 나아가 정신-신체의
화합물은 생성과 중지를 끊임없이 반복한다는 관념에 의해서, 그리고
의식의 흐름에서 진정한 단절은 깨달음에서 비롯된다는 믿음에 의해
서 죽음은 상대화되었다. 대승의 교리는 초기 불교의 무아론無我論을
강화했는데, 『법화경』이 보여주듯이 죽음의 존재론적 현실을 부정함
으로써 죽음에 대한 반감을 더욱더 줄였다. 공空에서는 태어남도
없고 죽음도 없으며, 옴도 없고 감도 없다. 따라서 일시성과 유한성은
업業의 망상으로 여겨져 결국 부정되었다. 대승의 불교도들은 그들의
좌우명을 로마식으로 만들 수도 있었다. "나는 있지 않았다, 나는
있었다, 나는 있지 않다, 나는 개의치 않는다."(Non fuit, fuit, non
sum, non curo) 대승의 관점은 북종의 선사 원계元珪의 말에 명확하게
드러나 있다. 그는 숭산의 신이 위협했을 때 이렇게 대답했다. "나는
태어나지 않았는데, 어떻게 나를 죽일 수 있겠느냐?" 영묵(靈默,
747~815) 선사의 임종게에도 잘 드러나 있다.

미묘한 것은 참으로 영원하나
태어남도 사라짐도 본래 없지.
법신은 완벽하게 고요한데
어떻게 오고 갈 수 있으랴?[4]

죽음의 실재에 대한 이런 부정은 장례 의례에 대한 이론적 거부로

---

4 『조당집』(ed. Yanagida 1974b, ch. 4, p.84) 그리고 그 변형(T. 51-2076, p.254b)을
  참조하라. Demiéville 1984, p.32도 참조.

이어졌다. 언뜻 보기에 선은 경험에 의한 초월(깨달음)을 옹호하고, 매장 의식이 만들어내는 선조의 초월성이나 신화적 초월성을 부정하는 것 같다.[5] 선의 이상주의적-유심唯心- 입장은 역설적으로 그 세속적 경향을 강화하는데, 이것 또한 불교 종말론의 중간계를 부정하는 데로 이어졌다. 이 부정에 대한 표준적 전거 하나는 『달마론達摩論』에 나오는 다음 구절이다. "어떤 사람은 마음으로 분별하여 범과 이리, 사자, 독룡, 악귀, 오도장군五道將軍, 염라대왕, 소머리 옥졸 그리고 한빙지옥寒氷地獄의 소리 따위를 지어낸다. … 마음으로 분별하는 것은 무엇이든 색色[일 뿐]임을 그저 깨닫는다. … 이런 색들이 실제가 아님을 깨닫는다면, 그때 해탈하게 될 것이다."[6] 유사한 방식으로 정토는 초기 선에서 유심唯心으로 (그리하여 종말론적 내용을 비워버린 것으로) 재해석되었고, 이 해석은 법조(法照, 8세기 경) 같은 정토종의 대사들에게 영향을 끼쳤다.[7] 이 가르침은 지옥에 대한 불교적 믿음이 더 널리 퍼진 시기에는 틀림없이 심오한 해방의 효과를 거두었겠지만, 신정론神正論의 문제를 다루는 데에는 분명히 실패했

---

5 나는 이 개념을 치데스터(Chidester 1990, p.134)에게서 빌렸다.

6 Faure 1986b, p.110 참조. ibid., p.133도 참조. 아이러니하게도 후대의 보권寶卷에서는 지옥의 시왕十王을 신적인 보리달마가 창조한 것이라 한다. David Johnson, "A Paochüan on the Theme of Mu-lien Rescuing his Mother: the *Yu-ming Pao-chüan* and its Performance Context," 1990, p.33(미간행 논문) 참조.

7 예컨대 신수神秀의 『관심론』(T. 85-2833, p.1273a) 그리고 『능가사자기』(T. 85-2837), 『육조단경』(T. 48-2008, p.342b; Yampolsky 1967, p.156), 『돈오요문』(ed. Hirano 1970, p.197) 참조. 법조에 대해서는 특히 Tsukamoto 1976, p.459ff 참조. 선과 정토의 관계에 대해서는 Chappell 1986; Faure 1988, pp.76-83 참조.

다.[8] 반대로 지옥과 극락에 대한 묘사가 심화된 일은 '신앙의 침체'에 직면한 전통 불교의 급진화를, 또는 (선을 표현하는 것일 수 있는) 증대하는 불가지론을 반영한다고 주장할 수 있다.[9] 베르나르 그루아튀상(Bernard Groethuysen)은 종교개혁 후의 서구 상황에서 바로 이런 경우가 있었음을 보여주었다. 그는 정숙주의자들에 대한 보쉬에의 비판을 인용한다. "지옥과 저주를 경멸하는 찬송가들로 세상은 가득 차 있다."(Bossuet 1968, p.79) 동일한 비판을 선의 '정숙주의'에도 적용할 수 있으며, 사실 혜일(慧日, 680~748) 같은 정토종 대사들이 그런 발언을 했다.(Chappell 1986, p.169 참조)

이 [죽음의] 영역에도 선의 모호성과 복잡성이 있다는 것을 많은 반대 사례들이 보여준다. 선의 이상주의적 입장은 한 유명한 이야기에 표현되어 있다. 바람에 나부끼는 깃발을 두고 논쟁하던 두 승려에게 혜능이, "움직이는 것은 깃발도 아니고 바람도 아니며 자신의 마음이다"라고 말했다는 것이다.[10] 그렇지만 정토에 관한 한, 모든 선승들이

---

8 [역주] 신정론은 신의 정당함을 주장하는 기독교의 이론이다. 신이 전지전능하고 완전한 선이며 정의롭다면, 어찌하여 세상에 악과 고통이 존재하는가라는 물음에 대해 대답하거나 설명하려는 것이다.

9 내세에 관한 중국 불교의 개념이 어떻게 전개되었는지는 Teiser 1989 참조. Michihata Ryōshū, "Tonkō bunken ni mieru shigo no sekai," in Makita and Fukui 1984, pp.501-536도 참조.

10 선의 이상주의에 대한 반어적 비평으로는 법안문익法眼文益의 대답을 보라. 자기 앞에 있는 돌을 포함해서 모든 것은 그 마음이 대상화된 것이라고 주장하는 어떤 승려에게 그는 이렇게 대답했다. "네 마음으로 이런 돌을 옮기고 있다니, 너의 머리는 틀림없이 아주 무거울 것이다." Nyogen Senzaki and Paul Repps, eds., *Zen Flesh, Zen Bones*(New York: Penguin Books, 1957), p.71에서 인용.

혜능처럼 초연하지는 않았다. 우두종의 4대 조사인 법지(法持, 637~702)는 정토 신봉자로 알려져 있었다. 앞서 거론했듯이, 그는 자신의 주검을 짐승들과 벌레들에게 던져주어서 그들이 그 덕을 흡수해 보리심을 일으킬 수 있도록 하라고 지시했다.(T. 50-2061, p.757c; T. 51-2071, p.120a) 우두종은 초기 선종에서 가장 급진적으로 반율법주의적 경향을 띤 종파인데, 법지의 경우는 동일한 종파 내에도—그리고 동일한 개인 내에도— 죽음과 내세에 대해 근본적으로 모순된 태도가 역설적이게도 공존했음을 보여준다. 의미심장한 또 다른 사례는 황벽 희운(9세기 경)의 경우다. 그는 다른 세계를 부정하는 선의 전형적인 인식을 지녔으나, 재상인 배휴裵休를 되살릴 수 있는 일종의 저승사자로도 인식되었다.[11]

내세에 대한 선의 모호한 관념은 카나자와 분코(金澤文庫)에서 최근에 발견된, 다르마슈의 개조인 다이니치 노닌에 관련된 문서에서 가장 명확하게 나타난다. 『죠토쇼가쿠론(成等正覺論)』[12]이라는 이 텍

---

11 여기 이 이야기에 대한 『조당집』(권16)의 설명이 있다. "어느 날, 재상 배휴는 몸이 불편해졌고 갑자기 죽었다. 마침 (황벽) 선사가 거기에 있었다. 선사는 떠나지 않고 그의 침대 머리맡에 앉아 있었다. 한참이 지난 뒤, 재상은 의식을 되찾았고, 저승에서 무슨 일이 있었는지 이야기했다. '명계冥界로 들어갔을 때, 나는 발이 있었으나 걷지 않았고 눈이 있었으나 보지 않았소. 사오십 리쯤 걸으니, 피곤해졌소. 문득 연못이 눈에 들어왔고, 그 속으로 뛰어들고 싶었소. 거기에 있던 노화상이 말리면서 소리를 쳤소. 그 덕분에 이렇게 선사를 다시 뵙게 되었소.' 선사가 말했다. '그 노승을 만나지 못했다면, 상공은 용의 거처로 갔을 것이오.'" 그 늙은이가 참으로 황벽의 대역이라면, 황벽은 여기서 무속적 중개인으로 등장한 것이다.(Demiéville 1970b, p.278에서 인용. 1976, pp.73-74도 참조.)

스트에서 노닌은 중국의 대중적인 문학인 '지옥에 떨어지기' 이야기를
빌려온다.(Demiéville 1976 참조) 왕씨(王氏)라는 인물이 지옥의 심판장
으로 가는 길에 우연히 지장보살을 만나고, 다음의 게송을 읊조리기만
해도 지옥의 고통을 피할 수 있다는 말을 듣는다. "삼세의 모든 부처님
을 알고 싶다면, 법계의 본질을 응시하고 모든 것은 마음이 지어낸
것임을 알아야 한다네." 곧이어 왕씨는 염마왕에게 끌려갔고, 그가
읊조리는 게송을 들은 염마왕은 그를 놓아주었다. 노닌의 논평은
위에서 인용한 『달마론』의 구절을 강하게 상기시킨다. "분명히 지옥은
마음이 지어낸 것이다. 이를 이해한다면, 곧바로 지옥은 공空이다."
"그대가 형상을 본다면, 어디에서나 마구니를 보게 된다."(Faure 1986b,
pp.89, 106 참조) 그러나 여기서 지적할 점은, 지장의 게송이 지닌
가치가 공을 깨닫게 해줄 그 교리적 내용에서 나오는 것이 아니라
그것을 만트라로 사용한 데서 나온다는 사실이다. 아니면, 그 교리가
바로-『법화경』이나 〈연기게緣起偈〉에서처럼 - 만트라에 권능을 부여
하는 것이라고 말해야 할까?[13] 아무튼 "지옥은 공이다"라는 깨달음만
으로는 왕씨가 염마왕과 대면하는 것을 막을 수 없었다. 망상은 너무
진짜 같아서 단순한 지적 깨달음이나 영적 통찰력으로는 사라지게
하지 못하며 그것과 같은 말투로 싸워야 한다는 뜻이 내포되어 있는
것 같다. 이 이야기는 선의 교리가 민중의 믿음을 고려해서 수정된
과정과 이런 믿음에 의해 전복된 과정을 예시해준다. 그러나 업보와
공덕 회향에 대한 믿음은 민간 종교의 기본적인 특징인데, 이 또한

12 Shinagawa Kenritsu Kanazawa Bunko 1974, p.204 참조.
13 『법화경』을 주문처럼 사용하는 것에 관해서는 Lopez 1990 참조.

천연성과 공에 대한 선의 교리를 '짜맞추는' 데 결정적인 역할을 했다. 카마쿠라 시대 일본에서 선의 장례 의식은 선의 변증론에서 대단히 과시되었던 '자력自力'보다는 정토 종파들의 '타력他力'에 더 가까운 신앙적 가르침의 한 유형을 보여준다.

전통의 모호성은 때때로 한 개인에게서도 나타난다. 예를 들어 시도 부난(至道無難, 1603~1676) 선사는 자신의 『지쇼키(自證記)』에서 신비적인 것에 대해 유교적인 태도를 취한다. "누군가가 왜 '공자는 괴력난신(怪力亂神, 괴이함·힘·어지러움·귀신)에 대해 말하지 않았는가?' 하고 묻기에 나는 이렇게 대답했다. '현자에게는 그런 것들이 존재하지 않는다.'"(Pedersen 1975, p.126 참조) 또 다른 저술인 『소쿠신키(即心記)』에서 부난은 이렇게 썼다. "자아 밖에 있는 것이 붓다다. 그것은 텅 빈 허공과 같다. 따라서 그대가 죽으면, 그대의 묘비에는 '공으로 돌아갔다'라는 글이 새겨진다."(Kobori 1970~1971, 4-1, p.116) 그러나 우리가 부난의 또 다른 진술을 믿는다면, 공의 영역은 사람들로 꽤 붐빌 것이다.

누군가 말했다. "죽은 자의 영혼은 여기 이 세상에 있고, 나는 그들이 개인과 가족 모두를 파멸시키는 원인이라 확신합니다." 내가 말했다. "네 가지 영혼이 있소. 첫째는 '나라의 귀신들'이오. 이들은 옛날부터 나라의 통치자들이고 여전히 그 후계자들과 소통하고 싶은 욕망을 갖고 있소. 둘째는 '마당의 귀신들'이라 불리는 것들이오. … 셋째는 '집의 귀신들'이라 불리는 것들이오. … 이들에 관한 한, 그대가 그들이 있는 곳을 떠난다면 아무런 위험이 없소. '가족의 귀신들'은 그대가 어디를 가든지 벗어날 수 없지만, 덕망 있는 스님을 불러서 그들을 위해 명복을 빈다면 모든 일이 다 잘 될 것이오."(Pedersen 1975, p.114)

장례의 역설

그 모호성은 선종의 장례 의식에서 더욱 생생하게 드러난다. 선승들은 그들이 행하는 장례 의식을 믿었을까? 그리고 믿었다면, 어느 정도였을까? "무릎을 꿇으라, 그러면 믿게 될 것이다"라는 표현처럼 믿음은 의례를 따라 생긴다고 주장할 수 있고, 심지어 의례는 어떤 묵시적 재현을 이미 믿음과 함께 실행하는 것이라고 주장할 수도 있다. 물론 그 재현이 관찰자에게는 명시적인 믿음과 모순되는 것처럼 보일 수 있겠으나, 그런 때에도 〔의례〕 참여자들은 그런 믿음과 어떠한 갈등도 일으키지 않는다. 죽음에 대한 선 전통의 양면성과 그에 따르는 이중적 담론은 대개 민중을 개종시키기 위한 실용적인 장치로 설명되거나 반드시 유식한 승려들의 심오한 확신을 반영하지는 않는 하나의 '방편' 으로 설명된다. 아니면, 최악의 경우에 일종의 성직자의 위선으로 설명된다. 이런 해석들이 어느 정도는 타당할 수 있겠지만, 그것만으로는 불충분하다. 사실 불가지론과 장례 선의 모순은 전통을 서로 다르게 대변하는 이들도 분명하게 느꼈고 또 조심스럽게 경시했다.[14]

---

14 가령 장례 의식과 조사 숭배는 무상無常에 관한 붓다의 가르침과 명백하게 모순되어 보이는 일종의 조상 숭배를 함축한다. 특히 당대唐代 이후에 황제가 죽은 스님들에게 시호를 내리는 관습은 선종의 (그리고 황제의) 조상들 계보와

'이제(二諦, 이중 진리)' 패러다임은 서로 다른 (똑같이 활발한) 진리 개념들의 공존을 종교 생활에서는 기본적인 사실이라고 주장하는 데에 이용될 수도 있지만, 대부분의 경우에 그것은 모순되는 믿음과 의례의 대립적 공존이 일으키는 어려움을 전통이 손쉽게 피할 수 있도록 해주었다.

죽음을 길들이는 의례

선종의 문헌들을 읽다보면, 죽음의 의례화와 집단화가 증가하고 있다는 인상을 강하게 받는다. 의례는 중재의 한 형태로서 죽음을 숨기면서

그들이 결합했음을 암시한다. 그런데 초기 불교의 고행자들은 어떠한 장례 의식도 행하지 않았다. 그것은 죽음을 무無로 회귀한 것이라 여기는 불교의 관념 그리고 고행자는 입문할 때 이미 "세상에서 죽었다"고 하는 인도의 관념에 따랐기 때문이다. 마찬가지로 몇몇 보수적인 선사들은 자신의 유골을 흩뿌리고 어떤 무덤도 두지 말라고 요구했다. 그러나 쇼펜(Schopen 1987)이 주장했듯이, 무상함에 대한 불교의 개념은 다른 개념, 즉 유물에 대한 개념과 처음부터 모순되었다. 그리하여 위에서 지적한 것처럼 화장에 대해서는 두 가지 개념이 존재한다. 소멸(또는 벌 받기)로서 화장 그리고 불멸의 몸(사리)을 생산하는 것으로서 화장. 당 왕조 동안 화장이 발달했음에도 승려들의 매장이 지속되었다는 사실은 화장에 대해 망설임이 있었음을 증명한다. 매장은 확실히 조상 숭배와 관련이 있었고, 그것이 신수와 같은 '선사들'의 전통적 (유교적) 장례를 설명해줄 수 있을 것이다. 화장은 유물의 생산이라는 동일한 목적을 가졌지만, 훨씬 이전의 불교도나 비불교도가 연상한 것들(개인성과 온전한 신체의 파괴)은 오래 이어졌고 결국 중국에서 유학자들의 금지로 이어졌다. 이런 중국의 반감을 보여주는 최근 사례는 저우언라이(周恩來)의 화장에 대한 항의였다. Wakeman 1988, p.260 참조.

354

동시에 드러낸다. 의례는 신격화를 나타내지만, 그것은 주검이나
그 대체물을 기호적인 표현으로 바꿈으로써 그 갑작스러운 죽음을
널리 퍼뜨리거나 유예하는 구실도 한다. 선종의 경우에 이런 기호적
표현들은 깨달음의 경험적이고 개인적인 초월성보다는 조상 대대로
내려오는 공동의 초월성을 가리킨다. (외상적 사건으로서) 죽음은
극적이지 않지만, 우리는 그것이 (의례적 수행을 통해) '극화되는
것'을 목격하기도 한다. 이런 의례화는 죽음 과정의 모든 단계들에
(양쪽의 의미에서) 영향을 준다. 예비 단계, 즉 죽음의 예고, 임종
발언, 그리고 의례적 '입정入定'으로 구성되는 3막의 연속물로 넘어가
보자.

예비 단계들

죽음의 예고

아주 이른 시기부터 선사의 죽음은 획기적인 사건으로 여겨져 붓다의
반열반般涅槃을 의례적으로 재연하는 것처럼 연출되었다. 참으로
깨달은 선사가 신통을 온전히 갖춘 존재라면, 그가 해야 할 첫 번째
일은 다가올 자신의 죽음뿐만 아니라 '변형'의 정확한 때까지 예언하는
것이었다.[15] 5조 홍인은 자신의 부도탑 완성을 주의깊게 지켜본 뒤에
붓다가 반열반한 날에 입적하지 않도록 죽음을 미루기로 했다는 이야
기가 있다. 후대의 선사 임양지단林陽志端은 똑같은 이유로 자신이

---

15 선 전통 밖에서 일어난 죽음의 예고에 대해서는 나루세 요시노리(成瀨良德),
   "死の予言について," IBK 31, 2(1983), pp.122-123 참조.

죽을 날짜를 앞당겼다.(『선림승보전』 권10 참조) 전하는 바에 따르면 홍인의 후계자 혜능은 한 달 앞서 자신의 죽음을 예고했고, 긴 임종게를 남겼으며, 자신의 종파가 장차 어찌될지를 예언했다.(Yampolsky 1967, p.174) 또 다른 흥미로운 사례는 앞서 언급했던 보화普化의 경우인데, 그의 예고는 두세 번 실패한 것 같다. 보화는 자신의 죽음을 예고하는 것과 일반적으로 선사의 죽음에 뒤따르는 의례화를 피하는 것 둘 다를 이 책략[실패한 예고]을 통해서 할 수 있었다. 실제로 그가 세상을 떠났을 때, 점점 의심하던 평범한 구경꾼들은 모두 가버리고 없었다.[16] 아무튼 죽음을 예고하는 일은 인기 있었다. 일본의 유학승 에이사이(榮西)는 송대 중국의 경이로운 일들 가운데에 "많은 승려들은 자신이 죽을 때를 안다"는 사실을 포함시켰다.(Ichikawa et al. 1972, p.88)

죽음의 예고가 이렇게 의례화되어 늘어나는 양상은 매우 흥미롭다. 그것은 〈죽을 때를 아는 달마 대사(達磨大師知死期)〉라는, 도교적 울림

---

[16] 잇큐(一休)의 시를 보라. "누가 덕산과 임제와 나란히 걸을 수 있을까? 진주鎭州에서 온 저 늙은이 사람들을 정말 놀래켰네. 앉아서 죽는 이, 서서 죽는 이, 그는 그들 모두를 때렸구나. 먼 데 새소리처럼 그의 종 희미하게 울리네."(『狂雲集』 126; Sanford 1981, p.147)〔[역주] 이 주석의 시는 잇큐의 〈찬보화贊普化〉다. 샌포드가 영어로 번역한 것을 포르가 인용했는데, 원문을 잘못 이해한 점이 좀 있다. 둘째 구절의 전顚을 '진주鎭州'라는 지역명으로 읽은 것이 한 예다. 그래서 여기 원문과 함께 새 번역을 제시한다. "누가 덕산이나 임제와 함께 걸으리오? 저잣거리의 저 미치광이(보화) 사람들을 놀래켰네. 앉은 채 입적해버려 많이도 망쳤구나. 절간의 종소리 은은하게 울리도다."(德山臨濟奈同行? 街市風顚群衆驚. 坐脫立亡多敗闕, 和鳴隱隱寶鈴聲.)〕

이 강한 사구게四句偈에 잘 나타나 있다.

비취색 연못에 한 방울도 떨어지지 않음을 깨닫자마자
그대는 물결 아래에서 거룩한 빛을 잡기 시작하리라.
무상함을 (알려면) 해골의 북소리에 귀 기울여야 하리니
박자를 세면 죽을 날이 얼마 남았는지 알 수 있으리.

(Sugimoto 1982, p.324)

천태밀교에서 처음 전해지고 주석이 달렸던 이 게송은 나중에
조동종에서 비전秘傳의 일부가 되었다.[17] 이 사구게에 대해서 어떤
전승은 사이쵸(最澄, 767~822)가 중국에 있는 동안 그의 스승 도수道邃
로부터 받았다고 하고, 또 다른 전승은 사이쵸에게 북종선을 가르쳤던
일본의 교효(行表, 722~797) 스님을 통해 그에게 전해졌다고 한다.[18]
조동종에서 게송은 흔히 비밀한 가르침을 전수하는 방식인데, 키리가
미(切紙)로 알려진 비전秘傳의 문서를 통해서 전해졌다.[19] 에이사이가
그 게송을 미심쩍다고 부정한 것으로 보아 초기 카마쿠라 시기에

----

17 또 다른 조동종 문서는 붓다의 작품으로 돌리는 이 게송의 한 변형을 보여주는데,
　　『부세츠 사이다이 이치쿠도쿠 엔만 치시고쿄(佛說最大一功德圓滿知死期經)』라는
　　제목이 붙어 있다. 이 '경전'도 모든 중생을 구제한다는 다라니를 포함하고
　　있다. Ishikawa 1986b, p.199 참조.
18 사이쵸에게 북종선이 끼친 영향에 대해서는 Faure 1988, pp.149-154 참조.
19 이런 문서들에 관해서는 Sugimoto 1982; Ishikawa, "Chūsei Sōtōshū kirigami
　　no bunrui shiron," 1983, 1984a, 1985a, 1986a, 1986b, 1987a, 1987b; Kuroda
　　1989 참조.

이미 알려져 있었음을 알 수 있다. 『코젠고코쿠론(興禪護國論)』에서 에이사이는 한 제자와 다음과 같은 대화를 나눈다.

> 누군가가 또 물었다. "우리 일본에는 보리달마 대사의 '지사기게(知死期偈, 죽을 때를 예고하는 게송)'가 있습니다. 진짜입니까, 가짜입니까?" 내가 대답했다. "비유해서 말하자면, 그 말들은 근기가 모자란 마구니가 함부로 지어낸 것이다. 저 죽음과 태어남의 길에 대해 우리 종파에서는 가고 옴, 태어남과 죽음은 근본적으로 평등하다고 주장하는데, 사실 생겨남과 사라짐의 교리는 처음부터 없었다. 죽을 때를 알 수 있다고 믿는 자는 우리 조사들의 도를 아주 잘못 알고 있는 것이니, 이는 참으로 골칫거리다."(T. 80-2543, p.10a)

에이사이의 격렬한 비판은 이 게송이 당시에 널리 퍼져 있었으며 다르마슈(達磨宗) 자체 내에도 퍼져 있었으리란 점을 암시한다. 다르마슈는 천태밀교의 영향을 강하게 받았으며 『코젠고코쿠론』의 주요 표적이기도 했다. 이것은 또 여러 면에서 다르마슈의 부활로 볼 수 있는 후대 조동종 전통에서 이 게송이 전수된 일도 설명해줄 수 있다. 이 게송은 천태종의 백과전서인 『케이란슈요슈(溪嵐拾葉集)』에도 기록되어 있다.[20] 이것이 일본에서 전수된 일은 다른 데서는 알려지지

---

20 T. 76-2410, pp.779c, 781c 참조. 『케이란슈요슈』는 다가오는 죽음의 징후에 대한 다른 구비 전승들에 대해서도 언급하고 있다. 예컨대 사물이 노란 빛 속에서 감지된다는 사실은 중국의 저승인 황천黃泉의 전조라는 것이다.(T.

않은 두 승려, 즉 범승範勝 아무개와 (큐슈) 친제이(鎭西)의 요진(陽尋) 스님으로 거슬러 올라간다. 토슌(東晙)의 『삿큐(鑿竅)』에 따르면, "그때 이후로 비밀스런 전승이 있었다. 이에 따르면 '비취색 연못'은 입을 뜻하고 '물결 아래'는 눈을 뜻한다. '해골의 북소리에 귀기울인다' 는 것은 새해 전날 밤에 양손으로 귀를 덮고 다가올 해의 달과 날 수만큼 머리를 두드린다는 뜻이다. 그러다가 아무 소리도 들리지 않게 되었을 때, 그 날이 그가 죽는 때다. 이를 수련하는 방법도 있지만, 여기서는 기술할 수 없다."(Ichikawa et al. 1972, p.396에서 인용) 이 게송에 대한 조동종의 주해는 더 상세하며 의례의 배경도 제공한다. 그 방법으로 두 단계를 소개한다. 첫째는 실행자가 자신의 침 속에 거품이 있는지(삶) 없는지(죽음)를 손가락으로 확인함으로써 다가올 해에 죽을지 어떨지를 알아낸다. 다른 방법으로는 자신의 눈알을 누르는 것이 있는데, 이때 빛이 나오면 산다는 뜻이고, 그렇지 않으면 죽는다는 뜻이다. 두 번째 경우에는 실행자가 위에서 묘사한 것처럼 자신의 머리를 두드림으로써 다가올 죽음의 정확한 달과 날, 시각을 알 수 있다. 조동종의 주해는 다음과 같은 모호한 발언으로 끝을 맺는다. "위의 게송은 확실히 보리달마 대사가 지은 것이 아니다. 후대에 삽입한 것이다. 만약 사람들의 신심을 끌어내고 싶다면, 글을 조사의 것으로 돌리면 된다. 비록 그가 짓지 않았다 하더라도, 이 방법에 따라 수련한다면 영험을 얻을 것이다."(SZ 18, 拾遺, 546) 멘잔 (面山)도 선의 비밀한 가르침을 '미신들'과 분리하려고 하면서 지사기

_____

76-2410, p.779c)

知死期 키리가미(切紙)의 비정통적 성격을 지적했으며, 그 기원을 찾아 진언眞言의 전통까지 거슬러 올라갔다.(SZ 15, 室中, 197) 아무튼 이런 방법은 대중성을 확보했고 그것을 보리달마의 작품으로 돌리기도 했다. 이것은 도교의 점치기 기법과 관련된 비전적秘傳的 경향이 선 전통의 주변에서 활기를 띠고 있었다는 사실을 말해준다.[21]

임종게

죽어가는 선사의 두 번째 일은 제자들을 위해 자신의 가르침을 마지막으로 분명히 밝히고 후계자를 지명한 뒤에 '임종게'나 유게遺偈를 남기는 것이었다.(Yanagida 1973; Demiéville 1984 참조) 임종게는 오도송悟道頌과 짝을 이룬다. 이것들은 선사의 가르침에서 서로 시작과 끝을 나타낸다. 둘 다 비교적 이른 시기에 기록되었다. 알려진 가장 이른 사례는 북종의 선사 신수(神秀, 706년 죽음)가 남긴—엄밀한 의미에서 아직 게송은 아닌— 수수께끼 같은 '이별의 말'이다. "포갰고, 굽혔고, 폈다(屈曲直)"(T. 85-2837, p.1290b) 가장 잘 알려진 '오도송'은 인도와 중국 조사들의 것들로, 활짝 핀 꽃의 비유로 연결된 시들이다. 명백하게 가짜인 이 시들은 선을 비판한 신유학자 주희(朱熹, 1130~1200)로 하여금 인도의 조사들도 중국의 작시법에 통달할 수 있었다는 아이러니에 주목하게 만들었다.(Sargent 1957, p.147 참조)

자신의 깨달음 정도를 증명하는 임종게는 스승이 되기를 바란

---

21 분명히 도교의 많은 장생 방법들도 보리달마에게 귀속되었다. 예컨대『운급칠첨 雲笈七籤』권59(DZ 689)에 있는 〈달마대사주세류형내진묘용결達磨大師住世留形 內眞妙用訣〉을 보라. Sekiguchi 1969, pp.488-492도 참조.

사람에게 기대하던 것이었다. 이 시들은 깨달음에서 자연스럽게 나온 표현이든 아니든 점점 성문화되었다. 그것들은 죽어가는 승려의 나이를 명시하고 죽음에 대한 그의 초연함을 명확히 하도록 요구되었다. 어떤 선사들은 이렇게 증가하는 의례화에 대해, 그리고 틀림없이 그 마지막 순간에 세속적 관심이 침입한 것으로 인지되었을 것에 대해 반발하려고 애썼다. 그러나 보화普化처럼 이런 고역을 피할 수 있었거나 수순(守珣, 1134년에 죽음)이 그랬던 것처럼 "나는 게송을 짓지 않았다"(T. 50-2062, p.921a)라고 간단히 말할 수 있었던 사람은 거의 없었다. 드미에빌(Demiéville 1984, p.68)이 선종의 반反-의례주의를 전형적으로 보여준다고 본 이런 진술은 사실 예외적인 것이었다. 〔임종게를 거부하는〕 그런 진술은 실망한 제자들에게 스승이 실패를 인정한 것으로 보일 수 있었고, 또 그의 종파에 잠재적으로 치명적인 타격을 줄 수도 있었다.

그리하여 그런 의례화를 못마땅해 했던 선사들은 아이러니하게도 자신들이 비판했던 바로 그 방법을 통해서 그 꺼리는 마음을 표현해야 했다. 예컨대 원오극근(圜悟克勤, 1063~1135)은 이렇게 선언했다.

이미 일없는 경지에 이르렀는데
어찌하여 게송을 남겨야 하는가?
이제는 형편에 따라야만 하나니
안녕! 안녕![22]

---

22 Mochizuki 1958~1963 Vol.2, p.1142a; Demiéville 1984, p.69 참조.

그러나 게송을 남기는 일은 정확히 '형편에 따르는 것'이었다. 극근과 동시대인인 대혜종고(大慧宗杲, 1089~1163)도 비슷한 느낌을 표현했다.

태어남도 이러하고
죽음도 이러할진대
게송이 있든 없든
이 무슨 야단인가![23]

그렇게 강한 의구심을 나타냈음에도 원오와 대혜 모두 결국은 '열반송'을 지었다. 대혜가 말했듯이 "게송이 없으면, 죽을 수 없다"는 것 때문이다. 관습에 대한 그들의 개성적인 경멸도 전통의 힘 앞에서는 굽혀야 했는데, 그것 자체가 전통의 일부였기 때문일 것이다. 일본의 선사들은 중국의 작시 규칙에 따라서 시를 지어야 한다는 조건으로 말미암아 어려움이 더했다.[24] 그 결과가 늘 아주 독창적이었던 것은

---

23 『대혜보각선사어록大慧普覺禪師語錄』(T. 47-1998a, 863a); Yanagida 1973, 229; Christopher Cleary 1977, XX 참조.

24 에이사이, 란케이 도류(蘭溪道隆), 엔니 벤엔(圓爾弁圓) 등의 게송들을 포함해서 무쥬 이치엔(無住一圓)의 『샤세키슈(沙石集)』(권10의 마지막에 나오는 〈[에이사이의] 켄닌지의 문도 가운데 훌륭하게 임종을 맞은 이〉)에 나오는 사례들을 보라. *Shasekishū*, ed. Watanabe Tsunaya 1966, 450-459; Morrell 1985, 262-265 참조. 한 예로 무준사범無準師範의 제자로서 글을 몰랐던 장로 홋신보(法心房)의 경우에는 그의 시자가 게송에서 한 구절이 빠졌다고 지적했다. "그러자 할을 한 번 하고는 곧바로 입적했다."(Morrell 1985, 264) '죽을 때의 상서로운 조짐들'에 관한 중국의 사례들은 『불조통기』 54(T. 49-2035, 473b-c) 참조. 의미심장한

362

아니다. 예를 들어, 도겐의 게송은 그의 스승인 여정(如淨, 1163~1228)의 게송을 변형한 것이다.

【여정】
육십 년간 내 죄로 하늘을 채웠더니
갑자기 산 채로 황천에 떨어지누나.
아!
생사 따위는 마음 쓰지 않았던 나.
(Demiéville 1984, pp.87-88 참조)

【도겐】
오십사 년 동안 초선천을 밝히다
갑자기 온 우주를 산산조각 냈지.
아! 이 한 몸 붙일 데 없어
산 채로 황천에 떨어지누나.
(Yanagida 1973, pp.187-189 참조)

확실히 상호텍스트성은 단순히 표절로 볼 게 아니다. 전통적으로 중국 시인들은 자신의 느낌을 자유롭게 표현하기 위해 인용문을 활용해 왔다.[25] 그런데 도겐의 시는 여정의 것과는 근본적으로 다른 이해를

또 다른 사례는 제자들이 게송을 요구했을 때 "나는 죽고 싶지 않다"라고 쓴 선사의 경우다. 제자들이 화들짝 놀라서 더 나은 게송을 요구하자, 그는 "정말로 나는 죽고 싶지 않다!"라고 쓰고는 숨을 거두었다.(Chidester 1990, 134에서 인용)

반영하는 것처럼 보이기는 하지만, 그 상투성은 시적 가치는 아니더라도 그 독창성을 상당히 떨어뜨린다. 실제로 확실한 표절로 의심할 만한 사례들이 있다. 쇼군 토키요리(時賴)의 임종게는 아육왕산에서 15년 일찍 죽은 중국의 선사 소옹묘감(笑翁妙堪, 1177~1248)의 것과 놀랍도록 유사했다. 토키요리의 경우는 예외로 취급할 수 없다. 왜냐하면 임종 때 시를 남기는 관습은 분명히 13세기 즈음에는 종종 공허한―그러나 효율성이 떨어지지 않는― 의식이 되었기 때문이다. 예를 들어 『노모리 카가미(野守鏡)』(1295)에서는 그것이 단순한 뽐내기가 되었다고 심하게 비난하고 있다.(Yanagida 1973, p.9에서 인용) 그렇지만 그것은 중요한 이념적, 정치적 결과를 낳았다. 임종게는 단순히 스승의 깨달음을 증명하려던 것이 아니었다. 그것은 그것을 생산하고 있었으며, 문자적 의미에서 그 '정수'를 포함하고 있었다. 그와 같이 그것은 궁극의 진리를 '구현하는' 유물이기도 했고, 때로는 가사나 정상頂相처럼 법의 전수에서 사용된 선종의 다른 표상과 경쟁하기도 했다.

임종 자세

선종의 '죽음의 예술'에서 또 다른 중요한 요소는 마지막 자세다. 의례화는 선사의 삶에서 최후 순간까지 이어졌다. 그의 죽음은 공적인 행사가 되었다. 죽을 때까지 수행에 집중하고 있었다는 것 그리고

---

25 중국인들이 도교의 연단술에서 유추하여 '탈태법奪胎法' 또는 '환골법換骨法'이라 부르는 것은 작시법에서는 창조적 변형의 방식들 가운데 하나다. Lynn 1987, p.387 참조.

삼매의 고요한 평정 속에서 죽음을 맞고 있었다는 것뿐만 아니라 모범적인 붓다(침상에 누운 채 죽은 역사적 붓다)와 의례적으로 동일해졌다는 것을 보여주기 위해 그는 앉은 자세로 죽어야 했다.[26] 이 '좌선삼매'의 모델은 아주 강력해서 다른 모든 것들을 대체해버렸다.[27] 그러나 이 지배적인 모델에 대한 반대의 목소리를 분간할 수도 있다. 예컨대 『능가사자기』는 조사 승찬僧璨이 세상을 떠나기 전에 제자들에게 이렇게 말했다고 전한다. "세상 사람들은 앉은 자세로 죽는 것을 귀하게 여긴다. 나는 삶과 죽음, 오고 감을 내 뜻대로 할 수 있다. 그래서 나는 선 채로 죽을 것이다." 그리고서 그는 나뭇가지를 붙잡은 채로 죽었다.[28] 묘보(妙普, 1071~1142)의 경우도 언급할 가치가 있는데, 그는 가라앉는 배에서 피리를 불면서 다음 게송을 남기고 물에 가라앉았다.

---

26 극단적인 경우는 다이토(大燈) 국사 곧 슈호 묘쵸(宗峰妙超, 1283~1338)인데, 그의 전기에 따르면 그는 허약한 다리 때문에 평생 동안 좌선을 제대로 할 수 없었다고 한다. 마지막 순간이 다가오자 그는 올바른 좌선 자세를 이루기 위해서 자신의 다리를 일부러 부러뜨렸다. App 1989에 나오는 운문문언의 유사한 사례도 참조하라.

27 '누운 채 열반에 든' 사례 몇 가지가 여전히 기록(당나라 때의 선무외, 카마쿠라 일본의 묘에)되었지만, 그들은 예외가 되었고 선 전통 밖에 있다. '앉은 채 열반에 들기'가 우세한 것은 죽은 선사와 (대개 앉아 있는) 불상들 사이의 정신적 유대와 관련이 있을 것이다. 고인과 마찬가지로 나무 불상도 가사假死나 삼매의 상태에 있는 것으로 추정할 수 있다. Strickmann 1989 참조.

28 T. 85-2837, p.1286b. Demiéville 1954, pp.364, 382에 나오는 승가라찰僧伽羅刹과 승가난제僧伽難提의 선례들도 참조.

앉은 채로 죽거나 선 채로 죽는 일도
가라앉아 죽는 것에는 비할 수 없지.[29]
첫째는 불 피울 나무를 아끼게 되고
둘째는 구덩이 파는 수고도 안 하지.

(『대명고승전』, T. 50-2062, p.926b)

일부 선사들의 의례적 자살은 대개 죽음의 완벽한 자유를 보여주는
극단적 사례라 할 수 있다. 그것은 중국 불교의 자기 희생과 후대
일본의 자동적 미라화 곧 즉신불卽身佛을 생각나게 한다.[30] 이런 개인
적 자살들은 뒤르켐적 의미에서 집단적이었을 뿐 아니라 공적인 행사

---

29 직접적인 연관성은 없어 보이지만, 이 이야기는 나치(那智)/쿠마노(熊野) 지역의
해안에 있다고 믿어졌던 보타락가 섬(관음보살의 정토)에 이르기 위해서 가라앉는
배를 타고 물 속에 가라앉는 일본의 관습을 떠오르게 한다. 집단적이고 희생적인
것, 말하자면 후자의 지라르적(Girard 1977 참조) 요소에 대해서는 물에 빠져
죽기로 결심했으나 차가운 물에 닿자마자 정신이 퍼뜩 들어서 물가로 미친듯이
헤엄쳐 돌아온 남자의 이야기가 예시해준다. 그가 거부했음에도 그 추종자들은
다시 그를 띄워 보냈고, 결국 그는 물에 빠져 죽었다. 보타락가 신앙에 관해서는
Nei 1986, pp.209-214 참조.

30 '삶과 죽음의 자유'에 관한 사례들은 꽤 인용할 수 있다. 특히 스승의 "부도탑을
세웠고" 자신은 하나의 '육신'이 된 승려의 경우를 보라.(T. 50-2060, p.584)
자동적 미라화에 대해서는 Gernet 1959; Jan 1965 참조. 일본에서는 『겐코샤쿠쇼
(元亨釋書)』가 「닌교(忍行)」편에서 불로 몸을 태우는 희생의 경우를 기록하고
있고 또 자기 희생을 위한 표준적 전거(『법화경』 그리고 『범망경』과 『능엄경』
같은 위경들)를 제시한다. DNBZ 62-470, pp.133-134 참조. 『코지루이엔(古事類
苑)』은 자기 희생과 자기 신체 절단의 형태들에 대해 이단과 정통을 구별하려고
했다. *Shūkyōbu*(宗教部) 2, p.717 참조.

로 연출되기도 했다.(Michihata 1980, pp.99-100 참조) 이들 선사들(또는 그 제자들과 고승전 작가들)은 여전히 후대를 위한 전범을 마련하려고 애썼고, 특정한 형태의 죽음에 대한 그들의 저항은 여전히 일반적인 의례화 과정에 기여했다.[31] 블로슈와 패리가 다음과 같이 말한 것처럼. "처음에는 더없이 개인적인 것으로 보였던 것이 사회적으로 구축된 감정들과 믿음의 산물임이 밝혀졌다."(Bloch and Parry 1982, p.3)

이 모든 사례들은, 가장 개인주의적인 교리를 내세웠던 종파에서조차 모범적인 개인인 선사의 죽음이 그리고 더 정확하게는 그의 화장이나 (또한 문자적 의미에서) '과시적인 소멸'이 전체 공동체의 관심과 기대를 반영하는 본질적으로 집단적인 현상이 되었다는 (또는 단순히 남았다는 것을) 시사한다. 고인이 '물리적 개인에 접합된 사회적 존재'이기도 하다는 사실은 평범한 개인보다는 선사의 경우에 훨씬 더 분명해진다.(Hertz 1970, p.77) 선종에서 죽음이 이렇게 집단화되면서 보여준 놀라운 특징은 입적한 선사의 개인 소지품들을 경매에 부친 일이었는데, 이것은 빠르게 늘어나는 장례 비용을 지불하기 위해서였다. 이런 관습은 케이잔(瑩山)의 스승인 기카이(義介, 1309 죽음)의 장례에서 명확히 볼 수 있다.(Bodiford 1989, p.440 참조) 따라서 죽음과 구제는 오로지 개인과 관련이 있다고 하는 방법론적 개인주의로부터 벗어나야 한다. 그것들은 집단에도 관련이 있는데, 개인적인

---

31 잇큐는 1481년에 잠자다가 죽었지만, 그래도 다음과 같은 임종게를 남길 수 있었다. "일본에서 누가 참된 법을 가르치랴? 바름과 삿됨은 그릇된 앎이 지어낸 것. 미친 구름은 제가 싼 똥 냄새를 알지. 긴 연애 편지에 짤막한 작별의 시."(『一休圖會拾遺』 743-747 참조. Sanford 1981, p.288에서 인용)

죽음이라 해도 구제는 주로 연속성을 의미하기 때문이다.

경계 단계: 선의 장례식

불교에서는 죽은 이가 머지않아 다시 태어나기 전에 중간 지대(limbo)
를 여행한다고 믿는데, 그 기간이 49일이다. 이제 의례화가 경계/예비
단계에 해당하는 49일간의 장례에 어떻게 영향을 끼쳤는지 검토해
보자.[32] 로베르 에르츠는 주검이 많은 문화권에서 영혼이나 정신적
요소의 지표로 간주된다고 보았는데, 그의 관찰에서 단서를 얻을
수 있다.(Hertz 1960, p.83) 한 가지 거슬리는 문제는 불교의 핵심을
이루는 것으로 알려진 무아론과 장례식을 어떻게 화해시킬 것인가다.
다른 대부분의 불교도들과 마찬가지로 선승들도 죽음 이후에 '중간적
존재'—중유中有, 중음中陰—라 부르는 것, 즉 영속적인 자아로 오해하
기 쉬운 어떤 것의 지속을 인식하고 있었다.[33] 도겐의 게송은 그 자신이
'완전히 산 채로' 황천에 떨어지는 것을 가리키는데, 어떤 명료한
의식이 죽음을 넘어서 지속됨을 암시하는 것 같기도 하다. 선종 장례식
의 맥락에서 보자면, '무위진인'에 대한 일반적인 언급도 마찬가지다.
어떤 선종의 장례 설법에서 이렇게 말한 것처럼. "달은 지지만, 하늘을

---

32 붓다의 깨달음이 49일 동안 지속되었다고 말하는 것은 단순한 우연이 아니다.
  아래에서 보게 되듯이 죽음의 과정에서 경계 단계는 (다시 태어나게 하는)
  잉태와 (열반에서 최고조에 이르는) 정신적 깨달음 둘 다로서 상징적으로 묘사
  된다.

33 이 개념에 대해서는 André Bareau, s.v. 〈中有〉, 『法寶義林』 권5, pp.558-563;
  Collins 1982, pp.225-261 참조.

떠나지 않는다."(Bodiford 1989, p.461에서 인용) 그런데 도겐 자신은 '실재론자'나 '세니카'의 이단적 주장을, 즉 영혼의 불멸에 대한 믿음을 비판하는 데에 인생의 대부분을 보냈다. 무아론은 스티븐 콜린스 (Steven Collins)의 표현을 빌리자면 '언어적 금기'처럼 생각되는데, 그 주된 기능은 종교적, 종파적 차이를 주장하는 것이었다.(Collins 1982, p.183) 대부분의 경우에 그것은 사후 세계에 대한 일반적인 믿음을 실제로는 위협하지 않는 일종의 희망 사항으로 남아 있었다.

1103년에 장로종색長蘆宗賾이 편집한 『선원청규禪苑淸規』 이외에 선종의 장례식을 위한 주요 자료로는 원元나라 때 편집된 『칙수백장청 규勅修百丈淸規』(그리고 토쿠가와 때 무쟈쿠 도츄의 주석서), 『케이 잔신기(瑩山淸規)』,[34] 『쇼에코신기(諸廻向淸規)』(1566) 등이 있다.[35] 선종 장례식의 특이성은 『선원청규』 이전에는 볼 수 없다. 그 이전에 신수와 그의 제자 보적 같은 선사들은 본질적으로 유교적인 의례에 따라서 묻혔고, 평범한 승려들에 관한 문서는 없다.[36] 12세기 즈음에

---

34 그리피스 포크(Griffith Foulk)가 지적하듯이, 『케이잔신기』는 그 제목에도 불구하고 엄밀하게 청규('맑은 규칙')가 아니라 의례를 주제로 한 짧은 글들의 모음이다. Foulk 1989 참조.

35 참고 문서로 중요한 또 다른 자료로는 이른바 키리가미(切紙)가 있다. 이시카와 (Ishikawa)의 분류에 따르면, 여섯 가지 '장례 키리가미'가 있어 다음 여섯을 다룬다. (1) 죽음에 곧바로 이어지는 의례로, 예컨대 사후 수계. (2) 적절한 장례로, 예컨대 화장터의 네 문을 통해 몸을 옮기기, 화장 장작에 불 붙이기, 고인의 영혼을 위한 설법. (3) 무덤. (4) 죽은 이의 영혼. (5) 임신 중의 죽음. 그리고 (6) 영혼과 동물의 수계.

36 초기의 불교 전승에서는 붓다가 제자들에게 장례식을 평신도들에게 맡기도록 말했다고 하지만, 주요 제자인 대가섭이 다비식을 실행했다고 주장하기도 한다.

선종 의례는 정토종과 밀교의 가르침에서 빌려 온 요소들을 많이
포함하게 되었다. 『선원청규』는 존숙尊宿들의 장례식과 망승(亡僧,
깨달음을 얻기 전에 죽은 평범한 승려)의 장례식을 명확히 구별한다.
아래에서 서술하겠지만, 이런 의례가 일본에서는 남자 신도와 여자
신도의 장례식을 위한 모델이 되었다.(Ishikawa 1987d, p.139 참조)

   선종 승려들의 장례식은 이론상으로는 아홉 가지 의례를 수반한다.
(비록 상황에 따라 이 숫자는 줄어서 종종 일곱이거나 그보다 적거나
했지만.) 주검을 관에 넣는 입감入龕, 방장의 방에서 법당으로 관을
옮기는 이감移龕, 관을 닫는 쇄감鎖龕, 제단 위에 고인의 초상화를
거는 괘진掛眞, 고인이 된 선사와 개인적으로 상담을 하는 형태로
밤을 새는 대령소참對靈小參, 화장터로 관을 옮기는 기감起龕, 차를

Bareau 1971, pp.175-265 참조. 이 의문에 대해서는 Schopen 1990도 참조하라.
인도 승려들의 장례식은 상대적으로 단순했던 것 같다. 중국의 구법승 의정義淨
에 따르면 이러하다. "3년 동안 애도하거나 7일간 단식하는 것이 자비로운
이를 죽은 뒤에도 공경하는 유일한 방법은 아니다. … 부처님의 가르침에 따르면,
비구가 죽었을 때는 그가 참으로 죽었는지를 확인한 뒤에 바로 그날 주검을
널에 실어 화장터로 옮긴 뒤 불로 태운다. 주검이 타고 있는 동안에 그의 벗들은
모두 모여서 한쪽에 앉아 있는다. …『불설무상경佛說無常經』(T. 17-801)을 능숙
한 이가 반 장이나 한 장 정도 낭송하므로 지루하지 않을 수 있다. … 그런
뒤에 모두 무상無常을 명상한다. 각자 자기 거처로 돌아가서는 사원 바깥의
연못에서 옷을 입은 채 목욕한다. … 소똥 가루로 마루를 세척한다. 다른 모든
일은 평소처럼 한다. 상복을 입는 것에 관해서는 정해진 관습이 없다. … 승려가
석가모니의 성스런 가르침을 버려두고 주공(周公)에게서 전해진 속례(俗例)에
따라 몇 달 동안 울면서 곡하거나 3년 동안 상복을 입는 것은 옳지 않다."(Takakusu
1970, pp.81-82 참조) 중국적 관습에 대한 의정의 비판은 신수와 같은 불교
승려들의 장례식이 사치스러웠던 상황을 염두에 두고 읽어야 한다.

바치는 전차奠茶, 뜨거운 물을 바치는 전탕奠湯, 화장 장작에 불붙이는 하거下炬 또는 병거秉炬.[37] 각 단계마다 특정한 직무를 수행하는 승려가 선발되지만, 모든 의식은 기본적으로 동일한 의례 요소들을 보여준다. 차를 바치는 전차, 다라니를 외는 염송念誦,[38] 경전을 외는 풍경諷經, 공덕을 남에게 주는 회향廻向, 향 사르기 등.

깨달은 선사인 존숙尊宿은 살아 있는 동안에 종교적 목적을 이미 이루었다. 그들과 달리 평범하게 죽은 비구/비구니 또는 우바새/우바이들은 특정한 의례, 즉 살아서 깨닫지 못한 그들이 해탈을 성취하도록 도우려고 고안된 의례의 대상이었다. 그리하여 의례에서 가장 중요한 단계들은 (재가자의 경우) 사후 수계, 주검 곁에서 설법하는 인도引導, 관을 들고 화장터 주위를 도는 우요삼잡右遶三帀, 그리고 화장 장작에 불붙이는 하거나 병거 등이다. 일본에서는 이 모든 의식이 화장터에서 이루어졌다. 그곳에는 임시 건물이 세워졌으며, 두 공간으로 나누어져서 담으로 두른 회랑으로 연결되었다. 두 공간은 관을 두는 방인 감당龕堂, 그리고 네 개의 상징적인 문과 중간에 육각형의 화장 아궁이가 있는 진정한 화장터인 화옥火屋이다.(그림 4 참조) 이 공간적 분할은 반 겐넵(1960)이 묘사한 통과의례의 삼자 구조를 멋지게 보여준다. 감당에서 실행되는 의식('분리'), 화장터로 의례적인 이송('경계 단계')

그리고 화장('통합'). 이런 의례적 혁신은 결국 일본 불교에서 다른 종파들도 채택했다.[39]

인도引導 의식의 구조는 꽤 역설적이다. 장례 과정의 처음과 끝에 이루어지는 이 의식은 고인에게 그가 자아의 망상으로 인해 가졌던 집착이 공空임을 설교하는 것으로 구성된다.(Fujii 1977, p.21) 그러나 자아가 존재하지 않음을 주장하기 위해서 이 의식은 설법을 듣는 '죽은 영혼의 존재'를 가정해야 한다. 주디스 벌링(Judith Berling)은 이런 장례 설법을 '문화 적응 혼합주의'의 사례로 해석한다. "그것들은 모든 영혼은 궁극적으로 공이라고 하는 불교적 언설로 시작해서 끝을 맺고는 했지만, 중간 부분에서는 깊은 슬픔에 빠진 장례 참석자들을 돕기 위해 영혼이 존재하는 것처럼 다루었다."(Berling 1980, p.27) 이것은 대승불교의 교의를 의례적 실행으로써 전복시킨 사례일 수도 있고, 의례에 또는 둘 다에 철학적 의미를 부여하려는 성직자의 시도를 보여주는 사례일 수도 있다. 아무튼 이 변증법적 과정은 이해의 두 차원이 긴장 관계에 있음을 보여준다.[40] 이 맥락에서 특히 중요한

---

39 앞서 언급했듯이 선종에서 생겨난 또 다른 장례 상징은 난탑卵塔이라고도 부르는 '무봉탑'인데, 이것은 남양혜충(775년에 죽음)과 당 대종代宗 사이의 '선문답'에서 처음 나타났다.(『경덕전등록』 권5, T. 51-2076, p.245a 참조) 이런 탑들을 둘러싼 전설들에 대해서는 Suzuki Bokushi 1986, p.259 참조.

40 이 모순은 단순히 간과된 것이 아니라 공에 대한 변증법적 단언이 본질상 기생적이어서 독립적으로 성립될 수 없다는 사실을 보여주는 것이기도 하다. 이것은 이 책과 다른 책들에서 대개 서론과 결론에 (또는 이것처럼 주석들에) 나오는 이론적 주장들이 텍스트 자체에 의해 끊임없이 부정되는 방식과 약간 비슷한데, 거기에서 오래된 범주들이 계속 다시 나타난다. 그러나 그것들은

372

것은 죽은 선사의 초상화, 즉 진영을 거는 의례다. 그러나 존재에 대한 선의 이념은 의례를 종파적으로 다루게 되자 그 한계를 드러냈다. 조동선에서 '참선'과 '문답'의 형태를 취하는 인도引導는 종파의 교리를 주장하는 구실이 되었고, 이전의 공안公案 의식과 똑같은 종파적 목적을 달성하게 되었다.

종파적 진술을 보여주는 다른 사례들은 장례 장소의 상징성에서 찾을 수 있다. 그곳 모퉁이에 세운 시혼하타(四本幡, 네 깃발)와 그곳을 덮은 천장인 천개天蓋에 새긴 네 구절의 게송은 다음과 같았다.

미혹되니 삼계가 이루어지고
깨달으니 시방이 공이로구나.
본래 동쪽도 서쪽도 없나니
어디에 남쪽과 북쪽 있으랴?[41]

무상無常에 관한 다음 게송은 훨씬 더 전통적인 불교를 보여준다.

그 과정에서 차례로 이 범주들을 해체하는데, 중도가 두 극단에 기대어 있는 것처럼 해체는 여전히 논증적인 구조에 의존하고 있다.

[41] 예컨대 『쇼에코신기』(T. 81-2578, p.662) 참조.([역주] 본래의 시를 제시하면 이러하다. "迷故三界城, 悟故十方空. 本來無東西, 何處有南北." 첫째 구절의 '城'을 포르는 '成'으로 해석했다.) 이 전형적인 선시는 "본래 아무것도 없다"(本來無一物)라는 혜능의 시구를 떠오르게 하며, 마지막 두 줄은 북종과 남종의 논쟁에 대한 비평으로 사용되었을 수도 있다. 깃발의 상징성에 대해서는 Fujii 1977, pp.91-92 참조.

모든 것은 무상이러니
나고 사라짐이 법이라.
나고 사라짐이 없어진다면
적멸은 그대로 즐거움이라.[42]

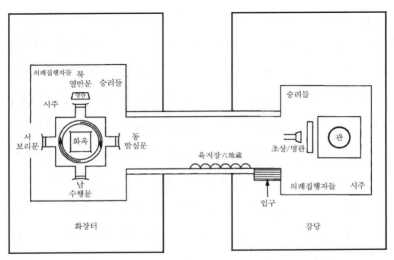

그림 4. 화장터의 도식

---

[42] 이 사구게(〔역주〕"諸行無常, 是生滅法. 生滅滅已, 寂滅爲樂.")는 다음과 같은 방식으로 해석된다. 첫째 구절은 『아함경』에서 온 것으로, 천상에 오르게 하는 보배로운 수레다. 둘째 구절은 『대반야경』에서 온 것으로, 정토에 왕생하기 위한 지혜의 다리다. 셋째 구절은 『화엄경』에서 온 것으로, 궁극의 붓다가 도달한 원인과 조건이다. 넷째 구절은 『대반열반경』에서 온 것으로, "바로 이 마음이 부처다"라는 형상 없는 땅이다.(T. 81-2578, p.663b) 유사한 내용의 사구게가 관의 네 모서리에 세운 깃발에도 새겨져 있다. "모든 것이 유위법이니/ 꿈, 곡두, 거품, 그림자 같네./ 이슬 같고 또 번개 같으니/ 이와 같이 보아야 하느니."『쇼에코신기』(ibid., p.663a) 참조. 『선원청규』(ZZ 1, 2, 16, 5, p.457c)도 참조.

화장터의 상징성은 일본에서 혁신적으로 발달했다.(Seidel 1983a,
p.582) 앞서 언급했듯이 승려의 주검일 경우에는 그 진행이 법당에서
화장터로 가는 것이지만, 재가자의 경우에는 화장터가 두 부분으로
나누어져 하나는 관을 위한 감당龕堂이 되고 다른 하나는 화장을
하는 진정한 화장터인 화옥火屋이 된다.(『쇼에코신기』, T. 81-2578,
p.661에 나오는 그림 참조) 화옥에는 네 개의 문이 있는데, 붓다의 네
단계 수행을 상징한다. (1) 발심문發心門, 깨달음을 위한 마음 내기(동
쪽). (2) 수행문修行門, 수행(남쪽). (3) 보리문菩提門, 깨달음(서쪽).
(4) 열반문涅槃門, 열반(북쪽). 불교의 상징성이 일본의 신앙과 합쳐진
셈이다. 고라이 시게루에 따르면, 불교란 사문四門 구조를 다시 맥락에
맞게 연관지은 것일 뿐이고, 사문 구조는 모가리(殯)[43]의 잔존물이다.[44]
모가리는 죽은 이의 영혼을 지키기로 되어 있는 장례 구조다. 그러나
선종 의례에서는 관을 들고 방 주위를 시계 방향으로 세 번 돌면서[우
요삼잡右遶三匝] 모든 문들을 통과하며 미혹에서 열반까지 모든 단계
들을 상징적으로 통과한다.(Fujii 1977, p.21 참조) 세 번 돌기는 붓다나
그의 탑 둘레를 세 번 도는 프라닥시나(pradakshina)에 해당한다.[45]

---

43 〔역주〕일본에서 모가리(殯)는 고대부터 행해졌던 의례다. 주검을 매장할 때까지
   임시로 안치해서 이별을 슬퍼하고 죽은 이를 위로하며 부활을 바라는 동시에,
   주검이 부패하고 백골화하는 변화를 봄으로써 최종적인 죽음을 확인하는 과정
   이다.

44 Gorai Shigeru, "Sō to kuyō," *Tōhōkai* 112(1973), pp.34-42; 모가리에 대해서는
   Macé 1986, pp.323-352도 참조.

45 의정義淨은 프라닥시나(右遶)에 대한 다른 해석을 소개한다. "중국에서 어떤
   학인의 설명을 들은 적 있는데, '오른쪽으로 돌며 걷는 것'은 오른손이 원 안쪽을

그것은 화장터 중심에 붓다(죽은 이)가 존재함을 의미한다. (그리고
동시에 그 존재를 만들어낸다.) 첫 번째 돌기는 붓다에 대한 존경을
나타내고, 두 번째는 모든 미혹이 사라짐을, 세 번째는 승화했음을
나타낸다.(Falk 1977, p.291 참조) 주요한 네 방향을 도는 일은 전통적으
로 다섯 번째, 즉 중앙(또는 정상)의 정복을 의미한다. '사문四門'의
상징화는 석가모니가 영적 탐구를 시작하게 된 네 번의 '만남들'로
거슬러 올라간다. 네 번의 다른 상황에서 젊은 왕자는 동쪽과 남쪽,
서쪽, 북쪽 문들을 통해 다른 방향으로 왕궁을 빠져 나갔고, 그때마다
병자, 노인, 주검, 그리고 고행자를 각각 만났다. 또 다른 전승은
붓다가 열반에 든 뒤에 그의 관을 들고 쿠시나가라 도시 주위를 일곱
번 돌았다고 전한다. 〈사문四門의 키리가미〉에 따르면 이렇다. "네
문들을 열면 삼세(과거, 현재, 미래)를 초월한다. 지옥 및 다른 모든
기계(器界, 국토)는 동일하게 원의 형상이다.[46] 이를 원통圓通에서 나와
원통으로 들어간다고 한다. 우요삼잡右遶三匝은 마음의 세 점, 곧

향하게 한다는 뜻이고 … 그러므로 사실은 왼편을 향해서 걸을 때 '오른쪽으로
돌며 걷는 것'이 이루어진다."(Takakusu 1970, pp.141-142) 의정은 그 견해를
물리치면서 프라닥시나는 시계 반대 방향으로 걷는 것을 뜻한다고 주장한다.
그러나 인도의 주석가들에 따르면, 이런 유형의 돌기는 프라닥시나가 아니라
프라사비야(prasavya)라 부른다.(ibid., p.141 n.2) 이런 해석은 조동종의 키리가
미에서 발견되는 것이다. 또 다른 중국의 율사 도선道宣은 정반대의 설명을
하는데, 그것은 그가 어떤 경우에는 붓다의 (시계 방향으로) 돌기를, 어떤 경우에
는 계단戒壇의 (시계 반대 방향으로) 돌기를 묘사하고 있는 사실과 부분적으로는
관계가 있을 것이다. Mochizuki 1958~1963 권1, p.611a 참조.

[46] 〔역주〕 '기계器界'는 기세계器世界, 기세간器世間이라고도 하며, 중생이 사는 국토
를 가리킨다.

법신·반야·해탈을 나타낸다.[47] 오른쪽으로 세 번 돈 뒤에는 왼쪽으로 세 번 돌 수도 있다.[48] 이런 상징은 생사열반生死涅槃, 순역일여順逆一如

---

[47] 여러 주석서들을 따르면, 마음의 '세 점'은 산스크리트 "i"(ﻝ or ﻱ)의 필기체와 유사해서 선택된 한자 심心의 세 점을 가리키고, 산스크리트 ĩ는 밀교의 전통에서 '뿌리 소리'로 여겨지며 만물의 기원을 상징하는 모음이다.(Sugimoto 1982, pp.89, 235 참조) 『대반열반경』(T. 12-374, p.376c)의 다음 글 참조. "비밀장祕密藏이라 부르는 것은 무엇인가? 산스크리트 이(伊, i) 자의 세 점과 같다. 가로로 늘어세우면 이伊 자가 이루어지지 않고 세로로 늘어세워도 이伊 자가 이루어지지 않는다. 마혜수라의 세 눈과 같은 것이다. … 나(붓다) 또한 이와 같다. 해탈의 법은 열반이 아니다. 여래의 몸도 열반이 아니다. 마하반야 또한 열반이 아니다. 삼법(三法, 법신·반야·해탈)은 제각각 다르며, 어떤 것도 열반이 아니다. … 따라서 삼법은 중생을 위하기 때문에 '열반에 든다'라고 한다."(Broughton 1975, p.143 참조) 이 세 점들이 조동종 전통에서는 궁극적 진리에 대한 서로 연관된 세 양상을 표현하는 세 개의 연결된 원으로 상징된다. "상위의 원은 형상 없음의 참된 본질, 즉 법신의 덕을 나타낸다. 글자 묘妙가 안에 있는 원은 형상 없음의 미묘한 특성, 즉 반야의 덕을 보여준다. 글자 심心이 안에 있는 원은 형상 없음의 신비한 기능 즉 해탈을 나타낸다. 이 세 원은 '둥근 i'의 세 점이다." 이 산스크리트 모음의 신비한 덕으로 말미암아 이를 쓰거나 소리내거나 들음으로써 사물들의 기원, 형상 없음, 즉 열반이나 불성에 이르게 된다. 확실하게 시계 방향으로 원을 그리기 전에 의례 담당 승려가 관을 세 번 두드리는 이유가 이것이다. 마찬가지로 불상의 '개안開眼' 또는 무덤이나 위패의 '점안' 전에, 담당 승려는 심心 자나 "i"〔눈(eye)인가?〕의 세 점을 세 번 그려 보인다. 두 경우 모두 그 승려는 의례적으로 붓다를, 즉 자기 자신이나 죽은 이에 대한 불멸의 대역을 만들어낸다. 멘잔(面山)은 조동종 전통의 탈신화화를 시도하면서 이런 밀교적 의례들을 거부했다. 『洞上室內斷紙揀非私記』(SZ 15), 「室中」, pp.197-218 참조. Kushida 1977, pp.79-80도 참조.

[48] 다른 문서에 따르면 이렇다. "옛날에는 오른쪽으로 세 번 돌고 그 다음에 왼쪽으로 세 번 돌았는데, 이는 삶과 죽음의 합일 그리고 오고 감의 자유를 나타내는

를 나타내는 데 쓰였다."(Sugimoto 1982, p.132; Ishikawa 1987b, p.166
참조) 메이호 소테츠(明峰祖哲, 1277~1350)가 전한 것으로 추정되는
또 다른 키리가미는 감당龕堂에서 화장터까지 가는 행렬을 묘사하고
있다.

> 격자 덧문이 있는 방을 나와 법당 주위를 왼쪽으로 돈다. … 왼쪽은
> 흐름을 거스르는 것, 곧 죽음을 뜻한다. 왼쪽으로 도는 만卍자는
> 생生·노老·병病·사死의 사상四相을 상징한다. 일체의 모든 상相을
> 떠난 사람들을 제불諸佛이라 한다. 미묘한 상은 둥글고 밝으며
> 온갖 이름과 상을 초월한다. 법당을 돌고나면 곧바로 화장터로
> 나아가고, 거기서 오른쪽으로 세 번 또는 일곱 번 돈다. 불도佛道란
> 초지初地에서 십지十地까지 미묘한 깨달음의 모든 과위果位를 얻
> 고 무여열반無餘涅槃에 드는 것이다. 이것이 성인을 다비하는
> 의미다. 불교에서는 죽음을 따름(順)이라 하고, 유교에서는 죽음
> 을 거스름(逆)이라 한다.[49]

것이었다. 오늘날에는 오른쪽으로만 세 번 돈다."(Sugimoto 1982, p.132; Ishikawa
1987b, pp.165-167에서 인용) 다시 말해서, 시계 방향으로 도는 것은 생사(윤회)에
서 열반으로 위를 향한 이동을 나타내고, 시계 반대 방향으로 도는 것은 열반에서
생사(윤회)로 아래를 향한 이동을 나타낸다. 보살은 양쪽으로 나아가 깨달은
뒤에 세상으로 되돌아온다.

[49] Ishikawa 1986b, p.205에서 인용. 같은 문서의 또 다른 문장은 이러하다. "화장터
를 도는 방식은 성인과 범부가 다르다. 성인은 오른쪽으로 세 번 또는 일곱
번 돈다. 이는 죽음을 자연스런 것(順)으로, 태어남을 부자연스런 것(逆)으로
여기기 때문이다. … 범부는 왼쪽으로 도는데, 죽음을 부자연스런 것으로, 태어남
을 자연스런 것으로 여기기 때문이다."(ibid.)

　다른 맥락에서 보자면, 관 주위를 도는 일은 고인이 돌아오는 길을 찾지 못하게 하는 데에 목적이 있다고 할 수 있다. 이런 사실이 저 과도한 의례에 숨겨져 있음을 잊어서는 안 된다. 양면성은 경계 단계를 다루는 장례 의식의 특성이다. 그런 특성이 선종 장례식에서는 나타나지 않을 수 있지만, 그렇다고 해서 완전히 결여되어 있다는 결론을 내려서는 안 된다. 긍정적 상징화가 과도한 것은 실제로는 그 반대를 나타내는 것일 수 있다.

그림 5. 네 개의 문과 장례 돌기

하거(下炬, 불 놓기) 의식은 '열반문'에서 경계 단계의 끝을 나타내는 의식들처럼 거행되는데, 이것은 붓다의 장례식 전설에 바탕을 두고 있다.[50] 전승에 따르면, 석가모니의 제자들은 화장 장작에 불을 붙이려고 일주일 동안이나 애썼으나 헛수고였다. 그런데 붓다가 입멸할 때에 그 자리에 없었던 대가섭이 그 의식을 이끌기 위해 돌아왔을 때, 상서로운 조짐들(겹겹이 둘러싼 수의 속에서 붓다의 발이 나타났다가 다시 사라진 일)이 그를 맞이했고 장작은 저절로 타올랐다.(Fujii 1977, p.3 참조) 여기서 핵심은 화장 의식(곧 재통합)은 후계자에 의해 수행되어야 한다는 점, 더 정확하게는 의식이 후계자를 지명하거나 확정한다는 점이다.[51] 또 다른 전형적인 이야기는 황벽 선사와 그가 선 수행을 위해 버렸던 그 모친에 대한 일이다. 황벽이 행각하다가 한 번은 우연히 고향을 지나게 되었다. 어두웠기 때문에 그의 모친은 처음에는 아들이 돌아온 것을 알아채지 못했다. 그러나 곧 모성에 이끌려 자식을 찾으러 나선 그녀는 강물에 빠졌다. 이를 안 황벽은 그곳으로 가서 횃불로 원을 그린 뒤에 고함을 치며 그것을 물속에 던졌다.[52] 그러자

50 무쟈쿠 도츄에 따르면, 하거라는 용어는 장례 설법이 단 한 번 있을 때 사용되고, 병거秉炬는 여러 번 있을 때 사용된다. Yanagida 1979, 권1, p.574b 참조.
51 Ishikawa 1986b, p.206의 〈센시뉴메츠 키리가미(先師入滅切紙)〉도 참조.
52 위에서 보았던 것처럼 원의 상징성은 선종, 특히 조동종 어디에나 있다. 일반적으로 하거下炬의 상징성, 특히 횃불의 상징성은 많은 조동종 키리가미에서 발견된다. 몇몇 자료들은 석가모니와 대가섭으로 이루어진 한 쌍과 화장 의식 사이의 관계를 강조한다. 예를 들어 '아코 키리가미(下火切紙)'는 대가섭에게 전수한 이야기를 장례 용어로 설명한다. 조동종의 문학에서 종종 인용되는 이야기는 이러하다. 붓다가 대중 앞에서 꽃을 든 적이 있었다. 모든 이들이 당황했으나,

모친의 몸이 물 위로 떠올랐고, 마침내 그녀는 극락에 왕생했다. 이 이야기는 대개 소리 지르며 화장용 장작에 횃불을 던지는 선종 관습의 기원으로 여겨진다.[53] 그러나 그 의례를 정교하게 묘사한 데에는 화장 자체에 대한 언급이 거의 없으며 설법도 마찬가지다.[54] 선사의 몸에서 일어난 실제 변형은 인도 불교에서 볼 수 있는 일반적인 주검의 변형과는 다르며, 선의 담론과 명상에서 금기시되는 것 같다. (분해로서) 화장의 과정에 대한 부정적인 상징성은 재통합이라는 평화론적 이념이나 붓다로의 변형으로 대체되었다. 오늘날 하거下炬는 담당 승려가 더 이상 실제 횃불을 사용하지 않고 끝이 붉은 단순한 막대기를 사용한다는 의미에서 훨씬 더 '상징적'이다.

대가섭만 웃음을 지었다. 그리하여 붓다는 '정법안장正法眼藏'을 그에게 전해주었다. 이 이야기의 비전적秘傳的 해석에 따르면, 붓다는 의식을 행하는 승려인 반면에 웃음을 지은 제자는 죽은 이다. 마음의 상징인 꽃 자체는 원으로 상징화되었다. 꽃을 든 것은 사후 수계의 경우에서처럼 죽은 이를 정법안장의 계통에 통합하는 것을 의미한다. 그것은 때때로 붓다 제자들의 원으로 다시 들어가기 위해 중생의 원에서 빠져나가는 것으로 해석된다. Ishikawa 1987b, p.172 참조.

53 Fujii 1977 참조. 카나자와 문고(金澤文庫) 컬렉션에서 발견된 정토종 키리가미, 즉 햐쿠츠 키리가미(百通切紙)에 따르면, 이 일화는 인도引導 의식의 기원이기도 했다. 강물에 횃불을 던지기 전에 황벽은 이렇게 말했다. "너른 강의 원천(윤회)은 바싹 말랐으므로 더 이상 오역죄를 감출 수 없다. 한 아이가 출가를 하자 구족九族이 하늘에 태어났다. 만약 이것이 망녕된 말이라면, 모든 붓다들도 망녕된 말을 한 것이다." Ishikawa 1987a, p.192 참조.

54 중국의 화장터에 대한 상세한 묘사는 Prip-Møller 1982, pp.163-175 참조.

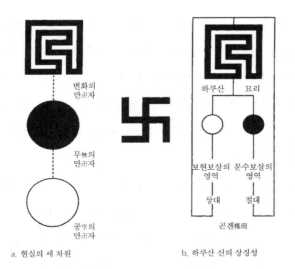

a. 현실의 세 차원   b. 하쿠산 신의 상징성

그림 6. 조동선에서 만卍자의 상징성

13세기 이후, 위에서 서술한 의례의 순서는 점차적으로 재가불자인
우바새와 우바이 들에게로 확장되었다. 그들은 인도引導에서 하거까
지 모든 단계들을 거치기 전에 삭발하고 사후 수계受戒 곧 모츠고
사소(沒後作僧, 죽은 뒤에 승려가 되는 것)를 했다. 가능하면 수계는
죽기 바로 직전에 했으므로 일종의 종부성사終傅聖事가 되었다. 그렇
기에 가령 호죠 토키무네(北條時宗, 1251~1284)는 임종 자리에서 무가
쿠 소겐(無學祖元, 1226~1286)으로부터 계율을 받았다.(Collcutt 1981,
pp.70-73 참조) 이런 사후 수계는 선 '어록語錄'의 대부분을 이루는
보설(普說, 선종의 설법)을 하는 구실이 되었다.(Levering 1987b; Bodi-
ford 1989, p.449 참조) 수계에서 중요한 요소는 혈맥(血脈, 계통도)의
전승이었는데, 이것은 죽은 이를 붓다의 '혈통'에 합침으로써 그를

382

구제하는 마술적인 부적으로 구실하게 되었다.(Bodiford 1989, p.418)
달리 말하면, 혈맥은—이제까지 살아 있는 승려들의 경우에서조차—
더 이상 깨달음의 상징이 아니라 그 마술적 원인이었다. 죽은 이가
조상들의 계통에 편입되는 것은 조동종의 키리가미(Ishikawa 1986b,
p.188 참조)가 생생하게 입증해주며, 그 방식은 죽기 전의 수계授戒와
놀랍도록 유사하다.

유골을 '안치하는'(또는 '달래는') 안골安骨 의식은 죽은 이를 재통합
하는 의식이며, 경계 단계의 끝을 나타낸다. 그렇지만 그 자체가
경계 단계를 만들어내기도 한다. 열흘 또는 열닷새 동안 유골에 차와
뜨거운 물을 바쳤고, 그 뒤에 공동체 전체 앞에서 유골을 성골함에
넣었다.(Seidel 1983a, p.582 참조) 화장한 뒤의 장례식에서 마지막으로
중요한 단계는 사방에 부적들을 묻는 '진묘(鎭墓, 무덤 닫기)'였다.
이는 지나치게 조심하는 것으로 보일 수도 있으나, 사악한 정령들(여우
들과 늑대들)이 무덤에 침범하지 못하게 하는 것 이상으로 고인의
영혼이 돌아오지 못하게 하려던 것으로 여겨진다. 한문으로 쓰인
'닫기' 의식의 관용구는 급급여율령(急急如律令, 또는 唵唵如律令)—"율
령에 따라 서둘러서, 서둘러서 해주기를." 공식 명령을 실행하는 데 쓰인
관용구[55]—그리고 사자후獅子吼, 즉 '석가족의 사자'인 붓다의 가르침

[55] 사이델(Seidel 1987, pp.39-42)에 따르면, 이런 규정들은 저승이나 영적 위계와의
관계를 좌우하는 법령의 존재를 전제로 하며, 그 목적은 "산 자를 위해 유해한
영향들을 몰아내고 죽은 자를 위해 죄에서 풀려나게 하려는 것"이었다. 이케다
온(池田 溫), "中國歷代墓券略考,"『東洋文化硏究所紀要』 86(1981), pp.193-278
도 참조.

인데, 사자후는 소리를 내지르기만 해도 외도들을 두렵게 했다고
한다.(Ishikawa 1986b, p.189 참조) 이 가운데서 사자후는 틀림없는
불교의 것인 반면에, 가장 자주 사용된 급급여율령은 그 오랜 내력이
중국의 민간 종교에 있다.(Seidel 1987, pp.39-42 참조) 둘 다 조동종에서
전승되는 키리가미에서 종종 발견된다. 이런 부적들은 임신 중의
죽음이나 사고사처럼 불길한 죽음의 경우에, 또는 히닌(非人, 중세
일본의 천민)을 위해 거행하는 의식의 경우에 특히 중요했다. 가령
어떤 키리가미에서는 고인과 살아 있는 그 친족들과의 모든 관계를
끊도록 지시하는 특정한 명령이 위의 관용구들을 보완한다.[56] 그것들
은 15세기와 16세기 동안에 조동종이 사회의 하층까지 확장되었음을
반영하는 것 같다.(Ishikawa 1987a, pp.189-192 참조)

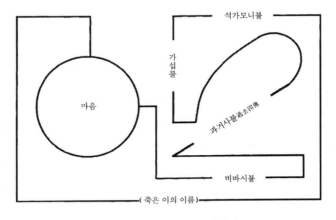

석가모니불

가섭불

마음

과거사불過去四佛

비바시불

(죽은 이의 이름)

그림 7. 사후 수계의 상징성

---

[56] 대만의 유사한 사례에 대해서는 Ahern 1973, p.172 참조.

오염에서 청정으로

위에서 살펴본 의례 순서-오염에서 청정으로-는 토쿠가와 시대
(1603~1868)에 조동종에서 관찰되는 '혼합' 선에서 '순수' 선으로의
전환과 함께 역사적으로 또는 이념적으로 반복되는 것처럼 보인다.
타마무로(圭室)를 비롯해 여러 연구자들은 명상적 선이 '장례 선'이
된 것은 중세 일본에서 그 사회적 그리고 지역적 확장의 결과라고
주장했다. 쿄토의 텐류지(天龍寺)와 토지인(等持院) 같은 중세의 많은
선종 사원들은 이전 사원들처럼 죽은 단월檀越의 명복(즉 깨달음,
보리)을 빌거나 과거 적들의 영혼을 달래기 위한 사찰, 곧 보다이지(菩
提寺)였다. 중국과 일본에서 발전한 선종의 장례 의식은 (신수의
경우에서처럼)[57] 선승들을 위한 재가자들의 장례로부터 (송대 동안)
명확하게 선승들을 위한 선종 장례로, 그리고 마침내-적어도 일본의
상황에서는- (카마쿠라 이후로) 재가자들을 위한 선종 장례로 전환된
것이라고 요약할 수 있다.[58] 주요한 변화는 조동종이 지방으로 확산된

---

57 인도 불교에서 장례식은 『불설무상경佛說無常經』(T. 17-801)의 낭송으로 한정되
   었던 것 같고, 붓다의 유골을 살피는 일은 재가자들에게 맡겨졌다. 『석씨요람釋氏
   要覽』(1019) 같은 불교의 백과사전에 묘사되어 있는 중국의 장례 의식은 대부분
   여전히 유교적이었다.(T. 54-2127, pp.307-310 참조) 이 문제에 대해서는
   Ishikawa 1987a 참조.

58 송대 동안에 재가자들을 위한 장례식은 종종 '선우善友' 또는 '화거사火居士'라
   불린 전문가들이 실행했는데, 그들의 지위는 승려와 재가자의 중간이었다.
   일본에서 이 역할은 승려들이 넘겨 받았다. 그러나 토쿠가와 시대에는 조동종
   선승들이 장의사라는 그들의 의심스런 특권의 일부를 다른 범주의 '불순물

것 그리고 (히닌이나 에타와 같은 천민들을 포함한) 사회 모든 계층의
재가 남녀들을 위한 의례들이 뒤이어 발달한 것과 더불어 14~15세기
동안에 일어났던 것으로 보인다. 이런 의례들은 조동종 교리가 '대중화
된' 원인이자 결과였다. 결과적으로 선승들, 특히 조동종 승려들은
불결한 일의 전문가들이 되었고 죽음의 오염이라는 문제에 직면해야
했다. 그런데 불교 승려들은 늘 청정함에 깊은 관심을 가지고 있었으므
로 장의사의 역할을 마지못해 받아들였을지도 모른다. 6세기에 불교
가 일본에 들어온 뒤, 나중에 신토(神道)가 될 신앙의 신관神官들이
당시에 맡고 있었던 역할을 불교가 넘겨 받는 데까지는 한 세기 이상이
걸렸다.[59] 신토는 처음부터 의례의 순수성과 관련된 전통이었다. 그런
신토가 관습적으로 특성화된 일은 하나의 신화다. 아니면, 적어도
비교적 늦은 시기의 이념적 산물이다.(Macé 1986, p.380 참조)

선승들은 죽음과 접촉함으로써 야기된 불결함의 문제를 다루려
했다. 그 한 가지 방식을 조동종 전통에서 발달한 하쿠산(白山) 신앙에
서 볼 수 있다. 조동종에서 이 신앙의 기능은 주로 장례식 이후의
정화淨化였던 것으로 보인다.(Satō Shunkō 1986~1987 참조) 중세에

전문가' 즉 히닌(非人)의 일종인 쵸리(長吏)에게 되돌려주었다. 그들의 역할에
대한 묘사는 『쵸리유이쇼쇼(長吏由緖書)』(Satō Shunkō 1986~1987, p.149에서 인용)
참조. *Dictionnaire historique du Japon*, s.v. "Chōri(長吏)"(Tokyo: Kinokuniya,
1975), 3, p.100 또한 참조.

59 잘 알려져 있듯이, 불교 승려 도쇼(道昭, 629~700)의 최초 화장이 있은 지 겨우
3년 뒤인 703년에 지토(持統) 여제女帝의 화장이 있었다. 이것은 그때까지 모가리
(殯) 의식의 거행이 특징이었던 천황의 장례식을 불교에서 넘겨 받았음을 나타낸
다. 이 문제에 대해서는 Macé 1986, pp.368-383 참조.

조동종 안에서 자주 전수되었던 문서, 이른바 친쥬 키리가미(鎭守切紙)는 하쿠산의 신을 모신 사당을 향해 두 편의 시를 낭송함으로써 장례식에서 돌아온 자신을 어떻게 정화할 수 있었는지를 설명해준다. 민중 문화에는 또 다른 하쿠산(白山, 시라야마)이 있는데, 이것은 키리가미의 하쿠산과 기능적인 면에서 어떤 유사성을 보여주는 것 같다. 민중적인 맥락에서 하쿠산은 모가리(殯, 임시 안치) 의식 중에 주검을 넣어둔—대나무와 흰 천으로 만든—구조물을 가리킨다.(Miyata 1979, pp.126-134) 이것은 하나마츠리(花祭り) 축제 동안에 실행되는 슈겐도(修驗道) 의식을 강하게 연상시킨다. 이 마츠리에서는 흰 옷을 입은 젊은 남녀들이 하쿠산이라 부르는 장방형 건물 내에 들어간다. 고라이에 따르면, 이 하쿠산에 들어가는 것은 정토로 들어가는 것을 의미하며, 그것에 의해 실행자들은 정화된 이 세상으로 되돌아온다.(Gorai 1983 참조) 이 두 가지 사례에서 하쿠산은 재생 의례에서 문화적 인공물로 보인다. 그리하여 의례에서 차이가 있음에도 불구하고 하쿠산의 이런 변형들은 가치를 전도시키는 수단, 즉 죽음을 삶으로 또는 오염을 청정으로 바꾸는 방식이라고 볼 수 있다.

분명히 이 전도/정화 의식은 조동종 의례에서 하쿠산 신앙의 주요 기능이기도 했다.(Satō Shunkō 1986~1987) 후에 조동종 전통은 하쿠산에 대해 근본적으로 다른 해석을 내놓았다. 친쥬 키리가미(鎭守切紙)의 몇 가지 변형들에서 하쿠산은 오위五位에 대한 조동선의 변증법적 용어로 해석되고, 신화의 장례적 측면들은 경시된다. 조동종 전통이 하쿠산의 슈겐도와 긴밀하게 접촉하면서 발달함에 따라 하쿠산 신은 조동종 공동체의 수호자로 숭배되었다. 도겐이 중국을 떠나기 전날에

『벽암록』을 하룻밤만에 필사할 수 있도록 그 신이 도왔다는 이야기는 중요하다.(Faure 1987a, p.51; Durt 1983, p.607 참조) 토착 신앙의 신격과는 완전히 다른 호법신을 묘사한 이 이야기는 토쿠가와 시대에 조동종에서 일어난 변화를 반영하는 것 같은데, 그때 에이헤이지(永平寺)는 다시 한 번 그 종파의 총본산이 되었고 도겐 '조사'의 형상은 수정되었다. 앞서 서술한 친쥬 키리가미와 반대로, 하쿠산에 관한 후대의 키리가미는 장례 의식과 정화에 관한 언급을 빠뜨렸다. 그런데 가장 급격한 변화는 멘잔 즈이호(面山瑞方, 1683~1769)와 함께 일어났다. 조동종 전통을 탈신화화하는 일 그리고 키리가미의 비밀스런 전수에 빠져들고 있었던 '미신들'을 비판하는 일에 늘 열중했던 멘잔은 친쥬 키리가미를 대부분의 키리가미처럼 "믿을 만한 가치가 없는 것"이라며 물리쳤다. 그에게 하쿠산 신은 더 이상 키리가미가 묘사하는 수호신이 아니라 더 추상적인 호법신이었다.[60] 그 결과, 하쿠산과 장례 의식의 연관성은 결국 끊어졌다. 조동종은 토쿠가와(德川) 가문이 확립한 단가檀家 제도 덕분에 지방에 확고하게 뿌리 내리면서 더 이상 '장례 불교'로 행세할 필요가 없게 되었는데, 멘잔의 태도에는 그런 조동종의 진화가 반영되어 있다.(Satō Shunkō 1986~1987) 한번 지방 당국의 마음에 쏙 들자마자 조동종은 죽음의 오염을 다른 사람들에게 맡길 수 있었다. 그러기 위해서는 매장하는 단체들에서 하쿠산의 이름을 지울 필요가 있었다. 『쇼보겐조』에서 도겐이 내세운 '순수 선'으로의 회귀를 멘잔이 옹호한 일은 그러한 배경에서 보아야 한다. 이런 의미에

---

60 멘잔의 『洞上室內斷紙揀非私記』(1749. in SZ 15), "室中," pp.197-218; Satō Shunkō 1986~1987, p.157 참조.

388

서 『쇼보겐조』의 '철학'은 집안의 비밀들(처음에는 도겐의 것들)을 많이
숨기고 있다고 말할 수 있다.

다른 의례들과 마찬가지로 선종의 장례 의식은 다층적이고 다의적
이며 다기능적이다. 집단을 위한 주요 기능은, 에르츠가 주장했듯이
죽음이라는 사건에 직면해서 질서와 연속성을 재확인하는 것이거나
어쩌면 이상적인 (그리고 가공의) 질서를 창조하기 위한 기회로 이용
하는 것일 수 있다.[61] 중세 시대에 신분 구별을 통한 사회 질서의
표현은 히닌(非人, 천민)을 포함해 사회의 모든 계층들에 특유한 카이
묘(戒名, 죽은 이에게 주는 불교식 이름)가 증식됨으로써 분명히 나타났
다. 이런 의미에서 "죽은 자의 사회는 산 자의 사회를 구조화하
며"(Huntington and Metcalf 1979, p.65) 또 그 반대로 하기도 한다.
그뿐만 아니라 사원의 위계 구조는 의례의 세심한 안무按舞에서 표현
되며, 주요 참여자들이 각각 번갈아 등장하는 '여러 막'으로 이루어진
공연에서 표현되었다. 장례식은 선종 집단이 그 구성원의 죽음으로
야기된 분열을 막고 그 자체 의례적으로 재정비하는 방법이었다.
이에 더해 주지住持라는 한정된 자리를 놓고 경합하는 후계자들이
그 야망을 이루는 데에도 기여했다.

---

61 블로슈와 패리가 '사회'에 대해 말한 것을 약간 바꾸면 선의 '종파'에 적용할
   수 있을 것 같다. "이 사회적 질서는 그 명분보다는 우리가 고려하는 그런
   의례의 산물이다. 다시 말해, 그것은 죽음의 신성 모독에 대응하는 에르츠의
   구체화된 '사회'의 문제가 아니다. 그보다는 오히려 매장 의례 자체가 사회를
   명백히 외부적인 힘으로 **만드는** 계기라는 점이 문제다."(Bloch and Parry 1982,
   p.6)

다른 이념적 차원에서 볼 때, 장례 의식은 죽음의 과정을 단축하려는 시도라고 할 수도 있다. 그것은 변화의 불가역성과 타협한 것이고, 이론적 차원에서 손쉽게 부정된 현실과 타협한 것이다.[62] 그것은 완벽한 질서(깨달음의 세계)와 순수한-또는 좀 불순한- 혼돈(윤회의 세계) 사이를 매개한다. 죽은 자를 순환적 틀 속에 편입시켜서 개인적 삶을 지속시키는 과정에 죽음의 모순을 포함시킨다. 앞서 언급했듯이 주검의 운명이 영혼의 운명을 가리키는 지표의 역할을 한다면, 변치 않는 유해나 유골(그리고 때로는 미라)로 이어지는 과정을 촉진하는 일은 영혼을 영원한 진리의 세계로 재통합하는 것을 상징한다. 한 단계에서 다른 단계로 느리고 불쾌하게 전이되는 과정이라고 할 죽음의 현실은 〔장례 의식에 의해〕 어느 정도 부정되지만, 동일한 방식에 의해 그것 〔죽음의 현실〕은 아무리 사소하더라도 다시 도입된다. 블로슈와 패리가 다음과 같이 지적한 것처럼. "이념은 그것이 부정하는 바로 그 세계에서 작동되어야 하고, 그러므로 타협해야 한다. 이 타협은 상징적으로 나타나며, 이는 장례 의식의 특정한 양상들을 설명해주고, … 다른 맥락에서는 대단히 부정되었던 것을 특정한 의례적 맥락에서 재도입하는 형태를 취한다."(Bloch and Parry 1982, p.39)

덧붙여 말하자면, 선종 의례는 민간 문화에서 많은 요소들을 빌리면서도 죽음에 대한 민중적 태도의 특성을 구성하는 성욕/생식의 상징성은 받아들이지 않았다. 아니면, 전통적인 금욕적 믿음을 통해서 암묵

---

62 가령 도겐은 『쇼보겐조』의 「현성공안現成公案」에서 승조(僧肇, 384~414?)가 최초로 옹호했던 '물불천(物不遷, 사물의 불변성)'의 관념을 발전시켰다.(T. 82-2582, p.24a 참조)

적인 방식으로만 받아들였다. 금욕적 믿음에서는 성욕을 통한 삶의 재생을 죽음의 원인이라고 본다. 그러나 블로슈와 패리는 성욕의 부정이 생식의 부정을 의미하지는 않았다고, 오히려 그 반대라고 설득력 있게 주장했다.[63] 인도의 고행자들은 이미 의례적으로 이 세상에서 죽은 존재여서 장례식을 필요로 하지 않는다. 그들과는 아주 대조적으로 선종에서 장례 의식은 중요하다. 그 중요성은 선사들이 조사의 지위에 오름으로써 이 세계, 즉 조상의 초월이 경험적 초월보다 우위에 서게 되는 세계의 거주자(또는 어쩌면 포로)가 되었음을 의미한다. 혈통, 즉 조상들의 전체 집단과 신비하게 동일시됨으로써 또는 죽음을 초월하는 대역이나 조상彫像과 신비하게 동일시됨으로써 선사 개인은 그 개성을 잃었고, 재생의 원천이 될 수 있었다.(Bloch and Parry 1982, p.35 참조) 가령 가뭄이 들었을 때 혜능의 육신을 시골에서 옮겨왔다는 사실은 비와 생식이 그것과 연관이 있음을 증명한다. 게다가 죽음과 출산의 관계는 일부 키리가미에서 분명하게 기술되어 있다. 패리가 다음과 같이 지적했듯이. "화장과 관련된 믿음과 관행은 발생학의 상징적 표현에 의해 널리 퍼질 것으로 기대된다."(Parry 1982, p.80) 패리가 인도의 맥락에서 언급했던(ibid., p.85) 출산으로서 죽음이라는 주제는 일본 불교에도 존재한다.[64]

---

63 Bloch and Parry 1982, p.19 참조. 금욕과 성욕의 관계에 대해서는 Wendy Doniger O'Flaherty, *Siva: The Erotic Ascetic*(Oxford: Oxford University Press, 1980) 참조.

64 일본 불교의 발생학에 대해서는 James Sanford, "Spiritual Embryology in Shingon Buddhism," 1989(미발표 논문) 참조. 특히 조동종 전통에서는, 삼사라(윤회, '생사')에 대한 불교적 개념 속에서 끊임없이 확인되었던 죽음과 태어남의

게다가 장례 의식은 중개 기간이라는 개념과 함께 존재론적 변화 (devenir, 되기)라는 개념을 선에 재도입했다. 죽음은 선의 유토피아에 현실이 침입해 들어간 것으로 간주되며, 장례식은 이런 현실을 부정하 거나 그 유토피아를 새로이 창조하려는 시도다. 49일간의 중개 기간은 죽음의 순간을 의례적으로 연장한 것으로, 또 변화를 승인한 것으로 볼 수 있지만, 한편 그것은 〔유교의〕 전통적인 삼년상과 비교했을 때 경계 단계를 과감하게 축소한 것이기도 하다. 일본의 상황에서 화장이 모가리(殯)를 대체한 뒤, 죽음은 더욱 규칙적이고 분리된 사태가 되었다. 모가리 의식은 주검 주위에서 거행되었고, 사십구재 는 사원에서 거행된다.[65] 모가리 의식과 달리 불교 의례는 죽은 자의

평행 관계가 '개념을 다루는 키리가미'에 의해 강화되었다. 이런 문서들에 따르 면, 태아는 7일 동안에 발현되며 이 기간 동안에 십삼불(十三佛, 일본 불교에서 배합한 불보살들)이 차례로 그 몸의 일부를 만든다. 만약 자궁 내에서 죽으면, 그 기간에 속하는 붓다가 사람들이 기도해야 하는 중재자가 된다. Ishikawa 1986b, pp.201-203 참조. 이런 기간의 구분은 장례 의식에서 경계 단계의 구분을 본뜬 것이다. 죽은 자는 이 기간 동안에 '중간적 존재'로서 십삼불의 도움을 받아 십지옥十地獄을 거쳐 환생으로 나아간다. 케이잔의 것으로 여겨지 는 키리가미는 (썩어가는 부분인) 살은 여성이고 반면에 뼈는 남성이라고 하는 중국적인 특색을 띤 신앙을 탄트라 불교의 용어로 표현하고 있다. "사람의 종자는 부모의 두 가지 물〔二水〕이 화합해 이루어진다. 아버지의 종자는 희고 뼈가 되는데, 금강계金剛界의 오백여 존불尊佛의 피다. 어머니의 종자는 붉고 육신이 되는데, 태장계胎藏界의 칠백여 존불의 피다." Ishikawa, ibid., p.203 참조. 따라서 본질적인 뼈를 만들어내는 화장은 사실 '가부장제', 즉 남성 혈통에 통합되는 것이다. '육신'의 경우는 더욱 애매하다. 중국 종교에서 살과 뼈, 그리고 그것들과 성별의 관계에 대해서는 James L. Watson, in Bloch and Parry 1982, pp.155-186 참조.

몸 상태와 영혼의 운명 사이에서 분리를 수행하며, 그것으로 주검과 영혼의 은유적인 관계를 더 추상적인 것으로 만들었다. 변형의 과정을 가속화함으로써 화장은 지속을 저지하거나 적어도 지속 기간을 축소한다. 동시에 부패는 점점 더 부정되고 두려워지며, 모가리 의식의 목적도 잃어버린다. 프랑수아 마세(François Macé)는 8세기부터 - 먼저 고양되고 뒤이어 길들여졌던 - 죽음은 두려워지고 멸시받았음을 보여주었다. 그에 따라서 주검은 영혼의 운명을 지시하는 기능을 잃어버린 채 오염과 악의 영역으로 내몰렸다.(Macé 1986, p.397)

그러나 선은 죽음의 의미를 순수하게 부정적인 사건에서 깨달음을 위한 긍정적인 계기로 전도시킴으로써 죽음을 부분적으로 복권시키는 데 기여했다. 선사의 호소가 대중의 상상력을 자극한 것은 죽음에 대한 그의 명백한 힘 때문이었다. 이런 특권은 (1) 선의 '견성見性 계획'-죽음을 준비하는 것으로 여겨진 일상의 수행(깨달음 자체가 참된 삶이 발견될 죽음의 한 형태로 인식되지 않았던가?)-에서 거둔 결과들의 결합, (2) 죽음의 초월을 암시하는 대화적 구조의 장례 의식과 선문답의 역설적 언어로 확장, 그리고 (3) 죽음의 궁극적 실체를 부정하는 '본각本覺' 이론 등에서 나온 것이었다. 아이러니하게도 죽음에 대한 이 부정과 명백한 통제, 선의 장례식을 평신도들에게 아주 인상적인 것으로 만들어준 의례적 평정平靜의 원천 등은 죽음의 도구(예를 들면, 유골)와 함께 선의 매력을 풍성하게 해주었다. 죽음에 관한 선의 담론이 출현한 일은 대중의 요구에 전략적으로 적응한 것을 반영하며,

---

65 Macé 1986, p.377 참조. 화장에 관해서는 Seidel 1983a, pp.573-577; Ebrey 1989a; Groot 1982, Vol.3, p.1391ff; Prip-Møller 1982, pp.163-175 참조.

아울러 선의 내적 역동성도 반영한다. 바뀐 것이 있다면, 그것은 돈오의 이론적 극단주의를 제한하고 실천 논리의 유동적인 '이중 진리'를 제한했던 암묵적인 합의가 이제는 '문서'로 명시될 필요가 있다는 것이다.

선은 죽음과 연관된 오염에서 완전히 벗어날 수 없었다. 조동종이 장례 의식으로 자신을 정화한 뒤에 도겐의 '순수 선'으로 돌아감으로써 그 의식으로부터 자신을 더욱 근본적으로 정화하려고 했던 이유도 바로 그 때문이다. 그것은 동일한 방식으로 민간 문화와의 특권적 관계 ― 최근에 맹렬하게 개종시키며 되살리려고 애썼던 관계 ― 를 약화시켰다. 더 일반적으로 말하자면, 일본의 선은 죽음의 오염에 대한 통상적인 편견을 받아들이고 '메마른 풍경'이라는 엘리트주의적인 유토피아 ― 부패가 널리 퍼질 수 없는 곳 ― 로 물러남으로써 다른 종파들 ― 정토종과 니치렌슈(日蓮宗) ― 에 그리고 이른바 신종교들에 장례식장을 빼앗겼다.

10장 꿈속의 꿈들

꿈을 꾸고 싶어해야 해.

— 보들레르(Baudelaire)

그대는 눈을 뜨고 깨어난 것이 아니라 이전의 꿈에 눈을 뜬 것이다.
이 꿈은 다른 꿈 안에 들어 있고 그렇게 무한히 이어진다.

— 보르헤스(Borges), 『미로(Labyrinths)』

유골들과 상징들은 공空과 무아無我의 불교 철학에 의해서 공이 된
세계에 현존과 매개를 다시 도입했다. 불교의 '현존의 형이상학'이
갖는 또 다른 측면, 그리고 결정적인 매개의 방식은 꿈이라는 중간계가
제공한다. 선이 직접성이라는 표현을 씀에도 불구하고, 꿈은 선 공동
체의 삶에서 상당히 의미 있는 역할을 한 것 같다. 장 콕토(Jean
Cocteau)에 따르면, 시인들처럼 많은 선사들은 "밤의 지시를 받았다."
선에서 꿈이 한 이런 역할에 대해 이제 검토하려고 한다.

방법론적 예고

선에서 꿈의 역할을 이해하기란 쉬운 일이 아니다. 왜냐하면 계몽주의
로부터 물려받은 여러 가지 문화적이고 방법론적인 전제들이 이런

이해를 조정하기 때문이다. 가장 두드러진 것은 이성의 이름으로 꿈을 평가절하는 자민족 중심의 보편주의, 그리고 대개 과학적인 태도로 널리 알려진 불가지론이다. 가장 많이 쓰이는 접근법은 프로이트의 『꿈의 해석』이나 융의 원형에 대한 논의에 바탕을 둔 정신분석학적 접근이다.[1] 이 두 이론은 유용하지만 그 보편성 때문에 분명히 자민족 중심주의적이다. 반면에 사회역사적 접근은 각각의 특수한 문화적 상황에 더 주목하면서 꿈의 맥락적 의미를 강조한다.[2] 가령 로제 바스티드(Roger Bastide)는 전통 사회에서 연속성을 갖던 꿈과 현실을, 서구 사회에서 전도된 그 둘의 관계와 대비한다. 우리 문화에서 꿈은 사회적으로 규정된 현실을 회피하는 도구로서 부정적으로 인식되지만, 다른 문화들에서는 더 큰 현실에서 사회적 통합이나 우주적 통합의 도구 역할을 한다. 따라서 꿈이 어떻게 현실에 편입되어 뒤섞일 수 있는지, 또는 어떻게 초월적인 것을 반영하면서 역사를 만들어낼 수 있는지 이해할 준비가 우리는 되어 있지 않다.(Bastide 1972, p.39)

우리의 문화적 전제들은 꿈과 현실을 서로 대립시키도록 이끌고, 꿈을 비합리성과 주관성에 연결시키도록 이끈다. 프로이트가 "꿈은

[1] Brill 1966, pp.179–549; C. G. Jung, *Dream Analysis: Notes on the Seminar Given in 1928–1930*, ed. William McGuire(Princeton: Princeton University Press, 1984) 참조. Foucault and Binswanger 1984~1985도 참조.

[2] G. E. von Grünebaum, "The Cultural Function of the Dream as Illustrated by Classical Islam," in Grünebaum and Caillois 1966; Bastide 1972; Le Goff, "Dreams in the Culture and Collective Psychology of the Medieval West," in Le Goff 1980, pp.201–204; and Le Goff 1988 참조.

혼란스런 정신 상태를 폭로하는 암호다"라고 주장한 것 때문에 꿈에 대한 해석학적 재평가조차 〔꿈과 현실을〕 개별화하는 데에는 실패했다. 그륀바움(G. E. von Grünebaum)은 이렇게 썼다. "우리가 보기에 꿈의 증상적, 계시적, 예언적 의미는 꿈꾸는 자에게 (그리고 그의 사회에) 안쪽을 가리키지, 합리적이거나 자연적인 수단으로는 접근할 수 없는 현실의 영역 바깥쪽을 가리키지 않는다. … 꿈을 '외부 현실'을 인식하기 위한 도구로서보다는 내적 성찰과 (집단적인) 자아 인식의 도구로 만든 위대한 변화가 있었는데, 그 변화는 우리의 문화 내부에서 어떤 점에서는 〔꿈의〕 의의를 손상시켰고 어떤 점에서는 의의를 더했다."(Grünebaum and Caillois 1966, p.21)

정신분석학 이론은 꿈의 의미와 기능이 문화에 특유한 것이라는 사실, 그리고 서구 문화 자체의 일반적인 변형과 더불어 심하게 변했다는 사실을 고려하지 못한다. 실제와 실제 아닌 것 사이의 경계선은 이동하는 것이며, 꿈은 그 경계선의 똑같은 쪽에 늘 있는 것이 아니다. 게다가 꿈을 질병이라 가정하고 출발하는 정신 분석은 꿈의 병리학적 측면이나 치료의 측면에 초점을 맞추고 이 도식에 맞지 않는 꿈들은 제쳐놓는 경향이 있다. 그러나 꿈의 내용은 주로 사회적 통합의 정도에 달린 것처럼 보인다. 가령, 이전의 사회적 관계를 끊어내기 어렵다는 것을 여실히 말해주는 꿈이 유혹의 꿈인데, 이것은 종교 수행의 초기 단계에서 흔히 꾸는 꿈이다. 한편, 나중 단계에서는 더욱 영적인 성질의 꿈을 꾸게 된다.(Bastide 1972, pp.15-17) 그런데 아라한들조차 몽정을 한다고 여겨졌다.

꿈에 대한 서양의 문화사는 언제, 어떻게 꿈이 망상과 동의어가

되는지, 언제, 어떻게 한 사회가 그 꿈으로 좌절하게 되는지를 이해하
는 데 도움이 된다. 특히 자크 르 고프(Jacques Le Goff)는 '귀신 들린
것'이라는 이교도의 중간 영역이 사라지면서 꿈이 그 양면성 – (뿔로
된 문은 진실한 꿈을, 상아로 된 문은 거짓된 꿈을 가리키는)[3] '두 개의 문'이라는
호메로스적 이미지로 상징화된 양면성 – 을 어떻게 서서히 잃어버렸는
지, 그리고 어떻게 해서 기독교와 함께 점점 더 불신의 대상이 되고
마침내 무조건 비난의 대상이 되었는지를 잘 보여주었다. 그리하여
중세 동안에 '귀신 들린' 꿈들은 악마적인 것이 되었고, 그것들은
"사탄 쪽으로 기울었다."(Le Goff 1988, p.203)

　그러나 서구 사회에서 펼쳐진 꿈의 전개를 역사적 객관성으로
재평가하려는 이런 시도들은 근본적으로 불가지론적 접근을 나타낸
다. 그리고 앙리 코르뱅이 "이러저러한 면에서 공상적인 꿈을 심리학
적, 사회학적, 역사적 설명으로 인과적 환원을 하는 것은 불가지론에
서 유래한다"고 생각하는 것은 전혀 근거가 없는 게 아니다.(Corbin
1967, p.382) 한편, 불가지론자는 영지주의를 오해할 수밖에 없는
것 같고, '영지적' 문화, 즉 꿈을 진지하게 계시로 받아들이면서 그
수행적 특성이나 변형시키는 힘을 강조하는 문화에서 꿈이 갖는 진정
한 가치를 잘못 해석하는 것 같다. 코르뱅이 말하고자 한 바를 이해하기
위해서 우리는 상상 세계에 대한, 그리고 '창조적 상상력'에 대한
그의 개념을 상기할 필요가 있다.(Corbin 1967, p.402; 1983, pp.7-40
참조) 이 관점에서 보자면, 꿈들은 중간 세계에 접근할 특권을 주며,

---

3 『오디세이아』(Odysseus, Song xix, verse 560ff. Le Goff 1988, p.196에서 인용)에
　나오는 페넬로페의 유명한 꿈 참조.

일상의 현실 세계보다 더 높은 존재론적 지위를 갖는다. 그러한 관념-코르뱅이 묘사한 시아파 이슬람의 관념-은 불교나 동아시아 문화들과 분명히 이질적인 것은 아니다. 다른 한편, 코르뱅 같은 영지주의자는 꿈의 양면성을 간과하는 것 같다.

그러나 꿈을 심각하게 받아들이는 일이 그 이념적 기능을 경시할 수 있다는 것을 의미하지는 않는다. 꿈이 더 높은 실재로 다가가게 해준다고 해도, 그런 사실이 꿈을 꾼 당사자들과 다른 사람들이 온갖 현실적인 목적 때문에 꿈을 조작하는 것까지 막지는 못했다. 꿈은 집단적이고도 개인적인 현상이어서 애매하며, 전통에 이익이 될 수도 있지만 위협이 될 수도 있다. 꿈이 민중 문화의 상상 세계를 옹호하거나 "개인적인 종교의 갈망"을 반영하는 한,[4] 꿈은 사회적 그리고 종교적 정통성을 전복시키는 것처럼 보인다. 그렇지만 꿈은 종종 정통성의 원천에 있다. 꿈의 구원론적 가치에 대해서는 여전히 의문이 있다. 꿈은 본질적으로 양면적이기 때문에 언제나 길 위의 걸림돌이 될 수 있다. 꿈은 잠의 방해꾼이 아니라 "잠의 수호자다"라고 한 프로이트의 유명한 언설을 정당화하면서 말이다.(Brill 1966, p.287 참조) 공동체를 위해서도 꿈은 양날의 칼이다. 변화의 기회를 주기도 하고 그에 대한 반론의 기회를 주기도 하며, 개인들에 대한 집단적 통제를 확대하기도 하지만 약화시키기도 한다.[5] "꿈에서 말하는 것은 무엇인가?"라

---

4 르 고프가 지적하듯이 꿈의 발달은 타계로의 여행이 유행한 일, 그리고 사후의 개별적인 심판의 중요성과 밀접하게 연관되어 왔다.(Le Goff 1988, p.227)

5 예를 들어 묘에(明惠)의 꿈꾸기를 통한 개별화 과정은 카와이(Kawai 1990)가 해석하듯이 묘에의 꿈에 대한 집단화의 다른 면일 뿐이다. 이런 의미에서 '꿈의

는 물음-집단적인 것 또는 개인적인 것, 사회적인 것(프로이트) 또는
우주적인 것(융)?-에 대해 쉽거나 하나뿐인, 결정적인 대답은 없다.

아시아의 꿈들

꿈이 아시아의 문화들에서 주요한 역할을 한 사실은 부정하기 어렵
다.[6] 꿈에 대한 인도의 접근법들은 『요가바시스타(Yogavāsistha)』에서

공동체'에 대해 말할 수도 있다. 묘에의 꿈들은 모든 중요한 결정들에 영향을
끼쳤기 때문에 제자들은 초조하게 기다리고 해석했다. 따라서 꿈은 중세 승가
집단의 운영 원리였고, 그런 만큼 개인이 아닌 집단의 소유물이었다.

[6] 인도와 관련해서는 뛰어난 연구서인 Doniger O'Flaherty 1984를 보라. 중국의
경우에는 문학 연구에서 광범위하게 이루어졌다. Roberto K. Ong 1985, 1988;
Carolyn T. Brown 1988; Strickmann 1988; Laufer 1931, pp.208-216; Waley
1970; D. F. Miao, "The Dream in Chinese Literature," *The China Journal*
20, 2(February, 1934), pp.70-75; Eberhard 1971; David R. Knechtges, "Dream
Adventure Stories in Europe and T'ang China," *Tamkang Review* 4, 2(1973),
pp.101-119; Romeyn Taylor, "Ming T'ai-tsu Story of a Dream," *Monumenta
Serica* 32(1976), pp.1-20; Donald Harper, "Wang Yen-shou's Nightmare Poem,"
HJAS 47, 1(1987), pp.239-283; Dell R. Hales, "Dreams and the Daemonic
in Traditional Chinese Short Stories, in W. H. Nienhauser, *Critical Essays
on Chinese Literature*(Honolulu: University of Hawaii Press, 1976), pp.71-87;
Schafer 1965; Anthony C. Yu, "The Quest of Brother Amor: Buddhist Intimations
in *The Story of the Stone*," HJAS 49, 1(June 1989), pp.55-92; Michel Soymié,
"Les songes et leur interprétation en Chine," in *Les songes et leur inter-
prétation*(Paris: Seouil, 1959), pp.295-301; Jean-Pierre Drège, 1981a, 1981b;
Yoshikawa 1985 참조. 일본에 관해서는 Saigō, 1972 참조.

그 궁극적인 철학적 표현을 발견할 수 있는데, 웬디 도니거 오플레허티가 잘 정리해서 제공해주었다. 중국과 일본의 구비 전승에도 온갖 꿈들이 풍부하다. 초기 불교에서는 붓다의 교조전에 나오는 꿈들이 유명하다. 물론 가장 잘 알려진 것은 석가모니의 모친이 임신했을 때 흰 코끼리가 옆구리를 뚫고 들어오는 꿈을 꾸었다는 이야기다. 석가모니의 일생에서 가장 중심적인 사건은 그의 깨달음과 죽음인데, 그것들은 꿈을 통해서 제자들에게 미리 알려졌다. 붓다 자신이 깨닫기 전에 몇 번 그런 꿈을 꾸었으며, 그의 아버지도 그의 아내도 꿈을 꾸었다. 붓다가 열반에 들 때는 수바드라(Subhadra)라는 고행자가 전조가 되는 꿈을 꾸었다. 처음에 그는 자신의 죽음을 알리는 것으로 잘못 해석했다. 도니거 오플레허티는 '진흙탕에서 자라는 연꽃' 우화의 한 변형을 언급했다. 이 이야기에서 고타마는 거대한 똥 무더기 위를 걷는데도 더러워지지 않는 꿈을 꾸었다.(O'Flaherty 1984, p.153) 그녀는 불교 내에서 티베트 불교도들뿐만 아니라 설일체유부說一切有部와 상좌부上座部에서도 꿈에 세심한 주의를 기울였다고 지적한다.[7] 티베트 불교에서 꿈은 바르도(bardo) 또는 중간 세계에 이를 수 있게 해준다.[8] 따라서 "꿈은 황금처럼 유익할 수도 있고 해로울 수도 있다"는 점을 수행자가 인식하는 한, "누군가의 꿈을 파악하는 일"은 가치 있는 구제 수단으로 인식된다.[9] 중국 자료들(『유양잡조』 권2, p.124

---

7 Alex Wayman, "The significance of dreams in India and Tibet," *History of Religions* 7(1967), pp.1-12; and Kapstein 1989 또한 참조.

8 Nakazawa Shin'ichi, *Iconosophia*(Tokyō: Asphalt Books, 1986); Kapstein 1989 참조.

참조)에서 자주 인용하는 율장 주석서인 『선견율비바사(善見律毘婆
沙)』(T. 24-1462, p.760; trans. Bapat and Hirakawa 1970, pp.356-358)에
따르면, 꿈에는 네 가지가 있다. (1) 몸을 구성하는 사대四大의 조화가
깨져서 일어난 꿈, (2) 낮 동안에 본 사물들이 일으킨 꿈, (3) 거룩한
존재들이 유발한 이미지들, 그리고 (4) 선업과 악업에서 비롯된,
전조가 되는 꿈. 처음 두 가지는 실제적이지 않고, 뒤의 둘은 실제적이
다.[10] 따라서 서구에서처럼 꿈은 선하거나 악한 원인으로부터 발생할
수 있기 때문에 애매하다.

꿈에 주공을 만났다고 하는 공자의 전승(『논어』 7장, 5)이 있음에도
중국과 일본에서 유교는 꿈에 대해 호의적이지 않았다. 다른 맥락에서
보자면, 장자莊子와 열자列子 같은 도교 철학자들은 "진인眞人은 꿈을
꾸지 않는다"고 단언했다.[11] 열자는 여섯 가지 형태의 꿈을 언급한다.
참된 꿈, 전조의 꿈, 생각 많은 꿈, 깬 상태에서 꾸는 꿈, 좋은 꿈,
그리고 괴로운 꿈.[12] 이 모두 음양의 불균형에서 생긴 결과이며, 그것들
을 믿는 것은 변화하는 현실의 관계들을 무시하는 것이다.(『열자』

---

9 *Māyādhvakrama,* by Niguma(quoted in Kapstein 1989, p.33) 참조. 꿈의 양면성에
   대해서는 O'Flaherty 1984, p.161도 참조.

10 『대지도론』에서 묘사한 다섯 가지 꿈들도 참조.(Lamotte 1944~1980 Vol.1, p.373)

11 『장자』 iii, 2; 『列子』 iii, 5 참조. 다른 참고문헌으로는 『태평어람』 4, pp.1962-
   1979 참조.

12 [역주] 『열자』 원문에서는 "첫째 정몽(바른 꿈), 둘째 오몽(놀라 깨는 꿈), 셋째
   사몽(무언가를 그리워하는 꿈), 넷째 오몽(깬 채 꾸는 꿈), 다섯째 희몽(기쁜 꿈),
   여섯째 구몽(두려운 꿈)"(一曰正夢, 二曰蘁夢, 三曰思夢, 四曰寤夢, 五曰喜夢, 六曰懼夢)
   으로 되어 있다.

iii, 4; 『유양잡조』 2, p.124도 참조) 그러나 이런 합리주의적 해석들도 사람들의 믿음, 즉 꿈은 보이지 않는 세계와 소통하는 통로라는 믿음을 막지 못했다. 예컨대 잠복된 꿈이 실행되었다는 이야기는 분명히 성황당城隍堂에 널리 퍼져 있었다.(Laufer 1931, p.211 참조) 꿈은 결코 간단히 '떠올릴' 수 없지만 실제로 언어에 의해 매개되고 언어로서 구조화된 것이라는 사실을 중국인들은 알고 있었다. 그래도 이것으로 는 그들이 꿈을 해석하는 일을 막지 못했다. 돈황에서 발굴된 『꿈의 열쇠』에 나오는 다음 이야기는 흥미로운 예시가 된다. 한 사내가 꿈에 짚으로 만든 개를 보았다고 말하면서 점쟁이에게 세 번이나 물었다. 그때마다 꿈에 근거한 점쟁이의 예언은 실제로 일어났다. 그러자 사내는 사실 점쟁이를 시험하기 위해 그 꿈들을 자기가 지어냈 다고 고백하고는 점쟁이에게 어떻게 그 예언대로 되었는지 물었다. 점쟁이는 마음을 일으키면 그것이 말을 통해서 나타나기 때문에 진짜 꿈과 아무런 차이가 없다고 대답했다.(Drège 1981a, p.247 참조)

불교는 꿈에 대한 중국인의 태도에 부정적인 영향을 끼쳤는가? 『요가바시스타』에 나오는 불교 (그리고 중국의) 승려 이야기를 분석 하면서 도니거 오플레허티는 묻는다. "승려의 꿈 이야기를 만약 불교 도가 들려주고 그리하여 그 하부구조에 신이 없다고 한다면, 그 이야기 는 어떻게 될까? 불교도가 가장 가까이 갈 수 있었던 것은 『능가경』과 약간의 선 공안들이었지만, 방대한 『요가바시스타』에는 어떠한 서사 도 없다. 신이 (또는 적어도 신들이) 없다면, 이야기도 신화도 있을 수 없다."(O'Flaherty 1984, p.245) 중국에서 '방대한' 꿈 서사들을 찾아내 기 위해서는 오로지 꿈의 계시들에 근거해 가르침을 펴는 모산茅山

도교로 눈을 돌려야만 할 것이다.[13] 그러나 대승불교에서 강조하는
공은 분명히 꿈의 배경 세계(배후 세계)에 존재론적 토대를 허용하지
않았는데, 그 방식은 전체적으로 현상 세계에 그랬던 것과 사실상
동일했다. 꿈을 언급한 문헌들은 많지만, 이런 맥락에서 꿈은 존재가
공空임을 나타내는 부정적인 은유일 뿐이다.[14] 선종은 그런 태도를
물려받았지만, 앞으로 보게 되듯이 이런 이론적 입장은 결코 현실의
관행을 반영하는 것이 아니었다.

꿈 은유

꿈은 대승불교에서 대개 순전한 망상이라고 비난을 받지만, 늘 그렇지
는 않았다. 중간 세계의 존재가 인정되는 한, 꿈은 존재론적 지위와
구제론적 가치를 확보하고 있었다. 『반야경』이나 『법화경』에서 붓다
는 꿈에서 설법한다.(T. 8-224, p.459b; T. 8-227, p.569c; T. 8-228,
p.651a; T. 9-262, pp.39b, 110a 참조) 『대지도론』에서도 꿈속에서 붓다
의 모습을 보는 것은 깨달음의 한 방법이라고 단언한다.(T. 25-1509,
p.597c) 스테판 바이어(Stephan Beyer)는 이렇게 말한다. "『반야경』의
형이상학은 사실 환영과 꿈의 형이상학이다. 번쩍이면서 변화가 급격

---

13 Strickmann 1977, 1988; Yoshikawa 1985, pp.59-110 참조.

14 『대지도론』이나 『유마경』 같은 대승의 주요 경론들에서, 만물이 공임을 예시하는
   열네 가지 비유의 목록을 발견할 수 있다. 신기루, 거품, 바나나 나무의 줄기,
   꿈 따위. 핫토리 마사아키(服部 正明), "夢の譬喩について," IBK 3, 1(1954),
   pp.252-254; 그리고 『佛法夢物語』(in Miyasaka 1964, pp.216-225 참조).

한 우주는 확실히 공으로만 묘사될 수 있는 것이다. 환영과 꿈은 우리가 현실에 부과하는 견고한 분류들을 해체하는 도구가 되어서 붓다가 살고 있는 영원한 흐름의 가능성을 드러낸다."(Beyer 1977, p.340) 『반주삼매경般舟三昧經』(T. 13-418, pp.875c, 897c) 같은 경전들에서 묘사된 '꿈속의 환영들'은 아주 점차적으로 긍정적인 의미를 잃고 망상의 증표가 되었다. 전이의 단계 또는 중간적 입장은 『대승대의장大乘大義章』에 나오는 혜원(慧遠, 334~416)과 구마라집(대략 344~413)의 대화에 나타나 있다.(T. 45-1856, p.134b) 혜원은 『반주삼매경』에서 꿈을 은유적으로 사용하는 것은 그릇된 길로 이끈다고 주장한다. 꿈은 미혹된 마음의 상태이기 때문에 꿈에서 본 붓다는 그저 환상일 뿐이고, 그런 환상은 깨달음으로 이끌 수 없다는 것이다. 구마라집은 이렇게 대답한다. 어떤 사람이 세속적인 욕망에서 벗어나지 못했어도 경전에 따라 수행한다면, 꿈속이나 삼매에 나타날지도 모를 붓다들은 완전히 실재한다고.(T. 45-1856, p.134c)[15]

확실히 현실과 꿈의 비교가 가능하게 된 것은 오로지 꿈의 경험을 통해서고, 이런 의미에서 꿈은 정말로 인정된다. 꿈에 흥미를 느끼고 그것을 설명하고 싶다면, 내가 여기서 하고 있듯이 경이로운 세계가 어느 정도는 현실이라고 가정해야만 한다. 반대로 "꿈 안에서 꿈을 설명하려는" 욕망을 모두 잃을 수 있다. 그것은 꿈이 현실에 침범해서 결국 그 둘이 양극화하는 대신에 두 차원의 동일화가 일어나기 때문이다. 말하자면, 꿈은 존재론적인 기반을 갖게 됨으로써 현실 세계에서

---

15 Motobe 1979, pp.373-376도 참조.

그 현실성을 빼앗고, 존재론적 영역을 실재하지 않는 것처럼 만든다. 그러나 현실과 꿈을 비교하는 일, 더 적절하게는 꿈에 의한 현실 오염은 그 대가로 꿈의 존재론적 가치나 구제론적 가치를 손상시킨다.

그런데 허황된 꿈이 실제로 영향을 끼칠 수 있다. 이런 영향은 "꿈속에서 반야般若를 깨달을" 때처럼 좋은 것일 수 있다. 예를 들면, 『조정사원祖庭事苑』(1154 개정판)에서는 사리불과 수보리가 주고 받은 다음 대화를 인용하고 있다. (사리불이 물었다.) "꿈속에서 육바라밀을 실천한다면, 최상의 깨달음을 얻는 데 도움이 되겠소?" (수보리가 말했다.) "낮 동안 육바라밀을 실천할 때 이로움이 있었다면, 꿈을 꾸는 동안에도 틀림없이 이로울 것이오."(『선학대성』 4, p.2327b 참조) 그러나 (순전히 허황된?) 꿈속 악마와 마녀가 유발하는 몽정에 대해 불교의 유가행파에서 논의한 것처럼, 그 영향은 부정적인 것일 수도 있다. 순결에 집착하는 승려들의 강박은 성 안토니우스(St. Antony)가 경험한 유혹들을 생각나게 한다. 잘 알려진 것처럼 3차 결집의 쟁점 가운데 하나는 아라한도 몽정을 하는지 그리고 이런 꿈이 도덕적으로 중요한지에 관한 문제였다.

대승불교에서는 꿈에 관한 정교한 담론이 부족한 편인데, 그것은 부재가 아니라 오히려 이론적 차원에서 꿈의 영향력이 널리 퍼졌음을 가리킨다. 여기서 우리는 철학적 관념론은 그 정반대인 사실주의—둘 다 중재를 유사하게 부정한다—로 쉽사리 변한다고 한 메를르 퐁티의 말을 떠올릴 수도 있다.(Merleau-Ponty 1968, p.68) 한때 진실하다고 여겨졌던 꿈이 점점 망상의 영역으로 쫓겨났다. 그렇지만 우리는 곧 선종의 꿈들에서 오래된 존재론적 구상 또는 우주론적 구상의 집요함을, 심지어 그 복원력을 목격할 것이다.

선종과 꿈꾸기

불교도들은 천녀天女와 관련된 모든 계시적인 꿈들—불멸을 염원하던
도교도들의 가장 소중한 꿈들—을 귀신 들린 것이라며 부정할 수밖에
없었다.[16] 그러나 그런 꿈을 귀신 들린 것이라고 하는 것은 여전히
그 현실성을 인정하는 것이다. 대승불교나 '돈오' 선의 궁극적인 교리
에 따르면, 그런 허상은 고려할 필요가 없다. 대승불교의 급진적인
입장은 승조僧稠의 분신인 보리달마가 썼으리라 추정되는 선 텍스트
에 잘 표현되어 있다. 『달마론』에 따르면 이러하다.

  "유여열반有餘涅槃을 성취하고 아라한과를 얻는 것이 깨달음입

---

16 K. M. Schipper, *L'Empereur Wou des Han dans la légende taoïste: Le Han
  Wou-ti nei-tchouan*(Paris: Ecole Française d'Extrême-Orient, 1965) 참조. 도니거
  오플레허티가 지적하듯이 인도의 맥락에서 이런 '마녀가 나오는' 꿈들은 "(해탈을
  추구하는 요가 수행자들에게는) 위협으로 또는 (윤회에 빠져 있는 민중 영웅들에
  게는) 보상으로 간주될 수 있다. 따라서 꿈은 입문 시험을, 즉 (고행자들에게)
  거부해야 할 힘들이나 (왕들에게) 매우 귀중한 마술적 힘들을 전달하는 시험을
  의미할 수 있다."(O'Flaherty 1984, p.161) 인도의 율(Vinaya)에서는 이런 꿈들을
  도덕적으로 악이라 여겼다. 『선견율비바사』에서 다음과 같이 독특한 방식으로
  표현하고 있는 것처럼. "정액이 그 본래의 원천에서 풀려나온다면, … 그리고
  정충이 만족할 만한 범위까지 나올 때, 그때 그 사람은 승잔죄僧殘罪를 저지른
  것이 된다." Bapat 1970, p.356 참조. 중국의 상황에 대해서는 Schafer 1965도
  참조.

니까?"

"꿈속의 성취일 뿐이다."

"그러면 깨달음은 육바라밀을 실천하는 것이고, 십지만행十地萬行을 완성하는 것이며, 의식이나 인식도 없고 생각도 이해도 없이 일체법은 생겨나지도 사라지지도 않음을 성취하는 것입니까?"

"그건 여전히 꿈일 뿐이다. 왜냐하면 마음으로 생각하고 분별하고 헤아리는 것은 모두 꿈일 뿐이기 때문이다. 깨어나면 더 이상 꿈은 없다. 꿈꿀 때는 깨어남이 없다. 이것들은 마음의, 지성의, 인식의 그릇된 관념이며 꿈속의 지혜일 뿐이다. 이법에 따라 깨어나면, 어떠한 자각도 없고 결국 깨달음이라 부를 것도 없다. 삼세제불三世諸佛의 정각正覺은 중생이 생각으로 분별한 것에 지나지 않는다. 이것이 내가 꿈이라 하는 이유다."(Faure 1986d, p.82 참조)

무쥬 이치엔(無住一圓, 1226~1312)은 장자가 나비가 된 꿈을 언급하면서 어제의 현실과 오늘의 꿈은 다르지 않다고 강조한다. 공의 원리에 비추어 보면, 윤회의 모든 정신적 상태, 삼계의 모든 자리들은 한낱 꿈이다.(Morrell 1985, p.96 참조) 만약 모든 것이 망상이라면, 망상에 여러 단계를 두는 것 또한 망상이고, 그러면 불교의 우주론적 발판도 전부 무너진다. 시도 부난(至道無難, 1603~1676)도 〈꿈에 대해 묻는 이에게〉라는 시적인 대답에서 똑같은 점을 강조했다.

잠잘 때도 꿈꾸고 깨어 있을 때도 꿈꾸니
오, 이 꿈의 세계.

그대가 구별하지 않으면,

그대의 꿈도 부서지리라.

(Kobori 1970-1971, v.3, No.2, p.104)

    그러나 '몽중견불(夢中見佛, 꿈속에서 붓다 보기)'[17]이라는 대승불교의
관념 그리고 '몽중설몽(夢中說夢, 꿈속에서 꿈 설명하기)'이라는 선종의
변형은 양면적이어서 꿈을 부정하는 것만큼이나 긍정하는 역할도
할 수 있었다. 무소 소세키(無窓疎石)의 어록집에 붙여진 제목이기도
한 '몽중문답(夢中問答, 꿈속의 대화)'이라는 개념은 두 가지로 다르게
읽힐 수 있다. 그런 담론은 늘 깊은 꿈에 빠지게 하는 것일까, 아니면
반대로 해소하는 데 도움이 되는 것일까? 꿈은 일종의 생각이다.
여기서 우리는 생각 있음과 생각 없음 사이에서, 즉 양면적이거나
순수하게 부정적인 두 가지 사고의 개념 사이에서 다른 형태의 대안을
마주한다.[18] 이 대안은 돈오와 점오의 관점과 겹쳐진다. 돈오가 정통으
로 우세했던 동안에도 아래에서 보게 되듯이 점오적 관점을 지지하는
이들이 있었다.

    꿈과 현실의 구별이 무너지면서 양자의 존재론적 지위가 허물어지
기도 했지만, 그것은 역설적으로 꿈을 재평가하는 데 기여하기도
했다. 일본의 시인 사이교(西行, 1118~1190)가 노래했듯이 말이다.

---

17 『대반야경』 문학에 나오는 이 기술적 용어에 관해서는 Motobe 1979 참조.
18 『중수조계통지重修曹溪通志』(Vol.1, 387)에 들어 있는 문서인 방국룡方國龍의
    〈중수관음당응몽기重修觀音堂應夢記〉에는 생각 없음(無心)에 기초한 참된 꿈과
    생각 있음에 기초한 그릇된 꿈 사이에 선적인 구별을 짓는 대목이 나온다.

생시란 것도
생시보다 덜하니,
안 깨어나면
꿈조차 꿈이라고
어찌 생각하리오?
(LaFleur 1983, p.6)

료칸(良寬, 1758~1831) 선사도 비슷한 방식으로 썼다.

꿈꾸면서 우리는 꿈에 대해 이야기한다.
그리하여 우리는 좀처럼 알지 못한다,
꿈꾸는 것과 꿈꾸지 않는 것이 어떤 것인지를.
그렇다면 꿈꾸어야 하는 것처럼 꿈꾸자.
(Yuasa 1981, p.171)

사이교가 '시도(詩道, 시의 길)'가 자신의 수행에 꼭 맞다고 이해한
것은 정확히 계시적인 꿈을 통해서다. "꿈에 안 보았다면/ 진실에
귀먹었으리."(LaFleur 1983, p.2) 라프뢰르는 이렇게 논평한다. "불교도
들은 깨어 있는 의식과 꿈속 의식의 차이를 흑백의 문제가 아니라
오히려 둘 다 의식의 연속 위에 있음을 지적하는데, 이것이 자신들의
일이라 여겼다. 현실과 꿈 두 부류로 날카롭게 나누는 두 가지 의식만을
통상적으로 병치시키는 것은 그들에게는 부적절했고, 그 자체가 망상
이었다."(ibid., p.5) 그러나 돈오선의 지지자들은 불이不二에 대한

사유에서 나온 듯한 의식의 연속성을 이론적으로 받아들이려 하지 않았고, 따라서 '방편'의 임시적인 가치도 받아들이려 하지 않았다. 그들에게는 생각 있음이 생각 없음을 결코 낳을 수 없었던 것처럼 꿈꾸기가 꿈꾸지 않음을 낳을 수 없었다. 하물며 깨달음을 낳을 리 만무하다.[19]

선종 텍스트에서는 꿈과 그 영향에 대한 철저한 논의가 드물다. 그것은 해몽학이 '민간 종교'와 도교의 특허로 인식된 사실과 관계있을지도 모른다. 그렇다고 해서 선사들이 꿈에는 전혀 관심이 없었다거나 현상에 대한 그들의 개념적 이해에 전혀 진전이 없었다는 것을 의미하지는 않는다. 꿈은 선문학의 정형화된 주제를 이룬다. 가장 잘 알려진 구절 가운데 하나는 앙산혜적仰山慧寂의 꿈에 관한 것이다.

(앙산) 선사는 잠이 든 뒤에 미륵의 내원內院으로 들어가는 꿈을 꾸었다. 모든 자리가 꽉 찼고, 제2좌만 비어 있었다. 선사는 거기에 앉았다. 그때 한 존자가 망치를 치면서 말했다. "제2좌가 설법할 차례입니다." 앙산은 일어나 말했다. "대승의 법에서는 사구四句를 여의고 백비百非를 끊습니다. 잘 들으시오, 잘 들으시오!" 승려들이 모두 떠났다. 앙산은 깨어나 그 꿈을 위산潙山〔영우〕에게 말했고, 위산은 이렇게 말했다. "성인의 지위에 들어갔구나."(『仰山語

19 중간적 입장에 대해서는 생각 없음을 점진적으로 성취할 수 있다고 믿은 송대의 혼합주의자 이도순李道純이 표현한 바 있다. "일어나고 사라지는 마음을 없애기 위해서는 생각 없음의 수행을 쌓아 가는 데서 시작해야 한다. 그것을 충분히 숙달하게 되었을 때, 꿈꾸지 않는 상태에 도달할 수 있다."(Berling 1980, p.41)

錄』, T. 47-1990, p.583a)

　다소 모호한 이 구절에 대해서는 꽤 많은 논평이 있었다. 이야기의
꿈 부분을 경시하고 그것을 선의 특정 가르침에 대한 문학적 틀짜기로
만 여기는 경향이 특징적이었다. 가령 『종용록從容錄』에서 주석자는
묻는다. "말해 보라. 제1좌를 차지한 자는 누구인가?"(90칙; T. 48-2004,
p.285b 참조) 그러나 문학적 장치로서도 이 이야기는 선사들이 다른
불교도들처럼 꿈속에서 미륵의 도솔천을 방문할 수 있다는 뜻을 함축
하고 있는데, 이는 많은 독자들에게 틀림없이 충격을 주었을 것이다.
　그러나 이론상으로 꿈은 여전히 부정적인 은유였고, 대승의 불이不
二 변증법을 통해 꿈을 '절대화'했어도 거기서 벗어난 것은 아니었다.
『쇼보겐조』의 「몽중설몽夢中說夢」(T. 82-2582, pp.161-163)에서 도겐
은 꿈은 역설적으로 현실보다 더 현실성이 있다며 예를 들어 말한다.
다른 장에서 그는 "오로지 그림 속 용만 비를 내리게 할 수 있다"거나
"오직 그림 속의 떡만 공복을 채울 수 있다" 같은 표현들을 재해석했는
데, 그것과 동일한 방식으로 이 '보충'의 논리를 발전시킨다. "모든
붓다들의 오묘한 법은 오로지 붓다에서 붓다로 전해지므로 꿈과 깨달
음의 법은 모두 실상實相이다. 꿈에서처럼 깨달음에서도 발심, 수행,
보리와 열반이 있다. 꿈과 깨달음 둘 다 실상이며, 크다 작다가 없고
우월하다 열등하다가 없다."(ibid., p.162c)
　그러나 이런 것들은 이론적인 입장이며 또 수사적인 진술이다.
그런 진술을 꿈의 계시적 본질에 관한 신앙을 실질적으로 표현한
것이라고 오해해서는 안 된다. 실제로 「몽중설몽」에서 도겐이 꿈에

대해 논의한 것은 헤롤드 블룸(1973)이 '영향에 대한 불안'이라 불렀던 것의 한 사례일 수 있다. 또 대혜종고(大慧宗杲, 1089~1163)의 가르침처럼 더 앞선 선의 가르침을 배경으로 해서 볼 필요가 있다. 대혜는 대승의 전통적인 이해를 대표했는데, 그 이해란 꿈은 그릇된 관념의 결과이며 온 세계는 꿈에 지나지 않는다는 것이다. 그는 이성적인 것은 실재하는 것이라는 헤겔적 등식을 뒤집으면서 "모든 꿈은 실제이며, 실제적인 것은 모두 꿈이다"라고 결론지었다. 대혜에게는, "지인至人에게는 꿈이 없다고 말할 때, 이 없음은 있음과 없음에 속하는 것이 아니다. 꿈과 꿈-아님은 하나라는 것을 의미할 따름이다."(Araki 1969, p.176) 그러나 결국 꿈과 현실 둘의 기원인 '거대한 꿈'은 거부되어야 한다. "모든 붓다가 꿈을 설명했다. 여섯 조사들도 꿈을 설명했다. … 꿈속에서 깨달음에 이른다. 이 때문에 붓다들과 여섯 조사들이 설명한 것은 꿈이 아니다. 왜 그런가? 꿈과 깨달음은 하나이고, 말과 말없음은 하나이며, 설명과 설명 없음은 하나이기 때문이다. 그리하여 이렇게 말한다. 둘은 하나에서 말미암지만, 그 하나를 지키려 해서는 안 된다."(T. 47-1998A, p.897a) 대혜는 재가 제자인 증천유曾天游에게 보낸 편지에서 이 점을 더 자세히 말한다.

그대가 밤에 향을 사르고 내 방에 들어오는 꿈을 꾸었다는 이야기를 들으니, 모든 게 아주 매끄럽소. 결코 꿈이라고 이해해서는 안 되오. 실제로 내 방에 들어왔다는 것을 깨달아야 하오. 사리불이 수보리에게 물었던 일이 있소. "꿈속에서 육바라밀을 설명하는 일은 깨어 있을 때 한 일과 같습니까, 다릅니까?" 하고 묻자,

수보리는 "이 의미는 심오해서 나로서는 설명할 수 없습니다. 그러나 마침 미륵대사彌勒大士가 이 모임에 계시니, 그분께 가서 여쭈면 어떻겠습니까?"라고 대답했소. 쯧! 그는 너무 말이 많았소! 설두雪竇는 이렇게 말했다오. "그때 그가 그를 놓아주지 않고 뒤따라가 그를 쿡 찌르면서 '누구를 미륵이라 하느냐?' '누가 미륵이냐?'라고 했다면, 곧바로 얼음이 녹고 기와가 흩어지는 일을 보게 되었을 것이다." 아! 설두도 너무 말이 많았소이다. 누군가가, "증대제(曾待制, 증천유)가 그대의 방에 들어가는 꿈을 꿨다면, 이것은 깨어 있을 때와 같소, 다르오?"라고 묻는다면, 나는 곧바로 그에게 말할 것이오. "누가 방에 들어왔소? 누가 보았소? 누가 꿈을 꾸었소? 누가 꿈을 이야기한 거요? 꿈이 아니라고 하는 자는 누구요? 정말로 방에 들어온 자는 누구요?" 쯧! 나도 너무 말이 많았소!(Araki 1969, p.28; Christopher Cleary 1977, p.117)

앙산처럼 대혜도 꿈의 본질에 대해 제기된 물음을 전형적인 선종의 방식으로 회피한다. 물음은 그 물음을 제기한 사람의 주관성에 속하는 것이라는 식으로 말이다. 이 입장에는 모든 것은 꿈이며 오로지 꿈꾸는 사람만 실제라고 주장하는 유가행파의 관념론이 스며 있는 것 같다.

정토종 전통으로부터 크게 영향을 받은 선사 철오제성(徹悟際醒, 1741~1810) 같은 후대의 인물이 옹호한 입장은 아주 다르다. 철오에게 꿈의 모호성은 존재론적으로 근거가 있고 구원론적으로는 매우 중요했다.[20] 그의 가르침에서는 꿈들의 위계로 회귀하는 것과 깨달음의

---

20 꿈을 이렇게 강조하는 것은 분명히 정토종 전통의 한 특징이다. Roberto K.

414

우주론적 개념으로 회귀하는 것을 구분할 수 있다. 어떤 꿈은 현실로 이어지고, 다른 어떤 꿈은 망상으로 이어진다.

어떤 선사가 물었다. "모든 법은 꿈과 같습니다. 사바세계 자체가 꿈입니다. 정토도 꿈입니다. 모든 것이 똑같이 하나의 꿈일 뿐인데, 이를 수행한들 무슨 이익이 있겠습니까?"
내가 대답했다. "그렇지 않소. 칠지七地 이전에는 꿈속에서 도를 닦소. 무명無明은 커다란 꿈이오. 〔십지十地의〕 등각等覺조차 여전히 꿈이오. 오로지 붓다 한 사람만 '대각大覺'이라 일컬어질 수 있소. 꿈속에서 눈을 아직 뜨지 못하면, 괴로움과 즐거움은 (거의) 똑같소. 이 꿈 때문에 사바세계의 극심한 괴로움을 겪소. 그러니 꿈을 꾸면서 어떻게 극락정토의 오묘한 즐거움을 누릴 수 있겠소? 하물며 사바세계의 꿈이라면 더하지 않겠소? 꿈을 좇아 꿈속으로 들어간다면, 꿈꾸고 또 꿈꾸게 되오. 그리하여 소용돌이에 휩쓸리게 되고 또 미혹에 빠지게 되오. (그러나) 극락의 꿈에서는 꿈에서 깨달음으로 들어가니, 이를 깨닫고 또 깨달아서 점점 대각大覺에 이르게 되오. 꿈은 비록 똑같지만, 꿈을 꾸는 까닭은 아주 다르오."[21]

Ong 1985, p.93ff.
21 『철오선사어록徹悟禪師語錄』(ZZ 109, p.760; Kamata 1986, p.83에서도 인용) 참조.

꿈과 성자전

꿈에 대한 선종의 이론이 비교적 정식화되지 않은 채로 남아 있다면, 꿈에 관한 담론은 선종과 전통 불교의 경계를 넘나드는 장르인 성자전에 풍부하다. 예를 들어, 인도의 역경승인 구나발다라는 자신의 머리가 잘리고 중국인의 머리로 대체되는 꿈을 꾼 뒤에 중국어를 유창하게 말했다고 전한다.(『고승전』, T. 50-2059, p.366a; Shih 1968, p.151 참조) 이런 성자전의 꿈들은 대부분의 경우에 예지몽이었다. 앞서 보았던 것처럼 선사들은 종종 자신들의 죽음을 미리 알았다. 많은 꿈들이 정치적으로 의미심장했으며 선종을 정당화하는 구실을 했다. 어떤 경우에는 혜능이 황제의 꿈에 나타나 조사의 가사를 조계에 되돌려줄 것을 요청했을 때처럼 재가자와 관련되기도 했다. 다른 재가자는 운문문언이 어떤 관리에게 자신의 탑묘를 열어달라고 부탁하는 꿈을 꾸었다. 이 경우에는 선사가 '육신'이 되었음을 알 수 있다. 미라는 이런 식으로 수많은 꿈을 통해 중국 관리들을 인도했다.(Demiéville 1965; Roberto K. Ong 1985 참조) 대체로 이런 유형의 꿈은 특정한 개인이나 종파를 정당화하는 데 쓸모가 있다. 무측천武則天의 후손인 영탄靈坦이 꿈에서 어떤 승려가 나타나 자신에게 신회와 의논하라고 말하는 것을 보았을 때처럼, 또는 카마쿠라 일본에서 타이라(平) 가문의 사람이 어떤 아라한이 중국에서 도착하는 꿈, 즉 무학조원(無學祖元, 1226~1286. 일본어로 '무가쿠 소겐')이 올 것을 알리는 꿈을 꾸었을 때처럼 말이다.

꿈꾸는 수행

꿈을 이론상으로는 부정했던 선사들도 꿈의 구제론적 중요성을 일상
수행에서는 종종 인정했다. 꿈에 대한 도겐의 태도는 양면적이었던
것 같다. 『쇼보겐조』의 「사서嗣書」에 따르면, 도겐이 천태산天台山의
만년사萬年寺에 있던 원자元鼐 화상을 찾아갔을 때 화상은 그에게
꿈 이야기를 들려주었다. 꿈에 대매법상大梅法常 선사가 나타나 화상
에게 처음 만난 훌륭한 외국 승려에게 법을 전하라고 조언을 해주었다
는 것이다. 원자와 그의 꿈에 별로 감동하지 않은 도겐은 [법을 전하겠
다는] 그 제안을 정중하게 거절했다. 얼마 후, 도겐 자신이 천태산에서
돌아오다가 대매산大梅山에 머물게 되었는데, 그때 법상 선사가 나타
나는 꿈을 꾸었다. 그는 이 꿈에서 법상의 법을 받았다고 믿었다.(T.
82-2582, p.71a) 한편, 케이잔(瑩山)은 '꿈을 살았던' 승려, 더 적절하게
는 '자신의 삶을 꿈꾼' 승려였다.[22] 비록 대승의 교의인 공空을 따랐지
만, 케이잔은 매우 현실적인 꿈들로 충만했던 세계에서 살았다. 그는
이 세계관을 카마쿠라 시대의 많은 불교도들과 공유했다. 그들에게
꿈은 보이지 않는 세계와 소통하게 해주는 특권적인 수단이었다.[23]

---

22 이런 점에서 케이잔은 도겐과는 달랐는데, 이노우에 히사시의 희곡『도겐노
보켄(道元の冒險)』에 나오는 허구적 인물이 아닌, 적어도 조동종 전통의 도겐과는
달랐다. 그 희곡의 반복되는 꿈에서 도겐은 절망적인 정신분열증을 일으켜
현대의 정신과 시설에 수용된 카마쿠라 시대의 선사이자 살인자다.

23 이 문제에 대해서는 Saigō 1972 참조. 그런데 케이잔은 때때로 환영에 대해서
양면적이었다. 가령, 케이잔은 『자젠요진키(坐禪用心記)』(T. 82-2586, p.413a)에
서 명상으로 야기된 붓다의 환영들과 다른 유사한 현상들은 일종의 병이라고

이 점에서 그는 도겐과 동시대인이자 화엄종의 조사인 묘에(明惠) 같은 스님들과 아주 비슷했는데, 묘에에게 "꿈은 참으로 두려워해야 하는 것"이었다. 둘 다 자신이 꾼 꿈들을 상세하게 기록했다. 이 기록들, 이른바『유메노키(夢の樹)』는 당시에 독특한 문학 장르였으며, 특히 천태종 전통에서는 대중적인 장르였다.[24]

묘에가 기록한 꿈들

에이사이(榮西)와 슌죠(俊苭)처럼 묘에도 선종과 진언종眞言宗 전통의 가장자리에 서 있었다. 그의 제자 쇼죠(證定)는 선의 개론서인 『젠슈코모쿠(禪宗綱目)』(ed. in Kamata and Tanaka 1971)를 썼는데, 종밀宗密의 혼합주의적 가르침에서 크게 영향을 받은 것이다. 묘에는 35년 이상 계속해서 자신의 꿈을 기록했다. 잠자는 동안에도 명상하는 동안에도 그는 온갖 꿈과 환영을 경험했다. 그 가운데 많은 것들이 평범한 꿈이었고, 어떤 것들에는 명확히 성적인 내용이 담겨 있었다.

말한다.

24 예를 들어 Waley 1970, p.369에 나오는 일본의 순례자 죠진의 일기에서 그런 『유메노키』를 언급한 것을 보라. 묘에의 『유메노키』는 조지 타나베가 영어로 번역했고(George Tanabe 1983, pp.337-426) 또 프레데릭 지라르(Frédéric Girard) 가 프랑스어로 번역했다.(Paris: Ecole Française d'Extrême-Orient, 1990) 묘에의 꿈들을 융의 방식으로 해석한 것에 대해서는 Kawai Hayao, *Myōe: Yume o ikiru*(Kyoto: Shohakusha, 1987) 참조. 마크 운노(Marc Unno)의 영역본에 관해서는 Kawai 1990 참조. Okuda 1978; Kubota Jun and Yamaguchi Akiho, eds., *Myōe shōnin shū*(Tokyo: Iwanami shoten, 1981), pp.47-102 등도 참조.

418

가장 흥미로운 것 가운데 하나는 그가 중국의 여자 인형을 발견한 꿈이었는데, 꿈에서 인형은 고향이 그리워서 울음을 터뜨렸고 그의 손바닥에서 살아 있는 여자로 바뀌었다. 그때 누군가가 그녀를 뱀들과 어울려 지낸다고 비난했지만, 묘에는 그녀가 뱀의 몸을 지니고 있을 수 있다고 인정하면서도 믿지 않았다. 묘에는 자신의 꿈을 해석하면서 불교를 수호하는 여성 용신龍神인 선묘(善妙, 일본어로 '젠묘')를 가리키는 것으로 보았다.(Tanabe 1983, pp.381-383) 한국의 화엄승 의상(義湘, 625~702)과 선묘라는 중국 처녀 사이의 정신적인 사랑 이야기는 확실히 묘에에게 강한 인상을 주었다. 의상이 중국을 떠나 고국으로 돌아가야만 했을 때 선묘는 스스로 바다에 몸을 던져 용으로 변했고, 의상의 배가 한국(신라)에 닿을 때까지 보호했으며 그곳에서 그녀는 결국 돌로 변했다.

분명히 묘에는 여성과 관련된 꿈을 많이 꾸었다. "꿈속에서 어느 날 밤 대여섯 명의 여인들이 왔다. 우리는 친밀해졌고, 그들은 나를 존경했다. 나는 이런 꿈을 많이, 참 많이 꾸었다."(Tanabe 1983, p.386) 몇몇 경우에 그는 한 여인과 노골적으로 성관계를 맺었다.[25] 한 꿈은 적어도 동성애적인 분위기를 띠는데, 승려와 아름다운 젊은이의 치고(稚兒, 동성애 상대인 미소년) 사랑 이야기를 상기시킨다.(ibid., p.357

---

25 가령 '왕녀의 꿈'을 보면, 묘에는 호쇼지(法性寺) 칸파쿠(關白), 즉 쿠죠 카네자네(九條兼實)의 저택에서 의식을 실행한 뒤에 승려로서 역할을 잊은 듯이 보인다. "그리고나서 나는 칸파쿠의 왕녀라 생각되는 누군가와 친밀해져서 심히 부적절한 행동을 했다. 나는 그녀를 품에 안고 함께 마차에 탔다."(Tanabe 1983, p.362 참조)

참조) 묘에는 '일본에서 가장 청정한 승려'로 불려 왔다. 그의 꿈속 환상들에도 불구하고 (또는 환상들 때문에) 청정함이 그의 주요 관심 사였음은 분명하다. 자신이 꾼 꿈들을 기록한 주요 목적 가운데 하나는 자신의 정화 과정에 관한 상서로운 조짐들을 찾기 위함이었던 것 같다. 몇몇 경우에는 성적인 꿈들을 종교적으로 해석했다. 중국 인형/ 여성을 꾼 꿈에서처럼 선묘의 출현으로 해석한 것이 그렇고, 다른 꿈에서 자신을 가까이하려던 귀족 아가씨를 비로자나불의 현시로 소급해서 인식한 것이 그렇다.(ibid., p.397 참조) 가장 놀랄 만한 사례는 묘에가 '뚱뚱한 귀족 여성'을 만난 꿈이다. 그녀의 외모는 "(가르침들과) 참으로 일치했고" 그녀의 모든 면은 다르마를 드러냈다. 묘에는 이렇 게 썼다. "나는 그녀와 하룻밤을 지내며 성관계를 가졌다. 모든 사람들 이 그 의례적인 행위는 확실히 깨달음의 원인이 될 것이라고 말했다. 우리는 서로 껴안았다. 깊은 자비심이 있었다." 묘에는 "이 의례적인 행위의 정서적 분위기는 중국의 화엄조사 법장法藏이 저술한『화엄 경』주석서와 일치한다"고 언급하면서 자신의 설명을 마무리한 다.(Kawai 1990, p.90 참조)

묘에는 더 구체적이고 종교적인 내용의 꿈이나 환영도 많이 기록했 다. 그가 아라한들(빈두로, 대가섭), 보살들, 또는 다양한 신들을 보았 다는 내용도 일부 있다. 그는 또 다음과 같은 몇 가지 생생한 '상승의 꿈들'도 묘사하고 있다. "6개월째 명상하는 동안에 나는 도솔천에 올랐다. 나는 미륵보살의 제단 앞에 있는 황금 욕조를 닦고 그 욕조에 알로에를 좀 넣었다. 거기에서 한 보살이 나를 목욕시켰다."[26] 또 다른 명상 모임에서 자신이 영적인 진보를 하고 있다는 길조를 보여달라고 기원한 뒤, 묘에는 다음과 같은 환영을 보았다.

앞서 6개월째에 일어났던 일처럼 내 몸과 마음은 삼매 한가운데서 고요히 가라앉았다. 유리瑠璃로 만든 장대가 하늘에 걸려 있었는데, 빨대처럼 속이 비어 있었던 것 같다. 나는 그 끝을 잡아당겼고, 누군가가 나를 끌어올렸다. 나는 꼭 붙든 채 버텼고, 도솔천에 이른 것 같았다.

내 얼굴이 갑자기 환한 거울처럼 되었다. 내 온몸은 서서히 마치 하나인 것처럼 되었다. 완벽하게 전체를 느꼈는데, 수정 구슬로 꿴 염주 같았다.

나는 다른 곳으로 굴러갔다. 나는 어떤 목소리를 기다리고 있었고, 누군가 말했다. "모든 붓다들이 그대에게 들어갔다. 그대는 이제 청정함을 얻었다." 이 말에 따라 내 몸은 커졌다. 여섯 자쯤 위에 걸려 있던 칠보 장식물이 나를 아름답게 꾸몄다. 나는 명상에서 깨어났다.(Kawai 1990, pp.182-183; Tanabe 1983, p.390 참조)

꿈에는 보살의 수행 계위인 52위와 관련된 계시가 수반되는데, 묘에는 이런 말로 자신의 서술을 마무리한다. "나는 이에 대해 생각해야 한다. 이것을 붓과 종이로 기록하기는 어렵다."[27] 동일한 유형의

---

26 Kawai 1990, p.179; Tanabe 1983, p.386 참조. 이 꿈은 아주 중요해서 묘에는 다른 작품, 즉『케곤붓코잔마이칸 메이칸덴(華嚴佛光三昧觀冥感傳)』에서 그 꿈으로 돌아갔다. Kawai 1990, p.169 참조.

27 이 꿈은『메이칸덴(冥感傳)』에도 기록되어 있다. 주요한 차이는 유리 장대를 보현과 문수, 관음 세 보살이 붙잡고서 묘에를 도솔천으로 끌어올렸다는 점이

다른 꿈에서 그는 우주탑의 꼭대기에 올라가서 온 우주를 관찰한다. "해, 달, 별들 그리고 집들이 까마득히 아래에 있었고, 나는 색구경천色究竟天 너머로 가버린 듯이 느꼈다. 그리고 나서 다시 땅으로 내려왔다."(Kawai 1990, p.86 참조)

묘에의 삶에서 꿈과 현실은 합쳐지는 경향이 있었다. 그는 꿈에 의지했고, 그것은 제자들에게 그의 예지력을 믿게 만들었다. 묘에는 40대 때 종종 낮에 잠들었으며 그렇게 해서 다른 사람들의 마음을 읽을 수 있었다고 한다.[28] 다른 이야기들은 이러저러한 경우에 어떻게 그가 깨어나서 시자들에게 사원 바깥으로 달려가 벌레나 다친 참새를 구하라고 말했는지를 들려준다. 이 모든 것은 '지시적인 꿈을 꾸는' 관행, 즉 '순수' 선의 옹호자들이 '귀신 들린 선정禪定'이라며 거부했을 그런 관행을 가리킨다. '돈오'의 관점에서 보면, 묘에는 '흑산黑山의 귀신 소굴'에 떨어졌다. 그러나 묘에는 예견력을 기르기는 했어도 그 힘에 푹 빠지지는 않았다. 제자 가운데 한 명이 그를 보살의 환생이라고 표현했을 때, 묘에는 자신이 가진 힘이 무엇이든간에 특별한 것이 아니며 꾸준한 수행에 따르는 자연스런 부산물이라고 주장하면서 그를 꾸짖었다. "목이 마르면 물을 마시고 불을 쬐고 싶으면 불 가까이 간다는 사실, 그뿐이다."(Kawai 1990, pp.115-116 참조)

다.(Kawai 1990, p.169 참조)

28 〔역주〕 원문에서는 이 문장을 '제자인 코벤(高弁)'이 기록한 것으로 되어 있다. 이것은 포르가 묘에의 법휘法諱인 '코벤'을 제자의 이름으로 착각한 데서 비롯된 오류다. 따라서 번역에서는 "제자인 코벤이 기록했다"는 내용을 뺐다.

현실적인 몽상가

케이잔은 그러한 '꿈의 기록'을 전혀 쓴 적이 없지만, 그가 노토군(能登郡)의 토코쿠(洞谷)에서 요코지(永光寺)를 개창할 때의 상황을 서술한 『토코쿠키(洞谷記)』에 아주 흥미로운 꿈들이 제법 발견된다. "한 꿈에서 나는 어느 절의 불당들을 보았다. 그 문 앞에는 신발을 걸어 두는 커다란 나무가 있었다. 곧이어 나는, 행각승은 그의 짚신 값을 치러야 한다는 것과 여기가 훌륭한 곳임을 알았다. 나는 이곳을 넘겨받아서 죽을 때까지 안식처로 삼고 싶었다."(JDZS 392)

케이잔은 이 꿈을 1312년 봄에 꾸었는데, 요코지를 지을 땅을 보시했던 재가자 부부의 집에서 잘 때였다. 1312년, 산허리에 띠집을 짓기 시작했을 때 그는 다음의 꿈을 꾸었다.

그날 밤, 내 꿈에 여덟 번째 아라한인 벌사라불다라伐闍羅弗多羅 존자가 나에게 와서 자신이 이 산에 들어와 살펴보았다고 알려주었다. 존자는 여기가 알려진 곳은 아니지만 사실은 빼어난 장소이며, 에이헤이지(永平寺)보다 훨씬 더 좋다고 결론지었다. "에이헤이지가 서 있는 장소는 계곡이고, 신들이 머무는 것을 방해하는 곳이오. 그것이 옛날부터 늘 장애가 있었던 이유라오. 이 산은 그런 곳이 아니오. 그대는 여기에서 맘껏 가르침을 펼 수 있을 것이오."[29]

---

29 JDZS 392-393. 요코지의 탁월함을 여기서는 풍수적 요인으로 돌리고 있지만, 케이잔의 꿈들이 기본적인 풍수 원리를 무시하게 한 적도 여러 번 있었다. 가령, 한 제자가 불전 위─고로호(五老峰)─에 무덤을 짓는 것은 불길하다고

여기서 꿈은 기카이(義介)와 케이잔이 에이헤이지를 떠난 일을 소급해서 정당화하고 있고, 또 노토(能登)에 있는 케이잔의 공동체가 겉모습과는 상관없이 에이헤이지에서 도겐을 계승한 이들의 공동체와 마찬가지로 정통임을 분명히 해준다. 이것은 그가 진지하지 않았다 거나 그의 꿈이 진짜가 아니었다는 것을 의미하지는 않지만, 그 기능 가운데 하나는 분명히 그와 그의 가르침을 정당화하는 것이다.[30] 케이 잔은 몽상가일지 모르지만 현실적인 사람이며, 그의 꿈은 대체로 그에게 꽤 도움이 되었다. 특히 케이잔이 법을 전수받은 방식은 의미심 장하다.

과거 비바시불毘婆尸佛 때 나는 아라한과를 얻었고, 수미산 북쪽의 히말라야에서 죽었다. 나는 쿠바라 나무의 신, 즉 개의 머리, 올빼미의 몸, 뱀의 배와 꼬리를 가진 네 발 달린 짐승의 모습을 한 신이 되었다.[31] 나는 비록 나무의 정령이었으나 과위를 얻었고,

---

말했을 때, 그는 요코지에서 한 모든 일은 꿈에 근거한 것이었다고 대답했다. 『토코쿠키(洞谷記)』(JDZS 409) 참조.

30 아라한의 예언에 대해서는 이미 지적했다. 마찬가지로 관음이 꿈에 나타나 지시한 뒤에 케이잔은 소지지總持寺를 선종 사원으로 전환시켰다. 「總持寺中興 緣起」, 大久保道舟 編, 『曹洞宗古文書』 권1(東京: 筑摩書房, 1972), pp.33-34 참조. 케이잔이 에이헤이지의 이전 주지이자 이른바 산다이소론(三代相論, 도겐 의 유풍을 준수하는 보수파와 민중 교화를 중시한 개혁파가 1267년부터 50여 년 동안 벌인 대립과 논쟁) 때 기카이를 따라 떠났던 기엔(義演)으로부터 인가를 받았던 꿈은 이런 점에서도 중요하다. 『토코쿠키』(JDZS 401) 참조.

31 케이잔의 묘사는 그리스 신화의 키메라를 떠오르게 한다. "그녀의 앞부분은 사자, 꼬리는 뱀, 몸통은 염소." Ginevra Bompiani, "The Chimera Herself,"

그 후에 북구로주北俱盧洲의 히말라야에서 네 번째 아라한인 소빈타(蘇頻陀)와 함께 살았다. 북쪽 땅과 이렇게 밀접한 인연이 있어서 이제 하쿠산(白山)의 주민〔우지코(氏子)〕으로 여기에 다시 태어났다. … 오백 번을 살면서 그 과위를 얻은 나는 법을 펴고 중생을 돕기 위해 세상에 나왔다.(JDZS 395-396)

케이잔은 계속해서 자신의 꿈 입문식에 대해 묘사한다.

자리에 앉은 채 꿈을 꾸었다. 꿈에 내가 바위에서 쏟아져 나오는 청정한 물로 목욕하고 있을 때, 보리달마가 내 꿈으로 들어왔다. 나는 벌거벗고 있었고, 그래서 그는 내게 자신의 가사를 주고 내 속에 깨달음의 생각이 일어나게 했다.
푸른 연꽃 위에서 세 번이나 다시 태어나는 꿈을 꾸었을 때, 미륵이 꿈속으로 들어와서는 나를 데리고 하늘로 올라갔다. 기악伎樂을 연주하던 신이 와서 나를 맞아주었다. 미륵은 도솔천의 내원으로 나를 이끌고 가서 내가 불환과不還果에 이르도록 도와주었다. 석가모니가 『보적경寶積經』을 강설하는 곳에 내가 나타나는 꿈을 꾸었다. 그때 석가모니가 꿈속에 들어와 나에게 세 가지 해방, 즉 시간, 마음, 현상으로부터 해방을 가르쳐주었다.(ibid., 396)

여기서 다시, 앙산의 꿈에서처럼 현상 세계의 부정은 꿈에서의 그 궁극적인 가정에 근거한다. 역설적으로 케이잔은 시간, 마음 그리

in Feher 1989 Vol.3, 1, p.375 참조.

고 현상으로부터의 자유를 현실의 이 세 가지 양상과 연관된 경험
덕분으로 여기고 있다. 그러나 요점은 케이잔이 전수를 받음으로써
의례적으로 일체가 되었다는 것이다. 그는 처음에는 아라한과 일체가
되고, 그 다음에는 대승불교와 선의 이상적인 세 인물들, 즉 선을
중국에 처음 전했던 인도의 조사, 과거불 그리고 미래불 등과 일체가
된다. 그 꿈으로 묘사된 또는 꿈에서 일어난 영적인 진보를 보면,
케이잔은 아라한이라는 상대적으로 낮은 지위에서 조사의 지위로,
마침내 붓다의 지위로 옮겨갔다.

상승의 꿈 그리고 반대의 목소리

그 꿈들은 불교의 틀 안에서 일어나고 종파적인 목적이나 개인적인
목적에 봉사한다. 그렇지만, 묘에와 케이잔이 경험한 것들은 확실히
'샤머니즘적인' 색채를 띠고 있다.[32] '상승의 상징화'는 다른 선사들의
꿈에서도 많이 보이는데, 대개 미륵의 궁[내원內院]과 관련이 있다.
특히 이 맥락에서는 감산덕청(憨山德淸, 1546~1623)의 경우가 의미심

---

32 묘에는 두 마리 늑대에게 잡아먹히는 꿈을 꾼 적이 있었다. 그런데 늑대들이
 그를 다 먹었을 때, 놀랍게도 그는 여전히 살아 있었으며, 땀에 흠뻑 젖은
 채 깨어났다. 다른 경우에는 그가 병이 들어 자신을 돌보기를 거부했을 때다.
 꿈에 어떤 인도 승려가 나타나 그에게 마실 약을 건네주었고, 그걸 마신 뒤에
 묘에는 회복했다.(Kawai 1990, pp.70, 89) 또 다른 중요한 사례는 『니혼료이키(日
 本靈異記)』의 저자인 케이카이(景戒)의 경우다. 그는 누군가가 자신의 주검을
 나뭇가지에 꿰어서 불에 빙빙 돌리는 바람에 자기 영혼이 완전하게 구워지는
 꿈을 기록했다.(『日本靈異記』, in Nakamura 1973, p.282)

장하다. 감산은 자신의 전기에 세 가지 주요한 꿈을 기록했다. 첫
번째 꿈은 그가 자신의 피로 『화엄경』을 필사하고 있을 때에 경험한
것으로, 그에게 법계法界의 장엄함을 드러내 보여주었다. 두 번째
꿈에서 감산은 케이잔처럼 미륵의 내원으로 올라갔다. 그는 거대한
건축물을 보았는데, 거기에서는 "인간 세상의 추하고 하찮은 일들을
포함해" 인간의 온갖 활동들이 일어나고 있었다. 이런 하찮은 일들이
청정하다고 할 그런 세계에서 어떻게 일어날 수 있는지 그가 의아하게
여기자마자 건축물은 그에게서 멀어졌다. 청정함과 불결함은 자신의
마음이 일으킨 것임을 그가 깨달을 때에만 그것은 되돌아왔다. 그리고
나서 그는 미륵에게서 분별 의식과 분별하지 않는 지혜의 차이에
대해 가르침을 받았다. 그러나 마지막 꿈이 가장 흥미로운데, 이
꿈에서 감산은 오대산 북면에서 목욕 모임이 있으니 오라는 문수보살
의 초대를 받았다. "나는 목욕실로 안내되었고, 그곳에서 옷을 벗고
목욕 준비를 했다. 누군가 이미 욕조에 있었는데, 알고 보니 한 처녀였
다. 나는 그 광경에 질색했고, 목욕하고 싶지가 않았다. 욕조의 처녀는
일부러 모습을 바꾸었고 남자가 되었다. 나는 그와 함께했다."(Luk
1971, p.90) 마침내 그 남자가 감산을 씻겨주었다. 그가 감산의 머리
위로 물을 쏟아붓자 오장이 깨끗해졌고 몸은 수정으로 만든 새장처럼
투명해졌다. 그리고 인도 승려가 피와 골로 가득 찬 해골 반쪽에
차를 담아 가져왔다. 감산은 처음에는 물리쳤으나, 곧 그 골을 먹어야
한다는 걸 깨달았다. 결국 그는 피를 마셨는데, 감로처럼 달콤한
맛이 나면서 온몸의 모공으로 스며들었다. 인도 승려는 그의 등을
문지른 뒤에 갑자기 그의 손바닥을 쳤다. 감산은 땀에 흠뻑 젖은

채 깨어났지만, 지극히 깨끗하고 편안했다.(ibid.; Hsu 1979, p.73)

이 매혹적인 꿈은 동성애적 색채와 샤머니즘적 요소들 외에도 케이잔의 꿈과 흡사해서 놀랍다. 쉬숭펑(Hsu Sung-peng)에 따르면, 세 가지 꿈은 감산이 『화엄경』을 필사하는 동안에 이해했던 것처럼 화엄 철학의 표현으로 볼 수 있다. 이것이 첫 번째 경우에는 진실일 수 있겠지만, 쉬가 그랬던 것처럼 두 번째 꿈을 유가행파 철학의 예시로 보고 세 번째를 탄트라 사상과 수행의 묘사로 보는 것은 다소 환원주의적인 해석으로 보인다. 쉬는 해석학적 모델에 따라 이 꿈들을 해석하고 싶었다. 그래서 그는 그 꿈들을 감산이 세속적인 일에 관여한 데 대한 단순한 정당화로 보려고 한다. 그러나 묘에, 케이잔 그리고 감산의 '샤머니즘적' 꿈들은 단순한 교리의 예시거나 편리한 알리바이가 아니다. 그것들은 본질적으로 변형시키는 힘이다.[33] 다른 흥미로운 '상승의 꿈' 또는 환영으로는 현대의 중국 선사 쉬윈(盧雲, 1840~1959)의 두 가지 꿈을 들 수 있다. 첫 번째 꿈은 1897년에 붓다의 사리를 숭배하고 있던 아육왕사阿育王寺에서 명상하는 동안에 꾼 것이다.

---

33 확실히 교리적 요소는 때때로 중요하다. 우리는 묘에가 꿈속에서 보살의 수행 계위 52위를 어떻게 배웠는지 보았다. 선종의 전승에서는 항주杭州의 오운산五雲山 지봉志逢 선사의 꿈을 언급할 수 있다. 지봉은 수미산에 올라가서 세 붓다가 나란히 앉아 있는 모습을 보는 꿈을 꾼 적이 있었다. 그는 석가모니의 발에, 그 다음에는 미륵의 발에 예배했다. 그러나 그는 세 번째 붓다를 몰라보았고 그에게 어떻게 경의를 표해야 할지도 몰랐다. 그때 석가모니가 그에게 말했다. "그는 사자월불師子月佛이며 미륵의 보처補處다." 그때서야 지봉은 경의를 표했다. 깨어난 뒤에 그가 불교 경전을 살펴보았더니, 꿈과 꼭 들어맞았다.(『경덕전등록』, T. 51-2076, p.422b)

428

꿈에서 그는 용의 등에 올라타 도솔천으로 여겨지는 높은 곳으로 갔는데, "그곳의 산들과 시내들, 나무들 그리고 꽃들이 눈부시게 아름다웠고 정교하고 웅장한 궁전이 있었다." 어떤 방에서 자기 모친을 본 그는 모친에게 용에 올라타 서방 정토로 가자고 말했다. 이런 부화孵化의 꿈을 꾼 뒤에 그는 계속해서 사리에 발원했고, 마침내 손가락 하나를 태워 공양했다.(Xu Yun 1988, p.41 참조) 두 번째 꿈은 1952년 쉬윈이 죽기 1년 전에 꾼 것인데, 그가 공산당원들에게 구타당해서 혼수 상태에 빠져 있을 때였다.[34] 그는 미륵의 내원에 들어가서 미래불의 설법을 듣는 꿈을 꾸었다. 이윽고 미륵은 그에게 그가 돌아가고 싶어하지 않는 인간 세상에 잠시나마 돌아가야 한다고 말했다.(ibid., p.140) 이런 꿈들은 분명히 상징적이거나 교리적인 내용을 담고 있지만, 그 '의미'나 취지는 상징에 의해 드러나기보다는 오히려 감춰질 수 있다.[35] 확실히 우리는 사실들을 해석하고 거기에 의미를 더하지 않을 수 없는데, 사실들은 그 자체가 이미 해석들이다. 그러나 이 꿈들을 교리적 해석이나 심리-전기적 해석이라는 프로크루스테스의 침대에 맞추려고 애쓰다가는 필연적으로 그 수행적 특질을 놓치게

---

34 〔역주〕 쉬윈이 구타당하고 꿈을 꾼 해는 1951년이 맞다. 그러나 그가 죽은 해는 1959년이다.

35 케이잔도 교리적인 내용을 담은 꿈들을 기록했다. 묘에처럼 그는 꿈에서 조짐뿐만 아니라 일종의 영적 직관을 기대했던 것 같다. 한 설법에서 그는, 꿈을 꾸는 동안에 "거울 속의 사람들을 만날 수" 있었다는 사실과 "환상 같은 삼매에 들어 꿈 안에서 붓다의 일을 수행했다"는 사실을 암시한다. 또 다른 꿈에서 그는 『보적경』의 한 구절을 읽었고, 깨어난 뒤에 그 구절의 (꿈과 '현실의') 두 가지 변형이 상보적이라는 것을 알아냈다.(『토코쿠키』, in JDZS 399)

된다. 동아시아 불교사에서 일어난 가장 중요한 변화들 가운데 몇 가지는 꿈들의 결과였다. 중국에서 이 외래 교리〔불교〕는 한漢 왕조의 명제明帝가 꾼 꿈에 의해서 정당화되었고, 일본에서 승려들의 독신獨身에 관한 사원 규칙은 신란親鸞이 롯카쿠도(六角堂)에서 〔꿈에〕 관음보살로부터 계시를 받은 뒤에 개혁되었다.[36] 이런 의미에서 조르주 뒤비(Georges Duby)가 말했던 것처럼 "꿈의 흔적은 발자국만큼이나 현실적이다."

우리는 두 방식을 구별할 필요가 있을지도 모르겠다. '꿈의 열쇠'와 해몽학-또는 정신분석학적 '꿈의 해석'-으로 이끄는 해석학적 방식, 그리고 케이잔이나 감산이 꿈에 법을 전해 받는 것과 같은 사건들의 수행적 특성과 수행적 효과들을 인식하는 수행적 방식.[37] 의례처럼 꿈은 변화시킬 힘이 있어서만이 아니라 사회 구조를 변형시키기도

---

36 이 꿈에서 관음은 신란에게, 그는 업보 때문에 여성과 성관계를 금지한 계율을 어길 것이라 말했다. 그리고 관음 자신이 여성으로 나타나 그의 연인이 될 것이며, 그가 죽을 때까지 그를 섬기면서 그를 아미타불의 정토로 이끌 것이라고 말했다.(Stein 1986, p.56; Dobbins 1990, p.184 참조)

37 유교적 맥락에서 이와 유사한 수행적/샤머니즘적 꿈에 관해서는 황종희 1987, p.174에 나오는 왕간王艮의 경우를 보라. 예지몽은 해석과 관련되지만 수행적 효과를 나타내기 때문에 매개적 유형이 된다. 케이잔의 경우에는 벌사라불다라 존자의 예언 외에 토코쿠(洞谷)의 계곡 전체를 뒤덮은 웅장한 사원을 본 꿈이 그러하다. 또는 무성한 초목과 불어난 물과 함께 팽나무를 연출하는 꿈도 그러하다. 케이잔이 이 꿈을 선승에 대한 은유적 표현이던 '운수雲水'라는 말이 치환된 것으로 보았을 때, 우연히도 그것은 프로이트적인 해석이었다. 그는 이렇게 결론짓는다. "얼마나 기묘한가! 깨어 있음과 잠듦이 하나가 되고, 꿈과 깨어남이 조화롭다니."(『토코쿠키』, in JDZS 398)

하기 때문에 수행적이다. 선사들은 '엘리트 몽상가'로 보인다. 그리고 이론적으로 부정함에도 잠자는 사람의 위계와 꿈의 위계가 있다는 것이 분명해진다.(Le Goff 1988, pp.218-220 참조)

꿈은 선종에서, 특히 조동종 전통에서 지역 숭배의 부활인 '신성한 것의/으로 귀환'과 함께 발달한 것 같다. 앞서 본 것처럼 이 부활 자체가 14~16세기 동안에 조동종의 지리적 확장을 수반했다.[38] 여기서 우리는 '거대한 규모의' 꿈 이야기는 신의 존재를 필요로 한다는 도니거 오플레허티의 언설을 떠올릴 수 있다. 그러나 이 꿈의 귀환은, 그리고 실재와 비실재, 비속함과 신성함 사이에서 후자 쪽으로 치환하는 일은 일시적인 것이었다. 상인 계층이 급속하게 성장하는 사회에서 합리주의가 증대하고 서구의 합리주의를 도입하면서 세계가 미몽에서 깨어나고 있는 동안에, 꿈들은 망상의 영역으로 다시 떨어질 수밖에 없었다. 이미 선종에도 존재하는 이런 합리주의적 경향은 토쿠가와 시대의 사상가인 토미나가 나카모토(富永仲基)의 저술에서 가장 생생하게 표현되어 있다. 토미나가는 육신통의 발현에 이끌려 일어난 꿈들을 흥미롭게 분석했는데, 그는 전형적인 방식으로 그것을 망상이나 마술이라며 거부한다.

---

38 케이잔은 꿈에서 카미[신]로부터 두 번이나 신탁을 받았는데, 첫 번째 경우에는 하치만(八幡, 야와타) 신이었다. 두 신탁 모두 시였으며, 분명히 만요가나(万葉仮名, 한자를 차용한 일본의 음절 문자)로 주어졌거나 적어도 기록되었다. 케이잔은 이런 '비관습적인 문자'는 그 자체가 상서로운 것이라고 적었다.(『토코쿠키』, in JDZS 405, 409)

조여시趙與時의 『빈퇴록賓退錄』에 따르면 이러하다. "소동파가 양주揚州 지사였을 때, 산에 들어갔다가 범에게 공격을 받는 꿈을 꾸었다. 그때 한 도사가 범에게 소리를 질러 물리쳤다. 그 다음날 아침, 어떤 도사가 찾아와 '어젯밤에 유람하다가 놀라지 않으셨습니까?' 하고 물었다. 소동파가 외쳤다. '너 이놈! 지팡이로 네 등짝을 후려쳐야겠다. 네가 야밤에 부린 기교를 내가 모를 줄 아느냐?' 놀란 도사는 썩 물러갔다." 생각해보면, 이것도 마술이다. 과거든 현재든 모든 경우에 사람들이 꿈에 속았을 때, 이런 기교에 속은 것이다. 예를 들면, 가전연迦旃延이 그리스 왕을 가르쳤을 때,[39] 한나라 명제가 금인金人의 꿈을 꾸었을 때, 당나라 현종이 꿈에서 허공에 쓰인 '초금楚金'이라는 글자를 보았을 때,[40] 숙종肅宗이 어떤 승려가 보승여래寶勝如來의 이름을 외는 꿈을 꾸었을 때,[41] 대종代宗이 어떤 산사山寺를 찾아간 꿈을 꾸었을 때, 송나라 인종仁宗이 신성한 구름에 대한 꿈을 꾸었을 때,[42] 또는 신종神宗이 신령한 승려가 말을 타고 허공을 달리는 꿈을 꾸었을 때 등이 그런 경우다. 이 모든 (꿈들은) 마술에 지나지

---

39 중국어 시라(Xila, 希臘)는 헬라스(Hellas)를 전사傳寫한 것이다. T. 53-2122, p.534a 참조.

40 『송고승전』, T. 50-2061, p.864c 참조. 현종의 꿈이 도교의 발흥과 관련해서 갖는 중요성에 대해서는 Duyvendak 1947, pp.102-108 참조. 황제의 꿈들에 대해서는 R. Taylor, "Ming T'ai-tsu's Story of a Dream," *Monumenta Serica* 32(1976), pp.1-20 또한 참조.

41 『불조통기』, T. 49-2035, p.375c 참조.

42 ibid., p.420c.

432

않는다.(Tominaga 1982, pp.28, 200; Tominaga 1990, p.109도 참조)

토미나가가 『불조통기』에서 이 참고 자료들을 빌려 왔지만, 그의 해석 전략은 흥미롭다. 그는 이 이야기들을 전거가 미심쩍다고 거부하지 않는다. 오히려 그도 정신 감응의 꿈을 믿지만, 잘 속는 황제들의 마음을 냉소적인 승려들이 교묘하게 조작하는 것으로 보고 거부하는 것 같다. 아이러니하게도 그의 입장은 영적인 능력을 경시한 남양혜충 같은 초기 선사들을 상기시킨다. 아무튼 그가 든 사례들은 꿈이 하나의 기제로서 작용하는 방식을 예시하는데, 그 기제를 통해 문화적 차용이나 주관적 경험은 일반 문화의 요소가 될 수 있다. 많은 경우, 분신 자살이나 신체 절단은 '초자연적인' 꿈들의 결과였다.(예를 들어 『젠코 샤쿠쇼』, DNBZ 62, 470, pp.133-134를 보라.) 꿈은 또 죽음의 영역(타나토스)과 성욕의 영역(에로스)을 매개하는 것으로 볼 수 있으며, 이것은 선종의 '성욕의 역사'에 뒤따르는 일탈을 어느 정도 정당화한다.

11장 일탈: 위반의 한계

> 게다가 나 자신과 선승들 사이에 보이는 유사성에는 나를 북돋아줄
> 것이 아무것도 없다. (그들은 춤추지 않고, 술을 마시지 않고, …
> 하지 않고) … 가장 매력적인 선승들은 조용하고 엄숙했다.
> – 조르쥬 바타이유(Georges Bataille), 『전집(Oeuvres complètes)』

선종에서 주장하는 직접성이 중국과 일본처럼 극도로 위계화된 사회
들에서는 어느 정도 악영향을 끼칠 수밖에 없었고, 곧 위반의 한계에
이르렀다. 앞서 지적했듯이 번뇌를 긍정하는 불교의 '자연주의' 경향
은 도덕적 방종의 길을 열어준 것처럼 보였다. 모든 반율법주의의
교리와 마찬가지로 그것은 세속적 욕망을 정당화하는 데 적합했다.[1]
예를 들어, '본각' 사상은 중세 일본의 사원들에서 일어난 변화들
그리고 무엇보다도 승병僧兵의 출현을 허용한 변화들을 이론적으로
정당화하는 데 주요한 구실을 했다. 따라서 선종 전통의 안과 밖
양쪽에서 더 보수적인 승려들이 이런 '자연주의' 경향을 위협으로
인식했던 것은 당연하다.[2] 그렇지만 반율법주의가 선종의 중심이며

---

1 선의 '자연주의'에 대한 유교의 비평을 개관하기 위해서는 Fu 1973, pp.375-396
　참조.
2 중국에서는 소림사를 제외하면 승병으로 알려진 선종 사원이 전혀 없었

434

'돈교'와 완벽하게 조화를 이루고 있었다는 점도 부정할 수 없다.

이런 경향에 대해서는 송대에 선종에서 널리 읽힌 텍스트이자 외경인 『능엄경楞嚴經』(T. 19-945)에서 비판하고 있다.[3] 이 텍스트는 '문득 깨달음'을 가져다 줄 것으로 여겨지는 다라니 같은 밀교의 요소들을 많이 포함하고 있는데, 그럼에도 욕망의 위험을 강조한다. 예컨대 모든 사물과 현상은 공이라는 믿음에서 행동하다가 지옥에 떨어진 어떤 비구니와 비구―비구니는 성관계를 맺은 뒤에, 비구는 살인을 저질 렀기 때문에―의 경우를 언급하고 있다.[4] 이 경전의 9장은, "욕망이

다.(Demiéville 1957, p.362 참조) 아마도 이는 이른바 〔일본의〕 고잔(五山)에서 '문학적 선'이 성공했기 때문일 것이다. 선종 사원들은 봉건 영주들의 지지와 보호를 받고 있었기 때문에 진언종, 천태종, 니치렌슈(日蓮宗) 또는 정토종 사원들 과 다르게 스스로 지킬 필요가 없었다. 따라서 지방의 다이묘(大名)로부터 보호를 받고 있었기 때문에 에이헤이지(永平寺)는 승병으로 잘 알려진 진언종과 천태종 의 두 주요한 사원들 바로 가까이에서도 번창할 수 있었다. 반면, 스즈키 다이세츠 나 다른 이들이 강조한 것처럼 사무라이들은 본래 선종의 무술적 가치에 매혹되지 않았다. 반대로 그들은 벼락부자처럼 귀족의 문화적 특권을 얻으려고 노력했고, 선은 정확하게 그 지적인 경향 때문에 그들이 필요로 한 문화적 정통성을 제공해 주었다.

3 전승에 따르면 북종의 선사인 신수가 처음 전했다고 한다.(Demiéville 1952, p.44 참조) 일본에서도 엔니 벤엔(圓爾弁圓, 1202~1280) 같은 선사들에게 인기가 있었다.

4 Stein 1974, p.504 참조. 이 이야기는 『유마경』(T. 14-474, p.523a)에 나오는 보경寶鏡과 보흠寶欽 두 승려의 경우와는 대칭적으로 반대된다. 보경은 보흠이 마을의 처녀와 성관계를 맺었다는 사실을 숨기려고 그 처녀를 죽였다. 두 승려가 우파리優波離에게 고백했을 때, 그들은 자신들의 죄를 용서받을 수 없다는 말을 들었다. 그 다음에 그들은 유마힐에게 상의하러 갔고, 유마힐은 그들에게 자신들

보리菩提다", "사람의 몸이 법신이다", "감각 기관이 정토다" 그리고 "성기性器가 보리와 열반의 '참된 거처'다" 따위 이단적인 가르침들을 특히 논박한다.[5]

욕망에 대한 상충된 해석은 초기 선에서 나타났다. 욕망의 부정은 측천무후가 신수에게 욕조를 준 이야기에 표현되어 있다. 젊은 궁녀들이 목욕 시중을 들었는데도 선승은 여전히 자신을 통제했다. 그러자 무측천이 말했다. "물에 들어간 뒤에야 비로소 훌륭한 사람을 보게 되는군요."[6] 이 의견은 은유적으로 해석될 수도 있는데, 뜨거운 물은

의 죄를 보여준다면 그들의 참회를 받아들일 수 있다고 말했다. 자신들의 죄가 궁극적으로 공임을 깨달은 두 승려는 궁극의 깨달음에 이르렀다. 똑같은 줄거리가 『달마론』 같은 초기 선종의 텍스트들에서도 발견되지만, 죄에 대한 실제적인 묘사는 빠져 있다.(Faure 1986a, pp.130-132 참조) 영가永嘉의 〈증도가證道歌〉도 보라. "두 비구 있어 하나는 음행을 또 하나는 살인을 저질렀구나./ 그런데 우파리가 반딧불 지혜로 죄의 매듭을 더 죄었나니./ 유마 대사가 문득 그들의 의심을 없앴더니,/ 뜨거운 햇볕에 서리와 눈 녹듯 하여라."(Buswell 1983, p.330에서 재인용)

5 후자의 해석은 『대락금강불공진실삼매야경大樂金剛不空眞實三摩耶經』(『理趣經』, 不空 譯, T. 8-243)과 같은 밀교 작품들에 널리 퍼져 있는데, 그것은 성별 간의 사랑을 긍정하며 성의 '격렬한 황홀감'을 포함해 모든 것은 보살의 순수한 영역에 속하기 때문에 "욕망은 그 자체가 순수하다"고 주장한다. 슈타인은, 『대비로자나성불경大毘盧遮那成佛經』에 대한 주석(T. 39-1796, p.579)에서 일행一行은 바가(bhaga)를 통해 바가바트(bhagavat, 박가범)에 주석을 다는데 바가는 '여인'을 의미하고 "발생을 가리킨다"는 점을 지적한다.(Stein 1975, p.483) 슈타인은 욕망과 보리, 법신과 인신人身, 감각 기관과 정토, 성기와 보리나 열반의 '참된 거처'(眞住) 등의 동일화에 대해 언급한다. 이는 중국의 『능엄경』에 의해서 '이단적 가르침'으로 비난 받은 그런 해석이다.

436

현자를 고요하게 유지시키는 열정을 의미한다. 물론 전해진 바에
따르면, 이 사건이 일어났을 때 신수는 거의 백 살이었고, 성욕으로
유명한 무후는 전혀 젊지 않았다. 욕망에 면역이 된 보살은 정욕의
세계에 몰입해야만 한다는 것이 요점일 수도 있다.

한편, 중국에서 욕망의 긍정은 무후와 5조 홍인의 세 제자들—신수,
혜안慧安, 지선智詵—이 등장하는 또 다른 이야기를 통해 확실히 (그리
고 어느 정도 논쟁적으로) 정립되었다. 무후가 그들에게 아직도 정욕
이 있는지를 물었을 때, 신수와 혜안은 아니라고 대답했다. 그러나
지선은 살아 있는 것은 정욕을 갖는 법이라고 대답함으로써 무측천을

----

6 『조정사원』, chap. 1, p.12;『조당집』, ed. Yanagida 1974b, p.348a 참조. 이
이야기는 (실제로는 관세음보살의 화신인) 어떤 승려의 이야기와 함께 『겐코샤쿠
쇼(元亨釋書)』에도 인용되어 있다. 그것은 승려가 황후를 참된 법에 귀의시키기
위해 그녀와 정사를 나누었다는 내용이다. 『겐코샤쿠쇼』권9, p.113a 참조.
유사한 이야기를 인도의 승려 지공志空이 자신의 자서전(trans. Waley 1931~1932,
p.363)에서 말했다. "그 땅에서 통치자는 불신자였는데, 나의 맹세가 폭력과
음행을 막고 있음을 안 그는 한 무희舞姬에게 나와 함께 연못에서 목욕하라고
명령했다. 나는 완전한 무관심을 보이면서 주검보다도 더 영향을 받지 않았다."
붓다에 대한 마라의 유혹을 되풀이하는 성적 유혹의 또 다른 최근의 사례는
쉬윈(虛雲)의 전기에 보인다.(Xu Yun 1988, p.10) "밤에 나는 누군가가 내 몸을
만지는 것을 느꼈다. 깨어나서 보니, 한 소녀가 내 곁에서 옷을 벗고 그 알몸을
나에게 맡기는 것이었다. 나는 감히 말은 하지 못하고 즉시 일어나 가부좌를
하고서 만트라를 외웠다. 그 뒤로 그녀는 감히 움직이지 못했다." 마지막으로
토쿠가와의 선승인 시도 부난(至道無難)에게서 인용한다. "내 스승께서 목욕하고
계셨을 때, 어떤 여인이 스승의 등과 앞, 온몸 구석구석을 씻겼다. 나는 이것이
우리 범부들 사이에서는 드문 일이라 느꼈다."(『소쿠신키』, trans. Kobori
1970~1971, 4-1, p.122)

꺾는다. "번뇌가 곧 보리다(煩惱卽菩提)"라는 강령에 대한 상충된 해석
들-그리고 그 실제적인 결과들, 불교 계율의 준수와 위반-은 대승불교
에서 거듭 발생하는 문제의 원천이었다. 이제론二諦論은 불교의 도덕
성을 상대화하는 것처럼 보였다. 깨달음의 증거로서 (그리고 시험으
로서) 위반의 탁월함은 『대지도론』에 나오는 희근喜根과 승의勝意
두 보살의 이야기에 그 전거가 있다. 계율을 엄격하게 준수했음에도
승의는 결국 지옥에 떨어졌고, 반면에 번뇌와 보리의 동일성을 주창한
희근은 붓다가 되었다.(Lamotte 1944~1980, Vol.1, p.399; T. 15-650,
pp.758-761도 참조) 슈타인이 지적하듯이 '파라브리티(Paravṛtti, 전환
또는 회심)'의 개념이 번뇌와 욕망, 성적 관심 등을 부정하는 대신에
그것들을 변형시킬 수 있다는 관념을 낳은 듯하다. 이런 '전환'은
보살이 성행위를 하더라도 부정해지지 않도록 해준다. 구마라집이
한역한 인도의 『수능엄삼매경』[7]에서는 어떤 보살이 마라의 딸들을
구제하기 위해 그들과 사랑을 나눈다.(Stein 1974, pp.504-506)

　이런 식의 이야기는 후대의 성자전에도 거듭 나온다. 가령 한국의
승려 원효(元曉, 617~686)와 의상(義湘, 625~702)의 경우를 들 수
있다. 의상이 엄격한 계율 준수로 유혹에 굴복하지 않고 아리따운
중국 처녀 선묘의 사랑을 되돌려주었던 반면에, 원효는 계율을 어겼으
며 심지어 창녀촌에도 찾아갔다.[8] 위반을 정당화하는 또 다른 근거를

---

7 〔역주〕 원문에서는 "Śūraṅgama Sūtra"(『능엄경』)라고 했는데, "Śūraṅgama
　Samādhi Sūtra"(『수능엄삼매경』)의 착오다. 구마라집이 한역한 것은 『수능엄삼매
　경』이고, 『능엄경』은 당나라 때 반랄밀제般剌蜜帝가 한역했기 때문이다. 번역에
　서 이를 바로잡았다.

『절관론絶觀論』 같은 선종 텍스트에서 볼 수 있다. 이것은 도교에서 영감을 받았다. "물음: 자유로운 행동을 가능하게 하는 조건이 있을 수 있는가?" "대답: 하늘은 땅을 덮고 있다. 양의 요소는 음의 요소와 하나가 된다. 비밀은 위에서부터 샌다. 샘물은 도랑으로 쏟아져 나온다. 마음이 동일한 방식으로 작용한다면, 그것이 작동하는 곳에서는 어떠한 장애도 없을 것이다. 만약 정욕이 분별심을 일으킨다면, 그대 아내조차 그대 마음을 더럽힐 것이다."(Tokiwa Gishin 1973, p.14) 역설적이게도 ('시달리다'는 뜻의 라틴어 'pati'에서 온) 번뇌(passions)는 더 이상 번뇌가 아니기에 받아들여질 수 있으며, 번뇌에 시달리는 '주체'도 없다.

사원의 태만에 대한 이야기들

> (자신의 죄를) 숨기는 자들을 승려라 부르는데, (죄를 지으면서) 붓다가 되기를 그만둔 자들이다.
> 　　　　　　　　　　　　　　　　　　　－ 시라카와 상황(白河上皇)

동아시아 불교에서 때때로 도덕적 방종이 만연했다는 사실은 부정할 수 없다. 이런 상황은 회창폐불(會昌廢佛, 845)과 같은 반불교적인 박해를 낳았으며 또한 광범위한 반성직주의도 일으켰다. 이것은 『승니얼해(僧尼孽海, 죄의 바다에 빠진 비구들과 비구니들)』와 같은 풍자

---

8 이 전승은 한국에 잘 보조되어 있었던 것 같다. '얽매이지 않은 행동'을 보여주는 최근 사례에 대해서는 Jung-kwang 1979 참조.

문학에 표현되어 있다. 이 책은 '승려들의 행복'이라는 제목의 다음 노래로 시작된다.

중들은 즐겁다고 말하지 마세요.
힘세고 난폭하니, 그게 바로 그들이죠!
가사 걸치고 머리를 깎아 반질반질한
그들은 자신들이 대단한 양 으스대지.
하지만 그들은 대머리, 위나 아래나.
아래와 위, 두 불알 똑같이 반들반들.
대머리에 벌거숭이, 벌거숭이에 대머리
정말로 중들은 모두 머리가 둘이구나.
… 불쑥 나온 머리들, 갈라진 틈을 찾아
멋진 아가씨들 불러내서는
'불아(佛牙)'의 참모습을 드러내누나.[9]

선 전통을 전복시키는 일은 〈오계 선사가 홍련과 사통하다(五戒禪師私紅蓮)〉라는 제목의 화본話本처럼 대중적인 이야기들에서도 볼 수 있다. 그 화본의 주인공은 소녀 홍련 그리고 외눈의 오계五戒와 명오明悟 두 선승이다. 이 둘은 우연히도 송대의 유명한 시인 소식(蘇軾, 소동파)과 그의 벗인 불인요원(佛印了元, 1032~1098)의 전생이다.(T. 49-2036, p.673b 참조) 오계는 항주 정자효광선사淨慈孝光禪寺의 고승이었고, 명오는 그의 제자였다.[10] 어느 날, 한 여자 아기가 절문 앞에

---

9 『僧尼孽海』(van Gulik 1974에서 인용); Howard S. Levy 1975, pt.2, p.11 참조.

440

버려졌다. 오계는 아기를 승려들 가운데 한 명에게 맡겼다. 홍련이라는 이름을 받은 아이는 마침내 아름다운 소녀가 되었다. 그녀의 존재를 까맣게 잊은 오계는 어느 날 우연히 그녀를 보았고 갑자기 사랑에 빠졌다. 그는 [그녀를 키우던] 승려에게 그녀를 자기 승방으로 데려오라고 말했고, 그 후에 그녀의 순결을 빼앗았다. 그 처녀성을 빼앗은 일은 다음의 유려한 시적 표현으로 마무리된다. "아깝도다, 보리菩提의 달콤한 이슬이／ 홍련의 꽃부리에 다 쏟아져 들어갔으니!"

그러나 이야기는 계속된다. 앉아서 선정에 든 명오는, 오계가 홍련을 범함으로써 불사음不邪淫의 계율을 위반하고 한순간에 수 년 동안의 청정한 행업을 망친 것을 '지혜의 눈'으로 보았다. 다음날, 그는 오계를 시 모임에 초대해 만개한 연꽃을 주제로 삼았다. 그가 지은 시는 다음 구절들로 끝을 맺었다. "여름날 연꽃 완상, 참으로 즐거우냐／ 붉은 연꽃이 어찌 흰 연꽃보다 향기로울까?" 들켰다는 것을 깨달은 오계는 인사를 하고 돌아와 〈사세송辭世頌〉을 쓴 뒤, 앉아서 선정에 든 채 죽었다. 그 업보 때문에 오계가 불교의 적으로 다시 태어날 것을 안 명오는 그를 뒤따라 죽기로 결심했다. 그는 시승詩僧인 불인佛印으로 다시 태어났으며, 오계는 시인 소식으로 다시 태어났다.[11]

10 [역주] 본래의 화본에서는 오계가 명오의 사형으로 나온다. 포르가 착각한 듯하다.

11 소식은 유명한 반성직주의적 시("不禿不毒, 不毒不禿. 轉禿轉毒, 轉毒轉禿." 대머리 아니면 독하지 않고 독하지 않으면 대머리 아니지. 대머리일수록 더 독하고 독할수록 더 대머리라네.)의 작가로 여겨지는데, 그 시는 다음과 같이 프랑스어로 깔밋하게 번역되었다. "Qui n'est pas pernicieux n'est pas religieux, et qui n'est pas chauve n'est point fauve. De même, qui quitte la religion quitte la corruption,

소식의 유일한 결점은 불교를 믿지 않고 승려들을 몹시 싫어한 것이었다. 다행하게도 불인을 만난 소식은 전향했고 곧 깨달았으며, 마침내 대라천선大羅天仙이라는 이름으로 알려진 도교의 신선이 되었다.[12] 홍련으로 말하자면, 그녀 또한 구제되었다고 한다.

소식이 깨달은 이야기는 도겐이 아주 좋아하는 사례 가운데 하나로, 『쇼보겐조』의 「계성산색谿聲山色」이라는 장에 제목으로 붙어 있다.[13] 도겐은 소식의 전생에 관한 위의 변형된 이야기를 간과한 듯한데, 구어체 중국어를 이해하지 못했기 때문이다. 그는 소식이 죽은 지 한 세기가 더 지난 때에 중국에 유학했고, 그때는 이 이야기가 분명히 잘 알려져 있었다. 오계가 소식으로 환생한 전설은 혜홍각범(慧洪覺範, 1071~1128) 선사의 『냉재야화冷齋夜話』에도 인용되어 있다.[14] 아무튼

---

et en abandonnant la tonsure on quitte l'ordure." Lanselle 1987, 37, p.61 참조. 소식과 불인은 또 송대 이후에 일본의 만자이(漫才, 일본의 전통적인 희극)처럼 희극적인 대화로 구성되는 대중적인 문학 갈래에서 축제화를 촉진하는 구실이 되었다. Sawada 1975, p.180 참조.

12 앙드레 레비(André Lévy 1978, Vol.1, pp.57-60)가 요약한 『淸平山堂話本』(Shanghai: Gudian wenxue chubansha, 1957) 참조. Dars 1987, p.425; Iriya 1958, pp.197-203 또한 참조. 이야기는 『금병매金甁梅』 53회에서 두 비구니가 '보권寶券'으로서 암송한다. André Lévy 1985, Vol.2, p.613의 번역 참조.

13 이 장의 제목〔계성산색〕은 '시냇물 소리, 산의 빛깔'을 뜻하는데, 소식이 깨달음을 얻은 뒤에 쓴 시를 가리킨다. 더 자세한 것은 Faure 1987c, pp.121-142 참조.

14 화본은 송대의 다른 작품들 그리고 『수곡춘용繡谷春容』과 『연거필기燕居筆記』 같은 후대의 이야기 모음집들에 인용되어 있다. 한 변형이 『금병매』 73회에 나온다.(André Lévy 1978, Vol.1, p.59 참조) 『불인사사조금랑(佛印師四調琴娘, 불인 스님이 금랑을 위해 네 번 곡을 쓰다)』이라는 제목의 화본도 보라. 거기에서 불인은 신종神宗 황제의 변덕 때문에 승려가 된 시인으로 나온다. 소식은 불인의

442

소식의 대조적인 두 이미지는 '위대한' 전승과 '하찮은' 전승에 대한
선택적 기억, 그리고 영웅의 야누스적 성격을 전형적으로 보여준다.
불교도나 선승들의 타락에 관해 들려주는 다른 이야기들도 많이 있
다.[15] 물론 이런 반성직주의적 자료들이 편파적일 수 있음을 의심해야
하지만, 불교 문헌에서도 그와 관련된 단서를 찾을 수 있다. 일본의
구법승인 엔닌(圓仁, 794~864)은 그가 만났던 선승들의 방종함을
자신의 일기에 서술하고 있다. 나아가 '고기 먹는 자들과 사통한
자들'에 대한 비판은 선승들 스스로 하기도 했다. 남송 때의 보암(普庵,
1115~1169)이 그러한 예다. 오바쿠슈(黃檗宗) 선사인 쵸온 도카이(潮
音道海, 1628~1695)가 토쿠가와 일본의—아마도 그렇게 다르지 않은—
상황 속에서 보암의 비판을 그대로 인용하고 있다. "그리고 오늘날에
는 마음 비운 선종이 있어 그 사람들은 올바른 깨달음을 얻지 못했으면
서도 이렇게 해명한다네. 술을 마시거나 고기를 먹거나 간음을 저질러
도 본각에 아무런 장애가 되지 않는다고."[16] 일본에서 이런 태도는

승복을 벗기려고 가수 금랑을 고용해 그를 유혹하도록 하는데, 불인은 금랑의
구애를 견뎌낸다. 불인의 이런 행위에 감명 받은 소식은 선으로 전향한다.
그런데 『금련기金蓮記』에 기록된 한 변형에서는 금랑이 불인을 퇴짜놓는다.
ibid., Vol.2, pp.621-622 참조.

15 다른 사례는 Lanselle 1987, pp.33-65에서 볼 수 있다.

16 Dieter Schwaller, "Der Text Mukai Nanshin des Japanischen Zen-Mönchs
Chōon Kōkai," 1987(미발행 논문) 참조. 앞서 언급했듯이 송대 선종의 이런
경향을 대표하는 사람은 '꾀쟁이' 도제(道濟, 濟公)였다. 이런 맥락에서 특히
중요한 것은 제공濟公이 홍천紅倩과 "우연히 만나 대화"한 이야기 그리고 앞서
인용한 오계와 홍련의 이야기와 유사하다는 점이다.

토쿠가와 시대 훨씬 전에 이미 널리 퍼졌던 것으로 보인다. 잇큐 소쥰은 〈가식적인 학도들에게〉라는 시에서 이렇게 쓰고 있다.

절에서도 사통하니, 마구니 선이로다.
신도들 불러들여 '현묘한 깨침' 찾네.
요즘의 저 문둥이 요소養叟여!
가득한 죄 속에서 나만 본성 따른다네.[17]
(『쿄운슈』 351; Sanford 1981, p.135)

잇큐는 자신의 '자연주의'를 선원에 널리 퍼진 도덕적 방종, 즉 동시대인인 요소 소이(養叟宗頤, 1376~1458)와 연관된 방종과 날카롭게 대비시키고 있다. 그러나 우리는 그런 비판들의 논쟁적 맥락을 잘 알아야 한다. 아무튼 〔잇큐와 요소가 보여주는〕 두 유형의 '자연주의'는 후대에 하나로 합쳐졌고, 『쿄운슈』는 그런 이유로 금지되었다.

토쿠가와 시대에 불교 승려들이 태만했던 일은 소설가들의 작품에서도 공식 문서들에서도 종종 묘사되었다. 쿠마자와 반잔(熊澤蕃山)의 『우사몬도(宇佐問答)』에 따르면 이러하다. "근래에 기독교를 금지하는 법령을 포고한 뒤로 신앙심 없는 불교가 번성했다. 전국 곳곳에서 모든 사람들이 과거와 달리 단나데라(檀那寺)를 두고 있기 때문에 승려들은 수양이나 학업에 대한 걱정이 없이 자유롭게 세속적인 일들에 몰두할 수 있다. … 그들이 고기를 먹고 연애를 하며 누리는 자유는

---

17 〔역주〕 이 시의 원제는 '시영현도示纓衒徒'이며, 원문은 다음과 같다. "人家男女魔魅禪, 室內招徒使悟玄. 近代癩人顚養叟, 彌天罪過獨天然."

속인들의 자유를 넘어선다."(Watt 1984, p.190)

이런 반성직주의적 전망은 이하라 사이카쿠(井原西鶴)의 도시풍 소설들에도 반영되어 있다. 〈세켄데라(世間寺) 중의 아내〉에서 주인 공인 젊은 창녀는 이렇게 회상한다. "이윽고 나는 여덟 종파의 모든 절에서 이 한 가지 종교(곧, 성적 탐닉)를 부추겼는데, 염주 실을 베어낼 (종교적 서약을 깰) 준비가 되어 있지 않은 승려는 한 명도 보지 못했다고 말할 수 있다."(Saikaku 1963, p.149)[18] 비록 선종은 전통적인 불교의 '여덟 종파'에 속하지는 않았지만, 이런 점에서는 그리 달랐을 것 같지 않다.

성관계는 위반의 한 양상일 뿐이었다. 위반에는 술에 취하는 것과 채식에 관한 계율을 어기는 것도 포함되었다. 고기와 생선을 먹는 것은 불교 승려의 타락을 보여주는 한 징후로서 일본 당국으로부터 확실히 비난받았다.[19] 가령, 1409년에 몇몇 승려가 생선과 고기를 먹었다는 추문에 연루되어 유배된 일이 있었다.(Tsuji 1944~1955,

---

18 〔역주〕이 인용문의 출처를 포르는 『고쇼쿠 고닌온나(好色五人女)』의 영역본인 *Five Women Who Loved Love*, Trans. Wm. Theodore de Bary(Rutland, VT: Charles E. Tuttle, 1956)이라고 했고, 책 말미의 참고문헌에서도 그렇게 적었다. 그러나 이는 착오다. 정확하게는 『고쇼쿠 이치다이온나(好色一代女)』의 영역본 인 *The Life of an Amorous Woman*, edited and translated by Ivan Morris(New York: New Directions Books, 1963)이다. 포르가 이 책의 쪽수를 적은 것으로 보아 착오가 분명하다. 따라서 번역에서는 연도만 바로잡고, 참고문헌에 이 책의 서지사항을 덧붙였다.

19 Tsuji 1944~1955, Vol.5, pp.67-70, Vol.10, pp.446-493; 와타츠키 쇼고(若月正 吾), "江戶時代の僧侶の墮落について: その諸例," KDBGR 2(1971), pp.5-19 참조.

Vol.5, pp.66-67) '지혜의 물'이라는 미명 하에 술을 마시는 일 또한 널리 퍼졌다. 이것은 1419년에 쇼코쿠지(相國寺)에서 엄격하게 금지되었다. 그 이듬해에 이 금지령은 모든 선종 사원으로 확대되었다. 같은 해에 한국(조선)의 한 사신이 쓴 『노송당일본행록老松堂日本行錄』에서 비구들과 비구니들이 같은 법당에서 자는 절에 대해 보고하고 있다.[20] 곧 살펴보겠지만, 동성애('항문 성교')의 경우도 비교적 흔했던 것 같다.[21] 그렇다 하더라도 토쿠가와 시대 불교 사원들의 타락에 대해서는 다소 과장되었을 수 있다. 츠지 젠노스케(辻善之助)가 제시한 증거의 상당 부분은 반불교적인 소책자들과 기독교 선교사들의 보고들이 제공한 것이다.(ibid., Vol.10, p.404 참조) 사실 어느 정도는 근거가 있겠지만, 토쿠가와 시대의 타락한 불교에 대해 내놓은 그의 설명은 일본의 역사학자들 사이에서 통설이 되었고, 또 불교를 희생양으로 삼으려 한 메이지 시대의 청교도적인 이념가들의 공식적 해석에 너무 가까워서 문제 제기도 거의 없다.

---

20 [역주]『노송당일본행록』은 조선 세종 2년(1420)에 문신 송희경宋希璟이 회례사回禮使로 일본에 다녀오면서 쓴 책이다.

21 승려들이 여성과 혼인하는 관습이 생긴 것은 이하라 사이카쿠가 묘사한 것처럼 어느 정도는 남색을, 그리고 다른 형태의 반쯤 은밀한 정사를 줄이기 위한 타협이 아니었을까라고 생각할 수도 있다. 잘 알려져 있다시피, 아내를 얻은 승려에 대해 잘 기록해 둔 최초의 사례는 신란(親鸞, 1173~1262)의 경우다. 그렇지만 승려들이 종종 하녀나 내연녀와 즐겼음에도 승려들의 혼인은 메이지 시대까지 법적으로 금지되어 있었다. 중요한 것은, 비구승들에게 결혼이 허용된 뒤에도 비구니들에게는 계속해서 독신이 요구되었다는 사실이다.

성性에 대한 선의 태도

성性—더 정확하게는 그에 대한 징벌—이 인도의 계율에서는 지배적인 역할을 했으나, 중국의 계율과 선종의 '청규淸規'에서는 생략되었다. 보살계菩薩戒가 발달하고 도덕성의 내면화가 진행되면서 실제의 '현상적인' 위반이나 '형식적인' 위반보다는 죄와 망상이 공空이라는 것을 깨달으려는 '무형의 참회'에 중점을 두었다. 이미 초기 선에 존재하는, 가령 『무생방편문無生方便門』이나 『육조단경』 같은 초기 선서禪書들에 존재하는 이런 경향은 방종에 힘을 실어 주었다. 이것은 혜능과 『육조단경』을 근거로 계율과 불교 교리를 무시하는 승려들을 향해 토쿠가와 때의 선사 도쿠안 도쿠고(獨庵獨語)가 비판한 데에 암시되어 있다.(T. 82-2597, p.565a)

위반의 구체적인 내용을 숨기려는 성향은 사실 인도의 참회자들이 이미 보여주었다. 예를 들어, 여성과 대화하지 말라는 규정과 관련해서 두 가지 모호한 경우가 있었는데, 이에 대한 계율 논의에서 상좌는 승단에 물었다. "여러분, 나는 두 가지 모호한 사례를 다 읽었습니다. 이제 그대들에게 이 물음을 던집니다. 여러분, 그 문제에 관해 그대들은 흠이 없습니까? … 한 번, 두 번, 세 번, … 여러분은 저 모호한 사례와 관련해 흠이 없습니다. 나는 저들의 침묵을 그렇게 해석합니다."(Rhys Davids and Oldenberg 1881, p.229) 포살布薩 의식은 사실 공개적인 고백이라기보다는 의례적인 계본(戒本, 바라제목차)의 암송이고 승단의 재확인이었다. 그렇지만 침묵을 그렇게 해석함으로써 교묘한 궤변이 발달할 길을 열어 준 셈이다. 그럼에도 인도의 계율은 성 문제에 대해서는 꽤 솔직했다. 왜냐하면 알려진 열세 건의 참회 사례 가운데서 적어도 다섯 건은 그 규정에 속하기 때문이다.[22] 성교는 엄격하게 금지되었으며, "동물과 하는 것조차" 금지되었다. 그러나 '수간獸姦'보다 자위가 더 주요한 관심사였던 것 같고, 또 텍스트들은 "몽정을 제외하고 고의로 사정하는 것"을 금지했다.(Prebish 1975, p.54) 붓다가 어떤 승려를 다음과 같은 말씨로 꾸짖은 적이 있다고 전해진다. "멍청아, 너는 보시를 받으려고 너의 손을 공공연하게 올리는데, … 그런 뒤에 똑같은 손으로 그 끔찍한 짓을 하다니!" 이를 피하기 위해 붓다는 이렇게 선언했다. "만약 한 승려가 자신의 성기를 만져 정액이 흘러나오게 한다면, 그는 승단 앞에서 자신의 잘못을 고백하고 규정에 따라 참회해야 한다."(Wieger 1951, pp.350-351) (소극적인 동성애자로 간주된) 고자와 남녀추니를 거부하는 것에 대한 조항들도 있다.(ibid., 467, p.471) 그렇지만 이상하게도 동성애는 눈감아 주었는데, 적어도 이성애보다는 더 용인되었던 것 같다.

한편, 성 문제를 유일하게 명시적으로 다룬 중국의 사원 규정은 명대의 선사 주굉袾宏의 것이다. 주굉은 〈수신십사(修身十事, 수양을 위한 열 가지 일)〉에서 '일곱째 일'을 다음과 같이 서술하고 있다. "여인을 가까이 하지 말라: 젊은 비구니와 도우道友가 된다면, 속세의 여인을 의모義母로 삼는다면, 친척이나 집안 식구를 만나려고 그 집을 자주

---

22 다섯의 경우는 (1) 자위, (2) 애무, (3) 음탕한 말, (4) '정신적' 사랑, 그리고 (5) 중매 노릇 하기 등이다. Rhys Davids and Oldenberg 1881, Part 1; Prebish 1975, p.52도 참조.

448

찾는다면, 또는 아직 칠순이 되지 않은 모친과 함께 산다면, 당연히 조롱을 받고 의심을 살 것이다. 이 모든 일은 여인을 가까이 하는 것으로 간주된다."(Yü Chün-fang 1981, p.205 참조) 주굉은 복식 부기식 도덕 장부로도 유명하다. 그는 자신의『자지록自知錄』에서 모든 선행과 악행에 값을 매겼다.[23] 그러나 유교의 영향을 받았기 때문인지 대체로 중국과 일본의 사원 규칙들은 인도의 계율과 비교할 때 굉장히 추상적이고 완곡하게 표현되어 있다.

여성에 대한 이미지

> 불교도들이 여성의 몸을 경멸한다면, 내가 생각하기에 그것은 원래 도덕의 타락과 관련이 있다. … 머리털이 붉은 사람들의 나라에서는 남자들이 상속자로 입양된 사위처럼 행동한다. 그들은 여성들을 주인처럼 여긴다. 인도에서도 틀림없이 똑같았을 것이다.
>
> — 토미나가(富永),『슈츠죠고고(出定後語)』

---

23 주굉이 '잡다한 악행들'에 값을 어떻게 매겼는지는 다음이 보여준다.

167. 아주 가까운 친척과 성행위를 하면 50과過로 친다.

168. 창기와 성행위를 하면 2과로 친다.

170. 비구니 또는 절개 있는 부인과 성행위를 하면 50과로 친다.

171. 좋은 집안의 어여쁜 처자를 보고서 사통하려는 마음을 일으킨다면 2과로 친다.(이는 재가자를 위한 것이다. 승려의 경우에는, 여인이 친척이든 아니든 또는 좋은 집안이든 미천한 집안이든 불문하고 그런 죄를 저지르면 일률적으로 50과로 치며, 사통하려는 마음을 일으키면 일률적으로 2과로 친다.)(Yü Chün-fang 1981, p.252)

'불사음不邪淫'의 위반은 사원 공동체 안에 또는 그 주변에 여성이 존재한다는 것을 전제한다. 최초의 여성, 즉 석가모니의 이모와 유모가 승단에 들어올 수 있도록 붓다를 설득하는 책임을 진 이가 여성의 매력에 민감했던 잘 생긴 아난이었다는 사실은 그리 놀랍지 않다. 불교의－또는 적어도 장로들(상좌부)의－ 기본적인 여성 혐오는 이 일화로 잘 드러난다. 이것은 붓다가 여성을 자신의 공동체에 받아들이기를 꺼린 것과 여성의 존재 때문에 불교가 쇠락할 것이라는 그의 예측을 (소급해서) 보여준다.[24] 붓다의 입멸 뒤에 대가섭은 아난을 나무랐는데, 여성들을 위해 개입했을 뿐만 아니라 붓다에 대한 존경심도 결여되었다는 것이 이유였다. "그대는 붓다가 반열반에 드신 뒤에 그분의 잠복 고환의 표식을 여성들에게 보여주었다.[25] 부끄럽지 않은가?"(Lamotte 1944~1980 Vol.1, p.96 참조)

희생양으로서 아난의 역할은 『능엄경』의 서장序章에 잘 예시되어 있다. 붓다가 설법을 하도록 구실을 제공해주는 일화인데, 유혹에 넘어가기 직전의 아난이 전능한 붓다의 지시에 따라 개입한 문수사리의 도움으로 궁지에서 벗어난 상황을 보여준다. 이 일화가 『능엄경』이 대중화된 주요한 이유들 가운데 하나였을 수 있고, 또 독자들은 그

---

24 여성들에 대한 초기 불교의 태도에 관한 상세하고 미묘한 연구로는 Sponberg 1989 참조. 스펀버그는 이 점에서 네 가지 주요 줄기를 구별했는데, 그는 이것들을 구제론적 포용성, 제도적 남성 중심주의, 금욕적 여성 혐오, 그리고 구제론적 양성성이라 부른다.(ibid., p.8)

25 [역주] 붓다는 여느 인간과 다른 모습을 지닌다는 믿음에서 그 형상을 표현한 것이 32상相이다. 그 가운데에 붓다의 성기는 오므라들어 몸 안에 숨어 있다고 하는 내용도 있다. 그것이 '잠복 고환'이다.

도덕성보다 이야기 자체를 더 즐겼을 수도 있다. 그렇지만 후대의
전승은 이 경전에서 아난에게 주어진 부정적인 판단을 그대로 받아들
였다. 적어도 한 승려는, 즉 잇큐(一休, 1394~1481)는 이 도덕성에
대해 반발했다. 〈나한유음방도(羅漢遊淫坊圖, 매춘굴을 지나는 나한의
초상)〉라는 시에서 이렇게 썼다.

속세를 떠난 저 나한, 아직 보리와는 먼데
한번 매음굴 들더니 크나큰 지혜 냈구나.
한참 웃던 문수사리 능엄경을 읊조리네.
젊은 시절 풍류놀이 잊은 지 한참인 듯.[26]

〈불사음계不邪淫戒〉라는 제목의 또 다른, 자전적인 시에서 그는
동일한 주제로 돌아간다.

고주망태 기루에서 누가 노래 부르는가?
젊은이의 한 곡조가 내 머리 휘젓는구나.
아난의 그릇된 짓에 매음굴엔 동이 트고
깨달음의 묘한 방편, 희미해진 가을 달.
(『쿄운슈』 336; Sanford 1981, p.157)

불교든 아니든 '위대한 전통들'은 여성(그리고 몸, 즉 여성의 몸)과
대비해 스스로를 정의하는 경향이 있는데, 그것은 종종 토착 종교의

---

26 『쿄운슈』 255(trans. Sanford 1981); Arntzen 1986, p.255 참조.

전형으로 인식된다. 선종은 흥미로운 경우다. 언뜻 보기에는 그 전복
적이고 '돈오적인' 구성 요소들이 여성적인 종교 경험의 특성으로
인식되어 온 것과 유사한 무언가를 제공할 것 같기 때문이다.(Bynum
in Bynum, Harrell, and Richman 1986 참조) 그렇지만 이 영역에서 선종의
태도는 사실 꽤 보수적이었다. 초기 불교에서 여인들은 본질적으로
음탕하고 부정한 존재로 여겨졌다. 그들은 마라, 곧 유혹하는 자의
딸들이었다. 『앙굿따라 니까야』(Ⅲ. 67.)에서 붓다가 말한 것처럼.
"승려들이여, 여자는 함께 가고 있을 때조차 다른 남자의 마음을
사로잡기 위해 멈출 것이다. 서 있든 앉아 있든 또는 누워 있든,
웃고 있든 말하고 있든 또는 노래하고 있든, 울고 있든 괴로워하고
있든 또는 죽어 가고 있든 간에, 여자는 다른 남자의 마음을 사로잡기
위해 발걸음을 멈출 것이다. ⋯ 진실로 여자다움에 대해 말할 수
있다. 그것은 완전히 마라의 올가미다." 비록 신수에게는 영향을
줄 수 없었지만, 목욕하는 여인을 그저 보는 것만으로도 저 유명한
은둔자 유니콘[27]은 고통스럽게 획득한 모든 힘들을 잃어버렸다.[28]
또 하나의 전형적인 사례는 우파굽타(Upagupta)의 제자 이야기다.
인도의 세 번째 조사인 우파굽타는 가장 독실한 제자에게 여인들을
조심하라고 주의를 주었다. 자신은 이미 깨달음을 얻었다고 확신한

---

27 〔역주〕 유니콘은 순결이나 청순을 상징하며 처녀 외에는 잡을 수 없다고 하는
   일각수다. 여기서는 고행자나 수행자를 비유하고 있다.

28 『콘쟈쿠 모노가타리(今昔物語集)』, trans. Bernard Frank, *Histoires qui sont
   maintenant du passé*(Paris: Gallimard, 1968), 73 참조. 똑같은 일이 비구니에게도
   일어난다.(ibid., p.117)

그 제자는 기분이 상했다. 그 뒤 그가 강을 건너고 있을 때, 물살에 떠내려가고 있던 여인을 구해주어야만 하는 상황이 되었다. 그녀의 몸이 닿자 흥분된 그는 사원의 서약을 잊어버렸다. "그는 그녀를 강제로 땅에 눕히고는 그녀의 두 다리 사이에 엎어져 그녀를 범하려 했다. 그 순간 그녀를 바라보다가 자신이 여자 대신에 거룩한 현자인 스승을 짓누르고 있다는 걸 알아챘다. 깜짝 놀란 그는 몸을 빼려고 했다. 그러나 우파굽타는 두 다리로 그를 꽉 조이며 소리쳤다. '왜 이런 식으로 나이든 중을 괴롭히느냐? 네가 정말로 깨달음을 얻어 성욕에도 더럽혀지지 않는 성자 같은 사내냐?' 제자는 부끄러워서 어찌할 줄을 몰라 그저 우파굽타의 다리에서 벗어나려고 버둥질만 했다. 하지만 우파굽타는 두 다리로 단단히 죄어 꽉 붙들고 놓아주지 않았다. 스승이 계속해서 그를 꾸짖는 동안에 길 가던 사람들이 모여들어서 지켜보았고, 제자는 수치심과 굴욕감에 휩싸였다."[29]

우파굽타의 '방편'은 아주 효과적이었고, 제자는 그 가르침을 이해했다. 이 일화를 『능엄경』에서 아난이 유혹 받는 것과 비교하는 일은 흥미롭다. 우파굽타는 붓다보다 훨씬 익살스럽다. 붓다는 너무 진지해서 그런 지저분한 속임수를 쓰지 않았을 것이다. 우파굽타는 꾀쟁이의 특성을 조금은 지니고 있었지만, 엄격한 금욕주의자로 남았기 때문에 만회萬回 같은 꾀쟁이처럼 대중의 상상력 속에서 결합의 신이 되지는 못했다. 만회는 "붓다도 도道도 믿지 않으면서 그저 사람들이 어떻게든 맺어지기를 바랐던" 인물이다. 우파굽타의 이야기는 지의智

顗의 『마하지관摩訶止觀』에도 나타나고 『쇼보겐조』의 「사선비구四禪
比丘」에서 도겐이 인용하기도 했지만, 전복적인 그 익살은 사라졌다.
"사실 여인은 변장한 우파굽타였다. 이를 알아챘을 때, 제자는 너무나
수치스러워서 스승 앞에 엎드렸다."(Yokoi 1976, p.157) 도겐은 아라한
과를 얻었다고 착각하는 승려들의 사례를 제공하고 싶었을 뿐, 성욕의
문제나 계율의 위반에 대해서는 관심이 없었다.

중국인들도 일반적으로는 여성을 남성의 신체적·정신적 힘에 대한
잠재적인 위협으로 인식했다. 로베르트 반 훌릭(Robert van Gulik)은
도교에서 유래된 개념들이 어떻게 성적인 흡혈귀 짓(착취)에 대한
믿음을 낳았는지를 보여준다.(van Gulik 1974) 그러나 도교는 남녀
사이의 필연적인 상보성을 강조하고 의례에서 여성들에게 중요한
역할을 부여했다. 대승불교의 논리인 불이不二도 마찬가지로 남성과
여성의 이론적 평등으로 이어졌으나, 확실히 여성의 지위를 높이지는
못했다. 이제론二諦論은 성적인 차이들을 관습적인 차원에서 유지하
는 동시에 절대의 차원에서 설명하는 논점을 제공했다. 잇큐가 이렇게
말했듯이. "피부를 보면, 남자와 여자는 얼마나 차이가 나는가! 그러나
뼈를 보면, 둘 다 그저 사람이다." 그러나 많은 선사들의 '절대론적'
해석과 반대로 잇큐는 중관파의 정설에 따라 관습적 진리가 필요하다
는 것을 알았고, 얄팍한 차이를 즐길 수 있었다. 대부분의 선사들은
시도 부난의 태도를 공유한 듯하다. "나는 아직도 짐승의 마음이
나에게 남아 있기 때문에 여자들과 접촉하기를 꺼린다."(Kobori
1970~1971, Vol.4, p.122 참조) 참으로 한국의 '미치광이 중'인 중광重光
처럼 '수성獸性'을 초월하고 그 이론적 일치주의를 실천했다고 주장할

454

만한 이가 선승들 가운데는 거의 없었다.[30] 불교의 성평등에 대한
전거는 우선 『법화경』의 「제파달다품提婆達多品」에서 찾을 수 있다.
거기에 사가라(娑伽羅) 용왕의 여덟 살 난 딸이 문수사리의 지도로
깨달음을 얻은 일이 나온다. 또는 아라한의 원형이 되는 사리불이
용녀龍女에게 조롱을 받는-오승은의 『서유기西遊記』(Anthony Yu
1977~1983 참조)에서 볼 수 있는 해학보다 앞선 방식으로 묘사된- 장면이
나오는 『유마경』에서, 또는 위에서 인용한 잇큐의 시들에서 찾을
수 있다. 그러나 중요한 것은 이 이야기들의 여주인공들은 용녀들,
즉 허구적이면서 인간이 아닌 여성들이다. 불교의 여성혐오는 너무
깊이 뿌리 박혀 있어서 이론적 모순을 지적하거나 허구적인 전복을
감행하는 것만으로는 흔들리지 않았다. 남녀 사이는 이론적으로 평등
하다고 했음에도, 또는 그 이론적 평등 때문에, 선은 본질적으로
남성적인 담론이었다. 그리고 그 담론은 조사의 전통에 의해서 규정된
것이다. 가사袈裟에 관한 대화를 보더라도 거기에는 전혀 여자가
없고 가모장家母長도 없다.

---

30 루이스 랭카스터(Lewis Lancaster)가 중광과 나눈 다음 대화를 보라. "마침내
나는 그에게 물었다. '언급한 그 모든 일들을 당신은 했습니까? 짐승과 성행위를
했습니까?' 그가 대답했다. '그렇소. 모든 중생은 불성을 지녔소. 왜 구별하는
거요?'"(Jung-kwang 1979, p.10) 또 다른 대화에서 한국의 승려는 이렇게 설명한
다. "나는 내 행동으로 누구를 해친 적이 결코 없소. 나는 '걸레 스님'이오.
걸레는 그 자체는 더러운 것이지만 그것에 닿는 모든 것을 깨끗하게 해준다
오."(ibid., p.10)

평등의 수사학

확실히 선의 담론에서는 남자와 여자의 구별 같은 구별짓기가 "그 자체의 궁극적 중요성뿐만 아니라 깨달음과의 관련성에서도" 부정되었다.(Levering 1982, p.19) 그러나 확실히 그런 진술은 본질적으로 수사적이다. 그것은 번뇌와 깨달음의 평등처럼 확립된 질서를 위협하는 것처럼 보이자마자 실천에서나 담론에서 부정되었다. 다른 전통에서처럼 선종에서도 남녀의 평등화는 원칙적으로 남성에 의한 권위의 독점과 공존했다.(Weber 1964, p.104 참조) 미리암 레버링(Miriam Levering)은 대혜大慧와 도겐을 인용하는데, 이 둘은 비록 선종의 상반된 경향을 대표하지만 그 종파통합주의적 접근에서는 동의하는 것처럼 보인다. 대혜는 자신을 따르는 뛰어난 재가 학인인 장씨張氏[31] 부인을 언급하며 이렇게 단언한다. "그대는 그녀가 여자이며 여자들은 (깨달음을) 공유하지 못한다고 말하는 것이오? 이 일은 남자냐 여자냐, 나이가 많으냐 젊으냐 따위와는 아무런 관계가 없다는 것을 믿어야만 하오. 우리의 것은 오직 일미一味인 평등 법문이오."(『大慧普說』, ZZ 1, 31, 5, p.455a) 그리고 그는 마무리한다. "진리를 체득하는 데서는 남자냐 여자냐, 고귀하냐 비천하냐 따위는 문제가 되지 않소. 꿰뚫어 보는 순간, 붓다와 어깨를 나란히 하게 된다오."(ibid., p.433b, in Levering 1982, p.20)

원오圜悟, 밧스이(拔隊), 쟈쿠시츠(寂室) 같은 선사들의 주장들을

---

31 〔역주〕 포르는 "Lady Tang"으로 표기했는데, 그가 인용한 문헌에서는 '張儒人'으로 되어 있다. 바로잡는다.

언급한 뒤에 레버링은 이렇게 마무리한다. "이 종파의 가르침은 여러 세기 동안에 명확하고 일관되었던 것으로 보인다."(Levering 1982, p.22) 그러나 실제로 그러했을까? 레버링은 말산요연末山了然의 이야기를 계속 검토하는데(『경덕전등록』 권11, Levering ibid., p.27), 요연은 뜻밖에 (놀랍게도?) "『경덕전등록』에 수록된 유일한 비구니다."[32] 레버링은 "그 사회가 자기 수양의 길로 유교 교육을 더욱더 강조하면서도 여성들을 교육하지 않거나 여성들이 지도자나 교사가 되도록 허용하지 않는 때에" 왜 선종에서는 "그 설법과 훈계 속에 이런 이야기들을 포함했는지" 묻는다. 확실히 선의 평등주의는 유교에 대한 불교의 경쟁—그리고 보완—이라는 더 큰 맥락에서 전략적인 목적으로 쓰였을 것이다. 불교는 사회적으로 결정된 성역할로부터 달아나고 싶었던 여성들을 끌어들였다. 묘산妙山의 전설이 전형적인 사례다. 이것은 (주로 남성인) 보살, 관자재를 여성 신격인 관음으로 바꾸는 데 이바지했다. 도교와 민간 종교, 심지어 탄트리즘과도 다르게 선종은 여성성에 긍정적인 가치를 부여하지 않았다. 그렇지만 초기 선종은 측천무후를 비롯해 많은 귀족 여성들을 끌어들였다. 무후는 황제의 칭호를 갖고 스스로 미륵의 화신인 양 행세함으로써 상징적으로 남자가 되는 데 성공한 유일한 중국 여인이었다.(Forte 1976 참조) 선종의 비문을 면밀히 조사해 보면, 깨달음에 이른 탁월한 비구니들이 많았음이

---

32 선종 텍스트에 나오는 또 다른 전형적인 여성으로는 방거사의 딸인 영조靈照, 그리고 보리달마의 제자로서 스승의 '가죽'(?)을 얻었다고 알려진 총지摠持가 있다. 도겐은 『쇼보겐조』의 「예배득수禮拜得髓」에서 이 경우들을 자세하게 다루었다. Levering 1982; Bodiford 1989 참조.

드러난다. 그러나 대체로 그들은 간단히 선사라고 기록되었고, 비석은 그들을 언급하면서 성별을 빼먹었다. 북종의 선사인 보적普寂에게 신회보다 먼저 도전했던 두 명의 천태종 비구니(그리고 친자매)의 경우는 매우 흥미롭다. 그러나 그들의 도전은 공식적인 기록에서 (거의) 지워졌다.[33] 아무튼 평등에 대한 선종의 발언은 그 이론적 전제에서 비롯된 귀결이기도 하지만 귀족의 지지가 필요했던 상황에 따른 것이기도 했다. 대혜의 법문에서 여성을 언급하는 일이 갑작스럽게 늘어난 데서 드러나듯이, 그 법문을 듣는 이들 가운데 다수는 영향력 있는 비구니이거나 재가 여성이었다. 레버링은 대혜가 그의 계승자 54명 안에 다섯 명의 비구니와 한 명의 재가 여성을 포함시켰다는 사실을 지적한다. 그러나 평등에 대한 대혜의 발언도 일반적으로 영적인 탐구와 연관된 남성적 영웅주의의 언설에는 맞설 수 없다는 점을 레버링은 아주 잘 보여준다. 깨달음은 여자에게 '대장부大丈夫'가 될 기회를 주었다.[34] 대혜 아래에서 수많은 여인들이 깨달음에 이르렀다. 그럼에도 그들 중 누구도 대혜 문하의 공식적인 계보에는 나타나지 않는다. 방거사의 딸인 영조靈照가 자기 아버지보다도 한 수 위라고 하는 이야기들이 대중성을 획득한 데서 암시되어 있듯이, 평등주의 선을 향한 충동은 주로 평민 계층에서 나온 것 같다.

---

[33] 우연하게도 한국의 고승 의천義天이 수집한 비문의 단편들에 보존되어 있다. 두 자매 가운데 언니는 주술사이자 보현보살의 화신으로 그려진다. Saitō, 1973, pp.839-840 참조.

[34] Miriam Levering, "Lin-chi(Rinzai) Ch'an and Gender: The Rhetoric of Equality and the Rhetoric of Heroism," 1988(미발표 원고) 참조.

도겐도 선으로 전향한 초기에는 성평등을 옹호했다. 가령, 『쇼보겐조』의 다음 문장을 숙고해 보라. "여성성에는 무슨 결점이 있는가? 남성성에는 무슨 장점이 있는가? 나쁜 남자들과 선한 여자들이 있다. 그대가 법을 듣고 괴로움과 혼란을 끝내고 싶다면, 남자와 여자 따위로 가르는 그런 것은 잊어라. 망상이 없어지지 않는 한, 남자든 여자든 모두 망상을 없애지 못한다. 망상을 없애고 참된 실재를 경험할 때, 남자와 여자의 구별 따위는 없다."(Terada and Mizuno 1975, Vol.1, p.326; Levering 1982, p.31) 이것은 오래 전 도겐, 즉 '유위진인有位眞人' ―그리고 유위진녀有位眞女?―를 옹호했던 사람의 말처럼 들리지 않을 것이다. 평등에 관한 이런 말도 정확히 남성의 관점을 반영하는 것일 수 있다. 아무튼 일단 전향하자 도겐은 편협한 사원 공동체를 걱정하게 되었고, 그러자 남자와 여자 사이의 평등은―승려와 재가자 사이의 평등처럼― 그의 담론에서 곧바로 사라졌다. 도겐에게는 분명히 여성 제자가 몇 명 있었다. 그가 「예배득수禮拜得髓」에 기록된 법문을 말한 것이나 『쇼보겐조』를 '여성의' 문자(카나)로 쓴 것은 그들을 위해서였을 것이다.[35] 그러나 자신의 본보기인 석가모니처럼 그는 승가에서 여성의 존재가 얼마나 위험한지를 인식하고 있었다. 그래서 아난에

---

35 카나(假名)와 선종 전통과의 관계에 대해서는 테츠겐(Tetsugen, 1854~1904)을 참조하라. 테츠겐은 카타오카(片岡)에서 쇼토쿠 태자와 탁발승(보리달마의 별칭)이 주고받은 와카(和歌), 사가(嵯峨) 천황(810~823 재위)의 아내인 단린(檀林) 황후가 염관제안鹽官濟安에게 준 시, 그리고 그 후에 염관의 제자이며 일본에서 가르칠 두 번째 선사―첫 번째는 북종선의 선승이자 율사인 도선道宣이다―인 의공義空이 일본에 온 일 등을 사례로 제시했다.(『테츠겐젠지 카나호고(鐵眼禪師假名法語)』, 41)

반대하고 대가섭과 다른 보수적인 아라한들을 편들었을 것이다. 케이잔은 더 적극적으로 이 이론적 평등을 실행하려고 했던 것 같다. 가령, 그는 요코지(永光寺)의 소유지에 비구니 사찰인 엔츠우인(圓通院)을 세웠다고 알려져 있다. 이 비구니 사찰은 그 땅을 그에게 보시했던 여인에게 맡겨졌다. 그녀는 그 사이에 소닌(祖忍)이라는 법명으로 그의 제자가 되었다. 그녀와의 관계에 대해서 케이잔은 "쇠와 자석처럼 가까웠다"고 말한다.(『토코쿠키』, in JDZS 395) 그렇게 케이잔은 여성 제자들에 대한 영적 지도에 관심을 가지고 있었다. 그럼에도 비구니들은 여전히 남성 사원 공동체의 주변에 머물러 있었다. 케이잔의 삶에서 소닌은 매우 중요했고 그녀의 깨달음에 대해서는 그가 증언하기도 했지만, 소닌은 케이잔의 전법 계승자들 안에 포함되지 못했다.

훌륭한 여인들

그런데 선종 제도에서는 아니지만 적어도 선 담론에서는 중요한 역할을 한 몇 가지 유형의 여성들이 있다. 첫째는 노파, 즉 여성성을 잃은 여인이다. 승려들에게 종종 따끔한 가르침을 주는 존재다. 어쩌면 죽을 때가 가까워진 것이 그녀를 선사들처럼 매개자로 구실할 수 있는 그런 경계적 인물로 만들었는지도 모른다.[36] 잘 알려진 사례는

---

36 인상적인 사례는 칸아미(觀阿彌)의 노能 작품인 『소토바 코마치(卒都婆小町)』의 경우다. Arthur Waley, *The Nō Plays of Japan*(Rutland, Vt.: Charles E. Tuttle, 1976), pp.114-124 참조.

덕산선감德山宣鑑에게 공안을 던지고 그가 풀지 못하자 떡을 주지 않으려 했던 노파의 경우다. 이 일은 도겐이 자주 인용하기도 했다. 유사한 일화가 젊은 황벽희운에게도 일어났는데, 재가 노파가 그보다 한 수 위였다. 그가 노파에게 자신을 제자로 받아달라고 부탁했을 때, 노파는 자신은 다섯 가지 장애가 있는 몸이어서 법기法器가 아니라고 대답했다. 그런 뒤에 그녀는 그에게 백장에게 가라고 했고, 백장 아래에서 황벽은 마침내 깨달음을 얻었다. 노파 자신은 남양혜충南陽慧忠과 함께 선을 공부했던 것으로 보인다.(Demiéville 1970b, p.272 참조) 여성의 역할에 대한 재평가에도 불구하고 이 이야기는 깨달은 재가 여성조차 주제넘게 승려를 제자로 삼을 수 없었음을 알려준다.

노파의 경우와 밀접하게 관련된 인물은 아들의 영적 안내자 구실을 한 어머니다. 가령 케이잔은 어머니가 관음보살에 기도한 덕분에 자기가 어떻게 업장을 극복했는지 그리고 어떻게 이 보살에 대한 믿음을 어머니에게서 물려받았는지 이야기한다. 그가 엔츠우인(圓通院)을 세워 관음보살에게 바치고 모든 여인들의 구제를 빌었던 것도 어머니를 기념하기 위함이었다.(『토코쿠키』, in JDZS 406) 그렇지만 상황은 늘 순조롭게 흘러가지 않았다. 버림받은 어머니는 선 문학(또는 대체로 불교 문학)에서 자주 등장한다. 이 점에서 전형적인 예는 붓다가 돌아가신 어머니에게 설법하기 위해 도솔천으로 간 이야기, 그리고 목건련(目犍連, 또는 目連)이 지옥에서 어머니를 구제한 이야기다. 그러나 어머니의 구제는 종종 희망 사항으로 남고, 어머니가 아들의 깨달음을 위해 희생되어야 했다. 우리는 앞서 어떻게 해서 황벽의 어머니가 아들을 뒤쫓아 가려 애쓰다가 강물에 빠졌는지 보았다.

선 문학에서 자주 언급되는 또 다른 사례는 혜능의 경우다. 그는 홍인에게서 배우기 위해 늙은 어머니를 버리고 떠났다. 상상해 보면, 그런 이야기들은 유교적 심성을 지닌 중국인들에게는 오싹하게 들렸을 것이다. 그들은 임제가 남긴 유명한 말을 그 예시로 읽었을 것이 틀림없다. "부모를 만나면, 부모를 죽여라!" 종밀이나 계숭 같은 선의 주창자들은 불교에도 효도가 존재했을 뿐만 아니라 인류라는 더 큰 가족을 껴안기 때문에 유교의 효도보다도 더 뛰어나다는 것을 입증하려고 애썼다.[37] 그러나 그들은 자신들의 통합주의 속에서 효도의 일차적인 기능, 즉 혈통의 보존과 차별화를 간과했다.

또 다른 유형으로 처녀가 있다. 처녀는 때때로 성적인 색조나 근친상간의 색조를 띠는 것 같다. 가령 선종에서 탁월한 역할을 하게 된 관음보살의 화신인 묘산妙山의 경우가 그렇다.(Dudbridge 1978 참조) 마조(媽祖, 선승이 아닌 '여신')처럼 묘산은 혼인을 거부하고 너무 일찍 죽었던 처녀였다. 동일한 주제가 『화등교연녀성불기花燈轎蓮女成佛記』라는 대중적인 화본에 표현되어 있다. 『유마경』에서 아라한인 사리불이 용왕의 딸에게 패배했던 것처럼 선승들이 일곱 살 소녀와의 '기연문답機緣問答'에서 패배하는 과정이 전개되면서 이야기는 점점 흥미진진해진다. 어느 날, 능인사能仁寺 장로인 혜광惠光 선사가 이끄는 행렬을 연녀蓮女가 가로막고는 다음의 물음을 던진다. "용왕의 딸은 여덟 살임에도 보주寶珠를 바쳐서 성불했습니다. 저는 지금 일곱 살인데, 보주가 없어도 성불할 수 있습니까?" 사람들은 연녀가

---

37 이 문제에 관해서는 Kenneth Ch'en, "Filial Piety in Chinese Buddhism," HJAS 28(1968), pp.81-97 참조.

미쳤다고 생각했다. 며칠 뒤, 연녀는 혜광이 설법하고 있는 자리에 끼어들어 똑같은 질문을 던진다. 혜광은 손가락으로 원을 그리는 것으로 대답한다. 연녀는 아버지한테 이끌려 집으로 돌아가게 된다. 몇 년이 지나 열여섯 살이 되었을 때, 연녀는 화등花燈 축제에 맞춰 능인사에 가서는 승려들에게 묻는다. "이 절에서 어느 등이 가장 밝습니까?" "불전 위의 등이 가장 밝다." "이것이 부처님 등불이면, 마음의 등불은 어디에 있습니까?" 곧이어 그녀는 우물쭈물 어찌할 줄 몰라 하는 승려들의 뺨을 때리고, 승려들은 혜광에게 달려가 불평을 늘어놓는다. 그러자 연녀는 혜광과 또 설전舌戰을 벌이다가 마지막에 "저 빚진 놈을 잡아라!"라는 현답賢答으로 그를 부끄럽게 만든다. 연녀가 열여덟 살이 되자, 그 부모는 이웃집 아들에게 시집보내기로 한다. 혼례식을 올리던 날, 자신의 '불신佛身'을 암시하는 작별시를 남기고서 연녀는 자신이 탄 가마에서 삼매에 든 자세로 죽는다. 두 집안은 그녀의 유해를 두고 다투는데, 그때 혜광이 와서는 (자신이 패배했음에도) 그녀를 자기 제자라고 주장하며 그 유해를 사원으로 가져간다. 연녀가 『법화경』의 전문가인 독실한 노파의 환생으로 그려진다는 사실은 매우 의미심장하다.[38] 그녀가 (승려들과의 시합 그리고 부모에 대한 소극적인 저항을 통해) 사회와 맺은 관계는 알기 어려운 성질의 것이다. 그것과 더불어 선사가 그녀의 몸을 최종적으로 회수해 간 일은 선종이 결국 여성들의 목소리를 어떻게 침묵시켰는

---

38 André Lévy 1978, Vol.1, pp.69-72; Iriya 1958, pp.71-80 참조. 연녀의 이야기와 마씨馬氏의 '아내' 이야기의 유사성, 즉 둘 다 혼례식이 끝나기 전에 죽는다는 사실에 주목하라.

지를 전형적으로 보여주는 것 같다. 비록 불교가 그들 가운데 몇몇에게는 그 성별의 의무로부터 벗어나도록 상대적인 자유를 주기는 했지만 말이다.

남성의 환상이 가장 분명하게 펼쳐지는 세 번째 유형에서는 여성이 창녀로 나타난다. 가장 중요한 사례는 다시 관음의 경우다. 슈타인이 보여주었듯이 색정적인 암시는 관음에 관한 다양한 전설들에서 두드러지며, 그것들은 선종 계통에 널리 퍼져 있는 것 같다.(Sawada 1975, pp.147-152 참조) 잇큐가 자신의 시(『쿄운슈』 62, in Yanagida 1987, p.40)에서 기렸던 마씨馬氏의 아내 마랑부馬郎婦로 나타난 관음의 이야기가 그런 것이다. 마씨의 아내는 만나는 남자들 모두와 간통하면서 그것으로 자신의 욕망을 영원히 없애려 했다.(『불조통기』, T. 49-2035, p.380c) 이 이야기는 관음의 또 다른 이미지, 즉 '물고기 광주리를 든 관음'을 흔히 연상시키는데, 이것은 주애 선사(대략 11세기)의 작품에 보인다.[39] 이 주제는 불교에서 성 문제를 논한 이야기들의 모음집에도 자세하게 나온다. 김영지金盈之의 『신편취옹담록新編醉翁談錄』(1226년경)에 기록된 〈가섭승하산취니소(賀葉僧下山娶尼疏, 가섭이 산에서 내려와 비구니와 혼인한 이야기)〉를 들 수 있다.[40] 12세기부터 14세기까지 관음에 관한 선 문학에서 성적 주제가 중요했음에도 이 주제는 종파적 경계를

---

39 이 두 인물에 관해서는 Sawada 1975, pp.143-162; Stein 1986, pp.54-61 참조. 슈타인은 관음의 천 개의 손과 눈에 함축된 미묘하고 성적인 의미를 풀기 위해 전설을 추적하며 힌두교 원형까지 거슬러 올라간다.(ibid., pp.34-54)
40 『新編醉翁談錄』(Shanghai: Gudian wenxue chubanshe, 1958), 33 참조.(Stein 1986, p.54에서 인용)

가로지른다. 신란親鸞이 혼인을 결정하게 된 근거가 꿈에 관음이 나타나 자기는 그를 구제하기 위해서 그의 아내로 몸을 드러낼 것이라고 말한 데에 있었음을 상기해보면 된다. 우리는 앞서 묘에 같은 승려들의 꿈에서 억압된 성욕이 되살아난 것을 지적하기도 했다. 양귀비楊貴妃는 당나라 현종(玄宗, 712~756 재위)의 정부情婦로서 그의 치세를 끝내는 데 기여했다. 그 양귀비를 본떠서 만든 훌륭한 관음보살상이 센뉴지(泉涌寺)－순죠(俊芿) 율사가 선종의 양식에 따라 세운 사원－에 존재한다는 사실도 역시 언급할 가치가 있다.

잇큐와 여인들

선종은 이런 '억압된 것의 회귀' 그리고 그 돈오의 '철학적 여성성'에도 불구하고 (또는 그 때문에) 본질적으로는 바타이유(Bataille)가 '남자다운 돌진'이라 부르며 규정한 남성 우월주의 담론에 머물고 있다. 선종의 전복적 성향은 선 공동체 또는 그 주변에서 여성들이 등장한 것과 어느 정도는 겹친다. 그럼에도 무절제한 성욕과 그에 뒤이은 영적 무기력에 사로잡힐까 늘 걱정하던 선종의 금욕주의자들 사이에서는 여성 혐오가 기본이었고, '방장方丈들'은 그 남성 공동체의 유대에 대해 늘 우려하고 있었다. 그러나 위반은 덕성과 뒤엉켜 있고, 잇큐 같은 인물들은 (선종의) 규칙을 확인하는 예외들이다. 잇큐는 자은사慈恩寺의 규기窺基 법사를 기리는 시에서 이렇게 쓰고 있다. "규기는 삼매에서 홀로 빼어난데,/ 술과 고기, 경전과 미인에서도 빼어나지./ 좌주座主의 눈동자는 오히려 이러한데,/ 종문에는 오로지 소쥰(宗純,

잇큐)이 있구나."(『쿄운슈』 161, in Yanagida 1987, p.92) 잇큐는 성적
욕망, 사랑, 여인들 그리고 여성의 몸을 칭송하는 다수의 시들을
지었다. 〈흡미인음수(吸美人婬水, 아름다운 여인의 애액을 마시다)〉라는
제목의 시에서 그는 이렇게 쓴다. "임제의 문도들은 선을 알지 못하누
나./ 눈먼 나귀한테로 참된 법 전해졌네./[41] 삼생三生 육십 겁 동안
사랑놀음 하였더니,/ 가을날 하룻밤이 천 년 세월이로다."(『쿄운슈』
537; Sanford 1981, p.160) 〈환아수작삼수(喚我手作森手, 내 손을 삼의
손이라 부르고)〉라는 제목의 시에서는 맹인 가수인 삼森에 대한 뒤늦은
사랑에 대해 이야기하는데, 자위행위를 암시하는 듯하다. "내 손이
어찌 삼의 손과 같으랴?/ 자신감은 하인이요 풍류는 주인이라./ 병이
나니 그녀가 옥경玉莖 고쳐주고,/ 내 문인들에게 기쁨도 주는도다."
(『쿄운슈』 543; Sanford 1981, p.164; Covell 1980, p.227 또한 참조) 자위행
위는 더 일찍 지은 〈송아지〉라는 시에서 훨씬 더 노골적으로 표현된다.
"내 벌거벗은 욕정은 길이가 다섯 치라네./ 밤이면 우리는 텅 빈
침상에서 만나지./ 여자의 손길이라곤 전혀 모르는 손,/ 들이박는
송아지가 밤엔 부풀어 커지네."(『一休圖會拾遺』, Sanford 1981, p.287에
서 인용) 끝으로 〈미인음유수선화향美人陰有水仙花香〉이라는 은유적
인 시는 이러하다. "초왕楚王의 돈대를 바라보다 올라가니,/ 한밤의

---

41 이것은 임제가 제자 삼성三聖에게 참된 법안法眼을 전한 일화를 암시한다.
Sasaki 1975, p.62 참조. 잇큐는 삼森에 관해 쓴 다른 시에서 '애액'의 주제로
돌아간다. "천상의 뜰에서 온 아름다운 삼에게 빠져/ 그녀의 꽃술을 베개 삼아
누웠다네./ 그 애액의 맑은 향기 내 입을 가득 채웠네./ 어스름에 달 뜨면
새로운 노래 부르지."(『쿄운슈』 541; Covell 1982, p.225)

옥 침상엔 시름 겨운 꿈만이./ 매화나무 아래에 한 줄기 꽃이 벌고,/
능파선자凌波仙子 허리 사이 부드럽게 흔들흔들."(『쿄운슈』 542;
Sanford 1981, p.167)

소돔과 고모라

> 칠불의 스승은 키가 다섯 자인 소년/ 그 머리칼은 구름처럼 어깨까지
> 드리웠네.
> — 고다이치 슈가쿠 선사, 1455년이 적힌 두루마리의 글귀

중국과 일본의 예수회 선교사들은 불교에 대한 반응에서는 서로 달랐
으나 불교 승려들의 도덕적 타락에 대한 책망, 더 정확하게는 '비역'—
이 '지식인들과 성직자들의 죄'—에 대한 비난에서는 일치했다.(Ariès
and Béjin 1982, p.95) 동성애는 중국과 일본 두 나라에 널리 퍼져
있었던 것 같다. 아무튼 유럽에서는 토마스 아퀴나스 이후로 강력하게
비난하며 화형에 처하기도 했는데, 그보다는 덜 억압받았던 것 같다.[42]
'비역'은 서구인의 상상력에서 종종 할례와 짝이 되는 그런 범주에
들며, 주로 '다른 것(the Other)'으로 규정된다. 조나단 스펜스(Jonathan
Spence 1984, p.222)가 지적하듯이 그런 관행들은 대개 전형적인 타자
인 이슬람과 연관된다.[43] 비록 루터는 '남색가(Sodomite)'[44]라는 용어를

---

[42] 마닐라에서는 16세기 말에 중국인 동성애자들이 스페인 사람들에 의해 산
채로 불태워졌다. Spence 1984, p.227 참조.

[43] 그와 같이 '회교도들'은 남색가이면서 할례 받은 자들이었고, 반면에 불교의
중들은 기독교 선교사들과 비슷해 보였기 때문인지 상징적인 할례를 피할

더 넓게 확장해서 "터키인들, 유대인들, 가톨릭 교도들 그리고 추기경
들"을 의미하는 데 썼지만 말이다.(ibid.) 프란치스코 하비에르(Francis
Xavier)는 일본에서 '육욕의 혐오스런 짓들'을 보고 또 그 "엄청나고
혐오스런 죄들이 그렇게 경시되고 있다"는 것을 알고는 기가 막혔다.
그러나 이런 상황은 불교 성직자들 사이에서 훨씬 더했다.

신도들이 죄를 짓는 일은 더 적다. 그들은 자신들이 성직자로
여기는 사람들, 주지〔일본어로 '보즈(坊主)'〕라 부르는 사람들보
다 더 분별력이 있다. 주지들은 혐오스런 죄들을 짓고 있으며,
그들 스스로 고백하면서 부인하지도 않는다. 그리고 이는 아주
공공연해서 남자들과 여자들, 젊은이들과 늙은이들 모두에게 다
알려져 있지만, 너무 흔해서인지 모두들 이상하다거나 혐오스럽
다고 여기지 않는다. … 우리는 종종 주지들에게 그런 죄를 지어서
는 안 된다고 말하고, 그게 얼마나 하나님께 죄를 짓는 짓인지
말한다. 그러면 우리의 말을 듣고 오히려 그들은 즐거워한다.
그런 것을 우습게 생각하며 그런 불결한 죄에 대해 비난을 받을
때 아무런 부끄럼이 없기 때문이다. 이 주지들은 자기 사원에
많은 소년들, 곧 이달고(hidalgo, 스페인의 세습 귀족)의 아들들을
두고 있으며, 읽고 쓰는 법을 가르치면서 이들과 부정한 짓을

수 있었다.

44 남색은 성서에서 소돔(Sodom)의 남자들이 한 행위에 적용된 데서 유래했다.
이 용어는 '본성을 거스르는 짓'이라 말하는 동성애 성행위(비역)와 마찬가지로
'자연을 거스르는 짓'이라 할 성행위(수간)까지도 가리킨다. Ariès and Béjin
1982, p.84 참조.

저지른다. 그리고 이런 죄는 너무도 흔해서 그들 모두에게 죄로
보일지라도 그것 때문에 화를 내지는 않는다.(Schurhammer 1982,
p.84)

하비에르의 후계자인 토레스(Torres)는 선승들과 논쟁하면서 이
문제를 화제로 삼았다. "그들은 이렇게 말했다. '이것은 여자들에
관해서는 그렇다고 할 수 있겠지만, 소년들에 관해서는 그렇지 않다.
왜냐하면 결과적으로 그 친척들에게 아무런 치욕이 되지 않고, 하물며
그 소년에게는 더욱 그렇지 않기 때문이다. 누군가 소년과 비역질을
해도 소년에게는 처녀성이 없기 때문에 비역은 죄가 아니다.'"(Schur-
hammer 1982, p.287)

마테오 리치는 중국인들에 대해 유사한 내용을 서술했고, 이른바
한림풍翰林風을 강하게 비난했다.[45]

중국에는 정상적인 성을 거부하고 악행에 탐닉하는 이들이 있는
데, 그들은 여인들을 버려두고 그 대신 젊은 남자와 부정한 성관계
를 가진다. 이런 추잡한 짓을 서구의 현명한 사람들은 입을 더럽힐
까 두려워서 거론조차 하지 않는다. 짐승조차 암컷과 수컷 사이에
서만 교합하며, 어떤 동물도 하늘이 준 본성을 뒤집지 않는다.
이런 짓을 하고도 부끄러워하며 얼굴을 붉히는 법이 없으니, 이들
의 죄는 얼마나 큰가. 우리 예수회 회원들은 자기 씨를 온전히

---

[45] 그러나 리치는 유명한 한림원翰林院이 불교 기관이 아니라 유교 기관이라는
점을 짚어내지 못했다.

간직하고 있으며 들판에 옮겨 심지 않는다. 그대는 이러한 지혜도
의심하는데, 하물며 씨를 도랑이나 시궁창에 뿌린다면 얼마나
의심하겠는가.(Spence 1984, p.229)

예수회 자체가 '자연(본성)을 거스르는 짓'을 한다는 비난을 받았기
때문에 이런 맹비난은 더욱더 필요했다.(Spence 1984, p.225 참조)
아무튼 불교 자료들이 상대적으로 침묵을 지키고 있는 문제에 대해,
아무리 편파적이라 해도 예수회의 보고가 있다는 것은 다행한 일이다.

칼과 국화

사제 간의 난교는 예수회 수사들을 아주 소름끼치게 만들었다. 그런데
의정義淨의 계율 규정들을 보면, 그것은 당나라에도 이미 있었다.
예를 들어, 의정은 '대변 보기'에 관한 규칙들을 서술하면서, "성가신
일을 줄이기 위해서는 승려 스스로 씻는다. 그러나 시자가 있는 사람은
시자에게 씻기게 할 수 있다"라고 무심코 말한다.(Takakusu 1970,
p.92 참조) 그러나 예수회 수사들의 입에서 나온 '비역'이라는 용어는
우선 모든 이단들을 총칭하면서 사용된 모욕이었다. 따라서 실제로
선종과 선원들에서 동성애가 문제였는지는 그들의 증언에만 전적으
로 의존해서 판단할 수가 없다.

특히 선종과 관련된 증거는 꽤 드물다. 부분적으로는 남자 동성애와
관련해서 (항문에 대해 '국화'라고 하는 것처럼) '은어隱語'나 완곡어를
사용하기 때문이다.(Hirazuka 1987, pp.32-35 참조) 그러나 적어도 17세

기 즈음에는 선원들의 상황이 다른 불교 단체들의 상황과 아주 달랐다
고 생각할 이유는 없다. 그리고 중국에서는 송대 이후에 선이 대중화되
고 종파간의 경계가 흐릿해졌기 때문에 그런 구별이 불필요해졌다.
기독교인들이 '자연(본성)을 거스르는 짓'이라 여겼던 일부 성적 관습
들은 역설적으로 선종의 '자연주의' 교리에 영향을 받은 것인지도
모른다. 그렇지만 그것들 또한 그 제도적, 사회적 그리고 문화적
맥락 속에서 보아야 한다.

선교사들이 주장한 것처럼 중국과 일본에 동성애가 만연했는가?
아니면, 유럽에서처럼 단순히 '지식인들과 성직자들의 죄'에 불과했는
가? 중국에 대해서는 의견이 분분하다.[46] 전통적으로 복건성福建省의
남쪽 지역과 관련이 있는데, "그곳은 비역에 대한 완곡어가 '남풍南風'
일 정도로 동성애가 널리 퍼져 있었던 것으로 추정된다."(Ng 1987,
p.68) 의사인 마티뇽(Matignon)의 증언처럼 '객관적'이라 추정되는
증언에 따르면, "남색은 중세 제국에 굉장히 퍼져 있었다. 모든 사회
계층이 거기에 자신을 내맡기고, 모든 연령들이, 노인과 마찬가지로
젊은이도 그것을 좋아한다."[47] 그런데 중국의 성에 대해 훌륭한 연구를
한 로베르트 반 훌릭은, 18세기와 20세기 초에 "동성애와 비역의
무절제한 과시"가 중국에 널리 알려져 있었다고 보고하는 많은 외국인
관찰자들의 증언은 신용하기 어렵다고 생각한다.(van Gulik 1974,
p.78) 반 훌릭은 동성애를 공공연히 표명해도 비교적 관대하게 대했던

---

46 최근의 종합에 대해서는 Hinsch 1990 참조.

47 Dr. J. J. Matignon, *Superstition, crime et misère en Chine*(Lyon: Stock, 1902),
255.(Leung 1984, p.662에서 재인용)

당시의 사회적 예법이 이런 그릇된 인상을 갖게 만들었다고 보았다.

동성애가 중국인들에게 어떻게 인식되었느냐에 따라 의견은 달라진다. 안젤라 르웅(Angela K. Leung)은 16~17세기 동안에 중국은 "동성애 관행을 허용했고 그것을 '정상적'이라 여겼다"라고 결론지었다.[48] 동성애는 죄 또는 도덕성 결여로 인식되지 않았다. 기독교 세계에서는 악의惡意라는 죄명으로, 자연과 신의 계획을 거스르는 폭력이라는 죄명으로 비난을 받았으나, 중국에서는 '반反-자연성' 같은 개념이 전혀 없었다.[49] 다른 비출산非出産의 관행처럼 사회적인 이유로만 판단되었다. 상황은 폴 벤느가 묘사한 고대 로마의 상황과 다소 유사한 것 같다.[50] 르웅이 지적하듯이, 로마의 경우를 통해 벤느가 강조한 적극/소극의 대립이 중국 문화에서는 분명히 별다른 역할을 하지 못했다. 중국에서는 음양의 상보성이 평등의 관계를 포함하고 있다.(Leung 1984, p.660) 그럼에도 로마에서처럼 특정한 동성애 관계에 대해 내려진 도덕적 판단은 본질적으로 행위자들의 사회적 지위와 관계가 있었고, '무절제'가 초래할 사회적 무질서와도 관계가 있었다. 명나라 때의 사법 지침서에서 "남자는 잘 생긴 젊은이와 관계를 맺지 않도록 그리고 하녀를 두지 않도록 가능한 한 삼가야 한다. 그래야만 부부의 침상에서 모든 일이 잘 된다"라고 분명히 밝히고 있듯이 말이

---

48 르웅은 마티뇽이 한 말을 인용한다. 마티뇽은 중국에서는 동성애자들이 적어도 20세기까지는 핍박받은 적이 결코 없었으며, 비역에 대한 공론에서 유일한 비난은 시력에 악영향을 끼치는 것이라고 말했다.(Leung 1984, pp.662-663)
49 서구의 동성애 역사에 대해서는 Boswell 1980 참조.
50 Paul Veyne, "L'homosexualité à Rome," in Ariès and Béjin 1982, pp.41-51 참조.

472

다.[51] 반 훌릭은, 조익(趙翼, 1727~1814)의 『해여총고陔餘叢考』에 따르면 북송에는 남창男娼으로 먹고 살았던 부류의 남자들이 있었다고 언급한다. 북송 정화(政和, 1111~1117) 연간에 법은 그들에게 곤장 1백 대를 치고 벌금을 물렸다. 그래도 그들의 행위는 계속되었다. 그러나 조익도 이것은 중국에서 동성애가 절정에 이르렀음을 가리킨다고 지적한다.[52] 반 훌릭은 청대에 엄숙주의가 등장하면서 상황이 급변했다고 주장한다. 비비안 응(Vivienne Ng)은 『형안회람刑案匯覽』에 기록된 몇 가지 사례를 언급하는데, 그것들은 "유교 선생들이 어린 소년들이나 젊은이들을 꼬드기는 것과 불교 승려들이 사미들을 꼬드기는 것을 포함하고 있다." 남자를 강간한 1815년의 사건을 분석하면서 그녀는 이렇게 결론짓는다. "남성 동성애는 강간죄와 마찬가지로 처벌받았다. 행실 나쁜 피해자에게 더 가혹한 처벌이 내려진 것은 청나라 정부가 동성애를 여성의 부정한 행위보다 더 나쁜 해악으로 간주했을 수 있다는 사실을 시사한다. 인습을 타파하는 남자들은 부도덕한 여자들보다 더 국가에 위협적이었다."[53] 비비안 응은 청대의 동성애 혐오증으로 보이는 것을 설명하면서, "중세 후기에 절대 왕정의 출현과 동시에 동성애가 엄습한" 유럽과 유사한 것 같다고 말한다.(Ng 1987, p.68) 근대 중국 불교에서 사원의 생활을 연구한 논문에서

51 Leung 1984, p.665, quoting Huang Zhengyuan's *Record of Ming Juridical Cases*(Taibei: Academia Sinica, 1979), 933.

52 Van Gulik 1974, p.210. 『香艶叢書』9집, 권2(上海: 國學扶輪社, 1909~1911)의 『斷袖篇』도 참조.

53 Ng 1987, p.69; 그리고 M. J. Meijer, "Homosexual Offences in Ch'ing Law," *T'oung Pao* 71(1985), pp.109-133 참조.

홈즈 웰치는 사원은 상대적으로 성에서 자유로운 곳이라고 역설한다. "승려들은 그들의 서약에 의해서 어떤 형태의 성적 배출도 금지되었다. 만약 발각되면, 그것은 승려에게는 매질과 승적 박탈을 그리고 사원에는 체면 손상을 의미했다."(Welch 1967, p.116) 그의 정보 제공자들은 그에게 동성애는 아주 드물었으며 '하류下流'로 여겨졌다고 말했다. 웰치는 사원의 식단이 성적 욕망을 떨어뜨리는 데 기여했다는 사실과 선방과 승당에 불이 계속 켜져 있어서 '방종'을 가로막았다는 사실에 주목한다. 그리고 그는 너무 성급해 보이는 결론을 내린다. "그들의 식단과 믿음을 고려할 때, 중국의 승려들은 유럽의 성직자들보다 더 쉽게 자신을 조율할 수 있었던 것처럼 보인다."(ibid., pp.118-119) 그러나 그런 환경에서는 동성애적 매력이 종종 정신적인 사랑 같은 데서 배출구를 찾아냈을 가능성이 있다.

그러므로 중국 불교 사원들의 도덕적 타락에 대한 선교사들의 묘사는 다소 과장된 것처럼 보인다. 확실히 중국 인민들 사이에는 타락한 승려들이 동성애나 비역에 몰두했다는 반성직주의적인 이야기들이 많이 떠돌고 있었다. 그러나 대부분의 이야기에서 승려들은 한 번 발각되면 심한 처벌을 받았다. 이것은 반 훌릭과 응이 주장한 것처럼 청의 통치 하에서 남성 동성애에 대한 대중의 인식이 급격하게 변화했다는 사실을 반영하는 것일 수 있다.

일본의 사법 체계에서 동성애가 어떻게 다루어졌는지에 대해서는 최근에 유사한 연구들이 나타나기 시작했다.[54] 그러나 일본 승려들의

---

[54] 특히 Pflugfelder 1990a, 1990b 참조.

474

타락에 대해서는 허구적인 이야기가 많은데, 그중 다수는 명백하게
남성 동성애를 다루고 있다.(Saikaku 1990 참조) 천태종 승려인 겐신(源
信, 942~1017)이 쓴 『오조요슈(往生要集)』에 따르면, 동성애를 한
자는 곧장 지옥으로 떨어진다. 그런데 치고 모노가타리(稚兒物語)로
알려진 불교 이야기들에 따르면, 동성애 관계 자체가 도덕적인 문제로
간주된 것 같지는 않다. 물론 도덕적인 죄악이나 세속적인 집착이라는
비난을 받았으나, 그 중대성에서는 이성 간의 관계보다 분명히 덜했
다. 『아키노요 나가 모노가타리(秋夜長物語)』(1377)라는 제목의 유명
한 치고 모노가타리에서는 미이데라(三井寺)의 중과 한 소년의 정사가
엔랴쿠지(延曆寺)와 미이데라의 전쟁으로 이어지고, 뒤이어 미이데
라가 파괴된다. 그러나 결국 소년은 자살하고, 그 후 중은 무상無常이
라는 불교의 진리를 실감하며 깨달음에 이른다. 결말에서는 전체
사건이 중을 구제하기 위해 관음보살이 쓴 꽤 값비싼 방편이었음이
드러난다.(Childs 1980, p.129; Guth 1987, p.18) 다른 치고 모노가타리에
서도 도덕성이 대체로 유사한 방식으로 유지된다. 그러나 『치고칸논
엔기(稚兒觀音緣起)』에서는 어떤 승려의 지극한 정성에 대한 보상으로
관음보살 자신이 어린 사미로 나타난다. 여기서 또 사미는 3년 동안
목가적인 사제 관계를 가진 뒤에 죽지만, 나중에 그의 관에서 십일면관
음의 모습으로 나타난다. 마거릿 차일즈(Margaret Childs)가 지적하듯
이, 이 텍스트는 불교 공동체 내의 동성애 관계에 대해 일종의 신성화가
있었음을 암시한다.[55]

55 Margaret H. Childs, "Sexuality and Salvation," paper presented at the annual
   meeting of the Association for Asian Studies, 1987 참조.

불교의 동성애 역사에서 아마도 가장 유명한 (그리고 가장 조심스럽게 숨겨진) 자료는 『쵸쥬기가(鳥獸戲畵)』의 작가로 유명한 토바 소죠(鳥羽僧正)의 『치고죠시 난쇼쿠 에마키(稚兒情史男色繪卷)』인데, 다이고지(醍醐寺)의 산보인(三寶院)에 보존되어 있다.[56] 이야기들 가운데 하나는 쿄토 근처 사가(嵯峨) 출신의 한 사내를 중심으로 전개된다. 그는 무위無爲의 길을 이해하고 삼사三史와 삼경三經[57] 따위 유교 고전들을 버린 뒤, 천태의 요체를 파고들어 "번뇌가 곧 보리다"라는 것, 선악은 둘이 아니라는 것, 열반과 윤회는 동일하다는 것, 그리고 모든 법은 공이라는 것을 이해했다. 그런 뒤에 자신의 마음을 그대로 따르면서 어린 소년들을 쫓아다니기 시작한다.(Takahashi Tetsu 1965, pp.195-196) 참으로 '자연외도'의 귀결에 대한 생생한 묘사가 여기에 나온다.

『난쇼쿠 야마미치노 츠유(男色山路の露)』(Hirazuka 1987, p.50)의 서문에 따르면, "꽃을 생각할 때 벚꽃 앞에서 멈추거나 '색(色)'을 생각할 때 여인들 앞에서 멈추는 그런 치우침은 유일하고 궁극적인 평등의 길에 대해 무지한 데서 비롯된다." 이렇게 양성애를 정당화하기 위해서 불교의 불이不二를 끌어들인다. ('성'을 뜻하기도 하는) '색色'에 대한 말장난은 『반야심경般若心經』의 유명한 구절인 "색즉시공, 공즉시색(色卽是空, 空卽是色)"에도 함축되어 있다. 그래서인지

---

56 이 텍스트는 비난 받은 몇 가지 삽화들과 함께 타카하시 테츠(Takahashi Tetsu, 1965, pp.193-199)에 의해 편집되었다.
57 〔역주〕 삼사는 중국의 『사기』와 『한서』, 『후한서』 세 역사서를, 삼경은 『시경』과 『서경』, 『주역』을 가리킨다.

476

'코야신교(高野心經, 코야산의 반야심경)'라는 용어가 동성애에 대한 완곡어로 쓰이는 데까지 이르렀다. 진언종眞言宗 승려들과 더 자주 연관되기는 했으나, 그런 현상이 선종 사원에서도 꽤 흔했던 것 같다.

어떤 전승은 일본에서 동성애의 기원을 쿠카이(空海)에게로 돌린다. "칸무(桓武) 천황의 시대 이후에 코보(弘法) 대사〔쿠우카이〕가 중국에서 돌아왔을 때, 동성애가 유행하고 있었다. 쿄토의 사원들에서, 카마쿠라의 '오산五山'에서, 그리고 와슈(和州)와 코슈(甲州)〔야마토와 에도〕의 4대 거찰巨刹들, 수도의 모든 절들에서 동성애〔슈도(衆道)〕가 널리 퍼졌다. 나중에 불교도들뿐만 아니라 귀족들, 무사들, 그리고 신분이나 빈천과 상관없이 모두들 그것과 친숙해졌다."[58] 어떤 변형된 이야기에 따르면, 동성애는 인도에서는 문수보살에 의해서 그리고 일본에서는 쿠카이에 의해서 알려졌다. 또 다른 전승은 동성애의 기원을 신화 시대까지, 즉 오타케노 미코토와 아마노노 미코토 두 벗의 전설로까지 끌어올린다. 그러나 『야케이유 샤미센』(1628)이라는 텍스트를 믿고 거기에서 "여인들끼리의 사랑은 신토(神道)의 신비요, 남자들끼리의 사랑은 불법佛法의 신비다"라고 한 것을 따른다면, 동성애는 분명히 불교적 특성으로 인식되었다.(Hirazuka 1987, p.39에서 재인용) 또 지장보살은 '여색(女色, 뇨쇼쿠)'을 좋아하고 약사여래는 '남색(男色, 난쇼쿠)'을 좋아한다는 속담이 있다.[59] 그러나 일본

---

58 Hirazuka 1987 참조. Georg Schurhammer, "Kōbō daishi," in *Zeitschrift für Missionwissenschaft Münster* 12(1922), p.89와 "Die Yamabushi," ibid., pp.206-228도 참조.

59 이 표현은 일본의 전형적인 남성적 시각을 반영한다. 왜냐하면 남색은 명확하게

불교에서 동성애의 가장 중요한 후원자는 약사여래가 아니라―산스크
리트 만쥬쉬리(Mañjuśrī)의 일본어 발음인 몬쥬시리의 '시리'가 '궁둥이'를
뜻한다고 하는 말장난 때문에― 잘 생긴 문수보살이다. 사이카쿠(西鶴)
의 〈책력 제작자 이야기(曆屋おさん)〉에서 여주인공 오상이 문수보살
에게 대답한다. "문수님, 당신이 정말로 남자들 사이의 사랑은 이해할
지 모르겠지만, 여자들의 욕정에 관한 한 당신은 조금도 알 수 없습니
다."(Saikaku 1963, p.95) 히라가 겐나이(平賀源內, 1728~1780)의 『콘난
시구사(根南志具佐)』에 보이는 또 다른 이야기는, 시왕(十王) 가운데
한 명인 '전륜왕轉輪王'이 동성애를 옹호하면서 이성애보다는 덜 해롭
다고 주장할 때 염마왕閻魔王이 어떻게 동성애를 금지하기로 결정했는
지를 말해준다.

 대부분의 작가들은 남성 동성애가 일본 사회에서 비교적 묵인되었
으며 일본의 사원 생활에서 일반적인 특징이 되었다는 사실에 동의하
는 것 같다. 그것은 사원에서 여성의 존재를 금지시킨 것, 특히 토쿠가
와의 지배 하에서 강화된 금지에 대한 일종의 보상으로 여겨졌다.
히라즈카(平塚)에 따르면, 그 위반의 본질은 시간이 흐르면서 흐려졌
고, 그리하여 그것은 결국 승려들의 특권으로 인식되었다. 불교도들
의 동성애는 다양한 이름으로 알려졌는데, 슈도(衆道), 캇시키(喝食),
테라 코쇼(寺小姓) 그리고 (그 수호자인 문수사리 보살과 연관된
것으로 말미암아) 몬쥬보사츠(文殊菩薩) 따위가 그것이다. 테라 코쇼
와 캇시키 같은 이름들은 대개 귀여운 사내들이 실제로 했던 역할을

 '남자들 사이의 사랑'을 가리키는 반면에 여색은 레즈비언보다는 남자가 여자들
에 끌리는 것을 가리키는 듯하기 때문이다.

가리킨다. 다음과 같은 센류(川柳)[60] 또는 풍자시의 다수가 이 주제를 다룬다. "어여쁜 여인은 도시로 가고, 멋진 사내는 절간으로."〈세켄데라(世間寺) 중의 아내〉(Saikaku 1963, p.148)에서 사이카쿠의 여주인공은 이렇게 말한다. "이제 이 시대는 바로 '불교의 정오'인데, 정말로 정오에도 승려들은 사미승들과 즐기고 있군요."

　　대부분의 자료들이 진언종을 다루고 있지만, 젊은 문수사리인 나와 몬쥬(繩文殊) 같은 인물들의 인기가 암시하듯이 선종에서도 상황은 크게 다르지 않았을 것이다.(Guth 1987, pp.13-16 참조) 캇시키라는 용어는 선종에 한정된 것이며, 선종 사원들의 식당에서 공양의 예절을 알리는 일을 맡은 어린 시동들을 가리킨다. 무로마치(室町, 1336~1573) 시대부터는 선원에서 주지의 지시에 따라 훈육을 받기 시작한 어린 지원자들을 가리키게 되었다.(Collcutt 1981, pp.245-247 참조) 테라 코쇼처럼 그들은 길게 땋은 머리를 하고 (얼굴에 흰 분을 바르고 양식화된 눈썹에 붉은 색으로 입술을 칠하는) 화장을 하며 사치스런 비단 여성복을 입었다. 무쟈쿠 도츄(無著道忠)는 『젠린쇼키센(禪林象器箋)』(ed. Yanagida 1979, Vol.1, p.319b)에서 캇시키에 대해 주목했다. 그는 이들 풋내기들이 일으킨 구체적인 문제들을 상세히 말하지는 않았지만, 캇시키는 분명히 나이든 승려들 사이에서 종종 성적인 경쟁의 원인이 되었다.[61] 히라즈카(Hirazuka 1987, p.16)가 인용한 자료

---

60 〔역주〕 센류는 일본 에도 시대에 서민층에서 성행한 5·7·5 세 구절로 된 익살스런 시 또는 풍자시를 가리킨다.

61 무쟈쿠 도츄의 또 다른 작품들에 '동성애' 항목이 있지만, 흥미롭게도 모든 인용 문헌들은 불교와 관련이 없는 중국 텍스트들이었다. Mujaku, *Saiseki*

에 따르면, "캇시키는 사미들, 시동들이다. 하늘과 땅이 생성된 뒤로
동물들과 식물들 사이에 음과 양이 있다. 육욕의 길에도 여자들의
사랑과 남자들의 사랑이 있다. 이 두 가지 길의 조화를 통해 세상은
생겨난다."[62]

선종 사원들의 직무 유기에 대해서는 츠지 젠노스케(辻善之助)가
가장 강력한 사례를 내놓았다. 츠지는 증거로 예수회 선교사들의
편지 외에 다수의 공식 포고령을 인용한다. 가령, 1303년에 싯켄(執權)
호조 사다토키(北條貞時, 1270~1311)는 모든 사원들에 캇시키를 절에
들이지 말라는 칙령을 포고했다. 아시카가 요시모치(足利義持,
1368~1428)도 사미들과 캇시키들은 여성복, 분칠, 입술 연지를 금해
야 한다는 것을 쇼코쿠지(相國寺)의 규칙으로 정했다. 이런 문서들을
통해서 볼 수 있는 것은 시동을 데리고 있는 관습이 널리 퍼져 있었으며
아름다운 소년을 얻으려는 승려들의 경쟁이 대단했다는 사실이다.
그것은 부분적으로는 승려들과 무사들 그리고 귀족들 사이의 관계
때문이기도 했다. 쇼코쿠지 같은 사원들은 쇼군(將軍)이 연회를 여는
곳이었다. 『인료켄니치로쿠(蔭凉軒日錄)』에 따르면, 1627년에 "쵸토
쿠인(長得院)의 쇼코라는 캇시키 때문에 사원 전체의 수행이 엉망이
되었을 때, 칙명으로 그 캇시키를 쵸토쿠인에서 멀리 떨어진 켄세이도
로 보내라고 명령했다." 1458년의 텐류지(天龍寺) 기록은 이 사원의
주지가 캇시키로 말미암아 일어난 소란에 책임이 있었음을 알려준다.

---

kijishū, vol.3(미발행 원고. 京都: 花園大學 禪文化研究所圖書館) 참조.

[62] 묘신지(妙心寺)의 캇시키에 대한 묘사를 위해서는 『코지루이엔』, 「슈코부」 2,
   p.1217도 참조.

480

그리고 고잔(五山) 문학은 아니더라도 적어도 토후쿠지(東福寺) 승려가 쓴 『헤키잔니치로쿠(碧山日錄)』 같은 일기들에 기록된 많은 연애편지들과 시들은 선원에서 캇시키가 한 역할을 입증해 준다.(Tsuji 1944~1955, Vol.5, p.70) 그러나 사이카쿠가 들려주는 다음 이야기가 암시하듯이 선승들은 사원 밖에서 다른 자원을 찾을 수 있었다. "어느 해, 묘신지(妙心寺)의 초대 주지였던 칸잔(關山)의 입적 350주년을 기념하기 위해 부유한 승려들이 전국에서 도성으로 모여들었다. 종교 의식이 끝난 뒤에 그들은 마른 강바닥에 있는 환락가로 유람을 갔다. 거기서 그들은 지방에서는 결코 보지 못했던 그런 잘 생긴 소년들을 보고 사랑에 빠졌으며, 승려라는 본분을 망각한 채 그들을 사느라고 돈을 마구 쓰기 시작했다." 사이카쿠는 이들 부유한 임제종 승려들이 소년 남창男娼들의 가격을 부풀렸다고 나무란다.(Saikaku 1990, p.190 참조)

선사들 자신들도 자기 종파의 타락을 단호하게 비판했다. 만잔(卍山)에 따르면 이러하다.

『공덕원만경功德圓滿經』에서는 "말법 시대의 승려들은 강한 정욕에 빠질 것이며 그리하여 간음이 성행할 것이다. 그들은 밤낮 어린 소년들을 추행할 것이다. 그들의 겉모습은 승려지만, 내면은 외도들과 다르지 않다." 남자들과 여자들 사이에 차이가 있을 수 있지만, 그들이 생각하는 것은 똑같이 업인業因이 된다. 세상의 사원들에 사는 이들을 생각해보니, 그들은 사미들과 시동들을 데리고 있으며 이 경전에서 언급한 (벌을) 피하지 않을 자들이다.

이들 사원들과 관계를 유지해 나가야만 한다면, 그들이 가르치는 것을 꼼꼼히 살펴보라. 이런 사람들을 가까이해야 한다면, 그들의 악취에 물들지 않도록 조심하라.[63]

잇큐도 〈쇼코쿠지의 사미들과 캇시키 소동(相國寺沙喝騷動)〉이라는 제목의 시에서 사원의 파멸을 초래한 사건들에 대해 한탄했다.[64] 다른 몇몇 시들에서는 음란함과 동성애에 빠지지 말라고 승려들을 훈계했다.(『쿄운슈』 284, 285, 286, 343, 350 참조)

동성애는 성행위 자체 때문이 아니라 그 사회적 중대성 때문에, 특히 사원 생활을 어지럽히는 것 때문에 억제되었다. 초기 불교의 여성혐오는 오랫동안 영향을 끼쳤는데, 그것이 정신적 타락의 원인이자 조짐으로 여겨졌다. 이런 특징은 일본 불교에서 훨씬 두드러졌다. '본각' 사상에 대한 잘못된 해석 그리고 '즉심시불卽心是佛'이나 '번뇌즉보리煩惱卽菩提' 같은 결과론적 개념을 잘못 해석한 것, 다시 말해 선에서 가장 가치 있지만 가장 위험하기도 한 초월적인 정신이 그것을 촉발시키지는 않았어도 적어도 어느 정도 정당화했을 것이다.

불교의 (동)성애 문제는 '자연주의'나 반율법주의 이론들에 대한 문자적 해석 그리고 선종과 지배 계층의 결탁이라는 부정적 영향에서 기인한 문제들을 예증해 주었으며, 그 밖에도 선의 전통적 담론에

---

63 Kagamishima 1978, p.100 참조.

64 『쿄운슈』 279(Yanagida 1987, p.157) 참조. No.265, "Shōkokuji's Younger Priests in Turmoil," in Covell 1980도 참조.

어떤 틈들이 있음을 보여주었다. 도교나 탄트리즘과는 반대로 선은 결코 성행위(또는 성기)가 더 높은 실재로 가는 문이라고 생각하지 않았다. 기독교에서와 달리 선종에서는 성이 실제로 정교한 담론의 대상이 된 적이 전혀 없었다. 푸코가 서양의 사례에서 연구했던 개별화와 꽤 유사한 과정이 선종에 있었음에도 말이다. 이것은 선종의 경우에 개별화 과정이 늘 이론적으로는 부정되고 수행의 부수적인 결과로만 나타났기 때문일 것이다. 억압된 에로스의 재발은 어쩌면 일본 불교에서 신들의 귀환이라는 더 큰 현상의 일부였을 수 있다.

12장 신들의 귀환

성과 성별의 문제에 대해 선종이 보인 반응들은 중국과 일본 각각의 사회-문화적 상황에서 이루어진 통합의 정도를 반영한다. 문화 변용의 또 다른 사례는 지역 종교에 대한 선종의 반응이다. 7세기 이후 중국과 한국에서 그리고 그 뒤의 일본에서 선종의 지역 확장은 이 새로운 교의와 지역 숭배 사이에 긴장을 야기했다.[1] 이 긴장은 선종 교리의 불가지론−또는 암묵적 무신론−과 상충하는 일종의 다신론에서 저절로 해소되었지만, 그것은 거기에 내재된 '가치들의 다신론'을 보여주는 것이었다.[2] 그러면 이제 수행과 표현의 불일치나 분절화를

---

1 선종과 중국 종교 전통의 관계에 대해서는 Faure 1987b 참조. 한국의 선종 발달에 관해서는 Buswell 1983과 1989b 참조.

2 가령 야나기다는 선종의 '무신론'에 대해 자주 언급한다. 드미에빌은 임제의 '인간주의'를 높이 평가하면서 유사한 주장을 하려고 한다. "임제의 독창성은 중국어에 특히 달려 있는 것처럼 보이는데, 그것은 거의 유교적이라고 말할 정도의 인간주의다. 그는 모든 것을 인간과 결부시킨다."(Demiéville 1972,

선종의 '호전적인 혼합주의'의 맥락 속에서 평가하고 또 민중의 신들이 선원의 의례적 삶에서 했던 역할을 검토해 보자.

몇 가지 용어를 구별하는 데서 시작하겠다. 첫 번째는 특정한 지역에 기원을 둔 '수호신'과 '사원의 신'—대부분의 불교 사원에서 발견되며 그 지역적 성격을 잃어버린 신— 사이의 구별이다. 여기서 우리는 본질적으로 중국과 일본의 신들에 관심을 가진다. 불교의 신전에 이미 들어온 힌두교 신들은 대부분의 불교도들이 더 이상 이질적인 존재로 인식하지 않기 때문이다.[3] 수호신은 일본의 친쥬(鎭守) 제도에서 가장 정교하게 규정되었다. 대부분의 다른 불교 사찰처럼 선원들도 그 경내에 토착신에게 봉헌된 친쥬샤(鎭守社)를 두었다.[4]

---

pp.17-18, pp.141-142 참조) 선종에 대한 이런 시각은 부분적으로는 불교 무신론에 관한 서구의 담론에서 유래한다. 예를 들어, Catherine Weinberger-Thomas, "Le crépuscule des dieux: Regards sur le polythéisme hindou et l'athéisme bouddhique," *History and Anthropology* 3(1987), pp.149-176 참조.

3 그들 가운데 일부는 사실 완벽하게 적응했다. 가장 잘 알려진 사례는 마하칼라(Mahākala, 大黑天)와 사라스바티(Sarasvatī, 辯才天女)인데, 일본에서 특히 선원에서 다이코쿠(텐)과 벤자이(텐)이라는 이름으로 대중화되었다. 불교에 더 국한된 다른 사례들로는 스칸다(Skanda)의 잘못된 번역인 이다텐(韋駄天), 하리티(Hārītī)에서 온 키시모진(鬼子母神), 락슈미(Lakṣmī)에서 온 미치죠텐(吉祥天), 기원정사의 수호신이며 일본에서는 기온진쟈(祇園神社)의 수호신인 고즈텐노(牛頭天王) 그리고 그의 딸이자 '새해의 신'인 넨토쿠(年德)—그 변형은 사이토쿠(歲德)— 따위가 있다. 많은 신들이 결코 개별화되지 않았고 한 무리로서 숭배되었는데, 시텐노(四天王), 니오우(仁王), 18나찰녀羅刹女, 그리고 십이천장十二天將 등이 그렇다. 또 언급할 만한 것으로는 점성술과 관련된 신들인데, 이극신二極神, 칠요七曜 또는 구요九曜의 신들, 십이궁十二宮의 신들, 이십팔수二十八宿의 신들, 니치텐(日天)과 갓텐(月天)의 신들 등이다.

여기서 더 나아가면, 한편으로는 친쥬신(鎭守神)과 사원의 수호신인 가람신伽藍神 사이, 다른 한편으로는 친쥬신과 '법을 수호하는 신'인 호법신護法神 사이의 구별이 존재한다. 모치즈키(Mochizuki 1958~1963, Vol.4, p.1616a)가 말한 것과 같다. "사천왕은 수호신〔지누시노카미(地主神)〕이 아니라 호법신이다. 우리는 그 땅을 지키는 하늘과 땅의 신들〔진기(神祇)〕을 '수호신'이라 부른다." 가령 쇼코쿠지(相國寺)에는 신전이 둘 있는데, 하나는 수호신으로서 하치만(八幡)에게 봉헌된 것이고, 다른 하나는 법을 지키는 여신으로서 변재천辯才天에게 봉헌된 것이다. 어떤 경우에는 이들의 범주가 겹치거나 뒤섞인 것처럼 보인다. 토후쿠지(東福寺)에서는 가람당伽藍堂을 호법신인 샤크라(Śakra)와 인드라(Indra)의 상들이 차지하고 있다.[5]

수호신 관념은 밀교에서 '임시적 현현' 또는 화신化身 – 일본에서는 '곤겐(權現)' – 과 '묘진(明神)'의 관념으로 이어졌다. 따라서 세 번째 구별은 친쥬, 가람신, 호법신 등의 한쪽과 곤겐/묘진의 다른 쪽 사이의 구별이다. 두 무리 사이의 긴장은 선종에서 뚜렷하다. 선종에서는 신의 지위를 친쥬, 가람신, 호법신 또는 곤겐 따위로 재정의하려는 시도가 있었는데, 그것은 '합리주의자' 경향과 '성직자' 경향이라 부를 수 있는 것 사이에서 계속 움직이는 힘의 균형을 반영한다. 신의 개성과 자발성을 경시하려는 '합리주의자' 경향은 곤겐을 격하시키고

---

4 가령 쿄토의 쇼코쿠지(相國寺)와 텐류지(天龍寺)는 하치만(八幡)을 그 수호신으로 인정했고, 그 신은 그럭저럭 '대보살'이 되었다. Jacques May, s.v. "Chinju," in *Hōbōgirin*(法寶義林), Vol.4, p.327 참조.

5 ibid., p.328 참조.

'탈지역화'하면서 친쥬나 가람신으로, 심지어 호법신으로 재규정한
다. 반면에 '성직자' 경향은 정반대로 친쥬를 곤겐의 신분으로 높이면
서 그 지역의 지배권을 늘리려고 했다.

불교의 다른 종파들처럼(Mus 1935; Rawlinson 1986 참조) 선종은
처음부터 철학적이면서 신화적이었고 합리주의적이면서 마술적이었
다. 초기 불교에서 발생한 '천天들의 심리화(psychologization)'는 신들
을 불교의 틀 속에 부분적으로 받아들인 결과였지만, 그들을 거세한
결과이기도 했다.(Smart 1981) 신들이 증가했음에도 신에 대해 어떤
궁극적 실재도 인정하지 않았다는 의미에서 대승불교는 본질적으로
무신론적이었다.[6] 『대지도론』은 완전한 지혜를 갖춘 붓다가 시바와
같은 인도의 신들보다 우월하다고 주장하면서 이렇게 마무리한다.
"세계의 운명은 원인들과 조건들에 달려 있다. 이것이 현자가 신들에
게 기대지 않는 이유다."(Lamotte 1944~1980, Vol.1, p.141) 대승의
공 개념은 힌두교와 초기 불교 양쪽의 상징적 위계를, 그리고 후대에는
중국 종교의 상징적 위계를 허물어버렸다. 그렇지만 신들을 거세시킬
수 있었던 이념적 수술이 적어도 일본에서는 거의 성공하지 못했으며,
신들은 때때로 그 권능의 일부를 되찾을 수 있었다. 선의 '순수주의'는
표면적으로는 신토(神道)의 '순수주의'에 철저히 반대했다. 그럼에도
그것은 밀교의 상징적 구조에 대한 이념적인 반동으로 그리고 그
구조로부터 철저히 이탈하려는 종파적 대응으로 볼 수 있다. 그런데
선종과 신토는 모두 이상적인 정통성을 명목으로 불교와 신들의 관계

---

[6] 신들에 대한 불교의 비평은 에티엔 라모트(Etienne Lamotte 1944~1980, Vol.1,
p.140ff)가 잘 요약했다.

를 끊으려고 한다. 순수한 정통성을 외치는 목소리는 불교화된 만신전에서 떠도는 익명의 소문에서만 나타날 수 있었다는 사실을 잊은 채 말이다.

호전적인 혼합주의

'살아 있는 법'이라 할 수 있는 선사는 뛰어난 육신통을 써서 토착신들을 개종시키거나 물리칠 수 있었다. 앞서 언급했던 북종의 선사 원규元珪가 전형적인 경우다. 그는 숭산嵩山의 신에 못지 않은 신격에게 보살계를 주었다. 유사한 일화가 원규의 스승인 혜안慧安의 전기에도 나온다.(T. 50-2061, p.823b) 원규의 경우에는 신이 위협을 했지만, 다른 경우에는 승려가 상징적 폭력이나 물리적 폭력을 행사했다. 신수의 제자 파조타破竈墮의 경우도 잘 알려져 있다. 그의 애칭은 숭산에 있는 조왕신竈王神의 제단을 부순 결과로 얻은 것이다. 파조타는 제단을 부순 벌을 받지 않았고, 젊은이의 모습으로 나타난 신으로부터 그가 공에 대해 설법한 덕분에 자신이 망상을 깨부수게 되었다며 감사하다는 말을 들었다. 신수는 다른 강력한 신인 관제關帝의 제단을 부수어 똑같은 위업을 이루려 했다가 더 많은 어려움을 겪었다. 성난 신을 달래기 위해서 신수는 그에게 '사원의 신'이라는 지위를 부여해야만 했다.(Faure 1987b, p.351 참조) 그러나 일단 관계가 확고해지면, 선사들은 신들을 달래거나 개종시킬 필요를 더 이상 느끼지 않았고 그들을 간단히 무시할 수 있었다.[7] 황벽은 "신들, 마구니들, 물과 땅의 정령들을 두려워하는 외도들이 할 만한" 모든 고행을 '삿된 행위'

라며 비난했고(Carré 1985, p.86 참조), 그의 후계자인 임제는 "오대산에는 문수사리가 없다"고 주장했다.(Demiéville 1972, p.84)

신들이 개종했다는 이야기는 일본에 잘 알려져 있었다. 선이 그 지역에 퍼지면서 일본의 신들과 공생할 길을 찾아야 했을 때, 그것들은 본보기가 되었다.[8] 특히 조동종 승려들은 일본 전체의 신들을 개종하는 일에 나섰다. 「쥬카이에시키(受戒會式)」(1862 추정)라는 문서는 아마테라스(天照), 스미요시(住吉), 하쿠산 곤겐(白山權現)부터 거대한 뱀들, 산속 마녀들과 텐구(天狗)에 이르는 일본의 모든 초자연적 존재들이 어떻게 선종의 계율을 받아들이고 조동종으로 전향했는지를 설명해준다.[9]

일단 계율을 받아들인 수호신들은 사원의 규율을 따라야 했고, 위반하면 분명히 승려들보다 더 심하게 처벌받았다. 수호신들에게 선승들은 대개 공경과 헌신의 태도를 보였지만, 가람신伽藍神의 지위

---

7 이런 신들은 '민간' 종교와 '공식' 종교의 신들이다. 다음 이야기가 암시하듯이 도교의 신들과 신선들 또한 때때로 선승들에게 신세를 졌다. 북종의 한 선승이 아주 작은 날개가 있는 신선들을 발견하고서 그들 가운데 하나를 붙잡았다. 이 신선들이 사람처럼 행동한다는 것을 알아차린 그는 마침내 붙잡은 자를 놓아주었다. 이튿날, 그에게 '삼청궁三淸宮'의 사자가 찾아와서는 고맙다고 했다. 『유양잡조』(ed. Imamura 1980~1981, Vol.4, p.85) 참조.

8 이 이야기들이 원규의 이야기를 모방했다는 사실은 「신레이쥬카이노 키리가미(神靈受戒之切紙)」(ed. in Ishikawa 1985b, p.30)라는 제목의 키리가미를 통해 드러났다.

9 SZ, "Zoku zenkai(續 禪戒)," pp.380a-382b와 "Sekkai yōmon(世界要文)," p.225 참조. 그리고 Ishikawa 1984b, 1985a; Hirose 1983; Hanuki 1962 등도 참조. 임제종에 대해서는 Suzuki Shōkun 1987; Matsumoto Shōten 1969 참조.

는 불안정했다. 그것은 당나라 때의 '꾀쟁이'인 천태산의 습득拾得과 무력한 가람신 이야기에서 추론할 수 있다.

가람신을 모신 사당이 있었다. 날마다 중들이 제단에 음식을 바쳤는데, 새들이 먹어 치웠다. 습득이 지팡이로 신상神像을 치면서 말했다. "네 음식도 지키지 못하는데, 어찌 가람을 지킬 수 있겠느냐?" 이날 밤, 신이 모든 중의 꿈에 나타나서 말했다. "습득이 나를 때렸다!" 다음날, 중들은 모두 똑같은 꿈을 꾸었다는 사실을 알았다. 온 절이 소란스러워졌고, 주현州縣에 편지를 한 통 보냈다. 군에서 문서가 와서 이렇게 알렸다. "현자들, 은둔자들, 보살의 화신들은 영예롭게 구별되어야 한다. 따라서 습득에게 현자라는 칭호를 내린다."(『젠린쇼키센』, ed. Yanagida 1979, Vol.1, p.175a ; 『경덕전등록』, T. 50-2076, p.434a 참조)

이런 영적인 공갈은 중국에서 오래된 전통이었다. 일본의 선사들은 이 전통을 이었다. 하쿠산의 신처럼 강력한 존재조차 굴욕을 피하지 못했다. 역병으로부터 사원의 승려들을 지키지 못했다는 이유로 쿄오운료(恭翁運良, 1267~1341)가 이 신상을 물에 던졌다는 이야기가 전한다. 역병이 곧바로 멈췄다는 것은 두말 할 나위가 없다.(Hanuki 1962, p.46 참조)

490

선의 방법론적 표상

신은 성상聖像을 통해서 신도들의 마음에 존재했다. 이미 보았듯이
성상은 선종과 같이 우상을 갖지 않거나 우상파괴적이라 할 종파에서
도 중요한 역할을 했다. 선종의 성상에 관한 최상의 문서 자료는
아마도 무쟈쿠 도츄(無著道忠)의 『젠린쇼키센(禪林象器箋)』(1741)일
것이다. 이 글은 전체가 선원에서 볼 수 있는 '영상靈像'에 집중하고
있다.[10] 여기서 우리는 인상적인 한 무리의 신들을 만나게 된다.[11]

---

10 선종의 성상에 관한 상세한 연구는 Matsuura 1976도 참조.
11 무쟈쿠의 목록에는 (1) 석가모니 부처, (2) 관음, 문수, '거룩한 승려'의 모습을
한 문수, 보현과 같은 주요 보살들, (3) 대가섭과 아난, 빈두로, 교진여憍陳如
또는 한 무리로서 십육나한 같은 아라한들, (4) 보리달마, 백장, 임제, 보암普庵
같은 선사들, (5) 불타발다라佛陀跋陀羅, 부대사와 그의 두 아들 보건普建과
보성普成 같은 유명한 승려들과 재가자들, (6) 밀적금강(密迹金剛, '비밀한 흔적.'
산스크리트로 Guhyapāda)—사찰의 문을 지키는 두 '인왕仁王'을 금강역사金剛
力士라 부르는데, 하나는 밀적금강이고 다른 하나는 나라연금강(Nārāyaṇa)이다
—, 16선신(善神, 야차), 범천, 제석천, 사천왕, 팔부신장 등과 같은 호법신들,
(7) 위타천신韋駄天神, 가람신과 토지공土地公, 대권수리보살大權修利菩薩, 초보
칠랑招寶七郎 용신, 장대제張大帝, '전쟁의 신'인 관제關帝 등과 같은 수호신들,
(8) 명부시왕冥府十王, 화덕성군火德星君—중국의 신인 신농神農의 화신으로, 화재로
부터 선원을 지킨다고 한다—, 장부판관(掌簿判官, 역시 화재로부터 선원을 지키는
수호신으로 여겨짐), 감응사자(感應使者, 운명을 맡은 관리이며 역시 선원을 수호하는
제석천의 시자), 광야선(曠野禪, 산스크리트로 Aṭavaka)—일본어로는 다이겐스이(大
元帥)로, 16나찰 가운데 하나—, 귀자모신(鬼子母神, 붓다에 의해 개종한 뒤 해산을
돕는 여신이 된 귀신) 등과 같은 인간의 운명과 업보와 관련된 신들, (9) 월개장자月
蓋長者, 선재동자, 위천장군韋天將軍—무쟈쿠는 위타韋駄와 구분했다—, 감재사자

『젠린쇼키센』의 목록이 다 포괄한 것은 결코 아니지만,[12] 세 가지 주요한 영상靈像을 정의하고 있다. 불법을 수호하는 것들, 선원의 생활에서 일정한 역할을 하는 것들, 그리고 사후에 개인을 보호하는 것들 등이다.[13]

'가람신'의 범주에 대해 간단히 검토해 보자. 위에서 언급했듯이 가람신의 기능은 토착신과 부분적으로는 겹치지만, 여전히 구별된다. 가람신은 본래 토착신일지도 모른다. 다시 말해, 토착신이 그 지역에서 쫓겨나 더 높은 지위를 얻어 가람신이 되어서 지역적인 숭배와 비지역적인 숭배 사이를 매개하는 것일 수 있다. 가람신은 하나 이상이 있을 수 있는데, 가령 카마쿠라의 켄쵸지(建長寺)에는 다섯이 있었으

(監齋使者, 공동체의 식사를 담당한 관리), 약잉대부掠剩大夫 등과 같은 잡다한 신들이 포함되어 있다.

12 선원에서 숭배하는 다른 중요한 불보살들에는 아미타불, 아촉불阿閦佛, 약사여래, 대일여래 그리고 다보여래; 미륵불, 대세지보살, 허공장보살 그리고 지장보살; 부동不動, 애염愛染 또는 오추사마(烏樞沙摩)와 같은 다수의 명왕明王들이 포함되는데, 이들 또한 밀교에서 빌려 왔다. 무쟈쿠가 목록에 올리지 않은 중요한 신들로는 조군(竈君, 화로의 신), 변재천辯才天, 대흑천大黑天 또는 삼보황신三寶荒神 등이 있다.

13 (케이잔을 비롯해) 선사들은 하늘과 지옥을 이론적으로 부정했다. 그럼에도 선원에서 지옥을 중시한 일은 문헌에 잘 기록되어 있다. 송대에 선종에서 나온 대중적 서술들을 검토해 보면, 선의 핵심 교리를 전하는 것보다는 업보와 관련된 이야기들로 사람들의 관심을 끄는 것이 더 쉬웠음을 알 수 있다. 업설業說과 효도의 관념이 결합된 의식으로서 죽은 이에게 공양을 베푸는 수륙재水陸齋의 중요성을 특히 언급할 수 있다. 나가이(Nagai 1985b, p.292)에 따르면, 이런 서술들에서 강조되는 점은 (1) 좌선 수행의 격려, (2) 계율과 채식의 준수, (3) 조상 숭배, 그리고 (4) 현세의 이익 등이었다.

며 모두 중국에 기원을 두었다. 장대제(張大帝, 쵸타이테이), 대권수리(大權修利, 다이켄슈리), 장부판관(掌簿判官, 쇼보한간), 감응사자(感應使者, 칸노시샤), 초보칠랑(招寶七郎, 쇼호시치로) 등이다.[14]

때때로 대권수리와 합쳐지는 장대제는 여산廬山 귀종사歸宗寺의 수호신이었고, 작은 신전들에서도 많이 숭배되었다. 난계도륭(蘭溪道隆, 1213~1278. 일본어로 '란케이 도류') 선사가 천동산天童山에서 일본으로 출발하려고 했을 때(1246), 만약 그곳[일본]에서 사원을 세우는 데 성공한다면 그 절을 장대제에게 바치겠다고 맹세한 것이 그 가운데 하나다.[15] 도륭은 결국 카마쿠라에 켄쵸지를 세웠지만, 장대제에게 봉헌된 주요 사원은 쿄토에 있는 켄닌지(建仁寺)였다.

'초보산招寶山의 일곱 아들'인 초보칠랑 또한 대권수리와 합쳐졌다. 초보칠랑은 후자처럼 항해의 수호신이면서 절강浙江에 있는 아육왕산 근처의 산인 초보산의 수호신이다.(『젠린쇼키센』, ed. Yanagida 1979, Vol.1, p.180) 그는 또 도교의 도사인 도홍경(陶弘景, 452~536)과 동일시된다. 다른 곳에서 언급했듯이, 조동종 전승에서 그는 중국 유학에서 돌아오는 도겐을 지켜준 용왕으로 유명하다.[16]

---

14 신들은 여러 기능을 수행했으므로 여러 범주에 동시에 속할 수 있었다. 따라서 앞서 언급했듯이 장부판관과 감응사자는 집단과 개인을 동시에 수호한다. 상징들의 '표제(表題, 겉면 표기)'에 대해서는 Duara 1988 참조.
15 이야기는 도륭이 어떻게 산에서 기이한 사람을 만났으며 그 사람이 자신에게 동쪽으로 갈 운명이라고 말했는지를 들려준다. 도륭은 나중에 일본으로 출발하기 전날 밤에 그를 다시 만났다. 무쟈쿠의 『젠린쇼키센』, ed. Yanagida 1979, Vol.1, p.181 참조.
16 Durt 1983, p.608 참조. 초보칠랑은 『케이잔신기(瑩山淸規)』(T. 82-2589, p.427c)

대권수리는 조동종 선원들에서 종종 보리달마와 함께 나타난다. 그는 중국풍의 옷을 입고 오른손을 눈 위로 올려서 수평선을 살펴보는 형상을 하고 있다. 어떤 전설은 그를 아쇼카왕의 장남인 마헨드라 (Mahendra)의 대역이라 하는데, 그를 인도와 연관 짓는 이런 시도는 아육왕산의 수호신 그리고 붓다의 유골을 지키는 수호자라는 그 역할에서 유래된 것 같다.[17] 그는 도겐이 일본으로 돌아오기 전날 밤에 『벽암록碧巖錄』을 하룻밤만에 필사하는 것을 도왔다고 전해지지만, 이 역할은 나중에 하쿠산(白山)의 신이 대체했다. 그러나 대권수리는 선원의 불전佛殿에 자주 나타났음에도 불구하고 그것과 비견되는 보리달마와는 대조적으로 의례적 역할이 비교적 작았다. 위베르 뒤르 (Hubert Durt)는 주장하기를, 대권수리의 중요성은 '세 나라'에 선을 전파한 보리달마와 이념적인 맥락에서 대칭되고 대조되는 인물로서 그가 한 역할에서 나온다고 했다. 보리달마가 인도에서 중국으로 선을 전했다고 한다면, 대권수리는 중국에서 일본으로의 전파를 상징한다. 뒤르에 따르면, 선이 일본으로 전파된 것이 보리달마의 경우처럼 한 개인의 덕분일 수는 없지만, 이 전파에 관계된 모든 중국 및 일본 선사들이 절강의 선원들에서 일정 기간 동안 공부했고 십중팔구 수호신이자 항해의 보호자인 대권수리의 보호에 의지했을 것이라는 사실에서 그 신의 중요한 역할이 인정된다는 것이다. 따라서 대권수리

에서 대권수리와 관련해 처음으로 언급되었다. 그는 『쇼에코신기(諸廻向淸規)』(T. 81-2578, p.642b)에도 나타난다.

[17] 멘잔(面山), 『토죠가란 쇼도안죠키(洞上伽藍諸堂安像記)』, 1장(quoted in Satō Shunkō 1987, p.123) 참조.

는 선의 일본 전파를 상징하는 존재가 되기에 자격이 충분했다.(Durt 1983, p.609)

송대의 선종 성상聖像에 관한 또 다른 흥미로운 자료는 에케(Ecke)와 드미에빌이 연구한 자동刺桐의 '쌍탑雙塔'이 제공해 준다. 천주(泉州, 福建省) 개원사開元寺에 있는 이 탑들의 강렬한 도상은 슈타인이 연구한 '문지기' 주제 또는 비세(Visser)가 연구한 아라한 주제를 예증해주는 것 같다. 이 주제들은 대부분 결합되어서 탑들의 다섯 층에 표현되어 있다. 첫 번째 인상은 아라한들의 형상에 대한 비세의 표현대로다. "이 실례들은 서로 다른 아라한들이 지닌 거룩한 힘을 예술가들이 완전히 자의적인 방식으로 상징화해서 표현했음을 충분히 보여준다. 거기에는 고정된 규칙이 전혀 없고, 모두가 그리고 싶은 대로 그렸다."(Visser 1923, p.128) 그러나 레비 스트로스로부터 실마리를 얻은 슈타인은 그런 것은 사실이 아니라는 것, 그리고 관음이나 문지기 같은 인물들에서 주제가 결합되는 일은 늘 중요하다는 것을 증명했다. 두 탑은 슈타인이 실제로 했던 구조주의 연구에 더없이 적합한 재료처럼 보인다. 그러나 박학한 에케와 드미에빌도 그 정체를 확인하지 못한 인물들이 많다는 사실 때문에 그런 연구는 진척되지 못하고 있다. 또 다른 더 근본적인 이유는, '가족 유사성'[18] 너머의 유사점들을

---

18 〔역주〕 '가족 유사성(family resemblance)'은 비트겐슈타인이 설명한 개념으로, 한 집단의 구성원은 일반적으로 어떤 특성을 공통적으로 가지고 있는 것이 아니라 유사한 성질을 가지고 있다는 개념이다. 가족의 경우에 개개인에게 모두 똑같이 닮은 부분이 있는 것이 아니라 교차적으로 서로 유사한 특성을 가지고 있어서 그것만으로도 그들이 하나의 가족임을 알 수 있다는 것이다.

분석하려는 시도에 방해되는—부르디외(1977b)가 '실천 논리'라 부른 것에서 기인하는— 일종의 '느슨한 상징주의'에 직면해 있다는 사실과 관련이 있다. 아무튼 거기에 표현된 쌍들 대부분은 전통적인 불교 신화나 선종의 성인전에 속한다. 명확한 위계 질서는 존재하지 않으며, 한 쌍의 금강수보살(金剛手菩薩, 중국어로 별칭이 합哈/형哼, 즉 입 벌린 자/입 다문 자)은 보살들(문수사리와 보현보살, 월광보살과 일광보살, 관세음보살과 대세지보살), 신화적 인물들(나가와 아수라, 손오공과 용왕), 아라한이나 아라한 같은 인물들 그리고 때때로 중국의 통치자들과 함께 배치되어 있다.[19] 중국 신화에서 빌려온 유일한 인물은 『서유기』를 통해 대중화된 '신 같은 원숭이' 손오공으로 보인다.(Anthony Yu 1977~1983 참조) 사실 이 선종의 '신화'에서 가장 놀랄 만한 특징은 '인간적'이고 '비신화적'인 측면이다. 용과 범은 고대 종교에서 외경되던 자연적 힘들을 떠올리게 하는 것(또는 그 힘들의 여운)이며, 중국 고대 종교에는 확실히 상상 세계가 없어 보인다. 이 인물들 대부분은 사실 그 비범한 능력으로 유명해진 성자들이나 승려들, 재가자들이다. 성인이 신을 대신한 것 같다. 그가 신으로부터 성상적 요소나 구조적 요소를 빌려왔을 때조차 그랬던 것 같다. 탑들의 도상은 중국의 토착신들이 '가람신'과 '호법신'이 된 단계를 반영하는 것으로 보인다.

---

19 목록에는 대가섭과 아난, 법장法藏과 빈두로, 습득과 한산, 현장玄奘과 양무제, 보리달마와 양무제, '화림華林의 존자'와 소명태자(양무제의 아들), 화림 영과 의존, 승조와 아라한, 목련과 지의智顗, 목련과 광목廣目, 위타韋馱와 반사가般闍迦?, 포대布袋와 보화普化, 보화와 빈두로, 불도징과 아라한, 향엄과 아라한, 범 부리는 아라한과 용 부리는 아라한 등등이 포함된다.〔[역주] 본문에서 언급한 나가(Naga)는 본래 힌두 신화에 나오는 신으로, 반은 뱀이고 반은 사람이다.〕

이런 진화는 중국 사회라는 더 큰 맥락에서 볼 때 '신들의 표준화'에 해당한다. 완벽하지는 않지만, 이런 형식화는 슈타인이 훌륭하게 보여준 그런 구조적 접근을 가능하게 한다.

　슈타인은 특히 선원의 두 문지기인 미륵(또는 포대)과 위타로 이루어진 쌍이 시바신의 두 아들인 가네샤(Ganesha)와 스칸다(Skanda)로 이루어진 힌두교의 쌍과 어떻게 구조적으로 유사한지, 그리고 역사적으로 어떻게 힌두교의 쌍이 불교적으로 재통합한 것처럼 보일 수 있었는지를 설명했다.[20] 슈타인은 승가(僧伽, 629~710)와 만회(萬回, 711년 죽음)로 이루어진 성자의 쌍과 가람신 사이에 밀접한 관계가 있다는 것도 밝혔다.(Stein 1981, p.281) 앞서 지적했듯이 서역의 승려인 승가는 항해의 신이 되었고, 그의 벗인 만회는 행복과 성적 결합(合和)의 신으로 인정받았다. 관음에 관한 또 다른 연구에서 슈타인은 이

---

20 가네샤가 악으로 현현한 것이 비나야카(Vināyaka)로 알려져 있다. 탄트라 전승에 따르면 비나야카는 그와 성관계를 갖기 위해 똑같은 형상을 취한 관세음보살의 화신에 의해서 길들여졌다고 한다. 부분적으로는 이런 강력한 성적 요소들 때문에 난디케쉬바라(Nandikesvara) - 일본어로 칸기텐(歡喜天) 또는 쇼덴(聖天) - 라 불리는 '등이 두 개인 짐승'으로 표현되었는데, 이것은 탄트라교에서는 비밀로 부쳐졌다. 일본에서 이것은 이른바 타치가와(立川) 이단 내에서 주로 숭배되었다. 그러나 메이지 유신의 엄격주의 때문에 칸기텐은 불교 연구에서 '기피 인물'이 되었다. 오늘날 알려져 있는 가장 세련된 성상의 예 하나는 목상(木像)인데, 불행하게도 텐류지(天龍寺)의 말사인 토지인(等持院)에 감추어져 있다. 분명히 진언종의 중요한 사찰인 닌나지(仁和寺)에서 이어받은 것인데, 14세기에 그 절의 땅에 무소 소세키(夢窓疎石)가 토지인을 세웠다. 그런데 무소 같은 선승들도 밀교에 정통했다는 사실은 주목할 가치가 있으며, 칸기텐이 중세 선종의 의식에서 일정한 역할을 했을 가능성도 배제할 수 없다.

'여성' 보살의 성적 의미를 분석했다.(Stein 1986 참조) 그런 의미는
칸기텐(歡喜天)의 형상에서 가장 분명하게 드러나지만, 마랑부馬郎婦
의 이야기와 매춘부로 내세운 관음에서도 물론 드러나며 천수관음과
생선 광주리를 든 관음에서도 드러난다. 위에서 지적했듯이 이런
이야기들은 분명히 선종 집단에 널리 퍼져 있었다. 그것들은 선종의
공식적인 금욕주의가 부정했던 욕망을 승화시킴으로써 심리적인 어
떤 욕구를 충족시켜 주었을 것이다.

　도교의 신선들은 완전히 '체제 밖'에 있었다. 반면에 신들은 사회
체제에 속했으며, 어느 정도까지는 소환해서 통제할 수 있었다. 이
양극 사이에서 아라한(또는 나한)들이 중간의 위치를 차지했다. 가령,
신선과 대비되는 빈두로賓頭盧는 꼭 올 필요가 없지만, 초대받을
수 있었다. 중국 불교에서, 특히 선종에서 아라한 숭배는 도상학적으
로 도교의 신선 숭배로부터 영향을 받았는데, 이 아라한이 민간 종교에
서 숭배하던 신들을 대체하게 되었던 것 같다. 대단히 강력하고 무시무
시한 민중의 신들도 제공하지 못한 초월성과 개인적인 관계를 아라한
이 제공해 주었는지도 모른다.

아라한 숭배

처음에는 '법의 수호자'였던 아라한(나한)들도 '사원의 신들'이 되었
다.[21] 그들 가운데 일부, 곧 교진여憍陳如, 수보리, 빈두로나 대가섭

21 이 문제에 대해서는 Lévi and Chavannes 1916; Visser 1923; Strong 1979;
　Michihata 1983; Harada Kōdō 1988 참조.

등은 때때로 문수보살이나 다른 인물들－도안道安, 금강지金剛智, 포대
등－과 '성승聖僧'의 기능을 공유하고, 선승의 대역이나 선승의 이상화
된 투영으로서 역할을 공유했다. 선승의 상은 대개 승당 한가운데에
안치되었다. 선종에서 아라한의 중요성은 오바쿠슈(黃檗宗)의 본사
인 만푸쿠지(萬福寺) 불전에서 볼 수 있는 십육나한의 상들이 생생하게
보여준다. 아라한 숭배는 최초의 나한이자 유일하게 개성적인 인물인
빈두로 존자의 형상을 중심으로 처음 발달했던 것같다.[22] 빈두로는
그 신통력과 폭식暴食으로 유명했다. 폭식하려고 신통력을 드러내
보였기 때문에 붓다와 다른 제자들이 열반에 든 뒤에도 그는 이 세상에
남아 있어야 했다. 중국에서 빈두로 숭배는 도선(道宣, 596~667) 율사
로까지 거슬러 올라간다. 빈두로는 그 폭식에도 불구하고 이상적인
승려를 대표하며, 그의 의례적 역할은 공양간과 욕실의 보호자라는
역할에 반영되어 있다. 사원 밖에서 그가 누리는 대중적 인기는 어떤
경우에는 승려들에 대한 상반된 태도를 반영한다. 멘잔(面山)이 인용
한 다음 이야기에서처럼. 두 남자가 불교 사원에 피신했다가 늙은
스님의 모습을 한 '사람 잡아 먹는 범'에게 거의 죽을 지경이었을
때, 빈두로 상이 신탁으로 그들을 구해주었다. 일본에서 빈두로는
'복신福神'으로서 지장地藏과 약사藥師의 모습을 연상시키며 치병治病

---

22 『산게가쿠쇼시키(山家學生式)』에 따르면, 불교 사원에는 세 가지가 있다. 순수하
게 대승이거나 소승인 사원들, 그리고 소승과 대승을 혼합한 이중적인 사원들.
문수사리는 대승 사원에서 상좌로서 숭배되었고, 빈두로는 소승 사원에서 그렇
게 숭배되었다. 그런데 이중적인 사원에서는 대승의 포살布薩이 있는 날에는
문수가, 소승의 포살이 있는 날에는 빈두로가 교대로 상좌로서 숭배되었다.(『코
지루이엔』, 「슈쿄부」 2, p.106 참조)

의 성인으로서 대중화되었고, 오늘날에도 대부분의 '기도 사원'에서
나데보토케(撫で佛, 어루만지는 붓다)로서 존재하고 있다.

그림 8. 쿄토 아라시야마의 오백나한들.

아라한을 한 무리로 숭배하는 일은 분명히 빈두로의 숭배에서
비롯되었다. 처음에 공간화를 통해서 4대 아라한－대가섭, 군도발탄君
徒鉢歎, 빈두로, 라후라－의 관념으로 이어졌다. 레비와 샤반(Lévi and
Chavannes 1916, p.273)에 따르면, 이 상징적인 네 인물을 한층 더
공간화한 일은 후대에 십육나한十六羅漢이 나타나는 이유를 알게
해준다. 4세기에 이미 존재했던 이 숭배는 선월대사禪月大師 관휴(貫
休, 832~912)가 꿈속에서 십육나한상을 본 이후인 당나라 말기까지
이어졌고, 그 상은 나중에 모든 조상彫像들의 기반이 되었다. 이
숭배는 처음부터 선종과 밀접한 관련이 있었으며, 카마쿠라 시대에

500

일본에서 가장 중요해졌다. 십육나한 또는 십팔나한十八羅漢의 조상
들은 주요한 선원들－토후쿠지(東福寺), 난젠지(南禪寺), 다이토쿠지
(大德寺), 쇼코쿠지(相國寺)－의 산문山門에 세워졌다. 열여섯 명으로
이루어진 전통적인 목록에 두 인물이 추가된 것에 대해서는 많은
연구가 있었는데, 선종의 대중화를 반영하는 것으로 보인다.[23] 이런
대중화는 민중의 신앙심에 반응하여 선원 밖에서 주로 발달한 오백나
한의 주제와 훨씬 더 일치한다. 남종선의 요람인 조계曹溪의 보림사寶
林寺－즉 남화사南華寺－에는 송대의 시인 소식蘇軾이 기린 십팔나한상
이 있었고, 예수회의 마테오 리치는 그 절의 오백나한상에 대해 그리
감탄하지 않는 투로 묘사했다.(Ricci 1953, p.223 참조)

중국에 머무는 동안에 슌죠(俊芿, 1166~1227) 율사는 열일곱 번째
아라한과 닮았다는 것 때문에 관휴의 십팔나한도十八羅漢圖 하나를
받았다. 일본에서 가장 오래된 그림이 또 있다. 그것은 이용면(李龍眠,
1049~1106)[24]의 작품으로 여겨지는데, 쿄오토 서쪽 교외의 사가(嵯峨)

---

23 추가된 둘은 중국 민간 종교에서 상징적인 인물들로서, 용을 부리는 자와 범을
부리는 자였다. 그들의 정체는 다양하다. 난디미트라(소빈타 존자로도 불리는,
십육나한의 전통을 확립한 남자)와 빈두로(최초의 아라한인 빈두로파라타의 대역),
다르마탈라 즉 달마다라(達磨多羅, 보리달마의 착오)와 화상和尚 마하연(摩訶衍,
티베트 종교회의에서 중국 측을 대표한 북종의 선사), 현장玄奘과 포대布袋 등으로
다양하게 본다. 특히 Lévi and Chavannes 1916; Demiéville 1978; Siegbert
Hummel, "Der Dickbauchbuddha," *Acta Orientalia* 48(1987), pp.157-167;
Lessing 1954, plates 참조.
24 [역주] 일본에서는 용면거사龍眠居士 이공린李公麟을 '이용면(李龍眠, 일본어로
'리류민)'이라 부른다.

그림 9. 십육나한 가운데 하나인 나가세나.
쿄토의 만푸쿠지.

에 위치한 세이료지(淸凉寺)의 주지인 쵸넨(奝然)이 가져왔다.[25] 미치
하타 료슈(道端良秀)가 지적하듯이, 일본인들이 얻었다는 최초의 이
두 그림이 가장 유명했다는 사실은 확실히 좀 이상하다. 도겐도 중국에
서 이용면의 작품으로 여겨지는 십육나한도를 가지고 돌아왔다. 쵸

---

25 [역주] 이 점은 꽤 의심스럽다. 쵸넨(938~1016)의 생존 시기가 이용면보다 한
   세기 정도 앞서므로 서로 만나거나 쵸넨이 그의 그림을 얻는다는 것은 불가능하
   기 때문이다. 따라서 본문의 내용은 일본에서 후대에 지어낸 것임을 알 수
   있다.

덴스(兆殿司)로도 불리는 민쵸(明兆)가 토후쿠지(東福寺)에서 관휴와 이용면의 본을 받아서 오백나한도를 그렸는데, 이 회화도 유명해졌다. 아라한들은 선종에서 중요하게 숭배되었음에도 선종 텍스트에서는 거의 논의의 주제가 되지 못했다. 이런 소승의 인물들을 숭배하는 일이 대승의 이상에 어긋날 뿐더러 선종의 유명한 성상파괴주의와는 너무나 모순되었기 때문일 것이다. 선종의 이론과 실천 사이에서 느껴졌을 모순은 유명한 '성상파괴주의자'인 단하천연(丹霞天然, 739~824)의 제자 취미무학翠微無學[26] 선사에게 어떤 승려가 던진 물음 속에 잘 나타나 있다. "단하는 목불상을 불태웠습니다. 그런데 당신은 왜 아라한을 숭배합니까?"(T. 51-2076, p.313c)『쇼보겐조』의「아라한 阿羅漢」(1242)에서 도겐은 이 용어에 대해 아주 대승적인 재해석을 했고, 아라한 숭배의 중요성에 대해서는 언급조차 하지 않았다. 이런 태도를 하라다 코도(Harada Kōdō, 1988)와 같은 최근의 학자들도 본떴다. 하라다는 조동종의 아라한 숭배를 실천(또는 수행)의 관점에서 상징적으로 해석하려 했고, 그리하여 아라한과에 이르도록 스스로 격려하는 것으로 보았다. 이런 합리화가 타당하다 해도, 왜 선종이 보살의 이상을 버리고 아라한의 이상으로 돌아가려 했는지에 대해서는 여전히 설명해주지 못한다. 그러나 '침묵의 공모'는 의례에 관한 자료들이나 성자전 자료들을 살펴보자마자 깨진다.

『코젠고코쿠론(興禪護國論)』의 서문에 따르면, 에이사이는 처음 〔중국의〕천태산을 방문했을 때 그의 발우에 비친 아라한의 영상을

---

26 무학조원無學祖元의 경우처럼 아라한의 뜻글자인 무학(無學, 산스크리트 Aśaikṣa)과 동의어인 그의 이름은 아라한 숭배와 강하게 연관되어 있음을 암시한다.

보았다. 곧바로 그는 오백나한에게 차를 바쳤다. 그의 벗인 슌죠도 똑같은 일을 했다.(Ishida 1972, p.413 참조) 천태산의 오백나한은 특히 유명했고, 일본의 초기 순례자로서 (신통력, '꿈에 대한 기록'과 죽은 뒤에 중국에 남긴 '육신'으로 잘 알려진) 죠진(成尋)이라는 미이데라 (三井寺)의 승려가 자신의 『산텐다이고다이산키(參天台五台山記)』 (1072)에서 언급하고 있다. 죠진에 따르면, 오백나한은 '석교石橋' 근처에 살았으며, 그와 같은 '청정한' 승려들만 그 다리를 건널 수 있었다.(Morris 1970, p.369) 후대의 일본 주석가는 이렇게 논평했다. "중국의 순례자들 가운데 열에 여덟이나 아홉은 중간에 멈추어야 했으나, 일본의 순례자들은 대부분 건널 수 있었다."[27] 그 다리를 건너는 일은 확실히 일본의 승려들에게 의례적인 인증이 되었다. 그 글은 다리를 건널 수 있었던 에이사이의 도반 쵸겐(重源)을 칭송하는 말로 끝맺고 있다.(Michihata 1983, p.275) 텍스트는 에이사이를 언급하지 않고 있지만, 우리는 다른 자료들을 통해 그가 다리를 건널 때 아라한이 아닌 두 마리 '청룡'의 환영을 보았다는 것, 그리고 전생에 그가 천태산의 만년사萬年寺에 살았던 인도 승려였다는 뜻밖의 사실을 알고 있다.[28] 그런데 후대의 자료에 따르면, 조동종에서 아라한들

---

27 잘 알려진 또 다른 사례는 위에서 언급한 슌죠의 경우다. Ishida 1972, p.413에 나오는 그의 전기를 참조하라. 그 다리에 관한 최근의 묘사로는 Fong 1958 참조. '석교石橋'에 대한 최초의 언급은 『고승전』에 실린 담유曇猷라는 승려의 전기에 나타나는데, 이 전기는 아라한에 대해서는 언급하지 않고 '득도한 사람들' 만 언급하고 있다. 오백나한은 『송고승전』의 〈보안(普岸, 770~843)〉에 나타난 다.(T. 50-2061, p.880b)

28 『코젠고코쿠론』에서는 '송조宋朝의 기특奇特한 일들'을 열거하면서 이렇게 말한

504

을 위해 거행하는 의식은 에이사이로부터 전해졌고, 에이사이는 쵸겐과 함께 석교 위에 서 있는 동안 아라한들로부터 그 의식에 관한 지시를 받았다.(ibid., p.283) 이 모든 일은 에이사이가 처음 중국에 가서 천태산에서 보낸 사흘 동안에 일어났다. 20여년 뒤의 두 번째 여행에서 에이사이는 다시 천태산으로 가 거기서 5년을 머물렀다. 그는 지의智顗의 탑과 전생의 자신으로 추정되는 인도 승려 길상단吉祥旦의 탑을 포함해서 여러 건물들을 재건했다. 그런데 일본에 돌아온 뒤에도 자신과 아라한의 관계에 대해서는 더 자세한 설명을 하지 않았다. 그러나 아라한들이 에이사이에게 핵심적인 관심사로 남아 있었다는 사실은 그가 전례典禮 달력에서 그들을 앞에 두었다는 데서 분명해진다.

도겐은 에이사이의 선례를 명확히 인식하고 있었다. 조동종의 전승에 따르면, 그는 천태산에서 그리고 나중에는 에이헤이지(永平寺)에서 직접 아라한을 보았다. 멘잔(面山)은 도겐의 전기인 『켄제이키(建撕記)』에 주석을 달았는데, 거기에서 이렇게 썼다. 1249년에 아라한들

다. "천태산에 살아 있는 아라한들이 나타나고, 그들의 발자국에서 빛이 나온다. … 석교에 청룡이 나타나는데, 나타나면 곧바로 비가 내린다."(Ichikawa, Iriya, and Yanagida 1972, p.88) 미치하타는 에이사이가 기우제를 수행하면서 널리 알려지게 되었음을 언급하고, 또 석교는 파란색이며 용의 모습을 하고 있다는 죠진의 묘사를 통해 에이사이가 석교 때문에 이런 환영을 보게 되었을 것임을 암시한다.(Michihata 1983, p.283) 축담유(竺曇猷, 4세기 경)의 전기는 이 전설이 아라한 숭배보다 앞서는 것임을 시사한다. 석교를 건너는 데 실패한 뒤에 이 인도 승려는 자신에게 10년 뒤에 다시 오라고 말하는 소리를 들었다. 그는 다시 돌아와서 결국 산신山神을 만났다.(『고승전』, T. 50-2059, p.396a)

을 위한 의식이 진행되는 동안, 이전에 천태산에서 일어났던 일과
마찬가지로 그들의 화상畵像들과 조상彫像들이 공물을 받아들였다는
뜻으로 갑자기 빛을 냈다.(Michihata 1983, p.461 참조) 십육나한들
스스로 에이헤이지 앞의 오래된 소나무 가지들에 나타나기도 했다.[29]
도겐 자신은 이렇게 말했다. "상서로운 조짐이 나타난 사례가 대송大宋
에서는 태주台州의 천태산 석교 이야기가 유일하다. 다른 산에서
이런 일이 있었다는 이야기는 아직 듣지 못했다. 이 산―에이헤이지가
위치한 키치죠산(吉祥山)―에서는 아라한들이 벌써 여러 번 나타났다.
이는 참으로 상서로운 조짐이다. 이는 그들이 깊은 자비심으로 이
산의 사람들과 불법을 거듭해서 보호해주고 있음을 의미한다."(DZZ
399)

도겐에게 아라한들의 출현은 에이헤이지가 일본에서 불법이 정확
하게 전해진 유일한 곳이면서 중국의 천태산과 유일하게 견줄 수
있는 곳임을 증명하는 것이었다. 케이잔 죠킨(瑩山紹瑾)이 강력한
경쟁자인 에이헤이지보다 자신이 새로 세운 요코지(永光寺)가 더
우월하다고 주장할 수 있었던 것 또한 아이러니하게도 아라한의 계시
가 있어서였다. 케이잔의 삶, 그리고 요코지와 소지지(總持寺)의 의례
들에서 아라한들이 한 역할은 『토코쿠키(洞谷記)』 같은 기록들이

---

29 '라칸쇼오(羅漢松)'로 알려진 이 나무는 오늘날에도 살아 있으며, 한 아라한이
　들었던 부채는 에이헤이지의 보물들 사이에 보존되어 있다. 도겐의 전설에
　추가된 또 다른 사항은 〔중국〕경산徑山의 나한전 앞에서 도겐을 만나 그에게
　천동산天童山의 여정如淨을 찾아가라고 충고한 노인이 실제로 아라한이었다는
　것으로, 멘잔이 『테이호 켄제이키(訂補建撕記)』에서 한 주장이다.(Michihata 1983,
　p.212 참조)

잘 입증해준다. 케이잔의 꿈에 나타난 여덟 번째 아라한인 벌사라불다라伐闍羅弗多羅의 중요성은 특히 흥미를 끈다.[30] 앞서 언급했듯이, 유일하게 개별화된 아라한은 빈두로였으므로 요코지의 창건 설화에서 다소 모호한 대역 대신에 그가 나타나리라는 것은 예상할 수 있었다. 케이잔의 분파가 성공하고 나아가 조동종 자체가 성공한 일이 한 아라한의 보호 덕분이었다는 사실은 변함이 없다. 아라한들을 위한 의례는 요코지에서 매월 보름에 거행되었다. 이 의례는 조동종에서 오늘날에도 여전히 거행되고 있으며, 그것은 (에이사이와 도겐이 전한 것보다는) 케이잔이 제정한 의례를 더 따른다.[31]

멘잔은 도겐의 '순수 선'으로 회귀하자고 주장하면서 조동종 전통의 탈신화화에 주된 역할을 하기도 했지만, 인간의 간청에 대한 응답으로 아라한들이 행한 이적에 자신의 『라칸오켄덴(羅漢應現傳)』(1754) 작품 전체를 바치기도 했다. 성인전의 논평을 1백 개 이상 포함하고 있는 이 작품은 중국과 일본의 아라한에 관한 전설들을 살펴보는 데 있어 기본적인 자료다. 일본과 관련된 첫 번째 논평은 니치라(日羅, ?~583)에 관한 것이다. 니치라는 아타고야마(愛宕山)의 수호신이 되어서 쇼군 지조(勝軍地藏)[32]의 곤겐(權現, 화신)처럼 보이는 한국[백제]의 장수였다.[33] 멘잔은 니치라의 이름으로 언어

---

30 이 중요성은 그 이야기가 『토코쿠키』에서 세 번, 즉 1318년, 1320년 그리고 1323년 등의 항목에서 반복된다는 사실로도 입증된다. Azuma 1983도 참조.

31 이 의식에 관한 서술은 Visser 1923, pp.182-196 참조.

32 〔역주〕 '쇼군 지조'는 지장보살의 일종이다. 그를 염하면 전쟁에서 이기고 숙업宿業과 기근에서 벗어날 수 있다는 것이 알려지면서 카마쿠라 이후에 일본의 무가武家에서 널리 신앙되었다.

유희를 했는데, 니치(日本)＋라(羅漢) 곧 '일본의 아라한'으로 풀이한
것이다.(Michihata 1983, p.192 참조) 아라한은 의미론적으로 무학無學
을 연상시키는데,[34] 이는 어떤 아라한이 호조 토키요리(北條時賴)의
꿈에 나타나서 무학조원(無學祖元, 1226～1286)이 올 것이라 예언한
이야기의 토대가 된 것으로 보인다. 멘잔 자신도 우연히 아라한을
만나는 흥미로운 꿈을 꾸었다. 그는 작품의 말미에 하안거 해제 전에
꾼 꿈을 기록하고 있다. 널리 알려지 않은 탓에 이 해제에 올 승려가
거의 없을 것이라고 걱정한 멘잔은 십팔나한들을 위한 의식을 시작했
다. 엿새 째 밤에 그는 유명한 선사 황벽고천(黃檗高泉, 1633～1695.
일본어로 '오바쿠 코센')이 20명 이상의 승려들을 데리고 자신을 찾아오
는 꿈을 꾸었다. 고귀한 손님에게 차를 대접한 뒤에 그는 친필親筆
하나를 청했다. 그러나 시자가 먹물을 준비하는 동안 잠에서 깼다.
일곱째 날, 의식의 끝에 멘잔이 아라한들을 그린 두루마리를 펼쳤을
때, 그들 가운데 하나는 시자가 먹물을 준비하고 있는 동안에 붓을
손에 들고 있는 모습이었다. 꿈에서 보았던 사람과 똑같이 표현된
아라한이었다. 그때 멘잔은 자신의 바람이 받아들여졌음을 깨달았
다. 그 다음날, 비젠(備前) 우사(宇佐)의 라칸지(羅漢寺)에서 승려들
이 도착하기 시작했다. 말할 것도 없이 하안거 해제는 68명의 훌륭한

---

33 Anne-Marie Bouchy, "Comment fut révélée la nature véritable de la divinité
　du Mont Atago," *Cahiers d'études et de documents sur les religions du Japon*
　1(1976), pp.9-48; visser 1923, pp.85-92 참조.
34 〔역주〕아라한은 산스크리트 'arhat'를 음역한 것인데, 더 배울 것이 없는 존재라는
　뜻에서 의역한 것이 '무학無學'이다.

승려들이 참석한 덕분에 성공적이었다.(Michihata 1983, p.228)

선과 카미(神)

선종은 이론적으로 매개를 부정했음에도 '수호신들'에 대해서는 정토
종보다 더 호의적이었다.[35] 그것은 어느 정도는 국가와의 관계 때문이
었고, 에이사이 같은 선사들에게는 대중의 복을 비는 의례를 거행할
필요성 때문이었다. 엔니 벤엔(圓爾弁圓)의 후계자이며 임제종 선사
인 코칸 시렌(虎關師鍊, 1278~1346)은 『겐코샤쿠쇼(元亨釋書)』를 썼
다. 이 책은 일본불교사를 서술한 것으로, 여기에 「신선神仙」이라는
항목이 있다. 이 항목에는 아마테라스, 하쿠산묘진(白山明神), 탄죠묘
진(丹生明神), 신라묘진(新羅明神), 텐만다이지자이 텐진(天滿大自在
天神, 스가와라 미치자네) 등 일본의 다섯 카미(神)들과 (비록 일부는
도교의 영생 추구에 영향을 받은 것이 확실하지만) 실제로는 불교
고행자들인 '여덟 신선들'에 주목하고 있다.[36] 한 명만 빼고 나머지
'신선들'은 모두 카미처럼 일본인이다. 유골을 논의한 데서나 다른
데서 밝힌 것처럼, 코칸 시렌은 유교와 도교에 대한 불교의 우위를
옹호했다. 유명한 '여덟 신선'을 불교식으로 복제한 것도 이런 관점에

---

35 Suzuki Shōken 1987; Ishikawa 1989; 호소가와 쿄신(細川 行信), "親鸞の神祇觀,"
『日本佛敎學會年報』52(1987), pp.231-248 참조.
36 탄죠묘진은 코야산(高野山)의 수호신 즉 지누시가미(地主神)고, 신라묘진은 미이
데라(三井寺)의 보호자다.『겐코샤쿠쇼』에서 일본 신들을 어떻게 다루었는지에
대해서는 大隅 和雄, "元亨釋書と神祇,"『東京女子大學比較文化硏究所紀要』
48(1987), pp.23-33 참조.

서 해명되어야 한다. 그의 작품에서 아라한들은 비교적 중요하지 않은 역할을 한다. 이것은 조동종에서 그들을 먼저 선택해 썼다는 사실을 그가 인식하고 있었기 때문일 것이다. 시렌 또한 밀교에 깊이 빠져 있었고, 그의 작품에는 본지수적설本地垂迹說의 영향이 강하게 나타나 있다.[37] 시렌이 언급한 모든 카미는 밀교에서 중요한 역할을 한다. 선종의 이른 전승에서처럼 그들은 단순히 불교의 수호자가 아니라 근본적으로 붓다의 현현 곧 곤겐(權現)이다. 처음에는 지역적 저항을 극복하기 위한 전술적 움직임이었으나, 카미를 이렇게 드높인 일은 광범위하게 영향을 끼쳤다.

하쿠산묘진 또한 중세 불교에서 중요한 역할을 했으며, 조동종이 지역적으로 확산되는 데에도 핵심적인 요인이었다. 시렌은 이 신이 사실은 이자나기의 현현이라고 설명한다. 이자나기는 일본 신화에 나오는 최초의 두 신 가운데 하나이며, 자기 딸인 아마테라스보다 우위에 있었으리라 여겨진다. 만약 그렇지 않다면, 그것은 곤겐(權現)으로서 아마테라스 뒤에 나타났기 때문일 것이다. 다른 전승들에서는 하쿠산묘진을 관음보살의 화신으로 간주한다. 앞서 언급했듯이, 멘잔과 같은 토쿠가와 시대의 조동종 개혁가들은 이 강력한 신을 '호법신'으로 낮추고 이 신을 철학적으로 해석하려는 시도를 했다.(Satō Shunkō 1986~1987 참조)

---

37 〔역주〕'본지수적설'이란 일본의 토착신이 불교의 불보살과 융합하면서 나타난 이론이다. 불보살을 본지本地라 하고, 일본의 토착신들은 불보살이 일본 땅에 그 자취를 드리운 존재라고 해서 수적垂迹이라 한다. 토착신들을 불보살의 화신化身으로 드높인 것인데, 일본에서는 이런 신들을 곤겐(權現)이라 부른다.

   텐만다이지자이 텐진은 헤이안(平安) 시대의 유명한 관리인 스가와
라 미치자네(菅原道眞)를 신격화한 호칭이다. 유배지에서 죽은 뒤에
미치자네는 강력한 원령(怨靈, 일본어로 '온료')이 되었는데, 그를 신의
지위로 끌어올려야만 달랠 수 있었다. 이 신화적 인물은 힌두교(이슈바
라), 유교, 그리고 원령에 대한 토착 신앙으로부터 빌려온 요소들이
흥미롭게 결합된 존재다.(Iyanaga 1983과 1985 참조) 중세 선종에서
미치자네 전설의 발달은 전략적 역할을 하면서 다양한 목적을 수행했
다.[38] 특히 무준사범(無準師範, 1178~1249) 선사가 미치자네에게 가사
를 전했다는 이야기는 (코칸 시렌을 포함해서) 엔니 벤엔의 제자들,
무혼 카쿠신(無本覺心, 1207~1298), 케이잔 죠킨(瑩山紹瑾) 등이 선종
사회에 적극적으로 전파시켰던 것 같다.[39] 임제선(카쿠신)과 조동선
(케이잔)이 지역적으로 확장될 때, 이 이야기는 번성하고 있던 텐진
숭배와 선을 편리하게 결합시켰다. '고잔(五山)'이 신유학과 문학의
중심지가 되었던 도성에서 그것은 불교, 유교, 도교—이것은 나중에
'신토(神道)'로 대체된다—'삼교三敎'의 조화 또는 선과 시의 조화를
옹호한 선사들의 주장에 도움이 되었다.(Harada Masatoshi 1987 참조)

---

38 Borgen 1986, p.327 참조.
39 이 전설에 따르면, 미치자네는 1241년에 엔니에게 나타나 제자가 되게 해달라고
   청했다. 엔니는 무준이 직접 받아들여야 한다고 일러주었다. 미치자네는 중국으
   로 날아가 무준에게 가르침을 받고 가사도 받은 뒤에 일본으로 돌아왔다. Borgen
   1986, p.327; Harada Masatoshi 1987 참조. 스즈키 보쿠시는 이 전설을 비판한다.
   Suzuki Bokushi 1987, p.283 참조. 전설은 『속전등록續傳燈錄』에 보이는 무준과
   중국의 '가람신'—아직 미치자네가 아니다— 사이의 대화에 바탕을 두고 있다.
   이것은 멘잔의 『토린고로쿠(東林語錄)』(T. 82-2598, p.600b)에 인용되어 있다.

다르마(법)를 카미에게 전한 또 다른 사례는 여신 아마테라스 및
무혼 카쿠신, 벳포 다이슈(別峰大殊, 1321~1402) 등 선승들과 관련이
있다. 엔니 벤엔의 계통인 벳포는 이세진구(伊勢神宮)를 찾았을 때
아마테라스로부터 계시를 받았다. 그것은 그녀가 이전에 카쿠신으로
부터 가사를 받았다는 내용이었다.[40] 그의 전기에 따르면, 카쿠신은
천태산의 천동天童에게서 이 가사를 받았고 나중에 이를 아마테라스
에게 주었다. 엔니 벤엔의 또 다른 제자인 켄포 시돈(乾峰士曇, 1285~
1361)은 카모다이묘진(加茂大明神)에게 계율과 가사를 전했고, 다이
묘진은 답례로 승가리(僧伽梨, 승려가 입는 삼의 가운데 하나)를 그에게
주었다.[41] 무쟈쿠(無著)에 따르면, 하치만(八幡) 신은 엔니 벤엔이
중국에서 돌아왔을 때 그에게 나타났다. 또 하치만은 무준사범의
제자인 무학조원無學祖元을 일본에 오도록 요청하기도 했다.

　중세의 일본 불교에서 카미의 중요성은 엔니의 제자가 쓴 다른
작품, 즉 무쥬 이치엔(無住一圓)의 『샤세키슈(沙石集)』로도 입증된다.
이 작품도 '현세 이익'이라는 개념의 중요성을 보여준다. 선과 관련된
더 구체적인 다른 증거는 최근에 새로 발견된 다르마슈(達磨宗)의
텍스트들에서 볼 수 있다. 가령 『죠토쇼가쿠론(成等正覺論)』은 "바라
는 것은 무엇이든 얻을 수 있다"(『金澤文庫資料全書』 1, p.204)라고
설명한다. 반면에 카나자와 문고(金澤文庫)에서 역시 볼 수 있는 에이

---

40 『東福寺文書』의 〈天照太師相伝袈裟記〉(1382)(Harada Masatoshi 1987, p.383에서
　　인용) 참조.

41 『續群書類從』 9의 2에 있는 〈廣智國師乾峰和尙行狀〉(ibid., p.383에서 인용)
　　참조.

사이, 묘에(明惠), 카쿠신 그리고 무소 소세키(夢窓疎石) 등과 같은 대사들의 대중적인 선 법어집은 업보의 문제와 본지수적설에 대한 해설을 제공해 준다.(ibid., p.229)

민중적인 신들의 역할과 관련해서 볼 수 있는 중국 선과 일본 선의 한 가지 차이점은, 송대의 선사들은 유교적이고 도회적인 청중을 대상으로 한 반면에 카마쿠라와 무로마치 시대의 일본 선사들, 특히 조동종 선사들은 각 지방에서 전도했다는 사실과 관계있을 수 있다. 중국에서는 혼합주의적인 '삼교일치론三敎一致論'이 그 명백한 관용 안에 합리주의자나 탈신화화의 거센 공격을 품었고, 토착의 '위대한 전통들'도 그렇게 했다. 도교도들은 민간 종교의 이른바 금지된 숭배와 관련해 지식인들과 공통된 염려를 하고 있었다. 일본에서는 상황이 달랐다. 토착 전통들이 유교적이거나 도교적인 '득도'에 전혀 위협을 받지 않았기 때문이다. 불교 승려들이 점점 더 솜씨 있게 카미들을 다루기는 했지만, 도쿄(道鏡, 700?~772)가 권력을 쥐려고 했다가 하치만의 반대 신탁 때문에 실패했을 때 드러난 것처럼 카미는 예측할 수 없는 존재로 남아 있었다.

카미들은 친쥬가미(鎭守神, 특정 지역의 수호신), 가람신 또는 호법신 으로 간주되느냐, 불보살의 화신인 곤겐(權現)이나 묘진(明神)으로 간주되느냐에 따라 두 가지 주요 항목에 들어간다. 어떤 친쥬가미가 곤겐일 수도 있고 곤겐이 될 수도 있듯이 그 두 항목은 겹치지만, 그것은 순수하게 제의적 목적에 봉사하면서 그다지 개별화되지 않은 몇몇 중요하고 잘 정의된 소수의 신들과 더 낮고 기능화된 다수의 신들이 선종에서 공존하고 있음을 알려준다. 앞서 지적했듯이, 조동종에서 가장 중요한 신들 가운데 하나는 하쿠산묘리 다이곤겐(白山妙理大權現)이었다.(Matsuura 1976, p.440 참조) 스미요시묘진(住吉明神)과 코진(荒神) 또한 언급할 가치가 있다. 스미요시묘진은 항해의 신이면서 문학의 신이다.[42] 코진은 밀교에서 많은 요소들을 빌려온 모습을 하고 있다. 그는 산보다이코진(三寶大荒神)이라 불리면서 노토(能登) 지방에 있는 소지지(總持寺)의 가람신으로 숭배받았다. 이 이름은 '삼보三寶'의 수호자로서 그의 역할을 암시한다. 코진은 밀교적 신격이며, 혼자 남아 있는 편이 더 좋은 흉악한 신으로 여겨졌다. 그러나 지역 전설은 그가 어떻게 소지지의 연못에서 나타나 케이잔의 손제자인 타이겐 소오(太源宗眞)에게 사원을 보호하겠다고 맹세했는지를 들려준다. 그는 전형적인 의례의 신으로서, 모든 불결함으로부터 불을 보호한다.(Henmi Baiei 1974, pp.1103~1107 참조) 유사한 다른 신으로 화덕성군(火德星君, 일본어로 '카토쿠쇼쿤')이 있는데, 중국의 신인 신농神農의 화신이며 남쪽을 상징하는 그 공간적 상징성은 불에 대항하는 힘을 가리킨다. 이 신은 『케이잔신기(瑩山淸規)』에서 불이나 다른 재앙으로부터 선원을 수호하는 신으로 나온다.[43] 그는 대개

---

[42] 스미요시의 일본적 특성은 제아미의 노(能) 작품인 〈하쿠라쿠텐(白樂天)〉에 잘 반영되어 있는데, 여기서 이 신은 중국의 시인 백거이白居易를 대신하고 있다. "스미요시 신의 힘은 참으로 대단해서/ 당신이 우리를 억누르게 하지 않으리, 오, 라쿠텐(樂天)!" Arthur Waley, *The Nō Plays of Japan*(Rutland, Vt.: Charles E. Tuttle, 1981), pp.207-215 참조.

[43] T. 82-2589, p.437b; 무쟈쿠, 『젠린쇼키센』(ed. Yanagida 1979 권1, p.177) 참조. 『쇼에코신기(諸廻向淸規)』, T. 81-2578, p.620b도 참조. 중국에서는 중봉명본中峰明本이 1317년에 편집한 『환주암청규幻住庵淸規』에서 이 신을 언급하고 있다.

불전의 남쪽 부분에 명판을 두고 있으며, 매월 4일과 18일에는 그에 관한 경전의 기사를 읽는다. 그가 나타나면 선원에 불을 지른다고 하는 믿음이 있었고, 그 믿음이 액막이를 구실로 그를 숭배하도록 만들었던 것 같다.[44]

선의 의례화는 사원에서 점점 커지는 신들의 중요성과 성직화 과정을 나타낸다.[45] 신들을 의례에 받아들이면서 의례는 '신성시'되었다. 이런 성직화의 경향과 대조되는―그리고 그것과 얽혀 있는― 합리주의적 경향은 사원의 세계관에 본래 있던 것으로, 전통의 탈신화화와 의례의 일상화에 이바지했다. 한 가지 예를 들자면, 하쿠산 숭배에 대한 조동종의 재해석은 카미를 '거세하려는' 새로운 시도로 볼 수 있다. 이것은 초기의 시도들이 (특히, 그리고 놀랍지도 않게 아마테라스 같은 여성 신격들의 경우에) 본지수적설 때문에 실패했기 때문이다. 본래 죽음의 오염을 다루는 정화 의식이었던 것에서 하쿠산 신을 '지역의 수호신'이나 더 추상적으로는 '호법신'으로 재규정하는 것으로

---

44 무쟈쿠, 『젠린쇼키센』(ed. Yanagida 1979 권1, p.177) 참조. 유사한 다른 인물은 거의 개별화되지 않은 '뜨거운 물과 불의 신'(主湯火神明)인데, 그는 위타(韋駄)에게 바치는 조동종 의식에서 나타난다.

45 이 성직화는 선이 '밀교화'된 결과일지도 모른다. 이야나가 노부미(Iyanaga Nobumi 1985, p.737)가 시사하듯이 중국과 일본의 탄트리즘―이 점에서 선종과 다르며, 이제론二諦論을 잘못 해석했다―은 토착신들을 통상적인 진리와 동일시할 정도로 길들이려고는 하지 않았고, 그 결과 궁극적이고 통상적인 진리의 공식 안에서 그들을 이용했다. S. Ruegg, "Rapports entre le bounddhisme chinois et le 'substrat religieux' indien et tibétain," *Journal Asiatique*, 252, 1(1964), pp.77-95, esp. p.85 and nn. 10-12 또한 참조.

전환한 데에 이런 재해석의 특징이 있다.

앞서 보았듯이, 이런 혼합주의는 이념적이고 상징적인 폭력의 오랜 역사를 가지고 있다. 변증법적 긴장은 신들의 기능에 반영되어 있다. 신들은 불교에서 '호법신'으로 통합되든지 (그리고 약해지든지) 아니면 (이전에 언급한) 본지수적설 안에서 더 중요한−적어도 처음에는 종속적인− 역할을 맡든지 했다. 본지수적의 내적 역동성은 두 층위의 모델을 전복시키고 다층적인 모델로 나아가게 했다. 거기에서 토착신들은 외래의 붓다들과 대등한 지위를 되찾을 수 있었고, 가끔이지만 마침내 상징적 경쟁에서 우위를 차지했다. '경쟁에서 빚어진 상징적인 폭력'은 대개 완곡하게 표현되지만 때때로 명백하게 나타난다. 무쟈쿠가 인용한 이야기들, 즉 관제關帝가 초심자의 혀나 머리를 베었다고 하는 이야기들에서처럼.(『젠린쇼키센』, ed. Yanagida 1979 Vol.1, p.190 에서 무쟈쿠가 인용한 견문록 참조) 어쨌든 아마테라스, 하치만, 카스가(春日) 같은 토착의 카미는 (스가와라 미치자네처럼 결국 신격화된 귀신에 불과했던 관제보다 더)[46] 공경스럽게 대해야 할 대화 상대자로 여겨졌다. 일본의 만신전에는 중국의 만신전에서 볼 수 있는 명확한 위계가 결여되어 있었고, 그래서 일본의 신들을 하찮은 관리쯤으로 치부할 수 없었다. 카미의 '기능적' 특성은 중국의 경우처럼 쉽사리 드러나지 않는다.[47] 신화−적어도 신에 관한 서사−는 일본에서 꽤

---

46 〔역주〕 관제關帝는 역사적 인물인 관우關羽가 죽어서 된 신이니, 스가와라 미치자네와 비슷하다.

47 인도−유럽의 신화에 대한 뒤메질의 연구에서 실마리를 얻어 일본 신화를 구조적으로 분석하려 한 연구로는 Yoshida Atsuhiko, "La mythologie japonaise: Essai

발달했다. 반면에 중국 신화는 천상의 관리로 승격한 성인들의 이야기로 대부분 이루어져 있다. 의례와 마찬가지로 신들은 해석의 영역이다.(Duara 1988 참조) 신성화와 탈신성화, 의례화와 반의례주의 사이의 변증법은 신들의 해방과 복종 사이의 변증법과 겹친다. 아이러니하게도—카미를 처음에는 친쥬(鎭守)로, 그 다음에는 가람신과 호법신으로 범주화하려는 시도 속에서— 본지수적설에 의해 시작된 속박과 합리화의 과정은 결국 카미가 곤겐(權現)으로 귀환할 길을 열어주었다. 일본 신들의 저항이 일으킨 문제는 이세伊勢 신궁이 승려들에게 금지된 곳이라는 전통에서 잘 드러난다. 불교도 저자들은 이런 금지가 끼칠 부정적인 영향을 줄이려 애썼다. 가령, 코칸 시렌은 어떻게 쇼무(聖武) 천황이 교키(行基, 668~749)에게 사리 한 알을 이세 신궁에 건네주도록 요청했는지, 그리고 어떻게 일곱째 날에 신궁이 열리고 아마테라스가 이 선물 덕분에 구제받았다고 선언했는지에 대해 보고한다. 그 뒤에 아마테라스는 천황의 꿈에 나타나 자신이 사실은 비로자나불의 화신이라고 밝혔다. 시렌은 이 이야기를 비롯해 유사한 전설들을 이용해서 아마테라스는 신토(神道) 교파들이 주장해 온 것처럼 불교에 적대적인 존재가 아니라는 것을 증명하려고 한다.[48]

복귀 과정의 초기 단계는 카미에 대한 에이사이의 태도에 잘 나타나

---

d'interprétation structurale," *Revue de l'histoire des religions* 140(1961), pp.47-66과 141(1962), pp.25-44, 225-248 참조. 좀 더 레비 스트로스식으로 접근한 것으로는 Ouwehand 1964; Macé 1976; and Lévi-Strauss, 1985, pp.73-87 참조.

48 『겐코샤쿠쇼』, in DNBZ 62, No. 470, p.162 참조. 무소 소세키(夢窓疎石)의 『무츄몬도(夢中問答)』(ed. Satō Taishun 1974, p.35)도 참조.

있다. 에이사이의 『코젠고코쿠론』에서는 매달 2일과 16일에 켄닌지(建仁寺)의 토착신에게 기도했다고만 언급하고 있다. 여러 면에서 에이사이는 혁신가라기보다는 전통 불교의 상속자였고 진언종과 천태종의 밀교 의례에 아주 정통한 인물이었지만, 본지수적설이라는 격자를 통해서 토착신들을 바라본 것 같지는 않다. 에이사이는 의례에 관한 지식이 있었고, 그 때문에 그는 신들을 지배하는 힘을 가지고 있다고 믿어졌다. 한 예로, 그가 비 내리기를 빌자 용신의 즉각적인 감응이 있었다. 그의 양손에서 빛이 나왔고 비가 쏟아졌다. 풀잎마다 맺힌 모든 빗방울에서 에이사이의 모습이 비쳤다. 그의 힘이 이렇게 표출되자 천황은 그에게 '요조(葉上)'라는 이름을 하사했다. 그런데 『겐코샤쿠쇼(元亨釋書)』에 따르면, 어떤 때에 에이사이는 태풍을 일으켰다는 비난을 받았다. 그러자 그는 자신에게는 그런 힘이 없으며 태풍은 풍신風神이 일으키는 것이라고 대답했다. 물론 이 이야기는 단순히 에이사이가 수월하게 (그리고 좀 냉소적인) 변명을 한 것으로 읽힐 수 있다. 그러나 그의 문화적 배경이나 묘에(明惠)처럼 신들에 열광하는 고승들이 그를 매우 존경했다는 사실을 고려해 볼 때, 그의 발언은 진심이었을 공산이 크다. 아무튼 카미는 선종의 성자전과 의례에서 상당한 역할을 하게 되었다.

한편, 도겐은 민족주의적이었고 중국 불교를 점점 더 비판했다. 그럼에도 일본의 카미는 결코 언급하지 않았다. 논쟁적인 『법화경』에 의해 알려진 작은 신들에 대해 그는 분명히 부정적인 태도를 취했다. 그가 언급한 몇 안 되는 구절 가운데 하나는 그들에게 속지 말라는 경고다. "두려움 때문에 산, 숲, 나무, 뜰, 비불교적인 사당 등등의 신들에서 안식을 찾는 사람들이 많다. 그러나 그런 신들에서 안식을 찾는 일은 아무런 가치가 없다. 그런 식으로는 고통에서 벗어날 수 없기 때문이다."(Yokoi 1976, p.130 참조) 그는 구족계의 이점을 열거한 『토쿠도랴쿠사호(得度略作法)』도 저술했다. 여기에서 도겐은 계율을 받는 것만으로도 최상의 공덕을 얻고 삼계三界를 초월한다고 했으며, 그 증거로 하늘과 땅의 신들이 호법신이 된다고 주장했다. 에이사이와 중국 선배들처럼 도겐도 토착신들을 단지 불교의 편리한 가신들 정도로 여겼던 것 같다.

케이잔이 처한 상황은 근본적으로 다르다. 앞서 거론했듯이, 케이잔은 자신이 전생에 나무의 정령이었으며 북구로주北俱盧洲와 업연業緣이 있어서 하쿠산 신의 주민으로 다시 태어났다고 확신했다. 케이잔의 『토코쿠키(洞谷記)』에 따르면, 그가 요코지(永光寺)를 세운 산의 신은 이나리(稻荷)이며 사원의 보호는 초보칠랑(招寶七郎)과 케타 진자(氣多神社)－다이친쥬 이치노미야(大鎭守一宮)－가 맡았다고 한다. 케이잔은 비사문천(毘沙門天, 힌두교의 쿠베라)과 대흑천(大黑天, 쿠베라의 다른 모습)도 공경했다. 『소지지 츄코엔기(總持寺中興緣起)』에 따르면, 소지지를 보호하는 세 '곤겐(權現)'은 하쿠산의 신, 히에이잔(比叡山)의 수호신인 산노(山王) 그리고 교키(行基) 보살이었다.

요코지의 봉헌을 위한 카미의 기도는 조동종과 임제종 양쪽의 의례적 기도를 대표한다. 이 문서에서 의례의 공덕은 위대한 여신 아마테라스, 천신天神 7대, 지신地神 5대, 인황人皇 96대, 다양한 성신星神들, 왕성을 보호하는 다양한 다이묘진(大明神), 나라 안의 천신과 지신들〔진기(神祇)〕, 호법의 다이토료(大統領), 하쿠산묘리 곤겐(白山妙理權現), 수많은 작은 토착신들, 화덕성군火德星君 및 재앙으로부터 가람을 지키는 열여덟 신들, (하나의 신격으로서) 초보칠랑대권수리招寶七郎大權修利, 다문천多聞天, 대흑천, 청면사자靑面使者, 이나리(稻荷), 하치만(八幡) 그리고 수많은 작은 신들에게 바쳐졌다.(『케이잔신기』, T. 82-2589, p.437b 참조) 따라서 불교의 신들과 비불교의 신들을 대개 불보살과 함께 불러내는데, 그것은 공덕의 의례적 봉헌 또는 '회향回向'이라는 맥락 안에서이며 더 정확하게는 화해의 귀의歸依 안에서다. 그 목록은 열려 있고 상황에 따라 달라진다. 선종에서 이런 의례는 주로 경문을 읽거나 읊는 풍경諷經으로 이루어지며, 가장 많이 읽히는 텍스트는 『능엄경』에 있는 이른바 '능엄주楞嚴呪'(T. 19-945, p.134a)−붓다와 보살들 그리고 깨달음에 대한 확신을 주는 신들을 향한 주문−이다. 일반적인 회향은 다음 제문祭文으로 끝난다. "우리는 참된 법이 번성하기를, 모든 나라들이 태평해지기를, 이 절이 있는 곳이 평온해지기를, 모든 업의 인연이 알맞게 되기를 기원하면서 이 절의 수호신 그리고 모든 호법신에게 간청하는 공양을 올립니다."(Foulk 1988 참조)

신들은 선종의 기본적인 의례인 명상에서도 중요한 역할을 했다. 슌죠(俊芿)가 자신의 『자젠기(坐禪儀)』에서 이렇게 말한 것처럼. "이 좌선법에서는 호법신이 있는 게 필요하다. 당나라에서는 천목산(天目山)의 용왕이 특별히 선 수행자를 보호한다. 이 용왕은 사실 준제관음 准提觀音의 현현이다."(Ishida 1972, p.407 참조) 신들의 의례적 역할은 지봉志逢 선사에 관한 이야기, 즉 수미산에 올라가는 꿈을 꾸었다는 이야기가 잘 보여준다.[49] 어느 날 그는 몸이 아파 보현전普賢殿에서 좌선을 하고 있었다. 그때 한 신이 나타나 그의 앞에 무릎을 꿇고는 자신은 계율을 보호하는 '호계신護戒神'이라고 밝혔다. 지봉은 자신이 어떤 전생의 업보로 지금의 병을 앓게 되었는지 아느냐고 물었다. 그 신은 그에게 작은 허물이 있을 뿐이라고 대답했는데, 그것은 지봉이 평소 발우를 씻은 물을 마시지 않고 버린 일을 이르는 것이었다. 그 후로 지봉은 의례상 잘못된 행위를 고쳤고, 병도 나았다.(T. 51-2076, p.422b) 의례의 정확성을 잘 보여주는 또 다른 사례는 빈두로 존자다. 그는 사원의 공양간과 욕실에서 의례적 공양을 받는데, 승려들이 자신들의 영적 향상에 대해 의심할 때 그 의심을 극복하도록 도와준다. 『샤세키슈』는 카미가 자신을 신봉하는 이들에게 축복을 줄 뿐만 아니라 그들을 믿지 않거나 적절하게 대우하지 않는 자들에게 앙갚음도 한다는 것을 보여준다. 무쥬 이치엔은 특히 아미타불과 유대를 맺으면 다른 영적 중재자를 경배하지 않아도 된다고 생각하는 정토종의 고승들을 염두에 두었다.[50] 묘에 같은 덕이 높은 승려들조차 카미의 뜻을 잘 헤아려야만 했는데, 그는 카스가(春日) 신으로부터 부정적인 신탁을 받은 뒤 인도로 가는 구법행을 취소해야 했다. 이것은 묘에와 죠케이(貞慶)〔게다츠 쇼닌(解脫上人)〕처럼 신이 사랑한 아이들, 즉 그의 '장남과 차남'이 되기 위해 치러야 하는 대가였다.(Morrell

---

49 〔역주〕이 책 10장의 주33)에서 자세하게 서술하고 있다.

50 무쥬는 묘에와 죠케이 같은 전통주의자들의 비판을 되풀이할 뿐이다. 예를 들어, 죠케이가 『코후쿠지 소죠(興福寺奏狀)』에서 "신토(神道)의 신령한 신들에게 등을 돌리는 잘못"에 대해 쓴 단락(Morrell 1987, p.79)을 보라. 『샤세키슈』의 〈정토종 사람이 신을 업신여기다가 벌 받은 일〉(Morrell 1985, pp.97-103)도 보라.

1985, p.84 참조) 『샤세키슈』의 문장이 전통적인 불교에 우호적인 종교적 선전으로 읽힐 수도 있겠지만, 카미에 대한 그 태도-또는 묘에와 죠케이의 태도-를 순전히 공리주의적인 전략으로 끌어내릴 수는 없다. 신들은 카마쿠라 불교도들의 일상생활에 존재했으며, 그들의 저주는 강력했다. 회의적인 마음은 늘 일어날 수 있지만, 대놓고 불가지론자가 되는 일이 사회적 상황 때문에 다소 불편해지는 때가 있다.

카마쿠라 시대가 그런 때였다. 몽골 침략에 대한 반응으로 나타난 민족주의 이념이 "일본은 신국神國이다"라는 믿음을 낳았다.(Grapard 1982 참조) 카마쿠라와 무로마치 시대에 다르마슈-그 개조인 다이니치 노닌은 스승 없이 깨달았고 중국에 가지 않고서 선종의 법통을 이어받았다 - 같은 종파들과 함께 선의 문화적 적응은 카미에게 더 큰 중요성을 부여하게 되었다. 일본이 (불교의) 몽골로부터 위협받고 있을 때 선승들은 애국심을 보여주고 싶었고, 다른 불교 종파들과 함께 승리를 위한 의례에 참여해 결과적으로 '카미카제(神風)'로 몽골 함대를 적시에 괴멸시켰다. 그들은 또 신토의 새로운 종파주의와 다른 '토착문화주의' 운동의 비판에 반응해야 했으며, 그들이 개종시키려 했던 사람들의 언어로, 주로 무사武士의 언어로 말해야 했다. 임제종의 공안에서 카미를 자주 활용한 것은 이것으로 설명할 수 있다.(Suzuki Shōkun 1987 참조) 카미 또한 임제종과 조동종 양쪽의 밀교적 전수에서 상당한 역할을 했다. 조동종의 많은 키리가미(切紙)는 스미요시묘진(住吉明神)이나 하쿠산 곤겐(白山權現) 같은 카미를 밀교적으로 해석한다. 그러나 이런 문서들은 신들에 대한 선종의 양면성을 보여준다. 신들은 정말로 선종의 상징 체계에서 중심부가 되었으나, 추상적이고 철학적인 용어로 재규정되었다. 도겐이 중국에서 돌아온 뒤에 스미요시묘진이 그에게 했다고 하는 예언이 적절한 사례인데, 그 예언에서 신은 스스로 탈신화화한다.[51]

신과 귀신 그리고 조상들

일본 불교에서 모토오리 노리나가(本居宣長, 1730~1801)가 카라고코로(漢意 또는 唐心, 중국 정신)의 특징이라고 비판한 합리화 경향은 시도 부난(至道無難) 같은 토쿠가와 때의 선사가 잘 표현했다. "누군가가 말했다. '이 나라는 신국神國이다. 고대부터 우리를 축복해준 신의 길인 신토(神道)를 실천하는 일을 멈추고 붓다의 길인 불도佛道를 실천하는 일은 큰 잘못이다.' 내가 말했다. '그건 어리석은 말이다. 이 나라의 신들 또한 마음이다. … 게다가 신들의 거처는 사람의 몸이다. 신들이 이렇게 머무는 것을 마음이 밝아짐이라 부른다. 이것이 마음이다.'"(Pedersen 1975, p.111) 신토(神道)에 대한 다른 대화에서 부난은 이렇게 단언한다. "타카마가하라(高天原, 카미가 사는 곳)는 사람의 자아다. 그대 안에 카미가 산다는 것은 그대 마음이 맑다는 뜻이다."(Kobori 1970~1971 4-1, p.117) 그러나 부난 같은 선사들은 선종의 선배들처럼 자신의 정력 대부분을 카미를 개종시키는 데에

---

51 다른 사례로는 조동오위曹洞五位라는 형이상학적 이론으로 하쿠산묘리 다이곤겐(白山妙理大權現)의 이름을 해석한 것을 들 수 있다. Sugimoto 1982, pp.349-350; Ishikawa 1985a, pp.128-140 참조.

쏟아부었다. 선사들은 '신들의 통제자'[52]가 되어 그들의 존재를 인정했고, 때로는 그들의 대변자가 되었다. 부난의 마지막 발언은 "그대 마음이 맑다는 것은 카미가 그대 안에 산다는 뜻이다"로 뒤집어서 표현할 수도 있다. 이것은 실제 선 수행에서 의례화된 명상을 통해 도달한 마음의 상태가 신내림(possession)의 형태와, 더 정확하게는 질베르 루제(Gilbert Rouget)가 '집단 황홀경'이라 부른 것과 아주 흡사하다는 것을 의미한다. 왜냐하면 한 종파의 개조와 자신을 동일시한다는 사실은 "신내림의 정의와 완전히 부합하기" 때문이다.(Rouget 1980, pp.354-374 참조) 이렇게 보면, "바로 이 마음이 부처다"라는 선종의 표어는 새로운 의미를 갖는다.

자연의 힘으로서 카미에게 그 다음으로 중요한 것은 죽은 자의 영혼이었다. 더 정확하게는 원령怨靈으로 알려진 범주였다. 가장 유명한 원령인 스가와라 미치자네는 무준사범에게서 선법禪法을 전해 받았다. 선사들은 악령을 쫓는 퇴마사 역할을 수행하게 되었다. 가령 후몬 무칸(普門無關, 1212~1291)은 이궁離宮에 나타난 요괴를 물리쳤고, 곧이어 이궁은 난젠지(南禪寺)라는 주요한 선원이 되었다.(『겐코 샤쿠쇼』, 101c 참조) 퇴마사로서 선승들은 슈겐도(修驗道) 행자들과 유사점이 많았으므로 때때로 그들과 혼동되었다. 가산 죠세키(峨山紹碩)의 제자로서 '살생석(殺生石)'의 요괴를 물리친 겐노 신쇼(源翁心昭, 1329~1400)의 경우가 적절한 사례다. 이 요괴는 꼬리가 아홉 달린

52 〔역주〕 원문은 'masters of the gods'인데, 이 표현은 중의적이다. '신들의 선사들'을 뜻하면서 동시에 '신들의 통제자들 또는 지배자들'을 뜻하기 때문이다. 저자 또한 이를 의도하고 썼으리라 여겨진다.

여우로, 이미 여러 차례 인도와 중국의 아름다운 여인으로 둔갑해서 나타났고, 마지막으로 토바(鳥羽) 상황上皇의 총희寵姬인 타마모노마에(玉藻前)가 되었다. 음양사陰陽師[53]인 아베노 야스나리(安部泰成)에 의해 쫓겨난 여우는 길가의 돌에 숨어 들었다가 겐노가 개종시킬 때까지 행인들을 죽였다.[54]

선종의 엘리트주의적인 개념에 영향을 받은 대부분의 일본 학자들은 선사들이 사실은 방편으로서 카미의 숭배에 기댔을 뿐이라고 믿는다. 그렇게 방편이었을 때도 수단은 종종 목적을 압도했고, 설법자들은 때때로 '신들의 통제자'가 되는 데 필요했던 내적(영적) 거리를 잃어버렸다. 대부분의 경우에 겐노 같은 선사들과 카미의 관계는 순수하게 공리적이지는 않지만, 슈겐도의 영적 세계나 상징 체계와 관련을 맺고 있음을 보여주었다.(Ishikawa 1984b 참조) 우리가 의례의 활발한 기능을 잊어버렸을 때에만, 그리고 의례의 실행은 믿음을 일으키는 경향이 있다는 파스칼(Pascal)의 말을 잊어버렸을 때에만 우리는 그들을 불가지론자로 본다. 레비 스트로스가 묘사한 회의적인 샤먼인 케살리드(Quesalid)[55]처럼 불교 승려들은 때때로 자신들의 수

---

53 〔역주〕 음양사는 일본이 율령제 국가가 되면서 두었던 관직 가운데 하나로, 음양오행 사상에 기초한 음양도陰陽道에 따라서 점을 치거나 풍수를 보는 일을 맡았다. 중세를 거치는 동안에 민간에서 개인적으로 기도나 점술을 행하는 자를 일컫는 말이 되었다.

54 Anne-Marie Bouchy, "Le renard, élément de la conception du monde dans la tradition japonaise," in Marie-Lise Beffa and Roberte Hamayon, eds., *Le Renard: tours, détours et retours*, Special Issue of *Etudes mongoles . . . et sibériennes* 15(1984), PP.9-70 참조.

법에 걸려들었다.(Lévi-Strauss 1963, pp.167-185 참조) 원령처럼 선승들
이 가끔 신격화된 것은 그들에게 있을 해로운 기운을 내보내기 위함이
었다고 여길 수 있다. 전설이 말해주듯이 보리달마가 전통적인 불교
수행을 거부한 사건으로 때 이른 죽음을 맞았다면, 다른 관점에서는
그 후에 그의 성난 영혼을 달래기 위해 그를 관음의 화신으로 '신격화한
것'으로 볼 수 있다. 그러나 지라르식의 희생양을 끌어들일 필요는
없을지도 모른다.(Girard 1977 참조) 사회는 질서를 위협하는 것으로부
터 자신을 보호할 필요가 있다고 한 로베르 에르츠의 논의가 떠오른
다.(Hertz 1960, pp.81-83) '사토리(悟り, 깨달음)'는 정확하게 그런 난제
를 표현하는지도 모른다. 완전히 의례화되었을지라도 명상과 그 궁극
적인 결과인 깨달음은 선승들을 신들린 사람으로, 즉 어원상 '예측할
수 없는 기운에 사로잡혀서 움직이는 사람'으로 변모시키는 경향이
있다. 이것은 왜 조사들이 죽은 뒤에 조상 숭배의 대상이 되었는지를
해명해줄 수 있다. 여기서 조상 숭배는 그들을 일종의 가족 구조
안에 재통합하도록 설계된 것이다. 이런 인상은 앞서 보았듯이 유물
숭배와 (특히 미라와) 관련된 도상학적 표현들-정상頂相-의 '사실주
의'에 의해서 더 두드러진다. 이런 맥락에서 언급할 가치가 있는
것은 살아 있는 현신現身으로 숭배되는 사람들, 이른바 살아 있는
신들의 존재다. 신들이 때때로 동화에 저항했던 것은 말할 것도 없고,

---

55 [역주] 케살리드는 캐나다의 밴쿠버 섬에 살았던 샤먼이다. 그는 자서전을
   써서 샤먼으로서 경험한 일을 기록했는데, 그 책은 그가 처음에는 회의적인
   입장이었으나 점점 사회적 관점으로 샤머니즘을 보게 되었음을 알려준다. 그는
   동료 샤먼들의 수법을 폭로하기도 했다.

카리스마 있는 승려들 자신들이 '신처럼' 됨으로써 '타자성'이라는 혼란스런 특성을 얻는 경향도 있었다. 사이죠지(最乘寺)를 개창한 료안 에묘(了庵慧明)의 제자이며 그 절의 승려인 묘카쿠 도료(妙覺道了)의 경우가 잘 알려진 사례다. 전설에 따르면, 1411년에 스승이 죽자 도료는 사원을 수호하겠다는 맹세를 했고 곧이어 텐구(天狗)가 되어 도료곤겐(道了權現)이라는 이름으로 숭배되었다.[56] 카나가와현(神奈川縣)의 오다와라시(小田原市)에 있는 사이죠지는 오늘날 조동종의 가장 유명한 '기도 사원' 가운데 하나다.[57] 도료의 경우는 천태종 승려 료겐(良源)과 좀 유사한데, 료겐은 악령들을 두렵게 하려고 무서운 형상/야차의 모습을 한 악마 같은 현신―츠노다이시(角大師)―이 되어 대중의 신앙 속에서 살아 남았다.[58]

---

56 카나오카 슈유(金剛秀友) 編,『古寺名刹辭典』(東京: 東京堂出版, 1970), p.120 참조.
57 이 절의 역사에 대해서는『코지루이엔』, 슈쿄부 4, p.244 참조. 다른 기도 사원들로는 화재로부터 지켜주는 산샤쿠보 다이곤겐(三尺坊大權現)에게 바쳐진 아키바데라(秋葉寺)―오늘날 나고야 근처 아키바야마(秋葉山)에 있는 아키바진자(秋葉神社)―, 다키니(茶枳尼, 이나리)에게 바쳐진 묘곤지(妙嚴寺)―아이치현(愛知縣) 토요가와시(豊川市)―, 사이죠지처럼 텐구에게 바쳐진 카스이사이(可睡齋)―시즈오카현(靜岡縣)―와 카쇼잔(迦葉山)―군마현群馬縣―, 용신에게 바쳐진 젠보지(善寶寺)―야마가타현(山形縣)―, 칠복신七福神과 특히 대흑천大黑天에게 바쳐진 슈겐지(守源寺)―시마네현(島根縣)―, 장례 의례와 지장地藏 숭배의 중심인 오소레잔(恐山) 등이 있다. Watanabe Shōhei 1986 참조.
58 Murayama 1976, pp.61-75 참조. 그러나 무라야마는 료겐의 변형에 내포된 상징적 의의에 대해서는 말하지 않고, 엔랴쿠지(延曆寺)의 이 개혁가가 '사악한 승려들'과 대립했던 사실을 상징화한 것이라고 순전히 역사적인 설명을 하고 있다.

 선에서 신성한 것의 일상화와 나란히 (또는 반작용으로) 발달한
성직화 과정을 이해하기 위해서는 의례의 기능을 검토해야 할 것이다.
선의 신학은 신들에게서 그 초월성을 박탈하고 그들을 의례의 부속물
로 여기는 경향이 있었다. 신토(神道) 토착주의가 출현한 일본 종교는
이런 선에 대항해 철저하게 재신화화로 나아갔으며, 이는 선을 포함한
불교의 모든 종파들에 영향을 끼쳤다.

 그런데 선종에서 성직화는 역설적으로 본지수적설에 의해 허용되
었다. 그렇지만 신화적인 것과 의례적인 것이라 할 두 극 사이의
스펙트럼을 따라서 선의 신화학을 배치하려고 하면, 선은 분명히
의례적인 것에 더 가깝다고 할 수 있다. 다시 말해서, 그것들은 레비
스트로스가 '암묵적 신화학'이라 부르는 것, 즉 신화적 요소가 의례에
종속되고 신들은 강한 개성을 지니지 않는다는 그런 담론의 사례들을
제공해준다.

 선의 다신론은 이중적인 인물들이 거주하는 해석의 영역으로 남아
있었다. 그 인물들은 같음과 다름, 의례적 동일화와 의례적 소외화,
자아 통제와 자아 상실 사이의 변증법적 긴장을 반영한다. 신들의
다성성多聲性이나 그 '표제表題'는 선의 담론을 특징짓는 해방과 종속,
신성화와 탈신성화, 영토화와 탈영토화 등의 유동적인 변증법을 보여
준다. 동일한 변증법이 주술사의 경우에도 작용하고 있었다. 인물들—
신들, 아라한들, 원령 그리고 선사들—의 유동성은 불교의 교리인 무아無
我를 예증하는 것처럼 보인다. 아이러니하게도 주술사가 신들을 처음
길들인 뒤로 양쪽 다 '세계의 환멸'에, 그리고 사원의 합리주의에서
비롯된 카리스마의 일상화에 희생되었다. 중국 만신전에서 볼 수

있는 '신들의 표준화'처럼 선종 신화의 발달은 사실 탈신화화 경향의
결과였다. 일본에서 본지수적설 같은 상징 체계 속에 신들이 포함된
것은 더욱더 평범해졌음을 의미한다. 그러나 이 이론은 의례화의
부작용과 결합되었고, 선이 지방으로 확산되면서 다시 주술사의 마음
을 끌었던 바로 그때에 역설적으로 신들을 부활시키는 길을 열었다.
그리하여 카리스마 넘치는 선사들과 반항적인 카미가 두 번째로 조우
하게 될 무대가 마련되었다. 14~16세기의 풍부한 성자전들이 이런
과정을 증언해준다. 이 최종적 대면 이후에 주요 카미들은 신토의
토착주의가 비호해 준 덕분에 그들의 독립성을, 또는 적어도 그들의
특권을 되찾았다. 반면에 다른 부차적인 신들은 선종 의례의 그늘에서
적절하게 길들여지고 계층화되면서 아슬아슬하게 생존을 이어갔다.
선의 불가지론적 경향은 토쿠가와 시대에는 유교와 서구의 영향으로,
그 뒤에는 메이지 정부의 신불분리神佛分離 정책에 의해 강화되었다.[59]
그런 경향은 선을 인간화함으로써 그 대중적 호소력을 빼앗는 데에
기여했고, 또 '순수' 선이라는 엘리트주의적 이상을 조장함으로써
일본 종교의 주류에서 선을 떼놓는 데에 기여했다.

---

59 〔역주〕 일본은 메이지 정부 초기에 오랫동안 신불습합神佛習合으로 뒤섞여 있던
　　신토와 불교를 국가 권력을 통해 분리시키는 신불분리 정책을 시행했다. 이
　　정책은 신사神社의 승려들을 모두 환속시켜 신관이 되게 했고, 불교적 용어들을
　　신토식으로 고쳤으며, 불교식 장례 대신에 신토식 장례를 행하도록 강제하기도
　　했다. 에도 시대에 이미 유학과 코가쿠(國學)의 배불排佛 사상에 의해서 신토로부
　　터 불교적 색채를 제거하려는 움직임이 있었는데, 메이지 초기에 정책적으로
　　실행된 것이다.

13장 의례의 반의례주의

(스페인이나 인도의 헌신처럼) 선의 헌신은 혐오하지 않는다. 그런데
선승들은 노래부르고, 화상畫像과 스승들에게 향을 피우며, 기독교도
들처럼 순결과 청빈의 서약을 한다.(줄을 좍 긋고 : "우웩!")

                                − 조르쥬 바타이유, 『전집』

의례의 의미는 참으로 깊다. 단단한 것과 흰 것, 같음과 다름을
구별하는 그런 지각으로 거기에 들어가려는 사람은 여기에서 빠져
죽을 것이다.

                                  −『순자荀子』,「예론禮論」

진리는 상징을 통해 전해질 수 있는가, 즉 상징이 진리를 표현하거나
진리로 이끌 수 있는가에 대한 대답은 의례의 중요성과 직접적인
관련이 있다. 나는 '의례'라는 용어를 느슨하게, 대충 함부로 쓰고
있다. 반복적이지만 일상 행위와는 질적으로 다른 다양한 실천을
가리키는 약칭 정도로 말이다. 그러나 나는 선종의 의례를 그 자체로
정의하는 (그리고 객관화하는) 것에는 관심이 없다. 오히려 선종의
생활이 '의례화'된 것에 관심이 있다. 고메즈가 지적하듯이 말이다.
"불교 전통은 불교 의례와 모호한 관계에 있는데, 의례를 제도라는
오른손으로 실행하고 교리라는 왼손으로 비난한다."(Gómez 1987,
p.119) 직접성(immediacy)에 대한 선의 이론적 주장은 특히 반의례주

의의 길을 열었지만, 조동종에서 의례를 절대화한 것처럼 정반대의 입장을 취하기도 했다. 스즈키 다이세츠가 서구에 선을 전할 때 그 개념은 형식주의나 의례주의로부터 벗어난, 본질적으로 반율법주의적인 교리다. 그러나 일본의 선원 생활은 서구인들의 구미에 맞게 이상화된 것과는 거리가 멀었고, 스즈키 스스로 그 점을 인정해야만 했다.[1] 그런데 그는 자신이 이전에 찬미했던 반율법주의를 만년에는 비난했다. 그럼에도 여전히 의례는 선의 '본질'에 영향을 끼치지 않는 '단순한 여분'이라고 주장했다. 그의 시각은 끝까지 자연스러움에 대한 향수와 의례주의에 대한 깊은 편견에 물들어 있었다.

또 하나의 의례 논쟁

대부분의 학자들은 선에서 의례의 중요성을 인정한다. 그럼에도 결코 의례에 대한 지성주의의 편견을 완전히 떨어내지는 못했다.[2] 가장 유력한 해석에 따르면, 선종 의례에 대한 의혹은 그 동기에 의해서만 해소될 수 있다. 기껏해야 의례는 경건한 거짓말로, 깨닫지 못한 사람들을 위해 실행하는 방편으로 보인다. 최악의 경우라도 시대 정신과 타협한 것으로 보이며, 선종이 사람들의 요구를 충족시키고 또 변화하는 정치-사회적 질서에 적응하기 위해 전향한 것으로 보인

1 D. T. Suzuki 1965 참조.

2 예를 들어 Jinbo Nyoten, "Zen to gishiki," in *Zen*, Vol.3(Tokyo: Yuzankaku, 1941); Hasebe 1972; shiina 1972; Ōtani 1937; Matsuura 1971; Kamata 1986 참조.

다. 이러한 논거에 따르면, '돈오선'의 야심적인 교리가 지적 엘리트에게는 매력적이었을 수 있겠지만, 일반 대중에게는 너무나 어려운 것이었음이 드러난다. 따라서 붓다 당신이 동종요법으로 공空이라는 강력한 파르마콘을 투여하거나 일시적으로 사성제四聖諦라는 가짜 약으로 대체했었던 것과 마찬가지로, 선사들도 그 형이상학적인 교리를 상징적인 의례라는 형식으로 재포장해야 했다. 그리하여 오로지 교리를 민중에게 더 잘 주입하기 위해서 의례를 도입했다며 그렇게 믿으라고 했다. '순수 선'은 의례를 거부하는 것으로 그려지는 반면에, '혼합주의적인 선'은 의례주의적인 것으로 (게다가 진짜가 아닌 것으로) 여겨진다.

앞서 주술의 경우에서 보았던 것처럼, 근래의 선학禪學에서 볼 수 있는 탈신화화하는 해석들은 전통 자체에 큰 빚을 지고 있다. 탈신화화는 예를 들어 도겐 이후 조동종에서 일어난 (종종 퇴보로 여겨진) 발전에 대한 전통적인 이해에서 주요한 구실을 한다. 밀교에서 빌려 온 의례는 기카이(義介) 그리고 특히 케이잔(瑩山)과 함께 세간의 주목을 받았다. 케이잔이 지지한 의례의 혼합주의에는 수호신들에 대한 숭배뿐만 아니라 임제종의 보암(普庵, 1115~1169) 선사 같은 인물들에 대한 숭배도 포함되었다. 선의 논증적 전략을 '객관성의 첫 신호'로 잘못 해석함으로써, 그리고 이런 해석들을 학문적 담론에서 재정립함으로써 그것들 안에 침전되어 있는 이데올로기를 사실상 재생시킨다.

기본적인 방법론적 문제에 대해서는 많은 인류학자들과 몇몇 종교 사학자들이 이제는 꽤 논의를 한 편이다. 그렇지만 선학은 아직 그 문제를 마주하지 않은 것 같다:[3] 의례를 공허한 형식주의로 보는 우리의 편견 그리고 교리 강조 때문인 듯하다. 메리 더글러스(Mary Douglas)가 지적하듯이, 형식주의에 대한 우리 서구의 불신을 다른 문화들에 투영하지 않도록 경계해야 한다.(1970b) 그리고 "상징적 질서를 사회적 질서의 부차적인 결과로, 순전히 표현적인 것으로 다루는" '보상 이론'을 넘어서도록 애써야 한다.(Douglas 1970a, xiv) 표현 체계는 그 자체의 역동성을 가지고 사회 구조를 때로는 강화하고 때로는 약화시킨다.

동아시아의 종교 분야에서 상황이 변화하기 시작했는데, 그것은 어느 정도 도교 연구의 자극 덕분이다.[4] 그럼에도 선종 의례에 관한 연구는 현저히 적다. 선사상에 대한 과다한 논의와 비교하면 특히 더 그렇다.[5] 선에 대해서는 낭만주의 관점이나 프로테스탄트 관점이라 부를 수 있는 것에서 벗어나 '성례聖禮' 전통에 충분한 주의를 기울여야 할 때다. 그 전통은 선에 대한 '영적인' 이해나 '지적인' 이해와 관계를

---

3 가령 "대부분의 서구 학자들은 대부분의 종교 현상을 여전히 이해할 수 없는데, 그 현상을 초래한 '관습'과 '독단', '마법' 등 전통적인 '골칫거리들'"에 관해서는 Staal(1985) 또는 Jonathan Z. Smith(1982, p.42) 참조.

4 도교에 관해서는 오후치 닌지(大淵忍爾), 『中國人の宗教儀禮』(岡山: 福武書店, 1972); Schipper 1985; Lagerway 1987; Michael Saso, *Taoism and the Rite of Cosmic Renewal*(Pullman: Washington State University Press, 1972); Strickmann 1981~1985; Bell 1983 and 1988 참조. 불교에 대해서는 Kamata 1986; Fujii 1977 참조.

5 특히 Kagamishima et al. 1972; Collcutt 1983; Foulk 1987b and 1989; Sharf 1989 참조.

맺으며 나란히 발달했다. "종교 전체를 외적인 의례에 두는 것은 지독히 어리석은 짓이다"(Jonathan Z. Smith 1987, p.101에서 인용)라고 에라스무스가 믿은 것은 옳았을 수 있다. 그렇지만 정확히 선종 의례들이 (또는 그 문제에 관한 어떤 종교 의례가) 이제까지 순전히 외적인 것이었는지는 입증되어야 한다. 더글러스에 따르면, "성례는 기호일 뿐만 아니라 본질적으로 다른 기호와는 다르게 수단이기도 하다. 이것은 완료된 일(opus operatum)에 대한 믿음, 효과 있는 의식에 대한 믿음을 건드린다. 종교 개혁가들이 부정했던 바로 그 믿음을 말이다."(Douglas 1970a, p.48) 그러나 의례를 긍정적으로 재평가하더라도 정반대의 극단에 떨어지지 않도록 해야 한다. 그 극단은 순전히 통합하는 힘, 개인과 사회를 우주와 조화롭게 만드는 힘이라는 이상화된, 거의 신비로운 이미지를 의례에 부여하기 때문이다. 의례 또한 헤게모니를 조작하는 데 참여한다는 사실, 적어도 이념적으로 전용轉用되는 대상일 수 있다는 사실을 간과하기 쉽다. 의례는 해방시키거나 정화시키는 효과도 있지만, 속박하고 억제하며 분리하는 데에도 기여한다. 부르디외가 말했듯이, 통과 의례는 본래 경계를 구분하는 의례였을 수 있다. 가령 무덤을 닫는 불교 의례는 죽은 이가 이 세상으로 되돌아오지 못하도록 막는 것이 목적이었겠으나, 사악한 혼령이 무덤에 들어가지 못하도록 막는 것도 그만큼 중요한 목적이었다. 이런 의미에서 의례의 기능은 만리장성이나 오늘날 고속도로의 기능처럼 모호하다. 이어주면서 동시에 떼어놓고, 들어가지 못하게 하면서 동시에 떠나지 못하게 한다.

스즈키가 선을 반율법주의적이고 '파격적인' 것으로 보는 견해는

이상적이다. 그러나 그의 견해는 엄격한 규칙을 따라야 하는 선원의
실제 수행과는 어긋난다. 그 어긋남은 스즈키의 독특한 선 이해에서
비롯된 것만은 아니다. 주로 율원의 의례주의에 대한 반발로 본다면,
그것은 확실히 초기의 선으로, 즉 율원이라는 종교적 상황 속에서
나타난 교리의 한 경향으로 거슬러 올라갈 수 있다. 적어도 이런
의미에서 스즈키는 전통에 충실하다. 어느 모로 보나 초기 선은 뒤섞여
있었고 꽤 의례적이었다. 독실한 선행으로 공덕을 쌓으려 한 양무제의
노력을 보리달마가 단박에 일축했다는 전설이 있지만,『낙양가람기』
에는 낙양의 영녕사永寧寺 탑 앞에서 사흘 동안 기도했다는 서역의
승려, 즉 더욱 인습적인 보리달마가 나온다. 그 둘은 서로 균형을
이룬다.(Yang Hsüan-chih 1984, pp.20~21 참조)『전법보기』는 단순히
새로운 철학이나 수행이 아니라 '법보法寶'를 전하려는 취지의 작품인
데, '성직 존중의' 경향이 강하다. 한편 동시대의『능가사자기』는
더 '교리적인' 내용을 담고 있다. 역시 그 둘도 균형을 이룬다. 모순이나
대위對位는 때때로 동일한 텍스트 내에서도 발견된다. 이것은 학자들
로 하여금 삽입된 구절인지 '올바른' 해석인지에 대해 끊임없이 심사숙
고하게 만든다. 선종 자체 내에서 이런 모순을 이미 느끼고 있었다는
사실은 아래의 이야기에 암시되어 있다. 이 이야기에는 황벽희운과
그의 제자이자 미래의 황제인 선종(宣宗, 846~859 재위)이 등장한다.

선사가 의식을 치르기 위해 염관鹽官에 있을 때, 대중(大中, 선종)
황제는 그때 사미로서 함께 있었다. 선사는 불전에 나아가 부처님
께 예배했다. 사미가 말했다. "부처를 구하는 데에도 집착하지

말고, 법을 구하는 데에도 집착하지 말며, 승가를 구하는 데에도
집착하지 말고 하던데, 이제 스승께서는 무얼 구하려고 예배하
시는 겁니까?" 황벽이 대답했다. "부처를 구하는 데 집착하지
않고 법과 승가를 구하는 데 집착하지 않으면서 가만히 예배하고
있으니, 네가 보는 그대로다." 사미가 다시 여쭈었다. "예배를
해서 무엇합니까?" 황벽이 그의 따귀를 때리자, 사미가 "너무
거칩니다!"라고 말했다. "너는 자신이 어디에 있다고 생각하기에
거칠다는 따위 말을 하느냐?"라고 말하면서 황벽은 다시 따귀를
때렸다. 사미는 곧바로 달아났다.(『전심법요』, Taibei ed. 1976. Carré
1985, p.96도 참조)

의례주의에 대한 선의 비판

선은 대체로 불교 수행을 내면화하려는 시도로, 또 중국 불교 제도의
공허한 형식주의에 대한 비판으로 그려진다. 내면화를 특징적으로
보여주는 것은 도신道信과 그 후계자들이 옹호한 '무형식의 참회'다.
『파상론破相論』으로도 알려진 『관심론觀心論』에서 신수는, 형상形像
의 주조와 건립, 향 피우기, 꽃 바치기, 장명등長明燈 밝히기, 탑돌이,
계율에 따라 식사하기 같은 의례들은 '영적으로' 해석[관심석觀心釋]
되어야 한다고, 즉 이제二諦의 해석학[이사理事]을 통해 해석되어야
한다고 주장한다.(T. 85-2833, p.1271b; McRae 1986, p.200) 이것을
영적인 수행의 합리화로, 즉 점점 비판이 더해지는 상황에서 불교의
의례주의적 측면을 구하기 위한 시도로 읽어야 하는가? 아니면, 완전

히 부정하기 위한 첫걸음으로 읽어야 하는가? 신수에 따르면 다음과 같다.

> 내가 보기에 요즘 (불교도들은) 이해하는 것이 얕으면서 형식주의적인 노력의 공덕만 알고 있다. 그들은 많은 재물을 낭비하며 탑 같은 형상을 세우는데, 그런 그릇된 방식으로 각 지방에 피해를 끼치고 있다. 그들은 나무와 흙을 쌓아 올리고 (자신들의 사원을) 단청하는 데에 노동력을 낭비한다. (이런 일에) 자신들의 정신적, 육체적 기운을 다 써버리면서 자신들을 망가뜨리고 남들을 잘못 인도하고 있다. (자신들의 행동을) 전혀 부끄러워할 줄 모르니, 어떻게 깨달을 수 있겠는가?(McRae 1986, p.201)

신수의 의례 이해는 꽤 얄팍해 보인다. 의례를 비난하지 않을 때에도 그는 확실히 정당하게 다루지 않고 있다. 그러나 신수의 가르침을 이 진술로 한정하는 것도 신수를 정당하게 다루지 않는 일이다. 어쨌든 이렇게 의례를 이론적으로 부정해도 그 뒤에는 분명히 계속되는 관행, 특히 참회 의식이 있었다.[6] 국가가 정치적-사회적 통제의 도구로서 불교를 이용하려 했던 시대에는 어떠한 불교 종파도 이런 의례 없이 번영을 이어갈 수 없었다. 명상의 부정에 대해서도, 그리고 당 왕조 동안의 일반적인 종교 관행에 대해서도 유사한 점을 지적할 수 있

---

6 특히 북종선에서는 동일한 신수의 저작으로 여겨지는 『대통화상기립문大通和尙起立文』 같은 문서들을 통해 이런 의례의 존재를 추정할 수 있다. Shiina 1972, pp.269-274 참조.

다.(Bielefeldt 1986 참조) 홍인의 제자들, 특히 사천四川의 지선智詵과 그의 후계자 무상無相에게 의례가 갖는 중요성에 대해서도 언급할 수 있다. 한편, 역시 사천 보당종의 개조인 무주無住는 모든 의례를 거부했다는 것 때문에 종밀로부터 신랄한 비판을 받았다. 종밀은 자신이 신회의 하택종을 계승했다고 주장하지만, 사실상 무상의 계보를 이었다는 점은 상기할 가치가 있다. 무주의 비타협적인 반율법주의가 그의 계승자들을 곤경에 빠뜨렸다는 사실은 무주와 무상을 연결하려고 한『역대법보기歷代法寶記』에 잘 반영되어 있다. 이 책의 한 흥미로운 구절을 보면, 의례주의적인 무상이 무주의 반의례주의를 더 높은 관점이라며 정당화하고 (또 상대화하고) 있다. 그렇지만 그 반의례주의는 중생을 돕는데 뜻을 둔 보살의 입장에서는 궁극적으로 폐기되어야 하는 것이다.(Yanagida 1976, p.170 참조)

반의례주의자의 견해는 신수나 무주처럼 전통을 대표하는 이들이 꽤 지지했다고 성급하게 주장한 학자들이 있었다. 그러나 이 점은 선 수행의 증거로 보기보다는 정확히 맨 먼저 문제삼았어야 하는 것이다. 그것 자체가 정통 담론의 일부가 되어 고도로 형식화된 의례에 몰두했는데, 어떻게 인습을 타파하는 표현을 액면 그대로 믿을 수 있겠는가? 아주 중요한 것은 이것이다. 더 면밀하게 검토해보면, 최근의 학문이 내놓은 해석들 대부분은 선 전통 자체가 이미 보여주었던 것이라는 사실이 드러난다. 자료들은 노골적인 의례 거부를 정당화하고, 의례를 방편으로 또는 부차적이고 '보완적인' 발달로 보면서 중시하지 않은 이유를 말해준다. 또는 의례는 명상보다 열등한 것이라는 비판, 참된 교리를 통속화시키며 공허한 형식주의로 이끄는 것이라는 비판의 근거를 제공해준다. 전통의 다성성은 자료에 따라서 (또는 동일한 텍스트 안에서) (적어도) 두 가지 모순되거나 상보적인 움직임들(또는 순간들)이 나타난다는 사실을 통해 명확해진다. 그 두 가지는 의례를 내면화하려는 시도와 천연성이라는 명목으로 어떠한 의례도 대놓고 부정하는 것이다. 신수의 『관심론』은 염불 자체는 부정하지 않으면서 붓다의 명호를 '공허하게' 암송하는 일을 비판했는데, 이 글은 위에서 언급한 내면화가 초기 선의 특징이었음을 잘 보여준다. 그 내면화는 나중에 임제와 같은 선사들에 의해서 급진적으로 되었다. '기원祈願'에 대한 이런 비판은 종종 반복되었는데, 『쇼보겐조』의 「변도화辨道話」에서 도겐이 한 것이 특히 두드러진다. 도겐은 너무 지적이어서 미처 깨닫지 못했던 듯하다. 소수의 '진정한' 정토종 승려들 외에 그의 동시대인들은 대개 염불을 입에 발린 소리가 아니라 매우 효험 있는 다라니로 인식했다는 사실을 말이다. 아무튼 그런 사실을 알았더라도 그는 염불을 멀리했을 것이다. 『가쿠도요진슈(學道用心集)』에서 그는 영험과 세속적 이익을 얻는 데에 목적을 둔 방법들을 모두 거부했다. "영험靈驗을 얻기 위해 불법을 닦아서는 안 되고, 불법 자체를 위해 닦아야 한다."(T. 82-2581, p.3b) 이것은 그가 신들에게 귀의하는 사람들을 비판한 근거 가운데 하나다.(『쇼보겐조』, 「귀의삼보歸依三寶」; T. 82-2582, p.291c; Yokoi 1976, p.130 참조)

도겐은 이론과 실천 사이에서 또는 다양한 이론들과 다양한 실천들 사이에서 외관상 불일치를 보여주는 좋은 사례일 수 있다. 그는 초기 가르침에서는 어떠한 의례도 부정했으나, 결국 선의 의례화를 위해 가장 많은 일을 한 사람이 되었다. 반의례주의적 성향이 강한 많은 조동종 학자들은 도겐의 의례주의적 성취를 쉽사리 경시하고, 오히려 다음 구절들이 도겐 선의 '본질'을 표현한다면서 즐겨 인용한다. "현명한 스승 아래에서 수행을 시작할 때부터 향 피우기와 예배, 염불, 참회 또는 독경 따위 어떤 것에도 기대지 말라. 가만히 앉아 명상하며 마음과 몸을 여읜 경지에 이르도록 하라." 도겐의 의례주의가 요약되어 있는 『에이헤이신기(永平淸規)』뿐만 아니라 『쇼보겐조』[7]와 『에이헤이코로쿠(永平廣錄)』의 많은 장들에서도 의례가 중점적으로 거론되고 있다. 그럼에도 여전히 이런 선택적 읽기가 우세하다. 가령 『쇼보겐조』의 「간경看經」을 보자. 도겐은 천황의 생일을 맞아 독경을 연습하고 있었고, 단월들은 자기들을 대신해서 독경해 달라고 요구하러 사원에 오고 있었다. 『에이헤이코로쿠』에는 장마철에 맑은 날씨를 기원하기 위해 '상당上堂'을 한 일도 나온다.[8] 『치지신기知事淸規』에는 90일 동안의 하안거 결제結制와 해제解制 때 조왕신에게 바치는 독송〔소코후긴(竈公諷經)〕과 토착신에게 바치는 독송〔도치도후긴(土地堂諷經)〕이 나온다. 『에이헤이신기』에는 춘분의 의례에 사용된 도상圖像 형태의 부적〔입춘대길立春大吉〕—후대에 조동종 전승의 키리가미에서도 종종 발견되는 도상—이 포함되어 있다.[9] 이 모든 요소들은 공식적

---

7 의례는 이른바 「예배득수禮拜得髓」(T. 82-2582, pp.33c-38b)와 「행지行持」(ibid., pp.127a-144b) 같은 장들에서, 그리고 도겐의 영적 유산이라 할 수 있는, 나중에 개정된 열두 개의 장들〔12권본〕에서 우세하다. Yokoi 1976 참조.

8 〔역주〕선종에서 상당은 본래 장로나 주지가 법당에 올라 설법하는 것을 가리킨다. 기원을 하는 것과는 거리가 멀다.

9 이 부적은 산스크리트의 상징적 가치에 대한 밀교의 영향을 보여준다. 이 문서가 후대에 삽입된 것임을 보여주려고 조동종 학자들이 애썼다는 사실은 그리 놀랍지

540

인 이론을 허무는 것처럼 보인다. 그에 따라 조동종은 기도祈禱로 말미암아 선이 '희석되었다'고 본 케이잔이 나타날 때까지 기다려야 했다.

임제종 전승에서도 의례에 대한 유사한 양면성이 보인다. 무소 소세키는 그 자신이 진언종의 밀교 의례에 정통했던 선승이었다. 그럼에도 당시 선의 존숙들이 해이해지고 세속적인 욕망에 빠져 기도만 한다고 비판했으며, 그들에게 본분으로 돌아가라고 충고했다.(T. 80-2555, p.501b) 『무츄몬도슈(夢中問答集)』에서 그는 가지(加持, 즉 만트라와 무드라를 통해 비로자나불과 의례적으로 일체화되기)가 어떻게 점점 쇠퇴해 음양도(陰陽道, 일본어로 '온묘도')와 같은 것으로 변했는지를 묘사하고 있다. 쇼군 토키무네(時宗)가 몽골 침입에 맞서서 기도를 올리는 대신에 어떻게 차분하게 무학조원無學祖元 같은 선승들과 법에 대해 토론했는지를 이야기한 뒤에 무소는 이렇게 묻는다. "이것이 몽골인들이 우리나라를 멸망시키지 못한 이유가 아닌가?"(Kraft 1981, pp.82, 85) 그에게 가지加持는 어리석은 사람들을 이끄는 방편일 뿐이다. 진언종이 물질적인 측면에서 실지悉地를 드러내는 반면에, 선종은 이런 유형의 방편을 교종에 떠넘기고 곧바로 본래의 성품을 가르친다.(ibid., p.83) 그 결과, 무소는 선원에서 가지加持를 이용한 일이 선법禪法의 몰락을 가져온 업인業因이라고 본다.(ibid., p.84)

타마무라 타케지에 따르면, 무소의 경고가 있었음에도 그의 후계자 슌오쿠 묘하(春屋妙葩)를 필두로 대다수 제자들은 '오산(五山, 공적으로

않다.

후원을 받던 쿄토와 카마쿠라의 선원들)'에 들어갔고, 거기에서 쇼군과 귀족들을 위한 의식을 행하는 데 대부분의 시간을 보냈다. 이 의식들에는 선문답의 형태로 하는 설법이 수반되었지만, 그것들은 고도로 형식화되어 있었다. 그것들은 참선의 쇠퇴와 승당에서 이루어지는 공동 생활의 타락을 초래했다. 사원의 생활 양식은 그 '종조宗祖'의 사리탑과 이들 다양한 종파의 상대적 자율성을 중심으로 탑두塔頭[10]를 건립함으로써 심하게 변형되었다.(Tamamura 1976~1981 Vol.1, p.931. Kawakami, Yoshikawa, and Furuoka 1979, pp.168-170도 참조)

밧스이 토쿠쇼(拔隊得勝, 1327~1387)는 자신이 쓴 『엔잔 와데이갓스이슈(鹽山和泥合水集)』[11]에서 모든 다라니와 액막이 의식은 의미 없는 것이라며 거부했다. "무심無心의 길을 한 번 깨닫는 것〔삼덕三德〕[12]이 무수한 기도보다 낫다."[13] 밧스이는 외부의 악을 물리치려는 마음 자체가 내부의 악이 된다고 주장하면서 어떤 전통적인 방식보다 좌선이 우월함을 강조했다.(Braverman 1989, p.36) 토레이 엔지(東嶺圓慈, 1721~1792)도 『고케산쇼 요로몬(五家參詳要路門)』(1788)에서 좌

---

10 〔역주〕탑두塔頭는 선종 사원에서 조사나 고승의 사후에 그 제자들이 그의 덕을 기리며 세운 탑과 암자 등을 가리키는 것으로, 선원 안의 작은 사원인 셈이다.

11 〔역주〕'와데이갓스이(和泥合水)'는 도겐이 『에이헤이코로쿠』에서 쓴 말이다. 진흙으로 더럽혀지고 물에 젖더라도 물에 빠진 사람을 구한다는 뜻, 즉 자신을 돌보지 않고 온힘을 다해 남을 구한다는 뜻이다.

12 〔역주〕삼덕三德이란 열반의 세 가지 덕, 즉 진여로서 법신, 지혜로서 반야, 번뇌를 여읜 해탈을 가리킨다.

13 Ichikawa, Iriya, and Yanagida 1972, p.212; Braverman 1989, p.36 참조.

542

선이 올바른 입구이며 의례는 단지 장식물이라고 역설했다.(T. 81-2576, p.617a) 그러나 그는 자신과 다른 사람을 위해 독경을 했으며, 그렇게 해서 얻은 공덕의 목록을 작성했다. 이런 마술적 방식이나 진언眞言을 거부했음에도 말이다.(ibid.) 의례에 대한 두 가지 접근법의 대립은 전법傳法의 의례적 본질 또는 비의례적 본질과 관련해서 멘잔 즈이호(面山瑞方)와 텐케이 덴손(天桂傳尊)이 벌인 논쟁에 잘 나타나 있다. 멘잔은 이 전수가 계승의 문서를 전함으로써 효력이 발생하는 의례적인 (그리고 다소 마술적인) 권한 위임이라 주장했고, 반면에 텐케이는 깨달음의 중요성을 역설했다.(Kagamishima 1978, pp.61-66 참조)

앞서 지적했듯이, 선종에서는 의례를 대개 필요악으로 여기고 일반 대중과 토착 관습들에 양보한 것 정도로 폄하한다.[14] 확실히 '현세 이익'을 목적으로 한 의례들이 선의 대중화에 크게 기여했다. 가령 조동종이 가장 번성한 중심지는 아키바데라(秋葉寺), 사이죠지(最乘

---

14 선의 대중적 호소력과 신앙의 본질적 역할에서 기도가 갖는 중요성은 우지(宇治)에 있는 코쇼지(興聖寺)의 22대 주지 겐로 오류(玄樓奧龍, 1720~1813)가 강조했다. 『쥬로쿠쇼메이(十六鐘鳴)』라는 카나법어(仮名法語)에서 그는 어떤 남자가 유명한 『금강경』 구절 "오우 무쇼오쥬우 니쇼우 고신(應無所住而生其心)"을 "오오무기 산쇼오, 니쇼오, 고쇼오(보리 석 되, 두 되, 다섯 되)"로, 다라니인 "아리나리, 토나리, 아나로, 나비쿠나비"를 "아나 노 아이타 코나베(구멍이 난 작은 냄비)"로 잘못 읽었으면서도 그의 신앙으로 영적인 경험을 할 수 있었던 이야기를 들려준다. 그런데 그는 잘못을 지적받고 난 뒤에 그 구절들을 의식적으로 정확하게 다시 읽었는데, 더 이상 어떠한 통찰도 얻지 못했다고 한다. 사쿠라이 슈유(櫻井秀雄), "禪宗における祈禱," 『大法輪』 45, 5(1978), p.138에서 인용.

寺), 류게인(龍華院)〔카쇼잔(迦葉山)〕 또는 묘곤지(妙嚴寺)〔엔푸쿠산
(圓福山)〕 등과 같은 '기도 사원들'이었다. 그러나 이렇게 순전히 기능
적으로 해석할 경우, 왜 선승들이 화덕火德, 우부사마,[15] 대권수리大權
修利 같은 '대중적이지 않은' 신이나 '난해한' 신을 숭배 대상으로
선택했는지를 설명하지 못한다. 머리나 손가락을 태우는 것과 같은
불교 의례들은 종종 토착 문화와는 이질적인 것으로 인식되었다.
이런 점에서 보자면, 향을 피우는 것은 불교의 혁신이 아니라 중국
고대 주周 왕조의 의례로 거슬러 올라간다고 주장한 찬녕의 논법은
중요하다.(『대송승사략』, T. 54-2126, p.241b)

선의 전례典禮

선종이 독립된 종파로서 그 의례화를 비교적 잘 기록한 것은 오로지
송대 이후부터다. 그런데 일본 학자들은 송대 선과 일본 선에 특징적이
었던 상황을 초기 선에 갖다붙여서 읽는 경향이 있다. 따라서 대부분의
학자들은 여전히 '백장청규百丈淸規'의 존재를 주장하려고 애쓴다.
확보할 수 있는 가장 초기의 텍스트가 선원청규(禪院淸規, 1103)라는
사실은 변함이 없는데도 말이다. 이 문제는 다른 곳에서 논의했고
(Bielefeldt 1988 and Foulk 1987a 참조), 여기서는 장황하게 다룰 생각이
없다. 아무튼 12세기 이후로는 이용할 수 있는 자료들이 다양해졌고,
가장 중요한 것이 『칙수백장청규勅修百丈淸規』(1361년 경)다.[16]

---

15 〔역주〕 출산 전후에 부정을 타지 않도록 산부産婦와 태어날 아기를 지켜주는
   일본의 신.

544

에이사이는 일본에서 선종 의례가 자리잡기도 전에『코젠고코쿠론』에서 그것에 대해 서술했다. 이 중요한 소책자에서 에이사이는 그 종파의 연중행사를 열여섯 항목으로 정의하고 있다.[17] 에이사이가

---

16 다른 자료들을 들자면, 초기 조동종 전통에서는 중봉명본中峰明本의『환주암청규幻住庵淸規』외에『에이헤이신기(永平淸規)』,『케이잔신기(瑩山淸規)』가 있고, 임제종 전통에서는『쇼에코신기(諸回向淸規)』와 무쟈쿠(無著, 1653~1744)의『쇼소린신기(小叢林淸規)』가 있으며, 오바쿠슈(黃檗宗) 전통에서는『오바쿠신기(黃檗淸規)』가 있다. 그리고 사원 생활에 대한 무쟈쿠의 백과사전인『젠린쇼키센』이 있다. 무쟈쿠의『쇼소린신기』는 임제종 의례의 표준적인 작품이다. 이들 청규는 다섯으로 나뉜다. (1) 통용通用 청규: 승려들을 위한 기본 규칙들. (2) 일분日分 청규: (토착신들, 조사들, 화덕, 위장군, 보암, 친쥬 등에게 바치는) 매일의 독경을 위한 규칙들. (3) 월분月分 청규: 전례력典禮曆을 위한 규칙들. (4) 임시臨時 청규: 비정기적인 사태를 위한 규칙들. (5) 회향回向: 독경의 목적을 설명하는 공덕 바치기.(T. 81-2579, pp.690a-718c)

17 열여섯 항목은 아래와 같다. (1) 성절도량聖節道場: 황제의 장수를 위한 기도. (2) 염송念誦: 모든 사람들을 이롭게 하기 위해 십불十佛의 명호를 염하는 것. (3) 토지신사土地神事: 수호신들을 위한 의식. (4) 보은報恩: 지금 황제와 선황을 위한 독경. (5) 연중월차행사年中月次行事: 정월에는 나한회羅漢會, 2월에는 사리회舍利會, 3월에는 대회大會, 4월에는 불생회佛生會와 결하結夏, 5월과 6월에는 최승회最勝會, 7월과 8월, 9월에는 반야회般若會, 10월에는 수계受戒, 11월에는 동절冬節, 12월에는 불명대회佛名大會. (6) 안거중행사安居中行事: 안거 동안의 의식들. (7) 독경讀經: 날마다 경전 읽기. (8) 진언원행사眞言院行事: 진언원의 의식들. (9) 지관원행사止觀院行事: 지관원의 의식들. (10) 입실入室: 방에 들어가기. (11) 포살布薩: 반월半月마다 하는 계율에 관한 설법. (12) 순료巡寮: 화상이 매월 하는 교계敎誡. (13) 개욕開浴: '욕실을 여는' 의식. (14) 기신재忌辰齋: 선황이나 선사先師를 위해 베푸는 재. (15) 관가주재官家做齋: 귀족이 베푸는 재. (16) 전장轉藏: 회전하는 경전의 궤를 여덟 번 돌리는 의례.(T. 80-2543, p.15a-b)

늘 (적어도 그의 마음과 몸으로) 밀교의 정통파 학인으로 남아 있었음
을 떠오르게 하는 진언원(眞言院, 일본어로 '신곤인') 및 지관원(止觀院,
일본어로 '시칸인')과 관련된 의식들을 제외하면, 모든 의식들이 선
수행과 관련있어 보인다. '입실入室' 의례가 의미심장하다. 이것은
에이사이가 그 종파의 주된 특징으로 제시한 것이다. 이 관행을 강조한
것은 일본적 현상이었던 것 같다. 실제로 선 전통에서 필수적인 의례는
오히려 '상당上堂'이나 '대참大參'이었고, 이때 스승은 제자들에게 종지
宗旨를 설했다. '상당' 의례는 입실보다는 에이사이가 말한 순료巡寮에
해당하는 것으로 보인다. 이것은 천태종의 구전口傳에서 영향을 받았
을 것이다.[18] 천태종에서는 궁극적인 가르침의 전수가 (방장의) '실내
室內'에서 사적으로 이루어졌다. 아무튼 에이사이는 의례를 주로 '행지
(行持, 일본어로 '교지')'로 이해했다. 한편, 도겐과 함께 의례의 영역은
크게 확대되었고, (다르게 쓴) 행사(行事, 일본어로 '교지')라는 신조어
가 점점 널리 퍼졌다. 후대의 조동종 전통에서 행사는 결국 행지〔의례〕
의 의미를 포함하게 되었고, 적절한 의식들뿐만 아니라 '지속된 관행'
을 가리키는 데에도 쓰였다.

---

18 상당법의上堂法儀와 법당法堂의 중요성에 주목하라. 그 두 가지는 선원에서
   불전佛殿을 대신하게 되었는데, 백장 이후로 추정된다. 예를 들어 『오가정종찬五
   家正宗贊』에 따르면, 덕산은 불전을 없앴다. 이런 식으로 상징적인 공간에서
   제거된 의례는 '탈신화화'되었다. 본래 상당上堂은 스승이 제자들과 문답을
   통해 궁극적 진리를 표현하려던 것인데, 곧 의례화/일상화되었다.(아마도 북송
   무렵에 시작되고 남송 때 일반화되었으리라.) 어떤 상당은 규칙적이었고, 다른
   상당은 그렇지 않았다. Foulk 1987b, p.75; Sharf 1989, pp.31-35 참조.

기도하는 선

의식들에서 본질적 요소 두 가지는 가지기도加持祈禱와 다라니陀羅尼다.[19] 그것들의 존재를 밀교의 영향으로만 볼 필요는 없다. 에이사이가 탄트라의 다라니에 아주 정통했다는 사실은 잘 알려져 있으며, 『능엄경』의 유명한 다라니도 직접 인용하고 있다.(T. 80-2543, p.3a) 그러나 이 점에서 그에게는 많은 선배들이 있었다. 이미 당나라 때 신수의 제자들은 선무외善無畏와 금강지金剛智 같은 밀교 대사들에게 매료되었고, 그들 가운데 한 명인 지달(志達. ?~713)의 비문에서는 그가 다라니의 대가였다고 기록하고 있다.(Faure 1986b 참조) 누구도 선종에서 만트라와 다라니의 중요성을, 일반적으로는 독경의 중요성을 과대평가할 수 없다.[20] 『쇼보겐조』의 「다라니陀羅尼」에서 도겐은 예배禮拜

19 이 다라니들은 대개 『능엄경』, 『대반야경』, 『관음경』, 『금강경』 따위 텍스트들에서 가져온 공식들이다. 능엄주楞嚴呪나 능엄신주는 이른바 능엄회 동안에, 즉 4월 13일부터 8월 13일까지 열리는 모임에서 읽혔다. 명대 이후에 이 의례는 정토종 전통에서 특히 중요해졌지만, 다양한 종파들 사이에서 계속 가교 역할을 했다.(Kamata 1986, p.301) 다른 중요한 다라니는 당대에 번역된 짧은 경전인 『천수천안관음다라니경千手千眼觀音陀羅尼經』의 대비주大悲呪다. 이것은 선한 왕생, 장수, 그리고 가족과 국가의 번영 같은 공덕을 누리게 해준다.(T. 20-1060, p.107a) 다른 주요한 의식으로는 『대반야경』 600권이나 『반야리취분般若理趣分』의 전독轉讀이 있고, 줄여서 할 때는 『반야심경』이나 『소재묘길상신주消災妙吉祥神呪』를 전독한다. 이 의식은 본래 공空의 지혜라는 불로 모든 번뇌를 태워버리는 것이지만, 일본의 학자들에 따르면 "변질되었다."

20 선종과 탄트리즘의 관계에 대해서는 Tanaka 1981; 히라이 유케이(平井宥慶), "敦煌出土僞疑經文獻よりみた密敎と禪," 佛敎民俗學會 編, 『佛敎と儀禮』(東

의 가치를 강조하며 최상의 다라니는 삼매의 다라니라고 주장한다. 이것이 다라니로서 삼매를 뜻하는지 아니면 삼매에 든 채 하는 다라니를 가리키는지는 분명하지 않다. 반면, 무소 소세키는 풍경(諷經, 일본어로 '후긴')이 일본의 혁신이라고 설명했다. 그는 선원에서 날마다 세 번 하는 풍경을 중국에서는 하지 않았다고, 그것은 몽골이 침입했을 때 시작되었으며 선에서는 근본적인 것이 아니라고 말했다.(Satō Taishun 1974, pp.54-55 참조) 밧스이도 똑같이 주장했다.(Ichikawa, Iriya, and Yanagida 1972, p.212; Braverman 1989, p.58 참조)

기도는 국가 수호를 위한 불교 의례에서 필수적인 요소였다. 『선원청규』에 덧붙어 있는 『백장규승송百丈規繩頌』에 따르면, "가사─글자 그대로 '복전의福田衣'─를 걸친 사람들이라면 예부터 부역을 면제 받았다. 이들의 기도에 기대지 않는다면, 어떻게 성조聖朝의 복을 바랄 수 있겠는가?" 다른 불교 종파들처럼 선종도 그 풍경諷經과 기도 등을 통해서 국가의 수호에 일정한 역할을 해왔다. 『칙수백장청규』를 편집할 즈음(1341년 경)에 기도 행법은 이미 충분히 확립되고 정식화되었다.[21] 다라니와 다른 가지기도의 이용은 '현세 이익'의 개념과 관련이 있었다. 공식적인 교리에서는 선이 이 세상에 어떤 이익을 가져다줄 수 있다는 관념을 부정했지만, 선종의 교리에서 내재성을 점점 강조한

京: 國書刊行會, 1977), pp.139-162 참조.

[21] 일본에서 『칙수백장청규』는 코쿄 묘센(古鏡明千, ?~1360)이 간행했으며, 선종 제도에서 사원 생활의 토대가 되었다. 무쟈쿠의 『쇼소린신기』(3권)에는 예배 때 사용된 모든 기도들이 나열되어 있다. 『젠린쇼키센』에도 좋은 날씨와 비, 눈을 바라는, 그리고 일식과 월식, 곤충들〔무시 오쿠리(蟲送り)〕을 물리치려는 갖가지 '기상'이나 '농업' 관련 기도들이 나열되어 있다.

548

일은 확실히 일상생활과 사회적 가치를 재평가하게 만들었다. 당 말기에 재가자들의 영향력이 커지면서 '일반인'의 선 담론이 다시 일어났다. 일본에서는 도겐이 '순수선'을 옹호하고 있었을 때, 다른 고승들은 (꼭 벗어났다고는 할 수 없는) '쉬운 길'을 바라는 대중의 요구를 충족시키려 애쓰고 있었다.[22] 이런 태도는 『죠토쇼가쿠론(成等正覺論)』 같은 다르마슈의 작품들에 반영되어 있다. 이 책에는 "그대가 바라는 것은 다 얻을 것이다"라는 제목이 붙은 현세 이익에 관한 장이 있다. (Shinagawa Kenritsu Kanazawa Bunko 1974, p.204 참조)

어디에나 있는 의례

그렇지만 의례는 전례의 해, 달 또는 날의 마디점에서 의식의 수행으로 끝나는 게 아니었다. 의례화는 사원 생활의 다른 측면들에까지 확장되었다. 특히 조동종에서 그것은 가장 동떨어진 사생활의 영역이나 그 영역 안에 남아 있던 것에도 미쳤다. 도겐이 처음에 깨달음의 표현으로 보았던 의례는 결국 일상생활의 모든 면에서 나타나는 깨달음 자체가 되었다. 그러나 그것은 무엇보다도 최고의 영적 수행인 명상으로까지 확장되었다.

---

22 [역주] 일본 불교에서는 깨달음을 얻기 위해 하기 쉬운 수행을 '이교도(易行道)'라 한다. 이것은 주로 염불을 함으로써 아미타불의 광대한 지혜와 자비에 이끌려서 깨달음에 이른다는 것이다. 이와 달리, 스스로 오래도록 수행을 해서 깨달음에 이르는 길을 '난교도難行道'라 한다.

의례로서 명상

우리가 명상을 지식(jñāna)의 형태가 아니라 의례적 활동의 한 형태로
본다면(Staal 1985, 29), 임제와 같은 선사들이 업이 될 다른 행위들과
함께 그것을 왜 부정해야 했는지를 이해할 준비가 잘 되어 있는 셈이다.
지식이 중요한 역할을 하는 위빠사나 같은 인도의 불교 명상에는
확실히 몇 가지 경향이 있다.(가령 Demiéville 1952, pp.63-77, 130-139
참조) 좌선은 혼연일체의 의례, 즉 특정한 단어나 소리가 야기하는
일종의 황홀경으로 이끄는 의례로도 볼 수 있다. 학자들은 선 명상의
'음악적인'-'수행적인'- 측면들(종, 나무 채, 노래, 공안의 읊조림)을
간과하는 경향이 있다.[23] 구술적/청각적 요소는 선사들의 전기에서
대개 깨달음의 경험을 수반하는 공식을 통해 잘 나타난다. 예컨대,
"스승의 말에 활연대오했다." 대나무 소리, 복숭아꽃 날리는 광경,
계곡물 소리 따위가 촉발시킨 '자연스런' 깨달음을 강조함에도, 황홀
경 같은 이런 대오大悟는 문화적으로나 사회적으로 결정되었다. 선종
에는 중요한 '구술 전승'도 있는데, 이것은 의미보다도 소리의 힘과
더 관련이 있을지 모른다.[24]

---

23 불교 의식의 음악에 대해서는 Rouget 1980, p.145 참조.
24 듣기의 중요성은 초기 선종에서 신수가 강조했다. 『대승무생방편문』, T. 85-2834
참조. 위경인 『능엄경』의 중대한 특질이기도 한데, 이 경전의 보급은 전통적으로
동일한 신수에게까지 거슬러 올라간다.(T. 50-1061, p.738b; Demiéville 1952,
p.44 참조) 가르침의 구술적/청각적 측면에 대한 유사한 강조는 탐비아(Tambiah
1968 and 1970)에 나오는 상좌부 전통에서 찾을 수 있다. Harrison 1988,
pp.256-264, 더불어 Masefield's 1986 참조. 이 책은 초기 불교에서도 "도의

550

무념의 강조는 명상의 심리적인 내용을 피하려는 시도였다. 그 대안이 신체적인 자세 자체에 집중하는 일이었다. 이것이 송대 중국과 카마쿠라 일본에서 『좌선의坐禪儀』와 『좌선잠坐禪箴』이라는 제목의 텍스트들이 번성한 것을 설명해줄 수 있다.(Bielefeldt 1988 참조) 좌선의 형식화는 조동종에서 극에 달했다. 선을 점점 형식적 측면에서 접근한 일은 교리보다는 선의 형식적 몸짓ー일본어로 카타(型)라 부르는 것ー, 신체적 자세의 형식화, '사위의四威儀'[25]를 고려하는 일이 중요하게 여겨졌음을 의미한다. 그리고 부르디외가 지적했듯이, 형식화는 이념적 동기로부터 거의 자유롭지 못하다. '입사식(入社式, initiation rite)'처럼 좌선은 수행자를 경계 단계에 두는 통과 의례이기도 하지만, 경계성을 제도화함으로써 자연적인 차이를 만들어내기도 한다.(Bourdieu 1977b, pp.128-129 참조)

선 명상의 어떤 측면은 질베르 루제가 '탈피의 초보적 황홀경'이라 부른 것을 상기시킨다. 이 황홀경은 "일시적이면서 어떤 문화적 양식을 따르는 의식의 변화된 상태"로 정의되는 '탈피'다.(Rouget 1980, p.95) 그런 탈피는 사로잡힘으로 가는, 즉 "다른 것이 의식의 장에 침입한 상태"로 가는 예비 단계다.[26] 대승에서 강조하는 공은 명상을

목적을 성취하는 일은 기록된 대부분의 사건들에서 드러나듯이 붓다의 가르침을 들은 결과였다"는 것을 보여준다.(Harrison 1988, p.260, also p.262)

25 〔역주〕 사위의는 모든 동작의 기본이 되는 행行·주住·좌坐·와臥 네 가지 동작을 가리킨다.

26 티베트 명상에서 수행자들은, 다른 것으로 즉 눈부시고 굉장한 빛으로 나타날 그들 자신의 진정한 마음을 깨닫게 될 때, 또는 그런 마음이 밀고 들어올 때 몹시 놀라게 될 것이라는 충고를 받는다.(Evans-Wentz 1954, pp.106-131 참조)

황홀경이나 사로잡힘의 형태로 이해하지 못하게 한다. 그러나 언어적 올가미와 덫 그리고 명상과 황홀경의 폭넓은 경험에도 불구하고, 그런 경험들은 다양한 지점에서 겹칠 수 있다. 좌선은 붓다의 깨달음을 의례적으로 재연한 것이라 할 수 있고, 심지어는 밀교에서처럼 비로자나불과 의례적으로 일체화되는 것으로 볼 수도 있다. 앞서 언급했듯이 (열반에 든 붓다와 의례적으로 또는 신비적으로 일체화되기인) 좌선은 일종의 '일시적 활동 중지'거나 일시적 죽음이기도 하다. 미라나 성상聖像의 삼매처럼 그것은 생명을 다시 불어넣도록 되어 있다. 다시 말해서, 어떤 점에서는 '육신'의 성상화와 유사한, 수행자의 성상화다. 수행자는 사리, 탑 또는 성상처럼 환유적으로 '살아 있는 무덤'이 되며, 이런 식으로—적어도 상징적으로— 시간과 죽음을 초월한다.

　이런 의례적 과정에서 공안도 상당한 역할을 했다. 탐비아는 의례의 수행적 측면을 연구하면서 공안에 대해 이렇게 말했다. "문자 그대로 의미가 있든 없든 … 이렇게 되풀이하는 말의 주된 가치는 '집중하는' 기제로서 치료적 가치다. … 반복되는 공식들은 '집중의 버팀목'으로서 또는 황홀경에 들게 하는 수단으로서 기능한다. 이 공식들은 행위자의 감각들을 직접 공격해 그/그녀에게 엄청난 심적 피해를 끼치면서 그렇게 하는 것이 아니라, 그것들의 더 간접적이고 관습적인 발화發話

　우연하게도 『달마론』의 티베트어 번역에서 보리달마의 '벽관壁觀'은 "빛 속에 머물기"로 표현되어 있다. 이 번역은 초기 선의 명상이—적어도 티베트 불교도들에게는— 탄트라 명상과 유사한 어떤 것으로 인식되었음을 시사한다. Broughton 1983, pp.11, 59 참조.

를 통과 수단이나 시동 장치로 이용함으로써 그렇게 한다."(Tambiah 1981, p.141) 이런 관점에서 "바로 이 마음이 붓다다"라는 즉심시불卽心是佛의 개념은 황홀경의 경험—일본 밀교에서 즉신성불(卽身成佛, "바로 이 몸으로 붓다되기")의 의례와 유사한 것—을 가리키는 것으로 재해석할 수 있고, 선의 깨달음은 조사의 계보와 의례적으로 합일한 것이라고 재해석할 수 있다. 스승과 제자의 의례적인 만남, 이른바 문답의 중요성은 종종 지적되었다. 그렇지만, 선의 제도화와 함께 이런 활발 발한 마주보기—때로는 거의 치명적인 코라코르(corps-à-corps)[27]—는 본질적으로 집단적인 일이 되었으며, 명상처럼 과거의 붓다들 및 조사들과 일체화된 것을 정교하게 의례화한 일이 되었다. 두 경우에 이 의례는 신성한 영역을 규정하고, 일종의 성변화聖變化를 일으킨 다.(예를 들어, 「辨道話」, in T. 82-1582, p.16a 참조) 자동적 미라화나 소신공양 따위 과장된 행위처럼 삼매는 수행자를 등불로 변형시킨다. 이것은 '전등傳燈'이라는 은유에 내포된 의미들 가운데 하나일 수 있다. 따라서 공안이나 좌선을 지지하는 선종의 의례 거부를 의례 자체를 부정한 것으로 해석해서는 안 되고, 그저 '단일한' 의례를 옹호하면서 '혼합된' 의례를 전략적으로 거부한 것으로 해석해야 한 다. 선의 성상파괴주의나 반성상주의는 그 성상주의라는 거울에 비친 상이었음이 드러났다. 그와 마찬가지로 선의 반의례주의는 본질적으 로 의례적인 움직임이다.

　우리에게는 현대적이고 반의례주의적인 마음을 중세의 실천이나

---

27 〔역주〕 코라코르는 펜싱에서 쌍방의 몸이 바싹 붙어서 서로 검을 쓰지도 못하고 떨어질 수도 없게 된 상태를 가리킨다.

이론에 투사하려는 고질적인 버릇이 있다. 이를 바로잡기 위해서
선 수행의 의례적 요소들을 어림짐작으로 강조하려 애쓰며 해석을
했다. 그 때문에 위의 해석이 약간 억지스럽다고 여겨질 수 있다.
확실히 이런 상징적인 문제들에는 과도하게 해석할 위험이 늘 도사리
고 있다. 그리고 조동종의 키리가미가 보여주듯이, 그것에 마지막으
로 굴복한 이들은 선승들이 아니었다. 그러나 대부분의 경우에 내가
복구하려고 애썼던 실천 논리는 명시적이지 않으며 잠재의식적이다.
결국 선종의 많은 것들은 의례화되지 않았고, 선종 의례의 대부분은
(이념적으로) 사리에 맞지 않았다. 수행자들이 그 관행에 담긴 풍부한
의미를 인식하지 못할 수도 있다는 사실은 고려되어야 한다. 그러나
그것이 우리에게 현실을 정확하게 묘사하기 위한 우리의 모델을 제시
할 자격을 주지는 않는다. 우리는 두 가지 시대착오적인 것 사이에서
중도를 결정해야 한다: 의례는 우리의 편견을 강화하기 때문에 선의
반의례주의적 입장을 받아들이는 것, 또는 그것을 완전히 거부하고
의례의 상징성을 과도하게 읽어내는 것. 전략적으로 나는 두 번째
접근법을 따랐고, 여분의 의미를 드러내려고 애썼다. 조나단 스미스
가 인용한 플루타르크 이야기에서처럼, 특정한 때에 우연히 그곳에
있었다는 것 때문에 많은 노새들이 선종의 의례나 교리에 들어갔을
것이다. (Jonathan Z. Smith 1982, p.53 참조)[28] 결국 "통사론적인 것이

---

28 [역주] 조나단 스미스가 인용했다는 이야기는 다음과 같다. "성스런 그릇을
    노새에 실어 사원에 운반해 온 이가 아테네의 여사제로 있던 리시마케에게
    혹시 물을 좀 마실 수 있겠느냐고 청했다. 이에 리시마케는 이렇게 대답했다.
    '안 되오. 한번 그걸 허용하면 제의에 포함될 수도 있으니까 말이오.'" 이 이야기는

의미론적인 것을 초과한다는 사실"이 남는다.(Derrida 1981a, p.221) 의례는 결코 해석학적으로 투명하지 않다. 그것은 관찰자에게만큼이나 참여자에게도 불투명하다. 의례적 혁신은 기본적으로 우연적 발견이기 때문이다.

생활의 의례화

[일본의] 조동종은 일상의 모든 행동을 신성한 것으로 재규정하며 가장 사소한 신체적 기능들에 대해서도 엄격한 규칙을 마련했다. 그렇게 함으로써 사원 생활의 의례화를 한 단계 더 밀고 나갔다. 이런 경향은 "평상심이 도다(平常心是道)"라는 마조의 관념 속에 이미 싹트고 있었고, 앞에서 인용했던 방거사의 게송이 그 전형적인 표현이었다. 선종의 생활에서 의례의 의미는 '본각' 사상에서 유래한다. 그것에 따르면 모든 행위는 궁극적 실재의 표현들이고, 따라서 신성한 영역에 속한다. 이런 의미에서 일상이 된 의례화는 그 근본적인 경험을 폭로하는 일이 된다.

의례에 대한 조동종과 임제종의 태도에는 중요한 차이가 있다. 조동종에서는 수행 원리와 깨달음을 동일시하는 '수증일등修證一等'의 힘으로 행사(行事, 의례)가 완전히 '본각'을 구현하거나 현시한다. 반면에, 임제종에서는 행사(行事, 적절한 의식들)와 다른 의례화된

의례가 우연으로 시작된 사건을 이용해 자기 영역을 확장한다는 점을 암시한다. 포르가 본문에서 '노새들(mules)'이라는 표현을 쓴 것도 이 이야기에 노새가 등장하기 때문이다.

수행들 사이에 구별을 둔다. 그리피스 포크(foulk 1988)가 지적하듯이, 수행과 깨달음이 동일하다는 교의는 조동종에서 전통으로 내려온 의식적이고 의례적인 형태들을 신성시하고 그것을 세심하게 보존하도록 조장하는 효과가 있었다. "위엄 있는 거동이 곧 붓다의 법이고, 알맞은 의례가 으뜸 가는 원리다."(威儀卽佛法, 作法是宗旨) 행사行事를 "깨달음을 현시하는 의식들"로 보는 조동종의 이해는 임제종 승려인 토레이 엔지(東嶺圓慈, 1723~1794)가 신랄하게 비판했다. "우리 종파(임제종)는 정념正念-곧 공안- 공부를 귀하게 여기고, 위엄 있는 거동威儀과 수행의 외적 형식行相을 귀하게 여기지 않는다. … 거동과 형식은 소승小乘의 행지行持다."(『슈몬무진토론(宗門無盡燈論)』, T. 81-2575, p.604b)

조동종의 접근법은 의례에 대해 다소 다른 학술적 해석을 이끌어냈다. 이는 하세베 코이치가 잘 보여준다.(Hasebe 1972) 하세베는 조사들을 진리의 화신으로 보는 전제에서 출발해, 의례는 일종의 성현聖顯이고 내적 깨달음의 표현이며 법의 주체화라고 결론을 내린다. 그에 따르면, 석가모니가 선의 궁극적 진리를 표현하려고 대중 앞에서 꽃을 들었다는 신화적인 일화도 선종 의례의 기원으로 볼 수 있다. 하세베는 '수도의례修道儀禮'인 제일의의례第一義儀禮를 '찬양의례讚仰儀禮'인 제이의의례第二義儀禮와 구별하려고 한다. 퇴행이라 할 수 있는 두 번째 의례는 여전히 첫 번째로 되돌아오는 데 유용하다. 결과적으로 의례의 두 유형은 이제二諦의 표현으로서 상보적 관계에 있다. 선은 '본질'보다 '기능'을 강조하며 진리를 완전하게 표현하고 구현하고 실행한다고 보는 한, 제일의의례는 전형적인 선으로 볼

556

수 있다. 따라서 의례는 '기능'과 동등하게 취급되기 때문에 의례가
없는 선은 존재할 수 없다. 동시에 제이의의례가 무효화될 것에 대비해
끊임없이 경고할 필요가 있고, 그래서 의례를 부정하는 것도 분명히
필요하다. 하세베는 『쇼보겐조』(「行持」, 「洗淨」, 「行佛威儀」), 『에이헤
이신기』, 『케이잔신기』 따위와 같은 조동종 텍스트들에서 내세우는
의례의 중요성과 『임제록』, 『전심법요』, 『혈맥론血脈論』 같은 선
텍스트들의 의례 부정을 대비한다. 그가 보기에 유일한 차이는 (임제
선에서처럼) 근본적인 경험을 강조하려는 것이냐 (조동선에서처럼)
그 표현을 강조하려는 것이냐다. 그런데 하세베의 접근법은 문제
투성이다. 그가 말하려 한 것과는 반대로, 의례를 비판한 선승들은
모든 의례들, 즉 반복적인 모든 행위들을 지극히 신성한 천연함에서
벗어난 것이라 생각했고 도겐의 청규에 대해서도 비난했을 것이라는
점만 말해 두겠다.

　의례는 대개 시간과 공간으로 엄격하게 구분된다. 조동선에서는
언제나 더 큰 활동 영역들을 의례화하려는 경향이 있었다. 그럼에도
사원 생활에는 일부 세속적인 영역들이 필연적으로 남아 있다. 신성한
공간의 존재는 바로 세속적 공간의 존재에 기대고 있다. 위반은 경계선
을 수반하기 마련인데, 선승들이 유곽에 놀러다닌 데서 잘 드러난다.
선택적 의례화-행사, 의식들-는 성/속 이분법을 규정하는 반면,
의례화를 총합하는 일-'지속적 수행'으로서 행지行持-은 완전한 내재
및 초월의 거부로 이어진다. 그런데 의례가 어디에나 존재한다면,
역설적으로 그 존재 이유를, 즉 효험의 상당 부분을 잃게 될 것이다.
승려들의 일상적 활동을 완전히 규제하려는 유토피아적 이상은 사원

생활을 신성하게 만드는 대신에 필시 죽어가는 반복성을 낳게 될
것이다. 의례의 실패―전체적인 신성화의 불가능―로 보이는 것이 사실
은 성공일 수 있다. 만약 그게 아니라면, 여기서 다시 이념은 이상과
현실의 불일치 그리고 이상에 미치지 못한 개인들을 죄인으로 만드는
일 같은 한계를 찾아내려고 할 것이다.

이념으로서 의례

선종 의례는 단순히 '본질'의 '기능'이 아니라고, 선 원리의 구현이나
궁극적 의미의 표현이 아니라고 가정해 보자. 그렇다면 그것의 의미와
기능은 무엇인가? 탐비아의 용어로 말하자면, 그 의미적 측면과 지시
적 측면은 무엇인가?(Tambiah 1981, p.153 참조) 캐서린 벨이 지적하듯
이, 확실히 의례는 "정반대되는 사회적 힘들이나 문화적 힘들이 합치
는" 결정적인 접점에만 있는 것이 아니다.(Bell 1987, p.95) 만약 명상
자체를 의례의 한 형식으로 본다면, 의례와 명상 사이의 대립은 사라지
게 된다. 깨달음 자체가 붓다의 깨달음을 의례적으로 재연하는 것(또는
그것과 일체화하는 것)이거나 선종 조사들의 계보와 의례적으로 제휴하
는 것이라고 한다면, 그리고 일상의 신성화라고 한다면, 의례는 이차
적이거나 '보충적인' 위치로 강등될 수 없다. 더구나 의례 자체를
사상(이념)이나 글쓰기(데리다적 의미의 '공간 배치')의 한 형태로 인식한
다면, 의례와 교리를 (행동과 사상으로서든 기질과 세계관으로서든)
행위적인 면과 인지적인 면으로 대립시킬 필요는 없다. 근본적으로
(양쪽의 의미에서) 생략된 담론에서 구사하는 두 가지 전략 방식

사이에서 긴장은 하나가 된다.

매리 더글러스는 "의례는 구성 단위들을 미리 배열된 형태로 압축해 소통의 과정을 줄이는 제한된 규정이지만,"(Douglas 1970a, p.54) 이 규정은 소통 체계일 뿐만 아니라 통제 체계이기도 하다(ibid., p.55)고 말했다. 의례의 주요한 이념적 기능은 이런 사실과 관계가 있다. 만약 의례가 통합한다면, 그것은 "무엇보다도 차이를 단언하면서"(Jonathan Z. Smith 1987, p.109) 차별화하기도 한다. 이렇게 보면, 초기 선종에서 계단戒壇의 확산은 활대(滑臺, 河南省)에서 신회가 (그런 단 위에) 마련한 북종선과 남종선의 교리 논쟁(732)만큼이나 중요할 수 있다. 의례의 효과 가운데 하나는 수행자를 세속 세계로부터 떼어놓는 것이다. 의례화는 먹고 마시는 일 같은 언뜻 보기에 단순한 행위들에서도 일상생활을 인상적인 것으로 만들고 그것을 '길'(威儀卽佛法)이나 궁극적 실재로 재규정하는 데에 목적이 있다.(Bourdieu 1977b and 1990b 참조) 규율을 통해 개인 생활의 모든 면에 미치는 권력을 분석한 푸코를 떠올리면서 의례를 권력 공학의 필수적인 부분으로 볼 수도 있다. 삼매三昧조차 이 궁지에서 벗어나지 못한다. 마르셀 모스가 지적했듯이, 영적인 상태 자체가 필연적으로 신체상의 기법에 뿌리를 두고 있고 그것 자체가 사회적 사실이기 때문이다.(Mauss 1950, p.386) 몸은 기초적인 교리의 저장소가 되고, 모든 교리가 변화하더라도 살아남을 것이다. 왜냐하면 "몸에서 몸으로" 전하는 이신전신以身傳身은 썩어진 교리를 우회하며, 심지어 "마음에서 마음으로" 전하는 선의 이심전심以心傳心을 능가하기 때문이다. 부르디외가 "고행의 부정적 의례들"을 논의하면서 지적했듯이, "모든 집단은 가장 소중한 위탁물을 그들이 하나의 기억으로 간주하는 몸에 맡긴다. 강요된 입문 의례가 너무도 가혹하고 고통스러웠기 때문에 사람들은 관례를 더 강하게 고수한다는 사실을 알게 될 때, 왜 모든 사회의 통과 의례가 몸에 가해진 고통을 이용하는지 이해된다."(Bourdieu 1982, p.129) 이렇게 의례를 통해 신체를 인식하는 일은 마음을 강조하는 선, 즉 몸과 의례 양쪽을 (놀랍지 않게도) 넌지시 부정하는 일종의 '유심론'과 모순되는 것처럼 보인다. 선종의 유물과 '육신' 숭배에 나타난 몸의 신성화는 역설적이다. 선종의 정통-교설에서 벗어나 보였기 때문이기도 하지만, 교설보다는 실천에 더 중점을 두었다는 점 때문에도 역설적이다. 반면에 의례화와 그에 뒤이은 신체화는 선종의 종파주의를 야기한 원인이나 그 부산물일 수 있으며, 지배 담론에 필요한 교정 수단으로 인식되는 차별화들일 수도 있다. 물론 모든 차이를 '일심一心'의 조화에 우겨넣는 것이 지배 담론이다.

선종의 의례는 부르디외가 아비투스(habitus)라 부르는 것, 즉 의도적인 전략을 내비치지 않은 채 그 목적에 객관적으로 적용할 수 있는 실천들과 표현들을 생성하는 체계일 수 있다.(Bourdieu 1980b, p.88) 의례의 수행적 힘이 사회적으로 결정된다 하더라도, 그리고 의례가 차별화, 정당화 또는 인위적인 이분법의 이식 같은 사회적 영향을 끼친다 하더라도, 그것을 그 사회적 결정으로 되돌려서는 안 된다. 이것은 "닭이 먼저냐, 달걀이 먼저냐"라는 딜레마에 빠지게 만드는 사례일 수 있다. 왜냐하면 여기서 작용하는 구조적 논리 또한 바로 사회를 토대로 하고 있기 때문이다. 부르디외는 (현상학적 그리고 이념적) 분석의 두 가지 차원을 둘 가운데 하나로 환원하려는 유혹에 대해, 다시 말해 의례나 실천을 진실로 보거나 단순한 허위 의식으로 보는 유혹에 대해 경고한다. 이 방법론적인 '이중의 진리'는 의례의 이중성에 대한 탐비아의 논의와 맥을 같이한다. 탐비아는 의례가 "하나의 실체로서 우주를 상징적으로 또는 성상적으로 표현함과 동시에 지표적으로 사회적 위계들을 정당화하고 실현하는" 이중적 존재라고 보았다.(Tambiah 1981, p.153)

의례라는 매개

의례는 종종 매개로 묘사된다. 이 점은 우리가 이 책을 통해 사용해 온 매개의 모델에 의문을 제기하게 만든다. 불교에서 담론의 장을 생성하는 (그리고 주기적으로 재생성하는) 동일한 논리적 결함이 다르게 현실화되거나 재맥락화되는 상황에 우리는 직면해 있는가? 우리가 마주한 패러다임의 대립들은 엄밀히 말하면 전통이 강요한 양식화의 결과다. 그리고 이런 양극화를 대개 학자들이 복제한다. 학자들은 '가짜 창'을 좋아하며, 현실을 정확하게 묘사하기 위해서는 자신의 것이든 전통이 제공한 것이든 간에 모델을 취하는 경향이 있다.(Bourdieu 1977b and 1990b; Bell 1987 참조)

　일반적인 해석에 따르면, 불교 의례는 방편이다. 그것은 망상과 깨달음 사이의 틈에, 즉 길(mārga)의 모델에 의해서 기술된 (또는 만들어진) 틈에 다리를 놓으려는 시도다. 따라서 이론적으로 직접성을 주장하는 선종에서 의례는 실천의 단계에서 일어나는 매개로 묘사된다. 그러나 틈 자체는 이론의 산물이기 때문에 다리 놓기도 그러해야 한다. '매개로서 의례'는 행위나 실천 같은 것이 전혀 아니다. 그것은 다른 형태의 사유, 무언의 이념(정통 교설 그리고 정통 실천)이다. 이론과 실천의 구별 자체가 이론적이라는 것, 매개는 이분법을 전제로 한다는 —사실상 만들어낸다는— 것을 우리는 곧잘 잊어버린다. 이론이든 '실천'이든 두 경우 모두 표현의 수준에 머물러 있다. 어떠한 실천 이론도 이론에 머물러 있는 한은 실패할 수밖에 없고, 그것이 기술하려고 하는 실천으로부터 돌이킬 수 없을 정도로 멀어진다. 그렇지만 그것이 결국 수행적인 표현이라면, 확실히 다른 종류이기는 해도 그 자체가 이미 하나의 실천이다. 나의 분석은 인류학적 연구들과 어느 정도 유사성이 있다. 거기에서 의례는 관찰자 자신들이 처음 만들어냈을 이분법을 매개하는 것처럼 보인다. 인류학 문헌에서 볼 수 있는 이분화 과정에 대해서는 캐서린 벨이 잘 묘사하고 비판했다.(Catherine Bell 1987, 1990) 벨이 제기하는 문제들은 더 큰 함의를 갖기 때문에 나는 맺음말에서 벨의 주장으로 되돌아갈 것이다. 선의 경우에 학문을 통해 드러난 (또는 재생된) 양극화는 전통 자체에 의해서 처음 드러나거나 숨겨진 (그리고 생산된) 것이라고만 말해두겠다.

　서로 충돌하거나 무시하는 지적 표현들 또는 세계관들에 의해서 그리고 매개성이나 직접성에 대한 주장들에 의해서 가려진 실천, 경험이 있다. 그것은 돈/점 같은 이분법에 영향을 받지 않은 채로 있을 법한 모든 것들에서 발견된다. 이런 의미에서 참으로 이중의 진리는 동시에 이중의 거짓이고, 그 이론적 구성 뒤에 실재의 다른 차원을 숨기고 있다. 의례는 신화와 동일한 종류의 문제를 일으킨다.

562

레비 스트로스에게 신화는 무엇보다도 이분법을 매개하려는 시도이고, 원시적 사고는 이미 인류학적이며, 인류학적 담론 자체는 본질적으로 신화적이다. 다른 형태의 사유와 마찬가지로, 신화적 사고는 연속적인 현실에서 불연속적인 표현으로 가는 통로다. 논쟁적인 한 논문에서 레비 스트로스는 양극성을 이식해 그것을 문화적 영역에서 자연의 영역으로 투사하려 했고, 그리하여 자신이 도움을 주어서 세웠던 자연/문화 이분법을 허물었다.(Lévi-Strauss 1985, pp.101-120) 만약 의례가 전前-문화적인 것이라면, 스타알이 말했듯이 그것은 결국 완전히 무의미할 수 있으며 대립하는 것들을 매개할 엄두도 내지 못할 수 있다. 아무튼 그것은 양극 사이에 다리를 놓기만 하지 않고 그것들을 만들어내기도 한다. 적어도 선종에서 의례는 다른 양식들과 마찬가지로 표현의 체계에서 다시 전용轉用된다. 그리고 의례는 이 체계를 조직하고 보존하는 데 도움을 주면서 무문혜개無門慧開의 유명한 공안, 즉 길을 막고 여는 관문(關)처럼 된다. 다시 말해, 단층斷層을 펼치면서 동시에 단층을 닫고, 이분법이 되면서 동시에 그 매개가 된다. 레비 스트로스(ibid.)가 주장하듯이 양극화가 궁극적으로 문화적이든 생물학적이든 (외부자 관점이든 내부자 관점이든) 간에, 양극 자체는 사회-역사적이며 또 교차-문화적인 것일 수도 있다. 선 수행의 의례화─죽음 의례에서 일상생활까지─는 신성한 것에 접근하거나 궁극적 실재에 접근하는 방식을 크게 변화시켰다. 죽음과 마찬가지로 깨달음은 더 이상 개인적인 체험이 아니다. 그것은 집단적인 참여와 의례 과정을 수반한다.[29] 그러므로 의례는 흔히 믿는 것처럼 선종의 수행과 교리의 틈새에서만 벌어지는 일이 아니다. 의례는 그 수행과 교리를 크게 변화시켜 완전히 새로운 '문제'를 만들어내는 동시에 단순히 낡은 문제 안에서 기능하는 척하기도 한다.(Althusser and Balibar 1970, pp.19-28) 의례는 변위變位를 조작함으로써 선에서 초월성과 직접성의 이념, 매개와 마술적인 내재성의 이념 등 동시에 발생하는 두 가지 이념들을 만들어내거나 강화한다. 카리스마는 보충의 논리에 따라 유포된다. 그것은 역설적으로 그 지지자들을 증식시킴으로써 존재를 부각시키지만, 동시에 그 존재를 끝없이 유예한다. 사리, 육신 또는 성상의 존재는 결코 완전한 존재로 인식되지 않고, 믿음과 믿지 않음, 의례주의와 반의례주의 사이의 모든 진동을 허용하는 '일시 중지된 활기'로 인식된다. 모든 문제에 대해 선사들은 두 가지 극단적인 태도와 온갖 중개자 입장을 다 취할 수 있다. 앞서 언급했듯이 성상聖像의 흔적이나 반성상反聖像의 '흔적'은 부재의 신호일 수도 있고 초월적인 존재의 신호일 수도 있다. 특히 사리는 다른 유골들에 전파되지만 어디에서도 발견되지 않는다고 말해지는데, 마찬가지로 붓다나 조사의 자아—그의 전체 자아—이면서 동시에 자아가 아니다. 자아와 무아의 두 이론은 모두 이런 식으로 정당화되는 것 같다. 마찬가지로 말(word)은 숨김이고 드러냄이며, 효율적이고 비효율적이며, 절대적 진리고 방편이다. 의례의 모든 면들(말, 성상, 공안, 명상)은 [가는 열차와 오는 열차가 따로 다닐 수 있는] 복선 궤도처럼 보인다. 선은 나머지 불교와 매개의 이념을 공유하지만, 그 직접성의 이념으로 거리를 두고 있다. 첫 번째 측면에 초점을

---

29 도교에서 유사한 경우에 관해서는 Bell 1988 참조.

맞춤으로써 우리는 선과 불교 사이의 경계선을 흐릿하게 했지만, 이런 선線들의 존재는 또 다른 차원, 교리적이거나 정치적인 차원에서 끊임없이 재천명되었다. 이것은 '선禪'이라는 명칭을 지키려는 우리를 정당화해준다. 도겐과 다른 파벌적인 인물들을 곧이곧대로 믿으면서 선종은 없고 오로지 불교만 있다고 주장하는 사람들에 맞서서 우리가 했던 것처럼 말이다. 우리의 논의는 선이 적어도 두 얼굴을 갖고 있다는 사실, 그리고 모든 얼굴은 늘 여러 '가치들'을 갖고 있다는 사실을 정확하게 보여주었다.

맺음말

구별하지 않음이라는 간판 아래에서 세계의 진리는 고개를 내민다는
생각, 그런 생각을 하도록 우리를 제약하는 것이 있다. 바로 그
옆에 우리의 상상력을 구조화하는 다른 제약이 있다는 사실을 우리는
고려해야 한다.

— 마르셀 고쉐, 『세계의 환멸』

책의 결론 부분은 대개 앞의 장들에서 논의된 모든 정보들을 통합하려
는 곳이며, 독자가 책을 덮기 전에 마무리하려는 곳이다. 이 책의
목적 가운데 하나가 "총합, 통합, 통일에 대한 오래된 신학적/제국주의
적 충동"(Jonathan Z. Smith 1987, p.18)을 해체하는 것이었다고 할
때, 그 결론은 무엇일까? 폴 발레리가 시에 대해 내린 정의처럼 소리와
의미 사이가 아니라면, 적어도 두 가지 양립할 수 없는 모델 사이에서,
당나라 때 서예가인 장욱張旭과 회소懷素 같은 두 가지 '정반대의
바보짓' 사이에서, 이 책은 오랫동안 머뭇거렸다.[1] 따라서 결론을
내리는 것, 책을 마무리하는 것, (역사와는 반대로 하나의 이야기에
지나지 않기 때문에) 이 이야기를 행복한 결말로 맺는 것, 모든 차이를
조화시키는 것 또는 (『아라비안 나이트』나 레이몽 루셀의 『새로

---

1 유희재(劉熙載, 1813~1881)에 따르면, "장욱은 그의 가르침에서 기쁨과 슬픔을
  흡수하고, 승려인 회소는 그 둘을 제거한다." Hsiung 1984, p.56에서 인용한,
  『藝槪』(上海: 古籍, 1978), p.158 참조.

보는 아프리카』에서처럼) 모든 괄호를 닫는 것은 아마 불가능할 것이다. 그렇더라도 나는 내 여정을 잘 개괄해야 한다. 왜냐하면 이것이 가능하거나 허용되는 유일한 총합일 수 있기 때문이다. 그렇지만 이 맺음말은 더 나아질 것 같지 않다. 그리고 일차적인 의미로는 '개괄'이지만 (프랑스어로) 이차적인 의미는 '심술궂은 논평'이라는 사실은 의미심장할 수도 있고 불길할 수도 있다.

그건 그렇다치고, 이 책의 쟁점으로 들어가는 한 지점은 전이 문제 그리고 완벽하게 분리된 두 영역을 유지하는 일, 다시 말해서 정확한 모방을 겨냥하는 역사 담론의 객관성을 확보하기 위해 전통의 '주요' 담론과 학술의 이차 담론을 유지하는 일이 불가능하다는 것이었다. 언제나 오염은 있으며 한 담론에서 다른 담론으로 퍼지는 일도 있다고 나는 믿는다. 따라서 가끔 역사적 맥락은 언급했어도 사료의 객관성을 주장하지는 않았다. 그런데 역사 담론을 "지시 대상이 되는 담론 밖의 실체들을 기의記意들로 체계적으로 대체함으로써 의미를 생산하는 기호학적 장치"(White 1987, x)라고 정의할 수 있지만, 나의 분석은 주로 기의들(개념적 내용들)과 관계가 있고 그 지시 대상들과는 관계가 없다. 나의 방법론적 주장은 이렇다. 선은 뒤르켐적 의미에서 (즉, '것'으로서) '사회적 사실'처럼 단순히 외부에서 접근할 수도 없고, 가다머적 의미에서 어떤 특권적인 '지평의 융합'에 기댐으로써 접근할 수도 없다는 것이다.

이 책의 여러 장은 동일한 긴장이나 난점을 오로지 다른 각도에서 보여준다. (그리고 갖고 논다.) 정보의 본질에 관한 문제는, 정보 자체가 이론이나 방법론에서 나온 것인 한, 이론이나 방법론의 문제와 얽혀 있다. 한편, 이론이나 방법론은 정보가 번갈아 문제 삼는다. 선에 관한 학술적 담론을 동양학자들의 주변에서 진행해 온 내가 검토하려고 한 것은, 전통이 그 수행의 중심이라고 주장해 온 몇몇 쟁점―'돈점' 논쟁 같은 것―이다. 이러한 분석은 꽤 뻔한 관찰을, 즉 선의 이론적 담론과 그 수행 사이의 (그렇게까지는 아닐 수도 있는) 성가신 불일치에 대한 뻔한 관찰을 더 부각시켰다. 돈/점의 경우는 사실 전형적인 것으로 여겨질 수 있다. 선은 집요하게 직접성을 주장하고 모든 전통적인 매개를 거부함으로써 그 자신을 다른 종교적 경향들과 구별한다는 것이 내 주장이다. 그렇지만 명백한 사실은 이런 매개들이 늘 존재했다는 것, 심지어 (또는 확실히) 가장 격렬하게 거부되었을 때에도 존재했다는 것이다. 내가 꿈, 마술, 죽음, 유골, 의례 그리고 신들 등에 대한 선종의 다양한 태도들을 통해 따라갔던 이 단층선을 대개는 이제二諦와 같은 개념으로―전통 자체와 그것을 복제한 학문 양쪽에서― 침묵시키거나 둘러대며 회피했다. 앞서간 존숙들이 '매개 없이' 궁극적 진리로 (또는 궁극적 진리의 수준에서) 인식한 것을 범부들은 미숙해서 알 수 없다거나 관습적 진리와 같은 (또는 관습적 진리 수준에서) '방편'을 통해 간접적으로 다가갈 수 있다는 말을 흔히 한다. 도道와 도교의 대표자들이 그러했던 것처럼, 법法과 붓다들이나 선사들도 빛을 누그러뜨리고 티끌과 뒤섞이는 '화광동진和光同塵'을 해야 한다. 이런 위장偽裝은 의례를 왜 이용했는지를, 직접성의 교리에 대한 보조 텍스트나 부록으로서 매개 수단을 왜 재도입했는지를 설명해준다. 그러나 이런 타협은 가장 과격한 (순이론적인?) 추종자들에 의해서 거듭 거부되었다. 그들은 선이

568

세계를 다루다가 그 '순수성'을 잃을지도 모른다고 주장했지만, 실제
로는 '순수' 선이라는 자체의 브랜드를 구축하려고 혼합주의를 포장
지로 사용했던 이들이다.[2]

아직은 교과서적인 해석이 뜻이 통할지도 모른다. 그러나 "뜻이
통한다"는 바로 이 표현은 뜻이 그저 주어진 것이 아니라 오히려
생성된 것임을 암시한다. 다시 말해, 이 해석 자체가 본질적으로
수행적이라는 것이다. 이것은 이념의 문제와 '이제二諦'의 이중적
진리 문제를 제기하며, 선 담론에서 '근본적인' 이중성으로 보이는
것에 대한 문제를 제기한다. 선의 역설적 본질(또는 기능)은 직접성과
매개의 불일치에서 바로 드러난다. 매개는 대개 전통 불교와 이른바
민간 종교(들)의 특징 가운데 하나로 인식되기 때문에, 매개를 거부하
는 것은 얼핏 전통 불교(들)와 민간 종교(들)를 거부하는 것과 매한가
지로 보인다. 그러나 '민간 종교'를 자세히 들여다보니, 그것은 다양한
색조를 띤 개념이어서 종교적 경향을 광범위하게 감싸고 있다는 것이
드러났다. 그 가운데 일부는 선과 정반대였고, 반면에 다른 것들은
동종同種으로 보였다. 결과적으로 선과 민간 종교를 가르고 '위대한
전통'과 그 주변부를 가르는 초기의 구별짓기는, 선과 민간 종교(들)
양쪽 내부에서 차이의 문제가 되었다. 이것은 초기의 구분 양쪽에서
우리에게 복수의 다성적이고 차별적인 전통을 남기는데, 그 구분은
잠정적으로만 타당한 것이다. 선을 연구하는 대부분의 역사학자가
사용하는 '두 층위 모델'은 순진하기 짝이 없어서 이런 현상들을 설명

---

2 『쇼보겐조』의 「사선비구四禪比丘」(trans. Yokoi 1976, p.159)에서 도겐이 중국의
  '삼교일치' 관념에 대해 비판한 것을 참조.

할 수 없다. 그 얽히고설킨 관계들을 설명하기보다는 오히려 감춘다. 그 모델은 한 차원(민간 종교)이 다른 차원(선)에 끼친 영향을 (유감으로 여기기만 하면 좋으련만) 강조하며, 그렇게 함으로써 그것들을 구체화하고 또 온당치 못하게도 그것들의 관계 자체보다 논리나 연대 年代를 우선했다. 그럼에도 전통적으로 '민간 종교'가 선에 끼친 영향에서 기인한 것으로 여겨지는 현상들이 선 자체 내에서 나타났다. 그것들을 단순히 '문화적 혼합주의'의 결과로 볼 수는 없다. 물론 '순수선'의 표현들과 단일한 민간 종교의 표현들이 머지않아 현실의 일부가 되었으므로 문화적 혼합주의도 일정한 역할을 했다는 사실을 부정할 수 없다. 그러나 이런 표현들을 그것들이 나타나기 전에 작동했던 사물의 원리에 투영하는 오류를 저질러서는 안 되며, 과도한 설명으로 그 지역적 가치 이상을 부여해서도 안 된다. 어쨌든 선과 민간 종교의 관계를 고찰하려고 시작했기 때문에, 선 자체 내부의 분열을 새롭게 보여주는 다양한 기록들을 검토하면서 끝냈다는 사실은 중요해 보인다.

민간 종교가 선을 '오염시켰다'는 고전적 설명이 그 설명적 가치를 잃는다면, 선의 이 내적 변증법과 이중적 진리 모델의 (때로는 어긋난) 결과들을 이해하기 위해 쓸 수 있는 모델은 어떤 것일까? 이 모델은 적어도 우리에게 한 가지를 (또는 두 가지를) 알려준다. 그것은 두 모델이 (심지어 이중적인) 하나보다 낫다는 것을 알려준다. 그리고 이 모델 각각이 (적어도) 그 자체로 이중적임을 보여줄 수 있다. 왜냐하면, 두 가지 존재론적 차원으로 인식된 두 진리가 밀폐되어 (해석학적으로?)[3] 물샐틈없는 영역으로 남아 있다고 주장함에도 그 각각은 이미 다른 것에 오염되었기 때문이다. 데리다가 다른 문서/문맥(text/context)에서 보여준 바와 같이, '순수하게' 서술적이거나 '사실 확인적인' 담론은 수행적인 수사적 담론의 '불순한' 은유적 차원에 의해서 언제나 이미 오염되어 있다. 그리고 "문맥은 그 장소 안에서 항상 작동하고 있고 또 항상 작동해 왔으며, 그 주위에서도 물론이다."(Derrida 1988, p.198) 주변부들은 중심부를 늘 한정하는 것이 아니라 가로지른다. 따라서 선의 주변부들은 선 자체에서 작동하고 있으면서 다양한 경향들을 주변화시키는 동시에 다른 것들을 중심에 놓는다. 돈/점 논쟁과 그 종파적 소산—즉 정통과 비정통의 차별 그리고 남종선과 북종선의 분파—은 이런 변증법적 과정과 그 과격한 이분화의 전형적인 사례로 볼 수 있다. 이는 베르그송이 '이중적인 열정의 법칙'이라 부른 것의 한 사례일 것이다. '법칙'보다는 경향으로 보이기는 하지만 말이다. 연구된 각각의 사례(예컨대, 의례)에 대해서도 똑같이 다양한 모델에 의지할 수 있다. 이를테면 전통 자체의 차별화 과정을 따르면서 그런 모델에 의지할 수도 있고, 또 연구된 현상들의 진리는 결코 단일한 (돈오적) 직관에 그러모을 수 없지만 그 유포 과정의 여러 단계에서 엇갈리는 입장들이 하는 변증법적 왕복을 통해 경험되어야 한다는 것을 인정하면서 의지할 수도 있다.

해석의 복수성 또한 단순한 사실에서 비롯된다. 고려되는 입장들은

---

3 〔역주〕 원문에서 "hermetically(hermeneutically?)"라고 쓴 것을 이렇게 번역했다. 'hermetically'는 '밀폐되어' 또는 '연금술적으로'라고 번역할 수 있는데, 맥락에 따라 전자를 선택했다. 포르가 괄호의 글자를 덧붙인 것은 두 글자가 형태에서 유사하고 의미로도 연관되기 때문일 것이다.

늘 과도하게 규정되고 애매하다는 사실이 그것이다. 왜 선은 직접성의
언어를 쓰는데 그 반대인 매개가 우세해졌을까? 선 담론의 중요성은
드러난 내용으로 평가해야 하는가, 아니면 그것을 허용하는 숨겨진
행위로 평가해야 하는가? 우리는 교리(정통설 또는 비정통설)보다는
의례(정통적 또는 비정통적 실천)에 더 주목해야 하는가? 이것은 여기서
지금까지 해 온 것이지만, 통상적으로 교리를 강조해 온 것과 균형을
잡기 위해 필요한 예비 단계다. 그러나 단순히 교리와 의례의 위계를,
또는 표현과 실천의 위계를 뒤집는 접근법은 동일한 형이상학적 제약
들에 매여 있다. 가령, 스타알은 '패러다임의 대체'로서 불교에 대한
의례주의적 접근을 옹호했는데, 그때의 입장이 그런 것이다.(Staal
1985) 메를로 퐁티와 데리다가 지적했듯이, 그런 뒤집기는 낡은 패러
다임의 이념적 효과를 재생산할 뿐이다. 터너는 '차별적인 의례'를
분석하면서 "그것들의 상호의존성에 의해 나타난 어느 쪽(차원)과도
다른 질적인 차이"를 간과할 위험에 대해 경고했다.(Turner 1969, p.50)
다시 말해서, 두 가지 진리에 대한 궁극적 진리 - 또는 부르디외가
현상학적이고 이념적인 차원이라 부른 것 - 는 그것들이 어떤 의미에서도
궁극적이지 않고 서로 연관되며 보충적이라는 (단순히 보완적이지
않은, 너무 정적이고 비변증법인 채로 남는다는) 것이다. 합리주의와
신비주의, 철학과 의례, 반/신학(a/theology)과 나/이념(i/deology),
계율의 준수와 위반, (또 돈오와 점수) 등이 항상 표현에서는 아니더라
도 실천에서는 공존한다는 사실은 단순한 우연도 아니고 ('순수' 선의
옹호자들이 우리에게 믿으라고 했던) 일탈도 아니다. 물론 이런 용어
들은 겹치는 것도 아니고 대칭적인 것도 아니다. 그렇지만 그것들은

날실과 씨실의 가닥들처럼 얽혀 있다. 그리고 그 자체로 다른 (어쩌면 휘어진) 접근법을 필요로 한다. 스즈키 다이세츠와 그의 추종자들이 하듯이, '진정한' 선을 불교의 구조에서 떼놓으려고 애쓰면서 그 두 차원을 간단히 떼놓을 수는 없다.(Merton 1970, p.1 참조) 선의 특징이 구조를 넘어서거나 전복하는 것이라 해도 선은 여전히 구조의 영향을 받고 있으며, 궁극적 진리가 관습적 진리와 떨어져서 존재할 수 없는 것처럼 선은 구조와 떨어져서 존재할 수 없다. 선은 구조를 통해 인식되고 구조에 의해 틀이 잡힌다. 아주 형이상학적인 주장, 반구조적인 주장이 제기되면, 선은 다시 구조 속으로 들어가서 이론적 담론으로 변모한다. 비트겐슈타인은 그런 형이상학적 담론을 동어반복이라고, 또 언어는 정말로 다른 쪽을 가리킬 수 없다고 주장했다.(Wittgenstein 1958) 그러나 언어도 어떤 쓰임에서는 전혀 다른 뜻을 서술한다. 따라서 타자가 언어의 형이상학적 울타리 안에서 희미하게나마 나타날 가능성을 배제할 수 없다.

한 걸음 더 나아가야 한다. 사회에서 권력은 차이들을 만들어낸 뒤에 그것들을 상징적으로 뒤집거나 여러 차원을 평등화하는 방식으로 부정함으로써 자신의 존재를 과시한다. 마찬가지로 매개들과 위계, 차이 따위를 부정하는 선 또한 바로 그것들의 원천으로 보일 수 있다. 이런 의미에서 관습에서 벗어난 선의 자유는 일종의 귀족적 특권이며 '사적인 법'이다. 그것은 선이 주장하던 '혁명적' 성취가 아니다. 확실히 일상적인 수행을 제약하는 것들 때문에 이론적 과잉이 가능했을 것이다. 선 그리고 대체로 대승은 담론의 장을 열었으나, 그 장은 구체적인 상황에 의해 짜맞추어졌다. 그러나 선 담론은 그 용어의 두 가지 의미에서 혼종(hybrid)이라는 것이 입증되었다. 선의 오만(hybris)은 본래 순수했다는 이유로 그 혼종성을 부정했고, 수행의 견고한 기반을 버려두고 반율법주의적 형이상학의 차가운 영역으로 떠났다. 그러나 이런 움직임은—제임슨의 구별짓기를 이용해서— 이념적 기능과 유토피아적 기능을 모두 수행했으므로 어느 한 측면으로 몰아넣을 수 없다. 가령, 선에서 꾀쟁이의 목적은 순수한 전복도 아니고 단순한 이념적 위장도 아니다. 이론적 담론은 열어 둘 수 없는 공간을 연다는 것, 그리하여 실천과 묵시적이거나 명시적인 단서를 통해 경계를 정한다는 것이 또 하나의 가능한 해석이다.[4]

한편, 이런 구조적 제약들은 선의 '이중적 진리'가 호전적인 혼합주의의 산물이 아니라는 것을 의미하지는 않는다. 돈오와 '순수주의'가 긍정적으로 보이기는 하지만, "모든 '주의들(isms)'처럼 … 그것들은 모두 부정적으로 주입되어 다른 '주의들'과 정반대되는 형태를 취하며 (일부 요소들은 역설적이게도 종종 혼합되는 것으로 끝난다)."[5] 따라서 선의 의례화는 종파적 차별화와 관련이 있을 수 있다. 더 정확하게는 선의 지리적 확장과, 그리고 지역 숭배와 도교, 유교 등을 대면한 것과 관련이 있다. 이런 의미에서 종래의 역사적 설명은 여전히 유효하다. 다만 그것을 상대적으로 다룰 필요가 있다.

공존이 반드시 평화로운 것은 아니고 정말로 늘 평화로웠던 것도

4 이 이론적 과잉은 실천적 제약들에 필연적으로 묶여 있지만 때로는 재활성화될 수 있다. '과장법과 한정된 구조 간의 대화'에 대해서는 데리다(Derrida 1978, p.60) 참조.

5 Kenneth Burke, *The Rhetoric of Religion*, quoted in Boon 1982, p.9.

아니다. 공존은 내적 문화변용이라는 용어로 해석될 수도 있다. 담론의 두 차원 사이에서 발생하는 구조적 긴장은 특정한 역사적 맥락에서 한 차원이 다른 차원을 압도하지 못했다는 것을 의미하지는 않는다. 당나라 때 선종 일부에서 돈오에 대해 급진적이고 반율법주의적인 해석을 한 것이 이런 경우였다. 다른 경우에는 의례가 주로 교리를 압도했던 것으로 보인다. 이런 식으로 "사소한 것을 요구하는 척하면서 실제로는 본질적인 것을 강탈하게" 되었다고 주장할 수 있다.(Bourdieu 1980b, p.117) 다시 말해, 존숙들의 마음과 입을 가득 채웠던 것은 선의 공식적인 교리지만, 그 이면에서 그들의 몸에 각인되고 그들의 일상 수행에서 실현된 것은 다른 가르침이었다. 표현과 현실의 이런 전도된 관계는 수행과 (의례화된 수행으로서) 의례를 이념의 특권으로 만들고, 때로는 이념의 원천으로 만든다. 그러나 여기서 다시 의례화된 수행과 반율법주의 교리는 모두 (적어도) 이중적이라는 사실이 강조되어야 한다. 달리 말하면, 각각은 다른 쪽의 이념적 표식이 되거나 반대로 다른 쪽에서 왜곡한 진리를 나타낼 수 있다.

선 전통의 대부분—그리고 어쩌면 선 자체의 진실 대부분—은 본질적으로 대화적이다. 따라서 그것은 대화적 이해를 필요로 한다. 내가 도겐과 다르마슈를 다루며 주장했듯이, 이 내밀한 대화—또는 적어도 그 실제 대화자—는 대개 침묵하고 있으며 선 텍스트의 표면에서 지워져 있다.(Faure 1987a, p.39) 제임슨에 따르면, "보편화하는 모든 접근법은 반대자, 부재, 모순, 억압, 말해지지 않은 것, 사유되지 않은 것을 빼버리기 위해 그 관점을 전략적으로 짜맞춤으로써 그 자체의 모순을 숨기고 그 자체의 역사성을 억누르는 것임이 드러날 것이다."(Jameson

1981, p.110) 한편으로는 전통 또한 의식적으로든 아니든 다른 쪽에 목소리를 낸다. 정통의 이상理想인 일의성一義性은 억누를 수 없는 다성성多聲性에 의해 항상 부정된다. 제임스 분(James Boon)에 따르면, 문화처럼 종파적 전통은 "안쪽에서는 완벽하게 상식적이지만, 그럼에도 자신의 타자성과 시시덕거리면서 자신과 비판적 거리 두기를 하고, 타자들에 대해 (단순히 반동적이라기보다는) 복합적인 관점을 내세우며, 자기 자신이 아닌 것을 마주하고 (심지어 탄복한다)." (Boon 1982, p.19) 결과적으로 "의례, 신화 그리고 종교는 그것들의 의미를 상호 과장하며 급진적으로 만든다."(ibid., p.10)

담론의 다양한 목소리나 차원들이 단일한 전통 내에서 공존할 수 있다는 사실을 인정하기는 비교적 쉽다. 그러나 그것들이 단일한 개인 안에서는 어떻게 공존할 수 있을까? 아니면 완벽하게 단일한 개인은 없는 것일까? 심신心身의 위치(바꾸기)로, 즉 교리의 가르침을 마음에 새기는 일과 의례의 가르침을 몸에 새기는 일로 불일치는 줄어들지도 모른다. 그러나 이것으로는 충분해 보이지 않는다. 지적인 엘리트를 평범한 수행자들과 대립시키는 사회학적 설명으로도 충분하지 않다. 그리하여 조동종 학자들은 도겐을 조동종의 숨은 전승과 대립시키려고 애썼다. 그러나 문헌 전승에는 어디서 도겐이 끝나고 어디서 그 후계자들이 시작하는지 알려주는 명확한 경계가 없다. 합리적 사고와 마술적 사고의 공존에 대한 심리학적 설명은 파브레 사다(Favret-Saada 1980)가 제공해준다. 그것은 그녀가 "나는 알아, 하지만 그래도"라고 부르는 이중적 논리다. "나는 (그것이 사실일 수 없다는 것을) 알지만, 그래도 (나는 어떻게든 그것을 믿는다)."

파브레 사다에 따르면, 논리적 사고와 전논리적 사고는 반 겐넵과 레비 브륄이 믿었던 것처럼 두 가지 다른 범주의 사람들이 지닌 특성이 아니다. 그것은 어떤 개인이든 다양한 때에 취할 수 있는 언어적 입장들이 가진 특성이다.(Favret-Saada 1980, p.291) 폴 벤느는 유사한 개념, 즉 '진실 프로그램'의 교체라는 개념을 사용했다.[6] 이런 왕복 운동은, 말굽에 관한 닐스 보아(Niels Bohr)의 진술에서처럼 욘 엘스터 (Jon Elster)가 '고차원의 믿음' 또는 '믿음에 대한 믿음'이라 부른 것을 떠오르게 한다. "나는 그것들을 믿지 않지만, 그것들이 그것들을 믿지 않는 사람들에게도 행운을 가져다 준다고 나는 들었다."[7] 물론 이 이중성은 정확히 허위의식에 대한 정의다. 그리고 선이 그 자신의 실천으로 즐거워하면서 동시에 국지적이지 않은 가르침을 펴고 혼돈의 귀환을 주장하면서 이 혼돈에 고정점(규칙, 의례, 단계들)을 만들어 내는 '매혹적인 관계'에 대해 의문을 제기할 수 있다. (조상彫像에 죽은 이가 실제로 깃들어 있다는 믿음과 같은) 믿음뿐만 아니라 의례 자체도 요동치고 있을 때, 장례식 같은 선종 의례들에 어느 정도의

---

6 Veyne 1988, pp.21-22 참조. 이런 '진실 프로그램'의 복수성에 관해서는 ibid., p.27 참조. 마찬가지로 기어츠(Geertz)에 따르면, 인간은 "세계를 바라보는 근본적으로 대조되는 방식들, 즉 서로 연속적이지 않지만 키르케고르식 도약을 양방향으로 해야 건널 수 있는 문화적 틈으로 분리된 방식들 사이에서 어느 정도 쉽게 그리고 아주 자주" 움직인다. 그의 "Religion as Cultural System," in Lessa and Vogt 1979, p.88 참조.

7 Elster 1983, p.5에서 인용. *Foucault's Pendulum*(New York: Harcourt Brace Jovanovitch, 1988)의 아랫부분에 적절하게 배치된 움베르토 에코의 변형인 "미신은 불운을 가져온다"도 참조하라.

그릇된 인식이나 나쁜 믿음[8]이 있는지를 평가하기란 아마 불가능할 것이다. 게다가 부르디외가 지적한 것처럼, 개인들의 실제 경험은 그들이 하는 일의 진실 전부는 아니지만 그럼에도 그들이 실천한 진실의 일부다.(Bourdieu 1984, p.32)

문제의 이분법

앞서 언급했듯이, 캐서린 벨은 의례에 관한 현재의 인류학 이론은 이분화하는 과정이라고 비판했다.[9] 벨은 특히 인류학자의 무의식이 투영된 '행위와 사고의 이분법'이 어떻게 일련의 이차적인 이분법을 만들어내는지를 보여준다. 의례는 첫 번째 차원에서는 행위의 영역에 속하는 것으로 인식되고, 두 번째 차원에서는 개념들(사고, 세계관)과 성향들(행위, 기질)의 혼합 또는 변증법적 통합으로 인식된다. 마침내 세 번째 차원에서는 이 혼합을 통해서 간편한 문화 단위, 행위자를 위한 그리고 똑같이 관찰자를 위한 의미의 단위를 제공한다. 그리하여

---

8 〔역주〕'나쁜 믿음(bad faith)'은, 실존주의자들에 따르면, 인간이 사회적 강요나 억압 하에서 거짓된 가치관을 받아들이고 자신의 내적 자유를 포기하여 진정성 있는 행동을 하지 않는 것이다. 이른바 이중적인 마음이라 할 수 있으며, 자기 기만이 이에 해당한다.

9 이 장은 내가 벨의 최근 원고인 *Ritual Theory, Ritual Practice*(1990)를 읽을 기회와 특권을 갖기 전에 썼다. 그녀가 앞선 논문(Bell 1987)에서 제기한 의문들 몇 가지가 그 원고에서 해명되었고 관련된 다른 쟁점들은 더 상세하게 설명되었기 때문에, 아직 출판되지 않은 저술이지만 여기서 참고 문헌에 포함시킬 수밖에 없었다.

578

그것은 변증법적 관계 내에서 행위자와 관찰자를, 정확히 말하면 행위와 사고, 실천과 이론을 통합한다. 그러나 이 이분법은 그 양극성을 유지함으로써만 해결할 수 있다. 벨에 따르면, 그런 양극성은 속임수를 써서 대상 속으로 들어온다. 그것은 정말로 주체의 무의식적인 사고가 투사된 것이다.[10]

벨의 의례 분석과 논증적 이분법에 관한 분석은 내가 선을 이분법적 사고라고 한 데에도 적용할 수 있을까? 나 자신의 이원적 사고가 낳은 선의 이분법을 해석함으로써 나는 '가짜 창'을 만들었는가? 단지 지진에 대한 캘리포니아 사람의 강박 때문에 내가 선사들은 "단층선 위에 살고" 있다는 상상을 하게 된 것일까? 나는 앞서 학자와 학문 대상 사이에 일어나는 전이의 가치를 주장했다. 확실히 동일한 어휘(여기서는 '매개')를 사용해서 두 가지 다른 기획을 기술하면, "그것들이 실제보다 더 비슷한 것처럼" 보일 위험이 있다.(Staten 1984, p.77) 그러나 다른 방법으로는 의식하지 못했을 두 담론 사이의 상동성을 이끌어낸다면, 그런 ('매개'의) 매개도 유용할 수 있다.

벨은 자신의 분석이 타당성 면에서 의례에 관한 인류학 이론보다 낫다는 주장을 결코 하지 않지만, 그녀의 비평이 더 큰 의미를 갖는다는 사실은 분명하다. 나는 선의 우월주의를 강화할 위험을 무릅쓰고, 선은 (그리고 말할 것도 없이 선에 관한 나의 이해는) 규칙을 확증하는 예외에 해당한다고 주장하고 싶다. 벨의 주장은 이분법이 관찰자의

10 의례에 초점을 맞춘 벨의 분석은 레비 스트로스가 문화적인 것과 사회적인 것, 이상적 상황과 실제적 상황 사이의 모순들을 해결하려는 시도로 여겼던 신화의 경우에도 적용될 것이다.

투사일 뿐이라는 가정 그리고 관찰된 전통들의 '객관적인' 실천과
표현에서는 발견되지 않는다는 가정 위에 있다. 이것은 실천과 표현이
아직 분리되지 않은 '고대' 사회의 경우에는 참일 수 있다.[11] 이분법이
존재하는 선의 경우에는 그렇지 않다. 적어도 표현의 차원에서는
그렇지 않다. 수세기에 걸쳐 교차-문화가 구체화된 덕분에, 이 이분법
은 심리적 구조에서 이제 '저기에' 존재하는 하나의 현실로 진화했다고
주장할 수도 있다.(Berger and Luckmann 1967 참조) 그런 점에서 역사는
일종의 존재론적 효력을 부여받은 것 같다. 바라는 점은 그것이,
선을 매개의 부정에서 비롯된 이분법적 사고로 규정한 뒤에 곧바로
다른 '정화된' 매개를 재도입하도록 만들거나, 아니면 민간 종교의
낡은 매개들이 재투자하고 전복시킨 사고로서 선을 기술하게 만드는
그런 단순한 술수가 아니라는 것이다. 라카프라는 다음과 같이 언급했
다. "이원적 대립들을 원상태로 되돌리는 일은 지적, 사회적 그리고
정치적 관계들에서 그 대립들이 하는 실제적인 역할을 조사할 필요성
까지 없애지는 않는다. 그 관계들에서 그것들은 지적으로 상당한
제약을 받을 수도 있고 강력한 제도적 지지를 받을 수도 있다."(LaCapra
1989, p.7)

　선과 관련해서 기술된 이분법들은 인류학자들이 의례에 관해 기술
한 (또는 상상한) 이분법들과는 중대한 차이들이 있다. 선이 불이不二

---

11 인류학자에게는 실망스럽게도 그런 사회는 아주 드문 것으로 알려져 있다.
　(배치와 차이로서) '고대-글쓰기'는 '구전' 문화들에도 존재한다(Derrida 1974,
　pp.139-140)고 하는 데리다의 견해, 또는 (신화적) 논리의 한 형태로서 신화적
　사고의 이분법을 분석한 레비 스트로스(Lévi-Strauss 1966)도 참조.

를 옹호함에도 또는 정확히 그 옹호 때문에 이분법이 된 담론이 선 내부에서 자생했다고 할 수 있는데, 그 명확한 증거가 선에서 발견된다는 점이 주요한 차이다. 따라서 대화를 통해 향상시키는 일은 정확히 전이의 가능성, 다시 말하면 주체와 객체의 논증적인 논리들 사이에 존재하는 유사성이나 상동성 덕분일 수 있다. 전이의 순환에서는 쉽사리 벗어날 수 없다. 그러나 악순환이 될 필요는 없다. 하이데거가 해석학적 순환에 대해 말한 것처럼, 중요한 점은 그 순환에서 빠져나가는 일이라기보다는 거기에 올바르게 들어가는 일일 것이다.(Heidegger 1962, p.194) 결국 선이 공안처럼 질문자에게 질문하고 질문자의 질문을 그에게 되돌려주어서 그가 질문을 통해 자신을 발견하도록 (또는 만들어내도록) 돕는 것이 유일하게 적절한 일일 수 있다. 전형적인 선 행위는 매개를 펼쳐보이는 데서, 이론이나 실천이라는 발판을 배치하는 데서 그치지 않는다. 상대가 딛고 서 있는 기반을 무너뜨리고, 상대가 끈질기게 세운 논증 구조를 쓸어버린다. 물론 이런 행위 자체는 곧 다른 기호학적 구조에 통합되어 그것에 정당성을 더해준다.

벨이 의례 이론을 해체하는 것은 돈오선 자체와 다르지 않다. 그것은 양극성의 존재와 변증법의 필요성을 부정함으로써 매개의 문제를 우회하기로 선택한 것이다. 그러나 현실에 대한 기술로서가 아니라 모델로서만 인식되는 한, 이원론적 모델은 '경험을 통한 발견'의 가치를 지닌다. 그리고 벨이 비판한 것은 정확히 모델과 현실의 혼동이다. 모델의 가치는 '수행적'이라는 데 있다. 그 가치는 적용했을 때의 생산력에 달려 있지, 문제가 되는 '실물實物'과 부합하느냐에 달려 있지 않다. '맹목과 통찰'에 대한 폴 드 만(Paul de Man)의 개념을 언급한 벨은 다음 두 가지 사실을 의식하고 있음을 보여준다. 그것은 어떤 방법론을 선택하든 대가를 치러야 한다는 사실, 그리고 그것은 연구 중인 전통에 늘 어떤 손상을 입힌다는 사실이다. 벨의 접근법(그녀의 통찰)이 주는 이익은 잘못된 이분법들의 가면을 벗긴다는 것이고, 그 비용(그녀의 맹목)은 실제로 존재하는 이분법들을 간과하는 경향이 있다는 것이다. 결국 비교 종교의 이론가들만 인간의 경험을 '잘못 나눈' 게 아니었다.(Douglas 1970b, p.28) 종교의 다양한 '두 층위 모델'은 서구와 아시아의 지적 전통에서 물려받은 것이다. 그것은 이제 대부분의 평범한 수행자들이 경험한 현실을 반영하는 것이라고 할 수 없지만, 만약 지식인의 세계관에 대해 어떠한 타당성도 부정한다면 우리는 방법론적 책임전가라는 동일한 함정에 빠질 것이다.

이 의문에 접근하는 한 가지 길은 말하기, 행동, 사고 따위와 마찬가지로 의례는 (이분법의 소산인) 차별화와 (사유의 한 형태인) 표현 둘 다라는 사실을 고려하는 일이다. 레비 스트로스에 따르면, 의례의 기능은 잃어버린 연속성(매개)을 복구하는 일, 신화적 표현이나 (두 가지 진리 같은) 지적인 고찰이 만들어낸 틈을 메우는 일이다. 의례적 매개로서의 선은 이원론에 반대하며, 그 이중의 진리가 만들어낸, 더 적절하게는 돈오라는 극단이 만들어낸 양극성에 반대한다. 따라서 표현의 차원에서 점오는 '돈오'의 갈라진 틈을 메우려는 시도로 볼 수 있다. 한편, 중국의 전통적인 사유는 그 위계적인 형태 안에 존재론적-인식론적 균열을 내포하고 있는 반면에, '돈오' 선은 원리와 '마음을 융합할' 것을 주장하고 그 원초적 통합성을 회복할 것을 주장한다. 그러나 이것은 정반대의 결과—현실의 부정, 의례로만 채울 수 있는 이론적인 틈-를 초래하는 좀 필사적인 시도다. 따라서 의례화는 사유가 더 이상 할 수 없는 역할, 사유 스스로 금지한 역할을 하게 된다. 웃음이 터지는 것과 같은 돌연한 통찰이 "두 의미론적 영역을 연결하고 통합하기 위해 긴 우회로를 없애는" 그런 드문 경우는 제외하고.(Lévi-Strauss 1981, p.659)

벨의 논의에서 중요한 점은 양극화도 그 해결도 중립적이지 않다는 것이다. 그것들은 늘 여러 극들 가운데 하나를 특권화하는 동시에 그것들이 계속 분리되고 위계화된 채 남아 있도록 기능하는 경향이 있다. "상징과 기능을 함께 생각하려는"(Augé 1982a) 시도 자체가 일반적으로 상징에 치우친 것이다. (기능/행위의 극에 더 가까운) 수행의 개념에 기댈 수도 있지만, 그것은 (엄밀한 의미에서 해석학적인 것은 아니지만) 여전히 '참된 의미'나 의의를 제대로 끄집어낸다. 그런데 벨 자신은 이분법적 접근과 비이분법적 접근의 양극을 설정하고 후자에 특권을 주는 것 같다. 그녀는 의례의 기능(사회적 위계를 가리키는 탐비아의 '지시적 특징들')은 강조하면서 (수행자가 제정한 우주론을 가리키는) 상징적 특징들은 경시하는 경향이 있다. 세르토가 지적하고 벨 자신이 인정했듯이, 그런 방법론적 선택은 모두 폭력을 의미하며 연구 대상을 방부 처리함을 의미한다. 그러면 전통 자체가 그렇게 할 때, 우리는 이분법을 두려워해야 하는가? 아무리 왜곡될지라도 현실의 표현 또한 그 현실의 일부라는 사실을 무시할 수 없다.(Bourdieu 1977b, pp.5-9 참조) 우리가 전통의 주장을 승인해야 한다는 뜻으로 한 말은 아니다. 이와 반대로, 이음매가 없는 듯이 보이도록 애쓰는 데서 우리는 단층들을 (상상하기도 하고) 발견하기도 한다는 뜻이다. 어쨌든 전통과 학문 사이의 양극성이나 틈새는 오해의 소지가 있다. 전통의 여러 부문들과 학문의 여러 부문들이 이원적이고 형이상학적이라 하더라도 그 사이에는 연속성이 있다. 전통과 학문의 다른 부문들이 탈중심화되거나 해체되더라도 그 사이에 연속성이 있는 것처럼 말이다. 결국 본래의 사실들로 되돌아가거나 '쌍으로 생각하기'(그리고 연결사)를 뛰어넘는 일은 없을 것이다. 그때는 객관주의자의 관음증보다는 이론적 교미(연결)가 더 낫다.

매개의 역설들

적어도 선에서는 의례화가 억압된 매개들의 귀환을, 이상과 실제의 불일치를 예증하는 것처럼 보인다. 그러나 "불일치가 감지되고 생각되는 곳에서 의례가 힘을 얻는다면"(Jonathan Z. Smith 1982, p.63), 의례화 자체가 불일치일 때, '선문답'이나 좌선에서처럼 의례가 비의례로 위장할 때, 그럴 때는 무슨 일이 일어날까? 천연성 자체가 의례화될 때, 이분법이 아닌 직접성이 의례에 의해 매개될 때, 궁극의 진리가 관습적 진리에 의해 짜맞추어질 때, 그럴 때는 어떻게 될까? 직접성이 사라지려던 그 역사적 순간에, 매개들이 선에서뿐만 아니라 중국 사회의 더 큰 맥락—예컨대 당나라 때 제국의 중앙집권화와 송나라 때 경제의 화폐화—에서도 점점 더 중요한 역할을 하게 된 바로 그 역사적 순간에 직접성이 확인되었다고 주장할 수도 있다. 물론, 이쪽의 이념적인 영역과 저쪽의 정치사회적이고 경제적인 영역들 사이에는 직접적인 인과 관계가 없을 수 있고, 이념적인 영역의 상대적 자율성은

584

정확히 매개들의 복잡한 연결망이 보장해줄 수 있다.(Somers 1986, pp.984-985 참조) 그럼에도 사회경제적인 요인들이 일정한 역할을 한 것은 분명하다. 가령, 재가자 집단의 요구와 같은 사회적 요인들이 선의 의례화에 기여했을 수 있고,[12] 반면에 선사들과 종파들의 의견 일치는 선의 평범화에 (그리고 어느 정도는 세속화에) 기여했을 수 있다.(Weber 1964, pp.60-79; Bourdieu 1971a and 1971b 참조)

매개들이 귀환함으로써 선의 직접성이 부정되고 유예되거나 보완된다고 가정해 보자. 그렇다면, 우리는 적어도 선의 이분법적 사고가 이제는 통일되었다고 생각해도 될까? 또는 존재론적이고 인식론적인 균열이 봉합되었다고, 의례가 신화적 추론과 논리적 추론이 만들어낸 틈을 메우는 데 성공했다고 생각해도 될까? 이는 알튀세르적 의미에서 이념의 문제를 간과하는 것이다. 즉, 표현이 반드시 현실과 일치하는 것은 아니라는 사실, 그리고 의례와 매개는 대체로 애매한 역할을 하거나 표리부동하다는 사실을 간과하는 것이다. 그것들은 그 틈을 매개하면서 동시에 유지하며 (만들어내기도) 한다. 여기에는 또 하나의 변증법적 전도顚倒가 있다. 차이들을 지우려고 하는 매개가 바로 그것들을 생산한다는 것이다. 예컨대, 우리는 이원성과 '존재론적' 차이에 대한 두 가지 부정에 직면한다. 하나는 융합이나 직접성(가령, 윤회와 열반의 동일성)을 옹호하는 것이고, 또 하나는 의례의 경우처럼 매개로서 작용하는 것이다. 그러나 이런 부정들의 실제적인 효과는

12 한편 '신비적인 것의 전문가'로서 승려들에 대한 재가자의 비평—유마힐과 방거사가 그 본보기를 보여준 비평—이 선의 반의례주의가 발달하는 데에 기여했을 수 있다. Gernet 1956, pp.191-195 참조.

그 표면상의 목적과는 정반대로 나타난다. 상대적인 것을 절대화하려는 목적을 가지고 직접성을 주장하더라도, 그 주장은 절대적인 것을 상대화하고 세속화하는 데에 기여하게 된다. 한편, 매개를 주장하더라도 그 주장은 사실상 그 틈을 넓힌다. 그것은 하늘과 땅, 성과 속의 분리를 강화한다. 매개의 역설적 효과는 존재론적 차이와 사회적 차이 양쪽을 반복한다는 것, 또 위계를 굳건하게 한다는 것, "차이들이 유예한 바로 그것에 대한 감각을 만들어낸다"(Derrida 1974, p.157)는 것이다. 제임슨이 지적하듯이, "살았던 경험과 그것을 반영하는 이론에서 필요와 수단이 일단 분리되어버리면, 그 둘을 다시 합치는 것은 불가능하며, 타자-지향적인 문화에서 '순진하고' 원시적이며 자아를 의식하지 않는 '행동의 일치'를 회복하는 것도 불가능하다." 현대 철학의 경우처럼 선은 "구체적인 것을 되찾기, 이 세상에 존재하기, 전체적인 과정으로서 실천 등을" 강조하는데, 이것은 "이 분리를 배경으로 할 때에 가장 잘 이해될 수 있다."(Jameson 1988 Vol.2, p.9) 벨에 따르면, 이것은 인류학적 담론만큼이나 선의 이념에도 해당된다.

그러므로 의례는 틈을 메우려고 시도함과 동시에 틈을 가리키며, 불일치를 드러내거나 심지어 생산하기도 한다. 더구나 이 두 기능 가운데 어떤 것이 우선인지는 보여줄 길이 없고, 분석의 두 가지—현상학적인 또는 이념적인— 차원은 조정할 수도, 다리를 놓아줄 수도, 우회할 수도 없다. 의례가 끼어든 것은 신화적 사고가 끼어든 것과는 반대일지 모르지만, 결국 (레비 스트로스가 생각한 것과 반대로) 결과는 똑같다. 의례가 갈망하던 원초적 연속성은 그 자체로 투사이며 파생이고 '흔적'이다. 궁극적인 것은 언제나 끝에서 두 번째다. 우리는

586

텍스트나 의례의 타원형 구조를 기억해야 한다. 뫼비우스의 띠나
에셔의 그림처럼 하나지만 둘인 그 이중-띠의 끊임없는 긴장을 명심해
야 한다. 두 가지 정반대로 읽기는 (적어도 관습적 수준에서는) 늘
가능하다. 실천이 실제로 담론의 두 극단 사이의 긴장에서 비롯되는
지, 아니면 그 반대로 실천 자체가 긴장을 만들어내는지에 대한 의문은
계속 제기되어야 한다. 담론의 두 극단과 나중에 종파적으로 구체화되
는 일은 그 종점일 뿐이다. 의례는 교리적 분열이나 이론적 극성-돈/
점 같은 것-과 자율적인 양극화에, 그리고 결과와 원인 양쪽에, '인식
론적 쌍들'의 거부와 화해 양쪽에 동시적으로 반응한 것일 수 있다.
매개자는 동시에 장애물이며, 이동 장치 또는 회전축으로 기능하는
것처럼 보일 수 있다. 가령, 의례는 수행자가 진리의 한 과정에서
다른 과정으로 옮겨갈 수 있도록 해줌으로써 신앙과 불신앙 사이를
매개할 수 있다.[13] 무아경과 의례처럼 명상도 탈조건화 과정이면서
재조건화 과정이며, 개인적 자유의 도구이면서 사회적 통제의 도구
다. 이것은 우리가 의례나 실천이라 부르는 것이 추상이며 근사치라는
사실을, 그리고 우리가 실제로 마주하고 있는 특정 행위들은 좀 임의적
으로 정의된 의식들과 실천들이라는 사실을 알려주는 유용한 신호일
수 있다. 그런데 미시적인 차원에서도 구체적인 실천들은, 멀리하면
서 해방시키는 기능을 갖는 이중의 진리를 드러내는 것 같다. 그러나
우리는 문법적인 접속에 이끌려 반대되는 것들의 편안한 접속에,

---

13 왔다갔다 하는 이 운동에 관해서는 Geertz in Lessa and Vogt 1979, p.88
   참조. 현실의 여러 차원들 사이를 이동하는 수단-'신성한 것의 회전축'-으로서
   의례에 관해서는 van Gennep 1960, pp.12-13 참조.

아시아 사상의 특징이라 할 윤회와 열반의 화해 같은 반대들의 화해에 만족해서는 안 된다. 그것은 길항하는 긴장이지, 편안한 이항대립이 아니다. 어쩌면 이 긴장, 이 불일치가 놀이를, 선의 본질적인 결정 불가능성을, 그 단층과 소실점을 만들어내는지도 모른다.

실천과 모순되는 것은 이론이며 그 반대가 아니라고 주장하기 위해 우리는 차별화를 일시적으로 강조할 수 있다. 다시 말해서, 실천은 이전부터 존재하던 양극성을 화해시킨 것으로 볼 수 없으며, 극단들 사이의 긴장을 유지하는 것으로도 볼 수 없다. 이런 의미에서 교리의 담론은 언제나 실천과 동떨어져 있고, 필연적으로 실천에 의해 틀에 맞추어진다. 따라서 관찰된 실천을 또 다른 '순수한' 실천(정통의 실천)의 퇴보(비정통의 실천)로 끌어내릴 수 없다. 그것은 처음에는 허상이었다가 이제 실재를 획득하고 결국 (도겐의 '순수선' 같이) 주어진 이념적 경향이나 종파적 경향과 동일시되는 존재다. 그렇지만 알튀세르가 입증한 '실천의 우위'(Althusser and Balibar 1970, p.70)에 이끌려서 그 반대로 이념을 부정해서는 안 된다. (선의 이념이건 학자의 이념이건) 이념은 그 자체가 실천의 한 형태로 인식되기 때문이다. 알튀세르에 따르면, '추상적 범주'나 '이론적 원리'와 '구체적인 것' 사이의 틈을 메워야 하는 사람들만 매개 개념을 사용하며, 매개 자체는 가면이자 이론적 속임수로서 기능한다.[14] 그러나 선의 특이성 은 매개를 부정하면서 동시에 매개에 기댄다는 점이며, 그 부정이

---

14 Althusser 1990, p.77. 알튀세르는 현실과 이론적 지식 사이의 매개들에만 관심을 둔 반면에, 선에서 (그리고 일반적으로 불교에서) 매개의 문제는 인식과 구원론 양쪽과 관련된다.

오히려 이론적 속임수인 것처럼 보인다는 점이다. 설령 그렇다 해도, 내가 주목하기로 한 것은 정확히 이 이론적 차원이지, 논증-이전의 실천(이것이 무엇이든 간에)이 아니다. 알튀세르에게는 실례지만, 매개 개념은 선사들을 이념가로 해석하기 위해서 그 타당성을 유지한다. 왜냐하면, 그것이 바로 그들이 감추려고 애썼던 것이기 때문이다. 게다가 실천은 어떤 양극화보다도 앞서기는 하지만, 역시 시간적으로 나중이라는 것을 부정할 수 없다. ('~의 모델'처럼) 실천이 만들어낸 차별화를 소급해서 합리화하려고 시작한 일은 그 다음에 일종의 원인 ('~을 위한 모델')이 된다. 따라서 적어도 (종밀과 같은) 가장 명쾌한 선 이념가 쪽에서 보면, 실천은 매개를 제공하려는 의식적인 시도가 된다. 그리고 알튀세르가 비난했던 매개의 이념적 가면 쓰기는, 직접 성이라는 반대 개념이 했던 유사한 역할을 우리가 명료하게 볼 수 있도록 도와준다. 나아가 그것은 알튀세르가 본래 사르트르에게 했던 비판의 논쟁적 차원을 드러낸다. 오래된 돈/점 논쟁이 알튀세르와 사르트르 (또한 매개의 다른 옹호자인 메를르 퐁티) 사이에서 마치 다른 음계나 음표 위에서 재생되는 것처럼 보인다. 확실히 중립 지대란 없으며, 모든 이론적 입장은 수행적이다. 이 난점을 극복하려는 나의 시도는 매개가 차별화라는 점―차별화이기도 하다는 점―을 고려하는 일이다. 그것이 '존재와 닮은 것'(Certeau 1982)까지 만들어냄으로써 타자에 접근하는 방법을 말하자면 측면으로 또는 부산물로서 어떻게 든 제공할 수 있다는 가능성을 우리는 전혀 회피할 수 없기 때문에 차별화만이 아닌 것이다. 이 가능성이 아무리 희박해 보여도, 매개의 유토피아적 측면을 이념적인 것에 희생시켜서는 안 된다는 점을 주장

하기에는 충분하다.(Jameson 1981, p.289 참조)

그리하여 선 전통의 지배적인 통합 경향과 교리적 또는 종파적 이분법들에 직면했을 때, 두 가지 선택적 대응이 가능해 보인다. 하나는 (벨이 의례 이론을 위해서 한 것처럼) 이분법들을 이념적 구성물로 보고 경시하거나 무시하는 것이고, 다른 하나는 정통성의 번드레한 외관을 깨부수기 위해 그것들을 강조하거나 필요하다면 제공하기도 하는 것이다. 한편으로는 공통된 끼어들기가 (명상과 장례 의식 같은) 선의 실천들에서 드러난다. 그 실천들은 교리적(돈/점) 구별이나 종파적(선종/비-선종) 구별을 흐리는 경향이 있으며, 또 선의 놀이에 대해서는 그 명칭 이외에 바로 그 본질을 거의 눈에 띄지 않게 근본적으로 바꾸려는 경향이 있다. 다른 한편으로는 일부 이분법이 경험적으로 강조된다. 그것은 단층이 교리의 차원보다 더 깊이 뻗어 있으면서 양립불가능한 세계관들의 실제적인 접촉면이나 상충을 드러낸다는 점을 보여주기 위해서다.

두 가지 진리를 동시에 본다는 것은, 궁극적 진리가 적절하게 이해되기 위해서는 관습적 진리에 의해 틀이 잡혀야 한다는 것을 의미한다. 그러나 선에서 가장 급진적인 경향을 지닌 사람은 위계의 경제에서 차이의 경제로 넘어가려는 시도를 분간하는데, 거기서 두 차원은 자율적이고 화해할 수 없는 것이 된다. 그것은 표현의 질서를 실천의 질서와 분리하지 않는 (이상적인) 고생대층, 일종의 종교성에서 더 멀리 벗어난 것이다. 이런 의미에서 선은 세속화 과정으로 가는 길을 열었다고 말할 수 있으며, 그 세속화 과정은 신유학의 어떤 추세 속에서 번성했다.

그렇지만 담론의 두 가지 진리나 두 가지 차원은 하나의 체계를
이룬다. 다시 말해, (급진적인 선이 주장하는) 수단이 없는 목적도
(때때로 '실제적인' 선에서 볼 수 있는) 목적이 없는 수단도 있을
수 없다. 이 둘은 그 본질적인 긴장을 통해서만 유지되며, 관습적
진리는 궁극적 진리의 필수적인 보완물이 되거나 (도겐이 '세니카
외도'에 맞서 송대 선과 일본 천태의 주류를 언급하면서 주장했듯이,
본각을 보완한다). 희망사항 이상이 되려면, 돈오는 완화되어야 한다.
그러나 똑같은 이유로 수단과 목적의 전치나 전도가 있다. 마찬가지로
실천은 이미 인지적-이론적- 요소를 함축하고 있는 반면, 스펙트럼
의 다른 쪽 끝에서 이론은-수행적인 한- 일종의 실천으로 남아 있다.[15]
구별짓기는 좀 흐릿해지기는 해도 결코 완전히 중지되지 않는다.
왜냐하면 이것은 양극 구조의 목적, 즉 선 자체의 목적을 의미하기
때문이다. 선학禪學도 마찬가지다. 여기서 다시 두 가지 차원(주해와
이념적 비평)은 그 긴장 때문에 유지되며, 그래서 학자는 전통의 진리
주장을 단지 수사로, 그 형이상학을 단지 이념으로 끌어내릴 수 없다.
이념적 진리는 그 자체가 늘 보완적이다. 비록 그것이 전통의 진리
주장들을 끊임없이 위협할지라도, 완전히 철회되거나 그것들을 대신
할 수 없다. 이념적 진리는 특정한 형이상학적 주장의 이념적 본질을
증명하거나 절대의 파생적인 본질을 증명할 수 있다. 하지만 그 스스로
이념적인 것이 되어서 그 자신의 비판에 희생되지 않고는 이종異種
구조가 될 가능성-'타자'가 형이상학의 동어반복적 담론으로 난입할

---

15 Althusser 1990, p.71 참조. 그러나 알튀세르는 이론적 마르크스주의의 '진리'
또는 '내적 논리'에 관한 정반대의 결론을 이끌어내는 것으로 보인다.

가능성, 어떤 초월성의 빛이 가장 노골적인 이념적 담론으로 파고들 가능성
–을 전혀 물리칠 수 없다.(Derrida 1972b 참조)

선은 현실의 두 영역을 하나로 (이상적으로) 융합시킴으로써 세속
화라는 갑절의 동력 그리고 비속함의 신성화라는 갑절의 동력을 일으
켰다. 매개를 부정했음에도, 정확하게 말하자면 다른 대안을 제거했
기 때문에, 선사들은 현실의 두 질서에 양다리를 걸치면서 또는 한쪽에
서 다른 쪽으로 횡단하면서 궁극적인 매개자가 되거나 그런 매개자로
남았다. 이런 새로운 매개를 가능하게 한 것은 오로지 무위無位라는
그들의 지위였다. 동일한 방식으로, 그들의 성상파괴주의는 그들이
주장한 급진적인 부정이 아니라 지배적인 상징들을 정화하고 순화하
려는 시도라는 것이 밝혀졌다. 마찬가지로 경전에 의존하지 않는다는
신조는 정경正經을 사실상 재규정하고 덮어버리려는 '제한의 과정'을
개시한 것이지, (가장 극단적인 경우를 제외하면) 정경을 억압하는
것이 전혀 아니다. 한편, 선은 종교적 실천을 내면화함으로써 '초월의
변증법'(개인화/세속화)으로 가는 길을 닦았는데, 이 변증법은 마침내
선을 하나의 전통으로 약화시켰다. 이것이 '마술적 내재성'의 이념을
표현한 의례와 성상 숭배 같은 '보편적인' 양상들을 출현시키고 지속시
켰을 것이다. 따라서 (적어도 표현의 차원에서) 선의 두 가지 경향을
분간할 수 있다. 첫 번째는 존재론적 현실을, 선의 통찰이 지닌 되돌릴
수 없는 독특한 본질을 구하려는 시도인데, 이것은 뒤의 두 번째를
희생으로 한다. 두 번째는 인류학적 경향이며, 정교함의 다양성이다.
이것은 원초적인 '실체의 발작'이 퇴보하거나 타락한 것으로 간주되어
(Jonathan Z. Smith 1987, p.42) '순수 경험' 자체가 '흔적'의 구조를

갖는다는 사실을 잊어버리는 것이다.

조나단 스미스가 정경正經을 다루며 지적했듯이, 전통적 설명을 따르는 학문은 대개 변증법적 과정의 신학적 측면(제한)에 자신을 국한하고 그 인류학적 측면(정교함, 차별화, 독창성)은 간과하거나 경시했다. 두 가지 다른 모델의 공존에 대해 설명하는 한 가지 방법은 그것을 변증법적 과정이 퇴적된 흔적으로 보는 일이다. 따라서 구조가 되어가는 경계성은 이중 담론, 이중-띠, 이중의 진리(또는 허위) 등의 출현을 설명해줄 것이다. 이런 두 경향 사이의 불일치를 해석할 대안적 방법은 그것을 통시적으로가 아니라 오히려 공시적으로 보는 일이다. 그렇게 해서 그 불일치를 다양한 관점에서 비롯된 것으로, 그리고 "단일 모형으로 정식화하기에는 너무 복잡한 하나의 조직을 기술하는 두 가지 다른 방법"에 상응하는 것으로 보는 것이다.(Lévi-Strauss, quoted in Jonathan Z. Smith 1987, p.43) 한 마을의 권력 구조에 대한 상충되는 설명을 분석하면서 레비 스트로스는 이렇게 논평한다. "따라서 A가 마을을 대칭적이고 상호적으로 보는 것은 권력의 관점이고, B가 마을을 위계적인 것으로 그리는 것은 종속의 입장에서 본 관점이다. … 이런 상반된 입장은 지리적이고 사회적인 공간에 대해 불일치하는 두 가지 이념적 지도를 낳는다."[16] 마을을 그린 이 두 가지 이념적 지도는 두 극으로 구성되고, 모든 구체적인 입장들은 두 극 사이에 배열된다. 그러나 이런 입장들은 결코 고정되어 있지 않다. 그것들은

---

16 Jonathan Z. Smith 1987, pp.44-45에서 인용. 뒤몽이 "상층에서는 통일이 있고, 하층에서는 구별이 있다"(Dumont 1970, p.239, quoted in Smith ibid., p.55)고 한 것도 참조.

끊임없는 협상의 대상이며, 거기에서 이념적 지도는 스스로 중요한 역할을 한다. 따라서 분류는 그 자체로 수행적이고, 그것이 기술한다고 주장하는 입장들에도 영향을 끼친다. 마찬가지로 선종은 하나의 제도로, 구체화된 이상으로(Godelier 1984 참조) 존재하면서 객관적인 현실을 획득했다. 그뿐 아니라 종파 간의 제휴를 통해 자신들을 규정하고 구별지으려 했던 특정 개인들의 유동적이고 주관적인 표상으로 존재하기도 했다. 이 두 가지 양상이 전통의 연대기적인 면인지 개인이 대안으로 내놓은 논리적 (또는 비논리적) 입장인지 그것은 실제로 중요하지 않다. 스미스를 따라서 선 전통을 제한의 변증법적 과정(신학적 측면)과 내적 차별화(인류학적 측면)로 규정할 수 있다면, 이런 변증법과 겨루는 선학禪學으로서는 '인류학적' 다양성을 강조해야 할 때다. 왜냐하면 이전의 학문은 선의 '고전적' 정설인 '비/신학적' 단일성을 강조하는 경향이 있었기 때문이다. 마찬가지로 위계제와 다양성의 강조가 아래로부터의 시각을 반영한다면, 몇몇 선의 곡예사들이 누리는 특권, 즉 '백척간두百尺竿頭'에서 바라보는 초연한 시각을 버리고 지상에서 선을 바라보아야 할 때인지도 모른다. 아니면 적어도 이 백척간두에 이르기 위해서―거기에서 뛰어내리기 위해서―는 빈두로 존자 같은 '공空의 산책자'조차도 그 (백척간두의) 존재를 인정할 필요가 있다는 사실을 깨달아야 할 때다. 우리는 직접성의 수사학과 그 공범이자 쫓겨난 매개의 수사학 모두 실패할 지점에 이르렀다. 도약할 자리는 흔들리는 장대(극) 끝에서, 아니면 도교에서처럼(Schipper 1983, pp.186-191) 양극화된 구조의 움직이는 중심('사방 한 치', 즉 마음)이나 단층에서, 얻을 수 (또는 잃을 수) 있다. 이 책의 목표는 이 구조를 끌어내고 그 소실점의 위치를 잡는(옮기는) 일이었다. *여기서 뛰어라*(*Hic saltus*).

참고문헌

1차 자료*

가쿠도요진슈(學道用心集). 도겐(道元). T. 82-2581.

가태보등록嘉泰普燈錄. 正受. ZZ 1, 2B, 10, 1-2.(Taibei ed., vol. 137)

감산대사몽유전집憨山大師夢遊全集. ZZ 1, 2, 32.(Taibei ed., vol. 127)

건중정국속등록建中靖國續燈錄. ZZ 1, 2B, 9.(Taibei ed., vol. 136)

경덕전등록景德傳燈錄(1004). 道原(미상). T. 51-2076.

겐코샤쿠쇼(元亨釋書)(1322). 코칸 시렌(虎關師錬, 1278~1346). DNBZ 62, 470.(1931 ed., vol. 101)

고승법현전高僧法顯傳. T. 51-2085.

고승적요高僧摘要(대략 1654). 徐昌治. ZZ 1, 2B, 21.(Taibei ed., vol. 148)

고승전高僧傳. 慧皎(497~554). T. 50-2059.

고존숙어록古尊宿語錄(1403). 頤藏主. ZZ 1, 2, 23.(Taibei ed., vol. 118)

고케산쇼 요로몬(五家參祥要路門). 토레이 엔지(東嶺圓慈, 1723~1794). T. 81-2576.

관심론觀心論〔파상론破相論〕. 神秀(606~706). T. 85-2833.

광홍명집廣弘明集. 道宣. T. 52-2103.

광효사예발탑기光孝寺瘞髮塔記. 法才(미상). QTW 912, 19: 11996.

굉지선사광록宏智禪師廣錄. T. 48-2001.

구당서舊唐書(945). 劉昫(887~946). 16 vols. 北京: 中華書局, 1975.

군쇼루이슈(群書類從). 하나와 호키이치(塙保己一, 1746~1821) 편. 川俣馨一 校訂,

---

* 저자 포르는 1차 자료들을 영문으로 또는 산스크리트로 표기하면서 알파벳 순서로 배열했다. 그러나 여기에서는 번역본을 읽는 독자들을 위해 자료들의 제목과 저자명을 모두 한자로 또는 일본어로 표기하면서 '가나다' 순서로 배열했음을 밝혀둔다.

『新校群書類從』24 권. Tokyo: Naigai Shoseki, 1937.

금강반야바라밀경金剛般若波羅密經. 鳩摩羅什. T. 8-235.

금강삼매경金剛三昧經. 위경. T. 9-273.

금석졸편金石卒編(1805). 王昶(1725~1807) 편. 4책. 台北: 臺聯國風出版社, 1964.

나호야록羅湖野錄(1155). 曉瑩. ZZ 1, 2B, 15, 5.(Taibei ed., vol. 142)

남양혜충어록南陽慧忠語錄. 宇井伯壽 편, 『第二禪宗史硏究』. 東京: 岩波書店, 1966(b).

남종정시비론南宗定是非論. 獨孤沛. T. 85, 부록. Also 胡適 편, 『神會和尙遺集』. 台北: 胡適記念館, 1970[1930].

남해기귀내법전南海寄歸內法傳(691). 義淨(635~713). T. 54-2125.

노모리 카가미(野守鏡). 『群書類從』21, 484.

노자老子. 四部叢刊. Shanghai: Shangwu yinshuguan, 1937~1938.

논불골표論佛骨表(819). 韓愈(768~824). *Jiu Tang shu* 160; *Tang huiyao* 47.

논어論語, 孔子[Confucius]. In Harvard-Yenching Institute Sinological Series. Supplement no. 16: *A Concordance to the Analects of Confucius*. Reprint. Taibei: Chinese Materials and Research Aids Service Center, 1972[1966].

뇨라이하샤리 덴라이(如來齒舍利傳來). 저자 미상. DNBZ 65, 497.(1931 ed., vol. 111) See also 『續群書類從』, 25(b), 710.

능가사자기楞伽師資記. 淨覺(683~ca. 750). T. 85-2837.

능엄경楞嚴經. 외경. T. 19-945.

니치키소토 시츠나이테키테키 히츠덴닛포 키리가미(日域曹洞室內嫡々秘傳密法切紙). SZ 18, Shūi.

니치키토조 쇼소덴(日域洞上諸祖傳). 탄겐 지쇼(湛元自澄). DNBZ 70, 537.(1931 ed., vol. 110)

니혼토조 렌토로쿠(日本洞上聯燈錄). 슈뇨(秀恕, 미상). DNBZ 70-71, 540.(1931 ed., vol. 110)

닛토구호 준레이코키(入唐求法巡禮行記). 엔닌(圓仁, 794~864). DNBZ 72, 563.(1931 ed., vol. 115). See also Edwin O. Reischauer, trans. *Ennin's Diary: The Record of a Pilgrimage to China in Search of the Law*. New York:

Reginald Press, 1955(a); and 시오리 료도(塩入良道) 편, 『入唐求法巡礼行記』. 2 vols. 東京: 平凡社, 1970; 1985.

달마대사오성론達摩大師悟性論. 菩提達摩 추정. ZZ 1, 2, 15, 5.(Taibei ed., vol. 110)

달마대사혈맥론達摩大師血脈論. 菩提達摩 추정. ZZ 1, 2, 15, 5.(Taibei ed., vol. 110)

당회요唐會要(961). 王溥(932~982) 외. 楊家駱 편, 3권. 台北: 世界書局, 1974.

당옥천사대통선사비명병서唐玉泉寺大通禪師碑銘并序. 張說(667~730). QTW 231, 5: 2953-2954.

대당중악동한거사고대덕규화상기덕당大唐中嶽東閑居寺故大德珪和尙紀德幢. 『八瓊室金石補正』 53: 7. SKSLXB ed., vol. 7: 4849a-4850b.

대명고승전大明高僧傳. 如惺(대략 1671). T. 50-2062.

대반야바라밀다경大般若波羅蜜多經. 玄奘(596~664) 譯. T. 7-220.

대방광불화엄경大方廣佛華嚴經. 佛馱跋陀羅(359~429) 譯: T. 9-278; 實叉難陀(652~710) 譯: T. 10-279.

대방광불화엄경수소연의초大方廣佛華嚴經隋疏演義鈔. 澄觀(736~839). T. 36-1736.

대비바사론大毘婆沙論. 玄奘 譯. T. 27-1545.

대송승사략大宋僧史略(977). 贊寧(919~1001). T. 54-2126.

대승기신론大乘起信論. 위서. T. 32-1666.

대승무생방편문大乘無生方便門. T. 85-2834.

대승북종론大乘北宗論. 저자 미상. T. 85-2836.

대조선사탑명大照禪師塔銘. 李邕(d. 747). QTW 262, 6: 3360-3363.

대지도론大智度論. 龍樹 추정. 鳩摩羅什 譯. T. 25-1509.

대지선사비명병서大智禪師碑銘并序. 嚴挺之(673~742). QTW 280, 6: 3596-3598.

대혜보각선사어록大慧普覺禪師語錄. T. 47-1998a.

대혜보각선사종문무고大慧普覺禪師宗門武庫. T. 47-1998b.

대혜서문大慧書問. 荒木見悟 편, 『大慧書』. 東京: 筑摩書房, 1969.

덴코로쿠(傳光錄). 케이잔 죠킨(瑩山紹瑾, 1268~1325). T. 82-2585. 田島柏堂 편, 『瑩山』. 東京: 講談社, 1978.

도선율사감통록道宣律師感通錄. 道宣(596~667). T. 52-2107.

돈오입도요문론頓悟入道要門論. 大珠慧海(미상). ZZ 1, 2, 15, 5.(Taibei ed., vol. 110). See also 平野宗淨 譯注, 『頓悟要門』. 東京: 筑摩書房, 1970.

동경몽화록東京夢華錄. 孟元老(미상). 入矢義高·梅原郁 譯注, 『宋代の都市と生活』. 東京: 岩波書店, 1983.

동산록洞山錄〔洞山良价禪師語錄〕. T. 47-1986a.

라칸코시키(羅漢講式). 저자 미상. T. 84-2731.

라칸쿠요 시키몬(羅漢供養式文). 도겐(道元). DZZ 2: 402-404.

로안쿄(驢鞍橋). 스즈키 쇼산(鈴木正三, 1579~1655). 鈴木大拙 편. 東京: 岩波書店, 1977.

마조도일선사광록馬祖道一禪師廣錄. ZZ 1, 2, 24, 5.(Taibei ed., vol. 119)

마하반야바라밀경摩訶般若波羅蜜經. 鳩摩羅什. T. 9-223.

마하지관摩訶止觀. 智顗(538~597). T. 46-1911.

만선동귀집萬善同歸集. 永明延壽(904~975). T. 48-2017.

모로잔 온샤리소덴 엔기(室生山御舍利相傳緣起). 『續群書類從』, 27(b) 800.

몽계필담夢溪筆談. 沈括(1031~1095). 우메하라 카오루(梅原郁) 편, 『夢溪筆談』 3권. 東京: 平凡社, 1978~1981.

묘법연화경妙法蓮華經. 鳩摩羅什. T. 9-262.

무문관無門關. 無門慧開(1183~1260). T. 48-2005.

무상경無常經. 義淨 譯. T. 17-801.

무심론無心論. 菩提達磨 추정. T. 85-2831.

무외삼장선요無畏三藏禪要. 輸波迦羅(637~735). T. 18-917.

무쥬몬도(夢中問答). 무소 소세키(夢窓疎石, 1275~1351). 佐藤泰舜 편. 東京: 岩波書店, 1974〔1934〕.

방거사어록龐居士語錄. ZZ 1, 2B, 25, 1.(Taibei ed., vol. 120). See Ruth Fuller Sasaki et al., trans., *A Man of Zen: The Recorded Sayings of Layman P'ang*. New York: Weatherhill, 1971.

법안문익선사어록法眼文益禪師語錄. T. 47-1991.

법원주림法苑珠林(668). 道世. T. 53-2122.

벽암록碧巖錄. 雪竇重顯(980~1052); 圓悟克勤(1063~1135) 註. T. 48-2003.

보교편輔教編. 契嵩. 荒木見悟, 『輔教編』. 東京: 筑摩書房, 1981.

보림전寶林傳. 柳田聖山 편, 『宋藏貴珍寶林傳, 傳燈玉英集』. 京都: 中文出版社, 1975.

보암선사어록普菴禪師語錄. ZZ 1, 2, 25, 3.(Taibei ed., vol. 120)

보살처태경菩薩處胎經. 竺佛念 譯. T. 12-384.

보장론寶藏論. 僧肇(384~414). T. 52-1857.

부법장인연전付法藏因緣傳. T. 50-2058.

북산록北山錄. 神清(8세기 경). T. 52-2113.

분양선소선사어록汾陽善昭禪師語錄. T. 47-1992.

불감선사어록佛鑑禪師語錄. ZZ 1, 2, 26.(Taibei., vol. 121)

불과원오선사심요佛果圓悟禪師心要. ZZ 1, 2, 25.(Taibei ed., vol. 120)

불아사리기佛牙舍利記. 『群書類從』, 19, 443: 286.

불영명佛影銘. 慧遠(334~416). 『廣弘明集』. T. 52-2103: 197c.

불조강목佛祖綱目(1631). 朱時恩. ZZ 1, 2B, 20.(Taibei ed., vol. 146)

불조역대통재佛祖歷代通載(1344). 梅屋念常(1282~?). T. 49-2036.

불조통기佛祖統紀. 志磐(1258~1269 활동). T. 49-2035.

빈퇴록賓退錄. 趙與昔(1175~1231). Congshu jicheng ed. Shanghai: Commercial Press, 1936.

사가어록四家語錄. ZZ 1, 2, 24, 5.(Taibei ed., vol. 119)

사분율四分律. 佛陀耶舍, 竺佛念 譯. T. 22-1428.

사분율행사초四分律行事鈔(630). 道宣. T. 40-1804.

사탑기寺塔記. 段成式. T. 51-2093.

산암잡록山庵雜錄(1375). 無溫. ZZ 1, 2B, 21.(Taibei ed., vol. 148)

산텐다이고다이산키(參天台五臺山記). 죠진(成尋, 1011~1081). DNBZ 72, 577.(1931 ed., vol. 115)

삼교평심론三教平心論. 劉謐(南宋 활동). T. 52-2117.

삼국유사三國遺事. 一然. T. 49-2039.

샤세키슈(沙石集). 무쥬 이치엔(無住一圓, 1226~1312). 渡辺綱也 校注, 東京: 岩波書

600

店, 1975〔1966〕.

쌍계사약사雙磎寺略史. Unpublished ms. 駒澤大學圖書館, 東京.

석문정통釋門正統(1237). 宗鑑. ZZ 1, 2B, 3, 5.(Taibei ed., vol. 130)

석씨요람釋氏要覽(대략 1019). 道誠. T. 54-2127.

선가귀감禪家龜鑑. 淸虛休靜(미상). ZZ 1, 2, 17.(Taibei ed., vol. 112)

선관책진禪關策進(1600). 袾宏(1535~1615). T. 48-2024.

선림보훈禪林寶訓. 淨善(1174~1189 활동). T. 48-2022.

선림승보전禪林僧寶傳. 覺範慧洪(1071~1128). ZZ 1, 2B, 10, 3.(Taibei ed., vol. 137)

선문경禪門經. 위경. 스즈키 다이세츠(鈴木大拙), 『鈴木大拙全集』Vol. 3. 東京: 岩波書店, 1980〔1968〕.

선문보장록禪門寶藏錄(1293). ZZ 1, 2, 18.(Taibei ed., vol. 113)

선문사자승습도禪門師資承襲圖. 圭峰宗密(780~841). ZZ 1, 2, 15.(Taibei ed., vol. 110)

선문제조사게송禪門諸祖師偈頌. ZZ 1, 2, 21.(Taibei ed., vol. 116)

선원제전집도서禪源諸詮集都序. 圭峰宗密. T. 48-2015.

선원청규禪苑淸規. 長蘆宗賾. ZZ 1, 2, 16, 5.(Taibei ed., vol. 111) See also 鏡島元隆, 佐藤達玄, 小坂機融 편, 『譯註禪苑淸規』. 東京: 曹洞宗宗務廳, 1972.

선종육조혜능대사정상동래연기禪宗六祖慧能大師頂相東來緣起. 覺訓(대략 1215) 추정. In Chŏn Posam 1989: 327-329.

선종정맥禪宗正脉(1489). ZZ 1, 2B, 19.(Taibei ed., vol. 146)

선학대성禪學大成. 謝冠生題 편. 6권. 台北: 中華佛教文化館, 1969.

선해십진禪海十珍(1685). ZZ 1, 2, 31.(Taibei ed., vol. 112)

선혜대사어록善慧大師語錄. ZZ 1, 2, 25, 1.(Taibei ed., vol. 120)

설봉의존선사어록雪峰義存禪師語錄. ZZ 1, 2, 24.(Taibei ed., vol. 119)

설숭說嵩(1721). 景日昣. 沈雲龍 編, 『中國名山勝蹟志叢刊』21〔n.d.〕. 4 vols.

소림사비(少林寺碑). QTW 279, 6: 3584-3587

소쿠신키(卽心記). 시도 부난(至道無難, 1603~1676). 公田連太郎 編, 『至道無難禪師

集』. 東京: 春秋社, 1956.

속고승전續高僧傳. 道宣. T. 50-2060.

속전등록續傳燈錄. 居頂(?~1404). T. 51-2077.

송고승전宋高僧傳. 贊寧. T. 50-2061.

쇼보겐조(正法眼藏). 도겐(道元). T. 82-2582.

쇼소린신기(小叢林淸規). 무쟈쿠 도츄(無著道忠, 1653~1744). T. 81-2579.

쇼에코신기(諸廻向淸規). 텐린 푸인(天倫楓隱, 생몰 미상). T. 81-2578.

쇼이치코쿠시 고로쿠(聖一國師語錄). 엔니 벤엔(圓爾辨圓, 1202~1280). T. 80-2544.

쇼토쿠타이시 덴랴쿠(聖德太子傳曆). DNBZ 71, 546.(1931 ed., vol. 112)

수선요결修禪要訣. 佛陀波利. ZZ 1, 2, 15.(Taibei ed., vol. 110)

수심요론修心要論〔최상승론最上乘論〕. 弘忍(601~674) 추정. T. 48-2011.

숭악규선사영실기嵩嶽珪禪師影室記. 許籌. QTW 790, 17: 10435-10436.

슈몬무진토론(宗門無盡燈論). 토레이 엔지. T. 81-2575.

슈츠죠고고(出定後語). 토미나가 나카모토(富永仲基, 1715~1746). 東京: 隆文館,
        1982.

신당서新唐書(1043~1060). 歐陽修(1007~1072), 宋祁(998~1061) 외. 20권. 北京: 中華
        書局, 1975.

신승전神僧傳. 저자 불명. T. 50-2064.

신요칸(眞如觀). 겐신(源信, 942~1017) 추정. 多田厚隆 외 편, 『天台本覺論』, 119-
        149. 東京: 岩波書店, 1973.

심진문집鐔津文集. 契嵩. T. 52-2115.

십우도十牛圖. ZZ 1, 2, 18.(Taibei ed., vol. 113). See also 柳田聖山, 梶谷宗忍,
        辻村公一 편, 『信心銘, 正道歌, 十牛圖, 坐禪儀』. 東京: 筑摩書房, 1974.

아비달마구사론阿毗達磨俱舍論, 尊者世親. T.29, 1558. Trans. Louis de la Vallée
        Poussin, *L'Abhidharmakośa de Vasubandhu*. 6 vols. Brussels: Institut
        Belge des Hautes Etudes Chinoises, 1971.(*Mélanges chinois et boud-
        dhiques*, vol. 16)

아육왕전阿育王傳. 安法欽 譯. T. 50-2042.

앙산어록仰山語錄〔袁州仰山慧寂禪師語錄〕. T. 47-1990.

양기방회화상어록(楊岐方會和尙語錄). T. 47-1994a.

에이헤이 쇼보겐조 센뵤(永平正法眼藏僭評). 무쟈쿠 도쮸(無著道忠). 鏡島元隆,『道元禪師とその門流』, 225-289. 東京: 誠信書房, 1961.

에이헤이신기(永平淸規). 도겐(道元). T. 82-2584.

엔잔밧스이오쇼 고로쿠(鹽山拔隊和尙語錄). 밧스이 토쿠쇼(拔隊得勝, 1327~1387). T. 80-2558.

엔포덴토로쿠(延寶傳燈錄). 시반(師蠻, 1627~1710). DNBZ 69-70, 534.(1931 ed., vol. 108)

여정화상어록如淨和尙語錄. T. 48-2002a.

역대법보기歷代法寶記(대략 774). 저자 미상. T. 51-2075.

역대신선통감歷代神仙通鑑. 徐道 편. Taibei: Guangwen, 1975.

역세진선체도통감歷世眞仙體道通鑑. 趙道一, DZ 139-148.

연등회요聯燈會要(1183). 悟明. ZZ 1, 2B, 9, 3-5.(Taibei ed., vol. 136)

열자列子. Ed. Sibu beiyao. Taibei: Zhonghua shuju, 1974.

오가정종찬五家正宗贊. 紹曇(생몰 미상). ZZ 1, 2B, 8, 5.(Taibei ed., vol. 135)

오가종지찬요五家宗旨纂要(1657). 性統(생몰 미상). ZZ 1, 2, 19.(Taibei ed., vol. 114)

오대회요五代會要(961). 王溥. 上海: 古籍出版社, 1978.

오등엄통五燈嚴統(1653). 通容(1593~1661). ZZ 1, 2B, 12.(Taibei ed., vol. 139)

오등회원五燈會元(1252). 普濟(1179~1253). ZZ 1, 2B, 10-11.(Taibei ed., vol. 138)

오조법연선사어록五祖法演禪師語錄. T. 47-1995.

완릉록宛陵錄. 黃檗希運. See 平野宗淨 譯注,『頓悟要門』. 東京: 筑摩書房, 1970.

요원가了元歌. 仁儉(미상).『景德傳燈錄』권30. T .51-2076.

용천사불가기법사전泉涌寺不可棄法師傳. 信瑞(?~1279). DNBZ 72, 577.(1931 ed., vol. 115)

운급칠첨雲笈七籤(1019). 張君房. DZ 677-702.

운문광록雲門廣錄. T. 47-1988.

운문산지雲門山志. 岑學呂 편. 杜潔祥 主編, 中國佛寺史志彙刊. 제6책. 台北: 明文書局, 1980.

원각경圓覺經. 위경. T. 17-842.

원각경대소초圓覺經大疏鈔. 圭峰宗密. ZZ 1, 14, 3-5: 15, 1.(Taibei ed., vol. 14-15)

원오불과선사어록圓悟佛果禪師語錄. T. 47-1997.

원인론原人論. 圭峰宗密. T. 45-1886.

위산영우선사어록潙山靈祐禪師語錄. T. 47-1989.

유마힐경維摩詰經. 支謙(3세기 활동) 譯. T. 14-474.

유양잡조酉陽雜俎. 段成式. 今村与志雄 譯注, 『酉陽雜俎.』5권. 東京: 平凡社, 1980~1981.

육조대사법보단경六祖大師法寶壇經. 慧能(d. 713). T. 48-2008.

이견지夷堅志. 洪邁(1123~1202). 4권. 北京: 中華書局, 1981.

이입사행론二入四行論. 菩提達摩 추정. 柳田聖山 편, 『達摩の語錄 二入四行論』. 禪の語錄 1. 東京: 筑摩書房, 1969(a).

인료켄 이치로쿠(陰涼軒日錄). 키케이 신즈이(季瓊眞蘂) 외. DNBZ 75-78, 596.(1931 ed., vols. 133-137). See also 玉村竹二, 勝野隆信, 편, 『陰涼軒日錄』. 東京: 史籍刊行會, 1954.

인천보감人天寶鑑(1230). 智昭. ZZ 1, 2B, 21.(Taibei ed., vol. 113)

임간록林間錄. 覺範慧洪. ZZ 1, 2B, 21, 4.(Taibei ed., vol. 148)

임제록臨濟錄〔鎭州臨濟慧照禪師語錄〕. T. 47-1985. See Ruth Fuller Sasaki, trans., *The Recorded Sayings of Ch'an Master Lin-chi Hui-chao of Chen Prefecture*. Kyoto: The Institute for Zen Studies, 1975.

입능가경入楞伽經. 菩提留支 譯. T. 16-671.

입중일용入衆日用. 無量宗壽(미상). ZZ 1, 2, 16, 5.(Taibei ed., vol. 111)

자치통감資治通鑑. 司馬光 편. 香港: 中華書局, 1971.

장아함경長阿含經. 佛陀耶舍, 竺佛念(fl. ca. 365) 譯. T. 1-1.

장자莊子. 莊周; 郭象 註. 『四部備要』 편. 台北: 中華書局, 1973. See also Harvard-Yenching Institute, Sinological Index Series. Supplement no. 20: A Concordance to Chuang Tzu. Cambridge, MA: Harvard University Press, 1956.

전법보기傳法寶紀. 杜朏(미상). 柳田聖山 편, 『初期の禪史』 1. 東京: 筑摩書房,

1971.

전법정종기傳法正宗記. 契嵩(1007~1072). T. 51-2078.

전심법요傳心法要. 黃檗希運(미상). 裵休(797~870) 편. T. 48-2012a and Iriya 1969. See also *Chuanxin fayao* ed. Taibei: Fojiao chubanshe, 1976.

절관론絶觀論. 스즈키 다이세츠(鈴木大拙),『鈴木大拙全集』. Vol. 2. 東京: 岩波書店, 1980〔1968〕.

정법안장正法眼藏. 大慧宗杲(1089~1163). ZZ 1, 2, 23.(Taibei ed., vol. 118)

젠린쇼키센(禪林象器箋). 무쟈쿠 도츄. 柳田聖山 편,『禪林象器箋 葛藤語箋 禪林句集辨苗』. Vol. 1. 京都: 中文出版社, 1979.

조론肇論. 僧肇(384~414?). T. 45-1858.

조계대사별전曹溪大師別傳. 작자 미상. ZZ 1, 2B, 19, 5.(Taibei ed., vol. 146)

조당집祖堂集(고려대장경. 조당집, 952). 柳田聖山 編,『祖堂集』. 京都: 中文出版社, 1974(b)

조산록曹山錄〔撫州曹山元證禪師語錄〕. T. 47-1987a.

조정사원祖庭事苑(1108). 睦庵善卿. ZZ 1, 2, 18, 1.(Taibei ed., vol. 113) See also『禪學大成』, 謝冠生題 編. Vol. 3. 台北: 中華佛敎文化館. 1969.

조쿠 군쇼루이쥬(續群書類從)〔1822〕. 하나와 호키이치(塙保己一) 編. 34 권. 東京: 續群書類從完成會, 1972.

조쿠조쿠 군쇼루이쥬(續々群書類從). 國書刊行會 編. 16권. 東京: 國書刊行會, 1906~1909.

종경록宗鏡錄. 永明延壽. T. 48-2016.

종용록從容錄. 萬松行秀(1160~1246). T. 48-2004.

죠토쇼가쿠론(成等正覺論). In 神奈川縣立金澤文庫 편,『金澤文庫資料全書』佛典 1, 禪籍編. 橫浜: 金澤文庫, 1974.

중론中論. 龍樹. T. 30-1564.

중수조계통지重修曹溪通志. 馬元. 杜潔祥 主編,『中國佛寺史志彙刊』Vol. 4-5. 台北: 明文書局, 1980.

쥬로쿠라칸 겐즈이키(十六羅漢現瑞記)〔1249〕. 도겐(道元). DZZ 2: 399.

지쇼키(自證記). 시도 부난(至道無難, 1603~1676). 公田連太郎 편,『至道無難禪師

集』. 東京: 春秋社, 1956.

지월록指月錄(1602). 瞿汝稷(생몰 미상). ZZ 1, 2B, 16.(Taibei ed., vol. 143)

진종론眞宗論〔大乘開心顯性頓悟眞宗論〕. T. 85-2835.

천성광등록天聖廣燈錄. ZZ 1, 2B, 8, 4-5.(Taibei ed., vol. 135)

천태산기天台山記. 徐靈府(대략 760~841) 편. T. 51-2096.

철오선사어록徹悟禪師語錄. ZZ 1, 2, 14, 4.(Taibei ed., vol. 109)

총림공론叢林公論(1189). 者庵惠彬. ZZ 1, 2, 18.(Taibei ed., vol. 113)

총림양서수지叢林兩序須知(대략 1639). ZZ 1, 2, 17.(Taibei ed., vol. 112)

취옹담록醉翁談錄(대략 1150). 金盈之. 新編醉翁談錄 ed. 上海: 古典文學, 1958.

치문경훈緇門警訓. 如卺(대략 1470~1489 활동). T. 48-2023.

칙수백장청규勅修百丈淸規, 東陽德輝(미상). T. 48-2025.

카쿠젠쇼(覺禪鈔). 카쿠젠(覺禪). DNBZ 53-56, 431(1931 ed., vols. 45-51); T.
　　89-90, 3022.

케이란슈요슈(溪嵐拾葉集). 코슈(光宗, 1276~1350). T. 76-2410.

케이잔신기(瑩山淸規)〔토코쿠신기(洞谷淸規)〕. 케이잔 죠킨(瑩山紹瑾, 1268~
　　1325). T. 82-2589.

켄제이키(建撕記)〔대략 1472〕. 켄제(建撕, 미상). DNBZ 73, 587.(1931 ed., vol.
　　115)

코젠고코쿠론(興禪護國論). 에이사이(榮西, 1141~1215). T. 80-2543.

코지루이엔 후큐우한 슈쿄부(古事類苑普及版宗教部). 4 vols. 東京: 吉川弘文館,
　　1977.

쿄운슈(狂雲集). 잇큐 소준(一休宗純, 1394~1481). 柳田聖山 편, 『一休・良寬』. 東京:
　　中央公論社, 1987.

킨벤시가이(金鞭指街). 무쟈쿠 도츄. Unpublished ms. 禪文化硏究所圖書館, 花園
　　大學, 京都.

태평광기太平廣記(978). 李昉(925~966) 외. 台北: 古新書局, 1980.

태평어람太平御覽(983). 李昉. 王雲五 편, 7권. 台北: 商務印書館, 1980〔1935〕.

테츠겐젠지 카나호고(鐵眼禪師假名法語). 아카마츠 신묘(赤松晋明) 편. 東京: 岩波文
　　庫, 1941.

토조시츠나이단시 켄피시키(洞上室內斷紙揀非私記)〔1749〕. 멘잔 즈이호(面山瑞芳, 1683~1769). SZ 15, 室中.

토코쿠키(洞谷記). 케이잔 죠킨(瑩山紹瑾). 코호 치산(孤峰智燦) 編,『常濟大師全集』, 392-463. 横浜: 大本山總持寺, 1976〔1937〕. See also 曹洞宗宗務廳 편, "曹洞宗全書", 祝言 2: 5-3-543. 東京: 曹洞宗宗務廳, 1970~1973.

투빠방사(Thūpavaṃsa). Vācissatthera. Ed. N. A. Jayawickrama. London: Luzac and Co., 1971.

햐쿠렌쇼(百練抄). In『新訂增補國史大系』. 쿠로이타 카츠미(黑板勝美) 편. 권 11. 東京: 吉川弘文館, 1929.

허당화상어록虛堂和尙語錄. ZZ 1, 47, 2000.

헤키잔니치로쿠(碧山日錄). 운센 타이쿄쿠(雲泉太極, 1421~1472?). 角田文衞, 五來重 편. 新訂增補史籍集覽刊行會,『新訂增補史籍集覽』. Vol. 26: 235-448. 京都: 臨川書店, 1927.

현사사비선사어록玄沙師備禪師語錄. ZZ 1, 2, 31.(Taibei ed., vol. 126)

호온헨(報恩編). 텐케이 덴손(天桂傳尊, 1648~1735). T. 82-2600.

호쿠에츠셋푸(北越雪譜). 스즈키 보쿠시(鈴木牧之). 岡田武松 편. 東京: 岩波書店, 1987〔1936〕.

혼쵸 소보덴(本朝僧寶傳). 저자 불명. DNBZ 69, 533.(1931 ed., vol. 111)

혼쵸 코소덴(本朝高僧傳). 시반(師蛮). DNBZ 63, 472.(1931 ed., vols. 102-103)

홍계법의弘戒法儀(1613). 法藏(明代). ZZ 1, 2, 11.(Taibei ed., vol. 106)

홋토엔묘코쿠시 유이호로쿠(法燈圓明國師遺芳錄). DNBZ 47, 298.(1931 ed., vol. 96)

환주암청규幻住庵淸規(1317). 中峯明本(1263~1323). ZZ 1, 2, 16, 5.(Taibei ed., vol. 111)

황벽청규黃檗淸規. 隱元隆琦(1592~1673). T. 82-2607.

후소젠린 소보덴(扶桑禪林僧寶傳). 코센 쇼톤(高泉性激, 1630~1692). DNBZ 70, 535.(1931 ed., vol. 109)

후칸 자젠기(普勸坐禪儀). 도겐. T. 82-2580.

2차 자료

Abe Chōichi 阿部肇一. 1963. 『中國禪宗史の研究－南宗禪成立以後の政治社會史的考察』. 東京: 誠信書房.

Ahern, Emily M. 1973. *The Cult of the Dead in a Chinese village*. Stanford: Stanford University Press.

_____, 1979. "The Problem of Efficacy: Strong and Weak Illocutionary Acts." *Man* 14, 1; 1-17.

Almond, Philip C. 1988. *The British Discovery of Buddhism*. Cambridge: Cambridge University Press.

Alper, Harvey, ed. 1989. *Mantra*. Albany: State University of New York Press.

Althusser, Louis. 1990. *Philosophy and the Spontaneous Philosophy of the Scientists and Other Essays*. Ed. Gregory Elliott. Trans. Ben Brewster. London and New York: Verso.

Althusser, Louis, and Etienne Balibar. 1970. *Reading "Capital."* Trans. Ben Brewster. London: NLB.

Amino, Yoshihiko. 1983. "Some Problems Concerning the History of Popular Life in Medieval Japan." *Acta Asiatica* 44: 77-97.

Andō Kōsei 安藤更生. 1960. 『鑑眞大和尚傳之研究』. 東京: 平凡社.

_____, 1961. 『日本のミイラ』. 東京: 毎日新聞社.

Angenot, Marc. 1984. "Structuralism and Syncretism: Institutional Distortions of Saussure." In John Feteke, ed., *The Structural Allegory: Reconstructive Encounters with the New French Thought*, 150-163. Minneapolis: University of Minnesota Press.

App, Urs. 1987. "Ch'an/Zen's Greatest Encyclopaedist Mujaku Dōchū(1653~1744)." *Cahiers d'Extrême-Asie* 3. 155-174.

_____, 1989. "Facets of the Life and Teaching of Chan Master Yunmen Wenyan(864~949)." Ph.D. diss., Temple University.

Araki Kengo 荒木見悟, ed. 1969. 『大慧書』. 禪の語錄 17. 東京: 筑摩書房.

————, 1975. "Confucianism and Buddhism in the Late Ming." In. W. T. de Bary, ed., *The Unfolding of Neo-Confucianism*, 39–66. New York: Columbia University Press.

————, 1976. 『佛教と儒教－中國思想を形成するもの』. 京都: 平樂寺書店.

Ariès, Philippe. 1974. *Western Attitudes Toward Death: From the Middle Ages to the Present*. Trans. Patricia M. Ranum. Baltimore and London: Johns Hopkins University Press.

————, 1981. *The Hour of Our Death*. Trans. Helen Weaver. New York: Alfred A. Knopf.

Ariès, Philippe, and André Béjin, eds. 1982. *Sexualités occidentales*. Paris: Seuil.

Arntzen, Sonja. 1986. *Ikkyū and the Crazy Cloud Anthology: A Zen Poet of Medieval Japan*. Tokyo: University of Tokyo Press.

Augé, Marc. 1975. *Théorie des pouvoirs et idéologie*. Paris: Hermann.

————, 1982a. *The Anthropological Circle: Symbol, Function, History*. Cambridge: Cambridge University Press.

————, 1982b. *Le génie du paganisme*. Paris: Gallimard.

Austin, J. L. 1962. How to Do *Things with Words*. Cambridge, MA: Harvard University Press.

Azuma Ryūshin 東隆眞. 1974. 『瑩山禪師の研究』. 東京: 春秋社.

————, 1983. 「道元禪師と羅漢講式について」. IBK 31, 2: 76–83.

Bachelard, Gaston. 1964. *La poétique de l'espace*. Paris: Presses Universitares de France.

Baity, Philip C. 1975. *Religion in a Chinese Town*. Taibei: Asian Folklore and Social Life Monographs 64.

Bakhtin, Mikhail. 1968. *Rabelais and His World*. Trans. H. Iswolsky. Cambridge, MA: MIT Press.

————, 1981. *The Dialogic Imagination: Four Essays*. Ed. M. Holquist. Trans. C. Emerson and M. Holquist. Austin: University of Texas Press.

_____, 1986. *Speech Genres & Other Late Essays*. Trans. Vern W. McGee. Austin: University of Texas Press.

Balazs, Etienne. 1968. *La bureaucratie céleste: Recherches sur l'économie et la société de la Chine traditionnelle*. Paris: Gallimard.

Bapat, P. V, and Hirakawa Akira, trans. 1970. *Shan-Chien-P'i-P'o-Sha: A Chinese Version by Sanghabhadra of Samantapāsādikā*. Bhandarkar Oriental Series 10. Poona: Bhandarkar Oriental Research Institute.

Bareau, André. 1962. "La construction et le culte des stūpa d'après le Vinayapitaka." *BEFEO* 50: 229–274.

_____, 1963. *Recherches sur la biographie du Buddha dans les sūtrapitaka et les vinayapitaka anciens*. Publications de l'Ecole Française d'Extrême-Orient 53. Paris: Ecole Française d'Extrême-Orient.

_____, 1971. *Recherches sur la biographie du Buddha dans les sūtrapitaka et les vinayapitaka anciens: II. Les derniers mois, le parinirvāna et les funérailles*. 2 vols. Paris: Ecole Française d'Extrême-Orient.

_____, 1975. "Les récits canoniques des funérailles du Buddha et leurs anomalies: Nouvel essai d'interprétation." *BEFEO* 62: 151–190.

Barthes, Roland. 1970. *L'empire des signes*. Paris: Flammarion.

_____, [1971] 1989. *Sade, Fourier, Loyola*. Trans. Richard Miller. Berkeley: University of California Press.

Bastian, Adolf. 1871. *Die Voelker des Oestlichen Asien: Studien und Reisen*. Jena: Hermann Costenoble.

Bastide, Roger. 1972. *Le rêve, la transe, la folie*. Paris: Flammarion.

Bataille, Georges. 1954. *L'expérience intérieure*. Paris: Gallimard.

_____, 1970-. *Oeuvres complètes*. Vol. 6. Paris: Gallimard.

Bauer, Wolfgang. 1976. *China and the Search for Happiness: Recurring Themes in Four Thousand Years of Chinese Cultural History*. New York: Seabury Press.

Bell, Catherine. 1983. "Medieval Taoist Ritual Mastery: A Study in Practice,

610

Text and Rite." Ph.D. diss., University of Chicago.

_____, 1986. "Charisma and Classification: Chinese Morality Books." Unpublished paper.

_____, 1987. "Discourse and Dichotomies: The Structure of Ritual Theory." *Religion* 17: 95–118.

_____, 1988. "Ritualization of Texts and Textualization of Ritual in the Codification of Taoist Liturgy." *History of Religions* 27, 4: 366–392.

_____, 1989a. "Religiion and Chinese Culture: Toward an Assessment of 'Popular Religion.'" *History of Religions* 29, 1: 35–57.

_____, 1989b. "Ritual, Change, and Changing Ritual." *Worship* 63, 1: 31–41.

_____, 1990. *Ritual Theory, Ritual Practice.* Cambridge: Cambridge University Press (forthcoming).

Benjamin, Walter. 1968. *Illuminations.* Trans. Harry Zohn. New York: Schocken Books.

Benl, Oscar. 1960. "Die Anfänge der Sōtō–Mönschsgemeinschaften." *Oriens Extremus* 7, 1: 31–50.

Benveniste, Emile. 1966, 1974. *Problèmes de linguistique générale.* 2 vols. Paris: Gallimard.

Berger, Peter L. 1969. *The Sacred Canopy: Elements of a Sociological Theory of Religion.* New York: Anchor Books.

Berger, Peter L., and Thomas Luckmann. 1967. *The Social Construction of Reality.* New York: Anchor Books.

Bergson, Henri. 1935. *The Two Sources of Morality and Religion.* New York: Henry Holt.

Berling, Judith A. 1980. *The Syncretic Religion of Lin Chao-en.* New York: Columbia University Press.

_____, 1985. "Self and Whole in Chuang Tzu." In David. J. Munro, ed., *Individualism and Holism: Studies in Confucian and Taoist Values.* Ann Arbor: Center for Chinese Studies, University of Michigan.

_____, 1987. "Bringing the Buddha down to Earth: Notes on the Emergence of Yü-lu as a Buddhist Genre." *History of Religions* 21, 1: 56-88.

Berque, Augustin. 1986. *Le sauvage et l'artifice: Les Japonais devant la nature.* Paris: Gallimard.

Beyer, Stephan. 1977. "Notes on the Vision Quest in Early Mahāyāna." In Lewis R. Lancaster, ed., *Prajñāpāramitā and Related System: Studies in Honor of Edward Conze*, 329-340. Berkeley: Buddhist Studies Series, University of California.

Biardeau, Madeleine, and Charles Malamoud. 1976. *Le sacrifice dasn l'Inde ancienne.* Paris: Presses Universitaires de France.

Bielefeldt, Carl. 1979. "Dōgen's Shōbōgenzō Sansuikyō." In Michael Charles Tobias and Harold Drasdo, eds., *The Mountain-Spirit*, 37-49. Woodstock, NY: Overlook Press.

_____, 1985. "Recarving the Dragon: History and Dogma in the Study of Dōgen." In William R. LaFleur, ed., *Dōgen Studies*, 21-53. Honolulu: University of Hawaii Press.

_____, 1986. "Chang-lu Tsung-tse's *Tso-ch'an i* and the 'Secret' of Zen Meditation." In Peter N. Gregory, ed., *Traditions of Meditation in Chinese Buddhism*, 129-161. Honolulu: University of Hawaii Press.

_____, 1988. *Dōgen's Manuals of Zen Meditation.* Berkeley: University of California Press.

_____, 1989a. "Ennin's Treatise on Seated Zen." *Ten Directions* 10, 1: 7-11.

_____, 1989b. "No-Mind and Sudden Awakening: Thoughts on the Soteriology of a Kamakura Zen Text." In Robert E. Buswell, Jr., and Robert M. Gimello, eds., *Paths to Liberation: The Mārga and Its Transformations in Buddhist Thought.* Studies in East Asian Buddhism, 7. Honolulu: University of Hawaii Press(1992).

_____, 1989c. "Putting the Cart Before the Horse: Reflections on Ennin's *Treatise on Seated Zen*." *Ten Directions* 10, 1; 7-21.

Birnbaum, Raoul. 1984. "Thoughts on T'ang Buddhist Mountain Traditions and their Context." *T'ang Studies* 2: 5–23.

_____, 1986. "Seeking Longevity in Chinese Buddhism: Long Life Deities and their Symbolism." *Journal of Chinese Religions* 13–14: 143–176.

_____, 1989. "Deity Cults, Sacred Geography, and Buddhist Practice in Medieval China." Unpublished paper.

Blake, William. 1966. *Complete Writings*. Ed. Geoffrey Keynes. Oxford: Oxford University Press.

Bloch, Marc. 1983. *Les rois thaumaturges: Etude sur le caractère surnaturel attribué à la puissance royale, particulièrement en France et en Angleterre*. Paris: Gallimard.

Bloch, Maurice, and Jonathan Parry, eds. 1982. *Death and the Regeneration of Life*. Cambridge: Cambridge University Press.

Blondeau, Anne–Marie, and Kristofer Schipper, eds. 1988. *Essais sur le rituel*. Louvain: Peeters.

Blonski, Marshall, ed. 1985. *On Signs*. Baltimore: Johns Hopkins University Press.

Bloom, Harold. 1973. *The Anxiety of Influence: A Theory of Poetry*. Oxford: Oxford University Press.

Bloss, Lowell W. 1973. "The Buddha and the Nāga: A Study in Buddhist Folk Religiosity." *History of Religions* 13, 1: 36–53.

Bodiford, William M. 1989. "The Growth of the Sōtō Zen Tradition in Medieval Japan." Ph.D. diss., Yale University.

Boltz, Judith M. 1987. *A Survey of Taoist Literature*. Berkeley: Institute of East Asian Studies, University of California.

Bond, George O. 1980. "Theravāda Buddhism's Meditation on Death and the Symbolism of Initiatory Death." *History of Religions* 19, 3: 237–258.

Boon, James A. 1972. *From Symbolism to Structuralism: Lévi-Strauss in a Literary Tradition*. New York: Harper and Row.

_____, 1982. *Other Tribes, Other Scribes: Symbolic Anthropology in the Comparative Study of Cultures, Histories, Religions and Texts.* Cambridge: Cambridge University Press.

_____, 1986. "Symbols, Sylphs, and Siwa: Allegorical Machineries in the Text of Balinese Cultures." In Victor W. Turner, ed., *The Anthropology of Experience*, 239-260. Urbana and Chicago: University of Illinois Press.

_____, 1990. *Affinities and Extremes: Crisscrossing the Bittersweet Ethnology of East Indies History, Hindu-Balinese Culture, and Indo-European Allure.* Chicago: University of Chicago Press.

Borgen, Robert. 1986. *Sugawara Michizane and the Early Heian Court.* Cambridge, MA: Harvard University Press.

Borges, Jorge Luis. 1981. *Borges: A Reader.* Ed. Emir Rodriguez Monegal and Alastair Reid. New York: E. P. Dutton.

Boswell, John. 1980. *Christianity, Social Tolerance and Homosexuality.* Chicago: University of Chicago Press.

Bourdieu, Pierre. 1971a. "Genèse et structure du champ religieux." *Revue française de Sociologie* 12: 295-334.

_____, 1971b. "Une interprétation de la théorie de la religion selon Max Weber." *Archives européennes de Sociologie* 12: 3-21.

_____, 1977a. "The Economics of Linguistic Exchange." *Social Science Information* 16, 6: 645-668.

_____, 1977b. *Outline of a Theory of Practice.* Cambridge, MA: Harvard University Press.

_____, 1979. "Symbolic Power." *Critique of Anthropology* 13: 77-85.

_____, 1980a. "The Production of Belief: Contribution to an Economy of Symbolic Goods." *Media, Culture and Society* 2, 3: 261-293.

_____, 1980b. *Le sens pratique.* Paris: Minuit.

_____, 1982. *Ce que parler veut dire: L'économie des échanges linguistiques.*

Paris: Fayard.

———, 1984. *Distinction: A Social Critique of the Judgement of Taste.* Trans. Richard Nice. Cambridge, MA: Harvard University Press.

———, 1985a. "The Genesis of the Concepts of *Habitus* and of *Field.*" *Sociocriticism* 2: 11–24.

———, 1985b. "The Social Space and the Genesis of Groups." *Social Science Information* 24, 2: 195–220.

———, 1989. *Questions of Culture.* Stanford: Stanford University Press.

———, 1990a. *In Other Words: Essays Towards a Reflexive Sociology.* Trans. Matthew Adamson. Stanford: Stanford University Press.

———, 1990b. *The Logic of Practice.* Trans. Richard Nice. Stanford: Stanford University Press.

Braudel, Fernand. 1980. *On History.* Trans. Sarah Matthews. Chicago: University of Chicago Press.

Braverman, Arthur, trans. 1989. *Mud and Water: A Collection of Talks by the Zen Master Bassui.* San Francisco: North Point Press.

Brill, A. A., trans. [1938] 1966. *The Basic Writings of Sigmund Freud.* New York: Modern Library.

Broughton, Jeffrey Lyle. 1975. "Kuei-feng Tsung-mi: The Convergence of Ch'an and the Teachings." Ph.D. diss., Columbia University.

———, 1983. "Early Ch'an Schools in Tibet." In Robert Gimello and Peter N. Gregory, eds., *Studies in Ch'an and Hua-yen*, 1–68. Honolulu: University of Hawaii Press.

———, 1988. "Proto-Ch'an Texts." Unpublished ms.

Brown, Carolyn T., ed. 1988. *Psycho-Sinolgy: The Universe of Dreams in Chinese Culture.* Lanham: University Press of America.

Brown, Peter. 1978. *The Making of Late Antiquity.* Cambridge, MA: Harvard University Press.

———, 1981. *The Cult of the Saints: Its Rise and Function in Latin Christianity.*

Chicago: University of Chicago Press.

_____, 1982. *Society and the Holy in Late Antiquity.* Berkeley: University of California Press.

_____, 1988. *The Body and Society: Men, Women, and Sexual Renunciation in Early Christianity.* New York: Columbia University Press.

Bugault, Guy. 1967. *La notion de "Prajñā" ou de sapience selon les perspectives du Mahāyāna: Part de la connaissance et de l'inconnaissance dans l'anagogie bouddhique.* Paris: Editions de Boccard.

Bukkyō minzoku gakkai 佛教民俗學會, ed. 1977. 『加藤章一先生古稀記念論文集－佛教と儀禮』. 東京: 國書刊行會.

Bush, Susan H., and Victor H. Mair. 1977~1978. "Some Buddhist Portraits and Images of the Lü and Ch'an Sects in Twelfth- and Thirteenth-century China." *Archives of Asian Art* 31: 32-51.

Buswell, Robert E., Jr. 1983. *The Korean Approach to Zen: The Collected Works of Chinul.* Honolulu: University of Hawaii Press.

_____, 1987. "The 'Short-cut' Approach of *K'an-hua* Meditation: The Evolution of a Practical Subitism in Chinese Ch'an Buddhism." In Peter N. Gregory, ed., *Sudden and Gradual: Approaches to Enlightenment in Chinese Thought,* 321-377. Honolulu: University of Hawaii Press.

_____, 1988. "Ch'an Hermeneutics: A Korean View." In Donald S. Lopez, Jr., ed., *Buddhist Hermeneutics,* 231-256. Honolulu: University of Hawaii Press.

_____, ed. 1989a. *Chineses Buddhist Apocrypha.* Honolulu: University of Hawaii Press.

_____, 1989b. *The Formation of Ch'an Ideology in China and Korea: The Vajrasamādhi-Sūtra, A Buddhist Apocryphon.* Princeton: Princeton University Press.

Bynum, Caroline Walker. 1987. *Holy Feast and Holy Fast: The Religious Significance of Food to Medieval Women.* Berkeley: University of

California Press.

Bynum, Caroline W., Steven Harrel, and Paula Richman, eds. 1986. *Gender and Religion: On the Complexity of Symbols*. Boston: Beacon Press.

Cahill, James. 1987. "Tung Ch'i-ch'ang's 'Southern and Northern Schools' in the History and Theory of Painting: A Reconsideration." In Peter N. Gregory, ed., *Sudden and Gradual: Approaches to Enlightenment in Chinese Thought*, 429–446. Honolulu: University of Hawaii Press.

Carré, Patrick. 1985. *Les entretiens de Houang-po, maître Tch'an du IXe siècle*. Paris: Les Deux Océans.

Carrithers, Michael, Steven Collins, and Steven Lukes, eds. 1985. *The Category of the Person: Anthropology, Philosophy, History*. Cambridge: Cambridge University Press.

Carroll, Lewis. 1963. *Alice's Adventures in Wonderland and Through the Looking Glass*. Harmondsworth: Penguin Books.

Casalis, Mathieu. 1983. "The Semiotics of the Visible in Japanese Rock Gardens." *Semiotica* 44, 3–4: 349–362.

Cedzich, Ursula-Angelica. 1985. "Wu-t'ung: Zur bewegten Geschichte eines Kultes." In G. Naundorf et al., eds., *Religion und Philosophie in Ostasien: Festschrift für Hans Steininger*, 33–61. Würzburg: Königshausen and Neumann.

———, 1990. "Unravelling the Cult Behind the Scripture: The Case of the Nan-yu chi." Unpublished paper.

Certeau, Michel de. 1970. *La possession de Loudun*. Paris: Julliard.

———, 1975. *L'écriture de l'historie*. Paris: Gallimard.

———, 1980. *La culture au pluriel*. Paris: Christian Bourgeois.

———, 1982. *La fable mystique: XVIe-XVIIe siècle*. Paris: Gallimard.

———, 1984. *The Practice of Everyday Life*. Trans. Steven Rendall. Berkeley: University of California Press.

———, 1986. *Heterologies: Discourse on the Other*. Trans. Brian Massumi.

Mineapolis: University of Minnesota Press.

_____, 1988. *The Writing of History*. Trans. Tom Conley. New York: Columbia University Press.

Chan, Hok-lam, and Wm. Theodore de Bary, eds. 1982. *Yüan Thought: Chinese Thought and Religion Under the Mongols*. New York: Columbia University Press.

Chan, Wing-tsit. 1953. *Religious Trends in Modern China*. New York: Columbia University Press.

_____, trans. 1963. *Instructions for Practical Living and Other Neo-Confucian Writings by Wang Yang-ming*. New York: Columbia University Press.

Chapin, Helen B. 1933. "The Ch'an Master Pu-tai." *JAOS* 53: 47-52.

Chappell, David W. 1980. "Early Forebodings of the Death of Buddhism." *Numen* 27, 1: 122-154.

_____, 1983. "The Teachings of the Fourth Ch'an Patriarch Tao-hsin(580-651)." In Whalen Lai and Lewis R. Lancaster, eds., *Early Ch'an in China and Tibet*, 89-129. Berkeley: Asian Humanities Press.

_____, 1986. "From Dispute to Dual Cultivation: Pure Land Responses to Ch'an Critics." In Peter N. Gregory, ed., *Traditions of Meditation in Chinese Buddhism*, 163-197. Honolulu: University of Hawaii Press.

Charles, Michel. 1985. *L'arbre et la source*. Paris: Seuil.

Chartier, Roger. 1988. *Cultural History: Between Practices and Representations*. Trans. Lydia G. Cochrane. Ithaca: Cornell University Press.

Chavannes, Edouard. 1910. *Le T'ai Chan: Essai de monographie d'un culte chinois*. Paris: Ernest Leroux. Reprint. Taibei: Chengwen, 1970.

_____, 1919. "Le jet des dragons." *Mémoires concernant l'Asie orientale* 3: 53-220. Paris: Ernest Leroux.

Chen Yuan 陳垣. 1977. 『中國佛敎之歷史硏究』. 臺北: 九思.

Ch'en, Kenneth S. 1973. *The Chinese Transformation of Buddhism*. Princeton: Princeton University Press.

618

_____, 1976. "The Role of Buddhist Monasteries in T'ang Society." *History of Religions* 15, 3: 209-230.

Cheng, François. 1977. *L'écriture poétique chinoise: Suivi d'une anthologie des poèmes des T'ang*. Paris: Seuil.

Chidester, David. 1990. *Patterns of Transcendence: Religion, Death, and Dying*. Belmont, CA: Wadsworth.

Childs, Margaret H. 1980. "Chigo Monogatari: Love Stories or Buddhist Sermons?" *Monumenta Nipponica* 35, 2: 127-151.

_____, 1985. "Kyōgen-kigo: Love Stories as Buddhist Sermons." *Japanese Journal of Religious Studies* 12, 1: 91-104.

Chŏn Posam 全寶三. 1989. 「六祖頂相의 東來說과 그 信仰史的 意義」. 김지견 편, 『六祖壇經의 世界』, 317-342. 서울: 민족사.

Chou Yi-liang. 1944~1945. "Tantrism in China." *HJAS* 8: 241-332.

Chung Muo-hwan 鄭茂煥. 1987. 「禪宗六祖慧能大師頂相東來緣考」. *IBK* 36, 1: 81-83.

Cleary, Christopher [J. C.]. 1977. *Swampland Flowers: The Letters and Lectures of Zen Master Ta Hui*. New York: Grove Press.

_____, 1986. *Zen Dawn: Early Texts from Tun Huang*. Boston and London: Shambhala.

Cleary, Thomas, trans. 1990. *Transmission of Light[Denkōroku]: Zen in the Art of Enlightenment by Zen Master Keizan*. San Francisco: North Point Press.

Cleary, Thomas, and J. C. Cleary. 1977. *The Blue Cliff Record*. 3 vols. Boulder and London: Shambhala.

Clifford, James, and George E. Marcus, eds. 1986. *Writing Culture: The Poetics and Politics of Ethnography*. Berkeley: University of California Press.

Cockburn, Aidan and Eve, eds. 1983. *Mummies, Disease, and Ancient Cultures*. Abridged ed. Cambridge: Cambridge University Press.

Collcutt, Martin. 1981. *Five Mountains: The Rinzai Zen Monastic Institution in Medieval Japan.* Cambridge, MA: Harvard University Press.

_____, 1982. "The Zen Monastery in Kamakura Society." In Jeffrey P. Mass, ed., *Court and Bakufu in Japan: Essays in Kamakura History*, 191-220. New Haven: Yale University Press.

_____, 1983. "The Early Ch'an Monastic Rule: *Ch'ing-kuei* and the Shaping of Ch'an Community Life." In Whalen Lai and Lewis R. Lancaster, eds., *Early Ch'an in China and Tibet*, 165-184. Berkeley: Asian Humanities Press.

Collins, Steven. 1982. *Selfless Persons: Imagery and Thought in Theravāva Buddhism.* Cambridge: Cambridge University Press.

Conze, Edward. 1957. *Vajracchedikā Prajñāpāramitā.* Rome: Istituto Italiano per il Medio ed Estremo Oriente.

_____, 1974. "The Intermediary World in Buddhism." *The Eastern Buddhist*(n.s.)7, 2: 22-31.

_____, trans. 1973. *The Perfection of Wisdom in Eight Thousand Lines and its Verse Summary.* Bolinas, CA: Four Seasons Foundation.

Corbin, Henri. 1958. *L'imagination créatrice dans le soufisme d'Ibn' Arabî.* Paris: Flammarion.

_____, 1967. "Le songe visionnaire en spiritualité islamique." In Roger Caillois and G. E. von Grunebaum, eds., *Le rêve et les sociétés humaines*, 380-406. Paris: Gallimard.

_____, 1983. *Face de Dieu, face de l'Homme: Herméneutique et soufisme.* Paris: Flammarion.

Covell, Jon Caster. 1980. *Unraveling Zen's Red Thread: Ikkyū's Controversial Way.* Seoul: Hollym International Corporation.

Croissant, Doris. 1986. "Das Unsterbliche Leib: Ahneffigie und Reliquienporträt in der Porträtplastik Ostasiens." Unpublished paper.

Culler, Jonathan. 1981. *The Pursuit of Signs: Semiotics, Literature, Deconstruction.* Ithaca: Cornell University Press.

620

_____, 1982. *On Deconstruction: Theory and Criticism after Structuralism.* Ithaca: Cornell University Press.

Dars, Jacques, trans. 1987. *Contes de la montagne sereine.* Paris: Gallimard

Dayal, Har. [1932] 1975. *The Bodhisattva Doctrine in Buddhist Sanskrit Literature.* Dehli: Motilal Banarsidass.

de Bary, Wm. Theodore, ed. 1970. *Self and Society in Ming Thought.* New York: Columbia University Press.

_____, ed. 1975. *The Unfolding of Neo-Confucianism.* New York: Columbia University Press.

DeBernardi, Jean. 1987. "The God of War and the Vagabond Buddha." *Modern China* 13, 3: 310–332.

Delahaye, Hubert. 1983. "Les antécédents magiques des statues chinoises." *Revue d'esthétique* (n.s.) 5: 45–53.

Delahaye, Hippolyte. [1905] 1962. *The Legends of the Saints.* Trans. Donald Attwater. New York: Fordham University Press.

Deleuze, Gilles, and Félix Guattari. 1983. *On the Line.* Trans. John Johnston. New York: Semiotext(e).

de Man, Paul. 1979. *Allegories of Reading: Figural Language in Rousseau, Nietzsche, Rilke and Proust.* New Haven: Yale University Press.

_____, 1983. *Blindness and Insight: Essays in the Rhetoric of Contemporary Criticism.* Minneapolis: University of Minnesota Press.

_____, 1986. *The Resistance to Theory.* Minneapolis: University of Minnesota Press.

Demiéville, Paul. 1927. "Sur la mémoire des existences antérieures." *BEFEO* 27: 283–298.

_____, 1949. "Le touen et le ts'ien (le 'subit' et le 'graduel')." In *Annuaire du Collège de France*, 177–182. Paris: Collège de France. Repr. in Demiéville, *Choix d'études sinologiques(1929-1970)*, 94–99. Leiden: E. J. Brill, 1973(b).

_____, 1952. *Le concile de Lhasa: Une controverse sur le quiétisme entre les bouddhistes de l'Inde et de la Chine au XVIIIe siècle de l'ère chrétienne*. Paris: Presses Universitaires de France.

_____, 1954. "La *Yogācārabhūmi* de Sangharakśa." *BEFEO* 44: 339-436.

_____, 1956. "La pénétration du bouddhisme dans la tradition philosophique chinoise." *Cahiers d'histoire mondiale* 3, 1: 19-38. Repr. in Demiéville, *Choix d'études sinologiques(1929-1970)*, 241-260. Leiden: E. J. Brill, 1973(b).

_____, 1957. "Le bouddhisme et la guerre: Post-scriptum à l'*Histoire des moinesguerriers du Japon* de G. Renondeau." In *Mélanges publiés par l'Institut des Hautes Etudes Chinoises*, 347-385. Paris: Presses Universitaires de France.

_____, 1961. "Deux documents de Touen-houang sur le Dhyāna chinois." In *Easays on the History of Buddhism presented to Professor Zenryū Tsukamoto*, 1-27. Kyoto: Nagai Shuppansha. Repr. in Demiéville, *Choix d'études bouddhiques(1929~1970)*, 320-346. Leiden: E. J. Brill, 1973(a).

_____, 1965. "Momies d'Extrême-Orient." *Journal des savants* (Special issue): 144-170. Repr. in Demiéville, *Choix d'études sinologiques(1929-1970)*, 407-432. Leiden: E. J. Brill, 1973(b).

_____, 1970a. "Le bouddhisme chinois." In *Encyclopédie de la Pléiade, Histoire des religions*, Vol. 1: 1249-1319. Paris: Gallimard.

_____, 1970b. "Recueil de la Salle des Patriarches (*Tsou-t'ang tsi*)." *Toung Pao* 56: 262-286.

_____, trans. 1972. *Entretiens de Lin-tsi*. Paris: Fayard.

_____, 1973a. *Choix d'études bouddhiques(1929-1970)*. Leiden: E. J. Brill.

_____, 1973b. *Choix d'études sinologiques(1929-1970)*. Leiden: E. J. Brill.

_____, 1974. "L'iconoclasme anti-bouddhique en Chine." In *Mélanges d'Histoire des Religions offerts à H. C. Puech*, 17-25. Paris: Presses Universitaires de France.

_____, 1976. "Une descente aux enfers sous les T'ang: la biographie de Houang Che–k'iang." In *Etudes d'histoire et de Littérature chinoises offertes au professeur Jaroslav Prušek*, 71–84. Paris: Presses Universitaires de France.

_____, 1978. "Appendice sur 'Damoduolo'(Dharmatrā[ta])." In Jao Tsong–yi et Paul Demiéville, eds., *Peintures monochromes de Tun-huang(Dunhuang baihua)*, 43–49. Paris: Ecole Française d'Extrême–Orient.

_____, 1980. "Notes on Buddhist Hymnology in the Far East." In Somaratna Balasooriya et al., eds., *Buddhist Studies in Honour of Walpola Rahula*, 44–61. London: Gordon Fraser.

_____, 1984. *Poèmes chinois d'avant la mort*. Ed. Jean–Pierre Diény. Paris: L'Asiathèque.

_____, 1985. *Buddhism and Healing: Demiéville's Article "Byō" from Hōbōgirin*. Trans. Mark Tatz. Lanham: University Press of America.

_____, [1947] 1987. "The Mirror of the Mind." In Peter N. Gregory, ed., *Sudden and Gradual: Approaches to Enlightenment in Chinese Thought*, 13–40. Honolulu: University of Hawaii Press.

Derrida, Jacques. 1967. *De la grammatologie*. Paris: Minuit.

_____, 1972a. *Marges*. Paris: Minuit.

_____, 1972b. *Positions*. Paris: Minuit.

_____, [1967] 1974. *Of Grammatology*. Trans. Gayatri C. Spivak. Baltimore: Johns Hopkins University Press.

_____, 1977. "Ja, ou le faux bond." *Digraphe* 11: 84–121.

_____, 1978. *Writing and Difference*. Trans. Alan Bass. Chicago: University of Chicago Press.

_____, 1979. "Living on: Borderlines." In Harold Bloom et al., eds., *Deconstruction and Criticism*, 75–175. New York: Seabury.

_____, 1981a. *Dissemination*. Trans. Barbara Johnson. Chicago: University of Chicago Press.

_____, 1981b. "D'un ton apocalyptique adopté naguère en philosophie." In Philippe Lacoue-Labarthe and Jean-Luc Nancy, eds., *Les fins de l'Homme: A partir du travail de Jacques Derrida*, 445-479. Paris: Galilée.

_____, 1987. *Psyché: Inventions de l'autre*. Paris: Galilée.

_____, 1988. *Limited Inc*. Trans. Samuel Weber. Evanston: Northwestern University Press.

Detienne, Marcel. 1979a. *Dionysos Slain*. Trans. Mireille and Leonard Muellner. Baltimore: Johns Hopkins University Press.

_____, 1979b. *Les maîtres de vérité dans la Grèce ancienne*. Paris: Maspero.

_____, 1986. *The Creation of Mythology*. Trans. Margaret Cook. Chicago: University of Chicago Press.

Detienne, Marcel, and Jean-Pierre Vernant. 1978. *Cunning Intelligence in Greek Culture and Society*. Trans. Janet Lloyd. Atlantic Highlands: Humanities Press.

Dobbins, James C. 1990. "The Biography of Shinran: Apotheosis of a Japanese Buddhist Visionary." *History of Religions* 30, 2: 179-196.

Donner, Neil. 1987. "Sudden and Gradual Intimately Conjoined: Chih-i's T'ien t'ai view." In Peter N. Gregory, ed., *Sudden and Gradual: Approaches to Enlightenment in Chinese Thought*, 201-226. Honolulu: University of Hawaii Press.

Doré, Henri. 1914~1938. *Researches into Chinese Superstitions*. Trans. M. Kennely. 11 vols. Shanghai: T'usewei Press.

Douglas, Mary. 1970a. *Natural Symbols: Explorations in Cosmology*. Harmondsworth: Penguin Books.

_____, 1970b. *Purity and Danger*. Harmondsworth: Penguin Books.

Drège, Jean-Pierre. 1981a. "Clefs des Songes de Touen-houang." In Michel Soymié, ed., *Nouvelles contritutions aux études de Touen-houang*, Vol. 3: 205-249. Geneva: Droz.

_____, 1981b. "Notes d'onirologie chinoise." *BEFEO* 70: 271-289.

Dreyfus, Hubert L. 1984. "Interpretation in Late Heidegger and Recent Foucault." In G. Shapiro and A. Sica, eds., *Hermeneutics: Questions and Prospects*. Amherst: University of Massachusetts Press.

Dreyfu, Hubert L, and Paul Rabinow. 1983. *Michel Foucault: Beyond Structuralism and Hermeneutics*. Chicago: University of Chicago Press.

_____, 1986. "What is Maturity? Habermas and Foucault on 'What is Enlightenment?'" In David C. Hoy, ed., *Foucault: A Critical Reader*, 109–121. New York: Basil Blackwell.

Duara, Prasenjit. 1988. "Superscribing Symbols: The Myth of Guandi, Chinese God of War." *Journal of Asian Studies* 47, 4: 778–795.

Dudbridge, Glen. 1978. *The Legend of Miao-shan*. Oxford Oriental Monographs 1. London: Ithaca Press.

Dumont, Louis. 1960. "World Renunciation in Indian Religions." *Contributions to Indian Sociology* 4: 33–62.

_____, 1970. *Homo Hierarchicus: The Caste System and its Implications*. Trans. Mark Sainsbury. Chicago: University of Chicago Press.

Dumoulin, Heinrich, S. J. 1953. *The Development of Chinese Zen after the Sixth Patriarch in the Light of the Mumonkan*. Trans. Ruth Fuller Sasaki. New York: The First Zen Institute of America.

_____, 1984. "The Person in Buddhism: Religious and Artistic Aspects." *Japanese Journal of Religious Studies* 11, 2–3: 143–167.

_____, 1988~1990. *Zen Buddhism: A History*. 2 vols. New York: Macmillan.

Dunne, George H., S. J. 1962. *Generation of Giants: The Story of the Jesuits in China in the last Decades of the Ming Dynasty*. London: Burns and Oates.

Dupont, Florence. 1989. "The Emperor–God's Other Body." In Michel Feher, ed., *Fragments for a History of the Human Body*, Pt. 3: 397–420. New York: Urzone.

Dupront, Alphonse. 1987. *Du sacré: Croisades et pélerinages, Images et langages*. Paris: Gallimard.

Durkheim, Emile. 1960. *Les formes élémentaires de la vie religieuse*. Paris: Presses Universitaires de France.

Durkheim, Emile, and Marcel Mauss. 1963. *Primitive Classification*. Trans. Rodney Needham. Chicago: University of Chicago Press.

Durt, Hubert. 1983. "Daigenshuri." In *Hōbōgirin*, 6: 599–609. Paris: Adrien Maisonneuve.

_____, 1987. "The Meaning of Archeology in Ancient Buddhism: Notes on the Stūpas of Aśoka and the Worship of the 'Buddhas of the Past' according to Three Stories in the *Samguk Yusa*." In *Buddhism and Science: Commemorative Volume for the 80th Anniversary of the Founding of Tongguk University*, 1223–1241. Seoul: Tongguk University.

Duyvendak, J. J. L. 1947. "The Dreams of the Emperor Hsüan-tsung." In *India Antiqua*, 102–108. J.-Ph. Vogel Festschrift. Leiden: E. J. Brill.

Eberhard, Wolfram. 1967. *Guilt and Sin in Traditional China*. Berkeley: University of California Press.

_____, 1971. *Moral and Social Values of the Chinese: Collected Essays*. Taibei: Chinese Materials and Research Aids Service Center.

Ebersole, Gary L. 1989. *Ritual Poetry and the Politics of Death in Early Japan*. Princeton: Princeton University Press.

Ebrey, Patricia. 1989a. "Cremation in Sung China." Unpublished paper.

_____, 1989b. "State Response to Popular Funeral Practices in Sung China." Unpublished paper.

Eck, Diana. 1985. *Darśan: Seeing the Divine Image in India*. Chambersburg, PA: Anima Books.

Ecke, Gustav, and Paul Demiéville. 1935. *The Twin Pagodas of Zayton: A Study of Later Buddhist Sculpture in China*. Cambridge, MA: Harvard University Press.

626

Eisenstadt, S. N. 1968. *Max Weber on Charisma and Institution Building.* Chicago: University of Chicago Press.

Eliade, Mircea. 1959. *The Sacred and the Profane: The Nature of Religion.* Trans. Willard R. Trask. New York: Harcourt, Brace.

———, 1969a. *The Quest.* Chicago: University of Chicago Press.

———, 1969b. *Yoga: Immortality and Freedom.* Trans. Willard R. Trask. Princeton: Princeton University Press.

———, 1974. *Shamanism: Archaic Techniques of Ecstasy.* Trans. Willard R. Trask. Princeton: Princeton University Press.

Elias, Norbert. 1982. *Power and Civility: The Civilizing Process: Volume II.* Trans. Edmund Jephcott. New York: Pantheon Books.

———, 1983. *The Court Society.* Trans. Edmund Jephcott. New York: Pantheon Books.

Elison, George. 1973. *Deus Destroyed: The Image of Christianity in Early Modern Japan.* Cambridge, MA: Harvard University Press.

Elster, Jon. 1979. *Ulysses and the Sirens.* Cambridge: Cambridge University Press.

———, 1983. *Sour Grapes: Studies in the Subversion of Rationality.* Cambridge: Cambridge University Press.

Eoyang, Eugene. 1971. "The Historical Context of Tun-huang Pien-wen." *Literature East and West* 15, 3: 339–357.

Evans-Wentz, W. Y., ed. 1954. *The Tibetan Book of the Great Liberation.* London: Oxford University Press.

Falk, Nancy. 1977. "To Gaze on the Sacred Traces." *History of Religions* 16, 4: 281–293.

Faure, Bernard. 1983. "Shen-hsiu et l'Avatamsaka." *Zinbun: Memoirs of the Research Institute for Humanities Studies* 19: 1–15.

———, 1986a. "Bodhidharma as Textual and Religious Paradigm." *History of Religions* 25, 3: 187–198.

_____, 1986b. "Le maître de dhyāna Chih-ta et le 'subitisme' de l'école du Nord." *Cahiers d'Extrême-Asie* 2: 123-131.

_____, 1986c. "The Theory of One-Practice Samādhi (i-hsing san-mei) in Ch'an Buddhism." In Peter N. Gregory, ed., *Traditions of Meditation in Chinese Buddhism*, 99-128. Honolulu: University of Hawaii Press.

_____, 1986d. *Le Traité de Bodhidharma: Première anthologie du bouddhisme Chan*. Paris: Le Mail.

_____, 1987a. "The Daruma-shū, Dōgen and Sōtō Zen." *Monumenta Nipponica* 42, 1: 25-55.

_____, 1987b. "Space and Place in Chinese Religious Traditions." *History of Religions* 26, 4: 337-356.

_____, 1987c. *La vision immédiate: Nature, éveil et tradition selon le Shōbōgenzō*. Paris: Le Mail.

_____, 1988. *La volonté d'orthodoxie dans le bouddhisme chinois*. Paris: Editions du C.N.R.S.

_____, 1989. *Le bouddhisme Ch'an en mal d'histoire: Genèse d'une tradition religieuse dans la Chine des T'ang*. Paris: Ecole Française d'Extrême-Orient.

_____, 1990. "Alternative Images of Pilgrimage: Sung-shan and Ts'ao-hsi." In Susan Naquin and Chün-fang Yü, eds., *Pilgrimage and Sacred Sites in China*. Berkeley: University of California Press(1992).

Favret-Saada, Jeanne. 1980. *Deadly Words: Witchcraft in the Bocage*. Cambridge: Cambridge University Press.

Feher, Michel, ed. 1989. *Fragments for a History of the Human Body*. 3 vols. New York: Urzone.

Feng, Youlang. 1989. "On the Chan Sect." *Chinese Studies in Philosophy* 20, 2: 3-38.

Feteke, John, ed. 1984. *The Structural Allegory: Reconstructiion Encounters with the New French Thought*. Minneapolis: University of Minnesota

Press.

Filliozat, Jean. 1963. "La mort volontaire par le feu et la tradition bouddhique indienne." *Journal Asiatique* 251: 21–51.

Fingarette, Herbert. 1972. *Confucius: The Secular as Sacred.* New York: Harper and Row.

Fischer, Michael. 1986. "Ethnicity and the Post–Modern Arts of Memory." In James Clifford and George E. Marcus, eds., *Writing Culture: The Poetics and Politics of Ethnography*, 194–233. Berkeley: University of California Press.

Foard, James. 1977. "Ippen Shōnin and Popular Buddhism in Kamakura Japan." Ph.D. diss., Stanford University.

_____, 1980. "In Search of a Lost Reformation: A Reconsideration of Kamakura Buddhism." *Japanese Journal of Religious Studies* 7, 4: 261–291.

Forte, Antonino. 1976. *Political Propaganda and Ideology in China and the End of the Seventh Century: Inquiry into the Nature, Authors and Function of the Tun-huang Document S. 6502 Followed by an Annotated Translation.* Naples: Istituto Universario Orientale.

Foucault, Michel. 1972. *The Archeology of Knowledge: & The Discourse on Language.* Trans. Sheridan Smith. New York: Pantheon Books.

_____, 1973a. *Madness and Civilization: A History of Insanity in the Age of Reason.* New York: Vintage/Random House.

_____, 1973b. *The Order of Things: An Archeology of the Human Sciences.* New York: Vintage/Random House.

_____, 1977. *Language, Counter-memory, Practice: Selected Essays and Interviews.* Ed. Donald F. Bouchard. Ithaca: Cornell University Press.

_____, 1979. *Discipline and Punish: The Birth of the Prison.* Trans. Alan Sheridan. New York: Vintage/Random House.

_____, 1980. *Power/Knowledge: Selected Interviews and Other Writing, 1972-1977.* New York: Pantheon Books.

_____, 1984. "Space, Knowledge and Power." In Paul Rabinow, ed. *The Foucault Reader*, 239-256. New York: Pantheon Books.

_____, 1986a. *The Care of the Self: History of Sexuality 3*. Trans. Robert Hurley. New York: Vintage Books.

_____, 1986b. "Of Other Spaces." *Diacritics* 16, 1: 22-27.

Foucault, Michel, and Ludwig Binswanger. 1984~1985. *Dream and Existence*. Trans. Forrest Williams and Jacob Needleman. *Review of Existential Psychology and Psychiatry* 19, 1.(Special Issue)

Foulk, Theodore Griffith. 1987a. "The 'Ch'an School' and its Place in the Buddhist Monastic Tradition." Ph.D. diss., University of Michigan.

_____, 1987b. "Zen Buddhist Ceremony and Ritual." Unpublished paper.

_____, 1988. "The Zen Institution in Modern Japan." In Kenneth Kraft, ed., *Zen: Tradition and Transition: A Sourcebook by Contemporary Zen Masters and Scholars*, 157-177. New York: Grove Press.

_____, 1989. "Ch'an Monastic Practice, 700-1300." Unpublised paper.

Foulk, Griffith, Elisabeth Horton, and Robert Sharf. 1990. "The Meanings and Functions of Ch'an and Zen Portraiture." *Cahiers d'Extrême-Asie*(forthcoming).

Frame, Donald M., ed. 1963. *Montaigne's Essays and Selected Writings*. New York: St. Martin's Press.

Frank, Bernard. 1986. "Vacuté et corps actualisé." In *Le temps de la réflexion VII: Corps des dieux*, 141-170. Paris: Gallimard.

Freedman, Maurice. 1974. "On the Sociological Study of Chinese Religion." In Arthur Wolf, ed., *Religion and Ritual in Chinese Society*, 19-41. Stanford: Stanford University Press.

Freund, Julen. 1986. "Le polythéisme chez Max Weber." *Archives de sciences sociales des religions* 61, 1: 51-61.

Fu, Charles Wei Hsun. 1973. "Morality or Beyond: The Neo-Confucian Confrontation with Mahāyana Buddhism." *Philosophy East and West*

23, 3: 375-396.

Fujii Masao 藤井正雄, ed. 1977. 『仏教儀礼辞典』. 東京. 東京堂.

Funaoka Makoto 般岡誠. 1984. 「日本禪宗史における達摩宗の位置」, 『宗學研究』26: 103-108.

_____, 1987. 『日本禪宗の成立』. 東京: 吉川弘文館.

Furuta Shōkin 古田紹欽. 1979. 『拔隊』. 日本の語錄 11. 東京: 講談社.

Gadamer, Hans-Georg. 1982. *Truth and Method*. New York: Crossroad.

Gallagher, Louis J., trans. 1953. *China in the 16th Century: The Journals of Matthew Ricci: 1583-1610*. New York: Random House.

Gauchet, Marcel. 1981~1982. "Des deux corps du roi au pouvoir sans corps: Christianisme et politique." *Le Débat* 14: 135-157; 15: 147-168.

_____, 1985. *Le désenchantement du monde*. Paris: Gallimard.

Geary, Patrick. 1978. *Furta Sacra: Thefts of Relics in the Central Middle Ages*. Princeton: Princeton University Press.

_____, 1986. "Sacred Commodities: The Circulation of Medieval Relics." In Arjun Appadurai, ed., *The Social Life of Things: Commodities in Cultural Perspective*, 169-191. Cambridge: Cambridge University Press.

Geertz, Clifford. 1973. *The Interpretation of Culture*. New York: Basic Books.

_____, 1983. *Local Knowledge: Further Essays in Interpretive Anthropology*. New York: Basic Books.

Gernet, Jacques. 1949. *Les entretiens du maître de dhyāna Chen-houei du Ho-tsō*. Paris: Adrien Maisonneuve.

_____, 1956. *Les aspects économiques du bouddhisme dans la société chinoise du Ve au Xe siècle*. Paris: Ecole Française d'Extrême-Orient.

_____, 1959. "Les suicides par le feu chez les bounddhistes chinois du Ve au Xe siècle." In *Mélanges publiés par l'Institut des Hautes Etudes Chinoises*, Vol. 2: 528-558. Paris: Presses Universitaires de France.

_____, 1981. "Techniques de recueillement, religiion et philosophie: A propos du *jingzuo* néo-confucéen." *BEFEO* 69: 289-305.

_____, 1982. *Chine et Christianisme: Action et réaction*. Paris: Gallimard.

_____, 1985. *China and the Christian Impact: A Conflict of Cultures*. Trans. Janet Lloyd. Cambridge: Cambridge University Press.

_____, 1987. "Sur le corps et l'esprit chez les Chinois." In *Poikilia: Etudes offertes à Jean-Pierre Vernant*, 369-377. Paris: Ecole des Hautes Etudes en Sciences Sociales.

Giddens, Anthony. 1976. *New Rules of Sociological Method*. New York: Basic Books.

Giesey, Ralph E. 1960. *The Royal Funeral Ceremony in Renaissance France*. Geneva.

_____, 1987. *Cérémonial et puissance souveraine: France, XVe-XVIIe siècles*. Paris: Armand Colin.

Gimello, Robert M. 1976. "Apophatic and Kataphatic Discourse in Mahāyāna: A Chinese View." *Philosophy East and West* 26, 2: 116-136.

_____, 1982. "The Sudden/Gradual Polarity: A Recurrent Theme in Chinese Thought." *Journal of Chinese Philosophy* 9: 471-486.

_____, 1989a. "Ch'an Buddhism, Learning, and Letters During the Northern Sung: The Case of Chüeh-fan Hui-hung(1071~1128)." Unpublished paper.

_____, 1989b. "Chang Shang-yin on Wu-t'ai Shan." Unpublished paper.

Gimello, Robert M., and Peter N. Gregory, eds. 1983. *Studies in Ch'an and Hua-yen*. Honolulu: University of Hawaii Press.

Ginzburg, Carlo. 1982. *The Cheese and the Worms: The Cosmos of a Sixteenth-Century Miller*. New York: Penguin Books.

Girard, René. 1965. *Desire, Deceit, and the Novel: The Self and Other in Literary Structure*. Baltimore: Johns Hopkins University Press.

_____, 1977. *Violence and the Sacred*. Trans. P. Gregory. Baltimore: Johns Hopkins University Press.

Girardot, Norman J. 1983. *Myth and Meaning in Early Taoism: The Theme*

632

of Chaos(Hun-tun). Berkeley: University of California Press.

Godelier, Maurice. 1973. *Horizon, trajets marxistes en anthropologie*. 2 vols. Paris: Maspero.

_____, 1984. *L'idéel et le matériel: Pensée, économies, sociétés*. Paris: Fayard.

Gombirch, Richard. 1966. "The Consecration of a Buddhist Image." *Journal of Asian Studies* 26, 1: 23-36.

Gómez, Luis O. 1977. "The Boddhisattva as Wonder-Worker." In Lewis R. Lancaster, ed., *Prajñāpāramitā and Related System: Studies in Honor of Edward Conze*, 221-261. Berkeley: Buddhist Studies Series, University of California.

_____, 1985. "Contributions to the Methodological Clarification of Interfaith Dialogue among Buddhists and Christians." In G. W. Houston, ed., *The Cross and the Lotus: Christianity and Buddhism in Dialogue*, 127-208. Delhi: Motilal Banarsidass.

_____, 1987. "Purifying Gold: The Metaphor of Effort and Intuition in Buddhist Thought and Practice." In Peter N. Gregory, ed., *Sudden and Gradual: Approaches to Enlightenment in Chinese Thought*, 67-165. Honolulu: University of Hawaii Press.

Gonda, J. 1970. *Eye and Gaze in the Veda*. Amsterdam: Verhandelingen der Koninklijke Nederlandse Akademie van Wetenschappen

Goody, Jack. 1977. *The Domestication of the Savage Mind*. Cambridge: Cambridge University Press.

_____, 1986. *The logic of Writing and the Organization of Society*. Cambridge: Cambridge University Press.

Gorai Shigeru 五來重. 1976.『仏教と民俗－仏教民俗學入門』. 東京: 角川書店.

_____, 1979.『續仏教と民俗』. 東京: 角川書店.

_____, 1983.「葬と供養」.『東方界』112: 34-42.

Gourevitch, Aaron J. 〔1972〕 1985. *Categories of Medieval Culture*. Trans. G. L. Campbell. London: Routledge and Kegan Paul.

Grabar, André. 1984. *L'iconoclasme byzantin.* Paris: Flammarion.

Granet, Marcel. 1968. *La pensée chinoise.* Paris: Albin Michel.

Granoff, Phyllis, and Koichi Shinohara, eds. 1988. *Monks and Magicians: Religious Biographies in Asia.* Oakville, New York and London: Mosaic Press.

Grapard, Allan. 1982. "Flying Mountains and Walkers of Emptiness: Toward a Definition of Sacred Space in Japanese Religion." *History of Religions* 20, 3: 195–221.

_____, 1986. "Lotus in the Mountain, Mountain in the Lotus." *Monumenta Nipponica* 41: 21–50.

_____, 1987. "Linguistic Cubism: A Singularity of Pluralism in the Sannō Cult." *Japanese Journal of Religious Studies* 14, 2–3: 211–233.

Gregory, Peter Nielsen. 1983. "Tsung-mi's 'Inquiry into the Origin of Man': A Study of Chinese Buddhist Hermeneutics." Ph.D. diss., Harvard University.

_____, ed. 1986. *Traditions of Meditation in Chinese Buddhism.* Honolulu: University of Hawaii Press.

_____, ed. 1987. *Sudden and Gradual: Approaches to Enlightenment in Chinese Thought.* Honolulu: University of Hawaii Press.

Greimas, A. J. 1985. "The Love-Life of the Hippopotamus: A Seminar with A. J. Greimas." In Marshall Blonski, ed., *On Signs*, 341–362. Baltimore: Johns Hopkins University Press.

Grimes, Ronald. 1982. *Beginnings in Ritual Studies.* Lanham: University Press of America.

Groethuysen, Bernard. [1927] 1968. *The Bourgeois: Catholicism versus Capitalism in Eighteenth-Century France.* New York: Holt, Rinehardt and Winston.

Groner, Paul. 1984. *Saichō: The Establishment of the Japanese Tendai School.* Berkeley: Buddhist Studies Series, University of Calfornia.

Groot, J. J. M. de. 1893. *Le Code du Mahāyāna en Chine, son influence sur la vie monacale et sur le monde laïque*. Amsterdam: J. Müller.

———, [1910] 1982. *The Religious System of China: Its Ancient Forms, Evolution, History and Present Aspects; Manners, Customs and Social Institutions Connected Therewith*. 6 vols. Taibei: Southern Materials Center.

Grunebaum, G. E. von, and Roger Caillois, eds. 1966. *The Dream and Human Societies*. Berkeley and Los Angeles: University of California Press.

Guth, Christine M. E. 1987. "The Divine Boy in Japanese Art." *Monumenta Nipponica* 42, 1: 1-24.

Gyatso, Janet. 1988. "The Relic Text as Prophecy: The Semantic Drift of *Byang-bu* and Its Appropriation in the Treasure Tradition." Unpublished paper.

Ha, Tae-hung, and Grafton K. Mintz, trans. 1972. *Samguk Yusa: Legends and History of the Three Kingdoms of Ancient Korea*. Seoul: Yonsei University Press.

Habermas, Jürgen. 1981. "Modernity Versus Post-Modernity." *New German Critique* 22: 3-14.

———, 1986. "Taking Aim at the Heart of the Present." In David C. Hoy, ed., *Foucault: A Critical Reader*, 103-108. New York: Basil Blackwell.

Hackmann, Heinrich. 1908. "*Pai-chang ch'ing-kuei*: The Rules of Buddhist Monastic Life in China." *T'oung Pao* 9: 651-662.

Haguenauer, Charles. 1937. "Du caractère de la représentation de la mort dans le Japon antique." *T'oung Pao* 33: 158-183.

Hall, John W., and Toyoda Takeshi, eds. 1977. *Japan in the Muromachi Age*. Berkeley: University of California Press.

Hamerton-Kelly, Robert G., ed. 1987. *Violent Origins: Walter Burkert, René Girard and Jonathan Z. Smith on Ritual Killing and Cultural Formation*. Stanford: Stanford University Press.

Han Kidu 韓基斗. 1984. 「景徳伝灯録に見る新羅禪」. 『禪文化研究所紀要』 13:

129-144.

Han Yuan 慈圓. 1978. 「中國佛塔之規制」. 張曼濤 편, 『中國佛教寺塔史志』, 311-323. 台北: 大乘文化.

Hansen, Valerie. 1989. "The Popular Pantheon During the T'ang-Sung Transition." Unpublished paper.

_____, 1990. *Changing Gods in Medieval China*. Princeton: Princeton University Press.

Hanuki Masai 葉貫磨哉. 1962. 「洞門禪僧と神人化度の說話」. 『駒澤史學』10: 44-51.

Harada Kōdō 原田弘道. 1988. 「中世曹洞宗と羅漢信仰」. *IBK* 37, 1: 232-238.

Harada Masatoshi 原田正俊. 1987. 「渡唐天神畫像にみる禪宗と室町文化」. 『橫田健一先生古稀記念－文化史論叢』, Vol. 2: 376-395. 東京: 創元社.

Harari, Josué, ed. 1979. *Textual Strategies: Perspectives in Post-Structuralist Criticism*. Ithaca: Cornell University Press.

Harootunian, H. D. 1988. *Things Seen and Unseen: Discourse and Ideology in Tokugawa Nativism*. Chicago: University of Chicago Press.

Harrison, Paul. 1988. "Buddhism: A Religion of Revelation After All?" *Numen* 34, 2: 256-264.

Hasebe Kōichi 長谷部好一. 1972. 「禪門の儀礼(1)」. 『愛知學院禪研究所紀要』 2: 40-52.

Hastings, James, ed. 1924. *Encyclopaedia of Religion and Ethics*. London: Scribners.

Heesterman, J. C. 1985. *The Inner Conflict of Tradition: Essays in Indian Ritual, Kingship, and Society*. Chicago: University of Chicago Press.

Heidegger, Martin. 1962. *Being and Time*. Trans. John Macquarrie and Edward Robinson. New York: Harper and Row.

_____, 1971. *On the Way to Language*. Trans. Peter D. Hertz. New York: Harper and Row.

Henderson, John B. 1984. *The Development and Decline of Chinese Cosmology*.

New York: Columbia University Press.

Henmi Baiei 逸見梅榮. 1974. 「總持寺の仏象」. 瑩山禪師奉讚刊行會 편, 『瑩山禪師研究』, 1103-1107. 東京 : 瑩山禪師奉讚刊行會.

Hertz, Robert. [1907] 1960. "A Contribution to the Study of Collective Representations of Death." Trans. Rodney and Claudia Needham. In Rodney Needham, ed., *Death and the Right Hand*, 27-86. Glencoe, IL: The Free Press.

_____, 1970. *Sociologie religieuse et folklore*. Paris: Presses Universitaires de France.

_____, [1909] 1973. "The Preeminence of the Right Hand: A Study in Religious Polarity." In Rodney Needham, ed., *Right and Left: Essays on Dual Symbolic Classification*, 3-31. Chicago: University of Chicago Press.

Hinsch, Bret. 1990. *Passions of the Cut Sleeve: The Male Homosexual Tradition in China*. Berkeley: University of California Press.

Hirakawa, Akira. 1963. "The Rise of Mahāyāna Buddhism and its Relationship to the Worship of Stūpas." *Memoirs of the Research Department of the Tōyō Bunko* 22: 57-106.

Hirano Sōjō 平野宗淨, ed. 1970. 『頓悟要門』. 禪の語錄 6. 東京: 筑摩書房.

Hirazuka Ryōsen 平塚良宣. 1987. 『日本における男色の研究』. 東京: 人間の科學社.

Hirose Ryōkō 廣瀨良弘. 1983. 「曹洞禪僧における神人化度, 惡靈鎭壓」. *IBK* 21, 2: 233-236.

_____, 1985a. 「中近世における曹洞禪僧の活動と葬祭について」. 『宗學研究』 27: 143-150.

_____, 1985b. 「中世後期における禪僧, 禪寺と地域社會－東海關東地方の曹洞宗を中心として」. 河村孝道・石川力山 編, 『道元禪師と曹洞宗』, 214-249. 東京: 吉川弘文館.

Hōbōgirin: Dictionnaire encyclopédique du bouddhisme d'après les sources chinoises et japonaises. Vols. 1-6. Paris: Adrien Maisonneuve,

1927-1983.

Hori, Ichirō. 1962. "Self-mummified Buddhas in Japan: An Aspect of the Shūgendō('Mountain Asceticism') Sect." *History of Religions* 1, 2: 222-242.

Horkheimer, Max, and Theodor M. Adorno. 1972. *Dialectic of Enlightenment.* Trans. John Cumming. New York: Seabury Press.

Horner, I. B., trans. 1938~1966. *The Book of Discipline(Vinaya Pitaka).* 6 vols. London: Luzac and Company.

Hoy, David C., ed. 1986. *Foucault: A Critical Reader.* New York: Basil Blackwell.

Hsiung, Ping-ming. 1984. *Zhang Xu et la calligraphie cursive folle.* Paris: Collège de France.

Hsu, Sung-peng. 1979. *A Buddhist Leader in Ming China: The Life and Thought of Han-shan Te-ch'ing, 156-1623.* University Park: Pennsylvania State University Press.

Hu Shih. 1932. "The Development of Zen Buddhism in China." *The Chinese and Political Science Review* 15, 4: 475-505. Repr. in Hu Shi, *Ko Teki Zengakuan,* 691-722. Ed. Yanagida Seizan. Kyoto: Chūbun shuppansha, 1975.

_____, 1953. "Ch'an(Zen) Buddhism in China: Its History and Method." *Philosophy East and West* 3, 1: 3-24.

Hu Shi 胡適 [Hu shih], ed. [1930] 1970.『神會和尙遺集』. 臺北: 胡適紀念館.

_____, 1975.『胡適禪學案』. ed. Yanagida Seizan. 京都: 中文出版社.

Huang, Chi-chiang. 1986. "Experiment in Syncretism: Ch'i-sung(1007~1072) and Eleventh-Century Chinese Buddhism." Ph.D. diss., University of Arizona.

Huang Tsung-hsi. 1987. *The Record of Ming Scholars.* Ed. Julia Ching. Honolulu: University of Hawaii Press.

Hubert, Henri, and Marcel Mauss. 1964. *Sacrifice: Its Nature and Function.* London: Cohen and West.

Huizinga, Jan. 1952. *Homo Ludens*. London: Routledge and Kegan Paul.

Huntington, Richard, and Peter Metcalf. 1979. *Celebration of Death: The Anthropology of Mortuary Ritual*. New York: Cambridge University Press.

Hyers, Conrad. 1973. *Zen and the Comic Spirit*. Philadelphia: Westminster.

Ichikawa Hakugen 市川白弦, Iriya Yoshitaka 入矢義高, and Yanagida Seizan 柳田聖山, eds. 1972. 『中世禪家の思想』. 東京: 岩波書店.

Imaeda Aishin 今枝愛心. 1966. 「中世禪僧の生活」. 『國文學—解釋と鑑賞』 31, 12: 215-223.

_____, 1970. 『中世禪宗史の研究』. 東京: 東京大學出版會.

_____, 1974. 「瑩山禪師の歴史的位置」, 瑩山禪師奉讚刊行會 편, 『瑩山禪師研究』, 81-99. 東京: 瑩山禪師奉讚刊行會.

_____, ed. 1979. 『禪宗の諸問題』]. 東京: 雄山閣.

Imamura Yoshio 今村与志雄, ed. 1980~1981. 『酉陽雜俎』. 5 vols. 東京: 平凡社.

Inoue Hisashi 井上ひさし. 1971. 『道元の冒險』. 新潮文庫. 東京: 新潮社.

Inoue Ichii 井上以智爲. 1941. 「關羽祠廟の由來並に變遷」. *Shirin* 26: 41-51, 242-283.

Iriya Yoshitaka 入矢義高, ed. 1958. 『中國古典文學全集』. Vol.7. 東京: 平凡社.

_____, ed. 1969. 『伝心法要, 宛陵錄』. 禪の語錄 8. 東京: 筑摩書房.

_____, 1973a. "Chinese Poetry and Zen." *The Eastern Buddhist* (n.s.) 6, 1: 54-67.

_____, ed. 1973b. 『龐居士語錄』. 禪の語錄 7. 東京: 筑摩書房.

Irokawa Daikichi. 1985. *The Culture of the Meiji Period*. Trans. ed. Marius B. Jansen. Princeton: Princeton University Press.

Isambert, François-André. 1979. *Rite et efficacité symbolique: Essai d'anthropologie sociologique*. Paris: Cerf.

_____, 1982. *Le sens du sacré: Fête et religion populaire*. Paris: Editions de Minuit.

_____, 1986. "Le 'désenchantement' du monde: Non-sens et renouveau du sens." *Archives de Sciences sociales des religions* 61, 1: 83-103.

Ishida Jūshi 石田充之, ed. 1972. 『鎌倉仏教成立の研究 － 俊芿律師』. 京都: 法藏館.

Ishii Shūdō 石井修道. 1974. 「仏照徳光と日本達摩宗 － 金澤文庫保管成等正覺論をてがかりとして」. 『金澤文庫研究』 20, 11: 1-16; 20, 12: 1-20.

_____, 1987. 『宋代禪宗史の研究』. 東京: 大東出版社.

Ishkawa Rikisan 石川力山. 1982. 「中世曹洞宗の地方展開と原翁心昭」. *IBK* 31, 1: 227-231.

_____, 1983. 「中世曹洞宗切紙の分類試論(1)」. *KDBGKK* 41: 338-350.

_____, 1984a. 「中世曹洞宗切紙の分類試論(4)」. *KDBGR* 15: 152-169.

_____, 1984b. 「中世禪宗と神仏習合 － 特に曹洞宗の地方的展開と切紙資料を中心にして」. 『日本佛敎』 60-61: 41-56.

_____, 1984c. 「達摩宗の相承物について」. 『宗學研究』 26: 109-115.

_____, 1985a. 「中世曹洞宗切紙の分類試論(6)」. *KDBGR* 16: 102-152.

_____, 1985b. 「中世曹洞宗と靈山信仰」. *IBK* 33, 2: 26-31.

_____, 1986a. 「中世曹洞宗切紙の分類試論(7)」. *KDBGKK* 44: 250-267.

_____, 1986b. 「中世曹洞宗切紙の分類試論(8)」. *KDBGR* 17: 179-213.

_____, 1987a. 「中世曹洞宗切紙の分類試論(9)」. *KDBGKK* 45: 167-198.

_____, 1987b. 「中世曹洞宗切紙の分類試論(10)」. *KDBGR* 18: 163-192.

_____, 1987c. 「中世禪宗と葬送儀礼」. *IBK* 35, 2: 299-304.

_____, 1987d. 「禪の葬送」. 『日本學』 10: 139-149.

_____, 1989. 「眞宗と禪宗の間-淨土眞宗百通切紙をめぐる諸問題」. 『禪學研究』 67: 79-109.

Itō Kokan 伊藤古鑑. 1940. 「禪宗の仏象において」. 『禪學研究』 34: 97-110.

Iyanaga Nobumi. 1983. "Daijizaiten." In *Hōbōgirin*, Vol. 6: 713-765. Paris: Adrien Maisonneuve.

_____, 1985. "Récits de la soumission de Maheśvara par Trailokyavijaya － d'après les sources chinoises et japonaises." In Michel Strickmann, ed., *Tantric and Taoist Studies in Honour of R. A. Stein*, Vol. 3: 633-745.

Burssels: Institut Belge des Hautes Etudes Chinoises.

Izard, Michel, and Pierre Smith, eds. 1982. *Between Belief and Transgression: Structuralist Essays in Religion, History, and Myth.* Trans. John Leavitt. Chicago: University of Chicago Press.

Jakobson, Roman. 1963. *Essais de linguistique générale: Les fondations du langage.* Paris: Minuit.

Jameson, Fredric. 1972. *The Prison-House of Language: A Critical Account of Structuralism and Russian Formalism.* Princeton: Princeton University Press.

_____, 1981. *The Political Unconscious: Narrative as a Socially Symbolic Act.* Ithaca: Cornell University Press.

_____, 1985. "The Realist Floor-Plan." In Marshall Blonski, ed., *On Signs*, 373-383. Baltimore: Johns Hopkins University Press.

_____, 1988. *The Ideologies of Theory: Essays 1971-1986.* 2 vols. Minneapolis: University of Minnesota Press.

Jan Yün-hua. 1964. "Buddhist Historiography in Sung China." *Zeitschrift der deutschen morgenländischen Gesellschaft* 114, 2: 360-381.

_____, 1965. "Buddhist Self-Immolation in Medieval China." *History of Religions* 4, 2: 243-268.

_____, 1966a. "Buddhist Relations between India and Sung China." *History of Religions* 6, 1: 24-42; 6, 2: 135-168.

_____, 1966b. *A Chronicle of Buddhism in China(580-960 A.D.): Translatiions of the Monk Chih-p'an's 'Fo-tsu t'ung-chi.'* Santiniketan: Visva-Bharati.

_____, 1972. "Tsung-mi: His Analysis of Ch'an Buddhism." *T'oung Pao* 8: 1-54.

_____, 冉雲華. 1979. 「東海大師無相傳研究」. *Dunhuang xue* 4: 47-60.

_____, 1982. "Chinese Buddhism in Ta-tu: The New Situation and New Problems." In Hok-lam Chan and Wm. Theodore de Bary, eds., *Yüan Thought: Chinese Thought and Religion under the Mongols*, 375-417.

New York: Columbia University Press.

_____, 1983. "Seng-ch'ou's Method of Dhyāna." In Whalen Lai and Lewis
R. Lancaster, eds., *Early Ch'an in China and Tibet*, 51-63. Berkeley:
Asian Humanities Press.

Jankélévitch, Vladimir. 1960. *Le pur et l'impur.* Paris: Flammarion.

Jayawickrama, N. A. 1971. *The Chronicle of the Thūpa and the Thūpavamsa.*
London: Luzac and Company.

Jochim, Christian. 1988. "'Great' and 'Little,' 'Grid' and 'Group': Defining the
Poles of the Elite-Popular Continuum in Chinese Religion." *Journal
of Chinese Religions* 16: 18-42.

Johnson, David. 1985. "The City God Cults in T'ang and Sung China." *HJAS*
45: 365-457.

_____, ed. 1989. *Ritual Opera, Operatic Ritual: "Mu-lien Rescues his Mother"*
in Chinese Popular Culture. Berkeley: Chinese Popular Culture Project,
University of California.

Johnson, David, Andrew J. Nathan, and Evelyn S. Rawski, eds. 1985. *Popular*
Culture in Later Imperial China. Berkeley: University of California Press.

Jorgensen, John. 1987. "The 'Imperial' Lineage of Ch'an Buddhism: The Role
of Confucian Ritual and Ancestor Worship in Ch'an's Search for
Legitimation in the mid-T'ang Dynasty." *Papers of Far Eastern History*
35: 89-133.

Jullien, François. 1982a. "L'absence d'inspiration: Représentations chinoises
de l'incitation poétique." *Extrême-Orient, Extrême-Occident* 1: 31-71.

_____, 1982b. "Le plaisir du texte: L'expérience chinoise de la saveur littéraire."
Extrême-Orient, Extrême-Occident 1: 73-119.

_____, 1984. "L'oeuvre et l'univers: Imitation ou déploiement (Limites à une
conception mimétique de la création littéraire dans la tradition
chinoise)." *Extrême-Orient, Extrême-Occident* 3: 37-88.

_____, 1985. *La valeur allusive: Des catégories originales de l'interprétation*

642

poétique dans la tradition chinoise (Contribution à une réflexion sur l'altérité culturelle). Paris: Ecole Française d'Extrême-Orient.

_____, 1986. "Naissance de l'"imagination": Essai de problématique au travers de la réflexion littéraire de la Chine et de l'Occident." *Extrême-Orient, Extrême-Occident* 7: 23-81.

_____, 1989. *Procès ou création: Une introdutcion à la pensée des lettrés chinois*. Paris: Seuil.

Jung-kwang. 1979. *The Mad Monk: Paintings of Unlimited Action*. Ed. Lewis R. Lancaster. Berkeley: Lancaster-Miller.

Kagamishima Genryū 鏡島元隆, ed. 1961. 『道元禪師とその門流』. 東京: 誠信書房.

_____, 1978. 『卍山 面山』. 『日本の禪語録』 18. 東京: 平凡社.

Kagamishima Genryū, Satō Tatsugen 佐藤達玄, and Kosaka Kiyū 小坂機融, eds. 1972. 『譯註禪苑清規』. 東京: 曹洞宗宗務廳.

Kaltenmark, Max.. 1960. "Ling-pao: Note sur un terme du taoïsme religieux." In *Mélanges publiés par l'Institut des Hautes Etudes Chinoises*, Vol. 1: 559-588. Paris: Presses Universitatires de France.

Kamata Shiggeo 鎌田茂雄. 1964. 「北周の廢仏と禪」. 『宗學研究』 6: 556-561.

_____, ed. 1971. 『禪源諸詮集都序』. 禪の語録 9. 東京: 筑摩書房.

_____, 1986. 『中國仏教儀礼』. 東京: 大藏出版社.

Kamata Shigeo, and Tanaka Hisao 田中久夫, eds. 1971. 『鎌倉旧仏教』. 東京: 岩波書店.

Kantorowicz, Ernst H. 1957. *The King's Two Bodies: A Study in Medieval Political Theology*. Princeton: Princeton University Press.

Kaplan, Steven. 1986. "The Ethiopian Cult of the Saints." *Paideuma* 32: 1-13.

Kapstein, Mattew. 1989. "The Illusion of Spiritual Progress: Remarks on Indo-Tibetan Buddhist Soteriology." Unpublished paper.

Karatani, Kōjin. 1988. "One Spirit, Two Nineteenth Centuries." *The South Atlantic Quarterly* 87, 3: 615-634.

Katō, Shuichi. 1967. "Tominaga Nakamoto, 1715-46: A Tokugawa Iconoclast." *Monumenta Nipponica* 22, 1-2: 177-210.

Katz, Steven T., ed. 1978. *Mysticism and Philosophical Analysis*. New York: Oxford University Press.

Kawaguchi Kōfu 川口高風. 1984.「靈鷲院に安置される曹洞宗兩祖の御靈骨」.『愛知學院大學研究所紀要』13: 9-13.

Kawai, Hayao. 1990. *The Buddhist Priest Myōe: A Life of Dreams*. Trans. Marc Unno. Venice, CA: Lapis Press(forthcoming).

Kawakami Susumu 河上貢, Yoshikawa Motome 吉川需, and Furuok Hiroshi 吉岡滉, eds. 1979.『禪宗の美術－禪院と庭園』. 日本美術全集 13. 東京: 學研.

Kawamura Kkōdō 河村孝道 and Ishikawa Rikisan, eds. 1985.『道元禪師と曹洞宗』. 東京: 吉川弘文館.

Keizan zenji hōsan kankōkai 瑩山禪師奉讚刊行會 편. 1974.『瑩山禪師研究』. 東京: 瑩山禪師奉讚刊行會.

Kelsey, W. Michael. 1981. "Salvation of the Snake, the Snake of Salvation: Buddhist-Shintō Conflict and Resolution." *Japanese Journal of Religious Studies* 8, 1-2: 83-113.

Kidder, Edward J. 1972. *Early Buddhist Japan*. New York: Praeger.

Kobori, Sohaku, trans. 1970~1971. "Sokushin-ki, by Shidō Munan Zenji." *The Eastern Buddhist* (n.s.) 3, 2: 89-118; 4, 1: 116-123; 4, 2: 119-127.

Kobori, Sohaku, and Norman Waddell, trans. 1970. "Sokushin-ki, by Shidō Munan zenji." *The Eastern Buddhist* (n.s.) 3, 2: 89-118.

Kodera, Takashi James. 1980. *Dōgen's Formative Years in China: An Historical Study and Annotated Translation of the Hōkyō-ki*. London: Routledge and Kegan Paul.

Koepping, Klaus-Peter. 1985. "Absurdity and Hidden Truth: Cunning Intelligence and Grotesque Body Images as Manifestations of the Trickster." *History of Religions* 24, 3: 191-214.

Kōhō Chisan 孤峰智璨, ed. 〔1937〕1976. 『常濟大師全集』. 横浜: 大本山總持寺.

Komatsu Kazuhiko 小松和彦. 1985. 『神々の精神史』. 東京: 北東出版.

Komazawa Daigaku Zenshūshi Kenkyūkai 駒澤大學禪宗史研究會, ed. 1978. 『慧能研究』. 東京: 大修館書店.

Kosugi Kazuo 小杉一雄. 1937. 「肉身像及遺灰像の研究」. 『東洋學報』 24, 3: 93-124.

Kraft, Kenneth. 1981. "Musō Kokushi's *Dialogues in a Dream* (Selections)." *The Eastern Buddhist* (n.s.) 14, 1: 75-93.

Kristeva, Julia. 1969. *Semeiotike: Recherches pour une sémanalyse*. Paris: Seuil.

Kunishita Hirosato 囻下大慧. 1921~1922. 「元初に於ける帝室と禪僧との關係に就いて」. 『東洋學報』 11: 547-577; 12: 89-124, 245-249.

Kuroda Toshio 黒田俊雄. 1980. 『寺社勢力－もう一つの中世社會』. 岩波新書 117. 東京: 岩波書店.

_____, 1981. "Shintō in the History of Japanese Religion." Trans. James C. Dobbins and Suzanne Gay. *Journal of Japanese Studies* 7, 1: 1-21.

_____, 1983. 『王法と仏法－中世史の構圖』. 京都: 法藏館.

_____, 1989. "Historical Consciousness and Hon-jaku Philosophy in the Medieval Period on Mount Hiei." In George J. Tanabe, Jr., and Willa Jane Tanabe, eds., *The Lotus Sūtra in Japanese Culture*, 143-158. Honolulu: University of Hawaii Press.

Kushida Ryōkō 櫛田良浜. 1977. 「悉曇伝授について」. 仏教民俗學會 編, 『仏教と儀礼』, 65-105. 東京: 國書刊行會.

Kushida Ryōkō hakushi shōju kinenkai, ed. 1973. 『櫛田博士頌壽記念－高僧傳の研究』. 東京: 山喜房佛書林.

LaCapra, Dominick. 1983. *Rethinking Intellectual History: Texts, Contexts, language*. Ithaca: Cornell University Press.

_____, 1985. *History and Criticism*. Ithaca: Cornell University Press.

_____, 1987. *History, Politics, and the Novel*. Ithaca: Cornell University Press.

_____, 1988. "A Review of a Review." *Journal of the History of Ideas* 49,

4: 677-687.

_____, 1989. *Soundings in Critical Theory.* Ithaca: Cornell University Press.

LaCapra, Dominick, and Steven L. Kaplan, eds. 1982. *Modern European History: Reappraisals and New Perspectives.* Ithaca: Cornell University Press.

LaFleur, William R. 1983. *The Karma of Words: Buddhism and the Literary Arts in Medieval Japan.* Berkeley: University of California Press.

_____, ed. 1985. *Dōgen Studies.* Honolulu: University of Hawaii Press.

Lagerwey, John. 1987. *Taoist Ritual in Chinese Society and History.* New York: Macmillan.

Lai, Whalen. 1980. "Further Developments of the Two Truths Theory in China." *Philosophy East and West* 30, 2: 139-162.

_____, 1983. "The Transmission Verses of the Ch'an Patriarchs." *Han Hsüeh yen-chiu* 1, 2: 593-624.

_____, 1985. "Ma-tsu Tao-i and the Unfolding of Southern Zen." *Journal of Japanese Religions* 12: 173-192.

Lai, Whalen, and Lewis R. Lancaster, eds. 1983. *Early Ch'an in China and Tibet.* Berkeley: Asian Humanities Press.

Lakoff, George, and Mark Johnson. 1980. *Metaphors We Live By.* Chicago: University of Chicago Press.

Lamotte, Etienne. 1944-1980. *Traité de la Grande Vertu de Sagesse.* 5 vols. Louvain: Institut Orientaliste. (1: 1944, 2: 1949, 3: 1970, 4: 1976, 5: 1980)

_____, 1958. *Histoire du bouddhisme indien: Des origines à l'ère Saka.* Louvain: Institut Orientaliste.

_____, 1960. "Mañjuśrī." *T'oung Pao* 48, 1-3: 1-96.

_____, 1962. *L'enseignement de Vimalakīrti.* Louvain: Institut Orientaliste.

_____, 1966. "Vajrapāni en Inde." In *Mélanges de Sinologie offerts à Monsieur Paul Demiéville*, 113-159. Paris: Presses Universitaires de France.

_____, 1987. "Religious Suicide in Early Buddhism." *Buddhist Studies Review*

4, 2: 105–118.

Lancaster, Lewis R. 1974. "An Early Mahāyāna Sermon About the Body of the Buddha and the Making of Images." *Artibus Asiae* 36, 4: 287–291.

_____, ed. 1977. *Prajñāpāramitā and Related System: Studies in Honor of Edward Conze*. Berkeley: Buddhist Studies Series, University of California.

_____, 1984. "Elite and Folk: Comments on the Two-Tiered Theory." In George A. DeVos and Takao Sofue, eds., *Religion and the Family in East Asia. Senri Ethnological Studies* 11: 87–95 (Special issue).

Lanselle, Rainier, trans. 1987. *Le poisson de jade et l'épingle au phénix: Douze contes chinois du XVIIe siècle*. Paris: Gallimard.

Lanternari, Vittorio. 1982. "La religion populaire: Prospective historique et anthropologique." *Archives de sciences sociales des religions* 53, 1: 121–143.

Laufer, Berthold. 1931. "Inspirational Dreams in Eastern Asia." *Journal of American Folk-Lore* 44, 172: 208–216.

La Vallée Poussin, Louis de, trans. 1923–1931. *L'Abhidharmakośa de Vasubandhu*. 6 vols. Paris: Paul Geuthner. English trans. by Leo Pruden, *Abhidharmakośaabhāsyam*. 3 vols. published. Berkeley: Asian Humanities Press, 1988–1989.

Leach, Edmund. 1972. "Pulleyar and the Lord Buddha." In William A. Lessa and Evon Z. Vogt, eds., *Reader in Comparative Religion: An Anthropological Approach*, 302–313. 3d ed. New York: Harper and Row.

_____, 1983. "The Gate Keepers of Heaven: Anthropological Aspects of Grandiose Architecture." *Journal of Anthropological Research* 39: 243–268.

Le Bras, Gabriel. 1966. "Quelques problèmes sociologiques de l'histoire du bouddhisme." *Archives de sociologie des religions* 11, 21: 119–124.

Lee, Peter H., trans. 1969. *Lives of Eminent Korean Monks: The Haedong Kosŭng Chŏn.* Harvard-Yenching Institute Studies 25. Cambridge, MA: Harvard University Press.

Le Goff, Jacques. 1980. *Time, Work and Culture in the Middle Ages.* Trans. Arthur Goldhammer. Chicago: University of Chicago Press.

――――, 1984. *The Birth of Purgatory.* Trans. Arthur Goldhammer. Chicago: University of Chicago Press.

――――, 1988. *The Medieval Imagination.* Trans. Arthur Goldhammer. Chicago: University of Chicago Press.

Lessa, William A., and Evon Z. Vogt, eds. 1979. *Reader in Comparative Religion: An Anthropological Approach.* 4th ed. New York: Harper and Row.

Lessing, Ferdinand D. 1954. "The Eighteen Worthies Crossing the Sea." In *Contributions to Ethnography, Linguistics, and History of Religions,* 111-128. Stockholm: Statens Etnografiska Museum.

Leung, Angela K. 1983. "L'amour en Chine: Relations et pratiques sociales au XIIIe et XIVe siècles (1)." *Archives de sciences sociales des religions* 56, 1: 59-76.

――――, 1984. "Sexualité et sociablilté dans le *Jin Ping Mei,* roman érotique chinois de la fin du XVIème siècle." *Social Science Information* 23, 4-5: 652-676.

Levering, Miriam. 1982. "The Dragon Girl and the Abbess of Mo-shan: Gender and Status in the Ch'an Buddhist Tradition." *Journal of the International Association of Buddhist Studies* 5, 1: 19-35.

――――, 1987a. "Buddhism in Sung Culture: The Ch'an Master Ta-hui Tsung-kao." Ph.D. diss., Harvard University.

――――, 1987b. "Ta-hui and Lay Buddhists: Ch'an Sermons on Death." In David W. Chappell, ed., *Buddhist and Taoist Practice in Medieval Chinese Society,* 181-214. Honolulu: University of Hawaii Press.

Lévi, Jean. 1986. "Les fonctionnaires et le divin: Luttes de pouvoirs entre divinités et administrateurs dans les contes des Six Dynasties et des Tang." *Cahiers d'Extrême-Asie* 2: 81–110.

———, 1987. "Les fonctions religieuses de la bureaucratie céleste." *L'homme* 101: 35–57.

———, 1989. *Les Fonctionnaires divins: Politique, despotisme et mystique en Chine ancienne.* Paris: Seuil.

Lévi, Sylvain, and Edouard Chavannes. 1916. "Les seize Arhat protecteurs de la Loi." *Journal Asiatique* 8: 5–48, 189–304.

Lévi–Strauss, Claude. 1963. *Structural Anthropology.* Trans. Claire Jacobson and Brooke Grundfest Schoepf. New York: Doubleday.

———, 1966. *The Savage Mind.* Chicago: University of Chicago Press.

———, 1974a. *Structural Anthropology, Volume Two.* Chicago: University of Chicago Press.

———, [1955] 1974b. *Tristes tropiques.* Trans. John Russell. New York: Atheneum.

———, [1971] 1981. *The Naked Man: Introduction to a Science of Mythology: 4.* Trans. John and Doreen Weightman. New York: Harper and Row.

———, 1985. *The View from Afar.* Trans. Joachim Neugroschel and Phoebe Hoss. New York: Basic Books.

———, 1987. *Introduction to the Work of Marcel Mauss.* Trans. Felicity Baker. London: Routledge and Kegan Paul.

———, 1988. *The Jealous Potter.* Trans. Bénédicte Chorier. Chicago: University of Chicago Press.

Levin, M. 1930. "Mummification and Cremation in India." *Man* 30: 29–34, 44–48, 64–66.

Lévy, André. 1978. *Inventaire analytique et critique du conte chinois en langue vulgaire.* 2 vols. Paris: Collège de France.

———, trans. 1985. *Fleur en Fiole d'Or (Jin Ping Mei cihua).* 2 vols. Bibliothèque de la Pléiade. Paris: Gallimard.

Levy, Howard S., trans. 1975. *Two Chinese Sex Classics: The Dwelling of Playful Goddesses; Monks and Nuns in a Sea of Sins*. Ed. Lou Tsu-k'uang. Asian Folklore and Social Life Monographs 75. Taibei: Orient Cultural Service.

Lévy, Paul. 1968. *Buddhism: A "Mystery Religion"?* New York: Schocken Books.

Lévy-Bruhl, Lucien. [1949] 1975. *The Notebooks on Primitive Mentality*. Trans. Peter Rivière. Oxford: Oxford University Press.

Lewis, Gilbert. 1980. *Day of Shining Red: An Essay on Understanding Ritual*. Cambridge: Cambridge University Press.

Lewis, I. M. [1971] 1989. *Ecstatic Religion: A Study of Shamanism and Spirit Possession*. London and New York: Routledge and Kegan Paul.

Li Lincan 李霖燦. 1982. 『南詔大理國新的資料綜合研究』. 臺北: 國立故宮博物館.

Liebenthal, Walter. 1952. "The Sermon of Shen-hui." *Asia Major* (n.s.) 3, 2: 132-155.

_____, 1955. "Chinese Buddhism during the 4th and 5th Centuries." *Monumenta Nipponica* 11, 1: 44-83.

Liu, James J. Y. 1975. *Chinese Theories of Literature*. Chicago: University of Chicago Press.

_____, 1982. *The Interlingual Critic: Interpreting Chinese Poetry*. Bloomington: Indiana University Press.

Liu Ts'un-yan. 1962. *Buddhist and Taoist Influences in Chinese Novels*. Vol. 1: The Authorship of the Feng Shen Yen I. Wiesbaden: Otto Harrassowitz.

Lopez, Donald S., Jr., ed. 1988. *Buddhist Hermeneutics*. Honolulu: University of Hawaii Press.

_____, 1990. "Inscribing the Bodhisattva's Speech: On the *Heart Sūtra*'s Mantra." *History of Religions* 29, 4: 351-372.

Luk, Charles (Lu K'uan-yü). 1964. *The Secrets of Chinese Meditation: Self-cultivation by Mind Control as Taught in the Ch'an, Mahāyāna and Taoist Schools in China*. London: Rider and Company.

———, 1966. *The Śūraṅgama Sūtra (Leng Yen Ching)*. London: Rider and Company.

———, 1971. *Practical Buddhism*. Wheaton, IL: Theosophical Publishing House.

Lynn, Richard John. 1987. "The Sudden and the Gradual in Chinese Poetry Criticism: An Examination of the Ch'an-Poetry Analogy." In Peter N. Gregory, ed., *Sudden and Gradual: Approaches to Enlightenment in Chinese Thought*, 381–427. Honolulu: University of Hawaii Press.

Lyotard, Jean-François. 1984a. *Driftworks*. Ed. Roger McKeon. New York: Semiotext(e).

———, 1984b. *The Postmodern Condition: A Report on Knowledge*. Trans. Geoff Bennington and Brian Massumi. Minneapolis: University of Minnesota Press.

———, 1985. "Histoire universelle et différences culturelles." *Critique* 456: 558–568.

———, 1988. *The Differend: Phrases in Dispute*. Trans. Georges van Abbeele. Minneapolis: University of Minnesota Press.

Lyotard, Jean-François, and Jean-Loup Thébaud. 1985. *Just Gaming*. Trans. Wlad Godzich. Minneapolis: University of Minnesota Press.

Macé, François. 1976. "Origine de la mort et voyage dans l'au-delà selon trois séquences mythiques du Kojiki et du Nihonshoki." *Cahiers d'études et de documents sur les religions du Japon* 1: 75–113.

———, 1986. *La mort et les funérailles dans le Japon ancien*. Paris: Presses Orientalistes de France.

———, 1988. "Les funérailles des souverains japonais." *Cahiers d'Extrême-Asie* 4: 157–165.

Magliola, Robert. 1984. *Derrida on the Mend*. West Lafayette, IN: Purdue University Press.

Mair, Victor. 1986a. "The Origins of an Iconographical Form of the Pilgrim Hsüan-tsang." *T'ang Studies* 4: 29–41.

_____, 1986b. "Records of Transformation Tableaux (*pien-hsiang*)." *T'oung Pao* 72: 3-43.

Makita Tairyō 牧田諦亮. 1956. 「寶誌和尚伝考－中國における佛敎靈驗受容の一 形態」. 『東方學報』 26: 64-89.

_____, 1957. 『中國近世仏敎史硏究』. 京都: 平樂寺書店.

_____, 1958. 「敦煌本'三大師伝'について」. *IBK* 7, 1: 250-253.

_____, 1981. 『中國仏敎史硏究第一』. 東京: 大東出版社.

_____, 1984. 『中國仏敎史硏究第二』. 東京: 大東出版社.

Makita Tairyō, and Fukui Fumimasa 福井文雅, eds. 1984. 『敦煌と中國仏敎』. 東京: 大東出版社.

Malamoud, Charles. 1989. *Cuire le monde: Rite et pensée dans l'Inde ancienne*. Paris: Editions La Découverte.

Malamoud, Charles, and Jean-Pierre Vernant, eds. 1986. *Le Temps de la réflexion XII: Corps des dieux*. Paris: Gallimard.

Marcus, George E., and Michael M. J. Fischer. 1986. *Anthropology as Cultural Critique: An Experimental Moment in the Human Sciences*. Chicago: University of Chicago Press.

Marshall, Roderick. 1989. *Falstaff: The Archetypal Myth*. Longmead, Shaftesbury, Dorset: Element Books.

Masefield, Peter. 1986. *Divine Revelation in Pāli Buddhism*. London: George Allen and Unwin.

Maspero, Henri. 1950. *Les religions chinoises: Mélanges posthumes sur les religions et l'histoire de la Chine*. 2 vols. Paris: Presses Universitaires de France.

_____, 1981. *Taoism and Chinese Religion*. Amherst: University of Massachusetts Press.

Mather, Richard. 1976. *Shih-shuo hsin-yü: A New Account of Tales of the World*. Minneapolis: University of Minnesota Press.

Matignon, J.-J. 1902. *Superstition, crime et misère en Chine*. Lyon: Stock.

Matsumoto Akira 松本昭. 1985. 『日本のミイラ仏』. 東京: 六興出版.

Matsumoto Shōten 松本昭典. 1969. 「曹洞宗の伝播科程における祈禱観の変遷 について」. *IBK* 17, 2: 345-348.

Matsunaga, Alicia. 1969. *The Buddhist Philosophy of Assimilation: The Historcal Development of the Honji-Suijaku Theory*. Tokyo and Rutland, VT: Charles E. Tuttle.

Matsuura Shūkō 松浦秀光. 1971. 『禪宗古實偈文の研究』. 東京: 山喜房佛書林.

_____, 1972. 『禪家の葬法と追善供養の研究』. 東京: 山喜房佛書林.

_____, 1976. 『禪宗古實尊像の研究』. 東京: 山喜房佛書林.

_____, 1985. 『尊宿葬法の研究』. 東京: 山喜房佛書林.

Mauss, Marcel. 1950. *Sociologie et anthropologie*. Paris: Presses Universitaires de France.

_____, 1967. *The Gift: Forms and Functions of Exchange in Archaic Societies*. Trans. Ian Cunnison. New York: W. W. Norton.

_____, 1968~1969. *Oeuvres*. Ed. Victor Karady. 3 vols. Paris: Minuit.

_____, 1979. *Sociology and Psychology*. Trans. B. Brewster. London: Routledge and Kegan Paul.

Mauss, Marcel, and Henri Hubert. 1972. *A General Theory of Magic*. Ed. D. Pocock. London: Routledge and Kegan Paul.

McCallum, Donald F. 1990. "Zenkōji and its Icon: A Study in Medieval Japanese Religious Art." Unpublished ms.

McFarland, H. Neill. 1987. *Daruma: The Founder of Zen in Japanese Art and Popular Culture*. Tokyo and New York: Kōdansha International.

McRae, John R. 1983. "The Ox-head School of Chinese Buddhism: From Early Ch'an to the Golden Age." In Robert M. Gimello and Peter N. Gregory, eds., *Studies in Ch'an and Hua-yen*, 169-253. Honolulu: University of Hawaii Press.

_____, 1986. *The Northern School and the Formation of Early Ch'an Buddhism*. Honolulu: University of Hawaii Press.

_____, 1987. "Shen-hui and the Teaching of Sudden Enlightenment in Early Ch'an Buddhism." In Peter N. Gregory, ed., *Sudden and Gradual: Approaches to Enlightenment in Chinese Thought*, 227-278. Honolulu: University of Hawaii Press.

_____, 1988a. "Religion as Revolution in Chinese Historiography: Hu Shih(1891~1962) on Shen-hui(684~758)." Unpublished paper.

_____, 1988b. "The Story of Early Ch'an." In Kenneth Kraft, ed., *Zen: Traditiion and Transformation: A Sourcebook by Contemporary Zen Masters and Scholars*, 105-124. New York: Grove Press.

_____, 1989. "Bracketing the Emergence of Encounter Dialogue: The Transformation of the Spiritual Path in Ch'an Buddhism." In Robert E. Buswell, Jr., and Robert M. Gimello, eds., *Paths to Liberation: The Mārga and its Transformations in Buddhist Thought*. Studies in East Asian Buddhism, 7. Honolulu: University of Hawaii Press(forthcoming in 1991).

Merleau-Ponty, Maurice. 1960. *Eloge de la philosophie et autres essais*. Paris: Gallimard. English trans. by John Wild, James Edie, and John O'Neill, *In Praise of Philosophy and Other Essays*. Evanston: Northwestern University Press, 1970.

_____, 1964a. *The Primacy of Perception and Other Essays on Phenome-nological Psychology, The Philosophy of Art, History and Politics*. Ed. James M. Edie. Evanston: Northwestern University Press.

_____, 1964b. *Signs*. Trans. Richard McCleary. Evanston: Northwestern University Press

_____, 1968. *The Visible and the Invisible*. Ed. Claude Lefort. Trans. Alphonso Lingis. Evanston: Northwestern University Press

Merton, Thomas. [1968] 1970. *Zen and the Birds of Appetite*. New York: New Directions.

Michihata Ryōshū 道端良秀. 1957. 『唐代仏教史の研究』. 京都: 法藏館.

_____, 1979.『中國仏教思想史の研究』. 京都: 平樂寺書店.

_____, 1980.『中國仏教と社會と交渉』. 京都: 平樂寺書店.

_____, 1983.『羅漢信仰史』. 東京: 大東出版社.

_____, 1984.「敦煌文獻にみえる死後の世界」. In Makita Tairyō and Fukui Fumimasa, eds., *Tonkō to Chūgoku bukkyō*, 501-536. 東京: 大東出版社.

Mills, D. E., trans. 1970. *A Collection of Tales from Uji: A Study and Translation of Uji Shūi Monogatari*. Cambridge: Cambridge University Press.

Miyakawa Hisayuki. 1979. "Local Cults around Mount Lu at the Time of Sun En's Rebellion." In Holmes Welch and Anna Seidel, eds., *Facets of Taoism: Essays in Chinese Religion*, 83-102. New Haven: Yale University Press.

Miyasaka Yūshō 宮坂有勝, ed. 1964.『假名法語集』. 日本古典文學大系 83. 東京: 岩波書店.

Miyata Noboru 宮田登. 1970.『ミロク信仰の研究－日本における伝統的メシア觀』. 東京: 未來社.

_____, 1979.『神の民俗史』. 岩波新書 97. 東京: 岩波書店.

Mochizuki Shinkō 望月信亨, ed. 1958~1963.『仏教大辭典』. 10 vols. Tokyo: Sekai seiten kankō kyōkai. Reprint. Taibei: Horizon Publishing Company, 1977.

Mōri Hisashi. 1977. *Japanese Portrait Sculpture*. Tokyo and New York: Kōdansha International.

Morrell, Robert E. 1985. *Sand and Pebbles(Shasekishū): The Tales of Mujū Ichien, A Voice for Pluralism in Kamakura Buddhism*. Albany: State University of New York Press.

_____, 1987. *Early Kamakura Buddhism: A Minority Report*. Berkeley: Asian Humanities Press.

Morris, Ivan, trans. 1963. *The Life of an Amorous Woman(Kōshoku ichidai onna), by Ihara Saikaku*. New York: New Directions.

_____, ed. 1970. *Madly Singing in the Mountains: An Appreciation and*

Anthology of Arthur Waley. New York: Walker and Company.

Motobe Enjō 本部圓靜. 1979. 「夢中見仏について」. IBK 28, 1: 373-376.

Murayama Shūichi 村山修一. 1976. 『古代仏教の中世的展開』. 京都: 法藏館.

Mus, Paul. 1935. *Barabudur: Esquisse d'une histoire du bouddhisme fondée sur la critique archéologique des textes*. 2 vols. Hanoi: Imprimerie d'Extrême-Orient. Reprint. New York: Arno Press, 1978. Paris: Arma Artis, 1990.

Musil, Robert. 1988. *The Man Without Qualities*. 2 vols. London: Pan Books.

Myerhoff, Barbara. 1982. "Rites of Passage: Process and Paradox." In Victor Turner, ed., *Celebration: Studies in Festivity and Ritual*, 109-135. Washington, D.C.: Smithsonian Institution Press.

Nagai Masashi 永井政之. 1985a. 「中國民衆の菩薩觀－普庵印肅の場合」. 『日本佛教學會年報』 51: 225-250.

_____, 1985b. 「中國禪の民衆敎化について－長蘆宗賾の場合」. *IBK* 34, 1: 291-298.

Nagao, Gadjin. 1989. *The Foundational Standpoint of Mādhyamika Philosophy*. Trans. John P. Keenan. Albany: State University of New York Press.

Naitō Masatoshi 內藤正敏. 1974. 『ミイラ信仰の研究』. 東京: 大和書房.

Najita, Tetsuo, and Irwin Scheiner, eds. 1987. *Japanese Thought in the Tokugawa Period 1600-1868: Methods and Metaphors*. Chicago: University of Chicago Press.

Nakamura, Kyoko, trans. 1973. *Miraculous Stories from the Japanese Buddhist Tradition: The Nihon Ryōiki of the Monk Kyōkai*. Cambridge, MA: Harvard University Press.

Nakao Ryōshin 中尾良心. 1984. 「大日房能忍の禪」. 『宗學研究』 26: 221-235.

Naquin, Susan. 1988. "Funerals in North China: Uniformity and Variations." In James L. Watson and Evelyn Rawski, eds., *Death Ritual in Late Imperial and Modern China*, 37-70. Berkeley: University of California Press.

Naundorf Gert, Karl-Heinz Pohl, and Hans Hermann Schmidt, eds. 1985. *Religion und Philosophie in Ostasien: Festschrift für Hans Steininger zum 65. Geburtstag.* Würzburg: Königshausen and Neumann.

Needham, Joseph, ed. 1974~1983. *Science and Civilization in China.* Vol. 5. Cambridge: Cambridge University Press.

Nei Kiyoshi 根井淨. 1986. 「中世の補陀落渡海」. IBK 34, 2: 209-214.

Ng, Vivien. W. 1987. "Ideology and Sexuality: Rape Laws in Qing China." *Journal of Asian Studies* 46, 1: 57-70.

Ngo, Van Xuyet. 1976. *Divination, magie et politique dans la Chine ancienne.* Paris: Presses Universitaires de France.

Nisard, Charles. 〔1864〕 1965. *Histoire des livres populaires ou de littérature de colportage.* 2 ed. New York: Burt Franklin.

Nishimura, Sey. 1985. "The Prince and the Pauper: Dynamics of a Shōtoku Legend." *Monumenta Nipponica* 40, 3: 299-310.

Nishiwaki Tsuneki 西脇常記. 1990. 「舍利信仰と僧伝における－その序述」. *ZBKK* 16: 195-222.

Norman, H. C., ed. 1912. *The Commentary on the Dhammapada.* 3 vols. London: Pāli Text Society.

Nosco, Peter, ed. 1984. *Confucianism and Tokugawa Culture.* Princeton: Princeton University Press.

Nōtomi Jōten 納富常天. 1985. 「鎌倉時代の舍利信仰－鎌倉を中心として」. *IBK* 33, 2: 447-451.

Nukariya Kaiten 忽滑谷快天. 1976. 『朝鮮禪敎史』. 東京: 春秋社.

Ōbata Hironobu 小畠宏允. 1976. 「歷代法宝記と古代チベットの仏敎」. In Yanagida Seizan. 『初期の禪史 2: 歷代法宝記』, 325-337. 東京: 筑摩書房.

O'Flaherty, Wendy Doniger. 1973. *Ascetism and Eroticism in the Mythology of Siva.* New York: Oxford University Press.

_____, 1976. *The Origins of Evil in Hindu Mythology.* Berkeley: University of California Press.

_____, 1984. *Dreams, Illusions and Other Realities.* Chicago: University of Chicago Press.

Ōkubo Dōshū 大久保道舟, ed. 1966. 『道元禪師傳の硏究』. 東京: 筑摩書房.

Okuda Isao 奧田勳. 1978. 『明惠: 遍歷と夢』. 東京: 東京大學出版會.

Ong, Roberto K. 1985. *The Interpretation of Dreams in Ancient China.* Bochum: Studienverlag Brockmeyer.

_____, 1988. "Image and Meaning: The Hermeneutics of Traditional Chinese Dream Interpretation." In Carolyn T. Brown, ed., *Psycho-Sinology. The Universe of Dreams in Chinese Culture*, 47-54. Lanham: University Press of America.

Ong, Walter. 1982. *Orality and Literacy: The Technologizing of the Word.* London and New York: Methuen.

Ooms, Herman. 1984. "Neo-Confucianism and the Formation of Early Tokugawa Ideology: Contours of a Problem." In Peter Nosco, ed., *Confucianism and Tokugawa Culture*, 27-61. Princeton: Princeton University Press.

_____, 1985. *Tokugawa Ideology: Early Constructs, 1570-1680.* Princeton: Princeton University Press.

_____, 1987. "From Tokugawa Religion to Tokugawa Ideology." Unpublished paper.

Orzech, Charles D. 1989. "Seeing Chen-yen Buddhism: Traditional Scholarship and the Vajrayāna in China." *History of Religions* 29, 2: 87-114.

Ōtani Kōshō 大谷光照. 1937. 『唐代の佛敎儀禮』. 2 vols. 東京: 有光社.

Ouwehand, Cornelius. 1964. *Namazu-e and their Themes: An Interpretive Approach to Some Aspects of Japanese Folk Religion.* Leiden: E. J. Brill.

Overmyer, Daniel. 1976. *Folk Buddhist Religion: Dissenting Sects in Late Traditional China.* Cambridge, MA: Harvard University Press.

_____, 1980. "Dualism and Conflict in Chinese Popular Religion." In Frank Reynolds and Theodore M. Ludwig, eds., *Transitions and Transform-*

ations in the History of Religions: Essays in Honor of Joseph M. Kitagawa, 153–184. Leiden: E. J. Brill.

_____, 1988. "Buddhism in the Trenches: Attitudes Toward Popular Religion in Indigenous Scriptures from Tun-huang." Unpublished paper.

Pachow, W. 1986. "A Hermeneutical Approach to Supernatural Phenomena in Buddhist History (Contd.)." *Chinese Culture* 27, 2: 73–100.

Padoux, André. 1988. *L'énergie de la parole: Cosmogonies de la Parole Tantrique*. Paris: Soleil Noir.

Parry, Jonathan. 1982. "Sacrificial Death and the Necrophagous Ascetic." In Maurice Bloch and Jonathan Parry, eds., *Death and the Regeneration of Life*, 74–110. Cambridge: Cambridge University Press.

Paul-Lévy, Françoise, and Marion Segaud. 1983. *Anthropologie de l'espace*. Paris: Centre Georges Pompidou.

Pedersen, Kusumita Priscilla, trans. 1975. "Jishōki." *The Eastern Buddhist* (n.s.) 8, 1: 96–132.

Pelliot, Paul. 1923. "Notes sur quelques artistes des Six Dynasties et des T'ang." *T'oung Pao* 22: 215–291.

Péri, Noël. 1916. "Le dieu Wei-t'o." *BEFEO* 16: 41–56.

_____, 1917. "Hāritī, la Mère-de-démons." *BEFEO* 17: 1–102.

Peterson, Willard J. 1988. "Squares and Circles: Mapping the History of Chinese Thought." *Journal of the History of Ideas* 49, 1: 47–60.

Pfister, Louis, S.J. 1932~1934. *Notices biographiques et bibliographiques sur les Jésuites de l'ancienne mission de Chine*, 1552–1773. 2 vols. Shanghai: Mission Catholique.

Pflugfelder, Gregory M. 1990a. "The Forbidden Chrysanthemum: Male-Male Sexual Behavior in Meiji Law." Unpublished paper.

_____, 1990b. "Male-Male Sexual Behavior in Tokugawa Legal Discourse." Unpublished paper.

Pokora, Timoteus. 1985. "'Living Corpses' in Early Medieval China: Sources and Opinions." In G. Naundorf et al., eds., *Religion und Philosophie in Ostasien: Festschrift für Hans Steininger*, 344–357. Würzburg: Königshausen and Neumann.

Pollack, David. 1985. *Zen Poems of the Five Mountains.* New York: Crossroad.

_____, 1986. *The Fracture of Meaning: Japan's Synthesis of China from the Eighth through the Eighteenth Centuries.* Princeton: Princeton University Press.

Powell, William. 1986. *The Record of Tung-shan.* Honolulu: University of Hawaii Press.

_____, 1988. "The Dicang Festival at Jiuhua shan and its Theoretical Implications." Unpublished paper.

_____, 1989. "A Pilgrim's Landscape Text of Chiu Hua Shan." In Susan Naquin and Chün-fang Yü, eds., *Pilgrimage and Sacred Sites in China.* Berkeley: University of California Press(1992).

Prebish, Charles S. 1975. *Buddhist Monastic Discipline: The Sanskrit Prātimoksa Sūtras of the Mahāsāmghikas and Mūllasarvāstivādins.* University Park and London: Pennsylvania State University Press.

Preston, David. 1988. *The Social Organization of Zen Practice: Constructing Transcultural Reality.* Cambridge: Cambridge University Press.

Prip–Møller, J. [1937] 1982. *Chinese Buddhist Monasteries: Their Plan and its Function as a Setting for Buddhist Monastic Life.* Hong Kong: Hong Kong University Press.

Przyluski, J. 1935~1936. "Le partage des reliques du Bouddha." *Mélanges chinois et bouddhiques* 4: 341–467.

Rabinow, Paul, ed. 1984. *The Foucault Reader.* New York: Pantheon Books.

_____, 1986. "Representations are Social Facts: Modernity and Post-Modernity in Anthropology." In James Clifford and George E. Marcus, eds., *Writing Culture: The Poetics and Politics of Ethnography*, 234–261. Berkeley: University of California Press.

Rabinow, Paul, and William M. Sullivan, eds. 1979. *Interpretive Social Science: A Reader.* Berkeley: University of California Press.

Radin, Paul. 1972. *The Trickster.* New York: Schocken Books.

Rawlinson, Andrew. 1986. "Nāgas and the Magical Cosmology of Buddhism." *History of Religions* 16, 2: 135–153.

Reader, Ian. 1986. "Zazenless Zen? The Position of Zazen in Institutional Zen Buddhism." *Japanese Religions* 14, 3: 7–27.

Reischauer, Edwain O. 1955a. *Ennin's Diary: The Record of a Pilgrimage to China in Search of the Law.* New York: Reginald Press.

———, 1955b. *Ennin's Travels in T'ang China.* New York: Reginald Press.

Ren Jiyu. 1984a. "A Brief Discussion of the Philosophical Thought of Chan Buddhism." *Chinese Studies in Philosophy* 15, 4: 3–69.

———, 1984b. "On Hu Shih's Mistakes in his Study of the History of the Chan Sect." *Chinese Studies in Philosophy* 15, 4: 70–98.

Renou, Louis, and Jean Filliozat. [1953] 1985. *L'Inde classique: Manuel des études indiennes.* 2 vols. Paris: Ecole Française d'Extrême-Orient.

Reynolds, Frank E. 1977. "The Several Bodies of the Buddha: Reflectiions on a Neglected Aspect of the Theravāda Tradition." *History of Religions* 16, 4: 374–389.

Rhie, Marylin M. 1977. *The Fo-kuang ssu: Literary Evidence and Buddhist Images.* New York: Garland Publications.

Rhys Davids, T. W., and Hermann Oldenberg, eds. 1881. *Vinaya Texts.* Oxford: Charendon Press.

Ricci, Matthew. [1942] 1953. *China in the Sixteenth Century: The Journals of Matthew Ricci, 1583-1610.* Trans. Louis J. Gallagher, S.J. Ed. Nicolas Trigault. New York: Random House.

Ricoeur, Paul. 1977. *The Rule of Metaphor: Multi-disciplinary Studies of the Creation of Meaning in Language.* Trans. Robert Czerny. Toronto: University of Toronto Press.

_____, 1981. *Hermeneutics and the Human Science: Essays on Language, Action and Interpretation.* Trans. John. B. Thompson. Cambridge: Cambridge University Press.

_____, 1983. *Temps et Récit.* Vol. 1. Paris: Seuil. Trans. Kathleen McLaughlin and David Pellaw, *Time and Narrative.* Vol. 1. Chicago: University of Chicago Press.

Riffaterrre, Michael. 1983. *Text Production.* Trans. Térèse Lyons. New York: Columbia University Press.

_____, 1984. *Semiotics of Poetry.* Bloomington: Indiana University Press.

_____, 1990. *Fictional Truth.* Baltimore: Johns Hopkins University Press.

Robinet, Isabelle. 1977. *Les commentaires du Tao tö king jusqu'au XIIe siècle.* Paris: Institut des Hautes Etudes Chinoises, Collège de France.

_____, 1979a. *Méditation taoïste.* Paris: Dervy-Livres.

_____, 1979b. "Metamorphosis and Deliverance from the Corpse in Taoism." *History of Religions* 19, 1: 37-70.

Rorty, Richard. 1985. "Le cosmopolitisme sans émancipation: En réponse à Jean-François Lyotard." *Critique* 456: 569-580. [Followed by a discussion between Jean-François Lyotard and Richard Porty, 581-584.]

Rosaldo, Renato. 1989. *Culture and Truth: The Remaking of Social Analysis.* Boston: Beacon Press.

Rouget, Gilbert. 1980. *La musique et la transe: Esquisse d'une théorie générale des relatioins de la musique et de la possession.* Trans. Derek Coltman, *Music and Trance: A Theory of the Relations between Music and Possessiion.* Chicago: University of Chicago Press, 1985.

Rousseau, Jean-Jacques. 1956. *Oeuvres complètes.* Vol. 1. Bibliothèque de la Pléiade. Paris: Gallimard.

Roussel, Raymond. 1963. *Nouvelles impressions d'Afrique.* Paris: Jean-Jacques Pauvert.

Ruegg, David Seyfort. 1969. *La théorie du Tathāgatagarbha et du Gotra: Etude sur la sotériologie et la gnoséologie du bouddhisme.* Publications de l'Ecole Française d'Extrême-Orient 70. Paris: Ecole Française d'Extrême-Orient.

———, 1971. "On the Knowability and Expressibility of Absolute Reality in Buddhism." *IBK* 20, 1: 495-489[sic].

Said, Edward. 1979. *Orientalism.* New York: Vintage Books.

———, 1985. "Orientalism Reconsidered." *Cultural Critique* 1: 89-108.

Saigō Nobutsuna 西郷信綱. 1972.『古代人と夢』. 東京: 平凡社.

Saikaku, Ihara. 1956. *Five Women Who Loved Love.* Trans. Wm. Theodore de Bary. Rutland, VT: Charles E. Tuttle.

———, 1963. *The Life of an Amorous Woman.* ed., and trans., by Ivan Morris. New York: New Directions Books.

———, 1990. *The Great Mirror of Male Love.* Trans. Paul Gordon Schalow. Stanford: Stanford University Press.

Saintyves, Pierre. 1987. *Les contes de Perrault. En marge de la Légende Dorée. Les reliques et les images légendaires.* Paris: Robert Laffont.

Saitō Kōjun 齋藤光純. 1973.「釋苑詞林」. In Kushida Ryōkō hakushi shōju kinenkai, ed.『櫛田博士頌壽記念－高僧傳の研究』, 823-849. 東京: 山喜房佛書林.

Sakauchi Ryūyu 坂內龍雄. 1974.「曹洞宗における密教の受容」.『宗學研究』16: 35-40.

Sakurai, Kiyohiko, and Tamotsu Ogata. 1983. "Japanese Mummies." In Aiden and Eve Cockburn. eds., *Mummies, Diseases and Ancient Cultures*, 211-223. Cambridge: Cambridge University Press.

Sakurai Shūyū 櫻井秀雄「曹洞門下における切紙相承の一考察」.『宗教學論集』 9: 169-184.

Sanford, James H. 1977. "Shakuhachi Zen: The Fukeshū and Komusō." *Monumenta Nipponica* 32, 4: 411-440.

———, 1980. "Mandalas of the Heart: Two Prose Works by Ikkyū Sōjun."

Monumenta Nipponica 35, 3: 273-298.

_____, 1981. *Zen-Man Ikkyū*. Harvard Studies in World Religions 2. Chico, CA: Scholars Press.

_____, 1988. "The Nine Faces of Death: 'Su Tung-p'o's Kuzō-shi." *The Eastern Buddhist* 21, 2: 54-77.

Sangren, P. Steven. 1983. "Female Gender in Chinese Religious Symbols: Kuan Yin, Ma Tzu, and the 'Eternal Mother.'" *Signs* 9: 4-25.

_____, 1984. "Great Tradition and Little Traditions Reconsidered: The Question of Cultural Integration in China." *Journal of Chinese Studies* 1: 1-24.

_____, 1987. *History and Magical Power in a Chinese Community*. Stanford: Stanford University Press.

_____, 1988. "Rhetoric and the Authority of Ethnography: 'Postmodernism' and the Social Reproduction of Texts." *Current Anthropology* 29, 3: 405-435.

Sargent, Galen Eugene. 1957. "Tchou Hi contre le bouddhisme." In *Mélanges publiés par l'Institut des Hautes Etudes Chinoises*, Vol. 1: 1-157. Paris: Presses Universitaires de France.

Sasaki, Ruth Fuller, trasn. 1975. *The Recorded Sayings of Ch'an Master Lin-chi Hui-chao of Chen Prefecture*. Kyoto: The Institute for Zen Studies.

Sasaki, Ruth Fuller, Yoshitaka Iriya, and Dana R. Fraser, trans. 1971. *A Man of Zen: The Recorded Sayings of Layman P'ang*. New York: Weatherhill.

Satō Shunkō 佐藤俊晃. 1985.「石動山信仰と能登瑩山教団」.『宗教學論集』12: 73-102.

_____, 1986~1987.「曹洞宗教団における白山信仰受容史の問題」.『宗教學論集』28: 148-151; 29: 157-160.

_____, 1987.「鎮守白山考(1)」.『曹洞宗研究紀要』19: 114-124.

Satō Taishun 佐藤泰舜, ed.〔1934〕1974.『夢中問答』. 東京: 岩波書店.

Sawada Mizuho 澤田瑞穂. 1975.『仏教と中國文學』. 東京: 國書刊行會.

Saward, John. 1980. *Perfect Fools: Folly for Christ's Sake in Catholic and Orthodox*

Spirituality. Oxford: Oxford University Press.

Schafer, Edward H. 1951. "Ritual Exposure in Ancient China." *HJAS* 14, 1: 130–184.

_____, 1965. "Incubi and Succubi." In "Noters on T'ang Culture II." *Monumenta Serica* 24: 135–139.

Schalow, Paul Gordon. 1987. "Bald Headed Sects: The Priestly Tradition of Homosexual Love in Japanese Buddhism." Unpublished paper.

_____, 1989. "Kūkai on the Tradition of Male Love in Japanese Buddhism." In José Cabezón, ed., *Buddhism, Sexuality and Gender.* Albany: State University of New York Press(1992).

Schippper, Kristofer M. 1966. "The Divine Jester: Some Remarks on the Gods of the Chinese Marionette Theater." *Academia Sinica, Bulletin of the Institute of Ethnology* 21: 81–94.

_____, 1974. "The Written Memorial in Taoist Ceremonies." In Arthur P. Wolf, ed., *Religion and Ritual in Chinese Society,* 309–324. Stanford: Stanford University Press.

_____, 1978. "The Taoist Body." *History of Religions* 17, 3–4: 355–386.

_____, 1983. *Le corps taoïste: Corps physique, corps social.* Paris: Fayard.

_____, 1985. "Vernacular and Classical Ritual in Taoism." *Journal of Asian Studies* 45: 21–57.

Schmidt, J. D. 1974.. "Ch'an, Illusion, and Sudden Enlightenment in the Poetry of Yang Wang–li." *T'oung Pao* 60, 4–5: 230–281.

Schmidt–Glintzer, Helwig. 1985. "Eine Ehrenrettung für den Süden: Pao–chih (418–514) und Fu Hsi(497–569): Zwei Heilige aus den Unteren Yangtse Tal." In G. Naundorf et al., ed., *Religion and Philosophie in Ostasien: Festschrift für Hans Steininger,* 247–265. Würzburg: Königshausen and Neumann.

Schmitt, Jeann–Claudee. 1976. "Religion populaire' et culture folklorique." *Annales: Economies, sociétés, civilisations* 31, 5: 941–953.

_____, 1990. *La raison des gestes dans l'Occident médiéval.* Paris: Gallimard.

Schneider, Richard. 1987. "Un moine indien au Wou-t'ai chan: Relation d'un pélerinage." *Cahiers d'Extrême-Asie* 3: 27-39.

Schopen, Gregory. 1975. "The Phrase '*sa pṛthivīpradeśas caiyabhūto bhavet*' in the *Vachracchedikā*: Notes on the Cult of the Book in Mahāyana." *Indo-Iranian Journal* 17, 3-4: 147-181.

_____, 1987. "Burial 'Ad Sanctos' and the Physical Presence of the Buddha in Early Indian Buddhism: A Study in the Archeology of Religions." *Religion* 17: 193-225.

_____, 1988. "On the Buddha and his Bones: The Conception of a Relic in the Inscriptions of Nāgārjunikonda." *JAOS* 10888: 527-537.

_____, 1990. "Monks and the Relic Cult in the Mahāparinibbānasutta: An Old Misunderstanding in Regard to Monastic Buddhism." In Gregory Schopen and Koichi Shinohara, eds., *From Banaras to Beijing: Essays on Buddhism and Chinese Religion in Honor of Jan Yün-hua.* Oakville: Mosaic Press(1992).

Schurhammer, Georg, S. J. 1982. *Francis Xavier: His Life, His Times. Vol 4: Japan and China, 1549-1552.* Rome: Jesuit Historical Institute.

Seidel, Anna. 1969. *La divinisation de Lao tseu dans le taoïsme des Han.* Paris: Ecole Française d'Extrême-Orient.

_____, 1978. "Buying one's Way to Heaven: The celestial Treasury in Chinese Religions." *History of Religions* 17, 3-4: 419-431.

_____, 1981. "Note à propos du terme 'Trésor national' en Chine et au Japon." *BEFEO* 69: 229-261.

_____, 1983a. "Dabi." In *Hōbōgirin*, Vol. 6: 573-585. Paris: Adrien Maisonneuve.

_____, 1983b. "Imperial Treasures and Taoist Sacraments: Taoist Roots in the Apocrypha." In Michel Strickmann, ed., *Tantric and Taoist Studies in Honor of R. A. Stein*, Vol. 2: 291-371. Brussels: Institut Belge des Hautes Etudes Chinoises.

_____, 1987. "Traces of Han Religion in Funeral Texts found in Tombs." 秋月觀暎 編,『道教と宗教文化』21-57. 東京: 平河出版社.

_____, 1988. "Corruptible Body, Incorruptible Body, Substitute Body: Modes of Immortality in China and Japan." Unpublished paper.

Sekiguchi Shindai 關口眞大. 1967.『達摩の研究』. 東京: 岩波書店.

_____,〔1957〕1969.『達摩大師の研究』. 東京: 春秋社.

Serres, Michel. 1982. *Hermes: Literature, Science, Philosophy*. Trans. Josué V. Harari and David F. Bell. Baltimore: Johns Hopkins University Press.

Sharf, Robert H. 1989. "Being Buddha: A Performative Approach to Ch'an Enlightenment." Unpublished paper.

Shih, Robert. 1968. *Biographies des moines éminents (Kao Seng Tchouan) de Houeikiao: Première partie: biographies des premiers traducteurs*. Louvain: Institut Orientaliste.

Shiina Kōyū 椎名宏雄. 1968.「嵩山における北宗禪の展開」,『宗學研究』10: 173-185.

_____, 1972.「唐代禪宗の礼懺についつ」. *IBK* 20, 2: 764-769.

Shils, Edward. 1981. *Tradition*. Chicago: University of Chicago Press.

Shimode Sekiyo 下出積與. 1986.『白山信仰』. 東京: 雄山閣出版.

Shinagawa Kenritsu Kanazawa Bunko 神奈川縣立金澤文庫, ed. 1974.『金澤文庫資料全書－仏典第一禪籍篇』. 横浜: 神奈川縣立金澤文庫.

Shinohara Hisao 篠原壽雄, ed. 1980.『永平大清規－道元の修道規範』. 東京: 大東出版社.

Shinohara Hisao 篠原壽雄, and Tanaka Ryōshō 田中良昭, eds. 1980.『敦煌仏典と禪』. 東京: 大東出版社.

Shinohara Koichi. 1988. "Two Sources of Chinese Buddhist Biographies: Stūpa Inscription and Miracle Stories." In Phyllis Granoff and Koichi Shinohara, eds., *Monks and Magicians: Religious Biographies in Asia*, 119-228. Oakville, New York and London: Mosaic Press.

Shioiri Ryōdō 塩入良道, ed. 1970.『入唐求法巡礼行記』. Vol. 1. 東洋文庫 157.

東京: 平凡社.

_____, ed. 1985. 『入唐求法巡礼行記』. Vol. 2. 東洋文庫 442. 東京: 平凡社.

Sivin, Nathan. 1978. "On the Word Taoist as a Source of Perplexity: With Special Reference to the Relations of Science and Religion in Traditional China." *History of Religions* 17, 3-4: 303-330.

Sloterdijk, Peter. 1987. *Critique of Cynical Reason.* Trans. Michael Eldred. Minneapolis: University of Minnesota Press.

Smart, Ninian. 1981. "Problems of the Application of Western Terminology to Theravāda Buddhism with Special Reference to the Relationships between the Buddha and the Gods." In Nathan Katz, ed., *Buddhist and Western Philosophy*, 444-449. New Delhi: Sterling Publishers.

Smith, Bryan. 1989. *Reflections on Resemblance, Ritual, and Religion.* New York: Oxford University Press.

Smith, Jonathan Z. 1978. *Map is Not Territory: Studies in the History of Religions.* Leiden: E. J. Brill.

_____, 1982. *Imagining Religion: From Babylon to Jonestown.* Chicago: University of Chicago Press.

_____, 1987. *To Take Place: Toward Theory in Ritual.* Chicago: University of Chicago Press.

Snodgrass, Adrian. 1985. *The Symbolism of the Stūpa.* Ithaca: Southeast Asian Program, Cornell University.

Somers, Robert M. 1986. "Time, Space, and Structure in the Consolidation of the T'ang Dynasty(A.D. 617-700)." *Journal of Asian Studies* 45, 5: 971-994.

Soper, Alexander C. 1948. "Hsiang-kuo ssu: An Imperial Temple of Northern Sung." *JAOS* 68, 1: 19-45.

_____, 1959. *Literary Evidence for Early Buddhist Art in China.* Ascona: Artibus Asiae.

Soymié, Michel. 1956. "Le Lo-feou chan: Etude de géographie religieuse."

BEFEO 48: 1–132.

———, 1961. "Sources et sourciers en Chine." *Bulletin de la Maison Franco -Japonaise* (n.s.) 7, 1: 1–56.

———, 1984. "Quelques représentations de statues miraculeuses dans les grottes de Touen–houang." In Soymié, ed., *Contributions aux Etudes de Touenhouang*, Vol. 3: 77–102. Publications de l'Ecole Française d'Extrême–Orient 135. Paris: Ecole Française d'Extrême–Orient.

———, 1987. "Notes d'iconographie bouddhique: Des Vidyārāja et Vajradhara de Touen–houang." *Cahiers d'Extrême-Asie* 3: 9–26.

Spence, Jonathan D. 1984. *The Memory Palace of Matteo Ricci*. New York: Penguin Books.

Spiro, Audrey. 1988. "New Light on Gu Kaizhi: Windows of the Soul." *Journal of Chinese Religions* 16: 1–17.

Spiro, Melford E. 1970. *Buddhism and Society: A Great Tradition and its Burmese Vicissitudes*. Berkeley: University of California Press.

Sponberg, Alan. 1989. "Attitudes Toward Women and the Feminine in Early Buddhism." In José Cabezón, ed., *Buddhism, Sexuality, and Gender*. Albany: State University of New York Press.

Staal, Frits. 1979. "The Meaninglessness of Ritual." *Numen* 26, 1: 2–22.

———, 1985. "Substitutions de paradigmes et religions d'Asie." *Cahiers d'Extrême-Asie* 1: 21–57.

———, 1986a. "The Sound of Religion."(Ⅰ) *Numen* 33, 1: 33–64.

———, 1986b. "The Sound of Religion."(Ⅱ) *Numen* 33, 2: 185–224.

Stalleybrass, P., and A. White. 1986. *The Politics and Poetics of Transgression*. Ithaca: Cornell University Press.

Starobinski, Jean. 1971. *Les mots sous les mots: Les anagrammes de Ferdinand de Saussure*. Paris: Gallimard.

Staten, Henry. 1984. *Wittgenstein and Derrida*. Lincoln and London: University of Nebraska Press.

Stein, Rolf A. 1970. "La légende du foyer dans le monde chinois." In Jean Pouillon and Pierre Maranda, eds., *Echanges et communications: Mélanges offerts à Claude Lévi-Strauss à l'occasion de son 60ème anniversaire*, 1280-1305. The Hague: Mouton.

_____, 1974. "Etude du monde chinois: Institutions et concepts." *Annuaire du Collège de France*, 499-517. Paris: Collège de France.

_____, 1975. "Etude du monde chinois: Institutions et concepts." *Annuaire du Collège de France*, 481-495. Paris: Collège de France.

_____, 1978. "Etude du monde chinois: Institutions et concepts." *Annuaire du Collège de France*, 639-654. Paris: Collège de France.

_____, 1979. "Religious Taoism and Popular Religion from the Second to the Seventh Centuries." In Holmes H. Welch and Anna Seidel, eds., *Facets of Taoism: Essays in Chinese Religion*, 53-81. New Haven: Yale University Press.

_____, 1981. "Porte (Gardien de la): Un exemple de mythologie bouddhique, de l'Inde au Japon." In Yves Bonnefoy, ed., *Dictionnaire des mythologies et des religions*, Vol. 2: 280-284. Paris: Flammarion.

_____, 1986. "Avalokitesvara/Kouan-yin, un example de transformation d'un dieu en déesse." *Cahiers d'Extrême-Asie* 2: 17-77.

_____, [1977] 1987. "Sudden Illumination or Simultaneous Comprehension: Remarks on Chinese and Tibetan Terminology." In Peter N. Gregory, ed., *Sudden and Gradual: Approaches to Enlightenment in Chinese Thought*, 41-65. Honolulu: University of Hawaii Press.

_____, 1988. "Grottes-matrices et lieux saints de la déesse en Asie orientale." Publications de l'Ecole Française d'Extrême-Orient 151. Paris: Ecole Française d'Extrême-Orient.

_____, 1990. *The World in Miniature: Container Gardens and Dwellings in Far Eastern Religious Thought*. Trans. Phyllis Brooks. Stanford: Stanford University Press.

Steiner, George. 1975. *After Babel: Aspects of a Theory of Translation*. New York: Oxford University Press.

Stevens, Keith. 1976~1977. "Chinese Preserved Monks." *Journal of the Hong Kong Branch of the Royal Asiatic Society* 16-17: 292-297.

Stock, Bryan. 1983. *The Implications of Literacy: Written Language and Models of Interpretation in the Eleventh and Twelfth Centuries*. Princeton: Princeton University Press.

Strickmann, Michel. 1977. "The Mao Shan Revelations: Taoism and the Aristocracy." *T'oung Pao* 63, 1: 1-64.

_____, 1979. "On the Alchemy of T'ao Hung-ching." In Holmes H. Welch and Anna Seidel, eds., *Facets of Taoism: Essays in Chinese Religion*, 123-192. New Haven: Yale University Press.

_____, 1980. "History, Anthropology, and Chinese Religions." *HJAS* 40: 201-248.

_____, 1981. *Le taoïsme du Mao chan: Chronique d'une révélation*. Paris: Presses Universitaires de France.

_____, ed. 1981~1985. *Tantric and Taoist Studies in Honour of R. A. Stein*. 3 vols. Brussels: Institut Belge des Hautes Etudes Chinoises.

_____, 1988. "Dreamwork of Psycho-Sinologists: Doctors, Taoists, Monks." In Carolyn T. Brown, ed., *Psycho-Sinology: The Universe of Dreams in Chinese Culture*, 25-46. Lanham: University Press of America.

_____, 1989. "The Animate Icon." Unpublished paper.

Strong, John S. 1979. "The Legend of the Lion-Roarer: A Study of the Buddhist Arhat Pindola Bhāradvāja." *Numen* 26, 1: 50-88.

_____, 1983. *The Legend of King Asoka: A Study and Translation of the Asokāvadāna*. Princeton: Princeto University Press.

Sugimoto Shunryū 杉本俊龍. 〔1938〕1982. 『增訂洞上室內切紙并參話研究』. 東京: 曹洞宗宗務廳.

Sullivan, Lawrence E. 1986. "Sound and Senses: Toward a Hermeneutics of Performance." *History of Religions* 26, 1: 1-33.

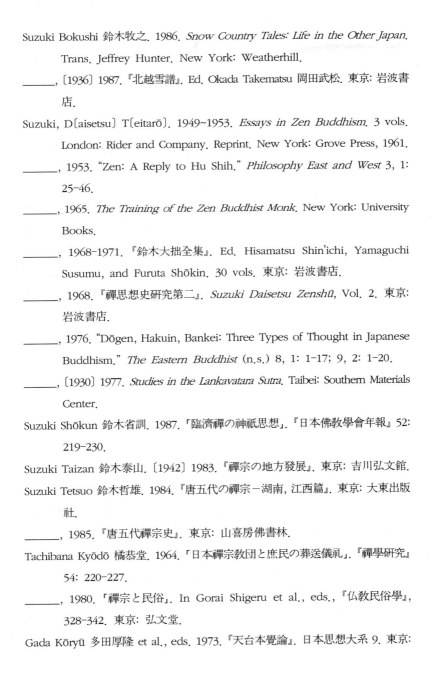

Suzuki Bokushi 鈴木牧之. 1986. *Snow Country Tales: Life in the Other Japan.* Trans. Jeffrey Hunter. New York: Weatherhill.

_____, 〔1936〕 1987. 『北越雪譜』. Ed. Okada Takematsu 岡田武松. 東京: 岩波書店.

Suzuki, D〔aisetsu〕 T〔eitarō〕. 1949~1953. *Essays in Zen Buddhism.* 3 vols. London: Rider and Company. Reprint. New York: Grove Press, 1961.

_____, 1953. "Zen: A Reply to Hu Shih." *Philosophy East and West* 3, 1: 25-46.

_____, 1965. *The Training of the Zen Buddhist Monk.* New York: University Books.

_____, 1968-1971. 『鈴木大拙全集』. Ed. Hisamatsu Shin'ichi, Yamaguchi Susumu, and Furuta Shōkin. 30 vols. 東京: 岩波書店.

_____, 1968. 『禪思想史研究第二』. *Suzuki Daisetsu Zenshū,* Vol. 2. 東京: 岩波書店.

_____, 1976. "Dōgen, Hakuin, Bankei: Three Types of Thought in Japanese Buddhism." *The Eastern Buddhist* (n.s.) 8, 1: 1-17; 9, 2: 1-20.

_____, 〔1930〕 1977. *Studies in the Lankavatara Sutra.* Taibei: Southern Materials Center.

Suzuki Shōkun 鈴木省訓. 1987. 「臨濟禪の神祇思想」. 『日本佛教學會年報』 52: 219-230.

Suzuki Taizan 鈴木泰山. 〔1942〕 1983. 『禪宗の地方發展』. 東京: 吉川弘文館.

Suzuki Tetsuo 鈴木哲雄. 1984. 『唐五代の禪宗-湖南, 江西篇』. 東京: 大東出版社.

_____, 1985. 『唐五代禪宗史』. 東京: 山喜房佛書林.

Tachibana Kyōdō 橘恭堂. 1964. 「日本禪宗教団と庶民の葬送儀礼」. 『禪學研究』 54: 220-227.

_____, 1980. 「禪宗と民俗」. In Gorai Shigeru et al., eds., 『仏教民俗學』, 328-342. 東京: 弘文堂.

Gada Kōryū 多田厚隆 et al., eds. 1973. 『天台本覺論』. 日本思想大系 9. 東京:

岩波書店.

Tada, Michitarō. 1981. "Sacred and Profane: The Division of a Japanese Space." *Zinbun: Memoirs of the Research Institute for Humanities Studies* 17: 17-38.

Tajima Hakudō 田島柏堂, ed. 1978. 『瑩山』. 日本の禪語録 5. 東京: 講談社.

Takahashi Shūhei 高橋秀榮. 1984. 「三宝寺の達摩宗門徒と六祖普賢舍利」. 『宗學研究』26: 116-121.

Takahashi Tetsu. 1965. *Secret Heirloom Picture Scrolls.* Tokyo: Kantō shobō.

Takakusu, Junjirō. 1928~1929. "Le voyage de Kanshin au Japan (742-754), par Aomi-no Mabito Genkai (779)." *BEFEO* 28: 1-41, 441-472; 29: 47-62.

_____, trans. 〔1896〕 1970. *A Record of the Buddhist Religion as Practiced in India and the Malay Archipelago (A.D. 671-695), by I-tsing.* Taibei: Cheng Wen.

Takao Giken 高雄義堅. 1975. 『宋代仏教史の研究』. 東京: 百華苑.

Takase Shigeo 高瀬重雄, ed. 1977. 『白山, 立山と北陸修驗道』. 東京: 名著出版.

Takeuchi Kōdō 竹内弘道. 1985. 「新出の荷澤神會塔銘について」. 『宗學研究』27: 313-325.

Tamamura Takeji 玉村竹二. 1976~1981. 『日本禪宗史論集』. 4 vols. 東京: 思文閣出版.

Tamamuro Taijō 圭室諦成. 1963. 『葬式仏教』. 東京: 大法輪閣.

Tambiah, Stanley J. 1968. "The Magical Power of Words." *Man* 3: 175-208.

_____, 1970. *Buddhism and the Spirit Cults of Northeast Thailand.* Cambridge: Cambridge University Press.

_____, 1976. *World Conqueror and World Renouncer: A Study of Buddhism and Polity in Thailand against a Historical Background.* Cambridge: Cambridge University Press.

_____, 1981. "A Performative Approach to Ritual." In *Proceedings of the British Academy*, Vol. 65: 113-169. New York: Oxford University Press.

_____, 1985. *The Buddhist Saints of the Forest and the Cult of Amulets: A Study in Charisma, Hagiography, Sectarianism, and Millennial Buddhism.* Cambridge: Cambridge University Press.

_____, 1990. *Magic, Science, Religion, and the Scope of Rationality.* Cambridge: Cambridge University Press.

Tanabe, George Joji, Jr. 1983. "Myōe shōnin (1173-1232): Tradition and Reform in Early Kamakura Buddhism." Ph.D. diss., Columbia University.

Tanabe, George Joji, and Willa Tanabe, eds. 1989. *The Lotus Sūtra in Japanese Culture.* Honolulu: University of Hawaii Press.

Tanaka Ryōshō 田中良昭. 1981. "Relations between the Buddhist Sects in the T'ang Dynasty through the ms. P. 3913." *Journal Asiatique* 169: 163-169.

_____, 1983. 『敦煌禪宗文獻の研究』. 東京: 大東出版社.

Taussig, Michael T. 1980. *The Devil and Commodity Fetishism in South America.* Chapel Hill: University of North Carolina Press.

Taylor, Mark C. 1984. *Erring: A Postmodern A/theology.* Chicago: University of Chicago Press.

Teiser, Stephen F. 1988. *The Ghost Festival in Medieval China.* Princeton: Princeton University Press.

_____, 1989. "The Growth of Purgatory." Unpublished paper.

Terada Tōru 寺田透, and Mizuno Yaeko 水野弥穂子, eds. 1975. 『道元』 2 vols. 東京: 岩波書店.

Thomas, Keith. 1971. *Religion and the Decline of Magic.* London: Charles Scribner's and Sons.

Todorov, Tzvetan. 1978. *Symbolisme et interprétation.* Paris: Seuil.

_____, 1984. *Mikhail Bakhtin: The Dialogical Principle.* Trans. Wlad Godzich. Minneapolis: University of Minnesota Press.

_____, 1987. *Literature and its Theorists: A Personal View of Twentieth-Century Criticism.* Trans. Catherine Porter. Ithaca: Cornell University Press.

Togawa Anshō 戸川安章. 1974. 『出羽三山のミイラ仏』. 東京: 中央書院.

674

Tokiwa Daijō 常盤大定. 1923. 『支那佛教史蹟』. 東京: 佛教史蹟研究會.

_____, 1943. 『支那佛教の研究』. 東京: 春秋社.

_____, 〔1938〕1972. 『支那佛教史蹟踏査記』. 東京: 國書刊行會.

Tokiwa Gishin, trans. 1973. *A Dialogue on the Contemplation-Extinguished: Translated from the Chüeh-kuan lun, an Early Chinese Zen Text from Tun-huang*. Kyoto: Institute for Zen Studies.

Tominaga Nakamoto 富永沖基. 1982. 『出定後語』. 東京: 隆文館.

_____, 1990. *Emerging from Meditation*. Trans. Michael Pye. Honolulu: University of Hawaii Press.

Tracy, David. 1981. *The Analogical Imagination: Christian Theology and the Culture of Pluralism*. New York: Crossroad.

_____, 1987. *Plurality and Ambiguity: Hermeneutics, Religion, Hope*. San Francisco: Harper and Row.

Tsuji Zennosuke 辻善之助. 1944–1955. 『日本佛教史』. 10 vols. 東京: 岩波書店.

Tsukamoto Zenryū 塚本善隆. 1975. 『塚本善隆著作集』. Vol. 3: 『中國中世佛教史論攷』. 東京: 大東出版社.

_____, 1976. 『中國淨土教史の研究』. 東京: 大東出版社.

Turner, Victor W. 969. *The Ritual Process: Structure and Anti-structure*. Chicago: University of Chicago Press.

_____, 1974. *Dramas, Fields, and Metaphors: Symbolic Action in Human Society*. Ithaca: Cornell University Press.

_____, 1975. *Revelation and Divination in Ndembu Ritual*. Ithaca: Cornell University Press.

_____, 1987. *The Anthropology of Performance*. New York: PAJ Publications.

Turner, Victor W., and Edith Turner. 1978. *Image and Pilgrimage in Christian Culture: Anthropological Perspectives*. New York: Columbia University Press.

Tyler, Royall. 1984. "The Tokugawa Peace and Popular Religion: Suzuki Shōsan, Kakugyō Tōbutsu, and Jikigyō Miroku." In Peter Nosco, ed.,

Confucianism and Tokugawa Culture, 92–119. Princeton: Princeton University Press.

Ueda Shizuteru 上田閑照, and Yanagida Seizan 柳田聖山. 1982.『十牛図－自己の現象學』. 東京: 筑摩書房.

Ui Hakuju 宇井伯壽〔1941〕1966a.『禪宗史研究』2. 東京: 岩波書店.

_____, 〔1943〕1966b.『禪宗史研究』3. 東京: 岩波書店.

_____, 〔1935〕1966c.『禪宗史研究』1. 東京: 岩波書店.

Valéry, Paul. 1927. *Monsieur Teste*. Paris: Gallimard.

_____, 1946. *Mon Faust*. Paris: Gallimard.

_____, 1970. *Analects*. Trans. Stuart Gilbert. Bollingen Series XLV: 14. Princeton: Princeton University Press.

van Gennep, Arnold. 〔1909〕1960. *The Rites of Passage*. Trans. M. B. Wizedom and G. L. Caffee. Chicago: University of Chicago Press.

van Gulik, Robert. 〔1961〕1974. *Sexual Life in Ancient China: A Preliminary Survey of Chinese Sex and Society from ca. 1500 B.C. till 1644 A.D.* Leiden: E. J. Brill.

Varley, H. Paul, trans. 1980. *A Chronicle of Gods and Sovereigns: Jinnō Shōtoki of Kitabatake Chikafusa*. New York: Columbia University Press.

Vernant, Jean-Pierre. 1965. *Mythe et pensée chez les Grecs: Etudes de psychologie historique*. 2 vols. Paris: Maspero.

_____, 1974. *Mythe et sociéte en Grèce ancienne*. Paris: Maspero.

_____, 1979. *Religions, historie, raisons*. Paris: Maspero.

_____, 1981. "Death with Two Faces." Trans. J. Lloyd. In S. C Humphreys and H. King, eds., *Mortality and Immortality*, 285–291. London: Academic Press.

Vernant, Jean-Pierre et al., eds. 1974. *Divination et rationalité*. Paris: Seuil.

Veyne, Paul. 1984. *Writing History*. Trans. Mina Moore-Rinvolucri. Middletown: Wesleyan University Press.

_____, 1988. *Did the Greeks Believe in their Myths? An Essay on the Constitutive*

Imagination. Trans. Paula Wissig. Chicago: University of Chicago Press.

———, 1990. "Propagande expression roi, image idole oracle." *L'homme* 114: 7-26.

Visser, Marinus Willem de. 1923. *The Arhats in China and Japan*. Berlin: Oesterheld.

Vita, Silvio. 1988. "Li Hua and Buddhism." In Antonino Forte, ed., *Tang China and Beyond: Studies on East Asia from the Seventh to the Tenth Century*, 97-124. Kyoto: Istituto Italiano di Cultura.

Vos, Frits. 1979. "Tung-fang Shuo, Buffoon and Immortal in Japan and Korea." *Oriens Extremus* 26, 1-2: 189-203.

Wachtel, Nathan. 1971. *La vision des vaincus: Les Indiens du Pérou devant la Conquête espagnole*. Paris: Gallimard.

Waddell, Norman, trans. 1977-1978. "Dōgen's Hōkyō-ki." *The Eastern Buddhist* (n.s.) 10, 2: 102-139; 11, 1: 66-84.

———, trans. 1979. "Being Time: Dōgen's Shōbōgenzō Uji." *The Eastern Buddhist* (n.s.) 12, 1: 114-129.

Waddell, Norman, and Masao Abe, trans. 1971. "Dōgen's Bendōwa." *The Eastern Buddhist* (n.s.) 4, 1: 88-115.

———, trans. 1972. "Dōgen's Shōbōgenzō Zenki and Shōji." *The Eastern Buddhist* (n.s.) 5, 1: 70-80.

Waghorne, Joanne Puzzo, and Norman Cutler, eds. 1985. *Gods of Flesh, Gods of Stone: The Embodiment of Divinity in India*. Chambersburg, PA: Anima Books.

Wagner, Rudolf. 1988. "Imperial Dreams in China." In Carolyn T. Brown, ed., *Psycho-Sinology: The Universe of Dreams in Chinese Culture*, 11-24. Lanham: University Press of America.

Wakeman, Frederic, Jr. 1988. "Mao's Remains." In James L. Watson and Evelyn Rawski, eds., *Death Rituals in Late Imperial and Modern China*, 254-288. Berkeley: University of California Press.

Waley, Arthur, trans. 1923. *The Temple and Other Poems*. London: George Allen and Unwin.

_____, 1931~1932. "New Light on Buddhism in Medieval India." *Mélanges chinois et bouddhiques* 1: 355-376.

_____, 1949. *The Life and Times of Po Chü-i, 772-846 A.D.* New York: Macmillan.

_____, 1952. *The Real Tripitaka and Other Pieces*. New York: Macmillan.

_____, 1969. "Two Posthumous Articles." *Asia Major* 14, 2: 242-246.

_____, [1955] 1970. "Some Far Eastern Dreams." In Ivan Morris, ed., *Madly Singing in the Mountains: An Appreciation and Anthology of Arthur Waley*, 364-371. New York: Walker and Company.

Wang Hongjin, ed. 1988. *Tales of the Shaolin Monastery*. Trans. C. J. Lonsdale. Hong Kong: Joint Publishing.

Wata Kenju 和田謙壽. 1960. 「民俗學的立場からみた曹洞宗の發展について」. 『宗學研究』 2: 124-131.

Watanabe Shōhei 渡部正英. 1975. 「禪宗と民衆とのについて」. 『曹洞宗研究員研究生研究紀要 』 12: 148-161.

_____, 1986. 「庶民信仰と禪宗寺院の行事」. *IBK* 34, 2: 175-182.

Watanabe Tsunaya 渡邊綱也, ed. 1966. 『沙石集』. 東京: 岩波書店.

Waston, Burton, trans. 1963. *Hsün Tzu: Basic Writings*. New York: Columbia University Press.

_____, trans. 1968. *The Complete Works of Chuang Tzu*. New York: Columbia University Press.

_____, 1988. "Zen Poetry." In Kenneth Kraft, ed., *Zen: Tradition and Transition: A Sourcebook by Contemporary Zen Masters and Scholars*, 105-124. New York: Grove Press.

Watson, James L. 1976. "Anthropological Analyses of Chinese Religion." *China Quarterly* 66: 355-364.

_____, 1982. "Of Flesh and Bones: The Management of Death in Cantonese

Society." In Maurice Bloch and Jonathan Parry, eds., *Death and the Regeneration of Life*, 155–186. Cambridge: Cambridge University Press.

———, 1985. "Standardizing the Gods: The Promotion of T'ien Hou (Empress of Heaven) along the South China Coast." In David Johnson, Andrew J. Nathan, and Evelyn S. Rawski, eds., *Popular Culture in Late Imperial China*, 292–324. Berkeley: University of California Press.

———, 1988. "The Structure of Chinese Funerary Rites: Elementary Forms, Ritual Sequence, and the Primacy of Performance." In James L. Watson and Evelyn Rawski, eds., *Death Rituals in Late Imperial and Modern China*, 3–19. Berkeley: University of California Press.

Watson James L., and Evelyn Rawski, eds., *Death Rituals in Late Imperial and Modern China*. Berkeley: University of California Press.

Watt, Paul B. 1984. "Jiun Sonja (1718–1804): A Response to Confucianism within the Context of Buddhist Reform." In Peter Nosco, ed., *Confucianism and Tokugawa Culture*, 188–214. Princeton: Princeton University Press.

Weber, Max. 1951. *The Religion of China: Confucianism and Taoism*. Trans. H. H. Gerth. Glencoe, IL: Free Press.

———, 1958a. *From Max Weber*. Trans. H. H. Gerth and C. Wright Mills. New York: Oxford University Press.

———, 1958b. *The Religion of India: The Sociology of Hinduism and Buddhism*. Trans. H. H. Gerth and D. Martindale. Glencoe, IL: Free Press.

———, 1964. *The Sociology of Religion*. Trans. Ephraim Fischoff. Boston: Beacon Press.

———, 1978. *Economy and Society: An Outline of Interpretive Sociology*. Ed. Guenther Roth and Claus Wittich. Berkeley and Los Angeles: University of California Press.

———, 1986. "Parenthèse théorique: Le refus religieux du monde, ses orientations et ses degrés." *Archives de sciences sociales des religions*

61, 1: 7-34.

Wechsler, Howard J. 1985. *Offerings of Jade and Silk: Ritual and Symbol in the Legitimation of the T'ang Dynasty.* New Haven: Yale University Press.

Weinstein, Stanley. 1973. "Imperial Patronage in the Formation of T'ang Buddhism." In Arthur Wright and Denis Twitchett, eds., *Perspectives on the T'ang*, 265-306. New Haven: Yale University Press.

_____, 1974. "The Beginnings of Esoteric Buddhism in Japan: The Neglected Tendai Tradition." *Journal of Asian Studies* 34, 1: 177-191.

_____, 1987. *Buddhism under the T'ang.* New York: Cambridge University Press.

Welch Holmes H. 1963. "Dharma Scrolls and the Succession of Abbots in Chinese Monasteries." *T'oung Pao* 50, 1-3: 93-149.

_____, 1967. *The Practice of Chinese Buddhism, 1900-1950.* Cambridge, MA: Harvard University Press.

_____, 1968. *The Buddhist Revival in China.* Cambridge, MA: Harvard University Press.

Welch Holmes H., and Anna Seidel, eds. 1979. *Facets of Taoism: Essays in Chinese Religion.* New Haven: Yale University Press.

Weller, Robert P. 1987. *Unities and Diversities in Chinese Religons.* Seattle: University of Washington Press.

Wen Fong. 1958. *The Lohans and a Bridge to Heaven.* Washington, D.C.: Freer Gallery, Occasional Papers.

White, Hayden. 1973. *Metahistory: The Historical Imagination in Nineteenth -Century Europe.* Baltimore: Johns Hopkins University Press.

_____, 1978. *Tropics of Discourse: Essays in Cultural Criticism.* Baltimore: Johns Hopkins University Press.

_____, 1987. *The Content of the Form: Narrative Discourse and Historical Representation.* Baltimore: Johns Hopkins University Press.

Wieger, Léon. 1951. *Bouddhisme chinois: Extraits du Tripitaka, des commentaires, etc.* Paris: Catharsia.

Wittgenstein, Ludwig. 1958. *Philosophhical Investigations: The English Text of the Third Edition.* New York: Macmillan.

_____, 1971. "Remarks on Frazer's Golden Bough." *The Human World* 3: 18–41.

Wolf, Arthur P., ed. 1978. *Studies in Chinese Society.* Stanford: Stanford University Press.

Wright, Arthur F. 1990. *Studies in Chinese Buddhism.* Ed. Robert M. Somers. New Haven: Yale University Press.

Wu, Pei–yi. 1975. "The Spiritual Autobiography of Te–ch'ing." In Wm. Theodore de Bary, ed., *The Unfolding of Neo-Confucianism*, 67–92. New York: Columbia University Press.

_____, 1978. "Self–examination and Confession of Sins in Traditional China." *HJAS* 39, 1: 5–38.

Xu Guolin 許國林. 1937. 『敦煌石室寫經題記與敦煌雜錄』. 2 vols. Shanghai: Shangwu yinshuguan.

Xu Yun. 1988. *Empty Cloud: The Autobiography of the Chinese Zen Master Xu Yun.* Trans. Charles Luk. Longmead: Element Books.

Yamaguchi Zuihō 山口瑞鳳. 1973. 「チベット仏教と新羅金和尚」. In KIm Chigyŏn 金知見 and Ch'ae Inyak 蔡印約, eds., 『新羅仏教研究』, 3-36. 東京: 山喜房佛書林.

Yamazaki Hiroshi 山崎宏. 1967. 『隋唐仏教史の研究』. 京都: 法藏館.

_____, 1971. 『支那中世仏教の展開』. 京都: 法藏館.

Yampolsky, Philip B. 1967. *The Platform Sūtra of the Sixth Patriarch.* New York: Columbia University Press.

_____, 1988. "The Development of Japanese Zen." In Kenneth Kraft, ed., *Zen: Tradition and Transition: A Sourcebook by Contemporary Zen Masters and Scholars*, 140–156. New York: Grove Press.

Yanagida Seizan 柳田聖山. 1961. 「禪門経について」. In 『塚本博士記念－仏教史
學論集』, 869-882. 東京: 塚本博士頌壽記念會.

———, 1963. 「伝法宝記とその作者」. 『禪學研究』 53: 45-71.

———, 1967. 『初期禪宗史書の研究』. 京都: 法藏館.

———, ed. 1969a. 『達摩の語録－二入四行論』. 禪の語錄 1. 東京: 筑摩書房.

———, 1969b. 「普化の風狂」. In 『東洋文化論集』, 1083-1097. 東京: 早稻田大學
出版部.

———, 1970. 「達摩禪とその背景」. In Ōchō Enichi 横超慧日, ed., 『北魏仏教の
研究』, 115-177. 京都: 法藏館.

———, ed. 1971. 『初期の禪史－楞伽師資其, 伝法宝記』. 禪の語錄 2. 東京:
筑摩書房.

———, 1972a. "The Life of Lin-chi I-hsüan." *The Eastern Buddhist* (n.s.)
5, 2: 70-94.

———, ed. 1972b. 『臨濟錄』. 東京: 大東出版社.

———, 1973. 『禪の遺偈』. 東京: 潮文社.

———, 1974a. 「北宗禪の思想」. *ZBKK* 6: 67-104.

———, ed. 1974b. 『祖堂集』. 京都: 中文出版社.

———, 1974c. 『禪語錄』. 東京: 中央公論社.

———, ed. 1975. 『宋藏遺珍寶林傳, 傳燈玉英集』. 京都: 中文出版社.

———, ed. 1976. 『初期の禪史－歷代法宝記』. 禪の語錄 3. 東京: 筑摩書房.

———, ed. 1977. 『敕修百丈清規左觿』. 2 vols. 京都: 中文出版社.

———, 1978. 「新續灯史の系譜(1)」. 『禪學研究』 59: 1-39.

———, ed. 1979. 『禪林象器箋, 葛藤語箋十卷, 禪林句集辨苗.』. 2 vols. 京都:
中文出版社.

———, 1980. 「絶觀論とその時代」. 『東方學報』 52: 367-401.

———, 1981a. 『中世漂泊』. 京都: 法藏館.

———, 1981b. 「新續灯史の系譜(2)」. 『禪學研究』 60: 1-70.

———, 1982a. 「空病の問題」. In Bukkyō Shisō Kenkyūkai, ed., 『仏教思想』
Vol. 7: 755-798. 京都: 平樂寺書店.

682

_____, 1982b. "The Search for the Real Dōgen: Challenging Taboos concerning Dōgen." *Young East* 8, 1: 3-19.

_____, 1983a. "The Development of the 'Recorded Sayings' Texts of Chinese Ch'an Buddhism." Trans. John. R. McRae. In Whalen Lai and Lewis R. Lancaster, eds., *Early Ch'an in China and Tibet*, 185-205. Berkeley: Asian Humanities Press.

_____, 1983b. "The Li-tai fa-pao chi and the Ch'an Doctrine of Sudden Awakening." Trans. Carl Bielefeldt. In Whalen Lai and Lewis R. Lancaster, eds., *Early Ch'an in China and Tibet*, 13-49. Berkeley: Asian Humanities Press.

_____, 1984. 「道元と中國仏教」. *ZBKK* 13: 3-128.

_____, 1985. 「語録の歴史―禪文獻の成立史的研究」. 『東方學報』 57: 211-663.

_____, ed. 1987. 『一休, 良寛』. Daijō butten: Chūgoku. Nihon hen, Vol. 26. 東京: 中央公論.

_____, 1988a. 「神會の肖像」. 『禪文化研究所紀要』 15: 215-243.

_____, 1988b. 『禪の文化―資料篇―禪林僧寶傳譯注』. 京都: 京都大學人文科學研究所.

_____, 1989. 「初期禪宗と法華經」. 『佛教史學研究』 32: 81-103.

Yang, C. K. 1961. *Religion in Chinese Society: A Study of Contemporary Social Functions of Religions and Some of their Historical Factors*. Berkeley: University of California Press.

Yang Hsüan-chih. 1984. *A Record of Buddhist Monasteries in Lo-yang*. Trans. Wang Yi-t'ung. Princeton: Princeton University Press.

Yang Lien-sheng. 1963. *Studies in Chinese Institutional History*. Cambridge, MA: Harvard University Press.

Yates, Frances. 1966. *The Art of Memory*. Chicago: University of Chicago Press.

Yetts, W Perceval. 1911. "Notes on the Disposal of Buddhist Dead in China." *Journal of the Royal Asiatic Society* 43: 699-725.

Yi Nŭgnhwa 李能和. 〔1918〕1955. 『朝鮮佛教通史』. 3 vols. 東京: 國書刊行會.

Yin Shun 印順. 1971. 『中國禪宗史』. Taibei: Huiri jiangtang.

Yokoi, Yuho. 1976. *Zen Master Dōgen: An Introduction with Selected Writings*. New York and Tokyo: Weatherhill.

Yoshikawa Tadao 吉川忠夫. 1985. 『中國古代人の夢と死』. 東京: 平凡社.

Yoshizu Yoshihide 吉津宜英. 1985. 『華嚴禪の思想的研究』. 東京: 大東出版社.

Yu, Anthony, trans. 1977~1983. *The Journey to the West*. 4 vols. Chicago: University of Chicago Press.

Yü Chün-fang. 1981. *The Renewal of Buddhism in China: Chu-hung and the Late Ming Synthesis*. New York: Columbia University Press.

_____, 1982. "Chung-feng Ming-pen and Ch'an Buddhism in the Yüan." In Hok-lam Chan and Wm. Theodore de Bary, eds., *Yüan Thought: Chinese Thought and Religion under the Mongols*, 419-477. New York: Columbia University Press.

Yuasa, Nobuyuki, trans. 1981. *The Zen Poems of Ryōkan*. Princeton: Princeton University Press.

Zeuschner, Robert B. 1983. "The Concept of li-nien ("being free from thinking") in the Northern Line of Ch'an Buddhism." In Whalen Lai and Lewis R. Lancaster, eds., *Early Ch'an in China and Tibet*, 131-148. Berkeley: Asian Humanities Press.

Zhang Mantao 張曼濤, ed. 1978. 『中國佛教寺塔史志』. 臺北: 大乘文化.

Zhang Shengyan 張聖嚴. 1975. 『明末中國仏教の研究－特に智旭を中心として』. 東京: 山喜房佛書林.

Zürcher, Erik. 1959. *The Buddhist Conquest of China: The Spread and Adaptation of Buddhism in Early Medieval China*. 2 vols. Leiden: E. J. Brill.

_____, 1980. "Buddhist Influence on Early Taoism." *T'oung Pao* 66, 1-3: 84-147.

찾아보기

【ㄱ】

가사袈裟　43, 281, 282, 294, 306, 318-323, 337, 338, 415, 510, 511

가산 죠세키　259, 523

가지加持　540, 546

감산덕청　274, 275, 297, 305, 323, 324, 425-429

감통感通　214

강승회　275, 277

개안開眼　330, 331, 341

거룩한 도둑질　321, 325

겐노 신쇼　259, 523

겐코샤쿠쇼　276, 436, 508, 517, 523

경산법흠　324

계승　54, 256, 276, 461

고라이 시게루　374, 386

고로호　282, 422

고메즈, 루이　83, 87, 123, 129, 529

고쉐, 마르셀　157, 163, 164

고전적 선　51, 98

고타마(붓다)　44, 143, 400

공空　111, 138, 145-148, 150, 155, 161, 162, 205, 213, 227, 228, 249, 256, 346, 350, 351, 371, 372, 394, 403, 404, 434, 446, 475, 486, 487, 531

공안　97, 130, 143, 372, 521, 551, 552

공자　233, 277, 351

관음(보살)　196, 214, 429, 460-464, 474, 496, 497, 525

관제關帝　192, 193, 515

굉지정각　304

교선일치　51, 71, 142

교외별전　71, 103

구나발다라　122-125, 204, 215-217, 415

구마라집　404

구별짓기　63, 93, 156, 157, 178, 182, 455, 568

구지(선사)　105

국지화　30, 149, 177

그루아퇴상, 베르나르　348

금강경　30, 264, 542

기도 슈신　44

긴즈부르그, 카를로　174, 175, 181, 190

꾀쟁이　40, 189, 232-239, 243, 244, 250, 251, 261, 262, 452, 573

【ㄴ】

남종(선) 45-49, 71, 85, 89, 90, 297, 316, 501, 559

남화사 297, 305, 323

내재성 87, 109, 159, 151, 157, 163, 334, 337, 547, 563

능가사자기 50, 122-125, 216, 217, 252, 364, 534

능가종 46

능엄경 101, 244, 434, 449, 450, 519, 546

【ㄷ】

다라니 370, 541, 546, 547

다르마슈 66, 67, 138, 280-282, 357, 521

다이니치 노닌 67, 138, 336, 349

단도개 308

단하천연 277, 331, 502

달마론 60, 123, 125, 347, 406

담연 217

대(마하)가섭 303, 306, 379, 449, 497

대권수리 492, 493

대승불교 121, 130, 145, 146, 149-155, 163, 403-408, 453, 486

대역 334, 340, 341, 343

대전大顚 288, 289

대혜종고 98, 361, 412, 413, 455-457

더글러스, 메리 532, 533, 558

데리다, 쟈크 35, 69, 93, 127, 132

데바 206-208

데바타 206-208, 233, 238

도겐 44, 75, 79, 131, 137, 138, 147, 148, 158, 229-231, 280-282, 323, 332, 362, 367, 368, 386, 387, 411, 416, 417, 441, 453, 458, 493, 502-506, 517, 518, 538, 539, 548

도교 82, 96, 97, 158-160, 184, 189, 206, 214, 222-224, 234, 241, 250, 284, 308, 359, 401, 438, 453, 482, 497, 510

도료道了 526

도선道宣 215, 216, 280, 498

도솔천 410, 419, 420, 424, 428

도신道信 45, 46, 122-125, 216, 252, 295-297, 535

도육 59, 60

도제道濟 257, 442

도쿠안 도쿠고 120, 446

돈오 40, 60, 61, 71, 80, 83, 86-91, 93-96, 98-120, 125, 133, 135, 141, 146, 165, 269, 284, 406, 408, 573

동산법문 46

동산양개 230

동성애 418, 427, 445-447, 466, 469-477, 481

뒤몽, 루이 101, 129

뒤프롱, 알퐁스 170-175, 180

드미에빌, 폴 50, 82-86, 134, 222, 308, 483, 494
뚜 웨이밍 91

【ㄹ】
라카프라, 도미니크 174, 181, 580
레버링, 미리암 455-457
레비 스트로스, 클로드 32, 101, 177, 524, 527, 562, 581, 592
롤린슨, 앤드류 212
료겐 526
료칸 250, 409
루소, 장 자크 150
르 고프, 자크 397, 398
리오타르, 장 프랑수아 31, 102
리치, 마테오 297, 298, 468, 450
리치, 에드먼드 79, 206, 207
리쾨르, 폴 92, 132

【ㅁ】
마스페로, 앙리 186, 194, 195
마조媽祖 185, 192, 193, 461
마조도일 47, 61, 118, 119, 133, 242, 302, 554
마테오 리치 297, 298, 468, 500
마하연 86, 134, 205, 206, 222
만신전 192, 487, 515
만자卍字 377, 381
만잔 480

만회萬廻 198-202, 208, 238, 256, 296, 300, 452, 496
망상 86, 87, 110, 111, 124, 150, 165, 217, 286, 350, 403-409, 430, 446, 458, 560
매개(성) 28, 29, 35, 40, 41, 83, 131, 143-146, 150-154, 161-163, 560 -563, 567, 568
매개자 144, 145, 206, 207, 233, 326, 586
맥레이, 존 88
메를르 퐁티, 모리스 130, 405, 571
멘잔 즈이호 341, 387, 498, 504, 506, 507, 542
명상 215-217, 265, 275, 419, 519, 525, 549-552, 557
명찬 234-236
모가리 374, 386, 391
모산 224, 314
모스, 마르셀 30, 67, 115, 193, 558
목건련 211, 460
목차木叉 311
묘보妙普 364
묘산杳山 456, 461
묘에 335, 416-421, 425, 427, 520
무념 29, 100, 211, 222, 277, 550
무료無了 315
무문혜개 148, 248, 562
무봉탑 287, 334, 371

무상(無相, 승려) 301, 311, 322, 537

무생방편문 139, 446

무소 소세키 407, 512, 540, 547

무아론 346, 367-368

무염 43, 97

무위진인 70, 131, 163, 284

무쟈쿠 도츄 142, 218, 338, 478, 490,
    511, 544

무제(武帝, 북위) 134

무주無住 133, 140, 141, 322, 537

무준사범 361, 510, 523

무쥬 이치엔 407, 520

무측천(무후) 221, 234, 322, 435, 436,
    456

무학조원 286, 507, 511

문수(보살, 사리) 218, 426, 449, 450,
    454, 477, 478, 488

뮈, 폴 97, 152, 271, 283

미라화 268, 293, 299, 302-304,
    308-314, 339, 365

미륵 196, 303-307, 410-413, 424-428

미치광이 189, 201, 240, 246, 249,
    453

민간 종교 165, 168-173, 177-179, 183,
    184, 189, 190, 192, 194, 197, 350,
    497, 512, 568, 569

【ㅂ】
바로, 앙드레 283, 284

바흐찐, 미하일 94, 174-176

반 겐넵, 아놀드 270, 344

반성직주의 438, 442, 444

반야심경 148, 475, 476

반율법주의 64, 136, 140, 190, 256,
    257, 433, 481, 530, 537

반의례주의 516, 529, 537, 538, 552,
    553

밧스이 토쿠쇼 287, 455, 541, 547

방거사 118, 136, 228, 249, 555

방편 63, 89, 90, 122, 139-143, 219,
    524, 537, 540, 560, 563, 567

배휴 349

백장회해 55, 119, 147, 148, 248, 460

버거와 루크만 54, 62

번뇌즉보리 127, 135, 437, 475, 481

법화경 151, 288, 346, 454

베르그송, 앙리 76, 102, 570

베버, 막스 37, 54-55, 63, 65, 100

벨, 캐서린 557, 561, 577-582

벽관 237, 551

벽암록 200

보당종 133, 301, 322, 537

보리달마 45-47, 86, 121, 122, 134,
    141, 200, 201, 209, 214, 231, 236,
    237, 266, 284, 316, 357-359, 406,
    493, 534

보살 139, 209-214, 219, 250-254, 261,
    436, 437, 489, 500, 502, 519, 537

보암인숙 255-258, 442, 531

보적 193, 203, 284, 457

보지(寶誌, 지공) 196, 198-203, 238, 242, 245, 296

보타락가 365

보현보살 281, 282, 336

보화 233, 239-248, 355

본각(론) 74, 75, 86, 118, 129, 133-138, 146, 155, 392, 433, 442, 481, 554

본지수적설 509-517, 527, 528

뵐플린, 하인리히 36, 37

부르디외, 삐에르 60, 63-66, 79, 92-95, 128, 132, 156, 171, 177, 178, 182, 533, 550, 558, 559, 577

부흡(부대사) 196, 200, 201, 209, 245, 251-254

북종(선) 45-47, 58, 87-90, 121, 129, 139, 140, 202-204, 234, 259, 316, 487, 558

분, 제임스 206, 575

불도징 199

불이不二 70, 71, 91, 134, 409, 475, 579

불인요원 439-442

불조덕광 218, 277

불조통기 276, 296, 300, 302, 315, 463

붓다: (명호) 138, 538; (법) 43; (사리) 266, 278-280, 287, 288, 427; (신통) 224, 228, 231; (열반) 272, 306, 354, 375, 379, 449 ; (유골) 267, 273, 278, 309, 493; (유물) 152, 267; (치아) 273, 278-280

브라운, 피터 170, 171, 180, 314

브로델, 페르낭 39

블레이크, 윌리엄 158, 341

비코, 지암바티스타 104, 105

비트겐슈타인, 루드비히 105, 494, 572

빈두로 210, 211, 341, 342, 497-500, 520

【ㅅ】

사다, 파브레 575, 576

사리불 405, 412, 454, 461

사이교 408, 409

사이죠지 526

사이카쿠 이하라 444, 445, 477-480

사후 수계 370, 381

산보지 281

삼매 217, 302, 364, 420, 547, 551, 552, 558

삼법(한국 승려) 319

상당上堂 539, 545

상상 세계 151-153, 159, 398

상상력 116, 153, 154, 159, 160, 397

샤세키슈 511, 520, 521

서왕모 203, 233, 238

석두희천 119, 325, 327, 328
석지장 301, 302
선견율비바사 401, 406
선묘 418, 419, 437
선무외 222, 309, 546
선문경 85
선정禪定 137, 139, 215-217, 275, 421
설봉의존 295
성상 40, 162, 291, 310-312, 322, 328, 330, 332, 334, 335, 337, 340-343, 490, 563
성상파괴 61, 77, 283, 342, 502
성상화 310-312, 551
성현영 123
세계의 환멸 65, 163-166
세니카 외도 75, 133, 368
세르토, 미셸 드 57, 171, 175-178
소식(소동파) 439-442, 500
소지지 325-328, 514
쇼겐 282
쇼코쿠지 445, 479, 485
쇼토쿠 태자 279, 458
수보리 405, 412, 413
수호신 484-493, 508, 531
순수 선 345, 387, 393, 531
숭산 227, 252, 260, 316, 487
쉬숭펑 427
쉬원 273, 278, 427, 428
슈미트, 장 클로드 186

슈타인 84, 184, 234, 235, 238, 438, 495, 497
순죠 280, 281, 500
스가와라 미치자네 510, 515, 523
스미요시 488, 513, 521, 522
스즈키 다이세츠 58, 72, 94, 125, 530, 572
스즈키 쇼산 242, 251, 257
스트롱, 존 210, 342
승가 201, 202, 209, 255, 287, 300, 301, 310, 315, 496
승조 121, 204, 223, 406
승찬 57, 59, 297, 364
시도 부난 228, 351, 407, 453, 522
신란 429, 464
신비주의 70
신성 공간 148, 196
신수 45-47, 58, 88, 89, 123, 126, 160, 198, 202-205, 253, 435, 436, 487, 535-538
신회 46, 47, 89-93, 124, 140, 222, 278, 299, 322, 323, 558
실단 141, 142
십우도 69, 116, 117, 253

【ㅇ】
아나율 220
아난 230, 314, 449, 450
아라한 203, 340, 341, 422-425, 454,

494, 495, 497-450, 502-507

아마테라스 488, 508, 509

아비투스 107, 156, 177, 559

알튀세르, 루이 587-589

앙산혜적 119, 218, 229, 230, 410, 424

야나기다 세이잔 45, 239, 242, 243

야호(선) 147, 249

양무제 134, 200, 201, 215

양칭쿤 187

에르츠, 로베르 115, 269, 270, 367, 388

에이사이 62, 67, 138, 280, 313, 355-357, 502-504, 516, 517, 544-546

에이헤이지 387, 422, 423, 503, 505

엔니 벤엔 117, 217, 510, 511

엘리트주의 91, 94, 119, 183, 289, 528

엘스터, 존 88, 107, 576

여성 혐오 449, 453, 464, 481

여정如淨 44, 137, 336, 362, 505

염불 138, 277, 538, 539

영명연수 142

오버마이어, 다니엘 185

오플레허티, 웬디 도니거 103, 129, 400, 430

요코지 282, 422, 423, 505, 506, 518

우두종 223, 224, 285, 324, 349

우이 하쿠주 45, 47

우주론 144, 149, 151, 152, 192, 212, 329, 407

우파굽타 451-453

운문문언 56, 302, 303, 324, 415

운암담성 119, 230

원규 204, 225, 227, 276, 281, 487

원소 304

원효 437

웰치, 홈즈 264, 473

위계 73, 92, 114, 124, 144, 146-150, 162-164, 189, 388, 430, 486, 571, 585

위계제 48, 61, 95, 108, 145, 164, 189, 190, 593

위고韋皋 278

위관지韋貫之 137

위반 41, 80, 191, 209, 261, 433, 437, 444, 446, 464, 477, 556, 571

위산영우 229, 230, 410

월포드, 윌리엄 234

유골 숭배 249, 273, 279, 280, 290

유교 82, 91, 150, 184, 187, 188, 243, 258, 276, 289, 290, 308, 377, 401, 448, 456, 461, 472, 508-510, 528

유마경 121, 139, 146, 264, 434, 454, 461

유마힐 60, 220, 434

유메노키 417

육신 264-267, 291-299, 305-310, 316-324, 332, 339, 340, 390, 391, 551, 559

육신통 209, 210, 212-215, 217, 218, 220, 222, 226-229, 253, 430, 487

육조단경 89, 120, 126, 316, 319-323, 446

의례주의 530, 531, 535, 537, 571

의례화 40, 64, 244, 249, 344, 345, 353, 355, 360, 363, 366, 514, 525, 529, 554-559

의복義幅 198, 199

의상 319, 418, 437

의정 154, 220, 267, 369, 374, 375, 469

이분법 71, 77-79, 96, 99, 165, 191, 192, 561, 562, 577-583

이상베르, 프랑소와-르네 78

이원론 127, 155, 157, 185, 580, 581

이원성 58, 81, 158, 163, 164, 584

이입理入 86, 87, 120

이제(론) 40, 55, 83, 96, 121, 127, 131, 135, 150, 164, 165, 353, 437, 453, 535, 555, 568

이종 담론 177, 185

이중 진리 79, 123, 126, 128, 132, 133, 393

이차 장례 268-270

인검(등등) 140, 234, 235

일행(승려) 192, 203, 224, 225

임종게 285, 346, 359, 363

잇큐 143, 250, 332, 366, 443, 450, 453, 454, 464, 465, 481

【ㅈ】

자기 희생 67, 365

자연외도 59, 75, 117, 133-137, 475

자위 447, 465

자장慈藏 278

장례 불교 40, 344, 387

장례식 344, 367, 369, 378, 379, 382, 386, 388, 391, 392

장욱 246, 565

장자 72, 73, 155, 233, 401, 407

전륜성왕 284, 343

전법보기 216, 296, 534

전수 43, 221, 322, 323, 336-338, 363, 423, 425, 542, 545

전이 26, 185, 326, 404, 580

절관론 135, 438

점수 51, 61, 83, 86-88, 100, 116

점오(주의) 82, 83, 87-91, 93, 95, 96, 98-106, 111-120, 126, 146, 165, 262, 408

정각淨覺 113, 204, 205

정거사 292

정상頂相 328, 332-334, 336-340, 363

정숙주의 118, 133, 348

정토 203, 347-349, 386, 414, 428, 435

제공(濟公, 도제) 257, 258, 442

제도화 55-57, 62, 67-71, 163, 187, 250, 550, 552

제르네, 자크 157, 228

제임슨, 프레드릭 92, 143, 161, 572, 574, 584

조가增賀 250, 251, 307, 313

조계曹溪 297-300, 316, 317, 321-323, 415

조당집 66, 120, 200, 241, 242, 288, 289, 349

조상 숭배 343, 352, 353, 525

종밀 47, 54, 66, 67, 73, 89, 99, 132, 140, 245, 278, 285, 461, 537

죠진成尋 301, 503, 504

죠토쇼가쿠론 349, 511, 548

주굉 447, 448

주술사 40, 193, 198-209, 212, 215, 217, 223, 226, 227, 257-261, 263, 265, 296, 527

주희 359

줄리앙, 프랑소와 154, 159

중간계 150-153, 394

중관(학)파 75, 96, 122, 123, 130, 160

중광 453, 454

중도中道 92, 124, 164

중봉명본 72

중음 367

즉신불 293, 306, 313, 314

지눌 66, 279

지단 285, 354

지라르도, 노먼 234

지봉 427, 519, 520

지선(정중파) 221, 322, 436, 537

지옥 158, 216, 347-350, 375, 434, 437, 491

지욱 275

지의 83, 216, 305, 309, 310, 504

【ㅊ】

차별화 71, 80, 81, 96, 182, 558, 559, 573, 581, 587, 588

찬녕 214, 244, 292, 293

찬윙칫 187

철오제성 413

청원행사 45, 155

청활 285

초금楚金 276

초기 선 49-51, 58-61, 68, 98, 129, 139, 204, 243, 253, 343, 446, 534, 543

초보칠랑 492, 518, 519

초월성 109, 151, 157, 163-167, 271, 347, 354, 563

쵸온 도카이 442

치고 모노가타리 474

【ㅋ】

카리스마의 일상화 53, 69, 527

카미 508, 509, 511, 512, 514-518, 520-524

칸기텐 496, 497

캇시키 477-481

케이란슈요슈 138, 267, 357

케이잔 죠킨 231, 282, 416, 421-430, 459, 460, 505, 506, 518, 539

케이카이 425

코르뱅, 앙리 31, 32, 151-153, 397, 398

코뮤니타스 70, 71, 94, 163

코스기 카즈오 310

코야산 306, 307, 313

코젠고코쿠론 62, 138, 357, 502, 503, 517, 544

코진(荒神) 513

코치 호인 293

코칸 시렌 276, 508-510, 515

콘즈, 에드워드 152

쿄오 운료 258

쿠마자와 반잔 443

쿠카이 103, 293, 306-308, 312, 313, 476

키리가미 375, 377, 382, 383, 386, 387, 488, 521, 552

【ㅌ】

타마무로 타이죠 344, 384

탄트리즘 135, 456, 482

탈신화화 148, 192, 249, 326, 387, 506, 514, 528, 531

탐비아, 스탠리 144, 186, 551, 560

터너, 빅터 68, 70, 71, 94, 108, 163, 180, 199, 571

토레이 엔지 541, 555

토미나가 나카모토 215, 260, 430, 432

토키요리 363, 507

티베트 종교회의 85, 86, 93, 134

【ㅍ】

파조타 204, 227, 487

펑유란 136

포대布袋 69, 117, 209, 233-238, 249-256, 304

푸코, 미셸 48, 57, 65, 482

프라닥시나 374, 375

【ㅎ】

하거 370, 379, 380

하세베 코이치 555, 556

하이데거, 마르틴 156, 580

하쿠산 385-387, 424, 489, 493, 508, 509

한산(과 습득) 189, 201, 208, 226,

233-238, 243, 249, 250

한유 243, 247, 249, 273, 288, 289

항마장 205

해방 139, 424, 533

행사行事 545, 553-556

행지行持 545, 555, 556

향엄지한 229, 230

현세 이익 342, 511, 542, 547

현종 202, 203, 224, 301, 431

현종(북종 선승) 204

혜가慧可 45, 46, 59, 60, 67, 68

혜능 45, 46, 88, 89, 126, 160, 196,
204, 235, 281, 282, 295-300,
316-325, 390

혜안慧安 194, 201, 252, 436

호법신 387, 485, 486, 509, 515, 519

혼돈 68, 72, 73, 234, 576

혼합주의 150, 188, 194-196, 371, 484,
487, 515, 531, 568, 569

홍련 439-441

홍인 45, 46, 126, 196, 217, 297, 354,
355

홍주종 47, 50

화덕성군 513, 519

화엄경 274, 426, 427

화이트, 헤이든 104

화장(터) 266-270, 275-277, 279, 283,
285, 304, 366, 370, 371, 377, 379,
380, 382, 390-392

황벽희운 61, 218, 219, 286, 349, 379,
380, 460, 487, 534, 535

회소 246, 565

회창폐불 62, 300, 438

회향 350, 519

후몬 무칸 523

흄, 데이비드 170, 171

힌두교 129, 144, 147, 222, 484, 486,
496

지은이 베르나르 포르(Bernard Faure)

프랑스 출신의 불교학자다. 1984년에 파리 제7대학에서 북종선에 관한 연구로 박사학위를 받았다. 1983년부터 미국의 코넬대학교와 스탠포드대학교에서 가르쳤으며, 도쿄대학교와 시드니대학교 등에 방문교수로 머물기도 했다. 2006년부터는 컬럼비아대학교에 재직하면서 동아시아어언어문화학과와 종교학과의 교수로 있다. 문화 이론, 인류학, 젠더 연구 등에서 영향을 받은 그는 동아시아 불교의 여러 양상을 다루는데, 주로 선과 밀교에 중점을 두고 있다. 저술로는 이 책 외에도 *Chan Insights and Oversights: An Epistemological Critique of the Chan Tradition*(1993), *Visions of Power: Imagining Medieval Japanese Buddhism*(1996), *The Red Thread: Buddhist Approaches to Sexuality*(1998), *The Power of Denial: Buddhism, Purity, and Gender*(2003) 등이 있다.

옮긴이 정천구

서울대학교 국어국문학과에서 한·중·일의 불교문학을 비교연구해 박사학위를 받았다. 이후 『삼국유사』와 동아시아의 불교문헌들을 비교문학, 비교철학, 종교문화사 등 다양한 접근법을 통해 연구하면서 일본 중세의 불교문헌들도 번역하고 있다. 역서로 『일본영이기』, 『모래와 돌』(샤세키슈), 『원형석서』 등이, 저서로 『삼국유사, 바다를 만나다』와 『불교한문 해석법』 등이 있다.

대원불교
학술총서 **06** 새로 보는 선불교

초판 1쇄 인쇄 2023년 6월 1일 | 초판 1쇄 발행 2023년 6월 8일
지은이 베르나르 포르 | 옮긴이 정천구 | 펴낸이 김시열
펴낸곳 도서출판 운주사

　　　(02832) 서울시 성북구 동소문로 67-1 성심빌딩 3층
　　　전화 (02) 926-8361 | 팩스 0505-115-8361
ISBN 978-89-5746-737-4 93220　값 45,000원
http://cafe.daum.net/unjubooks 〈다음카페: 도서출판 운주사〉